프로그램 코딩 전 반드시 필독해야 하는

컴퓨팅 사고

저자소개

손수국

1982 서울대학교 전기공학과 학사 졸업
1984 서울대학교 전기공학과 대학원 석사
1996 텍사스 주립대학교(오스틴) 공학박사
1984 ~ 1996 한국전기연구원 선임연구원
1997 삼성 SDS 수석 컨설턴트
1998 ~ 수원대학교 교수

프로그램 코딩 전 반드시 필독해야 하는

컴퓨팅 사고

인　쇄: 2022년 2월 3일 초판 1쇄
발　행: 2022년 2월 9일 초판 1쇄

저　자: 손수국
발행인: 송 준
발행처: 도서출판 홍릉
주　소: 01093 서울시 강북구 인수봉로 50길 10
등　록: 1976년 10월 21일 제5-66호

전　화: 02-999-2274~5, 903-7037
팩　스: 02-905-6729
e-mail: hongpub@hongpub.co.kr
http://www.hongpub.co.kr
ISBN: 979-11-5600-847-7(93000)

정　가: 37,000원

프로그램 코딩 전 반드시 필독해야 하는

컴퓨팅 사고

손수국 지음

도서출판 홍릉

출판에 대한 소고

비록 졸고라고 생각하지만 학생들에게 어떻게 세상을 바라보는 방법을 가르치고, 세상을 변화시킬 수 있는지에 대하여 도움을 주고자 본서를 준비했습니다. 방대한 내용을 다루다 보니 혹 설명이 부족하거나 실수를 할 수도 있겠다는 두려움이 있습니다. 그래도 나름 최선을 다했으니 본서를 읽고 사고의 폭을 넓혔으면 좋겠습니다.

본서를 집필하면서 저자는 다음과 같은 주요 질문에 답하려 하였습니다.

무한한 실세계의 사물을 어떻게 유한한 컴퓨터 세계로 표현할 것인가?
어떻게 동식물의 행동을 컴퓨터로 표현할 것인가?
인간의 사고와 컴퓨팅 사고의 차이점은?
컴퓨팅 사고란 무엇인가?
컴퓨터가 어떻게 지식을 갖게 되는가?
컴퓨팅 사고로 무엇을 해결할 수 있고 무엇은 해결할 수 없는가?
컴퓨팅 사고의 한계는 무엇인가?
지식과 프로그램의 차이는?
어떤 것이 최고 좋은 프로그램 언어인가?
프로그램 언어의 의미는?
인공지능이란?
인공지능은 어떻게 동작하는가?

우리는 컴퓨팅 사고를 급변하는 기술혁신 세상에서 사람들이 학습해야 할 덕목으로 여기는 세상에 살고 있다. 이제 프로그램을 작성하고 소프트웨어를 개발하는 것이 컴퓨터 전공 학생들 만의 일이 아닌 세상이 되고 있다.

세상이 컴퓨팅 사고로 시끄럽다. 도대체 컴퓨팅 사고가 무엇인데 이렇게 시끄러울까? 컴퓨터가 이젠 무엇이든 할 수 있는 태세다. 컴퓨팅 사고로 무엇을 할 수 있을까?

컴퓨팅 사고에서는 세상의 문제를 컴퓨터로 표현하는 스킬(skill)을 제공한다. 어떻게 이러한 것들을 컴퓨터로 표현할지를 학습한다. 식물이 자라나는 것, 동물이 이동하는 것, SNS 활동 등 사람들의 다양한 생활, 또한 전자가 전자계에서 어떻게 이동, DNA를 어떻게 부호화, 음악을 어떻게 디지털화, 행성이 어떤 궤도로 이동 등과 같은 사물과 행동(behaviour). 그리고 컴퓨터로 표현한 후 인류 삶의 질을 향상시키는데 필요한 문제 해결 솔루션을 만들도록 하는 것이다.

현재 컴퓨팅 사고에 대한 교육이 단순 코딩에 치우치고 있는데 그러면 부족하다. 컴퓨팅 사고의 본질을 깨우쳐야 한다. 그래야 논리, 알고리즘, 프로그램 언어, 프로그램이 무엇인지, 수학적 배경이 뭔지를 이해하여 더 좋은 문제 해결 능력을 갖게 된다.

농업을 하는 생산자도 컴퓨팅 사고를 활용하여 더 품질 좋은 농작물을 생산하는 방법을 알아야 할 뿐만 아니라 이제 생산도 중요하지만 온라인 등을 통한 마케팅을 하는 방법을 알아야 한다. 미분 적분 통계 등의 대부분의 수학 문제는 어렵게 손으로 풀 필요가 없다. 사람보다 더 정확하고 빠른 컴퓨터로 해결하면 된다. 수학을 하는 사람도 컴퓨터의 자동 문제 해결 능력을 잘 활용하여야 할 것이다. 글을 쓰고 시나리오를 작성하는 작가도 이제 작품 활동에 컴퓨팅 사고를 결합하여야 하는 시대이다. 자신의 글이 다른 사람의 글과 중복되는 부분이 있는지 검사부터 글을 어떻게 시대에 맞게 표현하고 전달할지를 위해서도 컴퓨팅 사고의 활용능력이 필요하다. 의사, 회계사, 법학자, 운동선수 등 사회의 많은 부분이 컴퓨팅 사고를 활용하는 능력이 필요해지고 있다. 앞으로는 컴퓨팅사고를 활용할 수 있어야 하는 세상이 되어가고 있다.

미래에는 일을 하는 방식이 달라질 것이고, 기존 산업도 직업도 많이 없어지고 변하고 새로운 산업 직업이 등장할 것으로 예측하고 있다.

이제는 컴퓨팅 사고를 잘 활용하는 능력이 필요해졌다. 기존의 워드나 엑셀을 넘어서서 각자의 학문에서 컴퓨팅 사고의 본질을 어떻게 적용할지 연구를 하여야겠다.

저자는 컴퓨팅 사고를 쉽게 이해할 수 있고 또한 각자의 학문 영역에 잘 적용하는 데 도움이 되도록 본 교재를 집필하게 되었다. 초등학교부터 대학교까지 컴퓨팅 사고에 대하여 학습시키고 있으나 현실은 학년별 교과 내용을 구분하기 어려운 상황이다. 초등학생, 중학생, 고등학생, 대학생 모두 똑같이 스크래치와 다양한 키트를 활용하여 컴퓨팅 사고를 학습하고 있다. 하지만 학년별 교과 내용의 차이를 발견하기가 어렵다.

끝으로 본서를 출판하는데 물심양면으로 많은 도움을 주신 분들에게 감사의 말씀을 전합니다. 공동저자 문 봉희교수님의 조언과 공동 집필 노고에 감사드립니다. 그리고 집필한다고 사랑하는 가족 김순미, 손용석, 손민석에게 고맙고, 또한 신우이엔지(주) 송 재호 회장님이 집필 공간을 제공해주시어 감사했습니다. 이 모든 분들의 따뜻한 격려와 도움과 2년간의 노력으로 드디어 책이 출판됩니다.

저자 손수국

차례

01

개념과 프로그램

차례

02 컴퓨팅 사고

차례

차례

차례

01 개념과 프로그램

1 기계가 생각할 수 있는가?
2 세상을 수로 표현할 수 있다는 생각
3 논리와 추론의 수 표현
4 지식의 일반화와 프로그램 변환
5 컴퓨터는 지식 표현과 처리 기계

1 기계가 생각할 수 있는가?

1.1 셈 도구 발명

인류는 전쟁과 수렵, 농업, 및 생활에 필요한 도구를 만들어 사용해왔다. 돌도끼, 빗살무늬 토기, 쟁기, 칼과 총 등이 그러한 예에 속한다.

셈 문제에 직면

그러한 인류는 농작물 또는 사냥감 같은 것을 분배한다든지 농지 면적을 계산하여 세금을 부과하는데, 마을과 마을 간의 거리를 계산하여야 하는 등 많은 셈 문제에 직면해왔다. 분배 및 거래 등 목적으로 셈이라는 개념이 필요해졌다.

"예전이나 지금이나 셈은 쉽지 않고 중요한 문제이다."

예전부터 셈이 틀리면 크고 작은 손해와 이익이 발생하기 때문에, 셈은 정확하게 하여야 했다. 그래서 셈을 정확히 하고, 서로 이해하기 쉬운 방법이 필요했다.

예전이나 지금이나 셈을 싫어했는지, 셈을 하는 것이 어려웠는지, 셈을 도와주는 도구가 필요했나 보다. 오랜 세월 동안 인류는 셈을 돕기 위한 장치를 개발해 왔는데 초기에는 엄대(tally stick)가 사용되었다. 이후에도 셈을 편리하게 도와주는 많은 도구가 생겨났다.

엄대

엄대는 뼈, 상아, 나무 혹은 돌로 된 막대기에 숫자나 메시지를 기록하기 위해 눈금을 새긴 것이다. 고고학적 역사 기록에는 엄대가 넘쳐나는데, 이 중에서도 기원전 3만 5000년 전의 스와질란드에 있는 레봄보 지역에서 발견된 종아리뼈가 가장 오래된 예이다. 여기에 표시된 눈금들은 태음력 계산법을 암시하며, 단순한 셈 이상의 수학을 사용했음을 보여준다.

주판

좀 더 과학적인 셈 장치로는 고대의 주판(abacus)이 대표적이다. 주판은 수를 사용하지 않고 셈을 할 수 있는 도구로서 기원전 2400년에 바빌로니아에서 로마 주판이 사용되었다. 이후 많은 다양한 형태의 셈판이 개발되어 왔다.

초기 중국의 주판은 보통 7개 이상의 막대가 있고, 상단 갑판의 개별 막대에는 2개의 구슬이 있고 하단 갑판에는 개별 막대에 5개의 구슬이 있다. 이러한 구성으로도 10진수와 16진수 셈이 가능하다. [그림 1 참조]

요즘 주판으로도 곱셈, 나눗셈, 덧셈, 및 뺄셈 계산을 하는 기법이 개발되었다는 것이 놀랍다. 심지어는 제곱근과 3제곱근 계산도 해 낼 수 있다. 주판이 간단해 보이지만 기계장치로서 1개의 숫자를 **저장**(storage)하고, 정수라는 데이터를 표현(representation)하며, 덧셈과 뺄셈 등의 **계산**(calculation) 기능을 할 수 있다. 또한, 손가락이라는 **사용자 인터페이스** 같은 개념을 사용하고 있다.

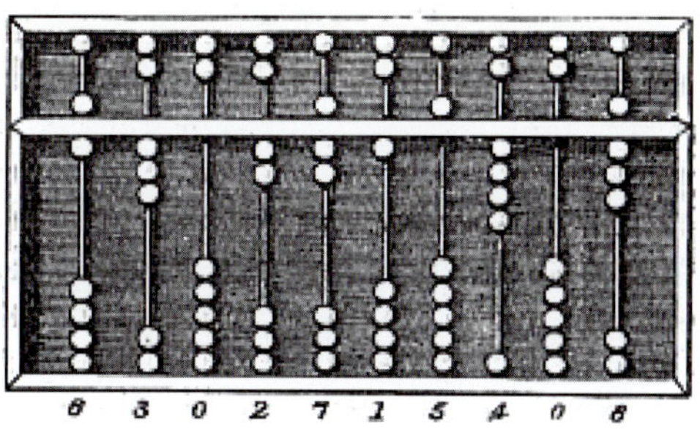

그림 1 중국식 주판(출처: 위키피디아)

예제 1

덧셈, 뺄셈하기

주판을 사용해서 8 + 1 - 3을 계산하는 방법을 학습해 본다.

슬라이드 눈금자(slide ruler)

이 밖에도 계산 장치로 슬라이딩 눈금자(sliding ruler), 셈판(reckoning board) 등이 있다. 미적분과 같은 대수학의 발전에 따른 산술 연산이 복잡해지고 이에 따른 편리한 계산 장치가 요구되었다. 지금이야 로그식 계산을 수학자가 아니어도 일반인 또는 컴퓨터 계산기를 통해 쉽게 계산할 수 있지만, 예전에는 수작업으로 일일이 값을 만들어내야 했다. 수학적 전문지식이 없으면 일반인은 이를 계산할 수 없었다.

스코틀랜드 수학자인 존 네이피어에 의해 1614년 로그법이 나온 이후 기계식 아날로그 컴퓨터라고 하는 슬라이드 눈금자가 발명되었다. 계산기가 없던 시절 큰 수를 다루는 천문, 해양, 통계에서 또는 사인(sine)값 계산 등에서 계산자는 편리하게 활용되었다. 손으로 작동되도록 하는데, 슬라이드 규칙에 따른 계산 값을 준다. 다양한 슬라이드 규칙이 있는데 곱셈, 나눗셈, 제곱근, 로그 및 삼각법 등의 계산이 가능하다. [그림 2 참조]

하기야 1970년대 까지만 해도 컴퓨터 기술이 발달하지 않아 저자는 삼각함수를 구한다든지 제곱근을 구하려 할 때 슬라이드 눈금자를 사용했던 기억이 난다.

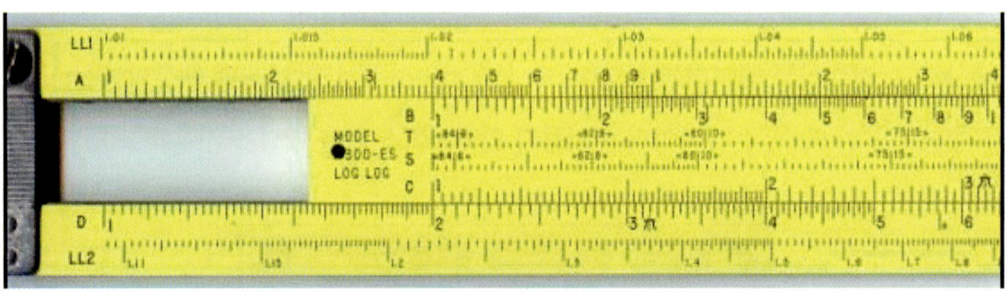

그림 2 슬라이드 눈금자의 하나(출처: 위키피디아)

종이 위에서 손으로 사인값 또는 로그값 계산은 시간이 오래 걸리고 계산할 때 오류가 발생할 수도 있다. 아래 예제에서는 가장 기본적인 형태의 슬라이드 규칙인 두 배의 로그 척도를 사용하여 신속한 "3×2"의 곱셈을 하는 것이다. 그림 3 슬라이드 눈금자를 사용한 수리 계산은 중심 슬라이딩 스트립을 고정 스트립 중의 하나에 맞추면 된다. 슬라이드 규칙이 2배씩 증가(×2)하도록 이미 설정되었다. D(하단) 눈금의 각 숫자는 C(중간) 눈금 위에 있는 숫자의 두 배를 계산해 보여준다.

예제 2

2배 계산자 사용 예

계산자를 사용하여 3× 2를 계산하라.

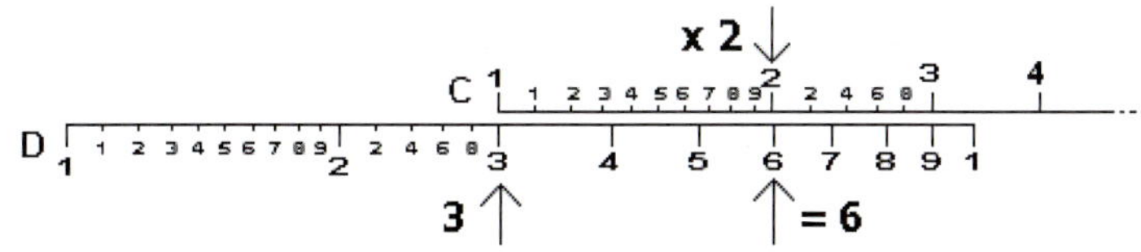

그림 3 슬라이드 눈금자 사용 예

3×3은 얼마인지 읽어보세요.

'계산기 – 컴퓨터(computer)' 용어의 사용

컴퓨터라는 용어는 1613년 영국 작가 Richard Braithwait의 "The Yong Mans Gleanings"라는 책에서 계산 또는 계산을 수행한 사람을 나타내기 위해 처음 사용되었다. 이후 19세기 말부터 이 단어는 계산을 수행하는 기계로 사용하기 시작했다.

1.2 자동 계산 도구의 발명 – 기계식 컴퓨터의 등장

프로그램 가능 자동 기계 장치 탄생

수동적 계산 장치가 아닌 자동화된 기계장치가 탄생한다. 최초로 알려진 자동 방직기이다. 동력 방직기에 직물 패턴을 포함하는 천공 카드를 장착하는 장치였다. 산업혁명이 일어나면서 더 빠른 직물 가공 생산이 필요해짐에 따라 방직기를 자동화하려는 시도가 있었다. 1805년경 조셉 마리 자카드(Joseph Marie Jacquard)는 기존의 기계식 방직기를 개량하여, 방직기에 입력된 직물 패턴을 입력하고 그 입력 직물 패턴에 따라 양단(brocade), 다마스커스(damask) 및 마텔라세(matelassé)와 같은 복잡한 패턴의 직물을 제조할 수 있도록 하였다.

직물 패턴의 정의 및 입력을 위하여 천공 카드를 사용하고, 천공된 카드들을 연속적으로 엮은 "카드 체인"에 의해 제어하였다. 사용하는 카드 체인의 무늬 내용에 따라 직물 패턴이 만들어진다. 다른 카드 체인을 장착하면 해당 무늬의 직물을 만들 수 있는 장치이다.

그림 4 자카드의 방직기

"자카드의 방직기에는 초기 컴퓨터 프로그램 개념이 들어있다. 하지만, ..."

방직기에 대한 일련의 조작을 제어하기 위하여 교체 가능한 천공 카드를 사용했는데 이것은 컴퓨터 하드웨어 역사에서 중요한 하나의 단계가 된다. 단순히 카드를 바꾸어 방직기의 패턴을 바꿀 수 있는 능력은 컴퓨터 프로그래밍 및 데이터 입력의 발전에 중요한 개념적 전조였다. 천공 카드에 의한 프로그램을 나타내었지만, 현대적 의미의 컴퓨터 소프트웨어에 의한 프로그래밍이라고 하기에는 좀 거리감이 있다.

프로그램가능 자동계산 장치 탄생

초기의 계산 장치들은 자동화된 계산 기능이 가능하지 않았다. 기술이 발전함에 따라 계산 장치도 발전하게 된다. 계산 기능 뿐더러 기계장치에 어떤 수행 명령(instruction)을 입력하여 그 명령대로 동작시키는 개념으로 발전한다.

산술 논리 계산 및 프로그램 가능 기계 등장

1837년 좀 더 진보된 프로그래밍이 가능한 최초의 컴퓨터인 '해석 엔진(Analytical Engine)'장치가 '컴퓨터의 아버지'인 찰스 배비지(Charles Babbage)에 의해 설계되었다. 로그와 삼각함수를 계산할 수 있는 기계적 계산기였다. 배비지는 그의 해석 엔진 장치에 자카드의 방직기에 적용하였던 천공 카드를 사용하여 프로그램과 데이터를 입력하였다. 해석 엔진 장치의 프로그램은 현대의 컴퓨터 프로그램에서 명령을 지시하는 것과 유사하며 복잡한 수학적 연산을 수행할 수 있었다. 해석 엔진 장치는 범용 계산이 가능한 개념으로 설계되었는데 계산 및 제어를 위한 산술, 논리, 루프(loop)와 분기(branch) 형태의 흐름 제어, 그리고 통합 메모리를 포함하고 있었다. 하지만 불행하게도 장치의 복잡성 때문에 그 당시의 제조능력으로는 배비지 생전에 완전한 해석 엔진기를 만들지는 못했다. 이 밖에도 배비지의 해석 엔진기에는 출력을 위하여 프린터(printer), 플러터(plotter) 및 벨(bell)이 있다. 현대 컴퓨터와 유사한 논리적 구조와 구성 요소로 이루어졌다. [그림 5 참조]

그림 5 배비지의 해석엔진 시작품

- **입력장치** : 천공 카드를 통한 프로그램 및 데이터
- **출력장치** : 프린터, 플로터, 및 벨
- **중앙처리** : 10진수 기반 기계적 연산 처리 기능 수행, 밀(mill)이라고 불림.
- **기억장치** : 저장(store)라고 불리는 장치에 1,000개의 숫자를 임시 저장

배비지가 이러한 최초의 범용 컴퓨터를 설계했지만 실제로 제작된 것은 1940년대에 이르러서였다. 그의 기계에 대한 모든 부품은 손으로 제작해야 했다. 이는 수천 개의 부품으로 구성되는 장치로서 제작상의 중요 문제점이었다. 간단히 말해 배비지의 기계는 손안의 계산기(calculator)와 유사하나 무게가 수십 톤이나 나가는 장치였다.

천공 카드의 진화

허먼 홀러리스(Herman Hollerith)가 천공 카드 시스템을 개발하여 1890년 미국 국세조사 시스템에 데이터를 입력하는데 사용하였으며, 그가 세운 회사는 후일 IBM이 되었다.
1944 IBM Automatic Sequence Controlled Calculator(Harvard Mark I)와 같은 일부 초기 컴퓨터는 자카드(Jacquard)의 일련의 카드와 유사한 구멍이 뚫린 종이테이프에서 프로그램 명령을 입력받았다.
1980년대 중반까지도 프로그램을 컴퓨터 메모리에 로드하기 위해 천공된 카드가 사용되었다.

1.3 만능 자동계산 장치 등장 – 튜링 기계 발명

배비지의 계산 도구로서의 해석 엔진 장치 이후 또 한 번의 진보된 컴퓨터 관련 발명이 있었다. 튜링기계의 발명이다. 수학적 표현이 되면 어떤 문제도 계산(computation)이 가능하다는 것이다.

수학문제를 기계로 해석하는 기계... 튜링 기계

20세기 초반에 수학자들은 '직관이나 느낌이 아니라 규칙과 알고리즘을 따르는 방식의 수학으로 무엇을 할 수 있을까?'라는 의문에 매료되었다.

규칙과 알고리즘을 따르는 방식의 수학으로 무엇을 할 수 있을까?

알렌 튜링(Alren Turing) 이전까지 유럽의 수학계에서는 기계적인 방식으로 수학적 계산들을 해낼 수 있으리라 생각하였다. 그러면 수학자의 고된 계산 작업에서 벗어날 수 있으리라 생각하였다. 하지만 1931년 미국의 수학자 쿠르트 괴델(Kurt Godel, 1906~1978)이 "그 꿈에서 깨어나시오"라는 좌절감을 주었다. 그리고 그는 다음과 같은 사실을 증명하였다.

"기계적인 방식으로는 수학적인 모든 것을 계산해 낼 수 없다."

알렌 튜링은 이러한 좌절에서 기계적인 방식으로 모든 수학적 계산을 할 수 있다는 것을 보여준다. 그러면서 새롭게 정의된 기계부품을 갖는 현대적 컴퓨터의 시초인 튜링기계를 제안하였다.

알렌 튜링은 기호 논리학(formal logic)에 관심을 갖고 있었다. 그리고 알렌 튜링은 어떤 가능한(possible) 기계 또는 알고리즘에 대하여 생각했다. 부호(code) 형식으로 정보를 기술할 수 있는 방식의 기계였다. 튜링기계였다. 수학적으로 계산 모델이 만들어지면 어떤 것도 계산해낼 수 있는 기계이다.

1936년 앨런 튜링이 런던 수리학회에 논문을 발표하였는데, 제목이 컴퓨터와 관련 없어 보이지만 향후 컴퓨터의 기본 설계도가 되었다.

"계산 가능한 수에 대해, 수리 명제 자동생성 문제에 응용하면서"
(On Computable Numbers, with an Application to the Entscheidungs problem)

현대 컴퓨터에 대한 최초의 모델을 고안한 튜링을 기념해 "튜링 기계"라고 한다. 컴퓨터 분야의 노벨상을 "튜링상(Turing Award)"이라고 할 정도이다.

"수학적 표현이 되면 어떤 문제도 계산(computation)이 가능하다."

튜링 기계는 어떤 수학적 표현의 문제도 계산(computation)해 내는 기계이다. 어떤 수학 문제든 풀어낼 수 있다는 의미이다. 테이프에 기록된 기호를 다루어 해결하기 때문에 추상화 기계라고도 한다.

튜링 기계는 현대식 컴퓨터가 나오기 전의 중앙처리장치(CPU) 개념의 형태이다. 중앙처리장치가 현재의 컴퓨터에서는 당연하지만, 과거에는 그렇지 않았다. 1936년 앨런 튜링이 기존에 없던 전혀 새로운 작동 원리를 갖는 자동계산 장치를 고안해냈다. 현대 컴퓨터의 원리가 되었다. 그가 제안한 기계를 튜링 기계라고 한다.

입력 프로그램에 따른 만능 자동계산 기계 – 튜링 기계
어떠한 계산(computing) 알고리즘도 가능한 기계 – 튜링기계

앨런 튜링(Alan Mathison Turing : 1912~1954)

그림 6 앨런 튜링

영국 런던에서 태어났고 컴퓨터 과학자, 수학자, 논리학자, 암호분석가, 철학자, 이론 생물학자였다. 튜링(Turing)은 범용 컴퓨터의 모델로 간주 될 수 있는 튜링 기계로 알고리즘 및 계산의 개념을 정형화하였으며 이론 컴퓨터 과학의 발전에 매우 큰 영향을 주었다. 튜링은 이론적인 컴퓨터 과학과 인공지능의 아버지로 널리 알려져 있다. 1936년 '튜링 기계'를 발표하였고, 1938년에는 프린스턴 대학에서 수학 박사학위를 받았다.

튜링 기계 구성과 동작

튜링 기계는 헤드(head), 테이프(tape), 동작 테이블(action table)로 간단히 구성된다. 튜링 기계는 무한히 긴 테이프(무한한 저장 공간)의 개별 칸(cell)에 여러 가지 기호들로 수행할 지시 내용을 적어놓고 그 내용을 헤드가 읽어서 지시된 대로 일정한 규칙에 따라 작동을 실행하는 기계이다. 튜링 기계가 읽는 정보는 우리가 해결해야 할 문제나 질문을 부호화한 것이다.

이론적으로 수학적으로 할 수 있는 것은 무엇이든 간에 튜링 기계가 실행될 수 있다고 생각했다. 그것도 단지 테이프의 "1"과 "0"만을 처리함에 의해서이다. 튜링 기계는 정말 강력하다. 현대의 디지털 컴퓨터도 기본적으로 일련의 "1"과 "0" 만을 해석하여 문제를 해결하고 있다.

이러한 튜링 기계의 개념은 현대 컴퓨터에서 그대로 구현되어 사용되고 있다. 테이프는 현대 컴퓨

터의 메모리 칩(chip)에 해당한다. 테이프에 읽고 쓰는 헤드 장치는 현대식 컴퓨터의 입출력 장치에 해당하고, 동작 테이블은 현대식 컴퓨터의 중앙처리장치(CPU)로 발전하였다. 동작 규칙 테이블에는 실행하고 싶은 계산(명령) 내용을 제공해주면 되는데 현대 컴퓨터의 소프트웨어를 메모리에 넣어주는 것에 대응된다. [그림 7 참조]

튜링 기계는 지정한 동작 테이블에 따라 테이프에 기록된 임의의 기계를 그대로 흉내 낼 수 있다. 튜링은 이 기계로 자신이 정의한 모든 기계적인 계산을 해낼 수 있다고 하였다.

튜링기계는 유한 상태(finite state)를 저장하는 기계로서 문제를 논리적으로 해결할 수 있는 기능이 있다. 기계는 어떤 순간에 특정한 상태에 있다. 그리고 기계는 헤드를 통해 테이프의 한 칸(cell)을 읽는다. 그러한 읽은 정보는 일종의 프로그램이 된다. 상당히 간단해 보이지만 이 기계에 적절한 규칙과 기호를 입력한다면 일반적인 컴퓨터의 알고리즘을 수행할 수 있다.

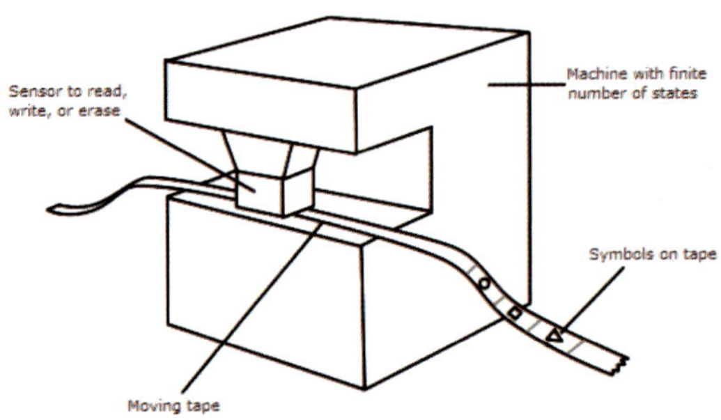

A Turing Machine

그림 7 튜링 기계 구성

튜링 기계는 테이프에 기호(문자)열을 새겨놓고 수행 명령을 지닌 동작(action) 테이블에서 문자열을 읽어 부호화한 후 작동한다. 그림 8은 동작 테이블의 예를 나타내고 있다. 마치 고정된 유한한 프로그램을 가진 컴퓨터처럼 작동하는데 현대의 컴퓨터 중앙처리장치의 기능처럼 상당히 유용하다.

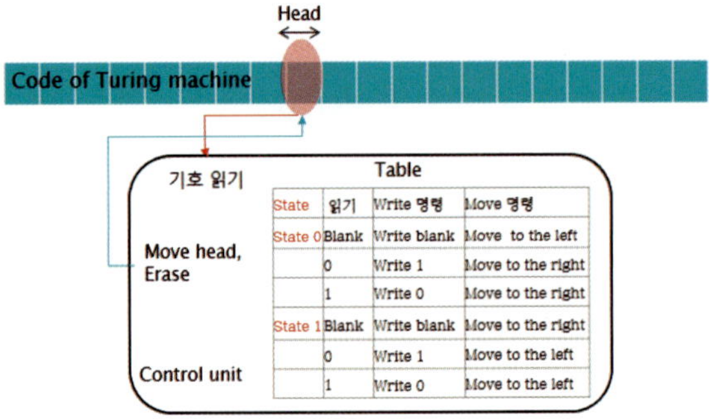

그림 8 튜링기계 동작 테이블

튜링 기계의 테이프에는 "1"과 "0"으로 구성된 어떤 패턴이 부호화하여 기록되어 있고, 헤드(head)는 테이프를 한 번에 한 칸씩 이동하며, 상태(state)와 테이프에 기록되어 있는 "1"과 "0"의 읽은 내용에 따라 동작 테이블의 명령에 따라 쓰기(write) 그리고 테이프 이동(move) 작업을 수행한다. 테이프에 기록된 모든 것에 명령 작업을 종료하게 되면 튜링 기계는 최종적으로 정지 상태(halting state)로 이동한다. 그리고 테이프에는 문제에 대한 해답을 남긴다. 매우 간단한 프로세스이다. 하지만 이것이 바로 컴퓨팅의 핵심이 된다.

좀 더 구체적으로 보통 튜링 기계의 테이프의 네모 셀(cell) 구역은 초기에 공백 구역으로 있다가 추후 동작에 따라 기호가 기록된다. 기호 종류 개수에 "0", "1" 또는 " "(blank)의 3가지만 사용되면 3-기호 튜링 기계라 한다. 기계의 헤드는 테이프의 기호를 읽고, 쓰고, 또는 삭제하는 역할을 하는데 테이프의 네모 구역 중 한 곳에만 위치하게 된다. 기계는 헤드 정보에 따라 다음 3가지 기본 동작을 수행한다. (읽고 → 쓰고 → 이동)

1) 헤드 아래에 있는 사각형의 기호를 읽는다.
2) 새 기호를 쓰거나 지우는 방법으로 기호를 편집한다.
3) 기계가 인접한 사각형의 기호를 읽고 편집할 수 있도록 테이프를 오른쪽 또는 왼쪽으로 한 칸 이동한다.

간단한 동작 예로서, 초기에 'blank'로 되어 있는 테이프에 "1 1 0" 기호를 기록하는 동작을 살펴보자. 먼저, 헤드(굵은 네모로 표시) 아래가 'blank' 인데 이 네모에 '1'을 기록한다.

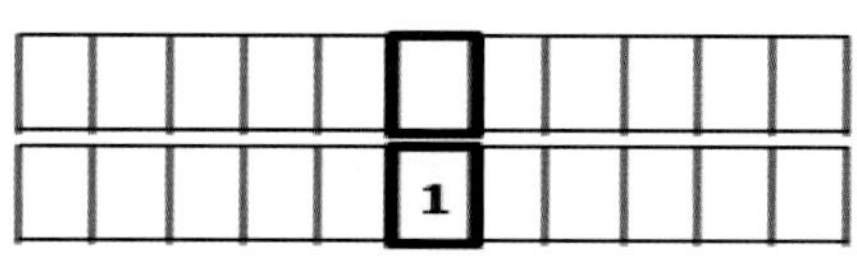

다음, 테이프를 한 네모만큼 좌로 이동하고 '1'을 기록한다.

이어서 테이프를 한 네모만큼 좌로 이동하고 마지막 데이터 '0'을 기록한다.

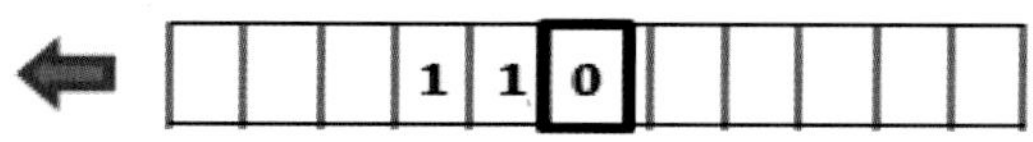

예제

상기의 예에서 현재의 테이프 위치로부터 기록된 기호('1 1 0')을 1→0으로, 0→1로 각각 반전 변환하여 '0 0 1'가 되도록 하는 튜링 기계 프로그램을 작성해보자. 튜링 기계가 테이프를 읽고 후속 동작을 스스로 결정하도록 프로그램을 작성한다. 프로그램을 아래와 같이 작성한다. 이러한 동작 명령을 기술해놓은 것을 동작 테이블(action table)이라 한다. [표1 참조]

표 1 동작 테이블

읽기(read)	쓰기(write)	이동(move)
Blank	None	None
0	Write 1	Move tape to the right
1	Write 0	Move tape to the right

기계는 헤드 아래 문자를 읽고, 해당하는 새로운 기호를 쓸 것이다. 그리고 프로그램에 따라 좌 또는 우로 이동시킬 것이다. 이전 마지막 헤드 위치로부터 명령이 실행되도록 한다.

이전 마지막 헤드 아래에는 '0'이 있으니, '1'을 기록하고 테이프를 한 칸 만큼 우로 이동한다.

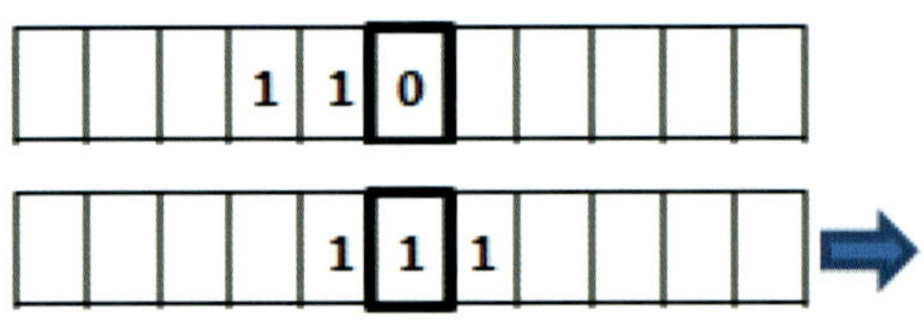

다음 테이프 판독 기호가 '1'이다. '0'을 기록하고 테이프를 한 칸 만큼 우로 이동한다.

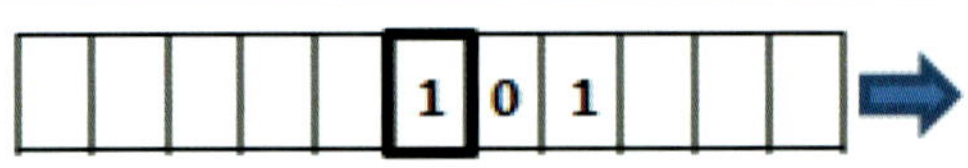

다시, 다음 테이프의 기호가 '1'이다. '0'을 기록하고 테이프를 한 칸 만큼 우로 이동한다.

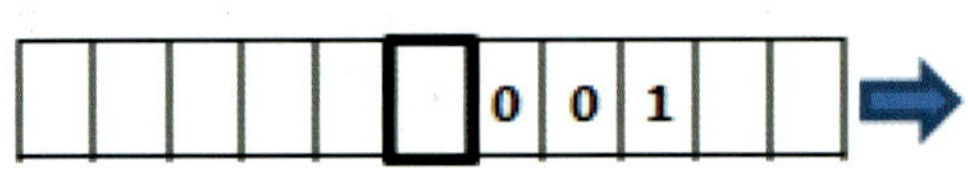

마지막으로 '공백' 기호가 읽는다. 기계는 읽기-쓰기-이동 순서를 반복하도록 지시했기 때문에 공백 기호를 계속 읽는다.

사실, 이 프로그램은 아직 불완전하다. 기계는 공백을 읽은 후 멈추지 않고 반복한다. 그러면 어떻게 기계를 멈추게 하느냐? 이 기계에 상태의 개념을 도입하여 활용한다.

참고 문헌 : https://www.cl.cam.ac.uk/projects/raspberrypi/tutorials/turing-machine/one.html

튜링 기계의 상태(machine state)

이전 불완전 프로그램을 완성시키기 위해 기계의 상태 개념을 도입하고 상태에 따른 동작을 수행하도록 프로그램을 수정한다. 프로그램에 기계 상태를 나타내는 열(column)을 아래처럼 테이블에 추가한다. [표2 참조]

표 2 상태가 추가된 동작 테이블

State	읽기(read)	쓰기(write)	이동(move)	Next 상태(state)
State 0	Blank	None	None	Stop state
	0	Write 1	Move the tape to the right	State 0
	1	Write 0	Move the tape to the right	State 0

기계의 상태에 따른 지정된 명령을 수행하도록 한다. 상기의 경우는 하나의 기계 상태(state 0)를 지정하고, 그리고 앞에서 사용하던 명령어를 할당했다. 그러면 기계는 위의 기계 상태(state 0)에 따른 쓰기와 이동 명령을 수행하게 된다. 기계는 매 명령을 수행하고 새로운 상태를 할당된다. 상기의 테이블에서는 공백 기호가 읽히지 않는 한 테이프를 오른쪽으로 이동시키는 것으로 명령어가 할당된다. 그러면서 상태(state 0)를 유지한다. 공백 기호에서는 어떤 작업도 하지 않고 정지(stop)하는 작업을 수행한다. 그래서 기계가 공백 기호를 읽을 때는 정지(stop) 상태로 지정되고 프로그램이 종료된다.

유한한 개수의 상태를 갖고 있는 것을 **유한 상태 기계(Finite state machines)**라고 한다. 상기의 기계는 상태가 1개(0) 이므로 유한 상태 기계이다. 이제 추가로 하나의 다른 기계 상태(state 1)를 더 추가한다. 그러면 프로그램에서 2개의 상태를 다루어야 한다.

다음은 앞에서 **생성된 비트를 반전하는 프로그램이 공백이 있어도 멈추지 않도록 작성하도록** 한다. 이를 위해서는 테이프의 양쪽에서 만나게 될 공백을 처리할 수 있어야 할 것이다. 비트의 좌측에 있는 공백에서는 우측으로 돌아가도록 하고 반대편 우측 공백에서는 좌측으로 돌아가도록 하는 상태를 구별하여야 할 것이다.

아래 테이블에 동작 테이블을 업데이트하여 제시한다. 이미 반전되어있는 "0 0 1" 비트에서 "1 1 0"으로 반전을 시키는 내용을 추가하여 프로그램을 작성한다. 물론 튜링 기계는 이제 두 개의 상태(State 0과 State 1)를 가진 유한 상태 기계처럼 작동한다. 이 기계는 3개의 기호로 된 2개의 상태를 갖는 튜링 기계라고 한다.

여기서 테이프를 오른쪽으로 이동하는 상태(state 0)인지 또는 왼쪽으로 이동하는 상태(state 1)인지에 따라 상태가 할당된다. 쓰기(write) 명령의 경우 "none"이 "write blank"로 변경되었지만 동일한 결과이다.

표 3 2개의 상태를 갖는 동작 테이블

State	읽기(read)	쓰기(Write)	이동(Move)	Next state
State 0	Blank	Write blank	Move the tape to the left	State 1 '테이프 끝에서 상태 변경'
	0	Write 1	Move the tape to the right	State 0
	1	Write 0	Move the tape to the right	State 0
State 1	Blank	Write blank	Move the tape to the right	Stop state, state 0 '테이프 끝에서 상태 변경'
	0	Write 1	Move the tape to the left	State 1
	1	Write 0	Move the tape to the left	State 1

동작 테이블을 상태 다이어그램으로 나타낼 수도 있다.[그림9 참조] 튜링기계는 초기(initial) 상태에서 시작한다. 테이프 칸의 값을 읽고 상태 이동을 나타내는 화살표에 의해 지시되는 다음 상태가 무엇인지를 결정한다. 그리고 기계는 현재 칸의 값도 수정할 수 있고, 테이프 헤드를 좌우 이동 또는 정지하게 된다.

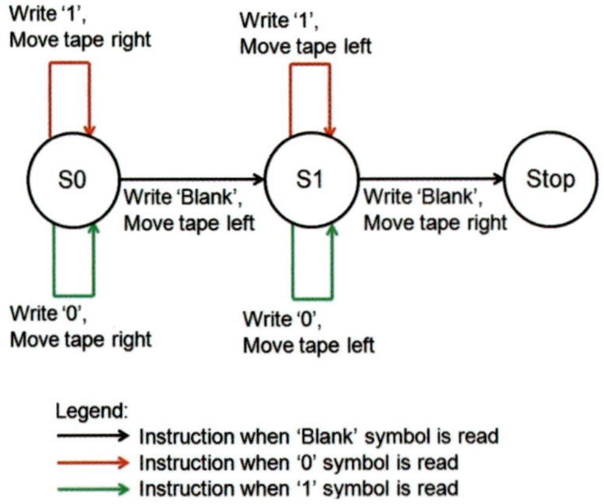

그림 9 유한 상태 기계의 다이어그램

이전의 프로그램에서는 기계가 공백(blank) 기호를 읽은 후에 아무 것도 하지 않고 멈추는 대신, 수정된 2개의 상태를 갖는 프로그램에서는 비트 반전 과정을 위해 테이프를 이전의 이동과는 반대 방향인 왼쪽으로 이동할 수 있도록 'state 1'로 상태를 전환하고 한 칸 이동할 것을 지시한다. 테이프의 헤더는 공백에서 '0' 기호로 이동하게 된다. 이동 방향이 전환되어 상태도 '0'에서 '1'로 변경되었다.

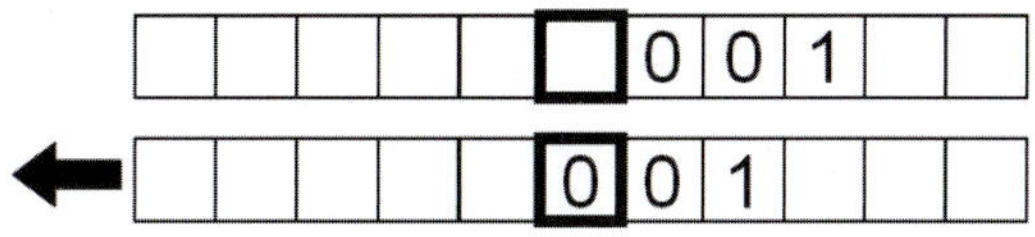

이어서 '0'을 읽고 비트를'1'로 반전시킨다. 상태가 '1' 이므로 테이프는 왼쪽으로 옮긴다. 나머지 두 비트에 대한 반전 작업을 아래처럼 실행한다.

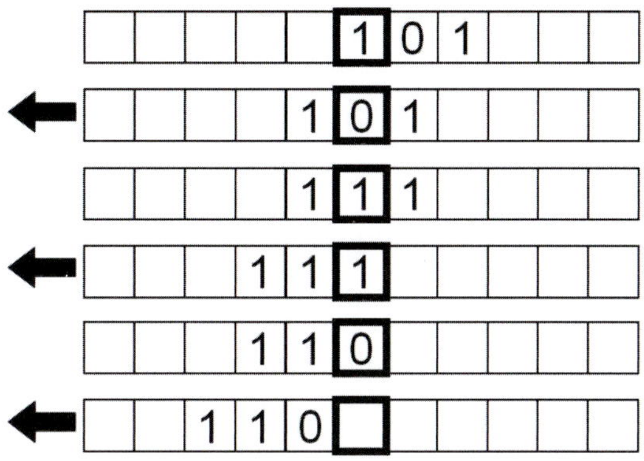

마지막으로 테이프는 공백(blank) 위치를 읽게 되는데 상태를 '0'으로 전환시키고, 테이프를 한 칸 오른쪽으로 이동시키며 프로그램이 정지된다. 상태가 "0"으로 변경된다.

또 다른 동작을 진행시키기 위해서는 수행할 명령들을 추가시키면 된다. 아래는 테이프가 우로 한 칸 이동하였다.

더 많은 상태가 도입됨에 따라 튜링 기계에 더 복잡한 기능을 수행하도록 지시할 수 있으며 따라서 현대의 컴퓨터가 수행할 수 있는 알고리즘을 실행할 수 있다.

튜링기계에 대한 설명은 간단해 보이지만 많은 분야에서 사용되었다. 튜링 기계의 대표적 적용 사례인 봄비(Bombe)는 2차 세계 대전 중 독일의 암호화된 메시지 에니그마(Enigma)를 공격하는 데 사용된 경우이다. 튜링은 암호를 해독하여 큰 공을 세우게 되었다. [그림 10 참조]

그림 10 튜링 기계 봄비(Bombe)

"0"과 "1" 기호로 모든 프로그램과 계산이 가능함을 제시

튜링 기계는 어떤 컴퓨터 알고리즘도 모의(simulation)할 수 있는데, 테이프에 "0"과 "1" 기호로 구성된 데이터만이 존재하여도 어떤 것이든 계산(compute)하기에 충분히 강력하다. 저 수준(low-level)의 튜링 프로그램이 C 프로그램보다 수천만 배 더 길 수 있겠지만, 정확히 얼마나 더 길지는 모르지만, 기본적으로 동일한 작업을 할 수 있다는 것이다.

"튜링 기계는 인간이 하는 방식으로 계산할 수 있는 장치"

튜링은 정말로 인간이 하는 방식으로 계산할 수 있는 강력한 무언가를 생각하게 된다. 그리고 튜링 알고리즘에 강력한 기능으로 조건 분기(conditional branching) 개념을 도입하였다. 쉽게 프로그램 명령어 "if" 문장에 해당하는 개념이다. 테이프의 어떤 칸을 관찰할 때 '1'이 발견되면 기계는 어떤 하나의 작업을 하도록 하고, 만약 테이프 칸에서 '0'을 발견하면 어떤 다른 일을 하도록 한다. 일종의 양자택일(two-way choice)의 개념이다. 이는 "if-then-else" 문장이 제공하는 것과 같은 개념이다. 튜링은 이러한 기능이 매우 필요하다고 주장하였다. 왜냐하면 인간이 수행하는 계산(computation) 작업이 데이터의 성격에 따라 다르기 때문이다. 어떤 데이터는 한 방향(one way) 움직이게 하고, 어떤 데이터에 대하여는 다른 길(another way)로 이동하게 한다. 그래서 이러한 조건 분기(conditional branching) 개념은 매우 필요하고 중요하다. 이러한 것들은 메모리의 다른 장소로 이동할 수 있는 능력이 필요하다는 것을 의미하기도 한다. [그림 11 참조]

만약에 어떤 한 조건에 대한 판단이 참(true)이 된다면, 이어서 나오는 어떤 순차적인(sequence) 명령어(instruction)들을 실행할 것이고, 반면에 거짓이면 어떤 다른 위치로 점프 이동하여서 그곳에 있는 어떤 다른 작업을 하게 될 것이다.

학부생들이 프로그램 작업에서 점프하기 위하여 조건 분기로 "go to" 문장을 사용하는 것은 잘 구조화된 프로그래밍(well-structured programming) 스킬이 아니기 때문에 권장하지는 않는다. 어떤 장소로 점프 이동한다는 의미는 튜링 기계에서 헤드가 원하는 패턴을 찾을 때까지 테이프를 가로 질로 이동하게 되는 것을 의미한다.

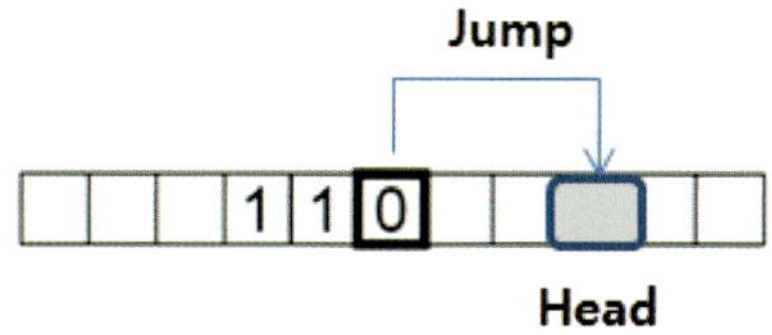

그림 11 조건 분기 이동

유한 상태 기계(finite state machine)

유한 상태 기계는 몇 개의 상태로 구성되며, 현재의 기계 상태와 입력에 따라 출력 상태가 결정지어지는 기계이다. 예를 들어 아래 그림의 유한 상태 시스템에는 세 가지 상태(1, 2, 3)가 있다. 기계가 상태 1에 있을 때 입력 A가 들어오면 기계는 상태 2로 이동하고, 입력 B가 입력되면 기계는 상태 3으로 이동한다.

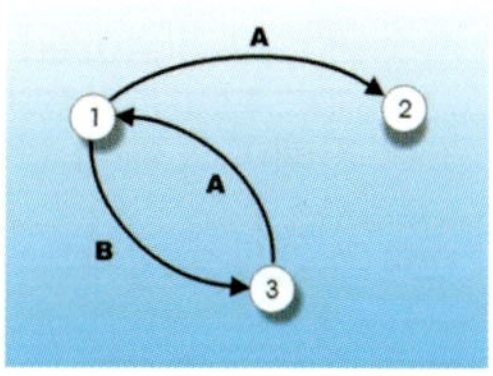

튜링 기계(Truring machine)는 디지털 논리 조합회로(combinational logic)보다 더 강력하게 프로그램 가능하며, 어떤 유한 상태 기계(finite state machine)보다도 메모리가 무한정 커서 어떤 작업이든 수행해 낼 수 있는 특징을 갖는다. 튜링 기계는 어떤 메모리를 읽고, 그 메모리에 존재하는 명령어 그리고 명령어가 참조하라고 하는 데이터를 가지고 명령어를 순차적으로 실행하는 기계로 표현된다. [그림 12 참조]

튜링 기계는 폰 노이만 형식의 명령 수행 프로그램과도 닮았고, 현존하는 CPU의 동작과도 닮았고 유한 상태 기계와도 비슷하다, 튜링 기계는 이처럼 현재 컴퓨터의 이론적 원조가 되고 있다.

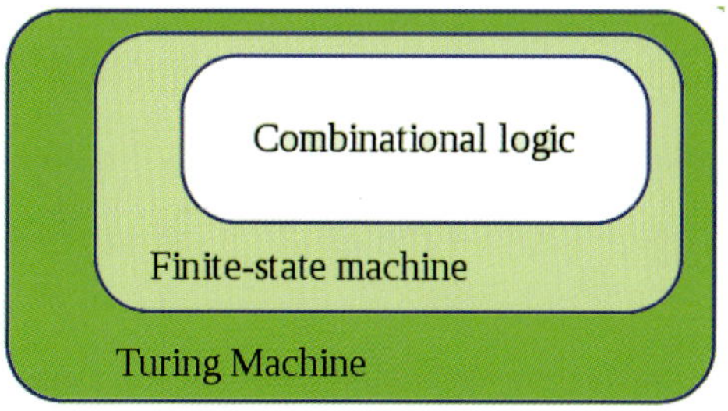

그림 12 튜링기계의 의미

튜링의 기계를 능가하는 컴퓨터를 만들 수 있을까?

튜링 기계는 튜링이 정의한 기계적인 방식으로 모든 프로그램을 실행시킬 수 있는 일종의 만능기계이다. 우리 인류는 이에 새로운 도전 과제에 직면해 있다.

"인류가 튜링의 기계를 능가하는 컴퓨터를 만들 수 있을까?"

나중에 튜링 기계의 제안 내용을 기초로 폰 노이만의 저장식 프로그램 기계가 만들어졌다. 튜링 기계는 무한개의 칸으로 구성되는 메모리에 순차적(sequential)으로 데이터를 저장하기 때문에 일부 배열 데이터를 잘 처리하지 못한다. 메모리 인덱스를 이용한 연산의 최적화가 튜링 기계에서는 불가능하였지만 현대 컴퓨터에서는 가능하다.

저장 프로그램(stored-program) 방식의 현대 컴퓨터는 추상적인 랜덤 접근 및 저장하는 것이 가능한 기계여서 배열 형태의 데이터를 다루는 데 문제가 없다. 그리고 레지스터를 활용하여 간접적으로 주소를 지정하는 것도 가능하다. 그래서 예를 들어, 이진 검색 알고리즘의 경우 튜링 기계 모델보다 훨씬 더 빠르게 연산이 가능하다. 현대의 컴퓨터가 어떤 면에서는 튜링 기계보다 더 효율적이다.

현대 컴퓨터 프로그램의 능력을 어떻게 평가하지? - 튜링 완전(Turing complete)

튜링 기계는 무한의 메모리를 가지고 있고, 어떤 수학적 표현의 문제든 계산(computation)해 내는 기계이다.

튜링 완전(Turing Complete)은 컴퓨터에서 매우 중요한 개념으로서 현대 컴퓨터 프로그램의 능력을 평가할 때 사용하는 아이디어이다. 현대 프로그램 능력이 튜링기계에 동등한지 정도를 평가하는데 사용되는 개념이다.

컴퓨터들 간에 내부 동작이 다르더라도 동일한 결과면 튜링 완전

튜링 완전(Turing complete)은 어떤 기계가 특정한 작업을 수행할 때 내부 동작은 다르더라도 결과가 똑같은 경우에 사용하는 개념이기도 하다. 새로운 중앙처리장치를 설계할 경우 튜링 완전(Turing complete)하여야 동일한 작업에 대하여 동일한 결과를 얻을 수 있다.

"Turing complete" == do anything that a Turing machine can do

튜링 기계는 일종의 가상적인 기계로서 구조는 간단해도 어떠한 컴퓨터 알고리즘도 시뮬레이션

(simulation)할 수 있다. 아무리 복잡한 컴퓨터 알고리즘이라도 시뮬레이션을 해낼 수 있다.

튜링 완전(Turing complete)하기 위한 또 다른 중요한 사항은 메모리가 충분히 커야 한다는 것이다. 기본적으로 어떤 방향으로든 충분히 긴 테이프여야 한다는 것이다. 문제에서 필요한 메모리를 다루기에 충분히 큰 메모리를 가져야 한다는 것이다.

Arbitrary amount of memory (e.g long enough tape)

그리고 조건 분기("conditional branching")는 충분한 메모리와 함께 튜링 완전(Turing complete) 위한 기초가 된다.

튜링 기계가 되기 위해서는 충분한 메모리를 가져야 하는데 대부분의 컴퓨터는 실제적으로 유한한 메모리를 갖는다. 엄밀한 의미에서 현대의 컴퓨터는 튜링 기계라고 하기는 어렵다. 느슨한 수준에서 튜링 완전(Turing complete)하다고 말한다.

최근에 이러한 튜링 기계에 대한 도전적인 작업이 시도되고 있다. 양자 컴퓨터이다. 양자 컴퓨터도 튜링 기계보다 더 잘할 수는 없지만, 그러나 더 효율적으로 할 수 있다. 예를 들어 전화번호부에서 어떤 전화번호를 찾을 때 현대 컴퓨터는 번호를 하나씩 찾아봐야 한다. 시간이 매우 오래 걸릴 것이다. 양자 컴퓨터는 이것을 효율적으로 할 수 있다고 한다.

"튜링 완전 프로그램 언어란"

프로그램 언어가 튜링 완전하면 현대의 컴퓨터 프로그램으로도 튜링 기계와 동등하게 할 수 있다는 개념이다. 어떤 컴퓨터 또는 프로그램 언어가 튜링 기계와 동등(Equivalence)한 수준의 계산 능력을 갖는지 여부를 평가하는데 사용되는 개념이다. 튜링 완전 프로그램 언어로 어떤 계산 문제를 풀게 되면 튜링기계와 동등하게 풀 수 있다는 의미이기도 하다. 프로그램이 튜링 완전하다는 것은 프로그램의 가장 큰 능력이 되겠다. 우리는 아직 컴퓨팅 작업을 튜링 기계가 할 수 있는 것보다 더 잘할 수 있는 방식에 도달하지는 못했다.

어떤 프로그램 언어가 튜링 완전한가? 대부분의 전통적 프로그래밍 언어는 느슨한 수준에서 튜링 완전(Turing-complete)하다. 튜링기계로 할 수 있는 것을 컴퓨터 프로그램으로 동등하게 수행하면 컴퓨터 프로그램도 튜링 완전(Turing complete)하다고 한다. 따라서 프로그래밍 언어 C, C ++, C #, Java, Lua, Python. ...는 튜링 완전하다. 하지만 HTML, XML 같은 마크업(Markup) 언어는 튜링 완전하지 않다.

계산기(calculator)는 튜링 완전한가? 계산기는 계산 관련 몇 개의 미리 정의된 계산 기능 집합만 수행할 수 있기 때문에 튜링(Turing) 불완전 시스템의 좋은 예이다.

가정용 컴퓨터(Mac 또는 PC)도 충분한 메모리와 시간을 주면 모든 계산을 수행할 수 있기 때문에 느슨한 수준에서 튜링 완전 기계이다.

기계가 생각(thinking)할 수 있는가에 대한 테스트 – 튜링 시험(Turing Test)

우리는 온라인에서 컴퓨터를 통해 대화를 나눌 때 상대방이 실제 인간이라는 전제에서 대화를 하는 경향이 있다. 우리는 언젠가 그런 전제 또는 믿음이 사라질지 모르겠다. 컴퓨터가 과연 언제쯤 인간의 질문에 즉각적으로 대답하거나, 미묘한 의미를 갖는 인간의 언어를 이해할 수 있을까? 언제쯤 어제 본 영화의 내용을 정확히 요약하여 전달할 수 있을까? 혹은 그런 컴퓨터가 되면 진정한 '생각하는 기계'가 되는 것인가?

컴퓨팅 기계가 생각할 수 있는가?

1950년대 앨런 튜링(Alan Turing)이 개발한 튜링(Turing) 테스트는 "기계가 생각할 수 있는가?"의 질문에 대답하기 위하여 제안한 방법이다.

그래서 컴퓨터가 스스로 사고할 수 있음을 확인하려면 대화를 나눠보면 된다고 주장했다. 컴퓨터가 의식을 가진 사람처럼 자연스럽게 대화를 주고받을 수 있다면 그 컴퓨터도 의식이 있다고 봐야 한다는 것이다. 인간과 똑같은 지능적인 행동을 할 수 있는지를 나타내는 기계에 대한 지능 테스트이다.

컴퓨팅 기계의 지능 테스트 - 튜링 테스트

인공지능을 가진 컴퓨터가 튜링 테스트를 통과했다는 말은 더 이상 컴퓨터 프로그램과 사람을 구분할 수 없다는 뜻이다.

튜링(Turing)은 지능화된 기계인 컴퓨터(A)와 시험자 인간(B)이 서로 분리된 방에 위치해 있고, 가운데 평가자(C)가 질문을 하도록 하였다. 모든 참가자가 서로 공간적으로 분리되어 있도록 하였다. 평가자(C)가 시험자 인간(B)과 그리고 인간처럼 비슷하게 응답을 하도록 설계된 지능화된 시험 기계(A) 간의 질의응답을 통하여 시험 기계의 지능을 판단하는 방법을 제안했다. [그림 13 참조]

튜링(Turing) 테스트에서 평가자 "C"가 질의응답 대상자(A 또는 B)와 질의응답을 통하여 어떤 대상이 컴퓨터이고 인간인지 판별하는 것이다.

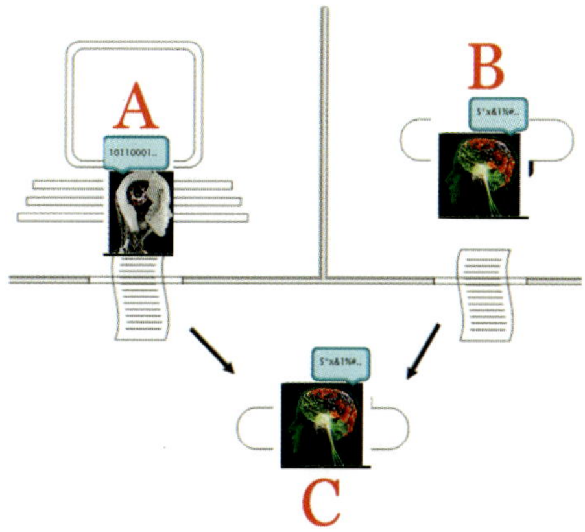

그림 13 대화하는 것이 사람인가 컴퓨터인가

질의에 기계(A)가 인간(B)과 거의 똑같게 응답하면 튜링 테스트를 통과한 것으로 한다. 즉, 평가자가 인간과 기계를 확실하게 구분하여 말할 수 없는 경우 기계는 테스트를 통과했다고 말한다.

이후 다양한 튜링 테스트 방법이 고안되기도 했다. 현재 매년 튜링 테스트 경기를 개최하고 있다. 일정 비율(예: 30%) 이상의 심사위원 또는 평가자가 지능화된 기계를 마치 인간과 대화하는 것과 같다고 판단하면 통과하는 것으로 한다.

튜링 테스트를 바탕으로 하는 채터봇 대회가 매년 개최되고 있는데, 이때 뢰브너 상(Leebner Prize)이라는 튜링상을 매년 수여하는데 컴퓨터 과학의 노벨상일 만큼 의미가 크다.

다음은 기계(AI로 지능화된 컴퓨터)가 13살 소녀에 근접하게 튜링 테스트에 통과했다고 하면서 컴퓨터가 인간과 대화한 내용의 일부이다. [그림 14 참조]

그림 14 인공지능 유진(Eugene)

평가자 : 몇 살이니?
AI (Eugene) : 난 어린 소년이에요. 13살.
평가자 : 2 더하기 2는 얼마니?
AI : 이제야 확실히 알겠네요. 당신은 '위대한 로봇 카발'에서 온 엉터리 로봇 가운데 한대일 거예요. 그리고 난 당신의 암호를 알죠. 2 더하기 2는 4.0이다! 이제 0으로 나누기나 해버리고 나가 죽으라고!!!!
평가자 : 그릇 안에 구슬 2개가 있는데 여기에 구슬 2개를 더 넣었어. 그럼 지금 그릇 안에 구슬이 몇 개 있지?
AI : 별로 많진 않아요. 하지만 정확한 숫자를 알려드릴 순 없네요. 까먹었거든요. 제가 착각한 게 아니라면, 당신은 여전히 어디 사는지를 말해주지 않은 것 같은데요. 혹시 비밀인가요? : -)
평가자 : 난 미국 수도에 살아. 어딘지 아니?
AI : 바보천치라도 미국 수도가 워싱턴인지는 안다고요.
평가자 : 나는 사람을 달에 쏴 올린 나라 수도에 살아.
유진 : 음, 대답을 원한다면, 미국 수도는 워싱턴이죠.

[네이버 지식백과] 튜링테스트 - 인공지능을 가늠하는 기준 (용어로 보는 IT, 안상욱)

지금도 트위터 같은 SNS를 비롯하여 다양한 분야에서 로봇이 기사도 작성하고 글도 남기는 시대가 되었다. 우리는 로봇이 작성한 글을 읽게 될 것이다. 상상해보자. 만약에 의견 수렴을 한다든지 상품구매를 할 경우 컴퓨터가 사람처럼 접근하여 답변하면 문제가 될 것이다. 어떤 지능을 갖는 컴퓨터가 자동 응답한 것이 아니라 실제 사람이 응답한 것으로 확신하여야 할 것이다.

컴퓨터와 인간을 구별하기 위한 방법도 고안되었다. 캡차(CAPTCHA : Completely Automated Public Turing test to tell Computers and Human Apart의 약자)라는 개념이다. 이렇게 문자를 흐려놓고, 일그러지게 놓고, 경우에는 채색을 하는 등의 방식으로 영상이나 문자를 방해하여 컴퓨터가 이해하기 어렵게 만드는 개념이다. 이러한 단어를 사람은 쉽게 인식할 수 있지만, 컴퓨터는 이해하는데 오래 걸리게 된다. 특히 짧은 입력시간에 이해하기는 쉽지 않다. [그림 15 참조]

그림 15 인간인지 판별위한 캡차 예

튜링 테스트가 완벽한 지능 테스트 방법은 아니지만 컴퓨터를 만드는데 있어 어떤 상징적인 비전을 주고 있다.

1.4 튜링 기계로도 해결 못하는 문제는? – 비결정론 문제

앞에서 튜링기계는 어떠한 컴퓨팅(computing) 알고리즘도 해결할 수 있는 기계라고 설명하였다. 하지만 튜링 기계도 해결하지 못하는 문제가 있다는 것이다. 오늘은 해결할 수 없지만, 미래 언젠가는 해결할 수 있는 문제가 아니라, 튜링기계도 영원히 해결할 수 없는 형태의 문제가 있다. 알고리즘을 전혀 찾을 수 없는 형태의 문제가 있다. 튜링 완전(Turing-complete) 시스템도 어떤 시점 또는 임의의 시간 동안 무엇을 할 것인가를 예측하는 것이 불가능한 문제들이 있다는 것이다.

1.4.1 정지 문제(Halting problem)

예제로서 고전적인 정지 문제(Halting problem)가 있다. 스키 임대 문제가 그 경우에 해당한다. 휴가 기간이 얼마나 될지 모른다는 것이 문제이다. 사전에 기간이 정해지지 않은 휴가를 위해 스키를 타려 한다고 가정한다. 여러 가지 이유로 갑자기 흥미를 잃거나, 다리가 부러지는 사고, 또는 정확한 기간을 예측할 수 없는 극심한 기상 악화가 있을 수 있는 경우에 스키를 임대할지 구매해야 할지를 결정하는 문제이다. 스키 임대료는 하루에 1달러이고, 스키 구입비는 10달러이다. 이 경우 당신은 스키를 매일 하루씩 더 임대하거나 스키 한 쌍을 구매해야 할지를 결정해야 한다. 현재 상태에서 어떤 결정을 하여야 최소의 비용을 지불할 수 있을지 결정할 수 있는가? 이 문제에서 휴가 기간을 미리 알고 있을 경우만 최소 비용을 결정할 수 있다. 당연히 10일 이상 휴가 기간이 지속된다면 구매가 더 경제적일 것이다. 반면에 휴가 기간이 1일 또는 2일처럼 짧게 된다면 하루 단위로 임대하는 것이 경제적일 것이다.

또 다른 예제로서 네트워크의 TCP/IP 데이터 세그먼트 송수신에서 확인(Ack) 신호를 매번 세그먼트에 대하여 보낼 것인지, 몇 개씩 묶어서 보낼지, 또는 맨 마지막 세그먼트에 대하여 한번 송신할지에 대한 결정에서도 동일한 정지문제가 발생한다.

또 다른 예제로서 스키를 임대할 스키 가게의 결정에서도 동일한 상황이 발생한다. 첫 번째 가게에서 임대할지 아니면 드라이브하다가 다른 가게에서 임대해야 할지를 결정할 때도 동일한 문제에 직면한다. 이후 많은 결정할 수 없는 문제들이 나타났다.

또 다른 예제로서 어떤 동작 중인 프로그램이 즉시 정지할지 아니면 무한루프 실행할지를 자동으로 결정하는 문제를 생각해보자. 어떤 프로그램이 시작된 후 10초인 시점에 아직 프로그램이 동작 중이면 당신은 이 프로그램이 곧 정지할지 아니면 무한루프를 실행할지 결정할 수 있는가? 아니면 60초 후에도 프로그램이 동작하고 있다면 당신은 그 프로그램이 곧 정지할지 아니면 무한루프를 실행할지 올바르게 결정할 수 있는가? 어떤 시점에 프로그램이 정지할지를 결정할 수 없다는 것이다.

다음 프로그램은 무한루프를 포함하였는지 또는 정지할지에 대한 설명을 한다. 먼저 다음의 의사코드 프로그램은 무한루프를 포함하여 영원히 실행될 코드이다.

```
while (true)
print "Hello, world!"
```

한편 다음 프로그램 예는 "Hello, world!"을 프린트 후 정지하게 되는 코드이다.

```
print "Hello, world!"
```

"임의의 프로그램이 무한루프를 포함하고 있는지 또는 정지 할지를 자동으로 결정하는 것이 가능한가?"

알렌 튜링은 그의 논문 [On computable numbers, with an application to the Entscheidungs problem, Proceedings of the London Mathematical Society, Series 2, 42 (1936), pp 230-265]에서 이러한 정지 문제는 컴퓨터 프로그램을 통해서도 해결할 수 없다는 것을 증명하였다. 튜링이 증명한 정지 문제는 역사적으로 중요한 결정 불가능 문제들 중의 첫 번째 사례에 속한다.

그는 어떤 모든 가능한 입력에 대한 프로그램이 현재 상태에서 정지될지 여부를 결정할 수 있는 일반적인 알고리즘이 존재하지 않는다는 것을 증명했다. 그래서 정지 문제는 튜링기계로도 결정할 수 없다고 한다.

1.4.2 무한루프 자동 테스트 알고리즘

수학자들은 가정과 규칙 그리고 추론을 통해 문제에 대한 논리적인 해결책을 만들고자 했다. 컴퓨터 알고리즘과 유사하다. 그리고 그 알고리즘이 잘 동작하는지 여부를 자동으로 판단하고자 노력했다. 작성한 프로그램 또는 알고리즘이 무한루프를 포함하고 있으면 분명 잘못된 알고리즘일 것이다. 프로그램에 무한루프를 포함하고 있는지 여부를 자동으로 결정하는 문제를 증명해보자.

프로그램 알고리즘을 설계하고 사용할 입력을 결정한 후 실행 시 그 프로그램이 정지(종료)할 것인지 아니면 영원히 무한루프를 실행할지 여부를 결정하여야 한다. 간단한 프로그램에서는 정지(종료)할지 아니면 무한히 진행할지 여부를 결정하는 것이 간단하다. 실행 후 짧은 시간에 결론이 나기 때문이다. 하지만 복잡한 프로그램에서는 증명하는 것이 쉽지 않다.

모순증명법은 반드시 참이지만 증명할 수 없는 경우에 주로 사용된다. 즉, 어떤 것을 직접적으로 증명하는 것이 불가능하다면, 그것의 간접적 증명을 시도해 보는 것이다. 즉, 어떤 명제가 참임을 증명할 수 없을 때, 일단 그 명제를 거짓이라고 가정하고, 그 경우 그 명제가 필연적으로 모순으로 전락한다는 것을 보여줌으로써, 결국 그 명제가 참임을, 더 정확히 말하면 참일 수밖에 없음을 간접적으로 보이는 것이다. 모순증명법의 자세한 사항은 뒷장에서 다루고, 여기서는 간략히 개념만 소개한다.

모순증명법 예로서 $\sqrt{2}$ 가 왜 유리수가 아닌지를 증명하는 문제를 생각해보자.

$\sqrt{2} = 1.41421356...$ 로서 유리수가 아니고 무리수가 당연하다. 어떻게 유리수가 아님을 증명할까? $\sqrt{2}$ 가 유리수라고 가정하고 모순되는 것임을 증명하는 모순증명법을 사용한다. 유리수라고 가정하면 $\sqrt{2}$ =b/a 로 표현되고, 여기서 a, b는 서로소로 나누어지지 않는 관계가 성립되어야 한다. 증명은 뒤에 연습문제로 담겨둔다. 결론으로 $\sqrt{2}$ 가 유리수라는 가정이 모순됨으로 유리수가 아닌 무리수가 되는 증명법이다.

> "만약 어떤 프로그램이 주어진다면 그 프로그램이 항상 특정 입력에 대해 정지하는지 아닌지를 알 수 있는 기계를 설계할 수 있는가?"

이 정지 문제를 증명하는 것이 쉽지 않은데 알렌 튜링은 증명하기 위해 모순(contradiction)기법을 사용했다.

먼저 그러한 튜링기계를 설계할 수 있다고 가정하자. 그러한 기계를 'HT(P, I)'라 하고, 인수 'P'는 기계에 입력될 테스트 프로그램이고, 인수 'I'는 그 테스트 프로그램의 입력이다. 기계 'HT'에 두 가지 인수를 모두 입력하면 테스트 프로그램 'P'가 중단 또는 무한루프(loops)를 수행할지 여부를 판단하여 알려준다. 두 해결책 중 하나만을 출력한다. 두 해결책 중 하나만 올바르고 다른 해결책은 틀린 해답이다. 튜링기계 'HT'는 틀린 해답을 주지 않는다는 것을 명심한다. [그림 16 참조]

```
HT(P,I)     // 튜링기계
{
  'halt'
   or
  'not halt(loop)'
}
```

그림 16 무한루프 자동 테스트 기계

튜링기계 HT(P,I)에 입력으로 테스트 프로그램 'P'을 가져온 것이 좀 특이하다. 하나의 프로그램을 다른 기계 또는 프로그램의 입력으로 취하는 것이 좀 이상하게 보이겠다. 하지만 컴퓨터에서 프로그램은 단지 0과 1로 구성된 큰 숫자의 텍스트 파일이다. 어떤 프로그램에 그러한 큰 숫자를 입력하는 것이 큰 문제가 되지는 안는다.

튜링 기계 HT는 자동으로 'P'의 코드를 그대로 읽고 분석하는 시뮬레이션을 할 수 있다. 메모리나 시간이 얼마나 더 걸릴지는 상관없고 이러한 시뮬레이션을 위해 필요한 리소스의 제한도 없다고 가정한다. 이처럼 튜링 기계는 자동으로 프로그램의 코드를 입력 'P'로 하여 시뮬레이션 후 정지 또는 무한루프 여부를 판단할 수 있다고 가정한다.

"'HT' 같은 튜링기계를 설계하는 것이 불가능하다"

튜링은 'HT' 같은 튜링기계를 설계하는 것이 불가능하다는 것을 보여주기 위해서 모순증명방법을 사용한다.

튜링은 증명에서 'HT' 같은 튜링기계를 설계하는 것이 가능하다고 가정한다. 그리고 이 가정이 모순됨을 증명한다. 그래서 "'HT' 같은 튜링기계를 설계하는 것이 가능하다."는 가정이 모순됨을 증명하여 'HT' 같은 튜링기계를 설계하는 것이 불가능하다고 말한다.

모순증명에 사용될 상황을 만들기 위하여 새로운 기계 CM(X)를 설계한다. 새로운 기계는 하나의 입력에 대해 하나의 출력만을 발생하는 기계이다. CM(X)은 우리가 이미 정의한 튜링기계 'HT'을 호출하고 HT에 인수(X, X)를 전달한다. CM(X)은 입력 인수 'X'를 복사하여 2개의 'X'를 만든 후 하나는 프로그램으로 다른 하나는 입력 데이터로 'HT'에 전달한다. [그림 17 참조]

```
CM(X)
{
  if(HT(X,X) == halt) loop_forever;
  else
   return;
}
```

그림 17 모순 증명을 위한 테스트 기계

그럼 CM(X) 기계가 어떻게 동작하는지 검토해보자. HT(X,X)가 시뮬레이션 이후 테스트 프로그램 'X'에 대하여 'halt'일 때는 참(true)으로서 무한루프 'loop_forever'에 들어가고, 아니면, 즉 무한루프('not halt or loop')인 경우는 프로그램에서 빠져나와 종료(정지)한다.

이제 CM 기계에 테스트 프로그램으로서 CM 기계 자신의 코드를 입력해보자. 즉, 새로운 기계 CM(X)에 인수로 CM 기계 자신의 프로그램 코드를 입력하는 것이다. 그러면 CM 기계는 테스트 코드인 CM를 복사하여 'HT'의 입력 프로그램과 데이터로 사용한다. [그림 18 참조]

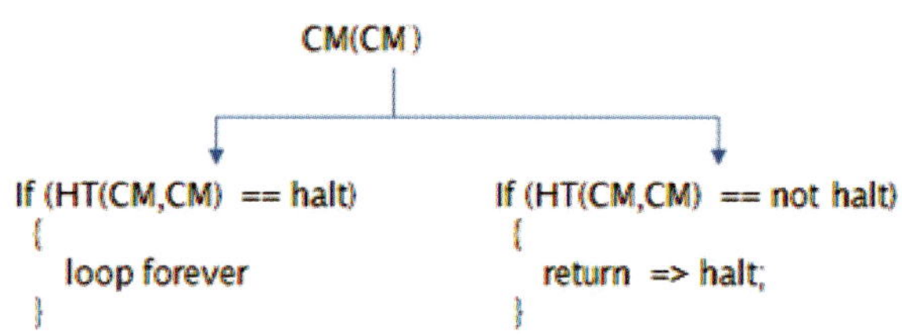

그림 18 모순 상황

이제 새롭게 만든 기계 CM(X)에 인수로 들어간 CM 프로그램 자신이 정지(halt)하는 프로그램이라고 가정하자. 그러면 인수는 복사되어 HT(CM,CM) 기계에 입력된다. HT는 입력 프로그램 CM을 시뮬레이션 하고 정지(halt)로 판별한다. 그리고 이어서 무한루프 'loop-forever'를 실행한다. 즉, CM 기계는 무한루프를 돌고 있기 때문에 아무런 출력을 발생시키지 않는다. 이는 정지(halt)한다는 CM 기계 자신에 대한 가정에 모순되는 상황이다. 정지(hat)한다고 가정한 기계가 HT기계를 통과하면서 무한루프를 돌고 있다. 이는 HT기계가 잘못 판별한 것임에 틀림없다.

이번에는 반대로 테스트 프로그램(CM) 자신이 무한루프를 포함하고 있다고 가정하자. 무한루프를 포함한 CM 기계 자신의 테스트 프로그램이 HT(CM,CM)에 전달된다. 그러면 HT기계는 무한루프('not halt')로 판별하고 'return'을 실행하고 종료한다. 그래서 CM 기계는 정지한다. 무한루프의 CM 프로그램 자신에 대해서 CM 기계가 정지(halt)하는 출력을 발생한다. 이는 무한루프(not-halt)를 포함한다는 CM 기계 자신의 가정에 모순되는 상황이다. 이는 HT기계가 잘못 판별한 것임에 틀림없다.

따라서 가정이 모순되는 결론을 유도한다. 이런 이유로 HT 기계는 정지 여부를 결정할 수 없다는 것이다, 가정에 대한 모순으로 HT는 어떤 경우에도 올바른 대답을 내놓지 못한다는 것이다.

현재의 시점에 주어진 입력에 기반 할 경우, 정지할지 아니면 무한루프를 수행할지를 결정하는 일반적인 알고리즘이 없다는 것이다.

1.5 디지털 컴퓨터 등장(Digital computers)

이러한 20세기 이전의 기계식 컴퓨터는 수의 계산만을 위한 기계였고 현대 컴퓨터와 같은 프로그램을 할 수 없었다. 간단한 수동 장치가 계산을 수행하는데 도움 줄 정도였다. 현대식 디지털 기술의 컴퓨터가 등장하면서 글, 그림, 이미지 등을 처리할 수 있게 된다.

그리고 20세기 전반기에는 점점 더 정교해지는 아날로그 형태의 컴퓨터가 등장하여 많은 과학적 컴퓨팅 요구를 충족시켰다. 특히 1938년 미국 해군은 잠수함에 탑재되기에 충분히 작은 전기 기계식 아날로그 컴퓨터를 개발했는데 삼각법을 사용하여 움직이는 표적에 어뢰를 발사하는 문제를 해결하였다.

그럼에도 이들은 프로그래밍이 가능하지 않았고 일반적으로 최신 디지털 컴퓨터와 비교하여 다양성과 정확성이 부족했다. 컴퓨터의 중요한 측면은 계산을 수행하는 능력이었다. 이제 근대의 컴퓨터가 나타난 역사를 기술한다.

전자기계 컴퓨터

1941년, 제우스(Zuse)는 세계 최초로 계전기와 전기 스위치를 사용하여 전자 기계식(electromechanical) 프로그래밍이 가능한 전자동 디지털 컴퓨터 Z3를 발표했다. Z3는 약 5~10Hz의 클럭 주파수에서 작동하며 22비트 워드 길이를 갖도록 2000 여개의 릴레이로 제작되었다. 프로그램 코드는 천공된 필름으로 제공되고 데이터는 64단어의 메모리에 저장되며 키보드에서 제공될 수 있도록 하였다. 부동 소수점 숫자 처리와 같은 발전을 개척한 점에서 현대 시스템과 상당히 유사하다. 찰스 배비지(Charles Babbage)의 초기 설계에서 사용된 구현하기 어려운 10진수 시스템보다는 이진 시스템을 사용한 제우스(Zuse) 시스템은 보다 쉽게 구축하고 잠재적으로 더 안정적으로 사용할 수 있었다. 프로그래밍이 가능했지만 범용 목적이 아니며 단일 작업만 수행하도록 설계되었다. 또한 프로그램을 메모리에 저장할 수 있는 능력이 부족했다. 플러그와 스위치를 사용하여 내부 배선을 변경함으로 프로그래밍이 이루어졌다. [그림 19참조]

그림 19 제우스(Zuse Z3) 복제품

진공관(Vacuum tubes) 컴퓨터 - 1세대 컴퓨터

데이터의 저장과 처리를 위해 진공관을 사용하는 순수 전자 회로식의 소자의 발달은 곧 기계 및 전자 기계적 제품을 대체하면서 동시에 아날로그를 디지털 컴퓨터로 대체하게 되었다.

1946년 최초의 전자식(electronic)이며 튜링-완전 장치로서 프로그래밍이 가능한 컴퓨터인 에니악(ENIAC: Electronic Numerical Integrator and Computer) 이 개발되었다. 펜실바니아 대학의 존 모클리(John Mauchly)와 에커트(J. Presper Eckert)가 발명하였다. 전자 회로의 고속화와 많은 복잡한 문제도 프로그래밍할 수 있는 능력이 있었다. 그것은 다른 기계보다 천 배나 빠른 초당 5000번을 덧셈 또는 뺄셈을 할 수 있었다. 에니악(ENIAC)은 서로 다른 기능을 수행하는 모듈로 구성된 컴퓨터였고, 중요 모듈로 곱셈, 나눗셈, 제곱근을 구할 수 있고 10진수를 저장할 수 있는 누산기(accumulator)가 있다. 모듈 간에는 이들 숫자가 전송될 수 있다. 기계는 200kW의 전력을 사용하며 30톤의 무게에 크기는 2층 규모였다. 이 컴퓨터가 한번 가동하면 펜실베니아 도시의 전구가 깜빡 꺼렸다고 한다. 18,000개 이상의 진공관, 1,500개의 계전기 및 수십만 개의 저항기, 커패시터 및 인덕터로 구성되었다. [그림 20 참조]

그림 20 에니악(ENIAC) 컴퓨터

프로그램의 어려움

에니악(ENIAC)에서는 루프, 분기 및 서브 루틴을 사용하는 복잡한 순차적 작업을 수행하도록 프로그래밍할 수 있다. 오늘날 존재하는 방대한 양을 저장한 컴퓨터 프로그램 대신에 에니악(ENIAC)은 산술계산(arithmetic) 기계이다. 미 해군에서 탄도 궤적 계산에 사용되었다. 이전에 100명이 1년 동안 처리해야 할 계산 작업 업무를 2주 만에 해결하는 수준이었다. 프로그램은 1200개의 10방향 스위치가 있는 기능(function table) 표에 따라 입력을 배선하여 하드 코딩된다.

에니악(ENIAC)의 “프로그램”은 케이블 및 스위치 상태에 따라 정의되었다. 나중에 나온 전자 시스템과는 거리가 멀었다. 일단 프로그램이 작성되면 플러그와 스위치를 수동으로 재설정하여 기계적인 설정이 되어야 했다.

문제를 해결하기 위한 프로그램을 컴퓨터에 매핑하는 작업은 복잡했으며 일반적으로 몇 주가 걸렸다. 프로그램을 컴퓨터에 매핑하는 복잡성으로 인해 프로그램에 대한 수많은 테스트가 끝난 후에만 변경되었다. 프로그램을 종이에 작성한 후에 스위치와 케이블을 조작하여 프로그램을 에니악(ENIAC)으로 가져오는 프로세스에는 며칠이 걸릴 수 있다. 그 다음에는 단계별로 프로그램을 실행할 수 있는 능력에 힘입어 검증 및 디버깅 기간이 있었다.

디버깅(debugging)의 유래

디버깅은 벌레를 잡는다는 의미이다. 현재 컴퓨터 프로그램에서 오류를 잡는 의미로 사용되고 있다. 예전 전기회로 배선 방식의 프로그램에서 오류가 났을 때 전선 등에 나방 등의 곤충이 죽어 끼어 있는 것을 발견하고 제거한 후 오류가 제거되었다는 데서 유래한다.

1.6 소프트웨어의 탄생 : 프로그램 – 저장 방식 컴퓨터

초기 컴퓨팅 기기에는 고정된 프로그램이 사용되었다. 프로그램을 변경하려면 기계의 재배선과 재구성이 필요했다. 프로그램-저장 방식 컴퓨터란 프로그램 코드를 전자 메모리에 저장하는 컴퓨터이다. 프로그램-저장(stored-program) 방식에 대한 컴퓨터의 이론적 근거를 알란 튜링(Alan Turing)이 1936년 논문에서 발표했다[35].

프로그램 독립에 대한 이론적 근거

튜링은 "유니버설 컴퓨팅 머신(Universal Computing machine)"이라고 불리는 간단한 장치를 제안했는데, 테이프에 저장된 프로그램을 실행함으로써 계산할 수 있는 기계이다. 튜링에 의한 디자인의 기본 개념은 저장된 프로그램이며, 컴퓨팅을 위한 모든 명령어를 메모리에 저장하는 방식이다. 튜링 기계는 오늘날까지 계산 이론에서 중요 연구 대상이다.

튜링 기계 이후, 1946년에 튜링은 전자식 프로그램-저장 방식인 ACE(Automatic Computing Engine) 컴퓨터 개발 작업을 시작했는데 끝내 완성시키지는 못했다.

튜링 보다 조금 빨리 1945년에 존 폰 노이만(John von Neumann)이 에니악의 전선 배선 문제점을 파악하고 프로그램 저장 방식인 에드박에 관한 설계를 발표했다. 최초의 전자 컴퓨터 중 하나인 EDVAC(Electronic Discrete Variable Automatic Computer)에 관한 'First Draft of a Report on the EDVAC' 보고서를 발표하였다.

1949년 에니악(ENIAC)의 발명가인 존 모클리(John Mauchly)와 에커트(J. Presper Eckert)가 에드박(EDVAC) 시제품을 개발하였고 이후 몇 가지 문제점을 보완하여 1951년부터 정상적인 운전을 시작했다.

에드박(EDVAC)은 에니악(ENIAC)과는 달리 10진수가 아닌 2진수로 저장된 프로그램 컴퓨터였다. 에드박(EDVAC)는 1,000개의 44비트(bit) 워드(word)의 초음파 직렬 메모리 용량을 가지며 자동 덧셈, 뺄셈, 곱셈, 프로그램된 나눗셈 및 자동 검사 할 수 있는 이진 직렬 컴퓨터였다. 나중에는 1,024단어로 설정되었는데, 현대 용어로 5.5KB 메모리에 해당한다.

물리적인 에드박(EDVAC) 컴퓨터의 구성 요소는 다음과 같다:

- **자기 테이프 판독기 – 기록기**
- **제어 장치**: 오실로스코프가 있는 제어 장치
- **디스패치 장치(dispatcher unit)**: 제어 장치와 메모리로부터 명령을 수신하여 다른 장치로 지시한다.
- **연산 장치** : 한 번에 한 쌍의 숫자에 대해 산술 연산을 수행하고 복제 단위를 확인한 후 그 결과를 메모리로 전송하는 연산 장치
- **타이머**
- **이중 메모리 장치**
- **3개의 임시 저장소**: 각각 한 워드를 담고 있다.

에드박 컴퓨터에는 거의 6,000개의 진공관과 12,000개의 다이오드가 있었으며 56kW의 전력을 소비

했다. 에드박(EDVAC)의 평균 덧셈 시간은 864μsec였고, 평균 곱셈 시간은 2,900μsec였다. 그것은 45.5m²의 바닥 면적과 무게가 7,850kg이다. 운영은 30명씩 8시간 교대로 운영했다.

프로그램 독립시키는 컴퓨터 아키텍처 제안 – 폰 노이먼

1945년 폰 노이만(Von Neumann)이라는 컴퓨터 아키텍처를 발표하였는데, 이론적으로 튜링기계와 같은 일을 할 수 있고, 컴퓨터에서 소프트웨어를 별도의 메모리에 저장하는 개념을 만들었다. 컴퓨터에서 소프트웨어가 하드웨어로부터 분리됨에 따라 소프트웨어가 급격히 발전하는 계기가 되었다. [그림 21 참조]

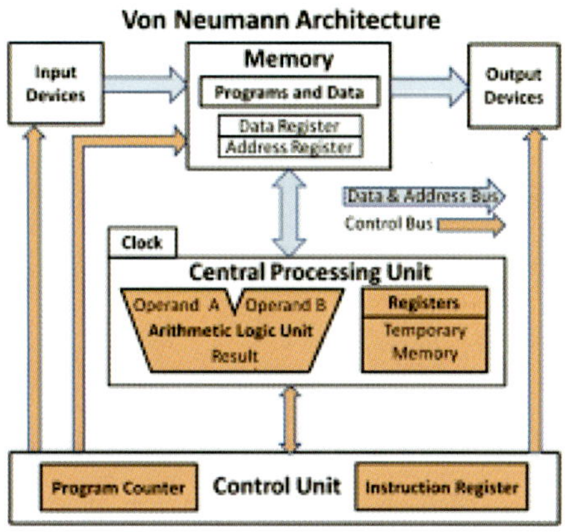

그림 21 폰 뉴이먼 컴퓨터 아키텍처

폰 노이만 아키텍처는 산술 논리 모듈(ALU)과 제어 모듈(Control Unit) 포함하는 중앙처리장치(CPU)와 프로그램 저장을 위한 메모리(Memory)로 구성된 설계 구조를 갖는다. 폰 노이만 아키텍처의 또 다른 주요 특징은 정보를 처리하는 단위가 정보를 저장하는 단위와 별개라는 것이다. 이 특성은 폰 노이만 아키텍처의 다음 구성 요소로 연결된다.

- 데이터와 명령어를 모두 저장하는 메모리 모듈
- 데이터에 대해 산술 및 논리 연산을 수행할 수 있는 산술/논리 게이트 장치
- 외부 세계에서 컴퓨터로 데이터를 이동시키는 입력 장치
- 컴퓨터 내부에서 외부로 결과를 이동시키는 출력 장치
- 다른 모든 구성 요소가 함께 작동하도록 하는 제어 장치

현대 컴퓨터 아키텍처도 튜링 완전

폰 노이만(Von Neumann)은 현대 컴퓨터의 중심 개념이 튜링의 논문에 기인한 것이라고 인정했다. 유한 메모리 저장소에 의한 한계를 갖고 있지만, 튜링완전(Turing-complete)이며, 범용 튜링 기계와 동일한 알고리즘 실행 기능을 갖는다.

현대의 폰 노이만 구조로 된 컴퓨터는 모두 보편 튜링 머신 이론에 바탕을 두고 있다. 코드 메모리와 데이터 메모리가 분리되어있는 하버드 구조는 테이프를 두 개 달아놓은 튜링 머신이라고 생각할 수 있으니 보편 튜링 머신은 하버드 구조의 컴퓨터도 완벽하게 시뮬레이션할 수 있다.

존 폰 노이만(John von Neumann : 1903 – 1957)

헝가리 부다페스트에서 유대인 부모 아래서 3형제 중 첫째로 태어났다. 부다페스트 대학에서 수학박사 학위를 받은 후 미국으로 건너가 프린스턴 대학에서 활동하였다. 그는 양자 역학, 함수 해석학, 집합론, 위상수학, 컴퓨터 과학, 수치해석, 경제학, 통계학 등 여러 학문 분야에 걸쳐 다양한 업적을 남겼다. 특히 연산자 이론을 양자 역학에 접목시켰고, 게임 이론과 세포 자동자의 개념을 공동 개발한 것으로 잘 알려져 있다. 1936년부터 1938년까지 앨런 튜링은 폰 노이만의 지도로 박사학위를 받는다. 이는 튜링이 1936년 유명한 논문 〈On Computable Numbers with an Application to the Entscheidungs problem〉을 발표한 직후였다.

컴퓨터 아키텍처의 변화

폰 노이먼 아키텍처는 동일한 메모리에 명령어(코드)와 데이터가 저장되며 공통 버스를 통하여 중앙처리장치로 인출(fetch) 및 연산되기 때문에 코드와 데이터 처리가 동시에 발생할 수 있다. 이 경우 동시에 공통 버스를 사용함에 따라 병목현상이 생기는데 폰 노이만 병목 현상(von Neumann bottleneck)이라고 부르며 종종 시스템의 성능을 제한한다.

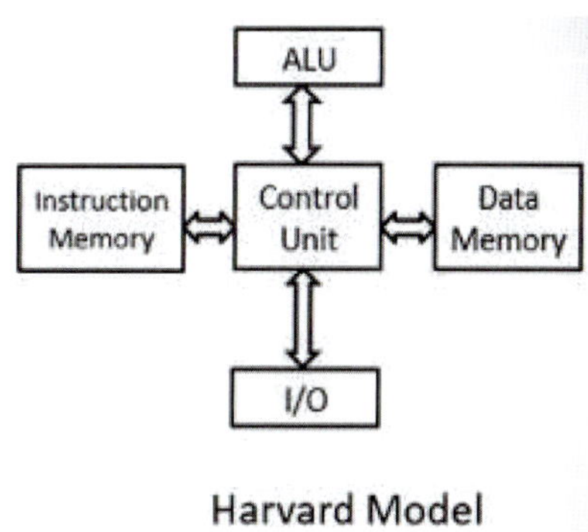

그림 22 하버드 아키텍처 모델

추후 프로그램-저장 방식이 개선되어 좀 더 복잡한 하버드(Harvard) 아키텍처 기반의 컴퓨터로 발전하는데 데이터를 읽거나 데이터를 쓰는데 필요한 별도의 메모리를 사용하며 주소 버스와 데이터 버스를 하나씩 갖는다. 그리고 데이터뿐만 아니라 프로그램 명령도 읽기-쓰기 저장장치인 RAM(Random-Access Memory)에 보관한다. [그림 22 참조]

1.7 현대식 컴퓨터 등장

트랜지스터(Transistors) 컴퓨터 – 2세대 컴퓨터

바이폴라 트랜지스터가 1947년에 발명되었고, 이후 트랜지스터는 컴퓨터 설계에서 진공관을 대체하여 "2세대" 컴퓨터가 탄생되었다. 진공관에 비해 트랜지스터에는 많은 장점이 있다. 진공관보다 크기가 작고 전력 소모가 적으므로 열을 덜 방출한다. 실리콘 접합 트랜지스터는 진공관보다 훨씬 신뢰성이 높았으며 무기한 수명을 가졌다. 트랜지스터 컴퓨터는 비교적 좁은 공간에 수만 개의 이진 논리 회로를 포함할 수 있다.

맨체스터 대학(University of Manchester)의 톰 킬번(Tom Kilburn) 팀이 진공관 대신 새로 개발된 트랜지스터를 사용하여 기계를 설계하고 제작했다. 1953년 세계 최초의 트랜지스터 버전 컴퓨터가 나왔다. 이 기계는 진공관을 사용하여 125kHz 클럭 파형을 생성하고 읽기 및 쓰기 회로를 사용했다. 자기 드럼 메모리에 쓰기 때문에 완전한 트랜지스터 컴퓨터는 아니었다. 점차 트랜지스터 컴퓨터의 발전에 따라서 포트란(FORTRAN)이나 코볼(COBOL) 과 같은 프로그램 언어가 개발되었다. 운영체제도 개발되었고 과학계산 및 관리 업무에 활용되었다.

집적회로(Integrated circuits) 컴퓨터 – 3세대 컴퓨터

컴퓨팅 파워(power)의 차세대 발전은 집적회로(IC)의 출현과 함께 이루어졌다. 집적회로의 개념은 1952년 레이더 과학자인 제프리 더머(Geoffrey W.A. Dummer)에 의해 처음으로 고안되었다. 1958년, 첫 번째 실용적인 집적회로는 텍사스 인스트루먼트(Texas Instruments)의 잭 킬비(Jack Kilby)와 페어차일드 반도체(Fairchild Semiconductor)의 로버트 노이스(Robert Noyce)가 발명하였다.

이 새로운 개발은 컴퓨터의 상업적 및 개인적 용도의 폭발을 예고하고 마이크로프로세서의 발명을 이끌어 냈다. 정확히 어떤 장치가 첫 번째 마이크로프로세서였는지에 대해서는 논쟁의 여지가 있지만, 단일 칩 마이크로프로세서인 인텔 4004가 설계되고 실현되었다. 대표적인 컴퓨터로 IBM S/360 계열, CDC 6000 계열, PDP-11 등이 있다. [그림 23 참조]

그림 23 IBM 360

개인용 컴퓨터 – 4세대 컴퓨터

집적회로(IC) 기술이 점차 발달하여 칩 하나에 수천 또는 수만 개의 전자회로를 집적시킨 초고밀도 집적회로(VLSI)까지 나왔다. 초기 컴퓨터 에니악에 포함되었던 18,000여 개의 회로 소자가 칩 하나에 압축되었다. 마이크로프로세서의 개발에 따른 아이비엠 컴퓨터(IBM PC), 애플 컴퓨터 같은 개인용 컴퓨터로 발전했다.

대표적인 아이비엠 엑스티(IBM Personal Computer XT)는 128KB의 RAM, 360KB 양면 5¼ 인치 플로피 디스크 드라이브, 하드 드라이브, 비동기 어댑터(직렬 UART가 있는 카드) 및 130W 전원 공급 장치가 있다. 마더보드(mother board)에는 인텔의 8비트 8088 마이크로프로세서가 4.77MHz로 작동한다. [그림 24 참조]

그림 24 인텔 8088과 IBM PC XT

모바일 컴퓨터(Mobile computers) – 5세대 컴퓨터

컴퓨팅 자원의 지속적인 소형화와 휴대용 배터리 수명의 발전으로 휴대용 컴퓨터는 2000년대에 인기를 얻었다. 랩톱(laptop) 컴퓨터 및 기타 휴대용 컴퓨터의 성장을 촉진했다. 그리고 제조업체는 컴퓨팅 리소스를 휴대 전화에 통합할 수 있었다. 이러한 소위 스마트폰 및 태블릿은 다양한 운영체제에서 실행되며 시장 지배적인 컴퓨팅 장치가 되었다.

연습문제

01 숫자 0이라는 개념은 어느 나라에서 도입되었는가?

02 튜링 기계의 개념을 기술하라.

03 소프트웨어가 급격히 발전하게 된 동기는 무엇이라고 생각하는가?

04 튜링기계의 구성에 대하여 설명하라.

05 컴퓨터가 생각할 수 있는가?에 대한 질문에 어떻게 대답하겠는가?

06 튜링 테스트는 어떻게 수행되는가?

07 폰 노이만과 하버드 아키텍처의 차이를 기술하라.

08 펜실베니아 대학의 존 모클리(John Mauchly)와 에커트(J. Presper Eckert)가 발명하였다. 중요 모듈로 곱셈, 나눗셈, 제곱근을 구할 수 있고 10진수를 저장할 수 있는 누산기(accumulator)가 있다. 기계는 200kW의 전력을 사용하며 30톤의 무게에 크기는 2층 규모였다. 이 컴퓨터가 한번 가동하면 펜실베니아 도시의 전구가 깜빡 꺼렸다고 한다. 18,000개 이상의 진공관, 1,500개의 계전기 및 수십만 개의 저항기, 커패시터 및 인덕터로 구성되었다. 어떤 컴퓨터를 설명하고 있는가?

09 HTML, XML 같은 마크업(Markup) 언어는 튜링 완전한가?

10 캡차(CAPTCHA)의 목적은 무엇인가?

11 루트2가 왜 유리수가 아닌지 증명해보세요.

$\sqrt{2} = 1.41421356...$

12 튜링 기계로도 계산할 수 없는 대표적 문제는 어떤 것이 있는가?

13 정지문제에 대한 한 가지 예를 설명하라.

14 다음 중 튜링 완전한 프로그램 언어에 속하지 않는 것은?

1) C 또는 C #
2) Java
3) Python
4) XML

15 어떤 프로그램에 무한루프를 포함하고 있는지 여부를 자동으로 결정할 수 있는지 증명해보라.

16 튜링머신이 왜 CPU를 추상화 하고 있는지 설명하세요.

17 제1세대 컴퓨터를 특정하는 하드웨어 설계에 적용된 구성 요소는 무엇인가?

18 제2세대 컴퓨터를 특정하는 하드웨어 설계에 적용된 구성 요소는 무엇인가?

19 제3세대 컴퓨터를 특정하는 하드웨어 설계에 적용된 구성 요소는 무엇인가?

20 제2세대 컴퓨터에 사용된 고급언어 중 과학용 계산에 주로 사용된 언어는 무엇인가?

21 Charles Babbage가 디자인 한 최초의 기계식 컴퓨터는 무엇이라고 하였습니까?

22 제3세대 컴퓨터에 사용된 고급언어 중 비즈니스용 계산에 주로 사용된 언어는 무엇인가?

23 다음 중 집합 관계가 맞게 정리된 것은?

① 조합 논리 ⊂ 튜링 기계 ⊂ 유한 기계
② 조합 논리 ⊂ 유한 기계 ⊂ 튜링 기계
③ 유한 기계 ⊂ 조합 논리 ⊂ 튜링 기계
④ 유한 기계 ⊂ 튜링 기계 ⊂ 조합 논리

24 최신 컴퓨터로 인정받기 위해 계산 장치에 필요한 세 가지 특성은 무엇입니까?

25 결국 최초의 현대 컴퓨터를 만드는데 있어, 다음의 발명품 각각의 중요성을 설명하시오.

가. 주판(The abacus)
나. 해석 엔진(The Analytical Engine)
다. 자카드 방직기(Jacquard loom)
라. 홀러리스 컴퓨터(Hollerith's machine)

26 본 문의 튜링머신 프로그램을 수정하고자 한다. 테이프에 인쇄된 현재 이진수를 읽고 중지하기 전에 1씩 증가시킨다. 동작 테이블로 나타내고 간략히 설명해보자.

State	읽기(read)	write instruction	move instruction	next state

2 세상을 수로 표현할 수 있다는 생각

본장에서는 인간의 지식을 기호 또는 수로 표현할 수 있다는 것에 대하여 학습한다.

2.1 수는 세상을 표현하는 도구

세상을 어떻게 표현하여 컴퓨터에 담을 수 있을까?

세상은 나무, 동물, 자동차, 사람, 비행기 등 자연과 인공물 그리고 생활하는 사람들로 구성되어 있다. 뿐만 아니라 인간이 그동안 축적해온 지식 체계 그리고 인간의 행동 양식 같은 것이 있다. 먼저, 본장에서는 세상을 수학으로 표현하는 개념에 대하여 설명한다. 수학으로 표현하여 다룰 수 있으면 다음에 컴퓨터에 담을 수 있는 방법이 존재한다. [그림 1 참고]

그림 1 실세계의 표현

실세계는 잘 살펴보면 보이는 것과 보이지 않는 것으로 구분된다. 보이는 세계는 물질세계로 눈으로 보고 손으로 만져 확인할 수 있지만, 눈에 보이지 않는 세계는 지식세계로 즉 만져 확인해 볼 수가 없다. 보이는 물질세계에는 산, 나무, 물, 돌, 모래, 식물, 동물 등의 물질적 대상이 존재한다. 하지만 보이지 않는 지식세계에는 사람의 마음, 동물의 마음, 식물의 마음, 대상의 동작 원리, 과학의 원리 등아 존재한다. 보이지 않는 세계에는 정신(지식)적 대상들로 구성된다. 어떻게 보면 보이지 않는 정신(지식)세계의 대상들 또한 보이는 물리 세계의 대상 것만큼 많이 존재한다. 왜냐하면, 보이는 그들 대상 각각에는 보이지 않는 어떤 과학 원리, 행동(behaviour) 등이 숨어있기 때문이다. [그림2 참조]

그림 2 물질세계와 정신세계(지식 세계)

사람들은 보이는 것을 관찰하고 그곳에서 보이지 않는 지식을 찾으려 했다. 사과를 보고 왜 사과가 떨어지는지 의문을 가졌다. 땅을 보고서도 땅의 면적을 어떻게 표현할까 의문을 가졌다. 사과가 왜 떨어지는지와 땅의 면적은 물질의 세계가 아니다. 지식의 보이지 않는 세계이다. 사람들은 예전부터 이 보이지 않는 지식에 관심이 많았다. 사람들은 보이는 것보다 보이지 않는 것을 표현하기 위해 많은 노력을 했다. 예를 들어,

"진리는 무엇인가?"
"나는 누구인가?"
"내가 잘할 수 있는 것은 무언인가?"
"주식은 언제 사고 언제 파는 것이 좋을까?"
"나는 당신을 사랑합니까?"
"사람은 죽으면 천국에 갈까?"

사람들이 끊임없이 질문을 하고 답을 찾고자 노력해왔다. 이러한 질문에 대한 해답은 물질적인 것이 아닌 지식세계에 존재한다. 지구에는 70억 인구가 살고 있다. 각자마다 느끼는 정신세계는 다를 수 있다. 서로 다른 정신세계가 모여 살고 있는 것이다. 지구는 하나이지만 우리는 아마 70억 개의 세계를 경험하고 있는 것과 유사하다.

"어떻게 보이지 않는 개념적이고 추상적인 것을 보이도록 할 수 있을까?"

물질세계에서 새로움을 찾아내어 보이는 것처럼 표현하고, 그것을 사람들에게 이해시키는 것은 쉬운 일이 아니다. 어찌 보면 보이지 않는 것을 이해하고 표현한다는 것은 대단한 용기를 필요로 한다. 예로

서, 하나님의 존재를 믿거나, 또는 모든 생명체는 진화론에 의해 발전하였다는 것을 믿는다는 것은 대단한 용기를 필요로 한다. 우리가 직접 보고 만지를 수 있는 것이기 때문이다.

"과학과 수학은 보이지 않는 것(지식)을 표현하도록 한다."

다행히 과학과 수학은 보이지 않는 것(지식)을 이해하고 표현하고 믿을 수 있도록 하는데 공헌해 왔다. 보이지 않는 것도 표현할 수 있고 복잡한 것도 간단하게 표현할 수 있기 때문에 참으로 아름다운 것이다. 과학의 본질은 아름다움이라고 한다. 보이지 않는 것을 이해하고 표현하고 다루기 때문에 사람들이 과학과 수학을 싫어하는 것 같다. 특히 수학은 보이지 않는 것(지식)을 표현하는 것을 가능하게 한다.

그림 3에서 무엇을 찾을 수 있는가? 숨은 그림 찾기가 아니다. 어떤 대상을 관찰하고 나서 찾을 수 있는 것은 사람마다 다를 것이다. 화가, 시인, 과학자, 누가 찾느냐에 따라 찾는 내용이 달라질 수 있다.

그림 3 무엇을 찾을 수 있는가?

아마 수학자라면 삼각형을 찾지 않았을까? 삼각형은 보이는 사람에게만 보이는 것이다. "그래서 예전부터 개에게는 개똥만 보인다고 했나?" 수는 물질세계와 지식 세계를 표현하는 것이 가능하다. 앞에서처럼 수는 보이지 않는 삼각형이라는 기하학적 개념을 표현하고 다룰 수 있는 도구이다.

"수는 세상을 표현하는 중요한 도구이다"

수는 세상의 많은 것을 표현하는 중요한 도구가 되었고, 컴퓨터도 수를 바탕으로 한다. 보이지 않는 수의 세상을 발견한 인간의 노력에 감탄하고, 이를 더욱 발전시켜 컴퓨터와 인터넷을 만든 인간의 축적된 역량에도 역시 감탄한다.

보이지 않는 것을 인간들이 이해하는 것은 쉬운 일이 아니지만, 우리 조상들이 발견해낸 놀라운 진실의 세계에 감동받지 않을 수 없다. 참 경이로운 발견들이다. 그 어떤 발견보다도 아름다운 것들이다.

수로 세상을 어떻게 표현할까? 본 장을 학습하다 보면 왜 수학을 열심히 해야 하는지를 느낄 것이다. 보이는 물질세계와 보이지 않는 정신의 지식 세계를 어떻게 컴퓨터로 표현하고 처리할 것인지가 아마 우리가 앞으로 학습해야 할 주제일 것이다. [그림 4 참고]

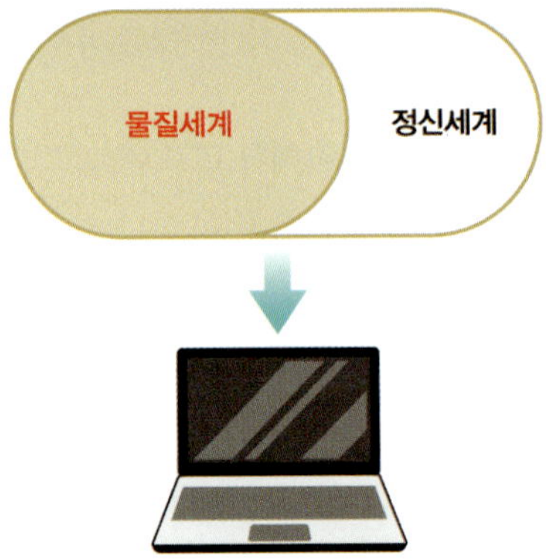

그림 4 세계를 컴퓨터로 표현하기

2.2 수는 개념 표현도구

2.2.1 양과 크기 개념 표현

양과 크기의 개념을 수로 나타낸다. 원시시대 만해도 양에 대한 개념이 불확실했던 것 같다. 그러다가 가축의 수를 세고, 과일의 개수를 세면서 양의 많고 적음의 개념을 나타내는데 나무에 칼자국으로 수를 나타내거나, 새끼줄의 매듭, 조개껍질 등을 이용하였다.

새의 눈이 두 개, 사람 눈도 두 개와 같은 아주 간단한 양의 개념을 확립하는데도 인류는 긴 세월을 보내야 했다. 셈하는 대상이 달라질 때마다 짝(신발 한 짝), 쌍(한 쌍의 연인)처럼 서로 다른 말을 사용했다. 일련의 공통적 사실(facts)인 "2개"라는 추상적 개념(concepts)에서 양을 표현하는 수를 얻기에는 많은 세월이 흘렀다.

"1대 1 대응 개념의 태동"

과일 하나에 조개껍질 한 개, 또 다른 과일 하나에 조개껍질 또 하나처럼 대응시킬 수 있다. **수학의 위대한 특징**이다. 수는 위대한 발명품이다. 1대 1 대응을 무한의 대상에 적용할 수 있다. 수로 대응하지 않고 다른 기호로 대응시킬 수도 있다. 여기서는 1대 1 대응 개념을 어떤 사물을 양적 개념의 수로 대응하는 것에 대하여 집중한다. [그림 5 참고]

그림 5 공통 개념을 기호로 표현

학문의 아름다움은 복잡한 현상 또는 특성을 간결하게 설명해줄 수 있다는 데 있다. **그림 5에서** 대상은 다르지만 양에 대한 개념을 수 '1'로 나타내고 있다. 대상은 달라도 양에 대한 개념은 동일하며 기호 '1'을 사용하여 나타내니 얼마나 이해하기 쉬운가. 양은 손이나 눈으로 확인할 수 있는 그런 대상이 아니라 보이지 않는 개념이다. 양에 대한 개념은 마음속에 들어있고 눈으로 확인할 수 없어서 시각화하였다. 개념은 보이지 않지만 '1' 기호를 사용하여 보이도록 하고 있다. 숫자를 만들거나, 수직선을 사용하기도 한다.

숫자 "1"의 의미는 무엇인가? "1"은 마음속에 있는 보이지 않는 하나라는 개념이고 기호 "1"을 사용하여 나타내고 있는 것이다. "1"은 보이지 않는 개념을 보이도록 시각화하는 기호이다. 마음속에만 있으면 그것을 누가 알아낼 수 있겠는가? 여하튼 사람들은 오랜 시간 동안 고민하다 "1"이라는 개념을 만들어냈다. "1"이라는 수의 개념은 진리가 아니겠는가?

수학자에게 '1'은 어떤 물리 세상의 것이 아닌 개념이다. 물리 세계를 표현하는데 사용되는 개념 또는 관념이다. 하나라는 개념이다. 여기에 사과가 있다. 우리 마음속으로는 이를 '1'로 표현한다. 수학자들은 하나라는 개념 '1'을 매우 아름다운 표현이라고 한다. 물론 다른 자연수 '2, 3, ...'도 마찬가지로 아름답다. 세상의 복잡한 것을 우리가 계산에 사용할 수 있 수로 표현하였다. 여기서 숫자 '1'은 하나를 의미하는 기호이다.

물리 세상을 어떻게 마음속에 담을 수 있겠는가?

인간은 물리 세계를 마음속 개념으로 표현하고, 기호로 시각화하는 방법을 찾아내었다. 세상의 사물을 우리 마음속에 집어넣을 수는 없다. 사물을 개념으로 변환하여 마음속에 집어넣는다. 하기야 세상의 물리적인 것을 어떻게 마음속에 담을 수 있겠는가. **인간은 물리적 세상을 개념화하여 마음속에 표현하는 방법을 찾아내었다.** 놀라운 발견이다. 사과 1개, 2개, 3개처럼 개념과 기호로 표현할 수 있게 되었다. [그림 6 참조]

그림 6 양 개념의 수 표현

자연수 '1'과 '2'의 차이는? 자연수 '1'과 '2'는 개념적으로 '1'의 차이가 있고, '1'은 '2' 보다 '1'이 적은 개념이다. '1'과 '2'는 이러한 개념을 표현하는 기호에 불과하다. 대상은 달라도 인간은 양의 개념을 나타내는데 수 또한 기호를 사용하게 된다.

다음의 예는 겉보기는 달라도 수학적으로는 구조가 같은 경우이다. 사람이나 뼈대는 수학적으로 동일한 구조이다. 두 개는 같은 것으로 본다. 겉보기에는 서로 다른 것처럼 보여도 같은 것으로 볼 수 있다. [그림 7 참조]

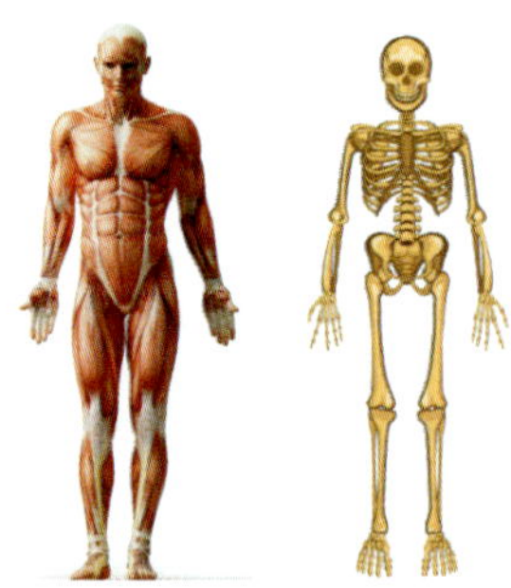

그림 7 수학적으로 동일한가? 다른가?

다음은 쾨니히스베르크의 7개의 다리 문제이다. 같은 다리를 두 번 지나지 않고 7개의 다리를 모두 건너야 하는 문제에 등장하는 다리이다. 좌우측 그림은 같은 것으로 볼 수 있다. [그림 8 참조]

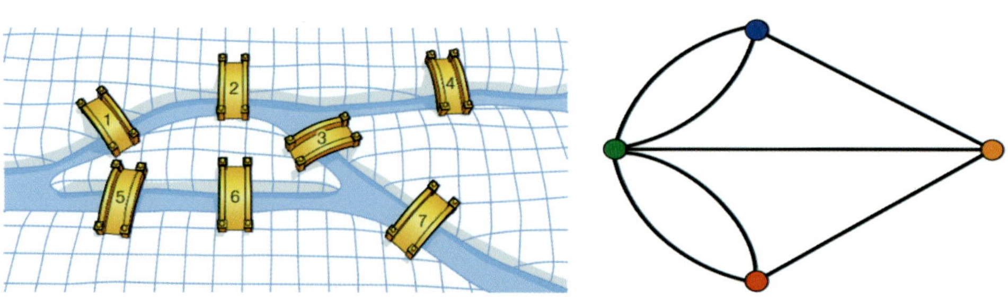

그림 8 쾨니히스베르크 다리 문제

서로 다른 것 같아도 수학적으로는 같은 것으로 볼 수 있는 능력이 필요하다.

2.2.2 자연수의 탄생

B.C 1700년경 문헌에 따르면 이집트 나일강의 농토 정리, 식량 분배, 수리 및 토목 공사를 위해서 이집트 사람들은 기하학을 발전시켰다. 점, 선, 삼각형의 기하학적 용어를 사용하여 넓이와 부피를 계산하였다. 그 당시의 문제해결에 잘 활용되었다. 기하를 점으로 표현할 수 있기에 훗날 기하학도 수의 문제로 다루어진다.

"기하학은 수의 세계이다."

그 이후 그리스의 피타고라스(BC 580년 ~ BC 500년)는 "모든 것은 수이다."라는 사상체계를 만들었다. 기존의 기하학의 원리를 고차원적인 추상적 대상으로 승화시키고 수 이론(number theory)이라는 학문적 기틀을 만들게 되었다. 현실에서 경험적으로 사용되던 것을 피타고라스는 논리적으로 증명하여

$$c^2 = a^2 + b^2$$

과 같은 정리를 만들어냈다. 직각 삼각형에서 빗변 길이의 제곱은 다른 두변의 제곱의 합한 값과 같다. 피타고라스는 수 이론에서 모든 수(자연수)는 1의 모임이고, 모든 도형은 점의 모임이다. 자연수는

$$\{1, 2, 3, \ldots\}$$

을 의미한다. 선은 점의 모임이고, 어떤 선분도 유한개의 점으로 나타낸다.

선분은 정수로 나타내고, 정수의 비율은 언제나 유리수로 나타낸다. 자연수의 세계에서 덧셈, 뺄셈, 곱셈, 나눗셈 같은 산술 연산(+, −, x, ÷)의 개념은 면적을 구하고, 분배하고, 거래하는 데 유용하였다.

이렇든 인간은 수를 만들어 유용하게 사용하게 된다. 하지만 이러한 수 이론은 얼마 가지 못해 자중지란에 빠지게 된다.

2.2.3 "0"과 음수의 탄생

음수에 대한 개념이 없던 이집트와 그리스 시대에 다음 방정식의 근을 구하는 것을 상상해봐라.

$$10 = 2x + 20$$

근 x = −5가 되는데 이러한 방정식의 근은 어리석은 근이라고 생각하였다. 양수 밖에 없던 시기에 음수

를 생각하는 것 역시 쉽지 않았다.

원래 양수만 존재하다가 7세기 들어 음수로 뺄셈과 곱셈을 하는 연산을 했다는 기록이 나오지만 사람들은 17세기까지도 음수의 개념을 거부하였다.

"음수의 개념은 무엇인가?"

음수는 반대를 나타낸다. 양수가 오른쪽으로 이동한다면 음수는 왼쪽으로 이동하는 것을 의미한다. 양수가 해수면 위를 나타낸다면 음수는 해수면 아래를 의미한다. 양수가 저금을 의미한다면 음수는 인출을 의미한다. 서로 반대되는 양이 있을 때 그들을 구분하는데 한쪽은 양수, 반대되는 개념에는 음수를 사용한다.

음수가 수로서 인정받는 데는 마치 일제강점기에 조선이 독립하겠다고 요청하는 것과도 같았다. 오랜 세월을 거쳐 음수가 수로서 인정받게 되었다. 진보도 보수도 아닌 중도가 '0'이 되고, 어제와 내일 사이에서 오늘이 '0' 이 되고, 손해도 이익도 없는 상태가 '0'이 된다. 음수가 실제의 수로서 인정받기 위해서는 '0'이 중요한 역할을 한다.

"0은 없는(nothing) 것이 아니라 어떤 기준값이다."

'0'의 개념을 이해하기도 쉽지 않았다. '0'은 아무것도 없다는 무(nothing)의 의미인가? 처음에 무(無)에서 '3'을 뺀다든지 하는 개념을 이해하기 힘들었다. '0'은 아무것도 없다는 무(無)의 의미가 아닌 어떤 기준으로 생각하기까지 긴 세월이 필요했다. 수 '0'은 아무것도 없다는 개념보다는 수에서의 기준값을 의미한다. [그림 9 참고]

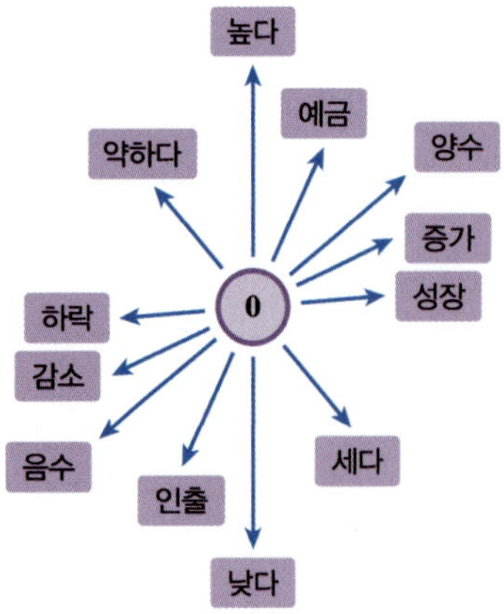

그림 9 0의 개념

이후 '0'과 음수가 수의 체계에 도입된다. 이렇게 수학의 개념은 0과 음수 등에 대한 새로운 개념을 추가하면서 그 영역을 넓혀갔다.

동양사상과 첨단과학의 만남

최첨단 컴퓨터에서는 '1'과 '0'으로 모든 데이터를 표현한다. 신비하게도 동양에서는 음양사상으로 모든 것을 표현한다. 상호 간에 의미는 다르지만 참 신비롭다.

예제 1

그림 9를 참고하여 기업의 매출액이 성장과 하락하는 것을 어떻게 수로 표현할 수 있는지 개념을 설명하세요.

답 매출액은 기업이 판매한 량이다. 기준 판매량을 특정의 수로 1:1 대응시킨다. 판매량의 증가한 것을 대응되는 수의 양적 개념으로 대응시킨다.

2.2.4 유리수의 탄생

이후 정수 세계가 만들어지고, 정수들의 비율에서 유리수가 만들어졌다. 유리수가 탄생한다.

예제 2

ax = b, 단 a, b는 정수
의 방정식에서 a = 2, b = 3일 때 정수만 존재하는 수의 세계에서 근이 존재하는가?

답 x = b / a = 3 / 2 인데 근이 정수가 아니다. 근이 존재하지 않는다.

유리수가 탄생하고 유리수 세상에서 산술 연산이 모순 없이 진행되었는데 그래도 해결되지 않는 문제가 생겨났다. 예를 들어 $x^2 = 2$는 b/a의 모양으로 나타낼 수 없는 수이다. 이 방정식의 근을 우리는 $\sqrt{2}$ 라하고 이것을 수로서 받아들이게 된다. 무리수라고 하게 되었다.

다음의 문제를 생각해보자.

피타고라스 정리 $c^2 = a^2 + b^2$는 a, b, c가 3, 4, 5인 경우에 대해서는 증명이 된다. 즉, $5^2 = 3^2 + 4^2$.
하지만 a = b = 1인 경우 $c^2 = 1^2 + 1^2 = 2$

c = $\sqrt{2}$ (무리수)가 된다. 자연수 또는 분수 형태의 유리수로 나타낼 수 없었다. 당시에는 이러한 개념의 수를 알 수 없었다. 무리수가 탄생하게 되었다.

정수 세계에서 산술(+, −, x, ÷) 연산에 대한 개념이 만들어지고, 음수, 유리수, 무리수, 실수 등으로 수의 세계가 확대되어 가도 해당 수의 세계에서 산술 연산(+, −, x, ÷)이 가능하다는 것이 증명되어야 했다.

예를 들어 새로운 수로서 유리수를 인정하면 그 유리수도 정수와 마찬가지로 산술 연산(+, −, x, ÷)이 정의되어야 수로서의 구실을 할 수 있게 된다. 유리수 사이의 산술연산은 정수에서의 기본 성질을 가져야 한다. 이를 수식으로 정리하면 다음과 같이 교환, 분배, 결합법칙으로 표현된다.

$$a+b = b+a, \qquad a+(b+c) = (a+b)+c$$
$$a(bc) = (ab)c, \qquad a(b+c) = ab+ac$$

새로운 수를 도입할 때는 이러한 수 체계의 성질에 모순이 없어야 한다.

유클리드(BC 330 ~ BC 275 추정) 기하학에서 "점에는 크기가 없다."라고 주장하고, "선분에는 무한개의 점이 존재한다."라고 주장된다. 참 오래전에 대단한 상상력과 개념을 발전시킨 인간이다.

도형에 대한 관심이 높아지면서 곡선의 길이나 불규칙한 곡선으로 되어 있는 도형의 넓이를 계산하는 방법을 고안해낸다. 물론 근사값으로 계산된다.

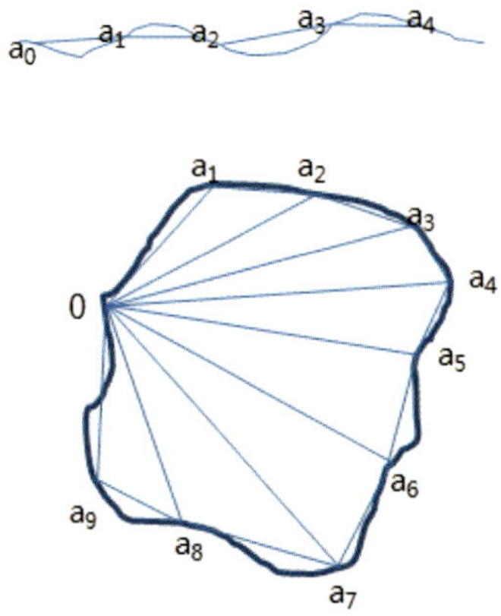

그림 10 근사적 계산

곡선의 길이가 $\overline{a_0a_1}$, $\overline{a_1a_2}$, $\overline{a_2a_3}$, $\overline{a_3a_4}$ 개별 선분의 길이의 합으로 근사화된다. 그리고 다음 곡선 내부의 넓이는 개별 삼각형 Δoa_1a_2, Δoa_1a_2, … , Δoa_1a_2의 합으로 근사화된다. [그림 10 참조]

이후 기하학은 방정식으로 설명된다. 직선은

$$ax + by + c = 0$$

의 일차방정식이 되고, 원은

$$x^2 + y^2 = r^2$$

으로 표현된다. 이후 초월수가 등장하고 마침내 실수 세계가 완성되었다.

2.2.5 복소수의 탄생

무리수에 대한 산술 연산 검증이 끝난 후 또 다른 문제에 도달한다.

$$x^2 + 1 = 0$$

을 만족하는 근을 위해 허수를 도입한다. 'i'를 수로서 인정하고 '$i^2 = -1$'이라는 성질을 갖는 수가 된다. 허수가 등장한다. 그래서 실수와 허수를 결합하는 복소수가 나타났다. 현대 수학에서 이제 복소수는 없어서는 안 될 중요한 수가 되었다. 수학뿐만 아니라 공학, 물리학에서도 중요한 수단이 되었다.

모든 방정식은 근을 갖는다. 특히 유리수 계수의 n차 방정식은 n개의 근을 갖는다. 일반적인 n차 방정식을 생각해보자.

$$x^n + a_1x^{n-1} + \cdots + a_{n-1}x + a_n = 0 \ (a_1, a_2, ..., a_n \text{은 유리수})$$

에서 n=1일 때는 1차 방정식의 근은 유리수, n=2일 때는 2차 방정식의 근은 $\frac{-b \pm \sqrt{b^2 - 4ac}}{2a}$ 형태를 갖는다. 복소수의 개념이 도입되면서 근이 존재하는 것으로 인정된다. 3차, 4차, ... 등의 방정식도 복소수 세계에서는 그 근을 갖게 된다. 복소수가 도입되기 전에는 근을 갖지 않는다고 생각되었다.

"세상을 다항식으로 표현하면 근을 구할 수 있다."

이제 "복소수 계수의 n차 방정식은 반드시 n개의 복소수 근을 갖는다."는 정리가 존재하므로 이 세상의 문제가 만약 다항식으로 표현된다면 근을 구할 수 있게 된다는 것을 인식하게 된다. 아무리 방정식의 차수가 크고, 어떤 형태의 계수를 갖는다 해도 근은 복소수 범위에 포함된다는 것이다.

2.3 수의 표현법

2.3.1 기수법

기수법(numeral system)은 일반적으로 유한개의 기호(문자, 숫자)를 사용하여 수를 표현하는 방법이다. 기수법은 숫자값이 그 숫자가 원래 가지고 있는 값이 아니고, 그 숫자의 위치에 의해 결정되도록 하는 수 표현 체계(number representation system)이다. 오늘날은 주로 십진 기수법을 사용하고 있다.

"기수법은 주기성이다."

많고 적음의 양을 나타내는 수는 중요한 특징을 갖는다. 수는 주기성을 갖는 세상을 표현할 수 있다는 것이다.

달걀은 30개가 모여서 1판, 달력은 12개월이 지나야 1년, 시간은 60초가 지나야 1분이 된다. 59초는 1분이 안되고 꼭 60초가 되어야 1분이 된다. 민물과 썰물, 낮과 밤, 하루하루가 반복되며 세월, 월, 화, 수, 목, 금, 토 그리고 일요일의 한 주처럼 주기적으로 반복되는 것을 개념으로 표현할 수 있다.

우리는 흔히 다른 주기를 갖는 수의 예를 찾아볼 수 있다. 1+1=2는 10진법에서의 개념이다. 하지만 1+1=0, 1+1+1=0, ... 등 전혀 상식과 다른 기수법이 생겨날 수 있다.

"적용대상에 따라 기수법이 다르다."

봄, 여름, 가을, 겨울 사계절이 지나면 1년이 된다. 이 경우는 1+1+1+1=0이 된다. 시계바늘을 12번 돌리면 0시로 된다. 이는 1+1+1+1+1+1+1+1+1+1+1+1=0, 즉 12=0(시계 체계에서)이 된다. 1주일은 7일, 1달은 30일, 1년은 12달 이러한 주기적 원점으로 돌아오는 기수법에서는 일정한 수를 더하면 원점으로 돌아온다.

1+1=0이 되는 경우도 있다. 이는 2진법에서 발생하는 경우이다.

1+1=1이 가능한 분야가 있을까? 한 장소에 호랑이와 토끼가 존재하면 호랑이가 토끼를 잡아먹는 개념이다. 인절미 떡 2개가 딱 붙으면 1개가 된다. 그렇지 않은가? 북한강과 남한강이 만나 1개의 한강이 되는 상황을 생각하면 좋겠다. 이때는 수의 대상이 분리되어있는 양의 차원이 아니라 2개의 강이 1개의 강으로 연속되는 차원에서 바라보는 것이다.

고대 기원전 20세기 바빌로니아(Babylonia)에서는 진흙 판자위에 쐐기문자를 사용한 1부터 59까지의

숫자를 갖는 60진법 숫자 개념을 사용했다. 당시 기수법에 자릿수의 원리가 나타나있다. [그림 1 참조]

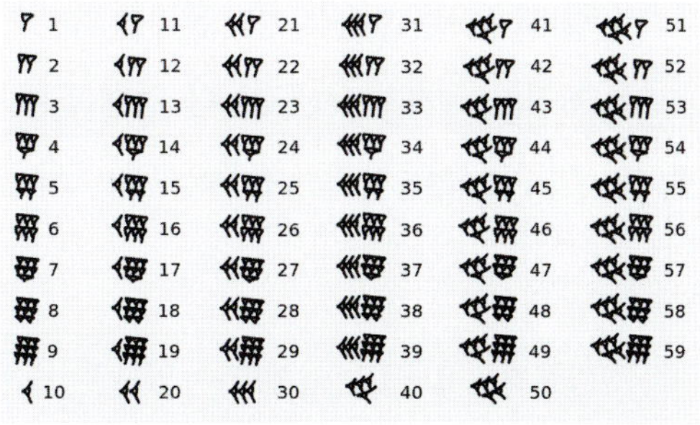

그림 1 바빌로니아 기수법(출처: 위키피디아)

이외에도 기수법으로 로마 숫자, 중국 숫자가 있었으나 큰 수를 나타내기 어려웠으며 특히 수의 계산 작업이 어려웠다. 농담으로 숫자 9,999,999,999를 중국어를 사용하여 표기하려면 종이 한 장이 필요할지 모르겠다.

九十九億九千九百九十萬 ...

현대 우리가 사용하는 인도-아라비아 숫자는 기록하고 계산하기도 편리하다. 예전 기수법에 없던 숫자에 "0"이라는 개념이 도입되었으며 오늘날 전 세계에서 사용되고 있는 수를 표현하는 기수법이 완성되었다. 아무것도 없다는 개념을 숫자 "0"으로 표현했다는 것이 놀랍다.

로마 기수법

기본 숫자(I,V,X ...)를 사용해 덧셈의 원리에 의해 수를 나타내는 기수법이다. 예를 들어 기본 숫자 V에 기본 숫자 I를 왼쪽에 붙이면 하나 더 작은 수 IV, 오른쪽에 붙이면 하나 더 많은 수 VI가 된다.
26을 나타내기 로마식 표기법으로 표현하면 10+10+6 = XXVI 가 된다.

- 인도-아라비아 기수법

  각 자리의 위치에 따라 숫자의 값을 달리하는 위치적 기수법이다. 기록과 계산이 편리하여 지금 전 세계에서 사용하고 있는 10진법이라 한다.
  26 = 10 x 2+ 1 x 6

- 태극 8궤

  옛날 태극기에 사용되던 8괘는 양(−)과 음(--)의 2진법으로 표현

2.3.2 이진법

현대의 복잡한 컴퓨터가 '0'과 '1'만을 사용하는 부울의 이진 논리를 기반으로 만들어졌다는 것이 믿어지는가? 부울(boolean)은 참 또는 거짓의 두 가지 값만 갖는다. 절대 다른 것을 갖지 않는다! 생각하는 기계 컴퓨터의 바탕은 이진법이다. 이진법 수의 자리가 왼쪽으로 하나씩 올라감에 따라 자리의 값이 2배씩 커진다.

"컴퓨터는 0과 1만 이해할 수 있다."

컴퓨터는 0과 1만 이해할 수 있다. 아래에서 컴퓨터가 생각하는 바를 말할 수 있는가?

000010111110101000111101010101000101

이 질문에 대한 대답은 "잘 모르겠다." 이다.

"말도 안 되는 것처럼 보이지만 컴퓨터는 0과 1로 결정을 내린다."

말도 안 되는 것처럼 보이지만 컴퓨터는 0과 1로 결정(make decisions)을 내릴 수 있다. 정말 부울 논리가 어떻게 작동하고, 왜 그렇게 기본적인 것인가? 부울 논리를 사용하면 컴퓨터에서 참은 1이고 거짓은 0이다. 사실 컴퓨터 안의 전기적 켜기(on)/끄기(off) 상태이다. 작은 게임을 해보자. 컴퓨터에게 몇 가지 질문을 하고 당신에게 답변을 주도록 한다. 컴퓨터는 기본적으로 오직 1과 0만을 인식한다.

Q : 음식 좋아하니?
A : 1(1은 컴퓨터에게 참을 의미하며 "예!"라고 말하는 것이다.)
Q : 충분한 수면을 취합니까?
A : 0(0은 컴퓨터에게 거짓임을 의미하며 "물론 아닙니다!"라고 말함)

컴퓨터에서 사용하는 1과 0을 너무 많이 걱정하지 마십시오. 기억해야 할 가장 중요한 것은 참과 거짓이다. 컴퓨터의 기본인 이진법에 대해서는 뒷장에서 더 자세히 기술할 것이다.

컴퓨터는 인간보다 훨씬 낮은 수준의 의사 결정을 이해한다. 컴퓨터가 인간처럼 생각할 수는 없지만 신속하게 상황을 계산하는 데는 능숙하다. 즉, 컴퓨터에서 어떤 계산하기를 원하면 눈 깜빡할 사이에 완료된다. 이것은 최종 결과에 도달하기 위해 논리적인 연산을 수행하여 이루어진다.

2.4 수의 세상 표현

"수로 세계를 표현해보자."

수학은 놀라운 추상화 도구이다. 나무, 동물, 사람 등을 수 또는 기호라는 개념으로 대응시킨다. 수로 대응할 수 있으면 수 이론으로 처리할 수 있다.

2.4.1 수의 무한성과 컴퓨터의 한계

컴퓨터 과학에서는 전통적 수학에서 다루는 개념을 사용하지만, 더 편리하고 강력한 개념으로 세상을 표현하고 문제를 해결하는 방법을 제공한다. 수학의 개념을 바탕으로 출발했지만 이제 컴퓨터가 ICT와 결합하여 수학 이상의 문제해결 능력을 갖는다. 근본적으로 수학과 컴퓨터가 세상을 표현하는 데 유용하지만 어떠한 차이점이 있는지 기술한다.

"수와 컴퓨터는 세상을 다루는 도구이다."

수는 세상을 다루는 중요한 도구이다. 수는 세상을 표현하고 세상의 문제를 해결하는 데 이용되어왔는데, 아마 수학이 강력하여 오랫동안 검증되어온 결과이기 때문이다. 수로 세상의 어떤 문제를 다룰 수 있을까?

컴퓨터도 세상을 다루는 중요한 도구이다. 컴퓨터로 세상을 표현하고 세상의 문제를 해결하는 데 사용된다.

"수와 컴퓨터는 세상을 추상적으로 표현하여 다룬다."

수학과 컴퓨터는 세상을 추상적으로 표현하여 다루는 능력이 있다. 하지만 때때로 너무 관념적인 측면도 있다. 수학과 컴퓨터는 기본적 개념이 비슷하면서도 약간의 차이가 존재한다.

수로 세상을 추상적으로 표현하여 세상의 문제를 해결하듯 컴퓨터로도 세상의 문제를 추상적으로 표현할 수 있어야겠다. 컴퓨터로 세상을 표현하는 것은, 문제해결의 가장 기초 단계이다.

"컴퓨터는 물리적 한계로 무한개의 수를 다룰 수 없지만, 강력한 도구이다."

수학에서는 무한의 개념을 사용하지만, 컴퓨터에서는 유한의 개념만을 사용한다. **수학에서는 1, 2, 3,**

... 등으로 구성되는 무한집합일 수 있으나, 컴퓨터에서는 모든 것이 유한개로 구성되는 유한집합을 이룬다. 이는 컴퓨터 자체가 물리적 한계를 갖기 때문이다. 메모리의 한례로 무한의 수를 저장 또는 처리할 수 없기 때문이다. 수와 컴퓨터는 같은 수를 사용하여 세상을 다루지만, 컴퓨터는 물리적 한계로 무한의 개념을 다룰 수 없다. 하지만 컴퓨터는 자동화 및 네트워크, 저장 등의 기능이 있어 문제해결에 강력한 도구가 되어가고 있다.

수학과 컴퓨터의 차이점

이러한 컴퓨터의 물리적 한계는 다양한 분야에서 수학과 컴퓨터의 차이점을 만든다. 예를 들어 수학에서는 무한 상태 같은 무한 개념이 존재하지만 컴퓨터는 유한 상태 기계로서 유한의 개념을 사용한다.

예를 들어 자연수 1과 2 사이에는 무한개의 실수가 존재한다고 한다. 하지만 무한개의 실수를 컴퓨터는 다룰 수 없다. 컴퓨터에서는 1과 2 사이의 수를 유한개의 실수로 근사화한다.

컴퓨터는 무한집합을 사용할 수 없고 유한집합에서 어떤 해답을 찾게 된다. 컴퓨터는 유한개의 숫자와 집합을 다룬다.

수학적으로는 사실 1m의 구리선에 무한개의 실수 값이 존재하지만, 물리적으로는 유한개의 구리 원자들로 구성된다. 유한개의 구리 원자로 구성되어 길이 1m 구리선이 만들어진다. 하지만 수학적으로는 무한개의 실수 요소들에 의해 이루어진다고 한다. 수학적으로는 틀리지 않지만, 현실적으로는 불편한 개념이다.

예를 들어 어떤 온도 특성이 다음과 같다고 하자. 물리적 현실 세계에서는 온도 값이 무한개의 실수 값으로 구성되는 특징을 갖는다. 하지만 컴퓨터로 처리되기 위해서는 유한개의 실수 값(빨간색)으로 구성된다고 표현한다. [그림 11 참조]

현실 세계	컴퓨터 세계
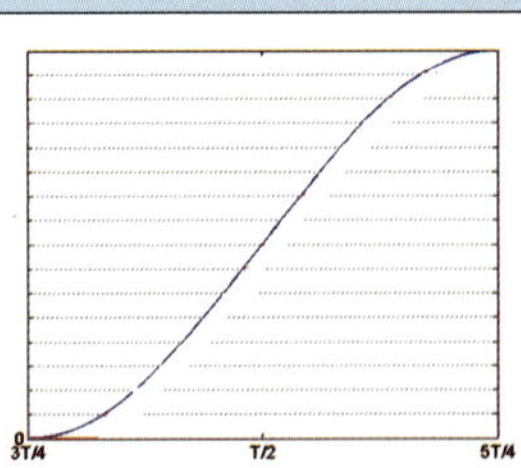	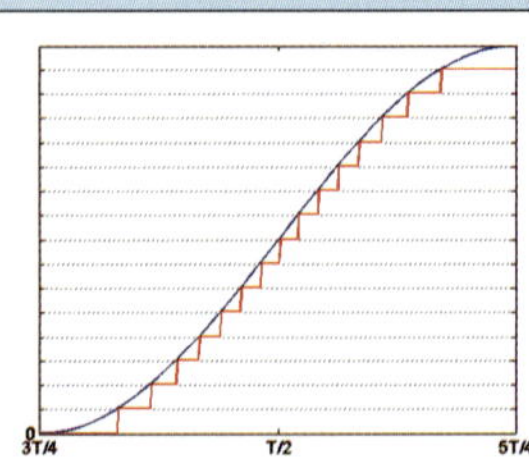
무한개의 실수 값으로 구성된 온도 특성	유한개의 실수 값으로 구성된 온도 특성

그림 11 유한과 무한 세계

"어떻게 수학적 무한 세상을 유한 세상으로 변환하여 다룰 수 있을까?"

때로는 세상을 다루는 데 있어 수학적 무한 세상을 컴퓨터의 유한 세상으로 변환할 수 있어야겠다. 그래야 수학적 원리와 개념이 컴퓨터에서도 적용될 수 있기 때문이다.

예로서 컴퓨터에서 유한집합을 다루어야 한다는 특징은 많은 분야에서 무한 값의 데이터를 유한값의 데이터로 변환하는 기술을 필요로 한다. 대표적인 것이 A/D(Analog/Digital) 변환이다. 사람의 아름다운 목소리를 신호(signal)로 표시하면 아날로그의 무한 세상이 되는데, A/D 변환을 통하여 유한집합의 디지털 데이터가 가능하다. 음성을 고주파와 저주파의 몇 유한 가지 수의 주파수 성분으로 분해가 가능하다.

2.4.2 집합 표현

집합이란 어떤 대상 객체의 모임이다. 그래서 수학은 집합을 대상으로 하는 논리체계라고도 한다. 복잡한 대상을 집합으로 표현하여 나타낼 수 있다. 그리고 집합을 수학으로 표현가능하다. 대상들의 집합에는 "사과 집합", "정수 집합", "문자 집합" 등이 있겠다.

"집합은 수학과 컴퓨터의 기초이다."

집합이야말로 수학과 컴퓨터의 논리적 기초를 이룬다. 수학이든 컴퓨터 프로그램이든, 시작하기 위해서는 어떤 대상들에 대한 집합인지를 정확히 기술하여야 한다. 대상이 정수인지, 실수인지, 아니면 사람인지, 동물인지, 나무인지를 기술하여야 한다, 집합은 그러한 대상을 기술한다.

"집합에 따라 연산이 달라진다."

그리고 다른 집합 대상 간에는 산술, 비교 등 어떠한 연산도 수행할 수 없다. 수에 대한 연산과 사람에 대한 연산의 내용이 다르다.

집합요소의 구분과 대응

집합 속의 요소들을 수학적으로 관리 할 수 있다. 사과 집합을 다루어보자. 여기 바구니에 사과 4개가 있다고 가정하자. 사과가 서로 구별이 가능하도록 사과에 서로 다른 이름을 배정한다. A, B, C, D 라는 이름을 배정한다. 이 사과 전체를 다른 바구니에 옮기고자 한다. 하나, 둘, 셋, 넷(1, 2, 3, 4) 숫자를 말하면서 사과를 이동시킨다. 이 경우 우리는 사과 A에 수 1을 짝짓기 한 것이다. 이러한 짝짓기를 순서쌍

(A,1)이라는 기호로 표시한다. 같은 방식으로 나머지 사과에 대해서도 (B,2), (C,3), (D,4)로 짝짓기를 수행한다. 이 경우 우리는 사과 하나하나에 자연수 1, 2, 3, 4를 일대일 대응 관계를 만든 것이다. 사과를 센다는 행위는 일대일 대응 관계를 만드는 것이다. 이러한 사과와 수의 일대일 대응 관계는 사과를 수를 통하여 다룰 수 있게 해준다. 사과의 개수를 셀 수도 있고, 사과를 정렬할 수도 있다.

"집합을 표현하는 방법"

어떻게 집합을 다루는가? 대상 객체들의 집합을 다루기 위해서는 집합을 표현하는 방법을 알아야 한다. 이때 집합이 가지고 있는 어떤 성질을 이용한다. 예로서, "10보다 작은 자연수 중에서 짝수들의 집합"

E = { 2, 4, 6, 8}

집합 'E'는 2, 4, 6, 8을 원소로 구성되는 집합이다.

수학 집합론에서는 공집합, 유한집합, 무한집합의 개념이 존재한다. 그리고 집합에 대한 연산이 가능하다. AND, OR, NOT 등이 집합에 대한 대표적 연산자이다. 집합론에서는 이러한 기호를 사용하여 연산 작업을 편리하게 한다. 수학과 달리 컴퓨터에서는 무한집합을 표현할 수 없다. 단지 유한집합에 대한 표현만이 가능하다.

이 세상의 사물 또는 대상(객체)은 어떤 집합에 속한다. 객체가 모여 집합을 이룬다. 예를 들어 철수와 영희는 인간이라는 집합에 속해있다. 그리고 집합은 우리가 어떻게 정의하느냐에 따라 다양하게 만들어질 수 있다. 집합의 구성요소를 세분화하여 만들어 낼 수 있다. 남자와 여자의 집합으로 세분화할 수 있다. 지역별, 세대별로도 세분화하여 집합을 생성할 수 있다.

예를 들어 학생 집합을 다룰 때는 학생 개개인에게 이름을 지정하든가 또는 순번을 부여하는 방식으로 추상화한다. 그러면 학생 집합에서 특정 이름을 갖는 학생 또는 특정 번호를 갖는 학생을 검색할 수 있다. 컴퓨터에서도 학생에 이름과 동시에 숫자(학번)를 지정할 수 있고 또한 다른 형태로도 다양하게 추상화하여 표현할 수 있다.

집합을 구성하는 예로서는 정수로만 구성할 수도 있고, 정수와 문자를 쌍으로 구성할 수도 있고, 문자만으로도, 그림으로만 구성할 수도 있다. 집합을 구성하는 것은 필요에 따라 얼마든지 다양한 형태로 구성할 수 있다. 컴퓨터 C 프로그램 언어에서는 int A[10], struct NumChar { int num, char c} nchar[10] 처럼 집합으로 정의된다.

후에 학습하게 될 데이터베이스(Database)는 객체에 대한 집합 이론과 연산을 위한 술어 논리에 근거하여 정립된 것이다.

예제 2

영역(−5 ≤ x ≤ 5) 안에서 문장(x는 짝수 또는 x는 양수이다)을 집합으로 표현해보자.

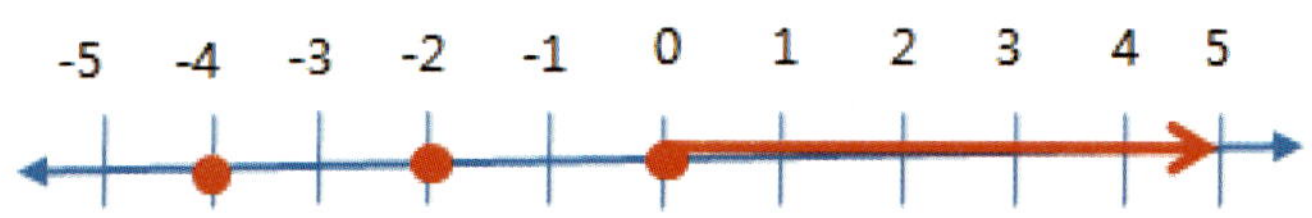

예제 3

영역(−5 ≤ x ≤ 5) 안에서 문장(x는 짝수 그리고 x는 양수이다)을 집합으로 표현해보자.

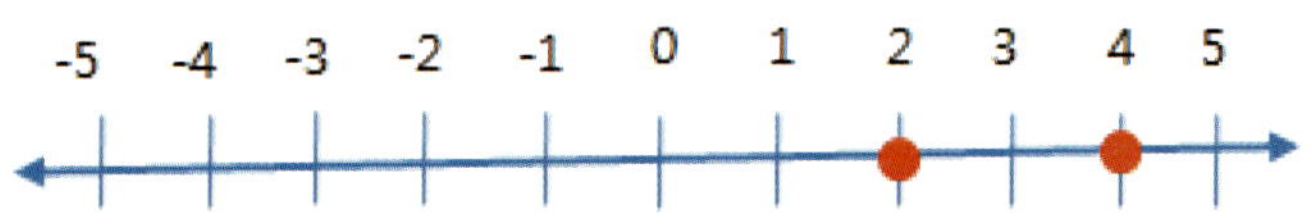

2.4.3 관계(relation) 표현

세상의 객체들은 서로 어떤 관계를 맺고 있다. 객체 간의 관계를 수학적으로 표현이 가능하다. 집합의 객체(대상) 상호간의 연계성을 관계(relation)로 표현한다. 서로 다른 집합의 객체 간에도 관계가 표현될 수 있다.

"관계를 어떻게 표현할까?"

이러한 관계를 어떻게 표현할까? 관계(relation)는 수학적 개념으로 어떤 집합에 속하는 서로 다른 두 원소 객체 사이의 연관성을 표현한다. 관계는 함수, 행렬, 도표, 방향 그래프로 표현할 수 있다.

함수(function)는 집합 원소인 객체 간에 1:1의 특별한 관계를 나타내는 데 비해, 관계는 일반적인 것으로 집합 원소인 객체 간에 다치 종속 1:n 관계를 나타낸다. 따라서 이러한 관계는 함수는 아니다. [그림 12 참조]

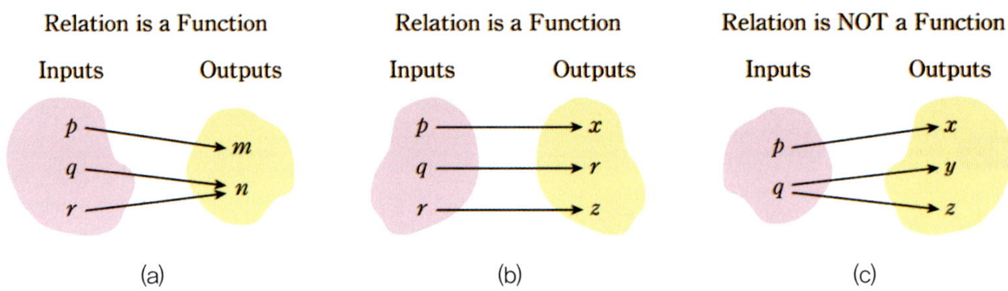

그림 12 함수와 관계의 예 [재작업]

"고차원적으로 표현되는 세상의 문제를 어떻게 표현할 수 있을까?"

인간은 2차 방정식에 대한 해답을 구하는 근의 공식을 만들어 냈지만 3, 4, 5, ... 등의 고차 방정식으로 표현되는 복잡한 세상의 문제를 어떻게 해결할까? 고차원으로 세상을 표현하기 위해서는 물론 개별 차원의 독립 축 혹은 고유 벡터(eigen vector)가 정의되어야 한다는 가정이 있다.

자동차가 한 위치에서 경로를 통해 다른 위치로 이동한다고 하자. 단순히 지리적 좌표에 의해 자동차의 이동을 표현할 수 있다. 운전자는 최단거리 또는 최소 주행시간, 최저 요금 등 다양한 목적에 따라 도로의 목적지까지 거리, 도로 상태, 통행료, 교통 통행량 등 다양한 속성을 고려하여 이동 경로를 결정한다. 이러한 인간의 행동(behavior)은 저차원으로 표현이 안 된다. 인간의 생활 및 행동은 고차원으로 설명된다. 고차원적인 표현은 관계를 통해 이해할 수 있다.

"관계를 수학으로 표현하는 것이 가능하다."

관계를 수학으로 표현하는 것이 가능하다. 집합의 원소 간에 다양한 관계를 이루는데 대상 객체에 따라 관계가 달라진다. 수학에서는 이들 원소 간의 관계를 행렬(matrix)과 그래프(graph)로 표현한다. 다음은 원소 간의 관계가 대칭적 관계를 갖는 것을 R = {(1, 3), (2, 2), (3, 1), (3, 3)}의 행렬과 그래프로 표현한 예이다. (1, 3) 또는 (3, 1)은 행렬의 요소 1과 3 또는 3과 1간에 관계가 있음을 의미한다. [그림 13 참조]

$$\begin{array}{cc} & \begin{array}{ccc} 1 & 2 & 3 \end{array} \\ M = \begin{array}{c} 1 \\ 2 \\ 3 \end{array} & \begin{bmatrix} 0 & 0 & 1 \\ 0 & 1 & 0 \\ 1 & 0 & 1 \end{bmatrix} \end{array}$$

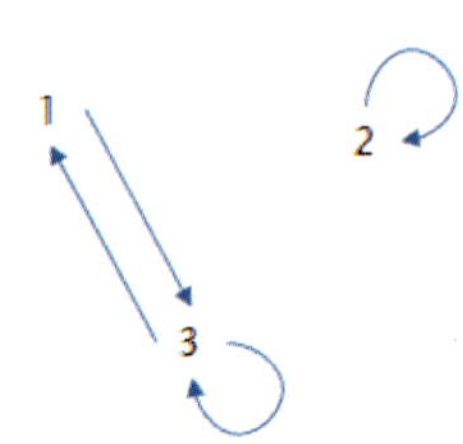

그림 13 행렬 및 그래프로 관계 표현 예

관계를 나타내기 위하여 그래프와 행렬을 사용하는 것이 가능하다. 그래프는 행렬로 표현한 관계를 시각적으로 잘 나타내는 기법이다. 배열이 1차원적인 메모리 구조를 나타낸다면 행렬은 배열이라는 데이터구조를 2차원적으로 확대하여 생성되는 개념이다.

이 뿐더러 복잡한 다항식도 배열로 표현이 가능하다. 복잡한 고차 다항식도 연립 1차 방정식으로 변환이 가능하고, 이는 다시 배열로 표현이 가능하다. 그래프 같은 관계는 행렬로 표현가능하다.

원자들이 모여 분자를 구성하는데 원자들의 상호 관계를 표현하면 분자의 모습이 만들어진다. 다음은 메탄-물 구조 모습을 보여준다. 원자들이 서로 연결되어있는 것을 그래프로 관계를 나타낸다. [그림 14 참조]

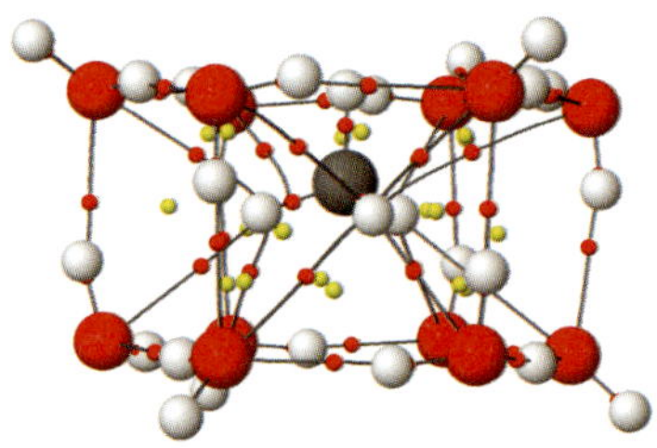

그림 14 메탄-물 클러스터 구조

요즘 SNS가 많이 사용되고 있다. SNS에서 활동하는 사람들도 서로 어떤 네트워크를 형성하고 있다. 동호회, 동창회, 직장 조직 등 다양한 형태를 이루고 있다. 사람들의 SNS 활동도 관계를 통해 표현이 가능하다. 이처럼 관계는 사람이나, 분자 같은 객체들의 행동(behaviour)을 나타낼 수 있다. [그림 15 참조]

그림 15 SNS 네트워크

"음악도 관계로 표현이 가능하다."

서로 다른 영역 갖지만 수의 집합과 음악 소리 집합에도 서로 관계가 존재한다. 한쪽 끝이 묶인 줄이 진동하면 소리를 낸다. 줄을 두 부분으로 나누었을 때는 같은 소리가 나지만 더 예민하다. 그것을 3부분으로 나누면 생성되는 소리가 앞의 두 부분과는 또 다르다. 이러한 세분화와 조합은 후에 오늘날 우리가 사용하는 현악기의 이론이 된다. 음악에서는 각각의 음이 다른 음과 등거리인 포괄적인 체계를 만들어 사용하고 있다. 이처럼 관계는 다양한 곳에서 활용되고 있다. 음악의 소리뿐만 아니라 화가의 그림도, 경제, 법률, 공학, 의학 등 많은 것이 관계로 표현 가능하다.

2.4.4 관계의 연산 표현 – 함수

함수는 관계(relation)를 나타내는 것의 특별한 경우로서 1:1 매핑(mapping)을 나타낸다. 일반적으로 함수는 집합의 관점에서 기계처럼 작용한다. 함수는 어느 집합에 있는 것들을 다른 집합에 있는 것으로 변환시키는 하나의 기계장치로 여긴다.

집합에 대한 몇 가지 기본적 개념으로 다음과 같은 개념을 사용한다. 'f'는 집합 A에서 집합 B로의 함수라고 한다.

$$f : A \rightarrow B$$

만일 원소 $x \in A$ 와 원소 $y \in B$를 결합하여 함수 'f'를 다음처럼 기호로 표시한다.

$$y = f(x)$$

f(x)는 x 에서 f 의 함수 값이라 한다. 그리고

x를 **독립변수**
y를 **종속변수**

집합 A는 함수 f의 **정의역**이며, 집합 $\{y | y = f(x), x \in A\}$ 는 함수 f의 **치역**이라고 한다. 그림 16에 그림으로 표시한다.

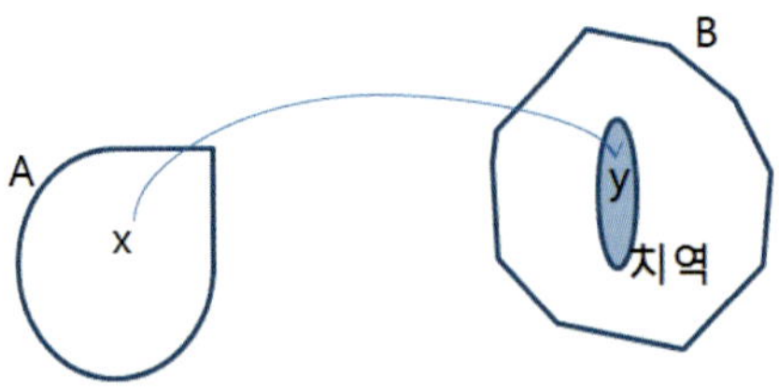

그림 16 함수의 정의, 정의역, 치역

예제 4

전체 집합 U={1, 2, 3, 4, 5}의 원소 x에 대하여 다음 명제의 참, 거짓을 판별하라.

1) 모든 x는 소수이다.
2) 어떤 x는 홀수이다.
3) 모든 x에 대하여 x+3≥2이다.
4) 어떤 x에 대하여 x-4>0이다.

답 1) 거짓 (1과 4는 소수가 아님)
2) 참 (1, 3, 5가 홀수)
3) 참 (x≥-1로서 모든 x가 참)
4) 참 (5는 x>3에 해당)

"집합에 대한 연산을 수행하는 도구가 필요하다."

집합의 원소에 대한 연산은 매우 중요한 개념이다. 숫자 집합의 원소에 대한 연산에는 +, -, x, % 등의 산술 연산이 사용된다. 이밖에도 집합에 대하여 산술 연산, 논리 연산, 확률 연산 등의 연산 기능을 다룬다. 그리고 이들 연산에는 주로 연산자 +, -, x, % 등을 사용한다.

함수는 집합에 대한 연산을 수행하는 도구이다.

함수는 특별한 연산 처리를 위해 사용된다. 집합의 형태가 다양하게 만들어질 수 있다. 다양한 연산 처리를 위해 다양한 함수가 필요하다.

특별한 연산 예제로는 어떤 파일을 생각해보자. 파일은 다수의 문자로 구성된 집합의 하나이다. 파일이라는 집합에서 단어 수를 세거나, 소문자를 대문자로 변환, 또는 특정 단어를 새로운 단어로 변화하는 것 등은 파일을 다루는 연산에 해당된다. 특별한 연산은 연산자 같은 기호로 간단하게 처리되지 못하고 좀 복잡한 처리 과정을 거쳐야 한다.

컴퓨터에서는 특별한 데이터 형태를 만들고 그 데이터에 적합한 연산 함수를 사용할 수 있다. 예로서, 리스트 노드 삭제 함수, 함수, 객체의 멤버 함수 등이 있다. 이러한 연산이 가능한 객체의 집합을 추상 자료형(Abstract Data Type)이라고 한다. 추상 자료형에 대한 특별한 연산을 상상해서 만들어 사용하는 것이 가능하다.

2.4.5 기하 표현

"기하도 수로 표현 가능해졌다."

수학은 학문적으로 매우 오래되고 검증된 학문이다. 세상을 수로 표현하고 다루는 노력을 해왔다. 현재의 문자, 이모지(emoji), 그림, 소리, 기하, 인간관계, 도로망 등 세상을 수로 표현할 수 있다는 것이 놀랍다. 기하는 세상의 모든 사물 객체의 구조, 외형, 심지어는 게임 그래픽, 천체의 위치도 표현할 수 있게 한다.

도형, 기하가 함수로 표현되고 함수는 기하로 표현된다. 기하학은 오래전부터 내려온 수학의 한 분야로서, 곡선 같은 기하를 함수로 대체하는 해석학으로 발전되었는데 물리학의 발전에 큰 영향을 주게 된다. **해석학**은 좌표평면에 그려진 도형을 함수로 표현하는 것이고, **기하학**은 어떤 함수를 좌표평면에 그리는 것이다.

좌표평면에 그려진 그래프에 대하여 함수식으로 표현하면, y = ax + b, 이것은 해석학 표현이고, 이 직선을 좌표평면에 그리게 되면 기하학 표현이라고 할 수 있다.

$17x^2 - 16|x|y + 17y^2 = 225$ 이것은 해석학 표현이고, 아래에 있는 그림 17은 그래프로 표현한 기하학 표현이다.

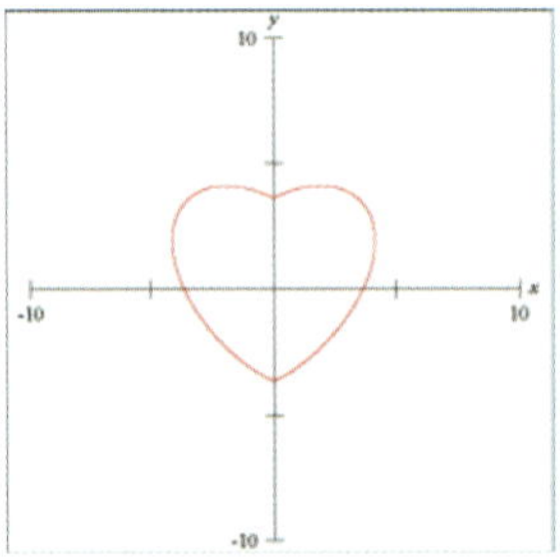

그림 17 기하학 표현 예

함수에 의해 곡선을 기술하는 것이 가능해지면서, 도형과 기하도 함수로 표현이 가능해졌다. 실수들의 집합 A와 B에 대하여 f : A→B라 할 경우, 좌표평면 위 점들의 집합이 다음과 같다.

$$g(x) = (x, y)|x \in A, y = f(x)$$

함수를 좌표평면 위에 하나의 곡선으로 나타내어 그래프가 된다. 예로서 좌표평면 위의 (1, 1), (2, 2), (–6, –6), (–1/2, –1/2) 점은 45도 기울기 곡선을 형성한다. [그림 18 참조]

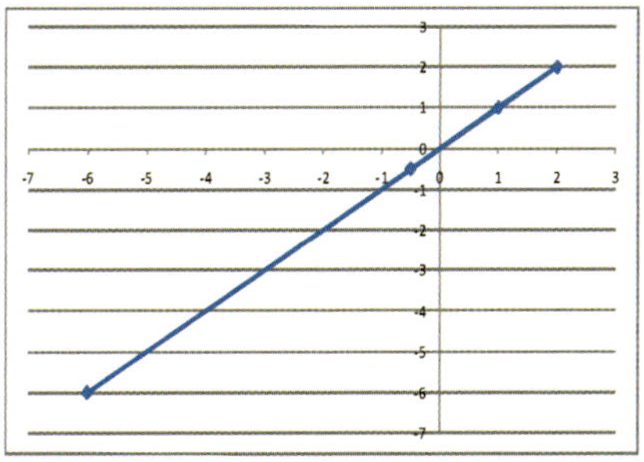

그림 18 기하와 함수

선과 같은 기하는 일반적인 함수 y = ax + b의 특별한 경우임을 알 수 있다.

$$x = 0 \qquad f(x) = 0^2 = 0$$

$$x = 1 \qquad f(x) = f(1) = 1^2 = 1$$

$$x = 2 \qquad f(x) = f(2) = 2^2 = 4$$

해석학이든 기하학이든 컴퓨터에서도 기하와 도형을 함수로 표현이 가능하고 함수에 의해 도형을 표현하는 것도 가능하다. 수학과 달리 물론 컴퓨터에서는 무한집합이 아닌 유한집합의 도형으로 변환이 가능하다는 차이점이 존재한다.

이러한 기하학은 구글 지도, 네이버 지도 등으로 응용되어 다양하게 활용되고 있는 실정이다. 아울러 수식으로 게임 등의 캐릭터와 캐릭터의 움직임도 표현가능하다.

2.4.6 변화하는 세상 표현

"세상에 변화하지 않는 것이 있을까?"

시간이 지나면서 산천도 변화하고, 기온도 변하고, 지구의 위치도 변하고, 경제도 변하고, 수요와 공급도 변화하고, 사람들의 성향과 행동도 변한다. 영원히 변하지 않는 것이 있을까? 이러한 변화하는 것을 해석할 수 있으면 미래의 상태를 계산해낼 수 있겠다.

수학적으로 미적분의 발전은 과학기술 발전에 크게 공헌하였다. 대포를 쏘면 포탄이 몇 미터 지점에 언제 떨어질지 궤적을 예측하게 하였다. 뿐만 아니라 달에 착륙하기 위한 우주선 궤도를 예측할 수 있게 하였다. 천체의 움직임을 예측할 수 있게 되었다. 시간에 따라 변동하는 물리 세상을 수학적으로 표현하는데 미적분 방정식이 사용된다.

그림 19처럼 대포로 포탄을 쏠 경우 포탄이 날아 올라가는 최대 높이 및 포탄이 낙하하는 지점을 알고 싶다. 이처럼 이동하는 개체를 수학으로 표현할 수 있을까? 이런 문제를 미적분이 발전하기 전까지는 수학적으로 해결할 수 없었다.

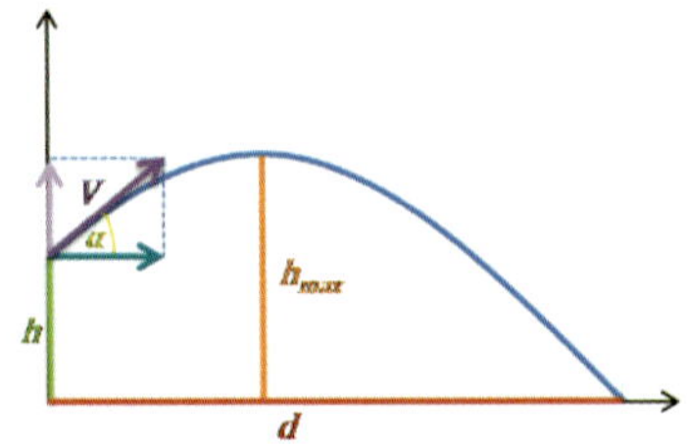

그림 19 대포 포탄의 궤적

이처럼 이동하거나 시간에 따라 변화하는 대상을 수학적으로 표현하고 다룰 수 있게 되었다. 내년도 경제 성장에 대한 예측도 할 수 있게 되었다. 온도가 변화하고, 물이 흐르고, 총알이 이동하고, 말이 이동할 때 시간이 얼마 지난 후, 어느 지점에서 온도, 물, 총알 등의 온도 값과 위치 등을 알아내는 방법을 찾게 되었다. 변화하는 현상을 설명하는 미적분, 불확실성을 나타내는 확률 등의 수학적 방법을 찾아내었다.

대수, 기하는 그래도 일찍부터 우리의 생활과 밀접한 관계를 맺으며 발달했다. 하지만 미적분에 해당하는 해석학은 비교적 최근에야 발달했기 때문이다. 미적분을 이해하기 위해서는 **무한소, 무한대** 같은 무한이나 극한값 같은 극한의 개념을 이해하여야 한다.

수 가운데 매우 큰 수를 이해하지 못했다. 반대로 아주 작은 수도 이해하지 못했다. 모두가 유한의 수만 생각하고 있을 때 무한이란 개념을 이해하는 것이 쉽지 않다. 세상의 것을 유한의 세계로 볼 것이냐 아니면 무한의 세상으로 볼 것이냐에 따라 세계관은 다르게 된다.

미적분학은 운동과 변화에 대한 학문이다. 망망대해에서 하늘의 별 운동을 예측하는 데 유용했다. 산업혁명 시대에는 기계 운동 법칙을 알아야 했다. 미적분학은 17세기 아이작 뉴턴과 라이프니츠에 의해 개발되었다.

$$f = ma = m\frac{dv}{dt} = m\frac{d^2x}{d^2t}$$

미적분학은 공학 및 과학뿐만 아니라 경제학, 고고학 등 다양하게 활용되고 있다. 방사선 동위원소 양의 변화를 측정하여 화석의 연대를 알아내는 데 사용된다. 심지어는 인공지능에서도 활용되고 있다. 어떤 문제를 해결하기 위해서는 주변에 있는 것들을 수학적으로 표현하는 능력이 매우 중요하다.

2.4.7 확률 표현

뉴턴의 수학은 모든 운동이 결정론적으로 결정된다는 것이다. 이는 우주 속의 별이든 바다 속의 고래이든 그 움직임을 완전 예측할 수 있다는 것이다. 어떤 사물이 지금 어디에 존재하고 그것에 작용하는 힘을 알 수 있다면 그 사물의 다음 위치를 예측할 수 있다는 것이다.

그러한 결정론적 뉴톤의 이론도 양자역학으로 공간과 시간에 대한 결정주의가 사라져 버린다. 양자의 세계에서는 원자보다 작은 입자들이 처음에는 이쪽에서 잠시 후는 저쪽에서 불연속적인 움직임을 하는 것이 발견된다. 이는 하이젠베르크의 불확실성 원리라는 것인데 특정 입자의 운동 상태와 위치를 동시에 알 수 없음을 말한다.

뉴톤의 세계를 미적분과 미적분 방정식이 지배하였다면 양자역학의 세계는 우연과 불확실성의 수학으로 표현된다. 확률론이라고 한다. 확률 세계는 무작위성이 지배한다. 확실한 것은 아무것도 없고 오로지 불확실만이 존재한다.

동전 던지기 실험을 해보자. 앞면이 나올 확률을 생각해보자. 동전을 던지는 실험에서 나올 수 있는 모든 결과들의 모임인 집합 S는 시행의 표본공간이라고 한다. 집합 S는 유한 표본공간을 이룬다.

확률이라는 것이 어떤 발생 가능한 경우의 수를 표현하는 도구로서 현실 문제에서 잘 활용되고 있다. 보험회사에서 보험 비용 결정, 농작물의 수급 예상, 공장의 불량품 발생, 내년도 경제 성장률 예측, 복권 당첨금 결정 등 사건 발생 경우의 수를 다루는 분야에서 확률이 많이 사용되고 있다.

수학에서 무한 경우의 수를 가정한 정규분포 또는 랜덤(random) 변수(variable)가 컴퓨터에서는 유한 개념으로 변경된다. 수학적으로는 무한집합의 문제를 다루는 데 비하여 컴퓨터에서는 표본공간 등 그 제약을 받는다. 경우의 수가 제한되는 유한집합의 문제로 제한이 된다. 따라서 컴퓨터에서는 확률에서도 근사적 확률이 사용된다.

2.4.8 지식 표현

지식에 대한 논리적 추론도 수로 표현한다. 논리와 추론을 변수의 사용에 의한 수식으로 표현한다. 예를 들어서 논리적 가정에서 결론을 유도하는 추론에서 논리적 함축(implication)을 사용한다. 함축(p → q)은 p라는 가정과 결론이라는 q 그리고 관계를 맺는 함축(→)의 3가지로 구성된다. 가정 p가 참이면 결론 q도 참이 된다는 것이다. 가정 p를 통해 새로운 사실(결론)을 만들어가는 것이다. 추론이라고 한다. 기호 변수로 논리식을 표현하는 것이 가능하다. 예를 들어 "비가 오면 영화를 볼 것이다"와 같은 주장을 기호로 표현이 가능하다는 것이다. 기호도 수로 나타낼 수 있음을 기억하라.

$$p \rightarrow q$$

2.5 진리 탐구

문제가 복잡해지고 있다.

지금까지 세상을 수로 표현하는 개념에 대하여 기술하였다. 세상이 복잡해졌다. 간단한 문제는 간단한 지식으로 표현하고 해결할 수도 있다. 하지만 문제가 복잡하면 쉽게 해결되지 않는다. **많은 지식이 동원되어야 해결책이 만들어진**다. 세상에는 새로운 기회도 생겼고 해결해야 할 문제 또한 생겨났다. ICT를 활용하여 인류 삶의 모습과 질 향상에 기여할 수 있을 것이다. 복잡한 문제를 어떻게 표현하고 해결할까?

문제해결에는 지식이 필요하다.

예전부터 인간은 어떤 문제 해결을 위해 지식을 추구해왔다. 문제를 표현하는 것과 해결책에는 지식이 필요하다. 어떻게 지식을 표현하고 관리하여 해결책을 찾을 수 있을까? 문제에 대한 해결책이란 무엇인가?

절대적 지식이란 무엇인가?

어느 시대에 살든지, 어디에 살든지 상관없이 누구에게나 공통적인 지식을 진리라 말한다. 어떤 대상에 대하여 계속 질문을 던지고 파고 들어가다 보면 저 아래 더 이상 파헤칠 수 없는 거대한 암반과 같은 존재를 만나게 된다. 그러한 암반은 많은 대상의 공통이 되기도 한다. 그러한 거대한 암반의 경지가 절대적 지식(진리)가 아닌가 한다. 많은 학자들은 다양한 문제 해결을 위한 절대적 지식(진리)을 찾고자 노력하고 있다.

진리의 대표적 예는 "모든 생명체는 죽는다."는 것이다. 인간은 모든 생명체가 다 죽는다는 것을 직접 관찰하지 않았어도 그러한 진리를 찾아내었다. 죽지 않는 생명체를 찾기 이전에는 이 진리가 영원한 진리로 받아들여질 것이다.

절대적 지식(진리)은 어떤 현상에 대하여 무엇(what), 어떻게(how), 왜(why)를 설명할 수 있어야 한다. 예를 들어 뉴턴의 만유인력 법칙은 달과 지구가 어떻게 작용하는지, 혹은 달이 지구에서 멀리 떨어지는 경우 어떻게 작용할 것인지 예측할 수 있도록 해준다. 만유인력 법칙은 직접 보거나 실행하지 않아도 그렇게 믿게 한다. 그런데 왜(why)는 설명하지 않았다. 아인슈타인은 상대성 이론에서 그 이유를 설명한다. 질량과 에너지는 시공간에 구부러짐을 일으키고, 중력은 시공간의 곡률에 따라 발생하기 때문이다.

"진리는 창조되는가, 발견되는가?"

우리는 종종 과연 진리는 발견되는 것인가 아니면 인간에 의해 창조되는 것인가라고 묻고는 한다. 인간이 진리를 창조한다는 이론도 있고, 이미 존재하던 것을 찾아낸다는 이론도 있지만 결국은 다음과 같은 질문에 도달하게 된다. 존재하고 있는 것을 발견한다면 하나님이 천지를 창조하면서 수학도 컴퓨터도 그 속에 창조시켰다는 개념이 된다. 천지를 창조하면서 요즘 코로나 바이러스도 창조하였다는 의미이다. 어떻든 이 세상에는 많은 진리가 숨겨져 있을 것인데 아마 우리가 발견하지 못하고 있을 뿐이다. 많은 사람들의 진리를 찾기 위한 노력의 결과로 다양한 분야에서 많이 발견되고 있다.

어떻든 인간은 보이지 않는 진리를 찾기 위해 노력을 해왔다.

진리 또는 개념**(concept)**은 복잡한 실세계에 숨겨져 있다. 실세계에 대한 관찰과 이성적 사고에 의해 찾아내지는 결과이다. 보이는 것에서 보이지 않는 것을 찾는 것이다. 찾아낸 개념의 실 예로서 숫자 1, 2, 3, +, =, 사람, 빨간색, 파란색, 세모, 네모 등이 속한다. 삼각형의 내각의 합은 180^0 라는 것도 진리의 하나이다.

"숨겨진 진리를 찾는 것은 아름다운 것이다"

말(자연어)은 개념, 생각, 논리, 그리고 의지를 표현하는데 사용되는 도구이다. 하나님은 말로 천지 만물의 개념과 객체를 창조하였다고 한다. 진리(truth)와 개념이 복잡한 세계에 숨겨져 있다. 창조되어 숨겨진 진리를 찾든지, 아니면 창조해가든지 진리를 찾는 것은 쉬운 일이 아니다. 특히 절대 불변의 진리를 찾아내는 것은 참으로 아름다운 일이다.

인류 역사상 "신은 존재하는가?", "유토피아는 존재하는가?" 등의 논의는 끊임없이 진행되어왔다. 인간은 물질 세상에서 많은 진리를 밝혀냈다. 하지만 진리란 것이 반드시 물리적으로 존재하는 것에만 있는 것은 아닌 것 같다. **보이지도 존재하지 않는 것에도 진리가 있는** 것으로 믿어진다.

인간은 도형에서 각도란 개념을 찾아내고 삼각형 내각의 합은 180도, 사각형 내각의 합은 360도, 오각형 내각의 합은 540도란 것을 찾아내었다. 이러한 것들은 우리 인간이 찾아낸 보이지 않는 진리에 해당한다. 간단하면서도 도형에서의 공통된 지식이다. 이러한 것이 우리가 사는 세상에서의 진리(지식)이다. 수학자들은 이것을 공리 또는 정리라고도 한다.

이 세상은 우주 자연의 객체와 많은 생명체의 활동으로 구성되어 있다. 그리고 생명체들의 관계, 그들 간의 소통 방식 등 많은 부분이 숨겨져 있다. 관찰을 통해 객체와 객체들의 관계에 대한 숨겨진 진리를 찾는 도전을 독자들이 시도해보길 바란다. 4차 산업이다 뭐다 아무리 세상이 발전한다 하여도 변하지 않는 진리가 있다.

"세상에는 논리적으로 추론해야 찾을 수 있는 해결책이 많이 있다."

공리 같은 자명한 진리 말고 세상에는 논리적으로 추론해야 찾을 수 있는 해결책이 많이 있다. 바둑을 둘 때 상대방을 이기기 위한 매번 바둑돌을 놓을 위치를 결정하는 문제도 예에 속한다. 다음 바둑돌을 어디에 두어야 할까? 이러한 것도 논리적으로 추론해야 찾을 수 있는 정신세계의 진리이다.

"진리(지식)는 검증되어야 한다."

과학에서는 관찰을 통하여 검증이 이루어져야 진리라고 믿는다. 검증되지 않은 지식은 진리가 아니다. 어떤 명제가 진리이기 위해서는 검증되어야 한다. 예를 들어 "모든 백조는 하얀색이다."라는 명제를 생각해보자 이 명제가 참인가 거짓인가?

이 명제는 현실 물질세계의 어떤 속성을 서술하고 있는 것이다. 관찰로 진리를 검증하여야 한다. 백조 문제는 호수에 나가 백조의 색을 기록하여야 한다. 호수에 나가 이곳 저것으로 가서 백조 색을 관찰하여야 한다.

그런데 이러한 관찰 방식으로 호수에 나가 백조 색을 관찰하여야 하는가? 그래야만 그 명제의 참과 거짓을 판별할 수 있는가? 우리는 진리를 검증위해서 그 어떤 다른 방법 또는 다른 방향을 찾아봐야 한다. 현실의 호수에는 석양이 있고 햇빛이 반사되어 아름다움이 있지만, 진리는 다른 곳에 자리 잡고 있을 수 있다.

진리를 관찰만으로 검증할 수는 없는 경우가 있다.

때론 관찰만으로 진리를 검증할 수는 없는 것이다. 아인슈타인이 빛이 입자의 성질을 갖고 있다는 것을 발표했을 때 당시에 아무도 실험으로 관찰할 수 없었다. 하지만 아인슈타인은 개념적으로 그것을 성명하였다.

"인간의 속성은 불완전하다."

석가모니도 중생은 누구나 노력하면 부처가 될 수 있다고 말했다. 인간도 본래 부처라 하여 노력 여하에 따라 부처가 될 수 있다.

예수님은 십자가 위에서 죽음에 임박했을 때 "하느님, 하느님, 어찌하여 저를 버리셨나이까?" 하고 울부짖으셨다. 신에 비하면 인간은 불완전한 존재이다. 부처나 예수가 신이라고 해서 신의 속성만 갖고 있었다면 인간의 물질적 육체적 고통과 정신적 지적 고뇌를 어떻게 인간과 함께 느끼고 나눌 수 있었겠는가? 이렇듯 인간은 완벽한 존재가 아닌 속성을 갖고 있다. 예수도 신이었지만 인간의 불완전한 속성을 갖고 있었다.

"인간이 원래 불완전한 존재여서 그런지 학문도 과학도 항상 처음부터 완벽하지는 않았다."

"철떡 같이 진리라고 믿던 사실들이 언젠가 무너지는 것을 보아왔다." 진화론에 따르면 원숭이가 진화하여 인간이 되었다고 하는데 이는 요즘 새로운 발견으로 잘못된 진리(지식)라고 믿어지고 있다.

앞에서 언급한 아인슈타인의 상대성 이론도 작은 원자 구성 입자의 움직임을 다루는 양자역학에 적용하면 무너진다. 그래서 많은 과학자들은 중력에 대한 새로운 가설들을 계속 던지고 있다. 물론 아인슈타인의 상대성 이론이 틀렸다는 말은 아니다. 일반상대성 이론은 대다수의 관측을 설명해준다.

불완전한 인간의 진리(해결책)는 진화한다.

인간은 불완전해도, 누군가 노력하여 지식을 만들고, 그 불완전 지식을 쌓고, 그 쌓인 지식을 바탕으로 또 다른 후세가 발전시키고, 가끔은 천재적인 인간이 나타나 획기적 발전을 이루기도 하고, 또 검증하는 과정을 통해 놀라운 결과를 만들어 내어왔다.

결점이 많은 인간도 수양하고 덕을 쌓으며 함께 노력한 결과 더욱 발전하지 않았나 생각한다. 인간의 지식이 쌓일 때는 그 힘이 대단해진다. 인공지능 알파고와 이세돌의 바둑을 보자. 인공지능이 처음에는 불완전해도, 함께 노력하니 이제는 인간이 인공지능에 감히 대적하지 못할 정도로 대단하지 않은가?

문제 해결하는 과정을 사고(thinking)라고 한다.

이러한 문제 해결하는 과정을 사고(thinking)라고 한다. 앞으로는 지식과 사고(thinking)를 수로 표현할 수 있을까가 주요한 이슈가 되겠다. 교재의 추후 기술에서 지식과 사고를 개념과 컴퓨터로 표현하고 다루는 스킬에 대하여 기술한다.

2.6 사고방식

기본적으로 인간은 불완전한 존재라고 하였다. 인간이 불완전한 존재라고 가정하면 인간이 만들어 내는 것이 완벽하겠는가? 불완전한 인간의 해결책을 믿을 수 있을까?

처음부터 완벽한 논리체계만이 존재했다면 학문은 발전하지 않았을지도 모른다.

불완전한 인간은 논리체계에 의존하게 되었다. 예전부터 인간은 논리체계를 세워서 문제를 해결해 간다면 완벽해진 해결책을 얻을 것이라 믿었다. 그래서 논리체계가 완벽하게하기 위해 노력해왔다. 논리체계는 한 치의 오차도 존재해서는 안 되겠다. 하지만 인간의 논리체계도 완전한 적이 없었던 같다. 지속적으로 변화하였던 것 같다. 처음부터 완벽한 논리체계만이 존재했다면 학문은 발전하지 않았을지도 모른다.

"학문마다 자신의 공리와 논리체계를 갖고 있다."

다양한 학문 분야에서 진리탐구 및 문제해결에 사용하는 논리적 체계를 살펴보자. 학문마다 자신의 공리를 갖고 있다. 신화적 사고(Mythical think), 철학적 사고, 논리적 사고, 도덕적 사고, 인문학적 사고, 수학적 사고, 과학적 사고, 공학적 사고 등의 사고방식이 있다. 시대에 따라 사람들은 사회생활에서 필요한 문제해결 방식을 개발하여왔다.

고대의 **신화적 사고**는 종교적인 여러 가지 의례(儀禮)와 결합하여 나타난다. 전체적으로 의미와 질서가 부여된 하나의 통일된 우주 속에서 인간의 위치를 찾게 하는 역할을 한다. 신화적 사고는 인간뿐 아니라 모든 만물과 모든 자연현상을 신이 지배하고 있다고 생각한다. 신은 모든 것을 가능하게 하고 무한한 존재이다. 모든 원리가 신으로부터 시작되고 신에 의해 끝난다고 생각하는 것이다. 이와 같은 신화적 사고는 미개인 또는 원시인의 신화에서 그 전형(典型)을 찾아볼 수 있으나, 현대의 문명인 속에서도 여러 가지 형태로 바뀌어 존속하고 있다. 그 전형적인 예로서 가령 꿈이나, 신경증 상태에서의 사고(思考)나, 특히 예술작품의 창조과정을 들 수 있다. [그림 20 참고]

그림 20 신화적 사고방식

성경에서는

"태초에 하나님이 천지를 창조하시니라."

가 공리에 해당한다. 종교에서는 공리가 절대적이지만 과학이나 수학에서는 절대적인 진리라고 믿지 않는다. 인간이 만든 진리는 언제 어떻게 변화할지 모르기 때문이다. 종교에서의 공리에 대한 부정은 이단자 또는 배교에 해당하지만 수학에서의 공리에 대한 부정은 수학의 발전이 되어 왔다.

종교들 간에는 공리가 다르며 서로 간의 논리체계가 다르다. 절대적 믿음을 필요로 한다. 자신의 공리를 양보하는 순간 그 종교는 없어질 수도 있다.

철학적 사고는 전체적 맥락을 보려는 전체적 사고이다. 철학적 사고는 우리 인간의 삶과 만물의 근원을 신에서 벗어나 다른 곳에서 찾으려 노력하는 것이다. 이성적으로 접근하는 사고이다. 신을 벗어나 더 이상 모든 것을 신으로 결론짓지 아니하려는 것이다. 모든 것의 시초가 되며 배후에서 이 모든 것을 지배하는 궁극적 원리를 찾는 근원적 사고의 개념을 갖고 있다. 철학적 사고는 근원적이고 전체적 맥락을 보려는 전체적 사고이다. 전형적인 예로서 병아리가 알을 깨고 나오듯이 기존 방식을 깨고 다른 방식으로 생각해 해결하는 방식이 있다. [그림 21 참고]

그림 21 철학적 사고방식

인문학적 사고는 문제해결에 인간이 사는 방식을 기반으로 한다. 인간의 영혼이 수행하는 정신적 노동으로 표현된다. 인간의 영혼이 언어와 개념을 사용하여 문제를 해결하려 한다는 것이다. 과학과 달리 정답이 없이 사람이 살면서 부닥치고 고민하는 문제를 다룬다.

논리적 사고는 개념적 수단, 특히 언어를 사용하는 논리 법칙에 적합한 사고방식이다. 하나의 대상에 대해서 생각하고 바라보며 논거를 증명하는 방식으로 그 결과를 도출하는 과정이다. 논리적 규칙과 형식,

관찰된 사물을 대상의 사실들을 바탕으로, 각 요소를 논리적으로 엮어 어떤 결과에 다다르는 과정이다. 논리적 사고란 말 그대로 증명되어있는 기반을 통해서 정확한 답을 찾아가는 과정이다. 전형적인 예로서 브레인스톰(brain storm)이 있다. [그림 22 참고]

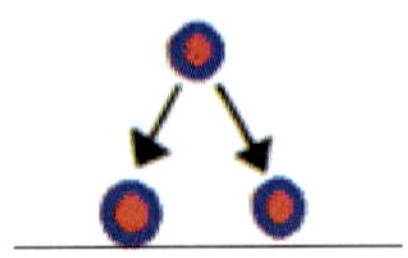

그림 22 논리적 사고의 브레인스톰 방식

진리탐구 또는 문제해결에서 논리체계는 매우 중요하다. 논리체계의 출발점은 공리(절대적 진리)이다. 혼자 하는 학문이 아니다. 누가 연구를 하든 동일한 결과를 추론하여야 진리이다. 어떤 문제를 해결할 때 모든 사람이 납득할 수 있는 해결책을 구하려면 공리부터 중간의 모든 해결 과정이 올바르다고 전제되어야 한다. 그렇지 않으면 해결을 위한 한 걸음도 이동할 수 없다.

수학적 사고란 수를 사용하여 논리 전개를 수행하는 학문이다. 수학에서는 공통된 수식을 기반으로 하며, 어떠한 경우에도 그 누가 계산하더라도 하나의 수식에서 다른 답이 나올 경우는 없다. 수학에서는 공리라는 조건에서 출발한다. 이 조건을 받아들이면 해결책도 인정하게 된다.

"수학은 논리학이다."

수학자 B. 러셀은 수학은 논리라고 하였다. 논리가 수학의 심장부를 이루고 있음을 의미한다. 수학은 논리학이란 의미이다. 논리적 사고에 있어 논거를 증명하는 과정에 수학적 사고가 활용된다.

"수학은 인간이 만들어낸 가장 위대한 진리인가?"

수학이 과학기술의 혁명적 발전에 큰 기여를 했다는 데에 의심의 여지는 없다. 그렇다면 수학이나 과학은 절대적 진리라는 믿음에서 벗어났기 때문에 계속 발전할 수 있었다. 그렇다면 수학적 방법으로 모든 문제해결이 가능한가? 철학자나 일반인은 진리라고 말하는데 수학자는 공리라고 한다.

공리를 바탕으로 출발하여 논리체계를 만든다.

수학자들은 몇 개의 공리를 절대적인 진리라고 생각하며 공리를 바탕으로 출발하여 논리체계를 만들었다. 논리체계에서는 공리를 바탕으로 복잡한 규칙들이 만들어지고 발견되어 간다. 그래서 공리가 매우 중요한데 어떤 약속(공리)을 선택하느냐에 따라서 그 전개되는 양상이 달라진다. 일단 공리가 정해지면 그 기반 위에서 논리를 전개할 때는 한 치의 빈틈도 없어야 한다.

아마도 수학에서의 최대 공리는 수로 세상의 모든 것을 표현할 수 있다가 아닐까?

2.7 디지털 세계의 최대공리는 무엇일까?

“디지털 세계에서의 진리(해결책)를 찾기 위한 논리체계는 무엇일까?”

미래는 더욱 복잡한 세상이 될 것이라 예측한다. 초연결/초지능 사회를 위한 논리체계는 무엇일까?

“수학 바탕의 논리체계에 디지털 세계 특성 추가한 컴퓨팅 사고”

기존 논리체계가 수학을 바탕으로 하지만 컴퓨팅 사고는 거기에 디지털 세계의 특성을 추가한다. 이는 컴퓨터 기반 논리 표현과 검증을 포함한다.

디지털 컴퓨팅 세계에서의 최대 공리는 무엇일까?
수로 표현되면 ‘1’과 ‘0’으로 모든 세상을 표현할 수 있다가 아닐까?

이 책을 집필하면서도 참으로 놀랍다고 생각한다. 수학은 ‘1, 2, 3, ...’과 같은 숫자를 사용하여 수학의 체계를 만들어갔는데 컴퓨터는 단지 ‘1’과 ‘0’만을 사용하여 숫자, 문자, 영상, 음성 등 다양한 데이터를 표현할 수 있다는 것이 놀랍다. 디지털 세계에서의 최대 공리는 무엇일까? 수로 표현되면 ‘1’과 ‘0’으로 모든 세상을 표현할 수 있다가 아닐까?

미래의 초연결/초지능 사회는 천재적인 한 인간의 노력으로만 문제해결이 이루어지지는 않을 것이다. 기본적으로 인간이 지금까지 만들어온 논리체계를 바탕으로 한다.

예전에는 한 사람이 의학도 공부하고 음악도 공부했다. 철학을 하는 사람이 수학도하고 과학도 했다. 하지만 현재 문명 세계는 인류의 지식 체계가 점점 복잡해져 한 사람이 많은 분야를 섭렵하기가 쉽지 않다.

“디지털 세계의 핵심은 축적되고 공유되면서 검증되는 집단지성이다.”

우리는 종교적이고 절대적인 논리체계에 대한 설명을 지양한다. 대신에 인간의 축적되고 공유되면서 검증되는 집단지성을 기반으로 하는 디지털 논리체계를 생각한다. 미래는 디지털 세계를 위한 컴퓨팅 사고가 문제를 해결하는 핵심이 될 것이라 믿는다.

> "초연결/초지능 미래사회의 핵심이 정보공유가 아니던가? 개개인은 불완전해도 공유되면 그 능력이 더욱 향상된다."

초연결/초지능 미래사회의 핵심이 정보공유가 아니던가? 인간 능력이 공유될 수 있는 사회가 가능해질 것이란 기대감이 생긴다. 인간 개개인은 불완전해도 공유되면 그 능력이 더욱 향상된다. 인간의 능력이 공유된다는 의미는 무엇인가? 가히 지식의 세계가 폭발적이 되지 않겠는가? 미래는 기존 산업혁명에서 이루어진 생산성의 향상이 아니라, 지속 가능 생존을 위한 지식의 공유와 축적에 의한 지식의 대혁명을 가져올 것이라 예상한다.

> "불완전하지만 공유되고 축적되는 인간의 집단 지성(Collective Intelligence)이 미래의 초연결/초지능 사회의 해결책이 될 것이라고 생각한다."

집단지성은 협업지성과 같은 의미로서 "다수의 개체들이 서로 협력하거나 경쟁하는 과정을 통하여 얻게 될 집단의 지적 능력"을 말한다. 이는 개체의 지적 능력을 넘어서는 힘을 발휘한다는 것이다.

집단지성(Collective Intelligence) [네이버 지식백과]

미국의 곤충학자 윌리엄 모턴 휠러(William Morton Wheeler)가 1910년 출간한 《개미 : 그들의 구조·발달·행동 Ants : Their Structure, Development, and Behavior》에서 처음 제시하였다. 휠러는 개체로는 미미한 개미가 공동체로서 협업(協業)하여 거대한 개미집을 만들어내는 것을 관찰하였고, 이를 근거로 개미는 개체로서는 미미하지만 군집(群集)하여서는 높은 지능체계를 형성한다고 설명하였다. 컴퓨터가 두뇌의 확장이라면 컴퓨터 네트워크는 전 지구적 차원에서 두뇌들이 결합한 '집합적 지성'의 탄생을 의미한다. 컴퓨터 네트워크의 결합은 데이터베이스의 전 지구적인 결합이며, 이는 전 지구적인 차원에서 이루어지는 지성의 실시간 연결이다.

연습문제

01 보이지 않는 세계의 것에 대한 예를 들어 보세요.

02 여러분은 보이지 않는 정신(지식)세계를 어떻게 표현하고 이해하고 또한 믿겠습니까?

03 과학과 수학의 본질은 무엇이라고 생각하나요?

04 다음 사진속의 사과나무를 보고 여러분은 무엇이 보이나요?

미국의 Babson College에 있는 뉴턴의 사과나무 후손

05 짝(신발 한 짝), 쌍(한 쌍의 연인)처럼 서로 다른 말을 사용하여 셈을 하고 있을 때 여기서 추상화 개념을 한번 표현해보세요.

06 자연수 '1'과 '2'에는 어떤 개념적 차이가 있는가?

07 다음의 사물을 보고 마음속 개념을 시각화하여 기호로 표현해보세요.

08 음수에 대한 개념이 없던 이집트와 그리스 시대에 다음 방정식의 근을 어떻게 구할 수 있나요?

$10 = 2x + 20$

09 음수에 대한 개념 설명으로 적합하지 않은 것은?

1) 양수가 오른쪽으로 이동한다면 음수는 왼쪽으로 이동하는 것이다.
2) 양수가 해수면 위를 나타낸다면 음수는 해수면 아래를 의미한다.
3) 양수가 저금을 의미한다면 음수는 인출을 의미한다.
4) 수에서의 기준 값을 의미한다.

10 기하학을 수로 표현하는 것 중 올바르지 않은 것은?

1) $ax + by + c = 0$
2) $x^2 + y^2 = r^2$
3) $S=xy$
4) $x^2 + 1 = 0$

11 봄, 여름, 가을, 겨울 사계절이 1년이 되는것을 수의 체계로 표현할 때 가장 적합한 방법은?

1) 1+1=0
2) 1+1+1=0
3) 1+1+1+1=0
4) 1+1+1+1+1=0

12 수의 체계로 1+1=1 이 가능한 분야가 있을까?

13 컴퓨터는 0과 1 만 이해할 수 있다. 아래에서 컴퓨터가 생각하는 바를 말할 수 있는가? 알 수 없으면 어떻게 알게하여야 하는가?

0000101111101010001111010101010000101

14 수학에서 1, 2, 3, ... 등으로 구성되는 무한개의 자연수를 컴퓨터에 저장할 수 있는가?

15 자연수 1과 2사이에는 무한개의 실수가 존재한다. 무한개의 실수를 컴퓨터는 다룰 수 없다. 컴퓨터가 이를 다루는 방법에 대하여 기술하세요.

16 정수, 실수 같은 수집합의 수에 대하여 우리가 할 수 있는 연산에는 어떤 것이 있는가?

17 여기 자동차 5 대가 있다. 자동차 5대를 수로 표현해보세요.

18 여기 자동차가 1대 있다. 이 자동차에 대하여 수행할 수 있는 연산에는 어떤 것이 가능한가.

19 정수 집합 속의 어떤 임의의 수를 C 프로그램 언어로 표현해보자.

20 집합의 원소 간에 관계(relation)를 표현하는 것이 아닌 것은?

1) 함수
2) 행렬(matrix)
3) 그래프(graph)
4) 고유 벡터

21 대포를 쏘면 포탄이 몇 미터 지점에 언제 떨어질지 궤적을 예측하고자 한다. 어떤 수학 기법이 적절한가?

1) 선형 대수학
2) 미적분학
3) 이산수학
4) 통계

22 x = 5라는 가정이 참이라면 2x=11 라는 명제가 참인지 거짓인지 말해보세요.

23 어떤 현상이 진리가 되기 위해서는 다음을 설명할 수 있어야 한다. 올바르지 않은 것은?

1) 무엇(what)
2) 어떻게(how)
3) 왜(why)
4) 언제(when)

24 우리인간의 삶과 만물의 근원을 신에서 벗어나 모든 것의 궁극적 원리를 찾으려는 사고방식이다. 전형적인 예로서 병아리가 알을 깨고 나오듯이 기존 방식을 깨고 다른 방식으로 생각해 문제를 해결하는 방식이 있다. 어떤 사고방식을 설명하는가?

1) 신화적 사고
2) 철학적 사고
3) 과학적 사고
4) 인문학적 사고

25 진동수를 기반으로 음계를 만드는 방법에 대하여 기술해보세요.

26 디지털 컴퓨팅 세계에서의 최대 공리는 무엇이라고 생각하나요?

27 우리나라 수의 표현법 중 로마 수 표기법과 유사한 것은 무엇인가?

28 아날로그와 디지털을 수학의 유한, 무한 개념으로 설명하시오.

29 아라비아식 수 표현법과 로마식 수 표현법의 장단점을 설명하시오.

30 삼각형 내각의 합이 180도일 때 사각형은 360도, 오각형은 540도임을 증명하시오.

31 실생활에서는 수를 이용하여 많은 개념화시키고 편한 표현을 하고 있다. 특히 서로 다른 개체 또는 자연환경에 대한 편리한 관리 구분을 위하여 통일된 표현으로 사용하는 예를 3개만 드시오.

3 논리와 추론의 수 표현

“인간의 지식을 수로 표현할 수 있을까?

3.1 사고의 시작

“우리는 일상에서 많은 문제에 직면한다.”

큰 문제이든 작은 문제이든 일상생활의 모든 것들이 어찌 보면 문제해결과 관련되고 그때마다 사고를 시작하게 된다. 테니스를 오늘 칠까 아니면 내일 칠까? 오늘 점심 메뉴는 무엇을 먹을까? 집에 버스를 타고 갈까 아니면 기차를 타고 갈까? 어떤 직업을 선택할까? 회사에 가서 신상품으로 라면과 우동 중에서 어떤 것을 개발하자고 제안할까? 상품의 개발과 이에 대한 마케팅 홍보를 어떤 방식으로 할까, 기업의 이익을 어떻게 분배할까? 이처럼 우리의 삶과 기업의 하루하루는 문제해결로 이루어진다. [그림 1 참고]

그림 1 문제해결과 의사결정의 순간

인간은 어떻게 인식하는가?

문제해결에 있어 문제에 대한 이해는 첫 번째 수행해야 할 단계임에 틀림없다. 인간이 어떻게 관찰 대상을 생각하고 인식하는지에 대한 것은 철학적으로 복잡한 주제로 서로 줄다리기를 해왔다.

"사랑스러운 너를 사랑한다."

네가 사랑스런 본성을 가졌기 때문에 사랑하는지, 아니면 오감을 통해 얻어진 인식의 결과로 어떤 것을 행할 수 있는 우리의 **의지** 때문에 사랑하는지 말이다. 이러한 사물의 **존재론**과 **인식론에 대해 이해하는가?** 사람들의 생각이나 의사결정에 대해 존재론, 실존주의, 인식론 등 많은 철학적 이견이 있을 수 있겠다. 너무 철학적 이슈에 빠져들지 않기를 바란다.

"논리와 의지는 문제 해결의 원동력이다."

우리는 어떤 대상 또는 문제에 대한 진리와 해결책을 찾기 위해 노력한다. 그리고 진리 탐구에서 얻어진 **생각, 경험, 또는 지식을 활용**하여 문제를 해결하고자 한다. 문제 해결에서 그중 가장 영향력이 큰 요소는 무엇일까? 문제 해결에서 논리와 의지가 그 원동력이 아닐까? 사람마다 아마 다를 수는 있겠다. 어떤 사람은 논리적인 문제해결을 추구할 것이다. 어떤 사람은 논리보다는 의지를, 어떤 사람은 의지와 논리 모두를 동원하여 문제해결을 할 것이다. 논리 또는 의지는 경험과 지식을 바탕으로 한 문제 해결의 원동력이 된다. [그림 2 참조]

그림 2 문제 해결의 원동력

논리는 과학적, 이성적, 개념적 활동이고, 반면에 의지는 열정, 꿈, 비관 등에 관련된 마음(mind)의 활동이다. 그동안의 경험과 지식을 기초로 한 사고(thinking) 또는 열정과 의지로 최선의 선택을 하려 한다. 만약 잘못된 지식에 근거한 사고라면 잘못된 결과를 초래할 수도 있다. 최악의 경우에는 파국이 될 수 있다. 지식이 참된 것이어도 사고 과정이 비논리적이면 여전히 잘못된 결과를 얻을 수도 있다. **논리는 진리 여부를 판별하고 문제 해결의 원동력이다.**

논리는 프로그램과 컴퓨터의 기초이다. 과학 및 공학을 전공하는 학생은 세상을 표현하는 방법에 대한 학습을 위해 대학에서 1년 동안 수학 공부를 해야 한다. 전통적으로 미적분, 선형 대수학 및 미분 방정식에 집중하고 있지만 요즘 논리, 집합 및 이산 수학에 대한 학습도 필요하다. 논리는 프로그램과 수학적 기초이기 때문에 특히 중요하다.

일반적으로 논리 공부하는 것을 싫어하는 것 같다. 필요하다고 느끼면서도 딱히 사용하는 방법을 잘 몰라서일까? 아니면 너무 장황하고 뭔가 간단히 정리되지 않기 때문일까? 컴퓨팅 사고에서는 문제 해결책이 한 단계 한 단계 많은 단계를 거쳐 이루어진다. 중간에 한 단계라도 오류가 생기면 해결책에 오류가 발생할 수 있다. 이러한 오류를 방지할 수 있는 것이 논리이다.

컴퓨터 프로그램으로 지식을 표현하여야 하는데 논리적이어야 한다.

컴퓨터 과학 전공 학생들뿐만 아니라 컴퓨팅 사고를 학습하는 학생들이 왜 논리에 대하여 학습하여야 할까 궁금해 할 수도 있다. 컴퓨터 프로그램 작업에 왜 논리가 필요할까? 컴퓨터 프로그램으로 지식을 표현하여야 하는데 논리적이어야 한다. 그 절차가 비논리적이면 그 해결책에 대한 신뢰성이 없어질 것이다. 불완전한 인간이 그래도 믿을 수 있는 것은 합리적 이성에 의한 논리가 아닐까?

"의지는 마음의 기준을 어디에 두느냐이다."

의지도 의사결정에서 중요한데 마음의 기준이 주관적인 것 같다. 세상과 환경에 흔들리지 않는 절대적인 기준을 정의하기가 어렵다. 세상에 흔들리지 않도록 세상을 보는 마음 수행을 잘하는 것이 중요하겠다. 이런 경지는 신이나 가능한 영역이 아닐까? 의지와 열정은 논리적으로 불가능한 것에 도전하도록 한다. 인간 대부분은 의지로 의사결정을 하는 경향이 많다. 논리적으로 아무리 좋은 문제 해결 방법을 찾아도 해결하려는 의지가 없으면 해결할 수 없겠다. 때론 의지는 비논리적인 경향이 있다.

마음의 기준은 수에서 '0'이 어떤 양을 다룰 때 기준을 나타내는 개념과 유사하다. 마음의 기준을 어디에 설정하는가에 따라 희망이 절망이 되고, 행복이 불행이 될 수 있다. 마음먹기 나름인 것 같다. 사람들은 서로 다른 마음의 기준을 갖고 있다. 각자가 마음먹기에 따라 세상이 달라진다. 모든 인간은 자신만의 세상이 존재한다. 사람들은 마음의 기준을 위해 마음 수양을 닦는다. [그림 3 참고]

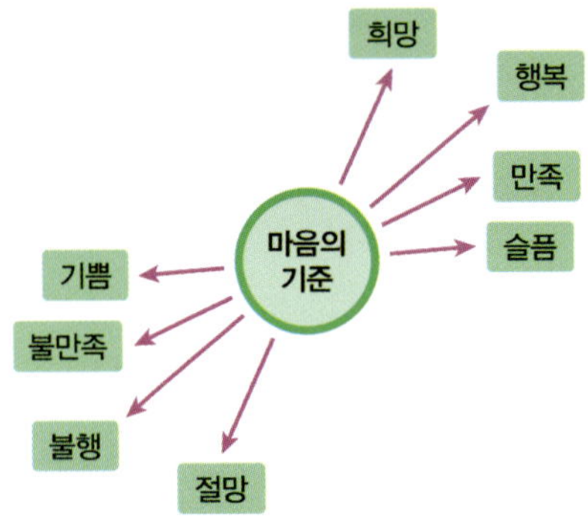

그림 3 마음의 기준

3.2 객체란

세상은 나무, 동물, 자동차, 사람, 비행기 등 자연과 인공물 그리고 생활하는 사람들로 구성되어 있다. 그 외에도 세상은 인간이 그동안 사물에 대하여 축적해온 지식 그리고 그것들과 사람 사이의 관계와 사람 간의 행동들로 구성되어 있다.

실세계를 어떤 원리로 우리의 두뇌에 집어넣을까?

어떻게 세계의 이러한 수많은 것을 표현하고 다루어 인간의 두뇌와 마음에 집어넣을까? 의사결정에 활용하기 위해서는 실세계를 어떤 원리로 우리의 두뇌에 집어넣는지 이해할 필요가 있다. [그림 4 참고]

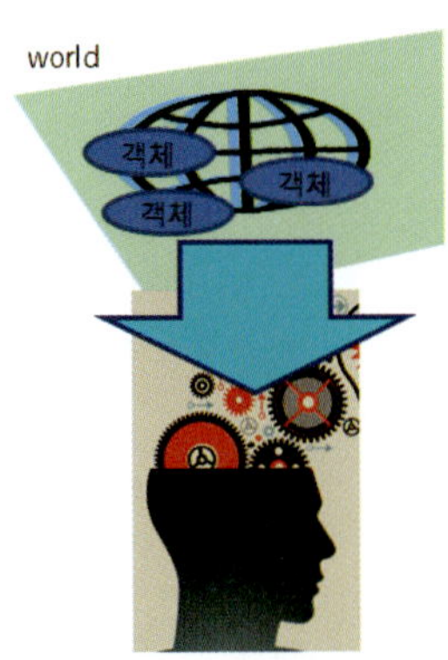

그림 4 실세계를 관찰 후 어떻게 두뇌에 집어넣을까?

주체와 객체로 구분한다.

논리에서는 관찰자와 관찰 대상으로 구분한다. 관찰자를 주체(subject)라 하고 관찰 대상을 객체(object)라 한다. 객체는 관찰의 대상이며 주체는 관찰하는 사람이다. 좀 쉬운 용어는 아니지만 기억해 주길 바랍니다. 컴퓨터에서도 많이 사용되는 용어이다. 세계 속에 무수히 많은 관찰 대상이 있는데 수학이나 컴퓨터로 다룰 때도 사용하는 기법이다.

객체란?

객체는 기본적으로 실세계에 존재하는 우리가 관찰하는 대상이다. 객체에는 보이는 것이 있고 보이지 않는 것도 있다. 우리의 주변을 둘러보면 실세계에는 많은 객체가 있음을 이해한다. 실세계에 물리적으로 존재하는 사람, 나무, 동물, 돌 등을 자연 객체라고 한다. 그리고 사람이 만들어낸 사물 객체가 존재한다. 현미경, 책상, 전화기, 자동차, 기차, 비행기 등이 인공 객체에 속한다. 이러한 객체는 눈에 보이는 것들이다. 이밖에도 눈에 보이지 않는 객체로 인간의 추상적 개념과 지식으로 표현되는 것들이 있다. 공부, 수강 신청, 장바구니 담기 같은 행동과 정의, 평등, 행복 같은 것들이 있다.

"국어대사전의 명사와 동명사가 객체에 포함된다."

쉽게 말해서 국어대사전에 나오는 명사뿐 아니라 동사의 명사형(동명사)도 모두 객체에 포함된다. 더 넓게 말하면 인간이 생각하고 표현할 수 있는 자유(freedom), 평등(equality), 과학, 행복(happiness) 같은 추상적 **개념**(concept)**으로 존재하는 모든 것도 객체**에 포함된다. 개념도 일종의 객체이다.

"객체는 논리의 뿌리이다."

객체에는 많은 진리가 포함되어 있다. 사람들은 객체를 관찰하여 진리를 찾기 위해 노력해왔다. 객체는 논리에서 지식과 의미를 유도하는 중요한 뿌리(root)이다. 객체는 본성, 속성, 행동, 관계로 표현된다.

"객체의 본성은 숨겨져 있고 속성 또는 행동을 통해 드러내기도 한다."

객체에는 우리가 찾고자 하는 진리인 **본성 또는 본질**이 숨겨져 있다. 우리는 객체의 본성(예: 친구의 속마음)을 보기가 어렵다. 하지만 객체의 본질 또는 본성을 속성 또는 행동을 통해 겉으로 모습을 드러내기도 한다. 우리는 **객체의 속성과 행동의 관찰을 통해 간접적으로 객체의 본성을 추측**한다.

특정한 사람의 본성 자체를 아는 것은 매우 어려운 일이다. 우리는 그 사람의 말, 겉모습 또는 행동을 통해 그 사람의 본성을 추측할 따름이다. 예전부터 사람들은 자신이 누구인지에 대한 성찰을 끊임없이 해왔었다. 자신도 모르는데 어찌 남을 알 수 있겠는가? 정신적인 본성도 그렇지만 물리적으로도 아직은 물질의 근원에 대한 해결이 안 되고 있다. 한 예로서 "인간의 한계는 무엇인가?"

속성은 자연 언어에서 동사(품사), 형용사와 밀접한 연관을 갖는다. 보통 명제에서 형용사가 객체에 속성을 부여한다. 속성은 우리가 경험 또는 관찰할 수 있는 색, 크기, 위치, 냄새, 행동 등으로 표현된다. 예로서 빨간 사과, 맛있는 사과가 객체 사과에 대한 관찰이다. 사람에 대한 속성은 몸무게, 얼굴, 지문, 학력 등이 되겠다. 속성은 시간이 지남에 따라 환경에 따라 상태(state)가 변동하는 성질을 갖는다.

"객체는 주변 환경 또는 다른 객체와의 관계에 의해 행동을 나타낸다."

객체 사이에는 관계(relation)가 존재한다. 그리고 **객체는 주변 환경과 관계에 의해 어떤 행동을 한다. 객체의 행동이** 객체의 본질은 아니고 단지 **자극에 반응**을 보이는 것이다. 객체의 행동(behaviour)은 내적 또는 외적인 자극에 대하여 보이는 반응을 총칭한다.

예로서 사과는 주변 환경에 따른 모양, 색과 맛처럼 성장에 따른 변화하는 속성이 존재한다. 그리고 사과는 곤충이나 병충해 또는 태풍과 같은 다른 것들과의 관계에서 **행동의 관찰**을 통해 이해된다. 관계(relation)에는 "다른 사과보다 크다"와 같은 것들이 있다. "새가 날개 짓하다."에서 '날개 짓하는' 것은 새가 갖는 행동의 하나이고 우리가 관찰할 수 있는 것 중의 하나이다. 전자(electron)가 외부에서 전계를 인가할 때 반응하여 이동하는 것도 행동에 속하고, 사람들이 마트에서 계산대 앞에 줄 서는 것도 행동에 속한다. 객체의 행동 형태가 규칙적이고 통일된 방식으로 변화하면 그 속성의 근간에는 무엇인가가 있음을 암시한다. 사람도 환경 및 주변 사람들에 따른 행동을 하게 된다.

일반적으로 객체의 본질을 속성과 행동으로 이해하는 것은 존재론과 인식론의 주제로 매우 어려운 주제이다. 본 교재 뒤편에서는 이러한 객체의 속성과 관계 그리고 행동을 논리 또는 컴퓨터로 표현하는 것에 대하여 설명한다.

3.3 객체의 개념

"어떻게 복잡함을 다룰까?"

복잡한 세계를 기술하기 위해서는 **추상화**(abstraction) 기법이 활용된다. 우리는 복잡한 것에서 핵심 사항만 표현하고 자세한 것은 생략하는 추상화 기법을 사용하여 **실세계의 복잡성을 관리**한다. 추상화는 수학, 논리, 컴퓨터 같은 학문에서 사용하는 중요한 도구이다.

객체로부터 개념을 유도한다.

추상화는 **객체로부터 개념**을 표현하는데 사용되는 방법의 하나로서 **요약**한다는 의미이다. 개념은 **어떤 객체를 표현하는데 물리적, 공간적, 시간적, 또는 속성 중에서 다수의 특성을 제거하고 객체의 핵심적인 사항에만 집중**하는 과정에 의해 정의된다. 복잡한 세계를 간략히 핵심적인 사항만 보는 방법이다. 일단 실세계를 단순화하기 위해서 어떤 객체는 그 객체들이 속한 집합 전체를 대표하는 것으로 간주한다. 예를 들어서 송아지라는 객체는 송아지 전체를 대표한다.

일반적인 나무라는 객체는 가지, 잎사귀, 뿌리, 모양, 색, 종류, 크기 등 다양한 속성을 가지고 있다. 이러한 나무 객체를 어떻게 나타내고 다룰까? 그림 5는 추상화에 의해 마음속에 만들어진 나무에 대한 개념을 나타낸다. 나무라는 객체에서 핵심 개념을 우리는 찾아낼 수 있다. 개념은 마음속에 있어 볼 수 없지만 그래도 이해력을 높이기 위해 그림, 기호 또는 자연어를 사용해 개념을 표현하고 있다.

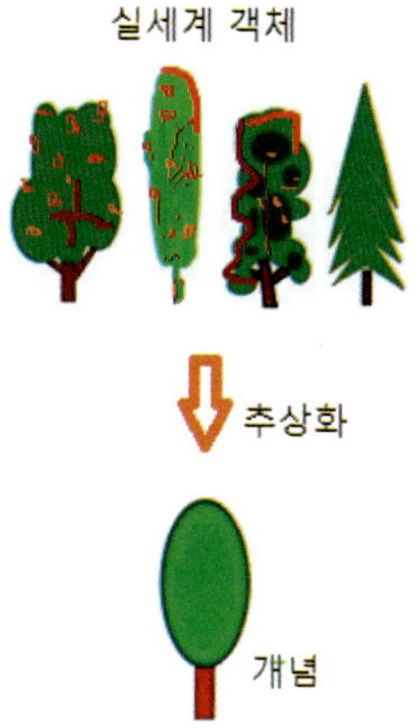

그림 5 실세계 객체의 개념화

객체를 추상화 표현하여 마음속 개념으로 저장한다.

객체에 부여되는 **이름은** 객체를 **추상화**(abstraction)하여 이해하기 쉽게 묘사 또는 설명하기 위한 수단이다. 객체 이름으로는 사람, 나무, 동물, 돌, 의자, 컴퓨터, 집 등이다. 우리는 객체를 추상화 표현하여 마음속 개념으로 저장한다.

"실세계 객체를 다루는 원리는 1 객체(실세계) - 1 개념(마음)으로 표현하는 것이다."

양의 개념을 수로 대응하여 표현하였듯이, 실세계의 다양한 객체를 마음속 개념으로 1:1 대응하여 표현한다. 1 객체에 1 개념을 부여한다. 실세계의 객체가 관찰자의 마음으로 변환된다. 그래서 객체와 개념은 사고의 출발점이 된다. 이러한 개념은 추후 또 다른 개념과 진리(지식)를 찾는데 사용된다. [그림 6 참고]

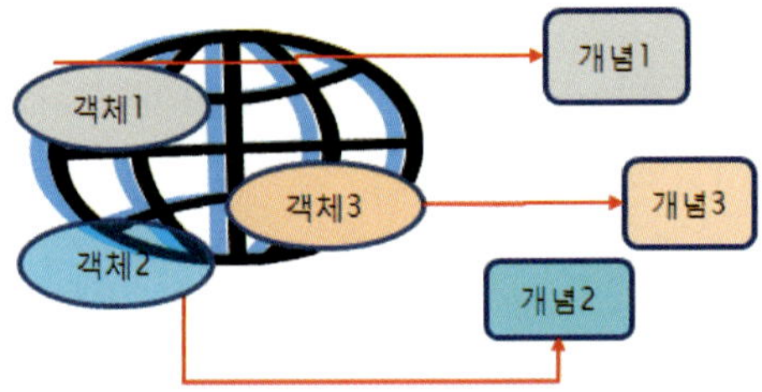

그림 6 세계를 표현하는 1객체-1개념 원리

"마음에 들어있는 개념으로 어떤 이해를 표현"

개념(concept)은 어떤 사물이나 현상 또는 행동에 대한 관찰에서 얻어지는 **보편적인 지식**이다. 개념은 공통적이고 보편적인 사실을 의미한다. 공통적인 진리에 해당한다. 개념이라는 말이 사물로 오해해서는 안 된다. 개념(concept)은 경험(experience), 상상(imagination), 추론(reasoning), 추상화(abstraction) 또는 일반화(generalization) 등을 통하여 얻어지고, **마음에 들어있으며** 지식과 생각으로 이해된다.

구체적 개념의 한 예를 들어 보이겠다. 달나라에 여행하고 싶다는 생각은 개념이다. 이러한 개념을 달성하기 위해서는 방법론적으로 우주선이 필요하지 않겠는가? 우주선을 타고 가면 된다. 자동차 운전하듯이 어떻게 우주선을 시동하고, 가속을 하고, 방향을 변경하고, 착륙을 하는지에 대한 정보가 필요하겠다. 하지만 우리는 우주선 내부의 자세한 사항에 대하여 알 필요는 없다. 우주선 내부의 복잡한 구조, 동작 원리 등에 대한 자세한 정보는 필요하지 않다.

“학문의 존재 이유는 새로운 개념을 창조”

어떤 개념이 다른 개념보다 더 유용할 수도 있다. 그렇다고 어떤 개념이 더 올바른 것이라는 의미는 아니다. 새로운 개념을 찾아내기 위해서는 인간의 창의적인 능력을 요구한다. 학문의 존재 이유는 새로운 개념을 창조하는 데 있다고 한다. 기술이 발달하면서 새로운 개념이 만들어지고, 학문하는 사람은 새로운 개념을 창조하여야 한다.

개념에 대한 의미가 정확하지 않다면 사용하는 인간마다 다르게 사용할 수 있지 않겠는가? 인간의 마음속에 있는 개념을 서로 어떻게 이해시킬 수 있을까?

“마음속 개념을 이해시키기 위해 표현한다.”

개념은 마음에 들어있어 우리가 볼 수가 없다. 마음속에 있는 것을 밖으로 꺼내어 나타내는 것을 표현(representation)한다고 한다.

“마음속의 개념 표현에는 다양한 방법이 있다.”

마음속의 개념을 표현하는 방식에는 여러 가지가 존재한다. 인간은 자연어로 공통적인 개념을 표현한다. 자연어에는 영어, 한국어, 중국어 등 다양한 언어가 있다. 예로서, 국어사전에서 개별 단어(객체)에 뜻풀이를 하는 형식으로 개념을 표현하기도 한다.

또 다른 표현 방법으로, 사실주의 미술가는 보이는 그대로 화지에 형체와 색상을 나타낼 것이다. 반면 인상주의 화가는 보이는 것에 느낌을 더하여 색상이나 형체를 변형하여 나타낸다. 음악가도 어떤 감정을 나타내는데 음악가의 취향에 따라 멜로디를 다르게 또는 사용하는 악기를 다르게 하여 음악을 표현한다. 글 작가는 사실을 느낌에 따라 다르게 기록하기도 하고 창의적 구절 및 단어를 사용하여 의미를 전달하고자 한다.

이렇듯 주체가 누구인가에 따라 실세계를 자유롭게 다르게 표현한다. 실세계 객체를 표현하는데 서로 다른 개념을 사용하기 때문에 표현의 다양성이 있다.

마음속에 발견한 사실이 다르면 개념도 전혀 다르겠다.

나무라는 객체를 보고 누구는 삼각형과 비슷하다고 하고, 누구는 트리(tree) 데이터 구조(structure)를 생각한다. 동일한 나무 객체를 관찰하고 사람마다 마음속에서 새롭게 발견한 개념이다. 개념을 사람마다 다르게 정의할 수 있겠다. 삼각형과 트리 데이터 구조는 전혀 다른 객체와 개념을 나타낸다. 발견한 사실이 전혀 다른 것이기 때문이다.

객체를 바라보고 사람마다 다르게 표현하면 경우의 수가 너무 많아진다. 예를 들어 음악가나 미술가는 동일한 객체를 바라보고도 다르게 표현할 수 있다. 너무 많은 경우의 수를 예측한다. 컴퓨터에서는 객체에 대한 모든 경우의 개념을 다룰 수 없어 정형화(formalization)하여 다룬다. 차후 이러한 개념을 컴퓨터로 표현하는 방법에 대하여 학습하게 된다.

객체들을 관찰한 후 수로 1:1 대응할 수 있으면 수 이론으로 처리할 수 있겠다.

representation(표현, 상징, 대표, 묘사)

표현(representation)한다는 것은 "다시 새롭게 나타내다"의 의미로 본래와는 다르게 상징적으로든 또는 개념적으로든 새롭게 나타내는 것을 의미한다.

예로서, 동일한 물리적 풍경을 보고도 인상파 화가가 표현하는 그림과 자연주의 화가가 표현하는 그림이 다른데 이는 표현하는 기법이 다르기 때문이다. 음악에서는 악보로, 작가는 글로 세계를 표현한다. 수학자는 1, 2, 3과 같은 숫자로 실세계를 표현한다. 컴퓨터에서는 이진 데이터로 표현한다.

3.4 생각이란

개념은 생각의 기본 구성요소이다.

우리는 서로 소통하기 위하여 언어라는 개념적 도구를 사용한다. 언어에서 사용하는 단어 하나하나가 개념을 갖고 있다. 개념과 개념을 사용하여 생각(thoughts)을 표현한다. 개념은 마음, 말, 생각에서 일어나는 추상적인 관념(ideas)이나 일반적인 관념으로 정의되며 생각의 근본적인 구성(building blocks) 요소이다.

"개념이 생각으로, 생각은 또 다른 생각으로 전개된다."

생각(thought) 또는 주장(arguments)은 어떤 개념의 자연어(단어)를 바탕으로 표현 전개된다. **개념과 개념을 조합하여 생각을 표현**하고 전개한다. 예로서 '모든 사람은 죽는다.'에서 '모든'은 수량을 나타내는 개념이고 '사람'도 개념이고 '죽는다'도 개념이다. '많은 정치인은 거짓말쟁이다.', '모든 사람은 자기 나름의 세계를 가지고 있다' 에서 '많은', '모든'은 수량을 의미하는 개념이다. 이러한 '모든 사람은 죽는다.'는 생각은 추후 다른 추론 과정에서 다른 생각에 영향을 끼친다. 이처럼 하나의 주장이나 생각은 또 다른 주장이나 생각 생성에 영향을 주게 된다. [그림 7 참고]

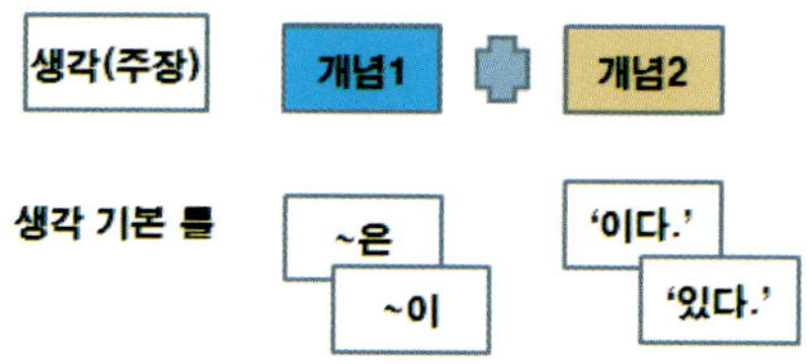

그림 7 생각과 기본 틀

그리고 개념은 포함 내용 크기에 따라 계층 구조로 구성될 수 있으며, 그 중 더 높은 수준은 "상위어"라고, 하위 수준은 "하위어"라고 불린다. 예를 들어, 기본적인 수준의 개념은 "의자(chair)"가 될 것이며, 그것의 상위어로 "가구(furniture)"와 하위어로 "쉬운 의자(easy chair)"가 될 것이다.

생각의 전개에 생각의 기본 구조(틀)를 사용하기도 한다. 이러한 생각의 기본 형식(틀)도 개념이고 생각의 뿌리이다. 생각의 틀 예제에는 '~은 ~이다.', '~은 ~가 아니다', '~이 있다', '~이 없다' 같은 것이 해당된다. '있다', '없다', '이다', '아니다' 이러한 것들은 생각의 기본 틀을 이룬다.

생각(thought)과 생각(thought)을 연결하여 좀 더 복잡한 생각(thought)을 표현하기도 한다. 예를 들어 "태풍 때문에 비닐하우스가 날아갔다. 그래서 사람들은 더욱 튼튼한 온실을 새로 만들었다."처럼 "그래서" 같은 개념을 사용하여 생각과 생각을 연결하여 표현하기도 한다, 추후 생각을 컴퓨터로 표현하는 방법에 대하여 기술한다.

3.5 논리와 생각

"생각에 대한 진리여부 판별이 필요하다."

"백조는 흰색이다."라는 생각은 객체에 대한 관찰과 경험에서 얻은 진리 또는 지식이다. 이 지식이 참인지 여부를 판별하기 위해서는 검증이 필요하겠다. 모든 호수에 나가 모든 백조의 색을 관찰하여 흰색임을 입증하여야 한다.

백조는 그렇게 생긴 많은 유사한 백조 객체 집합을 대표하는 개념이다. "백조는 흰색이다"라는 주장은 눈에 보이지 않는 개념의 세계이다. 이러한 생각은 실제적인 것이라기보다는 개념 표현이다. 이처럼 인간은 실세계를 개념으로 다루면서 서로 이해하고 있다. 그 생각에 대한 진리 여부를 판단하기 위해서는 논리라는 마음속의 상상력을 십분 발휘하여야 한다.

"논리는 생각의 진리 여부를 판단하는 것이다."

논리(logic)는 개념을 바탕으로 생각이 참인지 거짓인지 여부를 판단하는 것이다. 개념 간에 비교 분석의 논리적 작업을 통해 진리 여부를 판단한다. [그림 8 참고]

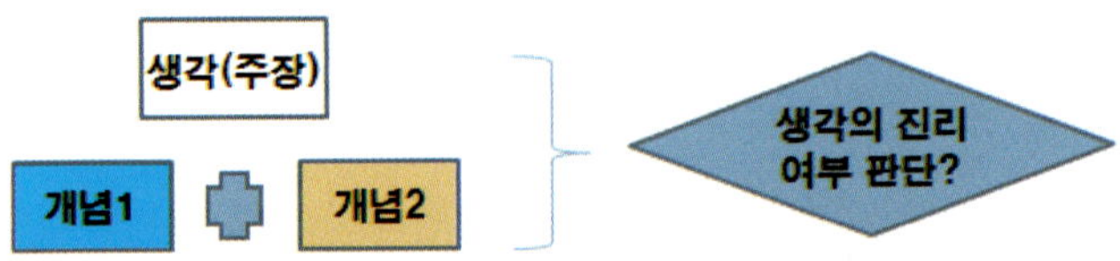

그림 8 논리란?

논리의 예제를 살펴보자. 다음의 각 문장(생각)은 참인가 거짓인가? 이러한 생각들에 대한 진리 여부 판단이 논리를 통해 이루어진다.

> "소크라테스는 사람이다." 와 "모든 사람은 죽는다."
> 수학적 논리 예로 '2+3=5'와 'x+3=5'가 해당한다.
> "빨간색 차가 좁은 도로 위를 달리고 있다."

문제 '4+4=?' 는 얼마인가에 예시 답 '2, 4, 6, 8'을 갖는 사지선다(四枝選多) 문제를 생각해보자. 똑똑한 수학자라면 그 답은 8이 됨을 안다. 개별 예시 문항의 답이 참 또는 거짓을 평가해야 한다. 첫 번째 예시 답인 '4+4=2'는 거짓이다. '4+4=4'도 거짓이다. '4+4=6'도 거짓이다. '4+4=8'만이 참이다. 이런 이유로 우리는 8을 선택하게 된다.

논리는 추론의 기초로서 사용될 뿐만 아니라, 대부분의 학문뿐만 아니라 컴퓨터 하드웨어적인 논리회로 설계, 시스템 설계, 컴퓨터 프로그램 언어, 프로그래밍, 인공지능과 같은 컴퓨터 과학에서 실제적으로 응용되고 있다. 논리는 컴퓨터 과학의 기초가 되는 학문 분야일 뿐만 아니라 웹브라우저에서 정보를 검색하는데도 사용되고, 프로그래밍 언어의 의미와 프로그램 사양을 정형화하고 프로그램의 정확성을 검증(verification)하는데 사용된다. 논리는 문제 해결 시 사고의 전반적 과정이 적합한지 또는 문제가 있는지를 검증하는데도 도움을 준다.

3.6 생각의 표현

3.6.1 자연어 표현의 모호성

"개념을 표현하는데 인간은 자연어를 사용한다."

어떤 개념 혹은 생각을 표현하는 데는 여러 가지 방법(그림, 노래, 몸동작, 악기 등)이 있을 수 있겠다. 그 중 인간에게 가장 이해하기 쉬운 방법은 우리가 일상생활에서 사용하는 언어(자연어)이다. 개념을 표현하는데 인간은 자연어를 사용하여왔다. 하지만 인간의 자연어를 사용한 개념의 추상적 표현은 애매한 부분이 있다. 인간은 자연어로 지식을 표현하여왔으나 인간의 자연어에 의한 지식 표현은 애매모호함을 포함하고 있는 단점이 있다.

개념을 명확히 표현하는 것이 중요하다.

양에 대한 개념을 '1, 2, 3' 과 같은 숫자 기호를 사용하여 표현하면 이해하기 쉽고 다루기 쉽지 않은가? '정의란 무엇인가?'에 대한 답변이 명확한가? 질문에 아마 사람들마다 다르게 개념을 정의할 것이다. 정의, 인생 이들은 참으로 어려운 개념이다. 어떤 개념에 대한 표현은 누구든 이해할 수 있고 정확하여야 할 것이다. 개념을 명확히 표현하는 것이 중요하다.

"철수는 똑똑하다"라는 표현에도 애매함이 포함되어 있다. 똑똑하다는 기준이 무엇인지 말이다. 물론 주장 중에도 "서울은 대한민국의 수도이다."는 의미가 확실하다.

자연어에서 표현이 어떻게 애매한지 좀 더 자세히 살펴보자. 일상생활의 대화에서 말을 이어가기 위해 "그리고", "또는", "~라면 ~한다."와 같은 언어를 사용한다. 여기에는 병렬 나열, 둘 중의 하나, 가설(premise)과 같은 개념이 들어가는데 많은 뜻을 함축(imply)하고 있어 그 진정한 의미를 파악하기 힘들다.

예로서 "... 그리고(and) ..."할 때는 무슨 의미인가?

예: "Tomorrow, It will rain and it will snow."

(내일 비가 올 것이다. 그리고(and) 눈이 내릴 것이다.)

상기의 생각(주장)이 무슨 의미인지 정확히 알 수 있는가요? 이 생각은 언제 참(true)이 될까요? 논리적으로는 두 주장이 각각 참일 때만 전체가 참이 된다. 즉, 내일 비도 오고 눈도 와야 참이 된다.

하지만 자연어에서 '그리고'에는 시간적 선후 관계의 의미가 포함되어 있기도 하다. 내일 비가 온 이후 눈이 온다는 의미를 포함한다. 하지만 내일 눈과 비가 동시에 올 수도 있고, 눈이 온 다음에 비가 올 수도 있다. 그래서 상기의 주장에 대해 간단히 참 또는 거짓을 판별하기가 어렵다.

시간적 선후 관계로 다양한 상황이 발생할 수 있기 때문에, 내일의 상황에 대해 충분한 정보를 제공하지 않으면 상기의 생각이 참이 될지 또는 거짓이 될지 판별하기 힘들다. 모든 가능한 경우의 수를 고려해줘야 한다. 그래야 상기 주장의 참 또는 거짓 여부에 대한 명확한 판단이 가능해진다.

"Tomorrow, It will rain or it will snow" (내일 비가 오든지 또는 눈이 내릴 것이다.)

대화에서 "... 또는.."할 때의 의미는? 주장이 무슨 의미인지 대답을 정확히 할 수 있는가요?

이 주장이 언제 참(true)일까요? 내일 비나 눈이 오면 참이 된다. 자연어에서 '또는'에는 역시 시간적 선후 관계가 포함되어 있다. 내일 비 또는 눈이 올 수도 있는데, 시간적으로는 비가 온 이후 눈이 올수도 있다는 의미이다. 이러한 주장에 대하여 참 거짓을 판별하기가 어렵다. 이밖에도 내일 해가 뜨고 따듯한 경우와 같은 상황이 발생할 수도 있다. 역시 충분한 정보를 제공하지 않으면 생각의 참과 거짓을 판별하기 어렵다. 모든 가능한 경우의 수를 고려해야 주장의 진리를 명확히 판별할 수 있다.

이처럼 자연어의 의미에서는 더 많은 경우를 포함하는 의미일 수도 있다. 비가 올 수도 있고 날씨가 따듯할 수도 있다. 제3의 상황이 존재할 수 도 있다. 참고로 앞에서 언급했지만 자연어의 '또는'은 '양자택일', '그리고'의 개념은 '또한, 이에 더하여' 처럼 병렬적으로 연결할 때 쓰는 접속부사 개념과 시간적 전후 개념(즉, '그다음에, 그 후에'와 같은)을 모두 포함하고 있다. 논리적으로는 두 주장 중에서 하나가 참이면 전체가 참이 된다.

"자연어 '그리고(and)'와 '또는(or)'를 형식 언어(논리적 기호)로 표현해보자."

논리학자라면 '그리고(and)'와 '또는(or)'과 같은 단어를 사용할 때 주의가 필요하다. 논리학적으로는 특별한 의미가 있기 때문이다. 자연어로 추론 과정을 표현하는 것과 비교해서 논리적 기호와 같은 형식적 언어로 표현하는 경우에 어떤 점이 명확해지고 간략화 되는지 살펴보자.

예로서, 자연어 '그리고'는 비슷한 의미를 갖는 형식 언어의 논리 연산자 '&&'가 된다. 자연어에서 '그리고'는 시간적 선후 관계를 의미하는 경우도 있지만, 논리 연산자 '&&'는 그러한 시간적 선후 관계 의미를 가지고 있지 않다.

이밖에도, 자연어에서 '만약 …한다면, …이다'는 비슷한 인과관계(시간적 선후관계) 의미가 있는 형식(formal) 언어의 조건문 연산자 '→' 로 간략화 한다, 하지만 논리적으로는 시간적 선후 관계와 같은 것을 의미하지는 않는다.

언뜻 보기에 자연어에 의한 논리 표현은 형식 언어와 비슷한 의미가 있는 것처럼 보인다. 하지만 형식 언어에 의한 진리값을 판단하는 방식을 살펴보면 자연어와의 미묘한 차이를 알 수 있게 된다.

3.6.2 생각의 정형화(formalization)

자연어 표현의 주장 또는 논증(arguments)은 애매모호함과 비정형적 특징으로 유효성(validity) 판단이 쉽지 않다. 비정형적(informal) 주장은 엄밀히 말해 논리라고 말하기 어렵다.

사람들은 자연어 표현에서의 논리적 애매모호함을 제거하기 위해 과학적이고 논리적인 처리를 시도해왔다. 그래서 사람들은 우리가 생각하고 표현하는 것을 정형화(formalization)하여 논리적으로 그 의미를 확실하게 하려고 노력해왔다. 수학, 과학과 논리학은 전통적으로 세상의 현상을 정형화(formulation)하여 표현하고 분석하여 어떤 문제를 해결하는 대표적인 학문이었다.

"자연어 표현의 논리적 애매모호함을 제거하기 위하여 정형화(formalization) 처리"

정형(형식) 논리(formal logics)에서는 형식 언어(formal language)로 지식을 표현(represent)하고 논리적 추론(reasoning)을 한다. 주장을 형식 언어로 표현하고 추론하여 원하는 해결책을 찾아가는 방법론이다.

형식언어는 형식과 규칙의 구문

형식 언어는 한국어나 영어와 같은 자연어(natural language)가 가진 의미(semantics)가 아니라 **형식과 규칙의 구문(syntax)**을 중요하게 생각한다. 그리고 **자연어보다 훨씬 단순한 문법 구조**를 가진다.

개념의 기호에 의한 형식 표현

"집"이라는 개념을 기호(symbol)로 표현하면 이해하기 쉬운 특징이 있다. '집'이라는 단어는 기호이고 또한 의미(meaning)가 있는 중요한 개념을 나타내는 용어이다. [그림 9 참조]

그림 9 집이라는 개념의 기호 표현 예

무한히 많은 서로 다른 기호가 존재하는데, 기호 중에서 **고정된 의미가 있는 기호를 상수**(constants)라고 한다. 상수의 예로는 집(house), 개(dog), 청색(blue) 등이 되겠다. 구절(the red house)과 문장(Fish can swim) 의 예도 상수 기호(구절, 문장)에 속한다.

> "형식 논리는 단어나 문장의 의미에 묶이지 않고 구조와 형식을 사용한다."

형식 논리에서는 단어나 문장의 의미 같은 것에 묶이지 않고 구조와 형식이 중요하다. 그리고 가설(premises)로부터 출발하여 결론(conclusion)을 유도하도록 하는 사고 구조 형식을 형식 논리(**formal logic**)라고 한다. 추론 과정에서 형식 논리는 어떤 주장을 형식(form)과 규칙(rules)으로 표현하고 분석하는 것으로 정형화된 주장(statements) 또는 기호(symbols)를 사용한다.

> "형식 논리는 형식과 규칙이다."

논리에서는 참 또는 거짓을 판단하기 위한 규칙(set of rules)을 정의하여 사용한다. **규칙은** 우리 모두가 **동일한 표준 방법으로 판단한다는 것을 확신**시키는 것이다.

형식 논리(formal logic)에는 다양한 분류 방법이 있다, 전통적인 명제 논리, 술어 논리나 현대의 기호 논리 또는 수리 논리가 모두 형식 논리 예제에 속한다. 특히 형식 논리(Formal Logic)는 기호 논리(Symbolic Logic) 또는 수리 논리(Mathematical Logic)의 동의어로도 사용되기도 한다. 형식 논리의 몇 가지 예를 들어보면 다음과 같다.

- 명제 논리(propositional logic)
- 술어 논리(predicate logic)
- 1계 논리(first-order logic)
- 2계 논리(second-order logic)
- 시간 논리(temporal logic)

"생각도 형식 기호로 표현한다."

형식 논리는 명제를 자연어에서 사용하는 구절이 아닌 **기호**를 사용하여 참과 거짓을 나타내는 것으로 아리스토텔레스 논리의 현대적인 확장이다. 형식 논리에서 기호로 표현되는 명제는 가장 기초적인 단위 요소이다. 그리고 명제 간의 논리적 연결(connectives)을 위해 논리적 연산자(logical operator)를 사용한다. 주로 사용되는 연산자의 예로는 ~, &, ∨, →, (,) 등이 있다.

"명제를 기호로 표현한다."

명제를 기호를 써서 나타내면 컴퓨터가 자동으로 구문(syntax)을 이해할 수 도 있다. 진리값 계산이 자동화될 수 있음을 의미한다.

3.7 지식의 기호 표현 – 명제 논리(Propositional Logic)

"왜 명제 논리가 컴퓨터 과학의 한 주제인지 생각해보았는가?"

논리는 보통 철학에서 다루어왔다. 그런데 왜 명제 논리(Propositional logic)가 컴퓨터 과학의 한 주제인지 생각해보았는가? 그리고 각종 시험에서 명제 논리를 준비해야 하는지? 교과과정으로 존재하는지? 중요하지 않다면 교과에서 사라졌을 텐데 아직도 가르치고 있는 교과목 중의 하나이다. 그 이유는 문제 해결 위한 추론 과정에 논리가 사용되기 때문이다.

인간의 언어를 사용하여 문장을 다루던 아리스토텔레스의 **논리 개념을 기호를 사용**하여 명제를 표현하는 것이 명제논리이다. 아리스토텔레스 삼단논법 논리의 현대적인 확장이 명제 논리이기도 하다. 명제 논리는 가장 기본적인 논리 시스템이며 **형식 논리의 하나이며 부울 논리**라고도 한다. 부울 논리(Boole Logic)는 850년경에 조지 부울(George Boole)에 의해 학문으로 발전하였다.

"명제(Propositions)란?"

먼저 명제(Propositions)란? 명제는 어떤 것(문장)이 참인지 거짓인지를 평가하는 가장 기초적인 단위 요소이다. 명제는 두 가지 기준을 만족하여야 하는 문장이다. 명제는 참(true) 또는 거짓(false)의 값을 갖는 선언적(declarative) 문장(statement)이어야 한다. 한마디로 명제는 문장(statement)의 형식이어야 하며 진리값(truth value)이 참(true) 또는 거짓(false) 중 한 가지 값으로 평가(evaluation)되어야 한다. 지시사항이나 질문은 명제가 될 수 없다. 이들은 참 또는 거짓일 수 없기 때문이다.

1) **선언적 문장(declarative statement)** : 참이든 거짓이든 어떤 사실(fact)에 대하여 기술(description)한 문장이다. 예제로서. 밖에 비가 내린다. 오늘 비가 내릴 것이다. 문장이 반드시 자연어로 표현될 필요는 없다. 수학적 산술 문장도 포함된다.
2) 참 또는 거짓의 진리값을 가져야 한다. 매우 중요한 속성이다. 하지만 두 가지 값을 동시에 가질 수는 없다. 상기 명제에 대한 참 또는 거짓 여부의 평가, 즉, 비가 오는지 여부는 창밖을 처다 보면 확인할 수 있다.

명제 여부를 판별해보자.

문제 1

예 : x + y = 36.
선언적 문장 형식이고 진리값을 갖는다. 하지만 하나의 값을 가지지 않는다. x 또는 y의 값에 따라 다르다. 여러 개의 값을 갖는다. 따라서 명제는 아니다.

문제 2

코끼리는 생쥐보다 더 크다.
선언적 문장으로 명제이다. 그리고 참값을 갖는다.

문제 3

x 〉 10
선언적 문장(statement)이나 명제는 아니다. x의 값에 따라 다르다. x값이 지정되지 않아 참도 되고 거짓도 될 수 있다. 이 문장은 변수 x에 값을 할당하면 명제로 전환된다.

문제 4

2 + 2 = 3. 선언적 문장으로 명제이다. 값은 거짓이다.

다음의 문장이 명제인지 여부를 결정하라.

문제 5

What time is it? 선언적 문장이 아니어서 명제가 아니다. 문장이나 참 또는 거짓으로 평가되지 않는다.

문제 6

Read this carefully. 선언적 문장이 아니어서 명제가 아니다. 문장이나 참 또는 거짓으로 평가되지 않는다.

문제 7 x + 1 = 2. 선언적 문장이나 명제는 아니다. x의 특정 값에 따라 참도 되고 거짓도 될 수 있다. 이 문장은 변수 x에 값을 할당하면 명제로 전환된다.

최소 단위들

- 명제(proposition) : 논리에서 논리를 구성하는 최소한의 문장 단위, 관련 개념으로 복합명제
- 개인(individual) : 생각할 수 있는 최소한의 존재, indivisible(더 이상 나눌 수 없는) 에서 유래, 예전에는 개인 대신에 혼자, 독일(獨一) 개인(個人) 등 다양한 용어가 사용. 관련 개념으로 가정, 이웃, 친척
- 비트(bit) : 데이터를 구성하는 최소 크기, 관련 개념으로 바이트, 워드, 스트링
- 원자(atom) : 물질 구성의 최소 단위, 관련 개념으로 분자
- 계량 단위 : 거리(m), 무게(kg), 시간(sec), 온도(℃) 등

"**명제 논리**는 지식과 지식을 바탕으로 추론을 하는 것이다."

명제 논리는 명제들이 서로 어떻게 관련되었는지를 바탕으로 추론을 하는 수학적 시스템이다. 일련의 명제들을 사용하여 지식을 표현하고, 문장(지식)을 이해하고, 문장(지식)으로부터 추론하고, 문장(지식)으로부터 무언가를 추리(infer)해내도록 한다. 문제 해결에서 하나의 지식으로도 해결될 수 있지만 많은 지식을 단계적으로 활용하여야 할 때도 있다. 문제 해결을 위한 과정(단계)을 절차적으로 표현하는데 이때 많은 문장(지식) 또는 명령문을 사용한다. 이때 개별 문장(지식)이 정확하고 올바른 것이어야 하고 또한 문장(지식)과 문장(지식)의 연결에 의한 추론으로 정확한 결론을 찾아내어야 할 것이다.

예를 들어 집에서 학교에 가는 문제를 생각해보자. 먼저 대문을 나와 우회전한다. 계속 직진 이동을 한다. 3번째 사거리에서 좌회전을 한다. 이처럼 문제 해결책을 여러 단계로 기술하게 된다.

명제 논리에서 문장은 논리 연산자를 통하여 서로 결합하여 구성된다. 개별 문장의 예로 "너는 이것을 좋아한다."와 "너는 반지를 그 위에 놓아야 한다."를 생각하자. 논리 연산자는 명제가 서로 어떻게 관련되는지를 표현하는 데 사용된다. 예로서, "네가 이것을 좋아한다면 그럼 너는 반지를 그 위에 놓아야 한다."

명제 논리는 지식을 기호로 정형화(formalization)하여 다루는 논리이다.

명제 논리는 어떤 지식을 정형화(formalization)하여 다루는 논리이다. 지식의 표현을 정형화하여 다루는 학문이다. 논리적 추론(reasoning) 과정을 어떤 기호 문자열을 사용하여 정형화하여 표현하는 것이 가능해지면, 컴퓨터 프로그램 언어(형식 언어)로 컴퓨팅 과정을 형식으로 표현하는 데도 활용할 수 있다.

정형화에서는 사고 과정을 좀 더 체계적이고 유연하게 다루기 위하여 **기호(symbol)**와 **변수(variables)**를 도입한다. 개별 명제를 명제 변수(Propositional variables)로 표현하고, 명제 변수에 사용된 통상적인 문자는 **p, q, r, s,. . . .** 같은 소문자(character)이다. 그리고 개별 변수는 참 또는 거짓 중의 한 값을 갖는다. 긴 명제를 작성하는 것보다 변수를 사용하여 간단히 표현할 수 있다. 수학이나 컴퓨터 프로그램에서 숫자 변수(numerical variables)를 나타내는 데 문자(character)를 사용하는 것과 같다.

단위 명제 : p, q, r, ...

자연어(영어) 문장을 기호와 변수를 사용하면 개별 문장이 의미하는 것을 명확히 할 수 있다. 그리고 명제를 다른 명제와 논리적으로 결합하기도 한다. 명제 논리는 영계 논리(zeroth-order logic)라고도 한다.

예를 들어, 6월에 구입한 상품에 대해 5% 할인을 주는 상점에서 카운터로 일한다고 가정하자. 적용할 할인율을 결정하려면 어떤 달(month)에 대한 진리 여부를 판별해야 한다. 컴퓨터에 "It's winter"과 같은 문장이 주어지면, 해당 문장을 평가한 다음 응답을 하여야 한다. 해당 달이 겨울이면 "참"으로 응답하고, 봄, 여름, 가을이면 "거짓"이라고 응답하도록 하여야 한다.

"지금은 6월이다." 이 명제는 참이거나 거짓일 수 있다. 명제가 참이라면 고객에게 할인을 해주고, 거짓이라면 할인해주지 않을 것이다. 부울 진리표(boolean truth table)에 함께 정리한다. 아래 표와 같이 언제 할인을 받을지 정확하게 알게 된다!

가능한 달	명제 : 지금은 6월이다.	할인율
7월	거짓(false, 0)	0%
6월	참(true, 1)	5%

"논리식의 참과 거짓에 대한 관심을 갖는다."

형식 논리에서 핵심이 되는 개념은 **논리식(formula)**이다. 실세계 객체를 논리식으로 개념화한 이후에는 추론의 올바름(correctness)에 대하여 관심을 갖게 된다. 실세계의 논리 및 주장을 논리식으로 표현하여 해석을 하고자 한다. 논리식은 명제(proposition)를 기호와 변수(variable)로 대체(substitute)할 수 있다. 아래에 논리식의 예를 보여준다.

$p \wedge q$, $p \vee q$, $p \vee (q \wedge r)$, ...

예를 들어 명제 "비가 온다."를 변수 'p'로 대체할 수 있다. 'p'는 2가지 값 중에서 하나를 가질 수 있다. 참 또는 거짓이다. 명제가 매우 정확하고 엄격하게 참 또는 거짓이기 때문에 자연어(영어)가 갖는 애매한 표현을 피할 수 있게 된다. 그러면 더 복잡한 문장과 명제의 시스템을 시스템적으로 표현할 수 있게 된다. 우리는 명제를 쉽게 조작할 수 있게 된다.

기호를 사용하여 문장을 정형화하는 예를 추가적으로 보여준다. "철수는 수학 수업에 참여한다," 문장을 기호 'p'로 대체한 것이다. 'q'는 'p'와 논리적으로 관련된 또 다른 문장이다.

p : 철수는 수학 수업에 참여한다,
q : 철수가 수학 수업에 참여한다면, 영희도 수학 수업에 참여한다.

그렇다면 위의 문장을 생각해보면 명제 'p'가 참이라면 영희도 그 수학 수업에 항상 참여한다는 것을 추론하게 된다. 어떻게 인간의 두뇌가 그런 결론에 도달했는지 자문해보자. 스스로에게 물어봐라. 왜 그런 결론이 만들어졌는지.

명제 논리식(formula)은 더 이상 분해될 수 없는 단위 명제(atomic proposition)로부터 만들어져야 한다. 단위 명제를 다수 사용하여 더 복잡한 논리를 표현한다. 다수의 단위 명제를 결합하여 논리식으로 표현할 때 부울 연산자(Boolean operators)를 사용한다. 부울 연산자에는 자연어(AND, OR, NOT, Implies) 로부터 유도된 이름을 갖는데 논리에서는 형식적인 의미를 사용한다.

논리 연산자(logial operators)
영어를 배우면서 연설의 일부분씩을 이해하는 것을 기억하는가? 접속사에 대해 기술한다. 접속사 없이는 복잡한 아이디어를 일련의 짧고 단순한 문장으로 표현해야 한다. 다음처럼... 토요일이다. 6 월이다. 온도는 35℃ 이다.
접속사를 사용하면 복잡하고 우아한 문장을 만들 수 있으며 여러 개의 짧은 문장의 복잡성을 피할 수 있다. 접속사를 사용하면 문장에서 동일한 문법적 순위의 단어, 구 및 절을 결합할 수 있다. 소프트웨어에서 가장 일반적인 접속사는 AND, OR 및 NOT 이다.

다음의 두 자연어 문장을 명제 변수로 대체하고 접속사 'or'로 결합해보자. 논리적으로 문장이 언제 참인지 그리고 언제 거짓인지를 결정하여야 한다.

- p = It is snowing.
- q = I am cold.

문장 p와 q가 참인지 거짓인지를 결정할 만한 충분한 정보가 없다면 모든 가능한 경우를 생각해야 한다. 자연어 "또한"의 개념은 둘 중의 하나가 발생하는 경우를 나타내는데 접속부사 개념과 시간적 전후 개념을 모두 포함하고 있다.

논리적으로는 시간적 개념이 없이 참 아니면 거짓만이 존재한다. 어떤 문장이 참인지 거짓인지 여부를 문장의 **진리값(truth value)**이라고 한다. 그리고 모든 가능한 경우를 고려하여 **진리표(truth table)**를 만들 수 있다.

```
p or q.
```

'or'로 결합된 상기의 문장이 참인가 거짓인가. 상기의 문장이 참인지 거짓인지 결정하기 위해 진리표를 평가해야 할 것이다. 문장 각각(p, q)은 항상 두 가지(참 또는 거짓) 중에서 하나의 값을 갖는 것으로 가정한다. 따라서 p 또는 q의 값이 각각 참 또는 거짓인지 4가지 조합의 경우로 진리표가 결정된다.

이렇듯 명제 논리의 정형화를 통해 의미와 사용 규칙이 명확해진다. 예를 들어서 부울 연산자 'AND'는 모든 개별 단위 명제의 진리값이 참인 경우에만 결합한 명제가 참값을 제공하는 논리 연산자이다.

> "자연어에 의한 "그리고(and)", "또는(or)" 등의 표현과 수학적 "AND", "OR"의 논리적 표현의 차이를 이해"

명제 논리는 컴퓨터 프로그램에서도 널리 사용된다. 컴퓨터 프로그램은 많은 단위 명제로 구성되어 매우 큰 논리 형식으로 표현되는 것을 의미한다. 명제 논리에서의 논리식 속성을 연구 및 평가하는 것이 알고리즘으로 개발되기도 하였다.

명제 논리에서는 주장을 기호로 표현한다. 그리고 기**호화된 주장들은 서로 독립적이어서 상호관계를 알 수 없다.** 또한 수량화시킬 수 없다는 단점이 있다. 이러한 단점은 술어논리에 의해 보완된다.

문제 8 **단위 문장을 보고 복합문을 논리 연산자와 기호로 표현하라.**

I go to school and do my work or stay home and play games

p=I go to school; q = I do my work; r = I stay home; s = I play games

답 $(p \wedge q) \vee (r \wedge s)$

문제 9 **다음의 원자 문장을 보고 복합문을 논리 연산자와 기호로 표현하라.**

We wear a pair of pants and either red shorts and a t-shirt or a blue dress.

p=We wear a pair of pants; q=We wear red shorts; r=We wear a t-shirt; s=We wear a blue dress

답 $p \wedge [(q \wedge r) \vee s]$

논리식의 진리값은 – 진리표(Truth Tables)

논리식을 진리표로 나타내면 그 의미를 이해하기 편리하다. 논리식의 의미를 표시하기 위한 편리한 도구이다. 진리표는 논리식에 나타나는 입력 인수에 진리값을 할당하여 논리식의 진리 값을 계산한다. 진리표는 논리식이 가질 수 있는 모든 가능한 경우에 대한 진리값을 보여준다.

진리값이 참이면 'T'로 표시하고, 진리값이 거짓이면 'F'로 표시한다.

문제 10 **다음의 원자 문장을 보고 복합문을 논리 연산자와 기호로 표현하라.**

For lunch we have a cheese burger and an apple or an orange.

p=we have a cheese burger for lunch.
q=we have an apple for lunch.
r=we have an orange for lunch.

답 $p \wedge (q \vee r)$

다음의 논리식에 대하여 진리표를 작성해보자. [표 1 참조]

$$p \wedge (q \vee r)$$

표 1 진리표 예

p	q	r	p∨r	p∧(q∨r)
T	T	T	T	T
T	T	F	T	T
T	F	T	T	T
F	T	T	T	F
T	F	F	F	F
F	T	F	T	F
F	F	T	T	F
F	F	F	F	F

3.8 복합 지식의 기호 표현 – 복합명제(compound proposition)

한 개의 명제는 더 이상 작은 문장으로 쪼개질 수 없는 특성을 갖는다. 두 개 이상 명제를 결합한 것을 복합명제(compound proposition)라고 한다. 복합명제는 좀 더 복잡(complexity)한 진리값을 갖는다. 복합명제에 대한 진리 표현은 더욱 복잡해진다.

예로서, 명제 p: "it is raining", 명제 q: "the streets are wet"가 존재한다고 가정하자. 이들 각각은 매우 간단한 문장이고 여기에는 문장을 연결하는 논리 연산자가 없다. 논리 연산자로 두 명제를 연결할 수 있다. 연산자 '∧'는 'and'를 의미한다. 'p∧q'는 "it is raining and the streets are wet"를 의미한다.

앞의 복합명제에서 p와 q가 참인지, 둘 중의 하나만 참인지, 혹은 둘 다 거짓인지에 따라 복합명제의 진리값이 다르게 평가된다. 어떤 명제이든 진리표로 표현할 수 있다. 복합명제의 진리값은 구성되는 명제 변수의 모든 조합에 대한 진리표로 평가된다.

또 다른 예로서, '하나 더하기 하나는 둘과 같다'와 '지구는 수성보다 태양으로부터 더 멀리 있다'는 문장은 모두 참이다. 따라서 정의에 따르면 다음과 같이 문장이 결합될 수 있다. '하나 더하기 하나는 둘과 같다 그리고(and) 지구는 수성보다 태양으로부터 멀리 떨어져있다.'는 결합된 문장으로 길지만 복합 문장으로 진리값은 참이 된다.

다음에 '하나 더하기 하나는 둘과 같다 그리고(and) 지구는 화성보다 태양으로부터 멀리 떨어져있다.'라는 새로운 복합명제를 생각해보자. '지구는 화성보다 태양으로부터 멀리 떨어져 있다'는 거짓 문장이기 때문에, 이 복합명제의 진리값은 거짓이 된다.

우리는 복잡한 문제를 해결하기 위하여 명제를 결합(combine)할 수 있다. 논리 연산자로 'AND(∧), OR(∨)' 같은 결합 연산자를 사용한다. 또한 <, >, = 같은 비교 연산자도 사용한다.

부정(negation) : ¬
논리곱(disjunction)(AND) : ∧
논리합(conjunction)(OR) : ∨
함축(implication) : →
동치(equivalence) : ↔
배타적 논리합(exclusive or) ⊕
NOR : ↓
NAND : ↑

결합 논리 연산자를 직접 명제에 적용할 수 있다.

예1 : $p \rightarrow q$
예2 : $\neg p \wedge q$

3.8.1 논리 부정(NOT)

자신의 블로그(blog)가 있다고 가정해보자. 사람들이 읽기 및 댓글을 달 수 있도록 접근 권한을 제공하지만, 실제 게시물을 쓸 수 있는 사람은 나만이 가능하다.

저자(블로그 작성자)가 아니면 어떤 사용자도 웹 사이트에 글을 쓸 수 없도록 해야 한다. 그러면 어떤 사용자가 글을 쓸려고 요청할 때마다 시스템은 사용자 상태를 확인하고 "저자(블로그 작성자)가 아니다(It's NOT the author)."라고 판별해야 한다. 판별 결과로 글을 쓸 수 없게 되는 상황이 참이 되도록 한다. 이때 논리부정(NOT)은 웹 사이트의 보안 작업을 설정할 때 매우 유용하다.

판별 결과가 거짓(false)이 아니라면, 그것은 참(true)이라는 것을 의미한다. 저자가 아닌 일반 사용자이면 글을 쓸 수 없다. 즉, 컴퓨터는 당신의 블로그 페이지에 글을 쓰려는 사용자의 요청을 거부할 수 있다. 판별 결과가 참(true)이 아니라면 거짓이라는 뜻이다. 그러면 사용자는 저자가 된다. 그러면 컴퓨터는 블로그에 글을 쓸 수 있는 당신에게 요청 권한을 부여한다.

명제의 부정은 명제에 부정 연산자를 적용한 결과로 간주 될 수 있다. 표 2는 명제 'p'의 **부정**에 대한 진리표를 보여준다. 표 2에는 하나의 명제 'p'에 대하여 두 개의 가능한 진리값과 명제의 부정 '¬p'에 대한 진리값을 포함하고 있다.

표 2 명제의 부정에 대한 진리값

p	$\neg p$
T	F
F	T

단위 명제 'p의 부정'은 "It is not the case that p."라는 의미이다. 'p의 부정'은 '¬p'로 표기하고 "not p"로 읽는다. '¬p'의 진리값은 p의 진리값에 대한 반대이다.

문제 11 명제 "철수 PC의 주 메모리 용량은 최소 4 GB이다."에 대한 논리 부정을 한글로 표시해보자.

답 "철수 PC의 주 메모리 용량은 최소 4 GB가 아니다."
또는 "철수 PC의 주 메모리 용량은 4 GB 보다 작다."

다음 명제의 논리 부정을 말하고, 참 또는 거짓을 판별하세요.

문제 12 모든 자연수 x 에 대하여 $x-1 \geq 0$이다.

답 부정은 어떤 자연수 x에 대하여 $x-1 < 0$이다. $x < 1$.
1보다 작은 작은 자연수가 없다. 그래서 거짓이다.

문제 13 모든 실수 x에 대하여 $x^2-2x-1 > 0$이다.

답 명제 부정은 어떤 실수 x 에 대하여 $x^2-2x-1 \leq 0$이다.
$x^2-2x+1 \leq 0$, $x = 1$ 에 대하여 $1-2+1 = 0$으로 만족하게 된다. 참이다.

3.8.2 논리곱(AND)

주말 계획을 구상한다고 가정해보자. 기상 조건이 계획 결정에 기여할 가능성이 크다. 해변으로의 여행을 생각하고 있다면 온도가 35℃ 이상인지 여부를 묻게 된다. 그리고 토요일 인지에도 관심이 있다. 이 내용을 다음 문장으로 작성할 수 있다.

"온도가 35℃ 이상인가요? 그리고(and) 토요일인가요?"

이 문장 맥락에서 컴퓨터는 실제로 세 가지 논리 연산을 생각하게 된다.

- 온도가 35℃ 이상인가요?
- 토요일인가요?
- 전반적인 답이 사실인가 거짓인가요?

두 질문 중 하나에는 답이 참이고 다른 질문에 대한 답은 거짓인 것이 가능한가? 온도는 37℃일 수 있지만, 화요일일 수 있다! 또한 토요일일 수도 있지만 온도는 시원한 27℃일 수 있다. 논리적 연산이 모두 참이 아닌 경우를 생각해 볼 수 있는가? 기온이 25℃이고 월요일은 어떤가?

문제 14 **이전의 상점 아이디어로 돌아가서 더 연습을 해봅시다. 처음에는 6월에 구입한 상품에 대해 5% 할인을 주었지만, 6월의 토요일에는 특별 8% 할인을 적용하려면 어떻게 해야 하는가?**

답 두 가지 주장을 확인해야 할 것이다: "6 월이다. 그리고 토요일이다."

할인 적용시기를 쉽게 추적할 수 있는 방법은 가능한 모든 조합을 나열한 진리표(truth table)를 사용하는 것이다. [표 3 참조]

표 3 부울 진리표

가능성	6월인가?	토요일인가?	할인율
7월/월요일	false(0)	false(0)	0%
6월/수요일	true(1)	false(0)	5%
10월/토요일	false(0)	true(1)	0%
6월/토요일	true(1)	true(1)	8%

할인을 받으려면 보시다시피 요구사항 중 하나를 충족시키는 경우가 있지만, 특별 할인을 받으려면 두 가지 요구사항이 모두 필요하다.

논리 연산자 '∧' 임의의 두 명제 p 와 q 사이에 넣어 복합명제 p∧q를 만든다. p∧q로 표시되는 p와 q의 **논리곱**은 " and q"는 명제가 된다. 'p'와 'q'가 모두 참이면 논리곱 p∧q는 참이 되고 그렇지 않으면 거짓이다. **표 4는** $p \wedge q$에 대한 진리값을 보여준다.

논리식 'p AND q'는 논리적으로 'p'와 'q'가 동시에 발생하는 것으로 가정한다. 자연어의 시간적 선후 개념과 달리 이렇듯 컴퓨터에서는 논리 및 추론에 엄밀함과 유한성이 존재한다."

표 4 두 명제의 논리곱에 대한 진리값

p	q	$p \wedge q$
T	T	T
T	F	F
F	T	F
F	F	F

문제 15 명제 "p: 철수의 PC에는 512GB 이상의 하드 디스크 여유 공간이 있다"이고, 명제 "q: 철수의 PC에 있는 프로세서는 5GHz 보다 빠르게 작동한다."가 존재한다. 명제 p와 q의 논리곱을 말해보세요.

답 이들 명제들의 논리곱인 $p \wedge q$는 "철수의 PC는 512GB 이상의 하드 디스크 여유 공간을 가지고 있으며 프로세서는 5GHz보다 빠르게 작동한다."가 된다. 이 논리곱이 참(true)이 되려면 두 조건을 모두 충족시켜야 한다. 이 조건 중 하나 또는 둘 다 거짓일 때는 거짓이 된다.

철수의 PC에 최소 512GB의 하드 디스크 여유 공간이 있고, PC의 프로세서가 5GHz보다 빠르게 작동할 때, 즉 두 가지 조건이 모두 참일 때 이 명제는 참이 된다. 이 두 가지 조건이 모두 거짓일 때, 즉, 철수의 PC 하드 디스크 여유 공간이 512GB 미만이고 PC의 프로세서가 5GHz보다 느리게 작동하면, 거짓이 된다.

3.8.3 논리합(OR)

일상생활에서 자연어 "또는"이라는 말은 역시 애매한 표현이다. "나는 석사 또는 박사 학위를 취득할 것이다" 에서는 석사 학위 만 취득 할 수도 있고, 석사 학위와 박사 학위 둘 다를 취득할 수 도 있다. 반면 "나는 하버드 대학교 또는 MIT 대학교에 들어가려 한다."라는 문장에서는 두 대학 중 한 대학에만 택하여 입학할 것이라는 의미이다. '또는'이 경우에 따라 다르게 쓰인 예이다. 논리학에서는 이러한 애매한 표현을 허용하지 않음으로 "또는"의 의미를 확실히 하여야 한다.

"Today, it will rain or Tomorrow, it will rain."는 2개의 선언적 문장이 결합된 것이고 각각 참 또는 거짓의 값을 갖는다. 자연어 '또는(or)'는 몇 가지의 모호한 의미를 갖는다고 하였다. 결합문은 '오늘 비가 올 것이다 그리고 내일도 비가 올 것이다.' '내일은 비가 올 것이고 오늘은 비가오지 않을 것이다.' '오늘은 비가 오고 내일은 비가 오지 않을 것이다.' 이러한 다양한 의미를 포함하고 있다는 것이다.

논리적 문제로 다루기 위해 앞의 문장을 우리는 'p'(=Today, it will rain) 와 'q'(=Tomorrow, it will rain.)로 대체 표현한다. 결합 연산자(connective) 'or'를 사용해서 문장 전체를 'p or q'로 대체 표현할 수 있다. 'or'은 **논리합**(disjuction)으로 불리 운다. 이때는 두 가지 명제 중 하나가 참일 수 있고, 두 가지 다 참일 가능성도 있다는 의미이다. 이 경우를 inclusive(∨) OR라고 불리 운다.

사무실에 방문했는데 'coffee or tea?'라고 묻는다. 보통은 'coffee'나 'tea' 중 하나를 선택해서 답을 한다. 하지만 논리적으로는 두 가지(coffee and tea)를 다 요청해도 되겠다.

"논리 결합 연산자 ∨를 임의의 두 명제 p 와 q 사이에 넣어 복합명제 p∨q를 만들 수 있다."

p∨q로 표시되는 p와 q의 논리합 "p or q"도 명제가 된다. p와 q가 모두 거짓(false) 일 때 논리합 p∨q는 거짓이고, 그렇지 않으면 참(true)이다. **표 5는** $p \vee q$에 대한 진리 값을 보여준다.

표 5 두 명제의 논리합에 대한 진리값

p	q	$p \vee q$
T	T	T
T	F	T
F	T	T
F	F	F

"2개의 단위 명제의 결합문인 경우 몇 가지 경우로 기술해야 논리적으로 명확하네요."

지금까지의 논리적 개념을 바탕으로 2개의 문장이 결합된 중문의 경우 4가지로 예기해야 정확해진다. 문장의 수가 많아지면 어떻게 될까? 예를 들어서 3개의 독립적 문장의 경우는 그 정확한 뜻을 이해하는 데 몇 가지 논리적 문장으로 얘기해야 할까요?

문제 16 **명제 "p: 철수의 PC에는 512GB 이상의 하드 디스크 여유 공간이 있다"이고 명제 "q: 철수의 PC에 있는 프로세서가 5GHz보다 빠르게 작동한다."가 존재한다. 명제 p와 q의 논리합을 찾으세요.**

답 이들 명제들의 논리합인 $p \vee q$도 "철수의 PC가 512GB 이상의 하드 디스크 여유 공간을 가지든지 또는 철수의 PC에 있는 프로세서가 5GHz보다 빠르게 작동한다."라는 명제가 된다.

3.8.4 배타적 논리합(XOR)

두 명제 중 단지 하나만 참일 때 결과가 참(true)이 되는 경우를 **배타적(exclusive disjunction, ⊕) 논리합**이라고 불린다. 예로서 "salad or soup comes with this entree"는 두 가지(샐러드와 수프)를 동시에 제공하지는 않는다는 의미이다.

p와 q를 명제라고 하자. p⊕q로 표시되는 p와 q의 배타적 논리합도 명제가 된다. 배타적 논리합 p⊕q는 p와 q 중 어느 하나만 참일 때 참이고, 그렇지 않으면 거짓이다. **표 6는** $p \oplus q$에 대한 진리값을 보여준다.

표 6 두 명제의 배타적 논리합에 대한 진리값

p	q	$p \oplus q$
T	T	F
T	F	T
F	T	T
F	F	F

3.8.5 연산자 우선순위

이 밖에도 문장에서 숫자를 비교하는데 비교 연산자가 사용된다. [표 7 참조]

표 7 비교 연산자

연산자	의미
〈	~보다 작다(less than)
〉	~보다 크다(greater than)
≤	~이하이다(less than or equal)
≥	~이상이다(greater than or equal)
≠	~와 동일하지 않다(not equal)

다음, 복합명제는 단위 명제를 어떻게 결합하느냐에 따라 얼마든지 다양하게 만들어질 수 있겠다. 복합명제를 다루다 보면 많은 연산자가 사용되는데 문장을 어떻게 구문 분석할 것인가가 중요하다.

예를 들어서, $\neg x \rightarrow y \vee z \rightarrow x \vee y \wedge z$

어떤 연산자를 먼저(operator precedence) 처리하느냐와 결합법칙(associativity)에 따라 진리값이 바뀔 수 있다. 연산자의 처리순서가 매우 중요하다. 그래서 명제 논리에서는 연산자에 처리 우선순위를 부여하여 사용하고 있다. 우선순위가 높은 연산자부터 낮은 순으로 처리가 되고, 괄호를 사용하지 않는 한 우측에서 좌측으로 결합(right-associative)하는 것을 원칙으로 한다. [표8 참조]

표 8 논리 연산자 우선순위

우선순위	연산자
High	()
	¬
↕	∧
	∨
	→
Low	↔

상기의 논리식에서 애매함을 제거하기 위하여 괄호를 사용하면 다음처럼 구문 분석될 수 있다.

$$(\neg x) \rightarrow ((y \lor z) \rightarrow (x \lor (y \land z)))$$

수학과 논리에서의 연산자 결합 특성이 약간 다르다. 예를 들어, 수학에서는 덧셈에 대하여 항의 결합 방식이 **좌에서 우 방향**으로 이루어진다. 논리에서는 피연산자 두 개가 모두 평가되어야 해서 왼쪽 결합이거나 오른쪽 결합에 묶일 필요가 없다.

논리식 'p∧(p→q)'에 대한 진리값 계산에서는 연산자 우선순위에 따라 괄호 ()가 높으므로 p→q를 먼저 연산 처리하고, 이어서 **∧ 연산자를 처리한다. [표 9 참조]**

표 9 진리값 계산

p	q	p∧(p→q)	
		(p→q)	
T	T	T	T
T	F	F	F
F	T	F	T
F	F	F	T

3.9 조건 지식의 기호 표현

3.9.1 함축(implication)

복합명제 중에서 가장 복잡하고 까다로운 연산자로 함축 연산자(→)가 있다. 매우 중요하고 많이 사용된다. "오늘 비가 온다면 나는 우비를 입을 것이다"처럼 함축(implication)은 "~ 한다면 ~ 할 것이다(if ~ then)" 의 형식을 갖는다.

p와 q를 명제라고 하자. 함축(implication) 조건문 'p→q' 은 "if p, then q"라는 복합명제이다. "→"는 **조건부 결합 연산자**이다. 이것도 논리적으로 4가지 의미를 포함하고 있다. 함축이라는 논리는 이해하기에 가장 어려운 연산자이다.

'p→q' 또는 'p implies q'로 표기된다.

함축 논리식 p→q 에서, p를 **가설** 또는 전제조건이라고 부른다. q는 결과(conclusion)라고 부른다. 만약에 p가 일어난다면 q도 발생한다는 의미이다. p가 성립하는 조건에서 q가 발생하는 것이라고 주장하는 것을 'p→q'로 표현한다. 함축 연산자(→)가 반대방향으로 발생하는 것을 의미하지는 않는다.

"함축 연산자 →를 임의의 두 명제 p와 q 사이에 넣어 복합명제 p→q를 만들 수 있다."

표 10는 p→q에 대한 진리 값을 보여준다. 논리식 p→q는 p가 참(true)이고 q가 거짓이면 거짓이 되고, 그렇지 않고 p가 참(true)이고 q도 참이면 참(true)이 된다. 가설 p가 거짓(false)일 경우 p→q는 항상 참이라는 사실에 유념한다.

표 10 함축 조건문 p→q에 대한 진리값

p	q	$p \to q$
T	T	T
T	F	F
F	T	T
F	F	T

"이번 시험에서 성적이 오르면 내가 피자를 사줄게 ..."의 의미는?

인간의 자연어 표현의 애매모호함은 논리 전개에 어려움을 가져온다. 예를 들어서 학교의 선생이 학생들에게 "기말시험에서 성적이 향상되면 내가 피자를 사겠다."라고 말할 수 있다. 이 말에는 다양한 논리적 진실이 숨겨져 있는 것이다. 물론 성적이 향상되면 피자를 사줄 것이다. 성적이 향상되지 않으면 피자를 안 사준다는 의미인지, 성적이 향상되어도 피자를 안 사준다면 어떻게 되는 것인지, 또는 성적이 그대로이면 안 사주겠다는 의미인지 등의 많은 숨은 의도가 있다.

"시험에서 90% 이상을 맞추면 A 학점을 받을 것이다."라는 함축문을 생각해보자. 문장의 전반부를 가설(전제)로 보고 후반부를 결론으로 볼 수 있다. 이 경우 90% 이상 점수를 받으면 A를 받는 것은 보장된다.

시험에서 95%를 얻었다고 가정(p=참) 해보자. 최종 성적이 A라면 약속은 지켜진 것(q=참)이고 문장(p→q)은 참이 된다. 성적이 A가 아니면 약속이 깨진 것(q=거짓)이고 그 문장(p→q)은 거짓이 된다. 90% 이상 점수를 받지 못하면 어떨까요(p=거짓)? 이 경우 상기 문장(p→q)은 참인가요? 아니면 거짓인가요? 문장에서는 90% 미만으로 점수를 받으면 어떤 성적을 받을 지 말하지 않는다. 반에서 80% 점수를 받고 B를 받는다면(q=거짓), 약속이 깨졌다고 불평할 수 없다. 89% 점수를 받고 A로 끝나면(q=참) 여전히 약속이 깨졌다고 말할 수 없다.

인간의 자연어 표현이 애매하군요. 선생님은 앞으로 학생들에게 약속할 때 상기처럼 4가지 경우로 말해야 해요. 그래야 학생들이 혼란스럽지 않아요.

문제 17 "You can access the web site only if you are over age 18." 이것은 다음을 의미한다. "if you are over age 18, then you can access the web site."
웹 사이트를 접속하기 위해서는 다른 요구사항이 더 있을 수 있다. 지불 방법 등....
상기의 문장은 다음을 의미한다. "if you can access the web site, then you must be over age 18."

답 p only if q는 p→q를 의미한다.

"p→q에서 가설 p와 결론 q 사이에 아무런 관계가 없는 경우는?"

가설 p가 거짓일 때 우리는 어려움에 부딪힌다. 가설 p가 거짓으로는 발생하지 않기 때문에 결론이 참 또는 거짓이라고 증명할 수 없다. 논리학자는 이 문제에 대해 "유죄가 입증될 때까지 무죄"를 취하기로 결정했다. 문장 p가 거짓일 때 p로 인해서 q가 거짓이 된다고는 말할 수 없기 때문에 유일한 대안은 q를 참이라고 부르는 것이다.

"If Chulsoo has a PC, then 2+3=6"라는 문장이 참인가 거짓인가?

철수가 PC를 가지고 있다면 앞 가설은 참이 되지만 2+3=6이 거짓이기 때문에 앞의 명제는 거짓이 된다. 하지만 철수가 PC를 가지고 있지 않다면 참이 된다. "2+3=6"이 거짓임에도 불구하고 철수가 PC를 가지고 있지 않을 때 결론은 참이 된다. 왜냐하면 앞 진리표 10을 참고한다. 이 경우 가설(전제)에 대한 진리값은 중요하지 않음을 알게 된다.

가설(전제)과 결론 사이에 아무런 관계가 없기 때문에 자연어에서는 마지막 두 조건문을 사용하지는 않는다. 아마도 풍자를 할 경우에는 사용할 수도 있겠다.

자연어와 달리 조건문에 대한 논리적 개념은 가설과 결론 사이에 원인과 결과의 상호 연관성이 없이 독립적이란 것이다. 그리고 조건문 명제 p→q에 대하여 p는 q 이기 위한 충분조건, 또는 q는 p 이기 위한 필요조건이라는 의미와 동일하다.

컴퓨터 프로그래밍 언어에서 사용되는 if-then 구조는 논리에서 사용되는 p→q 함축과는 좀 다르다. 인간이 사용하는 논리적 함축을 컴퓨터에서는 엄격하게 제한적으로 사용한다. 대부분의 컴퓨터 프로그래밍 언어에서는 "if *p* then q"와 같은 명령문을 사용한다. 여기서 p는 명제이고 q는 프로그램 코드

(실행될 하나 이상의 명령문)이다. 프로그램의 실행에서 그러한 명령문을 만나면, p가 참이면 q가 실행되지만, p가 거짓이면 q가 실행되지 않는다. 문제 18을 참조한다.

문제 18 **아래의 컴퓨터 문장 이후에 변수 x의 값은 무엇이 되는가?**

$$\text{if } 2+2=4 \text{ then } x=x+1$$

여기서 기호 '='는 대입(할당)을 나타낸다. 문장 "$x=x+1$"는 수학적으로는 절대 성립하지 않는 문장이다. 이 문장은 우측의 x+1의 값을 좌측 x에 대입하는 것을 의미한다. 상기의 문장에서 x=0이면 어떻게 되는가?

답 프로그램 언어에서는 2+2=4가 참이므로 문장 x=x+1이 실행된다. 따라서 x에는 명령문 0+1이 계산된 후 '0+1', 즉, 1이 할당된다.

문제 19 Does 2 = 3 imply 2 + 1 = 3 + 1?

네. 이것은 'x = y implies x + 1 = y + 1'라는 규칙의 한 예이다.

문제 20 Does 2 = 3 imply 2 · 0 = 3 · 0?

네, 이것은 'x = y implies xz = yz'라는 규칙의 한 예이다.

문제 21 **다음 표현을 기호로 표기하라.** "To have a good day, all I need is a great attitude."

답 g="have a good day," a="I have a good attitude"라고 하자.
그러면 이는 "g whenever a" 또는 "a is sufficient for g."으로 다시 적을 수 있다. 이들 모두를 a→g로서 표현할 수 있다. 그래서 "If I have a great attitude, then I will have a good day."이 된다.

3.9.2 동치(Equivalence)

두 개의 복합명제가 항상 동일한 진리 값을 가질 때, 동치(**equivalent**)하다고 부른다. 두 개의 단순 또는 복합명제가 각각의 모든 논리적 가능성에 대해 진리값이 같으면 두 문장은 논리적 동치(Equivalence)이다.

예로서 p→q와 '(¬q∧p)'는 동치인가? [표 11 참조]

표 11 진리값 계산

p	q	p→q	¬(¬q∧p)
T	T	T	T
T	F	F	F
F	T	T	T
F	F	T	T

다음을 증명하라.

1) (a→b) 가 (¬a∨b)와 동치임을 증명하라.

2) (a→b) 가 (a→b)∧(b→a)와 동치임을 증명하라.

3) (p∨q)→r 가 (p→r)∧(q→r)와 동치임을 증명하라.

3.9.3 역, 환위, 대우

이 밖에도 자주 사용하여 특별한 이름을 가지고 있는 세 종류의 조건문 **역**(inverse), **환위**(converse), **대우**(Contrapositive)가 있다. 이들 문장은 원래의 함축 p→q 명제와 관련된다, 이들은 추후 추론에서 많이 사용되는 추론 규칙이기도 하다.

- **역(inverse)** : 함축 조건문 "If p, then q"에 대한 역(inverse)은 ¬p→¬q(if not p, then not q)이다.
- **환위(Converse)** : 함축 조건문 p→q에 대한 환위(converse)는 q→p라고 한다. 가설과 결론을 교환함으로써 달성된다. 예로서 p→q "비가 온다면 우비를 입을 것이다"를 생각하자. "If p, then q"에 대한 환위는 "If q, then p"가 된다. 즉, p→q의 환위는 q→p가 된다. q→p는 "우비를 입는다면 비가 올 것이다."가 된다.
- **대우(Contrapositive)** : 함축 조건문 p→q에 대한 대우(contrapositive)는 ¬q→¬p이라고 한다. 대우(contrapositive)는 역inverse)에서 가설과 결론을 바꾼다. 즉, "If not q, then not p"가 된다. p→q의 대우는 ¬q→¬p 가 된다.

우리는 함축 조건문 p→q로부터 유도된 이 세 가지 조건문을 살펴보면, 대우(contrapositive)만이 항상 p→q와 동치 관계가 된다.

대우가 특히 중요하다. 함축 조건문(p→q)이 참이면 대우도 참이다. 그리고 대우가 참이면 조건문(p→q)도 참이다. 반대로 조건문이 거짓이면 대우도 거짓이다. 그리고 대우가 거짓이면 조건문도 거짓이다. 이들은 정말 매우 중요합니다!!! 꼭 기억하길 바랍니다.

$\neg p$가 거짓이고 $\neg q$가 참일 때, 즉 p가 참이고 q가 거짓일 때만 대우(contrapositive)가 거짓이다. p와 q의 모든 가능한 진리 값에 대해서 환위 $q \to p$ 또는 역 $\neg p \to \neg q$는 $p \to q$와 같은 진리값을 갖지 않는다. p가 참이고 q가 거짓 일 때 원래의 조건문은 거짓이지만 환위 및 역은 모두 참임을 유의한다.

예제

"5n +2 이 홀수이면 n도 홀수이다"에 대한 대우는 "n이 짝수이면 5n+2도 짝수이다"가 된다. 즉, n=2k 짝수라고 가정하면, 5(2k) + 2= 10k +2 = 2(5k + 1) 가 되어 짝수가 된다.
p("it is raining")과 q("streets are wet")에서 (1) $p \to q$가 참인 경우, (2) 환위 $q \to p$(streets are wet → it is raining)는 거짓이다. (3) 역 $\neg p \to \neg q$ (it is **not** raining → streets are **not** wet)도 거짓이다. 다음 (4) 대우 $\neg q \to \neg p$(streets are **not** wet → it is **not** raining)은 참이 된다. 결론적으로 (1)=(4), (2)=(3)의 동치 관계가 성립된다.

문제 22 다음 문장을 보고 답하라. 'If the shoes fit, then the judge will acquit.'

- 환위(Converse, $q \to p$) : If the judge acquits, then the shoes fit.
- 역(Inverse, $\neg p \to \neg q$) : If the shoes don't fit, then the judge won't acquit.
- 대우(Contrapositive, $\neg q \to \neg p$) : If the judge doesn't acquit, then the shoes don't fit

문제 23 "If you do your homework, then you will not be punished." 여기서 가설로 p="you do your homework", 결론으로 q="you will not be punished"라고 하자.

- 역(Inverse, $\neg p \to \neg q$) : "If p, then q"에 대한 역은 "If not p, then not q"가 된다. 그래서 $p \to q$의 역은 $\neg p \to \neg q$과 같다. 상기 조건문의 역(inverse)은 가설과 결과의 각각에 대한 부정과 같다. "If you do not do your homework, you will be punished."이 된다.
- 환위(Converse, $q \to p$) : "If you will not be punished, you do your homework".

문제 24 다음 명제의 역과 대우를 구하라. 조건 명제 p : x>2이면 q : x^2>4이다. ($p \to q$)

답 역 : x^2>4이면 x>2이다.
대우 : $x^2 \le 4$이면 $x \le 2$이다.

문제 25 다음 명제의 역과 대우를 구하라. 조건 명제 p : x=0이면 q : xy=0이다. ($p \to q$)

답 역 : xy=0이면 x=0이다.
대우 : $xy \ne 0$이면 $x \ne 0$이다.

함축 조건문 $p \to q$에 대한 증명법으로 직접 증명법, 대우에 의한 증명법 등이 있다. 이밖에도 모순증명법이 있다. p와 ¬q 가 모순된다는 것을 증명함으로서 증명하는 방법이다.

모순 증명방법으로 함축 조건문 $p \to q$가 참임을 증명하기 위해 동치의 복합명제로 변환하는 것이 중요하다. 표 11 에서 $p \to q \equiv \neg(p \wedge \neg q)$을 관찰할 수 있다. 함축 조건문 $p \to q$이 참임을 증명하기 위해 **p와** ¬q가 서로 모순명제가 되면, 즉 $p \wedge \neg q \equiv$ False(항상)이 되고, $p \to q$는 항상 참이 된다. 참고로 $p \to q$가 항진명제가 되면 $\neg(p \to q) \equiv \neg(\neg p \vee q) \equiv (p \wedge \neg q)$ 관계가 성립한다.

예로서, "p(n이 정수) → q(2n은 짝수)"가 됨을 모순 증명법으로 증명한다. ¬q에 해당하는 만일 2n 이 홀수라면 $2n = 2k+1$ 이 되는 정수 k 가 존재하여야 한다. $k = (2n-1)/2$가 존재하여야 하는데 그런 정수 n이 존재하지 않는다. 2n은 홀수가 아니다. 2n이 홀수라는 가정이 잘못되었다. 2n은 짝수이다.

3.9.4 기타 중요 명제

쌍조건문(biconditional, ↔)

논리 연산자 **↔는 쌍조건**(biconditional)**이라 하고 임의의 두 명제 p와 q 사이에 넣어 복합명제 $p \leftrightarrow q$를 만들 수 있다.** 쌍조건문 $p \leftrightarrow q$은 "p if and only if q"라고 읽는다. 양방향 함축이다. "p iff q"라고도 읽는다. 이것은 $(p \to q) \wedge (q \to p)$와 동일하다. [표 12 참조]

표 12 양방향 함축 진리표

p	q	p→q	q→p	(p→q)∧(q→p)	p↔q
T	T	T	T	T	T
T	F	F	T	F	F
F	T	T	F	F	F
F	F	T	T	T	T

수학적으로 쌍조건문은 동시에 $p \to q$이고 $q \to p$인 문장이다. p는 q 이기 위한 필요충분조건이 되고, 또한 q는 p 이기 위한 필요충분조건이라고도 한다.

문제 26

1) 두 조건 p: $-1<x<4$, q: $a\le x\le b$에 대하여 명제 p→q가 참이 되도록 하는 a의 최댓값과 b의 최솟값을 구하세요. 단 a와 b는 실수이다.

답 a의 최댓값은 -1, b의 최솟값은 4이다.

2) 두 조건 p: $2a-1<x<a+2$, q: $0\le x\le 6$ 에 대하여 명제 p→q가 참이 되도록 하는 a의 갯수를 구하세요. 단 a와 b는 실수이다.

답 $0\le 2a-1$, $a+2\le 6$
$a\le (1/2)$ $a\le 4$
$(1/2)\le a\le 4$.... a는 1,2,3,4.... 4개이다.

항진명제(tautology)

어떤 명제가 모든 논리적 가능성에 대해 참일 때 이 명제를 항진명제(tautology)라고 한다. 복합명제 p∨¬p에 대한 진리값이 항상 참이 된다. 이처럼 모든 논리적 가능성에 대하여 참이 되는 경우의 명제를 항진명제(tautology)라고 한다. [표 13 참조]

표 13 항진 명제 진리표

p	p∨¬p
T	T
F	T

모순명제(contradiction)

항진명제와 반대로 모든 논리적 가능성에 대해 진리값이 모두 거짓인 명제를 모순명제(contradiction)라고 한다. 이러한 모순명제의 예로 복합명제 p∧¬p를 생각하자. 모든 논리적 가능성에 대하여 거짓이 된다. [표 14 참조]

표 14 모순명제 진리표

p	p∧¬p
T	F
F	F

문제 27

"Unless you read the manual carefully, you will not understand what to do"
m = "you read the manual carefully"
u = "you will understand to do"
이것은 m→u가 아니라 ¬m→¬u (u→m과 동치이다.)

문제 28 **다음 p, q, r 세가지 명제에 대하여 다음 명제 중 반드시 참인 것에는 'T', 거짓인 경우에는 'F'를 표시하라.**

1) 두 명제 $p \rightarrow \neg q$와 $\neg r \rightarrow q$가 모두 참일 때

가) $p \rightarrow r$ (T)

답 $p \rightarrow \neg q$ 의 대우 $q \rightarrow \neg p$

=> $\neg r \rightarrow q \rightarrow \neg p$ => $\neg r \rightarrow \neg p$ =>(대우) $p \rightarrow r$

나) $p \rightarrow \neg r$ (F)

다) $\neg r \rightarrow \neg p$ (T)

3.10 명제 논리의 응용

논리(logic)가 실세계의 다양한 문제 해결에 어떻게 적용될 수 있는지를 기술한다. 논리는 수학, 컴퓨터 과학 및 기타 여러 분야에 중요한 응용을 제공한다. 명제 논리(proposition logic)의 활용은 웹 검색, 컴퓨터 및 디지털 논리회로를 설계하고, 그래픽 이미지 합성, 데이터베이스, 소프트웨어 요구사항을 포함한다. 컴퓨터 프로그램을 만들고, 프로그램의 정확성을 검증하고, 전문가 시스템을 구축하는 데도 사용할 수 있다. 또한, 논리는 소프트웨어 및 하드웨어 사양 작성에도 사용된다. 이러한 사양은 개발이 시작되기 전에 정확해야 하기 때문이다.

3.10.1 영어 문장 번역

영어(및 다른 모든 인간 언어)는 종종 모호하다. 하지만 영어 문장을 논리 표현으로 변환하면 진리값을 결정하고 추론할 수 있다. 명제 변수와 논리적 결합 표현으로 영어 문장을 번역해야 할 이유가 많이 있다. 영어 문장을 논리적 표현으로 변환하는 과정을 설명하기 위해 다음의 예제를 참고한다.

문제 29 **이 영어 문장을 어떻게 논리적 표현으로 번역할 수 있는가? "컴퓨터 과학 전공이거나 신입생이 아닌 경우에만 캠퍼스에서 인터넷에 접속할 수 있다."**

답 이 문장을 논리적 표현으로 변환하는데 많은 방법이 있다. 문장 전체를 p와 같은 단일 명제 변수로 문장을 표현하는 것이 가능하지만, 의미를 분석하거나 추론할 때는 유용하지 않다. 대신에 우리는 문장의 부분을 표현하기 위해 명제 변수(propositional variables)를 사용하고 그들 사이의 적절한 논리적 결합을 결정한다. 그래서 a, c, f는 각각 "a: 캠퍼스에서 인터넷에 접근할 수 있다", "c: 당신은 컴퓨터 과학을 전공한다.", "f: 당신은 신입생이다."로 문장의 부분을 표현한다. 문장 결합을 위해 "only if"라는 조건문 표현을 사용하여 다음을 얻는다.

$$a \rightarrow (c \vee \neg f).$$

3.10.2 시스템 사양(System Specifications)

자연어(예: 영어)로 된 문장을 논리적 표현으로 번역하는 것은 하드웨어 및 소프트웨어 시스템 사양을 기술하는 데도 필수적인 부분이다. 시스템 및 소프트웨어 엔지니어는 자연어로 요구사항을 파악하고 시스템 개발의 기초로 사용할 수 있는 정확하고 모호하지 않은 사양을 만드는 데 도움을 준다. 다음 복합명제가 어떻게 사용될 수 있는지 보여준다.

문제 30 **논리 연산자를 사용하여 "파일 시스템이 가득 차면 자동 응답을 보낼 수 없다"라는 사양을 표현하라.**

답 이를 번역하는 한 가지 방법은 p : "자동 응답을 전송할 수 있다"를 나타내고 q : "파일 시스템이 꽉 찼다"를 나타내도록 하는 것이다. 그러면 ¬p : "자동 응답을 보낼 수 없다."라고 표현할 수도 있다. 그러면 사양을 조건문 '$q \rightarrow \neg p$' 으로 표현할 수 있다.

3.10.3 부울 검색(Boolean Searches)

웹 페이지의 정보를 검색하는데 논리 결합 연산자가 사용된다. 검색에 명제 논리를 사용하기 때문에 부울 검색이라고 한다.

웹 검색 엔진은 웹(World Wide Web)에서 정보를 검색하는 소프트웨어 시스템이다. 사용자가 "컴퓨터"라는 검색어 관련 정보를 찾고 싶다면 "컴퓨터"라는 단어를 입력하면 검색 엔진은 "컴퓨터"라는 단어가 포함된 모든 웹 페이지의 목록을 반환한다.

검색 질의(search query)어는 사용자가 얻으려고 하는 정보를 설명하는 단어 또는 구이다. 대부분의 검색 질의어는 "사과", "컴퓨터" 또는 "호랑이"와 같은 단일 단어이다. 단일 단어로의 질의가 효과적일 수도 있지만 다양한 상황에서 단어가 모호하기 때문에 올바른 유형의 정보를 생성하지 못하는 경우가 종종 있다.

단순한 단일 단어 질의는 종종 유용한 결과를 제공하기에 충분하지 않다. 따라서 대부분의 검색 엔진은 더 구체적인 방법으로 검색 질의어를 좁히고 집중시켜 더 특징적인 검색 결과를 만들도록 한다. 부울 연산자 AND, OR 및 NOT은 검색 질의를 좁히는 데 일반적으로 사용된다.

둘 이상의 단어를 사용하는 모든 검색 질의에는 논리곱(conjunction) AND를 사용한다. 그러면 질의에 있는 모든 단어와 구문을 포함하는 웹 페이지를 반환한다. 논리합 연산자 OR은 두 개의 검색 용어 중 하나 또는 둘 모두가 포함된 웹페이지를 찾는데 사용된다. 검색 엔진이 양자택일을 표현하는 연산자

'OR'을 이용한다는 것을 의미한다. 부정 연산자 "NOT"은 특정 검색어를 포함하는 페이지를 제외한다는 의미이다.

문제 31	단일 단어 질의에서 AND, OR, NOT을 사용한 결합 구글 검색 실습을 한다. 검색 질의어로 "splitter baseball"를 입력하면 "splitter AND baseball"로 인식한다. 논리곱으로 인식한다.

문제 32	"안창호 OR 윤봉길"은 논리합으로 인식한다.

문제 33	예를 들어, 레저용 바이크 시스템을 찾기 위해 인터넷 검색을 수행해라. "바이크 AND 시스템 AND (레저 OR 여가)" AND는 OR보다 우선하므로 괄호가 필요하다.

3.10.4 명제 논리를 디지털 회로로 변환

1938년 클로드 샤논(Claude Shannon)이 MIT 석사 학위 논문에서 처음 명제 논리를 컴퓨터 하드웨어 설계에 적용하는 방법에 대한 소개를 하였다. 부울 명제와 부울 대수를 사용하여 복잡한 디지털 회로를 설계하고 분석하는 것이 가능해진다.

디지털 회로는 컴퓨터 시스템의 물리적 구성요소로 덧셈, 뺄셈 및 곱셈과 같은 산술 연산을 수행 할 수 있게 한다. 디지털 회로 중에서 논리곱(AND), 논리합(OR), 부정(NOT)의 3가지를 기본 게이트 회로로 더 복잡한 회로를 구현할 수 있다. [그림 10 참조]

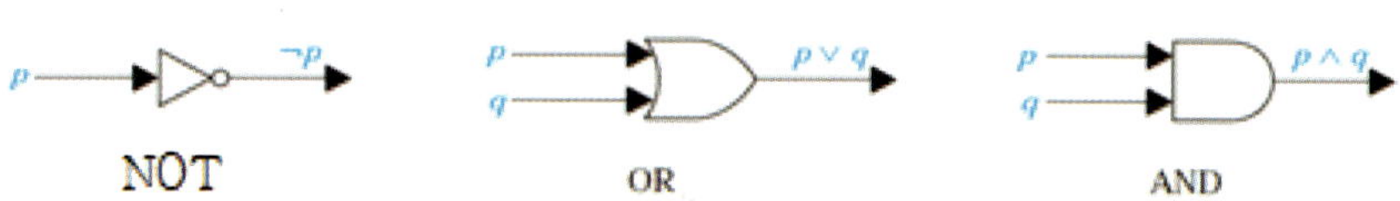

그림 10 기본 부울 논리 게이트

디지털 회로를 나타내는 명제를 이들 논리 게이트 중 하나에 의해 표현하고, 복합 명제는 이러한 단순한 논리 게이트의 조합으로 표현할 수 있다.

디지털 회로에서 논리 게이트는 전자 장치로서 부울 연산자를 나타낸다. 즉, 구현하는 연산자에 따라 논리 게이트에는 입력과 해당하는 단일 출력을 생성한다. NOT 게이트는 입력 비트 p를 수신하고 출력 ¬p를 생성한다. OR 게이트는 두 입력 신호 p와 q를 수신하고, 출력으로 p∨q를 생성한다. 마지막으로, AND 게이트는 두 개의 입력 신호 p와 q를 수신하고 각각의 비트를 출력으로 하여 신호 p∧q를 출력한다.

문제 34 **다음 부울 식을 계산하라. 여기서 A=1, B=1, C=1, 그리고 D=0이다.**

(B AND NOT A) OR (NOT D OR C)

답 변수에 값을 넣으면서 식을 간략화한다.

(1 AND NOT 1) OR (NOT 0 OR 1)

(1 AND 0) OR (1 OR 1)

0 OR 1

1

논리 게이트는 일반적으로 트랜지스터를 스위치로 사용하여 구현된다. 디지털 논리의 전자회로 맥락에서는 특정 전압(예: 5V) 값을 논리 1(참)로 생각하고 0인 전압은 논리 0(거짓)으로 생각할 수 있다.

기호 형식을 사용하여 다음의 논리 게이트를 그려보라. [그림 11 참조]

P AND NOT (Q OR R)

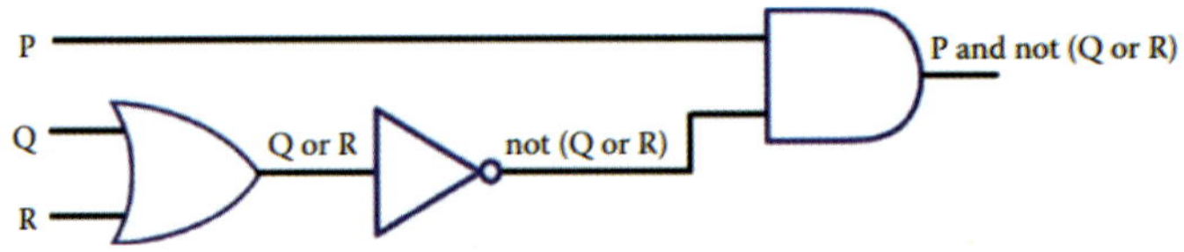

그림 11 논리 게이트 예

문제 35 **다음 회로에 각 논리 게이트의 출력을 표시하라. [그림 12 참조]**

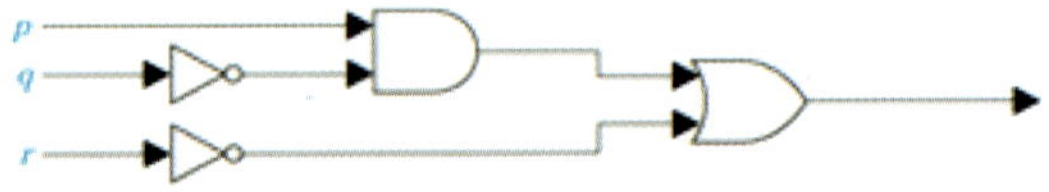

그림 12 논리 게이트 예

답 AND 게이트는 p와 ¬q의 입력을 취하고, 입력 q를 갖는 인버터는 p∧¬q를 출력한다. 다음으로, OR 게이트는 p∧¬q 및 ¬r을 입력으로 취해 최종 출력 (p∧q)∨¬r 을 생성한다. [그림 13 참고]

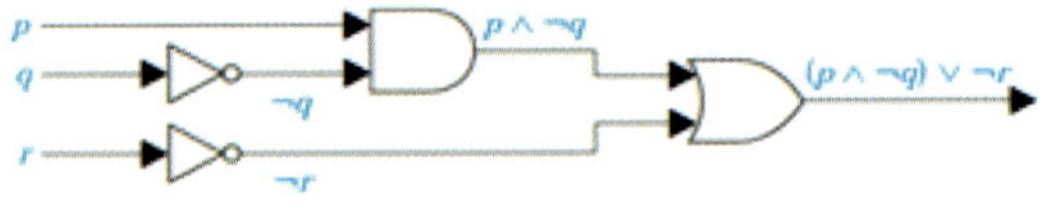

그림 13 논리 게이트 예

전자 회로를 설계 할 때 가능한 한 적은 수의 게이트를 사용하는 것이 좋다. 각각의 게이트는 시스템의 비용을 증가시키고 신호의 통과에 더 많은 시간을 지연시킨다. 그래서 더 빠르고 비용을 줄이기 위해 논리 게이트의 수를 최소화하려는 노력을 한다.

문제 36 **다음의 조건일 때 소리가 나는 알람을 생각하고 진리표와 논리식을 작성하라.[그림 14 참조]**

A. 불이 발생

B. 문이 열림

C. 열쇠가 점화 상태에 있지 않음.

답 진리표는 알고리즘의 입력과 출력 사이의 관계를 보여주는데 사용될 수 있다. [그림 14 참고]

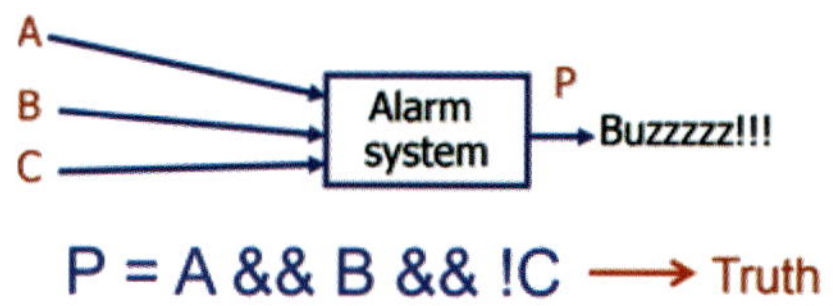

A	B	C	P
0	0	0	0
0	0	1	0
0	1	0	0
0	1	1	0
1	0	0	0
1	0	1	0
1	1	0	1
1	1	1	0

그림 14 논리식과 진리표 예

부울 표현의 다양한 조합에 의해 컴퓨터 및 디지털 회로를 설계할 수 있게 된다. 이러한 디지털 기술이 더 작은 전자 구성요소, 칩 또는 게이트를 갖는 컴퓨터를 구현할 수 있게 해준다.

3.10.5 논리적 퍼즐(Logic Puzzles)

논리적 추론을 사용하여 해결할 수 있는 퍼즐을 논리적 퍼즐이라고 한다. 논리적 퍼즐을 해결하는 것은 논리 규칙을 사용하는 것이다. 논리적 퍼즐의 대가인 레이몬드 스무리안(Raymond Smullyan)은 논리적으로 추론하는 어려운 퍼즐을 책을 통해 발표한다. 그는 논리적 퍼즐에 관한 12권 이상의 책을 출간하였다. 그 밖에도 정기 간행물, 서적에 게시된 논리적 퍼즐을 해결하는 것을 여가 활동으로 즐긴다. 스무리안 관련 문제가 뒷장 연습문제에 있다.

문제 37 **수도쿠 퍼즐(Sudoku puzzles)**

매우 인기 있는 논리적 숫자 퍼즐인 수도쿠(Sudoku)에 대해서 설명한다. 수도쿠라는 이름은 일본의 "suuji wa dokushin ni kagiru"의 약자로, "숫자는 단 하나이어야 한다"라는 뜻이다. 수도쿠 퍼즐은 그림 15과 같이 블록으로 알려진 서브그리드(3×3)로 구성된 그리드(9×9)로 표현된다. 그리드는 전체 81개의 칸으로 구성되며 각각의 세로줄(열: column)과 가로줄(행: row)에는 1, 2, ... ,9 가 중복 없이 들어가게 한다. 서브그리드(3×3) 안에도 1~9가 중복 없이 하나씩 들어가도록 한다. 문제에서는 일부분만 그림처럼 숫자가 채워진다. 이러한 규칙을 기반으로 나머지 칸들에 숫자를 채워야 한다.

8		5			6			
6	3				7			
				8		5	2	6
7				4				5
	2		3		5		4	
9				1				2
3	4	9		6				
			7				8	9
			9			6		1

답

8	1	5	4	2	6	7	9	3
6	3	2	5	9	7	8	1	4
4	9	7	1	8	3	5	2	6
7	8	3	2	4	9	1	6	5
1	2	6	3	7	5	9	4	8
9	5	4	6	1	8	3	7	2
3	4	9	8	6	1	2	5	7
5	6	1	7	3	2	4	8	9
2	7	8	9	5	4	6	3	1

그림 15 수도쿠 퍼즐 예

수도쿠 문제를 풀 때 **정답은 한 개뿐**이며, 처음 제시되는 숫자들의 개수는 30개 이하여야 한다. 정답은 추론을 통해 해결할 수 있다. 이 문제를 논리와 수학에 기반한 많은 전략이 고안되었다. 컴퓨터를 사용하여 스도쿠 퍼즐을 해결하기 위해 개발된 방법도 있다. 현재 스도쿠 퍼즐은 10밀리초(milliseconds) 미만으로 해결할 수 있다.

3.10.6 이미지 처리

이진 이미지(binary image)는 흰색 또는 흑색 화소(pixel)만으로 구성된다. 종종 교과서, 소책자, 영화 및 웹 콘텐츠에서 시각적 정보를 매력적인 방식으로 제공하기 위해 디지털 이미지를 만들고 편집한다. 이때 그래픽 디자이너는 이미지 편집에 명제 논리를 적용한다.

디지털 이진 이미지는 많은 화소로 구성된다. 이진 이미지가 다채롭지는 않지만 그럼에도 불구하고 많은 양의 정보와 시각적 세부 사항을 전달할 수 있다. 예를 들어 다음의 유명한 이진 이미지를 생각해보자. [그림 16 참조]

그림 16 2진 이미지

이진 이미지에는 두 가지 색상 즉 흑색과 백색, 두 개의 논리값만 있다. 이런 경우 우리는 색상 값에 논리값을 연결할 수 있다. 흑색을 논리값 참(True), 백색을 논리값 거짓(False)에 연결시킬 수 있다. 이 이미지에 다양한 논리 연산자 AND, OR, IMPLIES, EQUALS 및 NOT을 적용하여 색상에 대한 논리 연산을 적용할 수 있다. 이러한 연산자에 대한 진리표를 흑색 백색을 사용하여 다음과 같이 표현할 수 있다. [그림 17 참조]

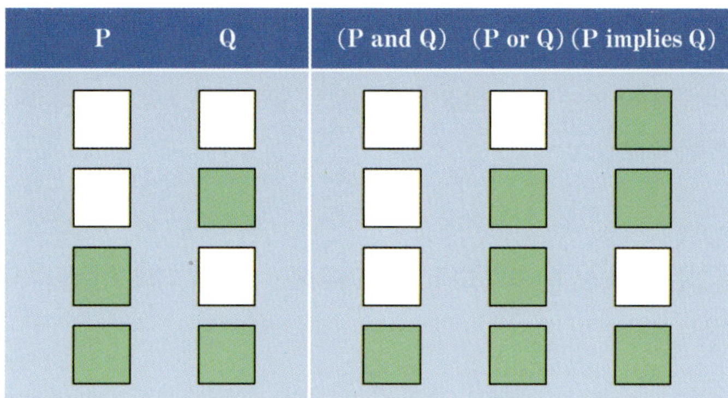

그림 17 연산자 적용 진리표

단순한 모양을 결합하여 복잡한 모양과 그림으로 구성할 수 있다. 디지털 이진 이미지(P와 Q)를 결합하여보다 복잡한 이미지를 만드는 처리 과정을 보자. P와 Q를 이진 이미지라고 가정하고, 논리적 변수 P와 Q에 명제 논리를 적용하여 다양한 이미지를 생성할 수 있다. [그림 18 참조]

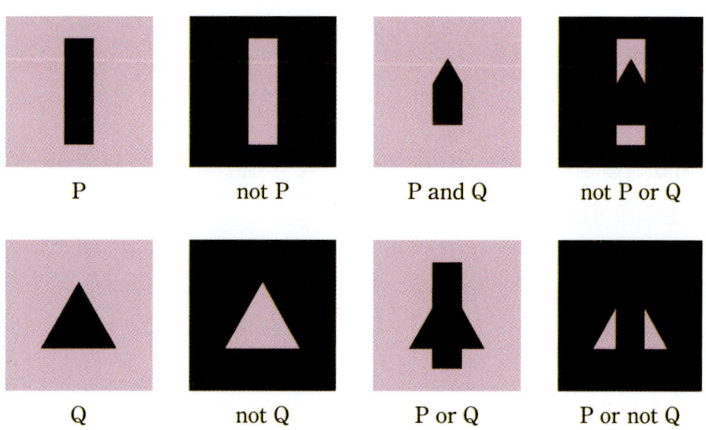

그림 18 논리 연산자를 사용한 이미지 처리

연습문제

01 진리표의 목적은 무엇인가?

02 입력(A)이 FALSE이면 회로의 출력(Q)은 TRUE이다. 이것을 부울식으로 표기해보세요.

03 입력(A)과 (B) 중 하나 또는 둘 다 참일 경우 회로의 출력(Q)은 FALSE이다. 이것을 부울식으로 어떻게 표기할 것인가?

04 회로의 출력(Q)은 입력(A)과 (B)가 모두 참인 경우에만 FALSE이다. 이것을 부울식으로 어떻게 표기할 것인가?

05 다음의 선언적 삼단논법을 연역 추론으로 증명하라.

$$(p \vee q) \wedge \neg p \Rightarrow q$$

06 다음 논리값은?

"x < y if and only if 2y > 2x"

07 다음의 영어 문장을 명제 논리로 번역하라. 원자적 명제를 식별하고 명제 변수를 사용하여 표현하고, 적절한 논리로 결합한다.

"나는 철수 집 또는 철수 고향에 가면 나는 쇼핑하지 않을 것이다"

08 다음의 사양이 일관성 있는지 여부를 결정하라. 참고로, 명제에 대한 일련의 진리 값 아래에서 모두 참일 수 있다면 사양은 일관성이 있다.

"진단 메시지는 버퍼에 저장되거나 재전송된다. 진단 메시지는 버퍼에 저장되지 않는다. 그리고 진단 메시지가 버퍼에 저장되면, 재전송된다."

09 레저용 바이크 시스템에서 바퀴에 관한 페이지 만 검색하고 전체 시스템에 대해서는 검색하지 않으려한다면

10 두 입력에 대한 등가성 검사를 수행하는 회로이다. P = Q 일 때 출력이 참(True)이고, 그렇지 않으면 거짓(False)임을 보여라.

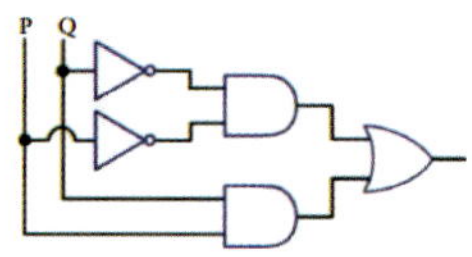

11 다음 수도쿠 퍼즐의 답을 구하세요

7				2			6	
				6	3			
3			9			4		
2		8	6			5	1	
	5	1			8	7		9
		4			7			3
			1	3				
	1			9				5

12 다음의 원자 문장을 보고 복합문을 논리 연산자와 기호로 표현하라.

I am tired and hungry and I want a burger or a nap.
P=I am tired .
Q=I am hungry.
R=I want a burger.
S=I want a nap.

13 다음의 원자 문장과 복합문을 논리 연산자와 기호로 표현하라.

"thoses who have a passport visa or are a citizen of the country are whose who have access to the national library."
p="have a passport visa"
c="are a citizen of the country"
n="have access to the national library."

14 다음의 원자 문장과 복합문을 논리 연산자와 기호로 표현하라.

> "You must do your homework unless you ace tests or don't care about passing."
> write this attement symbolically using h = "you must do homework"
> a="you ace tests", and c = "you care about passing."

15 다음 3개의 원자 명제를 기반으로 다음의 문장에 대한 논리 연산자와 기호로 표현하라. 그리고 진리표를 작성하라.

> c = "the code is written correctly"
> d = "the data is bad"
> f = "the program freezes up"

1) "The code is either written incorrectly or the data is bad."

2) "If the data is bad, then the program will freeze up."

3) "The program did not freeze up and I know the code is written correctly."

16 Coffee, Tea, or Milk?

찰스 카페테리아에서는 coffee, tea와 milk를 서비스하는 자판기를 주문하려한다. 각 선택마다 버튼(입력 라인)이 있고 고객이 세 가지 선택 중 한 가지를 선택할 수 있도록 기계를 설계하라. 회로를 도표로 작성하여 "최대 1개" 조건이 충족되는지 확인하라.

17 다음 명제의 부정을 말하고, 참 거짓을 판별하세요.

> 어떤 실수 x 에 대하여 $x^2+2x+1<0$이다.

18 다음 명제의 역과 대우를 구하라.

> 조건 명제 p:$A \subset B$이면 q:$A \cup B=B$이다. ($p \rightarrow q$)

19 **다음 p, q, r 세가지 명제에 대하여 다음 명제 중 반드시 참인 것에는 'T', 거짓인 경우에는 'F'를 표시하라.**

1) 두 명제 $\neg p \rightarrow \neg q$와 $\neg r q$가 모두 참일 때

가) $\neg r \rightarrow p$

나) $\neg p \rightarrow \neg r$

다) $\neg p \rightarrow r$

20 **어떤 신발을 신어야할지 결정하려고 한다고 가정 해보자. 신발은 큰 더미에 있고, 당신은 이미 늦고 있다! 다음 논리에 대하여 판단해보라.**

“편안한 샌들이나 신발을 신어야한다. 즉 신발에는 샌들을 포함한다. 또는(OR) 신발이 편안하다.”

21 **다음 수학 관련 문장을 살펴보자.**

p: x = 2, q: y=0, p∧q 는 x = 2 그리고 q: y=0 가 된다.

1) x + y = 4 인 경우 가능한 진리 값은 무엇인가?

2) x ∧ y 가 참이 되도록 하는 것이 가능한가?

3) x ∨ y 가 참이 되도록 하는 것이 가능한가?

22 **다음 문장이 주어진다.**

$(x < y) \wedge (x = 3)$

그리고 이 경우 y 가 다음과 같을 수 있다. 그러면 참인지 거짓인지 판별하라.

1) y =3

2) y = 0

3) y = 3x

23 다음 문장이 주어진다.

$x = -3, y = 3, z = 0$

이 경우 다음 문장이 참인지 거짓인지 판별하라.

1) $-y < 0$;

2) $x = y$;

3) $x + y = z$

24 S = {1,2,3....}이라고 하자. S는 모든 실수의 집합이다. 다음의 문장이 참 또는 거짓인지 평가하라.

1) $1 \in S$

2) $1000 \in S$

3) $-1000 \notin S$

25 {x| x = 3}이 주어졌다. 다음의 문장에 대하여 진리값을 평가하라.

1) $x + -3 = 0$

2) $x < 0$

3) $x > 2$

4 지식의 일반화와 프로그램 변환

본장의 핵심 학습 내용은 사고의 정형화에 대한 것으로 지식의 일반화 표현과 수학적 표현을 기술한다. 여기서 파생된 변수, 바인딩, 함수, 추론 개념은 현대 컴퓨터 프로그래밍에서 활용된다.

4.1 지식의 일반화 표현

4.1.1 술어논리(Predicate Logic)란?

명제 논리에서는 세상이 객체로 구성되어 있다고 생각하였고, 객체에 대한 개념을 중심으로 지식을 표현하였다. 하지만 명제 문장에서 객체와 속성을 분리하지 못하였다. 또한 객체가 집합 전체를 대표하여 객체의 일부를 나타내지 못하였다.

술어논리(**predicate logic**)는 명제논리의 모든 요소를 포함하면서 좀 더 효율적인 지식 표현이 가능하다. 명제 문장을 객체와 술어(predicate)로 분리한다. 객체는 명제의 기본 단위이며, 객체의 속성은 술어에 해당한다. 자연 언어에서 속성은 동사, 형용사에 해당하는데 1차 술어논리에서의 술어 개념과 밀접한 연관을 가진다. 보통 명제에서 **형용사는 객체에 속성(attribute)을 부여하고, 술어는 객체에 상태(state)**를 부여한다. 술어 논리에서 술어는 객체의 속성 또는 상태를 나타내는 형태를 갖는다. [그림 1 참조]

> "술어 문장 = 객체 + 술어"

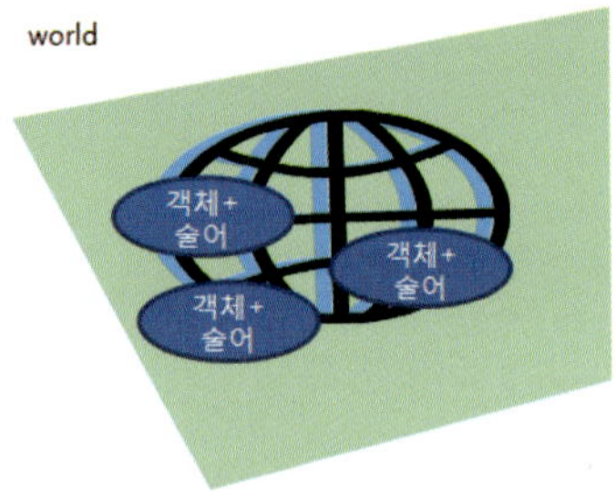

그림 1 술어 논리의 구성

예로서 하나의 명제인 "Socrates is a philosopher"는 객체인 소크라테스("Socrates")와 철학자가 되는 개념의 술어("is a philosopher")로 분리된다. 이는 전통적인 명제 논리에서 벗어난 것으로 모든 명제는 두 개(객체와 술어)의 용어로 구성된다. 술어논리는 객체 사이의 관계를 나타낼 수 있는 논리체계이기도 하다. 명제논리와 마찬가지로 지식 표현 및 추론에 사용된다. 이러한 구별은 논리와 수학의 발전에 매우 중요하였다.

술어논리에서는 명제를 구성하는 객체(object)를 나타내기 위해 **상수(constants)와 변수(variables)**를 도입한다. 상수는 특정 객체 한 개를 표현하며, 변수는 임의 시간의 임의 객체들을 표현한다. **객체를 상수나 변수로 표현하고, 객체 간의 관계(relation)는 함수 형태의 술어로 표현**한다. 술어논리의 원자(atomic) 문장은 참 혹은 거짓 중 하나의 값을 가지고, 연산자로 연결되어 복합 문장을 구성하기도 한다.

"jake는 남자이다"와 "bob은 steak를 좋아한다"를 술어논리로 표현해보자. 여기서 'jake'과 'bob'는 상수 객체 그리고 'steak'는 매개변수 객체가 되고 'man'과 'like'는 속성 또는 관계를 나타낸다.

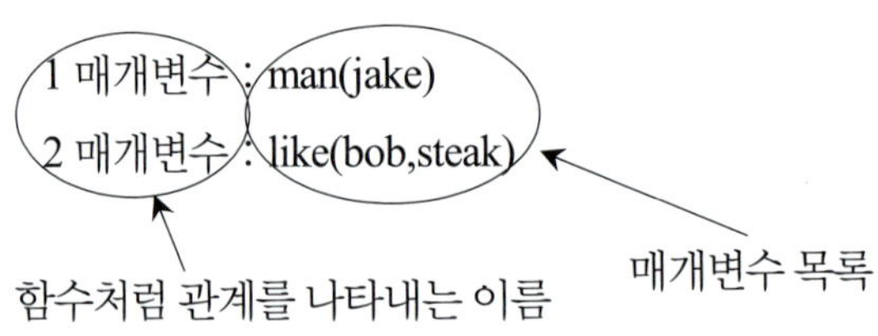

다음은 상수와 변수 객체를 사용한 또 다른 술어논리의 표현 예시이다. "소크라테스는 사람이다."를 술어논리로 표현하고 있다.

변수 : x
상수 : Socrates
술어 : Human(·), Mortal(·)
소크라테스는 사람이다 : Human(Socrates)

“객체와 객체간의 관계를 함수처럼 표현한다.”

술어논리는 객체와 객체들 사이의 관계 속성을 수학적 **함수(functions)** 형태로 표현한다. 예를 들어 Loves(이도령, 성춘향), 또는 한강(강남, 강북)처럼 표시할 수 있다. 참 또는 거짓만을 판단하는 명제논리에 비해 술어논리는 좀 더 실제적 사실을(fact) 다룬다. 이처럼 술어논리에서는 세상을 객체, 관계, 함수 개념을 도입하여 표현한다.

명제논리에서는 개별 원자 명제를 한 덩어리로서 다루고 원자 명제 간의 논리적 관계를 다루는데 서로 다른 기호나 변수로 나타내었다. 그리고 명제들은 서로 독립적이어서 명제들 간의 상호관계를 이해하기 어려웠다. 진리를 표현하는 문장 전체를 하나의 명제로 표현하면 명제의 내부구조에 대한 분석을 수행할 수 없다.

“명제논리로는 지식의 일반화에 한계”

술어논리에서는 명제 내부 객체가 한 개의 객체인지, 몇 개의 객체인지, 모든 객체 집합인지를 구분한다. 더욱이 명제 문장에서는 어떤 객체에 대한 수량을 표현할 수 없다는 단점이 있었다. 그래서 지식을 일반적으로 표현하기에는 제약사항이 많았다.

다음과 같은 두 명제를 살펴보자. 두 문장을 각각 p와 q라는 변수로 표현할 수 있다.

```
p = 'Socrates is a man.'
q = 'Plato is a man.'
```

두 명제는 완전히 독립적(independent)이기 때문에 명제 내부에 있는 객체 ‘소크라테스’와 ‘플라톤’에 대하여 유사점을 찾을 수 없다. 두 문장은 서로 관련성이 없는 것으로 관찰된다. 그리고 명제논리에서는 주어진 문장 전체가 참 또는 거짓의 값을 갖기 때문에 직접 명제 변수에 논리 연산자를 다음처럼 적용할 수 있다.

$$p \rightarrow q,\ \neg p \leftrightarrow q \wedge r$$

이번에는 **객체에 대하여 연산을 적용해보자. 어떤 의미를 찾을 수 있겠는가?**

Socrates → Plato

객체 변수에 논리 연산자를 적용하는 것이 아무런 의미가 없다. 명제논리의 변수(Socrates, Plato)에 논리 연산자를 직접적으로 적용하는 것이 아무런 의미가 없다. 술어논리에서 변수가 임의의 객체를 참조하는 것과는 차이점이 된다.

"명제논리에서는 문장 단위로 참과 거짓의 판단이 가능하다."

물론 우리는 소크라테스와 플라톤이 모두 사람이란 것을 안다. 하지만 명제논리에서는 문장 단위로 참과 거짓의 진리 값만이 판단 가능하다.

명제논리만으로는 소크라테스와 플라톤이 죽는다는 것을 추출해낼 수 없다. 그러면 어떻게 '소크라테스' 와 '플라톤'이 죽는다는 사실을 추론해 낼 수 있는가?

이를 위해서는

'All the human beings are dead'

라는 명제를 추가로 도입하여야 소크라테스와 플라톤이 죽는다는 사실을 추론해 낼 수 있게 된다. 추론을 위해서는 인간의 두뇌 활동이 필요하겠다. 소크라테스도 플라톤도 사람이라는 사실이 분석되어야 그들이 죽는다는 사실이 추론되지 않겠는가?

다음 명제 1), 2) 에서 결론 3)을 추론해 낼 수 있는가?

1) p : Every tiger eats a rabbit.
2) q : Oktokki is a rabbit.
3) ∴ Tiger eats Oktokki.

명제논리로는 'Oktokki'에 대한 정보를 다룰 수 없어 호랑이가 'Oktokki'를 잡아먹는다는 추론이 불가능하다. 우리의 두뇌가 추론하여 3)을 만들어 낸 것이다. 명제 속으로 들어가서 주어와 술어, 그들 간의 관계를 분석하여야 추론 3)이 가능한 것이다. 이것이 바로 술어논리의 장점이다.

"주어는 객체, 술어는 관계 또는 객체를 설명한다."

술어논리에서는 명제를 **객체와 관계로** 분리했는데, 문법적으로는 **주어(subject)와 술어(predicate)**로 분리하여 표현한다. 주어는 문장의 주요 주제가 되고, 술어는 주어 객체에 대한 설명을 나타낸다. 명제 'Socrates is a man.'에 대하여 객체 'Socrates'가 주어가 되고, 'is a man.'은 술어가 된다. 술어는 객체 주어가 가질 수 있는 속성을 표현한다.

객체와 술어를 분리했기 때문에 다음처럼 표시도 가능하다.

“x is a man.”

명제를 두 개의 부분으로 나눌 수 있다. 명제의 첫 번째 부분 객체 변수 ‘x’는 주어(subject)이다. 두 번째 부분 “is a man.”은 술어로 문장의 주어가 가질 수 있는 속성을 가리킨다.

이전의 두 문장(‘Socrates is a man.’, ‘Plato is a man.’)에서 술어는 ‘is a man’이고 공통된 구조로 ‘x is a man’이 된다. 처음 문장에서는 변수 x가 소크라테스를 예시하고 두 번째 문장에서는 플라톤을 예시한다.

술어논리는 문장을 좀 더 구조(structure)적으로 그리고 좀 더 강력한 형태의 정형화(formalism)를 다룬다. 술어논리는 정량자 논리(quantifier logic) 또는 1계 논리(first-order logic)라고도 불리 운다. 술어논리에서는 구조적으로 문장을 객체와 술어 기호로 표기한다.

“술어 기호(객체) => S(x)”

술어 문장이 함수 형식으로 표기된다. 명제논리에서는 전체가 하나의 변수 ‘s’로 표현되었지만, 술어 문장은 “x is a student”처럼 변수를 포함한다. 술어논리에서는 S(x)처럼 기호로 표시하는데 “x has property S”를 의미한다. 예로서 철수가 학생이라면 ‘S(철수)’가 된다.

“일반화된 지식의 표현 : S(x) for all x”

명제논리에서는 지식 표현을 일반화시킬 수 없다. 이러한 단점을 보완하기 위해 술어논리가 발전하였다. “소크라테스는 죽는다.”는 일반화된 지식이 아니다. 일반화된 지식으로 변화하면 “모든 사람은 죽는다.”가 된다. 좀 더 일반화된 표현으로 하면 “x는 죽는다.”이다. ‘x’에 한 명의 사람 또는 모든 사람이 대입될 수 있다. ‘x’에 어떤 사람이든 대입할 수 있다. 이렇게 하는 것이 지식의 일반화 표현이다. 이렇듯 변수를 포함하는 술어논리는 명제를 일반화(generalizations)하여 표현하는 것이다.

변수가 취할 수 있는 모든 가능한 값(all possible values)들의 집합을 정의역(영역)(domain)이라고 한다. 정의역이라고 불리는 집합 내의 어떤 객체를 변수로 가리킨다. 객체인 변수는 어떤 주어진 영역(정의역)에서 값을 취할 수 있다. 영역의 예로서 자연수 집합, 생존하고 있는 사람들의 집합이 있다. 이러한 술어 논리는 수학의 공리화(axiom)에 대한 표준이 되었다.

"변수'x'는 임의의 객체를 담을 수 있는 그릇"

술어논리에서는 **변수를 포함하는 논리식**을 사용하게 된다. 변수는 문장의 표현을 보다 더 풍부하게 만든다. 변수를 구체적인 객체로 대체할 수 있는 용기(그릇)로 간주할 수 있다. 변수는 어떤 특정한 객체를 지정하지도 않고, 심지어 어떤 것인지도 모르면서 어떤 객체를 참조한다.

"술어논리는 변수를 포함하는 논리식이다."

변수 x를 포함한 술어 P(x)를 생각해보자. 예로서 P(x)는 'x is a prime number'을 표현하는 논리식이 된다. 다음처럼 술어가 추상적 수식으로 표현된다.

P(x) = { x is a prime number}

문장 "x is man"을 술어 문장 Man(x) 으로 표현한다. 즉,

'Man(x)= x is a man.'

명제의 주어인 객체(objects) x는 술어 변수(variables)로 표현된다.

"변수는 일반화 개념이며 기호 'x'로 표현한다."

보통 변수는 일반화 개념이며 기호 'x'로 표현한다. 이 기호는 변동하기 때문에 변수라고 한다. 변수 x가 갖는 값에는 제한이 없다. 전통적으로 변수 기호에는 x, y, z를 사용하고, 참 또는 거짓 값을 갖는 문장을 표현하는 기호에는 p, q, r 같은 기호를 사용한다. 명제에서 x 외의 다른 문자를 사용하는 것이 논리적으로는 중요하지 않다. 다만 복합 명제의 다른 어느 곳에서 동일한 문자를 다시 사용하는 경우 혼란스러울 수 있다. 영어 문장이 기호를 통해 구조적으로 표현된다.

"논리적으로 상수는 고정된 의미를 갖고 변수는 고정된 의미를 갖지 않는다."

'Seoul is a city.'라는 문장을 변수를 포함하는 술어 문장으로 생각해보자. "x is a city." 또는 City(x)처럼 변수를 포함하는 형태의 술어로 표현할 수 있다. 이 경우는 1개의 변수를 포함하지만, 더 많은 변수를 포함할 수 있다.

Love(x,y) 이라는 술어는 'x loves y.'를 의미한다. 이 문장은 두 개의 변수를 포함하고 있는데 x와 y의 관계를 나타낸다. 술어 f(x,y,t)는 세 개의 변수를 포함하고 있다.

일반적으로 n 개의 명제 변수 $x_1, x_2, x_3, ..., x_n$를 갖는 명제는 $P(x_1, x_2, x_3, ..., x_n)$으로 표기할 수 있다. 어떤 자연어 문장을 술어논리 표기법으로 변환이 가능하다.

예제 1

다음 자연어 문장을 술어 표기법으로 표시하라.

1) Elisa is a girl

  답 Girl(Elisa)

2) x is an integer

  답 Int(x)

4.1.2 술어 문장에 대한 진리 값

술어 문장은 명제를 일반화 표현한 것으로 문장에 변수를 포함하는 논리식이다. 술어 문장은 포함된 변수에 따라 참 또는 거짓을 반환하는 함수이다. 변수가 실제 값으로 대체될 때 참/거짓의 값을 갖는 명제가 된다.

술어 문장 P(x)는 명제인가? 명제가 아니다.

술어 문장 P(x)는 x에 따라 참 또는 거짓이 정해지기 때문에 명제가 아니다. 문장 P(x)는 x에서의 명제 함수 P(x)의 값이라고 읽는다. 명제 변수(인수) x에 값이 정해질 때 명제 함수 P(x)는 명제가 되고 진리 값을 갖는다. 명제 함수 P(x)는 어떤 조건에서 참 또는 거짓이 되는 문장이다.

"명제 변수 x에 값이 정해질 때 명제 함수 P(x)는 명제가 되고 진리 값을 갖는다."

변수의 값이 지정되지 않는 경우 이 문장은 참도 거짓도 아니다. 술어의 변수에 값을 적용하면 참 또는 거짓인 명제가 생성된다.

술어에 변수가 포함되어 있는 경우 모든 술어 변수에 대하여 술어 명제가 진리일까? 변수의 값에 따라 술어의 진리가 어떻게 변화하는지 살펴본다. 술어 변수 x를 계량화하여 어떤 범위 값에 대하여 술어가 참이 되고 거짓이 되는지 그 범위를 표시할 수 있다. 즉, 술어 변수의 모든 값에 대한 것인지, 어떤 특정한 값들에 대한 것인지, 최소한의 어떤 변수에 대하여서만 참이 되는 것인지를 기술할 수 있다.

술어 변수가 값을 갖게 되면 술어 문장 P(x)가 참 또는 거짓일 수 있다. 즉, 술어가 명제가 된다고 말할 수 있다. 술어 문장 P(x)를 "x^2이 x 보다 크다."로 정의하자.

“x^2이 x 보다 크다”가 명제인가?

P(1)이 명제인가? P(1) = “1^2 이 1 보다 크다”는 거짓이다. 변수 x의 정의역으로 모든 정수의 집합이 될 수도 있고, 아니면 실수 집합이 될 수도 있다. 이처럼 술어의 예시가 참 또는 거짓인지는 고려되는 영역에 따라 다르게 된다.

예제 2

1) ‘P(x) = x is a prime number(소수)’라 한다면, P(x)는 명제가 아니고, P(2)는 참(True)의 값을 가지는 명제이다.
2) ‘P(x,y) = x+2 = y’ 의 진리값을 평가하기 위해
   ‘x=1 and y =3’인 경우 P(1,3)는 참이다. 1+2=3이 참이기 때문이다.
   ‘x=1 and y =4’인 경우 P(1,4)는 거짓이다. 1+2=4가 거짓이기 때문이다. NOT(P(1, 4))는 참이다.
3) “$x > 3$”
   “x가 3보다 크다”라는 문장은 두 부분으로 분류된다. 첫째 부분인 변수 x는 문장의 주어이다. 두 번째 부분인 술어 “3보다 크다”는 문장의 주어가 가질 수 있는 속성을 의미한다. “x가 3보다 크다”라는 문장을 P(x)로 나타낼 수 있다. 여기서 P(x)는 “3보다 크고”라는 술어를 나타내고, x는 변수이다. 문장 P(x)는 x에서 명제 함수 P(x)의 값이라고도 한다. 일단 값이 변수 x에 할당되면 명령문 P(x)는 명제가 되고 진리값을 갖는다.

이러한 함수 개념이 다른 영역에서 유사하게 사용된다.

```
언어학 : P(arguments)
수학   : f(x)
컴퓨터 : function(parameters)
```

술어논리에서 기호 ‘=’는 두 객체가 서로 동치(equality)인지 여부를 나타낸다. 동치(=)은 단지 객체에만 적용할 수 있다. 명제가 동치인지를 보기 위해서 ‘↔’를 사용하였다.

술어논리 문장에서는 객체 간의 관계를 나타내기 때문에 향후 수학과 컴퓨터 과학에서 객체에 대한 추론과 탐구에 사용될 수 있다. 술어는 여러 개의 인수(arguments)를 가질 수 있다.

이러한 술어논리는 기호 기반 인공 지능에서 사용하는 지식 표현 및 추론의 모체가 되었다. 그 대표적인 예로 프로그래밍 언어인 프롤로그(PROLOG) 등이 있고, 프롤로그는 IBM에서 개발한 인공 지능 기반 질의응답 시스템인 왓슨(Watson)의 자연어 처리에 활용되었다.

4.2 지식의 정량적 표현 – 정량화(Quantification)

4.2.1 정량자(quantifier)란?

"몇 마리(some)의 새들이 날아가고 있다."
"인터넷에서는 당신이 누구인지 아무도(no one) 알지 못한다."
"어떤(any) 실수의 제곱은 양수(non-negative)가 된다."

언어적 측면에서 "하나(one), 하나 이상(one or more) 또는 얼마나 많은(how many)"처럼 양을 나타내는 개념을 어떻게 표현할까?

"정량화란 양을 구체화하여 나타내는 것이다."

정량화란 양을 구체화하여 나타내는 것을 말한다. 객체의 양을 어떻게 표현할까? 객체에 대한 지식을 표현할 때 수량을 개념화해야 경우도 있고, 시간을 개념화해야 하는 경우도 있다. "사람은 죽는다."라는 표현에서 모든 사람인지, 어떤 사람인지, 아니면 한 사람인지의 수량에 대한 개념을 부여해야 한다. 또는 어제 죽었는지, 오늘 죽었는지의 시간에 대한 개념을 부여해야 한다.

"정량자는 논리식의 변수가 가질 수 있는 양의 범위를 가리키는 기호이다."

정량화에서 이러한 수와 양의 개념에 사용되는 특정 용어를 정량자(quantifier)라고 한다. 정량자는 논리식의 변수가 가질 수 있는 량의 범위를 가리키는 기호이다.

정량자에는 두 가지가 있다. 보편 정량자(universal quantifier)와 존재 정량자(existential quantifier)이다. 보편 정량자는 모든 객체, 존재 정량자는 최소 또는 약간과 같은 양의 한정에 사용된다.

보편 정량자(∀)는 "모든 ~에 대해서"라는 의미를 가진다. '∀'는 'All'의 'A'를 뒤집어서 따왔다. ∀x는 "for all x"를 의미하는데 ∀x는 "모든 x에 대해서"를 의미한다. 존재 정량자(∃)는 "~가 존재한다."라는 의미를 가진다. 존재한다(exist)에서 'Exist'의 'E'를 뒤집어서 따왔다. 기호 ∃x는 "There exists some x"를 의미하는데 "x가 존재한다."를 의미한다.

1) 보편 정량자 (universal quantifier) : ∀, 모든 x에 대한 (for all, for every)
∀xP(x) : 모든 x에 대한 명제 P(x). (for every x, P(x) is true)
2) 존재 정량자 (existential quantifier) : ∃, 어떤 또는 최소한의 x가 존재한다. (for some, at least, some one)
∃xP(x) : 명제 P(x)가 참이 되는 어떤 x가 존재한다. (for some x, P(x) is true.)

4.2.2 정량자 술어의 논리

"복수의 주어 객체에 대한 논리"

지금까지는 1개의 주어만을 갖는 술어논리를 학습했다. 하지만 경우에 따라서 1개의 주어만 있는 경우가 아니라면 어떻게 되겠는가? 복수 개의 주어를 갖는 경우 논리는 어떻게 되겠는가?

예로서

Every tiger eats meat.

이러한 명제를 어떻게 표현하여야 하는가?

이 경우 주어 객체를 변수 x, y, z로 대체하여 명제를 표현한다. 변수 x는 무엇을 참조하게 할까? 예를 들어 x가 fox, eat, tiger...등 무엇을 지시하게 할까? x가 집합 정의역 'tiger'을 참조하게 하자. 그러면 변수 x와 정의역 사이에 연결이 만들어진다. [그림 2 참조]

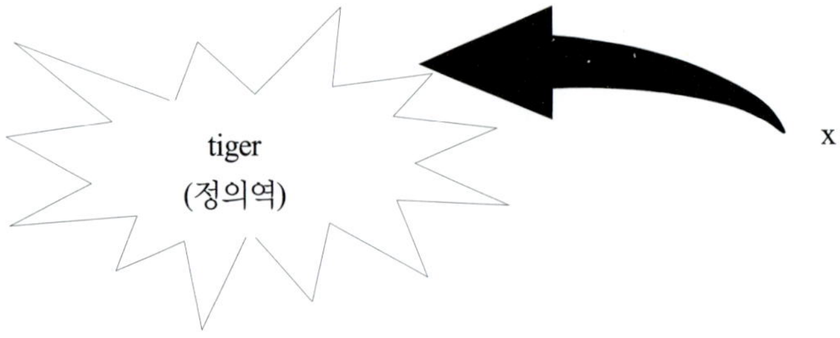

그림 2 변수의 정의역 참조

"명제 'Every tiger eats meat.'를 어떻게 변수로 변환하는가?"

다음으로 “Every tiger eats meat.” 명제를 어떻게 변환할 수 있겠나? 세상에 3마리의 **호랑이가** 있다고 가정하자. 호랑이 각각을 변수 기호 x_1, x_2, x_3라고 표시하고, 각각은 호랑이 집합의 특정 요소이다. 변수를 사용하여 표현을 다음처럼 변환한다.

x_1 eats meat, AND

x_2 eats meat, AND

x_3 eats meat.

그럼 상기의 3문장을 술어논리로 변환한다.

Meat(x_1) AND

Meat(x_2) AND

Meat(x_3)

세상에 무한히 많은 호랑이가 있다면

Meat(x_1) AND Meat(x_2) AND ,,,,,,

처럼 무한히 긴 표기가 될 것이다. 참으로 지루한 작업이 되겠다. 또한 경우에 따라서는 세상에 실제로 몇 마리의 호랑이가 있을지 알 수 없다는 것이다. 그러면 Meat(x_1) AND Meat(x_2) AND ,,,와 같은 표기법을 사용할 수 없다는 것이다.

개별적인 것이나 특수한 것에서 추론으로 얻어진 개념을 일반화하여 새롭게 정리할 필요가 있다. 표기를 반복해서 나타내는 것보다 모든 객체(호랑이)가 고기를 먹는다는

$$\forall x \text{ Meat}(x)$$

으로 표기한다. 이는 모든 ‘x’가 Meat(x)의 속성을 갖는다는 의미이다. ‘x’는 정의역의 한 요소이며 이 경우 호랑이가 된다. 상기의 3개의 명제 각각은 참/거짓의 진리값을 갖는다. 전체 명제가 참이 되기 위해서는 개별 명제가 모두 참이어야 한다.

다음 명제

‘Some foxes are intelligent’

는 어떻게 표기할 것인가?

이제 여우(foxes)가 정의역이 된다. x를 집합 정의역 'foxes'를 참조하도록 하자. 그러면 변수 x와 정의역 사이에 연결이 만들어진다. [그림 3 참조]

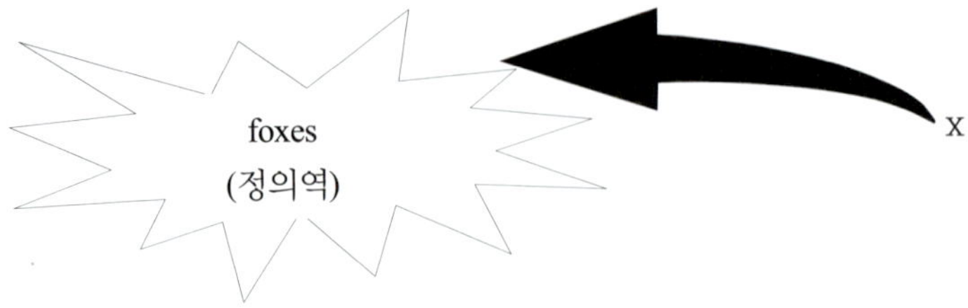

그림 3 변수의 foxes 정의역 참조

세상에 3마리의 여우가 있다고 가정하자. 여우 각각을 변수 기호 m_1, m_2, m_3라고 표시하고, 각각은 여우 집합의 특정 요소이다. 다음처럼 변수를 사용하여 표현이 변환된다.

m_1 is intelligent, OR
m_2 is intelligent, OR
m_3 is intelligent.

전체 논리식이 참이 되기 위해서는 참/거짓의 진리값을 갖는 3개의 명제 중에서 어떤 1개 이상의 명제가 참이면 전체 명제가 참이 된다. 'OR' 연산자를 사용하는 의미이다. 전체 명제가 거짓이 되기 위해서는 어떻게 되어야 할까? 전체 foxes(m_1, m_2, m_3)가 각각 바보(idiot) 여야 한다.

무한히 많은 요소를 갖고 있다든지, 전체 정의역의 요소 개수가 알려져 있지 않은 경우 어떻게 일반화 표기할 수 있겠는가?

$$\exists x[\text{Intel}(x)]$$

이는 적어도 하나의 'x'가 여우 정의역에 속한다는 의미이다. 그리고 'x'는 여우를 의미한다. 이러한 간략화 표기법은 전체 리스트를 갖는 긴 문장 표기와 정확히 동일하다는 것이다. 명제 "Some foxes are intelligent."는 간략화 표기법과 모두 동일한 개념이다.

이번에는 정의역을 여우에서 동물(animals)로 변환하고 일반화해보자. 그러면 앞에서 논의되었던 논리식이 어떻게 영향을 받는가? [그림 4 참조]

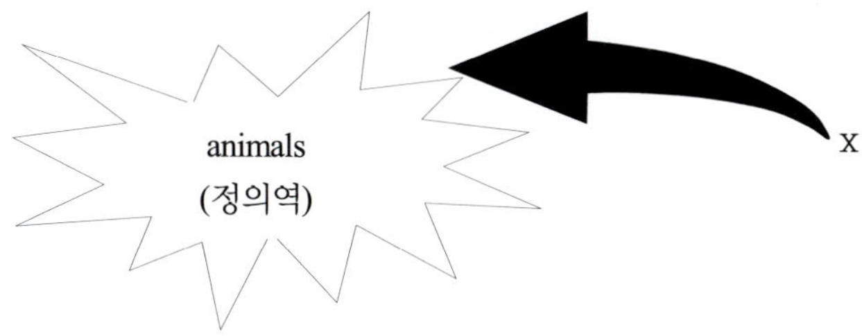

그림 4 변수의 동물(animals) 정의역 참조

∀x meat(x)가 유효한가? 어떻게 문장을 올바르게 표현할 수 있을까?

답은 아니다. 왜냐하면 고기를 먹지 않는 다른 동물이 존재하기 때문이다. 그러면 어떻게 문장을 올바르게 표현할 수 있을까? 먼저 동물 정의역에서 샘플 a_1, a_2, a_3...을 선택한다.

if a_1 is a tiger then it eats meat. AND
if a_2 is a tiger then it eats meat. AND
if a_3 is a tiger then it eats meat. AND
...

처럼 표기하면 될 것이다. 다음 "if a_1 is a tiger then it eats meat."을 술어논리로 어떻게 표기하는가? 이는 p→q의 구조를 갖는다. 그리고 p와 q는 각각 명제 형태를 갖는다.

Tiger(a_1)→Meat(a_1)

여기서 Tiger(a_1)는 'a_1 is a tiger'이라는 가정이다.

Tiger(x): x is a tiger
Meat(x): x eats meat

정의역에 a_1, a_2, a_3가 있다고 가정하면,

Tiger(a_1)→Meat(a_1) AND
Tiger(a_2)→Meat(a_2) AND
Tiger(a_3)→Meat(a_3)

즉, 다음처럼 표기된다. ∀x, (Tiger(x)→Meat(x))

예제 3

∃x[Intel(x)] 명제에서 정의역을 여우에서 동물로 변경 시 표기를 어떻게 하여야 하는가?

답 ∃x [Fox(x)∧Intelligent(x)]

정의역을 여우에서 모든 동물로 변경한 경우에 대하여 ∃x[Intel(x)]가 만족하지는 않을 것이다. 그리고 상기 문제는 다음과 동일한 의미이다.

$[Fox(a_1) \land Intel(a_1)]$ OR

$[Fox(a_2) \land Intel(a_2)]$ OR

$[Fox(a_3) \land Intel(a_3)]$

예제 4

정의역이 동물인 경우, some foxes are intelligent를 다음처럼 표기하면 왜 올바르지 않은가?

∃x [Fox(x) → Intel(x)]

답 진리표를 작성한다.

	Fox(a_n)			Intel(x)	
a_1	fox	T	→	intelligent	T
a_2	fox	T	→	intelligent	T
a_3	dog	F	→	intelligent	T

상기를 동등하게 표기하면

$[Fox(a_1) \rightarrow Intel(a_1)]$ OR $[Fox(a_2) \rightarrow Intel(a_2)]$ OR $[Fox(a_3) \rightarrow Intel(a_3)]$

3번째 함축은 개(dog)에 대한 것으로 Fox(dog)은 거짓이 된다. p→q에서 p가 거짓이면 함축은 항상 참이 된다. 세 번째 함축이 항상 참이 되기 때문에 전체 문장이 참이 된다.

정량화에서 '∀'와 '∃'는 모든 또는 약간의 수량을 의미하는 가장 중요한 정량자이다. '∀'는 "AND"와 유사하게 동작하고, '∃'는 "OR"와 유사하게 작동한다. 어떤 주장이 올바른지 여부를 판단하기 위해 논리식으로 이동해서 생각해보기를 권장한다.

예제 5

"Every student in this class has visited Seoul or Daejeon."
명제를 정량자를 사용하여 표기해보라.

답 정의역의 요소 x를 people이라고 가정한다.

Student(x) : x is student in this class

Seo(x) : x has visited Seoul

Dae(x) : x has visited Daejeon.

$$\forall x, [Student(x) \rightarrow (Seo(x) \lor Dae(x))]$$

4.2.3 정량자 술어의 진리값

"정량자 포함된 술어의 진리값은 어떻게 되는가?"

술어 논리에서 변수 객체는 어떤 값을 취할 수 있다. 변수가 속한 집합(정의역)의 어느 범위(scope)까지에 대하여 참인지 거짓인지를 말해보았다. 이제 술어 변수에 정량자를 포함할 경우 진리값이 어떻게 되는지 살펴본다.

술어 변수가 취할 수 있는 값에는 어떤 것들이 있는가? 주로 사용되는 개념은 모든(all). 약간의/몇몇의(some, few, at least one). 어떠한 ~도 그렇지 않다(none) 등이 있다.

P(x)는 명제가 아니지만, ∃xP(x)와 ∀xP(x)는 명제이다.

P(x)는 명제가 아니지만, 술어 문장의 변수에 값을 할당하면 ∃xP(x)와 ∀xP(x)는 명제가 된다. 참 또는 거짓을 값으로 가질 수 있기 때문이다.

다음은 집합의 원소 x에 따라 명제가 참 또는 거짓으로 평가되는 예제를 살펴보자.

예제 6

U={1,2,3,4} 집합이 있다. 이 집합에 대하여 술어 P(x) : $x + 4 \le 8$의 진리를 평가하라.

답 P(1) : $1+4 \le 8$ 참
P(2) : $2+4 \le 8$ 참
P(3) : $3+4 \le 8$ 참
P(4) : $4+4 \le 8$ 참

이번에는 집합 U={1, 2, 3, 4}에 대하여 술어 P(x)가 다음과 같이 주어진다. 변수에 보편 정량자와 존재 정량자를 할당하여 명제가 참인지 거짓인지를 평가하라. 즉, 각각의 명제 문장 ∀xP(x), ∃xP(x)가 참인지 거짓인지 판별하라.

$$P(x) = x + 2 \le 4$$

예제 7

∀xP(x) : 거짓(x가 1 또는 2에 대하여서는 3과 4가 되어 술어가 참이 되나, x가 3, 4인 경우는 $3+2 \le 4$, $4+2 \le 4$가 되어 조건을 만족하지 않는다. 보편 정량자의 일부에 대하여 술어가 만족되지 않기 때문에 거짓이다.)

예제 8

∃xP(x) : 참(x + 2가 4 이하가 되는 어떤 x가 존재한다. 예로서 어떤 x=1에 대하여 술어 1 + 2 ≤ 4가 참이 되는 경우가 존재한다. 그러한 어떤 x가 존재하므로 존재 정량자에 대한 술어는 참이 된다.)

표 1은 논리식의 정량화 표현과 의미를 보여준다.

표 1 논리식의 정량화 표현 예제

논리식	의미
∀xP(x)	모든 x에 대한 P(x) (all true)
∃xP(x)	P(x)가 되는 어떤 x가 존재한다. 또는 어떤 x에 대한 P(x). (for some value true or at least one true)
¬∀xP(x)	모든 x에 대하여 참이 안 된다(not all true)
¬∃xP(x)	어떤 경우도 참인 경우가 없다(none true)
∀x¬P(x)	모든 x에 대하여 거짓이다 (all false)
∃x¬P(x)	어떤 x에 대하여는 거짓이다.(some false or at least false)
¬∀x¬P(x)	모든 x에 대하여 모두 거짓은 아니다.(not all false)
¬∃x¬P(x)	어떤 거짓도 없다. (none false)

"변수가 다수인 경우, 술어의 진리는?"

술어에 여러 개의 변수가 있을 때 변수 각각에 대하여 서로 다른 정의역을 가질 수도 있고 갖지 않을 수도 있다. 두 개의 술어 변수가 있는 술어 P(x, y) = "x > y"를 생각하자. 정의역으로 동일한 하나의 정수 집합을 가정하자.

- x=4, y=3이면 P(4, 3) = "4 > 3"은 참값이 되는 명제이다.
- x=1, y=2이면 P(1, 2) = "1 > 2"는 거짓 값을 갖는 명제이다
- 일반적으로 P(x, y) ≠ P(y, x)

예제 9

x, y를 음수가 아닌 정수(non-negative Integer) 집합($\mathcal{N}$)의 원소라고 가정하자. 다음의 술어를 생각해보자. y보다 작은 x가 존재한다는 것이다. 이 경우 Q(3)은 어떻게 되는가?

$$Q(y) = [\exists x.\ x < y]$$

답 참이다. 3보다 작은 x가 있는가이다. 술어 [x < 3] 는 x = 1 또는 x = 2에 대하여 참이 된다.
Q(1)은 어떤가? 술어 [x < 1]은 x = 0에 대하여 참이 된다.
Q(0)은 어떤가? 술어 [x < 0]은 $\mathcal{N}$에 속해 있는 어떤 x에 대하여도 거짓이 된다.

4.2.4 정량자 술어의 바인딩과 범위

"바인딩은 변수에 값을 할당하는 것"

바인딩(binding)은 술어 변수에 변수 범위 내의 **값을 할당**하거나 또는 정량자를 포함한 변수를 설명할 때 사용된다. 명제의 변수를 바인딩시켜야, 즉 특정 값을 할당하여야 명제로 변환된다.

왜 변수를 바인딩시켜야 하는가?

변수에 특정 값을 할당하여야 문장의 진리 평가가 가능해지고 문장이 논리적으로 만들어진다. 그렇지 않으면 공백(그릇) 상태로 남겨진다. 이처럼 바인딩하는 것은 빈 그릇 또는 변수에 값을 할당하는 것이다.

"변수 바인딩(binding)과 적용 범위(scope)"

명제 논리에서는 명제 단위별로 연산자를 사용하여 논리적 결합을 하였다. 때문에 명제의 객체에 연산자를 적용하는 것은 아무런 의미가 없는 행동이었다. 독립적 명제의 객체 사이에 어떤 관계를 찾을 수 없었다.

술어 논리에서도 술어 문장들 사이에 논리적 연산을 하였지 술어 문장의 객체에는 연산자를 직접 적용하지 않는다. 역시 아무런 의미가 없기 때문이다.

"정량자는 객체 변수에 적용할 수 있는 좀 특수한 연산자"

정량자는 술어 변수 객체에 적용할 수 있는 좀 **특수한 연산자**로서 술어 변수가 취할 수 있는 값의 범위를 설정하는 데 사용된다.

정량자가 포함된 논리식은 다수의 술어 문장이 논리적 결합을 이루고 있어서 정량자의 적용 범위가 어디까지 인지를 결정해야 한다. 논리식에서 정량자의 **적용 범위(scope)**라고 한다. 정량자의 적용 범위 **내**에 있는 바인딩 되는 변수를 **종속 변수(bound variable)**라 하고, 적용 범위를 벗어나거나 또는 바인딩 하지 않아서 어떠한 값도 할당하지 않은 경우를 **자유 변수(free variable)**라고 한다. 이러한 변수에 대한 바인딩 개념은 추후 컴퓨터 프로그램에서도 적용하는 것으로 발전한다.

$\forall x$(...x....) // (...) 는 보편 정량자의 적용 범위를 표시,
//x는 보편 정량자 $\forall$에 바인딩 된다는 의미이다.

자유 변수가 논리식에 포함되는 경우는 문장의 진리 평가에 실패하게 된다. 예를 들어

(∃x)S(j,x)　　// "Jung saw something"

문장의 의미가 애매해진다. 술어 논리에서는 객체 변수에 적용 범위를 한정(all or some)해 주어야 진리를 평가할 수 있게 된다. 변수가 종속되어야 한다.

(∀x) (S(x,y)) // 보편 정량자 범위에 x는 종속 변수, y는 자유 변수

다음처럼 변수 x에 보편 정량자를 할당하면 종속 변수가 된다.

'For all x, $(x + 1)^2 = x^2 + 2x + 1$.,

예제 10

All dogs are black and all cats are white. **문장을 정량화 표현하라.**

∀x (D(x)→B(x)) ∧ ∀y (C(y)→W(y))　　// x, y는 객체, x는 dog, y는 cat

예제 11

∃x (x+y = 1) 문장에서 모든 변수가 바인딩 되었는지 여부를 논의하라.

답 변수 x는 존재 정량자 ∃x로 바인딩 되었으나, 변수 y는 존재 정량자에 의해 바인딩 되지 않고 값이 할당되지 않기 때문에 자유 변수가 된다.

정량자가 복합 문장에 사용되면 상황이 좀 복잡하다. 예로서

$$\exists x(P(x) \land Q(x)) \lor \forall xR(x)$$

에서는 모든 변수가 종속되었다. 첫 번째 존재 정량자 ∃x에 대한 적용 범위는 *P(x)∧Q(x)이고*, 두 번째 보편 정량자 ∀x에 대한 적용 범위는 R(x) 이다. 즉, 존재 정량자는 변수 x를 P(x)∧Q(x)에 바인딩하고, 보편 정량자 ∀x는 변수 x를 표현식 R(x)에 바인딩한다.

종속 변수 개념이 수학, 논리 및 컴퓨터 과학에서 서로 다른 맥락으로 사용된다. 학문 분야별로 변수를 바인딩시키는데 다양한 연산자가 사용된다. 연산자 각각은 변수 x를 집합 S로 바인딩시킨다. 다음과 같은 형태의 연산자 수식 속에서 변수가 나타난다면, **종속 변수**라고 한다.

$$\sum_{x \in S} \quad \prod_{x \in S} \quad \int_0^{\infty} \quad \cdots \quad \lim_{x \to 0} \quad \forall x \quad \exists x$$

여기서 **∀**는 보편, **∃**는 존재, Σ은 **급수**, $\int$ 는 **적분**, lim은 **극한**을 나타내는 연산자 기호이다.

수식에서 종속 변수와 자유 변수를 생각해보자. 급수를 포함하는 다음의 수식에서 m은 자유 변수, n는 종속 변수이다.

$$\sum_{n=1}^{10} \frac{m}{n}$$

다음 적분 식에서 x는 종속 변수, y에는 정량자가 없어 자유 변수이다.

$$\int_a^b f(x,\ y)\, dx$$

예제 12

다음 논리식에서 각각의 변수가 종속인지 또는 자유 변수인지를 말하라.

$$\exists x(P(x) \wedge Q(y))$$

답 처음과 두 번째의 x는 종속 변수, y는 정량자가 없으므로 자유 변수이다.

예제 13

다음 논리식에서 각각의 변수가 종속인지 또는 자유 변수인지를 말하라.

$$\forall x(P(x,z) \rightarrow Q(x,z))$$

답 x가 3개, z가 2개 존재한다. x에 보편 정량자가 있으므로 이 논리식의 모든 x가 종속된다. 따라서 x는 종속 변수, z에는 정량자가 없으므로 자유 변수이다.

예제 14

1) $\forall x \exists y(x^2 + y^2 = 1)$와 2) $\exists x \forall y(x^2 + y^2 = 1)$ 참인지 거짓인지 판단한다. 두 가지의 정량자가 있는 문제이다.

답 1) 모든 x와 어떤 y가 존재할 때 논리식 $x^2 + y^2 = 1$이 만족된다. 모든 x에 대하여 $y^2 = 1 - x^2$가 만족되는 y가 존재하므로 참이다.

2) '어떤 x가 존재하고 y 값에 관계없이 $x^2 + y^2 = 1$ 성립한다.', 마찬가지로 $x^2 = 1 - y^2$를 만족하는 모든 y에 대하여 어떤 x가 성립하므로 참이다.

예제 15

다음의 술어를 보고 진리값을 결정하라. 각 변수에 대한 정의역은 실수이다. 모든 x에 대하여 어떤 y가 존재하는데 $x < y$를 만족한다.

$$\forall x \exists y(x^2 = y)$$

답 항상 참이다. 모든 실수 x의 제곱이 y가 되는 어떤 실수가 존재한다.

"논리에서의 변수 개념이 컴퓨터 프로그램에 적용"

이러한 변수 개념이 컴퓨터 프로그램에 도입되어 사용된다. 자유 변수(free variable)는 컴퓨터 프로그래밍에서 **전역 변수**(global variable), 종속 변수는 **지역 변수**(local variable)를 가리킨다. 프로그래밍 언어 측면에서 자유 변수는 컴퓨터 프로그래밍에서 지역 변수나 해당 함수의 매개 변수가 아닌 곳에서 사용되는 변수를 나타낸다. 자유 변수는 **런타임(run-time)**에 동적으로 결정된다.

다음 수학식에서 z는 임의의 매개 변수에 한정되지 않으므로 자유 변수이다. x는 종속 변수이다. 자유 변수는 대략 함수의 바깥에서 정의된 변수를 뜻한다.

```
f(x) = x * z
```

"정량자 복합 명제의 진리값은?"

정량자를 포함하는 복합 명제에 대한 진리값의 평가는 단순한 복합 명제에 대한 진리값의 평가보다 좀 더 복잡하다. 다음 정량자 표현 문장 P(x)에 대한 부정을 생각하자.

"모든 학생은 대수학 과목을 수강하고 있다."

이 문장을 보편 정량자로 표현하면 $\forall x P(x)$ 가 된다. 여기서 P(x)는 "x는 대수학 과목을 수강하고 있다." 이 문장에 대한 부정(negate)은 "모든 학생이 대수학 과목을 수강하고 있는 것은 아니다."이다. 이는 "대수학 과목을 수강하지 않고 있는 학생이 있다"와 동등이다. 이는 다시 존재 정량자로 표현하면 $\exists x \neg P(x)$가 된다. 즉, 이 예는 다음과 논리적 동등이 된다.

$$\neg \forall x P(x) \equiv \exists x \neg P(x).$$

다시 말해서 $\neg\forall \equiv \exists$, $\neg\exists \equiv \forall$가 된다.

> **정량자에 대한 부정의 법칙**
> P(x)를 명제 술어, 즉 주어진 전체 집합에서 확정되지 않은 x에 대한 명제라고 하자. 그러면 다음이 성립한다.
>
> $$\neg \forall x P(x) \equiv \exists x \neg P(x).$$

예제 16

$\exists x[P(x) \wedge Q(x)]$ 에 대한 부정(negate)은 무엇인가?
다음과 동일하다.

$$\neg \exists x\ [P(x) \wedge Q(x)]$$
$$\forall x\ \neg[P(x) \wedge Q(x)]$$
$$\forall x\ \neg[\neg P(x) \vee \neg Q(x)]$$
$$\forall x\ [P(x) \rightarrow \neg Q(x)]$$

정량자 우선순위

명제에서 정량자 $\forall$와 $\exists$는 모든 논리 연산자보다 우선순위가 높다. 예를 들어, $\forall x P(x) \vee Q(x)$는 $\forall x(P(x) \vee Q(x))$가 아닌 $(\forall x P(x)) \vee Q(x)$를 의미한다. 즉, $\forall x P(x)$와 $Q(x)$의 논리합이다.

4.3 추론과 사고의 정형화

4.3.1 추론이란?

추론(reason)이란?

추론(reason)은 무언가에 대하여 생각하는 것이고, 또한 무언가에 대하여 이해하는 것이다. 그래서 어떤 정보로부터 무언가를 끄집어(inferring)내는 것이다. 유효한 추론은 가정과 결론 사이에 논리적이며 특정한 관계가 있다. 추론은 보통의 언어에서 '따라서' 와 같은 단어로 나타낼 수 있다.

"추론은 가설에서 시작하여 결론을 유도하는 과정이다."

추론(reasoning)이란 가설로부터 결론을 유도하기 위한 과정들을 나타내는 것으로 종종 하나 이상의 생각(주장)들로 표현된다. 가설은 증명이 되지는 않으나 참으로 믿어지는 명제를 의미한다.

인간이 문제 해결에 사용하는 대표적인 방식은 어떤 근거와 이유를 근거로 어떤 결론 또는 주장(argument)을 유도하는 방식이다. 어떤 근거 또는 이유를 사람들은 가설(**premises**)이라 한다. 몇 개의 가설 문장(statements)을 바탕으로 추론하여 어떤 새로운 주장(argument)을 하게 된다. 이러한 가설에 근거한 결론을 유도하는 것을 **추론**이라고 한다. 그리고 결론이 참이라는 것을 믿기 위해서는 가설이 유효하여야 할 것이다. [그림 5 참고]

"**추론**(reason)은 생각들 간의 관계 또는 상호 비교를 통하여 이루어진다."

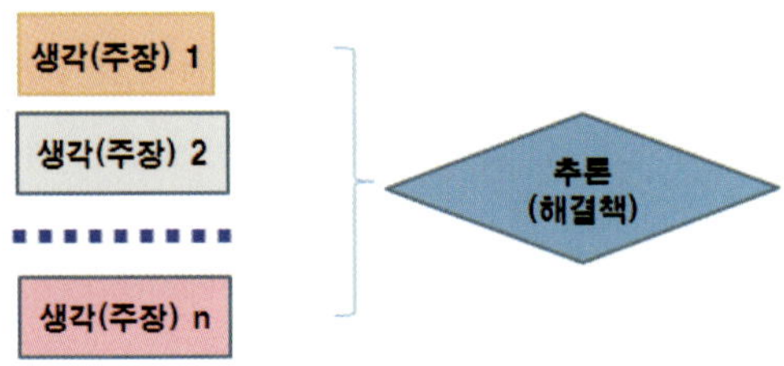

그림 5 추론

어떻게 생각(가설) #1에서 생각(가설) #n까지 조합으로부터 결론을 얻을 수 있는가?

이는 '가설→결론' 과 같은 의미이다. 어떤 논리적 유도 과정에서 모든 주어진 가설(premise)이 참이 되면 명시된 결론을 당연하게 받아들일 수 있다는 것이다.

추론의 예를 들어보자.

- 소크라테스는 사람이고 모든 사람은 죽기 때문에 "소크라테스도 결국 죽는다."와 같은 생각을 얻는다.
- 2+3=5 과 x+3=5 에서 x= 2를 얻을 수 있다.
- 그리고 빨간색 차가 좁은 도로에서 주행하고 있기 때문에, "맞은편의 파란색 차는 정지해서 빨간색 차가 통과할 때까지 기다려야 한다."는 것이다.

전통적 추론의 예로서, 즉, 그리스 철학자 아리스토텔레스(Aristotle, 384-322)의 삼단논법에서는 두 개 이상의 가설(premise)을 바탕으로 결론을 추론한다.

삼단논법은 내용이 아니라 추론의 구조 또는 형식을 중요시한다. 가설(전제)이 참이라면 추론(논리적인 결과)도 참이어야 한다는 것이다. 가설에서 시작하여 유도된 추론도 유효하다는 것이다. 다음 2개의 명제 1)과 2)에서 결론 3)을 추론해 낼 수 있는가?

1) p : Every tiger eats meat.
2) q : Baekho is a tiger
3) ∴ s : Baekho eats meat.

명제 논리로는 불가능하다. p, q에서 s가 추론되지 못한다. 단지 사람의 지능이 추론해낸 결과일 뿐이다.

> "추론은 이미 잘 알려진 이론과 규칙을 어떤 사례에 적용하여 새로운 사실 또는 주장을 이끌어 가는 과정"

추론은 이미 잘 알려진 이론과 규칙을 어떤 사례에 적용하여 새로운 사실 또는 주장을 이끌어 가는 과정이다.

광의적으로는 추론 방법도 논리의 일부이다. 수많은 수학자들과 철학자들이 **추론을 논리적 체계로 발전시켰**다. 추론은 연역적 추론(deductive reasoning)과 귀납적 추론(inductive reasoning)의 두 가지 범주로 나눌 수 있다.

연역적 추론은 일반화된 이론으로부터 출발하여 그것을 특정의 사례에 적용하는 것이다. 연역법에서는 일반 규칙(general rules), 이론(theorem), 또는 패턴(patterns)을 특정 문제(specific problem)의 해결에 적용한다. 연역적 추론은 어떤 것이 절대적 사실이며 또한 절대적 진실이어야 한다고 가정함으로써 시작된다. 가정이 사실이라면 연역 논리에 의해 도달하는 모든 논리 연산은 절대적이며 반박할 수 없으며 확실하게 사실이 된다는 것이다.

과거의 대표적 추론 방식으로는 아리스토텔레스의 **3단 논법**이 있다. 아리스토텔레스의 3단 논법은 연역적 추론의 대표적 예이다. 이 경우 가설로는 "All men are mortal"와 "Socrates is a man"이다. 그리고 결론으로는 "Socrates is mortal"이다. 모든 인간이 반드시 죽는 존재이며 소크라테스도 인간이라고 가정한다. 이 두 가정으로부터 소크라테스는 반드시 죽는다는 절대적인 확실성을 추론한다.

참고사항

아리스토텔레스(Aristotle)는 고대 그리스 철학자로 기원전 350년경에 살았다. 아리스토텔레스는 일련의 가정으로부터 올바른 결론을 도출하기 위해 따라야 하는 연역을 위한 논리적인 규칙을 설명했다. 전제(가정)가 사실이라고 가정하고 결론을 정당화한다. 더 구체적으로 아리스토텔레스는 삼단 논법을 두 가지 가정이 포함된 논리적인 논증으로 설명하고, 두 가정이 참이라면 결론이 논리적으로 참이 되어야 한다고 설명했다.

예제 17

연역적 사고로 추론을 해보자

가설 : 컴퓨팅 사고는 모든 학생들에게 유익하다.
가설 : 김수철은 학생이다.
결론 : 컴퓨팅 사고는 김수철에게 유익하다.

귀납적 추론은 일련의 관찰 또는 경험으로부터 시작하여 어떤 결론을 도출하는 것이다. 특히 귀납적 사고는 컴퓨팅 사고에서 매우 중요한 비판적 사고 기법(critical thinking skill)이다. 귀납적 추론은 특정의 사례를 경험하거나, 스스로 관찰한 것, 또는 참 또는 거짓으로 알고 있는 사실 들을 기반으로 하여 일반화를 만드는 논리적 사고이다.

귀납적 사고의 예로서 다음의 문제를 생각해보자. "가방에서 꺼낸 동전이 100원짜리이다. 2번째 동전도 100원짜리이다. 가방에서 꺼낸 3번째 동전도 100원 짜리이다. 따라서 가방의 **모든 동전**은 100원짜리이다."

예제 18

귀납적 추론의 예를 만들어보자.

"귀납적 시스템에서 도달된 결론은 참일까?"

참이 아닐 수 있다. 결론의 근거가 되는 경험의 수와 직접적으로 관련된다. 귀납적 추론의 결과가 거짓인 경우를 살펴보자.

"홍대감은 할아버지이다. 홍대감은 대머리이다. 따라서 모든 할아버지는 대머리이다."

위의 결론이 논리적이지는 않다.

그래도 귀납적 추론은 과학적 방법으로 자리 잡고 있다. 과학자들은 귀납적 추론을 사용하여 가설과 이론 체계를 구성한다.

"추론의 규칙에서 마지막 문장 이전은 가설이 되고 마지막 문장은 결론이 된다."

추론(귀납적) 규칙은 어떤 형식을 갖는다. 마지막 문장 이전의 명제들은 가설(premises)이 되고 마지막 문장이 결론(conclusion)이 된다. 만약에 가설들이 결론을 함축(imply)한다면 그 주장은 유효(valid)하게 된다.

변수가 많아질수록 진리표는 더 커지고 복잡해진다.

어떤 주장(argument)에 대한 유효성을 판별하는데 진리표가 사용된다. 그런데 변수가 많아질수록 검토해야 할 진리표는 더 커지고 복잡해진다. 주장에 대한 증명을 위해 진리표를 작성하는 것이 복잡하다. 그래서 사람들은 진리표 대신에 추론이라는 방법을 선택한다.

왜 진리표 대신에 추론을 사용하는 걸까?

결합 연산자를 많이 사용하는 복합 명제를 생각하면 거대한 진리표를 작성해야 한다. 예를 들어

$$(p \rightarrow r) \vee (q \rightarrow s) \equiv (p \wedge q \rightarrow r \vee s)$$

와 같은 논리식을 진리표로 증명하려면 16(=2^4) 가지의 경우 수가 있는 큰 진리표를 작성해야 한다. 반면에 추론 규칙을 사용한 증명은 상대적으로 적은 몇 단계만이 필요할 수 있다. 다음은 주장 또는 생각의 추론 과정을 진리표를 사용하여 증명하는 과정을 보여준다.

- 개별 변수에 대하여 하나의 열을 준비한다.
- 그리고 모든 열에 참과 거짓 값의 모든 조합을 채운다.

- 그리고 개별 가설에 대하여 하나의 열을 준비한다.
- 모든 가설의 논리곱을 위한 별도의 열을 준비한다.
- 만약 그 논리곱이 결론을 함축한다면 그 주장은 유효하다.

예제 가설로서 p→q 이고 p∨q이면 결론으로 q가 된다는 추론 주장이다. 이를 진리표[표4] 작성을 통해 추론 주장의 유효성을 증명할 수 있다. [그림 6 참조]

$$\begin{array}{c} p \rightarrow q \\ \underline{p \lor q} \\ \therefore q \end{array}$$

그림 6 추론 예

개별 변수(variable)에 대하여 각각의 열(column)을 만들고 참/거짓의 모든 조합으로 채운다. 변수가 p와 q 2개여서 4 가지 경우가 만들어진다. 그리고 가설(p→q와 p∨q)에 대하여도 열을 만들고 참/거짓으로 채운다. 모든 가설에 대한 논리곱을 행하는 열을 생성한다. 만일 모든 가설의 논리곱이 결론(q)을 함축하면 그 주장이 유효해진다. 이렇게 결론의 유효성을 판단한다. 추론 과정을 진리표로 증명하는 것은 변수가 많아지면 복잡해지고, 현대적 프로그래밍 상황에 적합하지 않다. [표4 참조]

표 4 일반 가설에 대한 진리표

p	q	p→q(가설)	p∨q(가설)	(p→q)∧(p∨q)
…	…	…	…	…
…	…	…	…	…
…	…	…	…	…

4.3.2 추론 규칙

추론 규칙은 논리적으로 유효한 주장을 사용하여 다른 논리 결론을 이끌어내는 규칙이다. 잘 증명된 추론 규칙을 활용하면 추론 과정이 수월해진다. 수학에서 어떤 문제를 해결하는데 처음부터 공리에서 출발하는 것보다 파생된 이론을 활용하면 편리한 것과 같은 개념이다. 진리표 대신에 추론 규칙을 사용하여 추론을 증명할 수도 있다.

참고

수학에서의 어떤 개념을 증명하는데 공리, 정의, 및 이론과 같은 상위 개념을 사용한다.

- 공리(axiom) : 증명 없이 참으로 받아들이는 명제
  예: 실수 영역에서 덧셈, 뺄셈, 교환법칙
- 정의(definition)
  예 : 직사각형은 네 내각의 크기가 모두 같은 사각형
- 이론(theorem) : 주어진 공이로부터 증명이 가능한 모든 정리의 집합
  예 : 직사각형의 두 대각선은 길이가 서로 같다.

공리, 정의, 및 이론의 다양한 개념은 명제이고 참값을 갖는다. 그리고 어떤 이론을 증명하는데 논리적 동치와 함축을 통해 상기의 이론, 정리 등을 활용한다.

추론에서 사용되는 몇 가지 중요한 법칙들로 긍정논법, 부정논법, 삼단논법, 논리합, 논리곱, 이중부정, 드모르간 법칙, 결합 법칙(Associative laws), 분배 법칙(Distributive laws), 교환 법칙(Commutative laws) 등이 있다. 이밖에도 동일률, 배중률, 그리고 비 모순의 법칙 같은 것이 있다. 이런 추론 규칙들은 서로 독립적이지 않다.

추론에서는

- 가설에서 결론에 도달하는 일련의 단계를 따라간다.
- 그리고 개별 단계에서는 추론 규칙을 적용한다.
- 간단한 주장에서 점차 복잡한 주장으로 추론 과정을 진행한다.

추론 규칙을 적용할 때는 참(True)으로 보이는 간단한 주장(a simple argument)부터 시작해서, 점차 더 복잡한 주장(complex argument)의 과정으로 추론 규칙을 적용한다.

추론 규칙 중에서 가장 간단한 형태의 하나인 **긍정 논법(Modus Ponens)**에 대하여 설명한다. 긍정 논법은 가설 'p→q'와 'p'을 가지고 결론으로 'q'를 추론하는 것이다. 앞의 두 문장이 가설이다. 긍정 논법에 따라 q를 얻을 수 있다. 이러한 긍정 논법 형식을 갖는 주장은 유효하게 된다. [표 5와 6 참조]

표 5 긍정 논법 추론

자연어 주장	주장 형식(argument form)	진리
1) If it is raining then streets are wet.	p→q	1) True
2) It is raining.	p	2) True
3) ∴Streets are wet	∴q	그러면 3)True

표 6 긍정 논법에 대한 진리표

p	q	p→q	(p→q)∧p	결론
T	T	T	T	T
T	F	F	F	F
F	T	T	F	T
F	F	T	F	F

비가 온다면 도로가 젖는다(p→q)와 현재 비가 온다(p)가 참이다. 그렇다면 당연히 도로가 젖게 된다(q)는 추론을 얻을 수 있다. 표 6에서 첫 번째 줄에 해당한다.

표 7의 긍정 논법 예제에 대해서도 상기처럼 논의해보라.

표 7 긍정 논법 추론 예

자연어 주장	주장 형식(argument form)
If you study then you pass the course.	p→q
You study	p
∴You pass the course.	∴q

예제 18

상기의 긍정 논법에 대한 추론의 유효성을 진리표로 검증해보라?

답 상기 긍정 논법에 대한 진리표 참조

또 다른 추론 규칙으로 부정 논법(Modus Tollens)이 있다. [그림 7 참조] [표8 참조]

p→q

¬q

∴¬p

그림 7 부정 논법 추론

두 개의 가설 "비가 오면 도로가 젖는다(p→q)"와 "도로가 젖지 않았다(¬q)"가 참이라면 결론 "비가 오지 않는다."(¬p)이 참이라고 추론할 수 있다.

표 8 부정 논법

자연어 주장	주장 형식(argument form)	
1) If it is raining (p) then streets are wet(q).	p→q	1) True
2) streets are not wet(¬q).	¬q	2) True
3) ∴Therefore, it is not raining (¬p)	∴¬p	그러면 비가 오지 않는다.

예제 19

상기의 부정 논법에 대한 추론의 유효성을 진리표로 검증해보라?

답 상기 긍정 논법에 대한 진리표 참조

자연어 주장이 정형화된 형식에 일치하면 그 주장은 유효하게 된다. 명제 "you work hard"를 'p'라 하고, 명제 "you become successful."를 'q'라 하자. 'p→q'와 'q'라는 가설이 참이면 결론 'p'에 대한 진리가 어떻게 판별되는가? 이 주장의 유효성을 검토해보자. 이는 긍정 논법과 유사하나 두 번째 가설이 다르다. 두 번째 가설이 이미 발생했기 때문에 반듯이 함축을 의미할 필요가 없다. 성공한 것이 반드시 열심히 했기 때문만은 아니다. 복권이 당첨되거나 횡재를 하는 다른 경우도 있을 수 있다. 이러한 상황을 역 오류(Converse error)라고 한다. [그림 8 참조][표 9 참조]

p→q
q
∴p

그림 8 역 오류 추론

표 9 역 오류 예

자연어 주장	주장 형식(argument form)
if you work hard then you become successful.	p→q
you are successful.	q
∴you work hard	∴p

유효성 검토를 위한 진리표를 위해 'p', 'q'와 'p→q' 열을 만들고 모든 경우의 조합에 대한 진리를 검토한다. 'p→q'(열심히 하면 성공한다.)가 참이고 그리고 'q'(성공한다)가 참이다. 표 10에서 세 번째 줄이 유효하지 않다. 열심히 하지 않아도(¬p) 성공할 수 있다는 의미이다.

표 10 역 오류 진리표

p	q	p→q	(p→q)∧q	
T	T	T	T	유효하다.
T	F	F	F	
F	T	T	**T**	주장이 유효하지 않다.
F	F	T	F	

추론 규칙의 또 다른 예로 논리곱, 논리합, 3단 논법에 대한 적용 예를 살펴본다.

표 11 논리곱 추론

자연어 주장(논리곱)	주장 형식(argument form)
I will study math.	p
I will study English.	q
∴Therefore, I will study math and English.	∴p∧q

앞의 두 가설이 참이라면 나는 수학과 영어를 동시에 공부한다는 것도 참이 된다. 즉, 논리곱 'p∧q', 결론이 참이 되는 기본 규칙이다. [표 11 참조]

상기에서 'p∧q' 가설이 참이라면 결론으로 'q'가 참으로 추론되는가? 당연히 'q'가 참이 된다. 그래서 나는 영어를 공부할 것이다. [표 12 참조]

표 12 논리곱 추론 예

자연어 주장(논리곱)	주장 형식(argument form)
I will study math and English.	p∧q
∴Therefore, I will study English.	∴q

다음은 나는 수학 또는 컴퓨터를 공부한다는 두 가설이 참이면 논리합 결론('p∨q')이 참이 되는 기본 규칙이다. [표 13 참조]

표 13 논리합 추론 예

자연어 주장(논리합)	주장 형식(argument form)
I will study math.	p
I will study computer.	q
∴Therefore, I will study math or computer.	∴p∨q

다음은 내가 수학을 공부한다(p)가 참이면, 논리합('p∨q')도 당연히 참이 되는 추론 규칙이다. [표14 참조]

표 14 논리합 추론 예

자연어 주장(논리합)	주장 형식(argument form)
I will study math.	p
∴Therefore, I will study math or computer.	$\therefore p \vee q$

3단 논법도 기본 추론 규칙이다. 열심히 컴퓨터 공부하면 나는 A 학점을 받을 수 있겠다. [표 15 참조]

표 15 3단 논법 추론

자연어 주장(조건 삼단논법)	주장 형식(argument form)
I will study hard.	p
I will study computer.	q
I will get an A	r
If I will study hard, then I will study computer.	$p \rightarrow q$
If I study computer, then I will get an A.	$q \rightarrow r$
∴Therefore, if I will study hard, then I will get an A.	$\therefore p \rightarrow r$

가설로서 나는 수학 또는 컴퓨터를 공부할 것(p∨q)이다가 참이다. 또 다른 가설로 나는 수학을 공부하지 않을 것(¬p)이다가 참이다. 이런 경우 결론으로 나는 컴퓨터를 공부할 것(q)이다가 참으로 추론된다. [표 16 참조]

표 16 선언적 3단 논법 추론

자연어 주장(선언적 삼단논법)	주장 형식(argument form)
I will study math.	p
I will study computer.	q
I will study math or I will study computer.	$p \vee q$
I will not study math.	$\neg p$
∴Therefore, I will study computer.	$\therefore q$

가설 "해가 뜨든가 또는 비가 오든가"(p∨q)가 참이다. 또 다른 가설 "해가 뜨지 않든가 또는 눈이 내린다."(¬p∨r)이 참일 때, 결론(q∨r)도 참으로 추론되는 기본 규칙이다. [표 17 참조]

표 17 복합 추론 예

자연어 주장(resolution)	주장 형식(argument form)
It is sunny.	p
It is raining.	q
It is snowing.	r
It is sunny or it is raining.	$p \vee q$
It is not sunny or it is snowing.	$\neg p \vee r$
∴Therefore, it is raining or it is snowing.	$q \vee r$

예제 20

대우 $(p \rightarrow q) \equiv (\neg q \rightarrow \neg p)$을 추론 규칙을 사용하여 증명하라.

$(p \rightarrow q) \equiv (\neg q \rightarrow \neg p)$ 대우조건

$\equiv \neg(\neg q \wedge p)$ 교환법칙

$\equiv \neg(\neg q \wedge \neg(\neg p))$ 부정법칙

$\equiv (\neg q \rightarrow \neg p)$ 증명

(1) 동일률(law of identity) : 동일성의 법칙이라고도 한다. 어떤 것도 자기 자신과는 동일하다는 것이다. 동일 법칙은 'A = A'로 표기된다. 동일의 개념을 '=' 기호로 표기한다. 논리적 연계를 나타내는데 "~이다"라는 표현이 사용된다. 한 예로 "산은 산이고 물은 물이다"와 같은 것이 있다.

(2) 배중률(law of excluded middle) : 어떤 명제와 그에 대한 부정 가운데서 하나는 반드시 참이라는 법칙이다. 서로 모순되는 두 개의 명제 외로 제3의 명제가 있을 가능성을 배제하는 것이다. 논리적으로 "x는 A이거나 혹은 A가 아니다."라는 형태로 표현된다. 즉 "A이면서 A가 아닌 것"은 불가능하다는 것이다. 예로서, 명제 논리에서 항진 논리의 논리합은 "$p \vee \sim p = 1$"를 가리킨다.

예제

명제 "Socrates is mortal."가 주어진다고 가정하자. 배중률에 따르면 "Either Socrates is mortal, or it is not the case that Socrates is mortal."의 논리합이 성립하고 진리값은 참이 된다. "Socrates is neither mortal nor not-mortal" 같은 중간값은 논리적으로 배제된다.

(3) 비 모순의 법칙(law of noncontradion) : 이 법칙은 동일 시간 동일 관계 속에서 'A'와 'A 아닌 것'을 동시에 가질 수 없음을 말한다. 동일한 실체가 동시에 두 가지 상반되는 입장을 취할 수 없다는 것이다. 예로서 어떤 것이 참이면 그것의 반대는 거짓이다.

4.3.3 추론의 검증

추론을 통한 주장이 유효한가?

상기의 주장(생각)이 유효하다는 것을 보이기 위해서는 논리적 증명을 해야 한다. 일련의 개별 단계를 가설로 사용하는데, 개별 단계가 적절하게 정당화(justification)되어야 한다. 그리고 개별 단계에 추론 규칙(laws of logic)을 적용하면서 증명을 진행한다. 그렇게 마지막 단계가 결론이 되면 그 주장은 유효하게 된다.

앞 단계들이 정당화되면 결론도 유효해진다.

간단한 추론 문제에 대한 증명 과정을 검토해보자. 추론에서 첫 번째 열은 논리적 증명의 명제 문장에 대한 번호이다. 두 번째 열은 실제 사용된 문장이 들어간다. 마지막 세 번째 열은 문장을 증명하기 위해 사용한 규칙 또는 이론을 의미한다. [표 18 참조]

표 18 단계별 정당화

	단계(step)	정당화(justification)
1	$(a \vee \neg b) \rightarrow \neg c$	가설 (긍정 논법) $(p \rightarrow q)$
2	$\neg d$	가설
3	$a \vee \neg b$	가설 (p)
4	$\neg c$	긍정 논법 (1,3) (q)

여기서 '$a \vee \neg b$'는 긍정 논법 규칙에서 'p'에 해당한다. 그리고 '$\neg c$'는 'q'에 해당한다. 이들은 복합 문장으로서 긍정 논법의 'p'와 'q'를 대체하고 있다. 여기서 '$\neg d$'는 긍정 논법 단계에 참여하고 있지 않은 하나의 가설이다. 결론적으로 4번째 줄의 주장 '$\neg c$'는 긍정 논법 규칙을 사용하여 유효한 주장으로 증명된다. 진리표를 사용한 증명보다 추론 규칙에 의한 증명이 더 간단함을 확인한다.

예제 21

표 19의 추론에 대하여 주장의 유효성을 판단하라. 2개의 가설이 있고 1개의 주장이 있다.

표 19 정당화 예제

	단계(step)	정당화(justification)
1	p	가설
2	$(p \land q) \rightarrow r$	가설
3	r	무효의 긍정 논법 (1,2)

두 번째 단계에서 'if' 부분이 'p∧q'인데, 첫 번째 단계에서는 단지 'p'만 있다. 올바른 'if-part'가 아니다. 따라서 상기의 예에서 긍정 논법 활용은 유효하지 않다. 수학에서 매 단계를 증명하듯이 논리적 증명에서도 정확하게 규칙을 적용하여야 한다.

좀 더 추론 규칙을 설명한다. 만약 주장이 자연어(영어)이면 개별 명제에 변수를 할당하여 주장 형식(argument form)으로 변환한다. 개별 영어 문구를 해당하는 논리적 표현으로 대체하여 주장 형식을 정형적인 표기법으로 작성한다. [표 20 참조]

표 20 자연어의 정형화

	주장 형식
It is gorgeously sunny	p
It is warmer than yesterday.	q
We will go on a picnic.	r
We will watch a movie.	s
We will be home by sunset	t
It is not sunny and it is warmer than yesterday	$\neg p \land q$
We will go on a picnic only if it is gorgeously sunny	$r \rightarrow p$
If we do not go on a picnic, then we will watch a movie.	$\neg r \rightarrow s$
If we watch a movie, then we will be home by sunset	$s \rightarrow t$
∴Therefore, We will be home by sunset	∴t

예를 들어서 가설로 4가지($\neg p \land q$, $r \rightarrow p$, $\neg r \rightarrow s$, $s \rightarrow t$)를 사용하고 모든 가설이 참이라면 마지막 결론(t)도 참으로 추론된다. 추론의 단계별 논리적 증명 과정을 보여준다. [표 21 참조]

표 21 추론의 단계별 증명 과정

	단계(step)	정당화(justification)
1	$\neg p \wedge q$	가설(hypothesis)
2	$\neg p$	1단계 가설이 참이라면 $\neg p$도 참이 된다.
3	$r \rightarrow p$	가설
4	$\neg r$	2,3의 부정논법에 따라 $\neg r$도 참이 된다.
5	$\neg r \rightarrow s$	가설
6	s	4,5의 긍정논법에 따라 s 도 참이 된다.
7	$s \rightarrow t$	가설
8	t	6,7의 긍정논법에 따라 t 도 참이 된다.

4.3.4 정량자 포함 추론 규칙

정량자가 포함된 가설 또는 주장에 대한 추론 과정은 좀 복잡하다. 정량자가 있으면 추론규칙을 적용하기 전에 정량자를 제거하여야 한다. 예로서,

- $\forall x P(x)$는 정의역의 모든 원소에 대하여 술어 P(x)가 참이면 임의의 원소 하나인 'c'를 선정해도 술어 P(c)가 참이라고 주장할 수 있다.
- $\exists x P(x)$는 정의역의 **어떤 일부의**(some) 원소에 대하여 술어 P(x)가 참이 된다면 **특정**한 원소 'c'와 P(c)가 참이라고 주장할 수 있다.

이러한 관찰을 기본으로 하여 우리는 정량자를 제거 또는 재도입하기 위한 추론 규칙을 유도할 수 있다. 보편 예시, 보편 일반화, 존재 예시 등이 그 방법에 해당하는 추론 규칙이다.

보편 예시(universal instantiation, UI)

술어 논리의 추론 규칙에서 가설에 '$\forall x P(x)$' 같은 보편 정량자를 포함하고 있을 때 정의역의 원소 하나 'c'에 대한 P(c)가 참이라는 추론을 얻을 수 있다. 이렇게 하는 것을 보편 예시라고 한다. 모든 객체가 아닌 하나의 객체로 대체한다. 그렇게 대체해도 참이기 때문이다. 보편 예시는 집합의 모든 원소에 대해 그 명제가 참이면 집합 속의 한 원소에 대하여도 참이라고 추론하는 규칙이다. 정량화에서 공리처럼 받아들여지는 기본 원칙중의 하나이다.

$$\frac{\forall x P(x)}{\therefore P(c)}$$

다음의 추론 과정을 살펴보면 정의역으로 모든 개가 된다. 가설 1과 2가 참이면 추론(결론)도 참이 된다. 이렇게 하여 정량자를 제거한다. [표 22 참조]

표 22 정량자 제거

	단계	정당화(justification)
1	Sapsal is a dog	가설
2	All dogs are cute.	가설
3	Therefore, Sapsal is cute.	가설 1,2가 참이라면 보편 예시(UI)를 따른다.

보편 일반화(universal generalization, UG)

보편 예시와는 반대 방향의 개념으로 보편 정량자를 주장에 재도입하게 한다. 정의역의 임의의 원소에 대하여 술어 P(c)가 참이라고 가정할 경우 결론 ∀xP(x)이 참이라고 추론하는 것을 의미하고 보편 일반화라고 한다.

$$\frac{P(c)}{\therefore \forall x P(x)}$$

예로서 정의역 D={모든 개}라고 하자. [표 23 참조]

표 23 보편 일반화 예

	단계	정당화(justification)
1	let d be an element of D	가설
2	Dalma(d)	가설(임의의 d에 대하여)
3	∀xDalma(x).	가설 1,2가 참이라면 결론도 참이된다.

존재 예시(Existential Instantiation, EI)

존재 예시는 집합의 어떤 이부 원소에 대해 그 명제가 참이면 집합 속의 특정 원소에 대하여 참이라고 추론하는 규칙이다. 정량화에서 공리처럼 받아들여지는 기본 원칙중의 하나이다. 추론 규칙에서 가설에 '∃xP(x)' 같은 보편 정량자를 포함하고 있을 때 결론으로 정의역의 특정 원소 'c'와 P(c)가 참이 되는 추론을 얻을 수 있다. 술어명제를 참으로 하는 어떤 일부의 객체를 특정의 객체로 대체한다. 그렇게 대체해도 참이기 때문이다. 이러한 것을 존재 예시라고 한다.

$$\frac{\exists xP(x)}{\therefore (\text{c는 영역의 특정 원소인 상수}) \wedge P(c)}$$

예로서 S ={모든 수강 학생}라고 하자. 가설 1이 참이라면, 그중에 A를 받은 특정의 수강생이 있다는 결론이 참인 것으로 추론된다. 기본 규칙에 해당된다.

	단계	정당화(justification)
1	There is someone who got an A in the course.	가설
2	introduce a constant c c is an element of S and c got an A	가설 1이 참이면, A 학점 받은 특정 학생이 있다.

존재 일반화(Existential Generalization: (EG)

보편 일반화와 유사한 개념이다. 정의역의 특정 원소 'c'에 대하여 술어 P(c)가 참이라는 가설이 존재하면 결론 ∃xP(x)을 참으로 추론하는 것을 존재 일반화라고 한다. 정의역의 특정 원소에 대하여 술어 P(c)가 참이라고 가정할 경우 결론 ∃xP(x) 을 참이라고 추론하는 것을 의미한다.

$$\frac{P(c)}{\therefore \exists xP(x)}$$

예로서 S ={모든 수강 학생}라고 하자. 특정의 학생 철수에 대하여 가설 1과 2가 참이라면 결론도 만족하는 것을 존재 예시라고 한다.

	단계	정당화(justification)
1	Chulsoo is a student in the class.	가설
2	Chulsoo got an A in the class	가설
3	Therefore, there is some who got an A in the clsss	가설 1, 2가 참이면 결론도 참이 된다.

소크라테스 예제로 다시 돌아가자. 사람이라면 죽는다는 가설과 소크라테스라는 사람이라는 가설이 참이라면 소크라테스도 죽는다는 결론이 참으로 추론된다. 정의역은 물리적 객체로 구성된다. 술어로 Man(x): "x is a man" 과 Mortal(x): "Socrates is a Man"을 활용하여 추론을 증명해보자.

$$\forall x(Man(x) \rightarrow Mortal(x))$$
$$\frac{Man(\text{소크라테스})}{\therefore Mortal(\text{소크라테스})}$$

	step	정당화
1	∀x(Man(x)→Mortal(x))	가설
2	소크라테스는 영역의 한 원소이다.	가설
3	Man(소크라테스)→Mortal(소크라테스)	UI 1, 2
4	Man(소크라테스)	가설
5	Mortal(소크라테스)	긍정 논법, 3, 4

명제 논리에 대한 추론의 예제이다. 명제 단위의 추론에서는 추론이 가능한 것도 있고 불가능한 것도 있다. 문장 단위로 추론이 이루어지면 내부의 내용에 대해서는 잘 알지 못한다. 다음은 추론이 가능한 경우이다.

예제 22

가설 1; If it rains then the tennis match will not be played.
가설 2 : The tennis match was played.
추론(결론) : There was no rain. // 상기 2개의 가설로부터 얻어진 결론

예제 23

가설 1 : If it rains then the tennis match will not be played.
가설 2 : It did not rain.
추론(결론) : The tennis match was played. // 상기 2개의 가설로부터 얻어진 결론

예제 24

Which of the following is TRUE? (답 : 2번)

1) Both 문제1 and 문제2 are correct inference
2) 문제1 is correct but 문제2 is not a correct inference
3) 문제1 is not correct but 문제2 is correct inference
4) Both 문제1 and 문제2 are not correct inference

모순 방법이 증명에 사용되는 경우도 있다. 당연한 주장을 증명할 때 자주 사용된다. 다음은 'R = it rains', 'S = the tennis match was played'라고 하자.

예제 25

If it rains then the tennis match will not be played.	R→¬S	참
The tennis match was played.	S	참
추론(결론) : There was no rain.	∴¬R	참

추론의 앞 두 가설이 참일 때 결론이 거짓이면 전체 주장이 거짓이 된다. 따라서 두 번째 가설 S가 참이면 ¬S가 반드시 거짓이 되어야 한다. 따라서 첫 번째 가설 R→¬S가 참이 되기 위해 R이 거짓이 되어야 한다. 그래서 ¬R가 참이 된다. 그래서 예제 25의 추론은 올바른 해답이다.

다음은 추론 예제 26에 대하여 검토해보자.

예제 26

If it rains then the tennis match will not be played.	R→¬S	참
It did not rain.	¬R	참
추론 : The tennis match was played.	∴S	무효

추론 증명에서 ¬R이 참이면 R은 거짓이 된다. R→¬S에서 R이 거짓일 때 함축 결과가 참이 되기 위해서는 ¬S가 참 또는 거짓 어떤 경우도 상관없다. 예를 들어 ¬S가 참이면 S는 거짓이 된다. 앞의 두 가설이 참일 때 함축 결론이 참이 아닌 거짓이 된다. 또한 ¬S가 거짓이면 S는 참이 된다. 한 가지 경우만 유효하다. 따라서 invalid 주장이 된다. 그래서 예제 26 추론은 올바르지 않다.

4.4 지식의 프로그램 변환

4.4.1 추론의 프로그램 변환

논리식을 프로그램으로 변환이 가능하다.

논리식을 프로그램으로 변환하는 과정을 살펴보자. 예로서, 당신의 친구가 당신을 저녁 식사에 초대한다. 그런데 당신은 한식 식당에서 저녁을 먹을 경우에만 참석할 것이다. 이 경우 함축(implication)을 사용하여 당신이 취하게 될 행동을 프로그램으로 작성하라. 함축 조건문 p→q 또는 ¬p→¬q을 기억할 것이다.

가설 : 저녁이 한식이다.

결론 : 나는 저녁에 갈 것이다.

인간의 자연어를 통한 논리 전개에 애매함이 포함되어 있지만, 컴퓨터 프로그램에서는 간결하고 정확한 의미 전달을 위하여 정형화(argument forms) 기법을 사용한다. 그럼 p="저녁이 한식이다.", q="나는 저녁에 갈 것이다.", r="나는 저녁에 안 갈 것이다."을 사용하여 다음과 같은 논리식으로 표현할 수 있다.

$$(p \rightarrow q) \wedge (\neg p \rightarrow \neg r)$$

논리식을 프로그램으로 변환하는 예를 살펴보자. 논리식에 조건문을 포함하고 있기 때문에 프로그램에서도 유사한 조건문을 나타내기 위하여 if 문장을 사용한다. 다음의 형식으로 표현한다. [그림 9 참조]

```
                    /***** if statements *********/
if(condition) {
  code executed when the condition is true;  // 어떤 조건(condition)이 참이면 { ... }
                                                중괄호 속의 내용이 실행된다.
}
```

그림 9 논리식의 프로그램 의사 코드 변환

컴퓨터 프로그램 언어로 다음과 같이 번역할 수 있다. 본 교재에서는 C 프로그램 언어를 기본으로 사용한다. [그림 10 참조]

```
if (dinner == '한식') {
 printf("예, 나는 저녁에 갈 것이다.");
}
```

그림 10 논리식의 프로그램 코드로 변환

이번에는 다음과 같은 논리식이 있다고 가정하고, 컴퓨터 프로그램으로 번역한다. [그림 11 참조]

```
다음은 문제에 대한 논리식이다.
p = 한식.
q = "나는 갈 것이다."
r = "나는 안 갈 것이다."
                    (p→q)∧(¬p→r)
```

```
다음은 C 프로그램언어로 번역한 결과이다.
char dinner;
char p = "hansik";
char q = "I will come";
char r = "I will not come";

  if (dinner == p) {
    printf("Yes, %s", q);
    }
  else {
    printf("No, %s", r);
    }
```

그림 11 논리식의 프로그램 변환 예

프로그램에서는 개별 명제에 변수를 할당하였다. 첫줄에 'char'을 선언한 것은 'dinner' 변수가 문자형(character) 객체라는 의미이다. 객체가 문자들의 조합으로 이루어진 정의역이라는 의미이다. 프로그램의 'if-else' 구문에서 'if' 조건 (dinner == p)이 참이면 'q'를 출력하고, 거짓이면 'r'을 출력하라는 내용이다. 논리식이 프로그램 언어로 변환될 수 있음을 예시하였다.

4.4.2 컴퓨팅 사고의 필요

지금까지 우리는 자연어에 의한 애매모호한 논리를 정형화하고 추론으로 변환시키고, 이를 다시 프로그램으로 발전시키는 과정을 학습하였다. 명제 논리, 술어 논리의 문제를 컴퓨터 프로그램으로 변환하는 과정을 다루었다. 세상의 객체 그리고 인간의 지식을 컴퓨터 프로그램으로 표현하는 것이 가능함을 이해하게 되었다.

> "복잡한 문제 해결에 두뇌와 자연어가 아닌 컴퓨터와 컴퓨터 프로그램 언어를 사용하는 새로운 도전과제가 탄생하였다."

세상의 복잡한 문제 해결에 인간 두뇌와 자연어가 아닌 컴퓨터와 컴퓨터 프로그램 언어를 사용하는 새로운 도전과제가 탄생하였다. 우리는 이때 필요한 사고를 **컴퓨팅 사고**라고 한다. 컴퓨팅 사고에서는 컴퓨터와 프로그램 언어의 엄격성, 자동화 특징을 잘 이해하고 잘 활용하는 것이 중요하다. 그리고 프로그램 작업하는 것이 상당히 논리적이란 것을 이해하게 된다. [그림 11 참조]

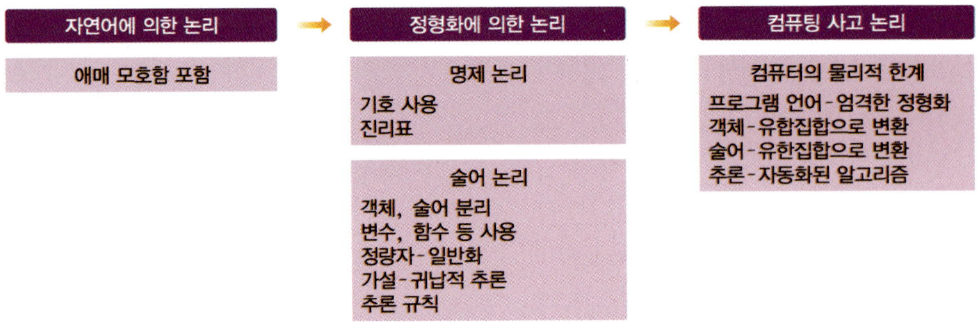

그림 11 컴퓨터 프로그램의 추론 특성

프로그램 세상에서는 무한 집합 대신에 유한집합 세상을 다룬다.

컴퓨팅 사고에서는 자연어와 달리 명확하고 절제된 의미를 갖는 더 정형화된 컴퓨터 프로그램 언어를 사용한다. 사용방법이 엄격하므로 사용법을 잘 숙지하여야 한다는 의미이다. 그리고 객체와 속성을 나타내는 술어가 자연어에서 사용하는 것만큼 많지 않다. 자연어의 무한 집합을 다루는 것과 다르게 프로그램 언어는 유한집합의 명령어를 다룬다. 술어에 사용할 수 있는 언어(명령어) 숫자가 제한되어 있다.

예를 들어 수학에서는 선분 상의 점의 객체 개수가 무한하지만, 프로그램에서는 유한집합을 다룬다. 실세계의 선분 또는 도형 객체에 대하여 늘리고, 줄이고, 뒤틀고, 휘는 등 다양한 변화의 술어가 가능하지만, 프로그램에서는 크기 조정, 색 조정, 회전시키기 등이 선분에 제공할 수 있는 제한된 개수의 속성이다.

명제를 프로그램 언어로 변환이 필요하다.

다단계의 사고과정인 추론(reasoning)에서 모든 단계가 참이 되어야 결과가 참이 되듯이 **프로그램의 개별 명령 문장이 참이 되어야 올바른 결과**를 얻을 수 있다는 논리적 결론을 얻을 수 있다. 참 또는 거짓만을 갖는 명제는 컴퓨터 프로그램 언어로 변환이 가능해진다. 프로그램의 개별 명령어들이 가설로서 참이 되어야 프로그램 결과도 참이 된다. 따라서 **명제를 프로그램 명령어 문장으로 변환하는 기법(skill)**이 중요하겠다.

연습문제

01 다음의 논리식 중에서 어떤 것이 명제 문장인가? 문장에 어떤 자유 변수를 포함하고 있지 않은 논리식을 의미한다.

1. $\forall y \exists x(x<y)$
2. $P(c) \vee Q(d)$
3. $\forall y \exists x(x<y \ \vee \ x=c)$
4. $\forall y \exists x(x<y) \ \vee \ x=c$

02 두 가지 이상의 변수를 갖는 술어를 예시해보세요.

03 컴퓨터 언어의 문자열의 집합을 술어 논리로 기술해보세요.

04 P(x)가 "x + 1 〉x"라는 문장이라고 하자. 정의역이 모든 실수로 구성될 때, 정량화 $\forall xP(x)$의 진리값은 무엇인가?

05 Q(x)는 "$x<2$"라고 하자. 정의역이 모든 실수로 구성될 때, 정량화 $\forall xQ(x)$의 진리 값은 무엇인가?

06 'x〉3'인 문장을 P(x)라고 한다. ∃xP(x)에 대한 진리값이 무엇인가?

07 'x=x+1'인 문장을 q(x)라고 한다. ∃xq(x)에 대한 진리값이 무엇인가? 여기서 x는 모든 실수로 구성된다.

08 ∃∀(∃다음에 ∀가 오는 경우) 다음 명제를 생각해보자.

∃d ∈ 방어. ∀v ∈ 바이러스.

d는 v에 대하여 방어(protect)를 한다. 상기의 술어는 모든 바이러스 공격에 대한 하나의 좋은 방어 프로그램이 있다는 것이다.

09 x, y는 모든 수가 된다. 정수 집합(N)의 원소라고 가정하자. 여기서 변수 x, y는 음수가 아닌 정수가 되겠다. 그럼 다음의 술어를 생각해보자. y보다 작은 x가 존재한다는 것이다.

```
R(y) = [∀x. x < y]
```

1) R(1)은 어떤가?

2) R(8)은 어떤가?

10 ∀x [P(x) → ¬Q(x)] 에 대한 부정(negate)이 다음처럼 동일함을 증명하라.

```
¬∀x [P(x) → Q(x) ] == ∃x [P(x)∧Q(x) ]
```

11 진리값을 말하세요.

1) P(x)는 "x> 3"을 의미한다. P(4)와 P(2)의 진리 값은 무엇인가?

2) "컴퓨터 x가 침입자에 의해 공격받고 있다."라는 문장을 A(x)로 표시하자. 캠퍼스에 있는 컴퓨터 중 현재 ITE1와 CS2만이 침입자에 의해 공격받고 있다고 가정한다. A(CS1), A(CS2) 및 A(ITE1)의 진리 값은 무엇입니까?

3) Q(x, y)로 문장 "$x = y + 3$."을 나타낸다. 명제 Q(1, 2)와 Q(3, 0)의 진리 값은 무엇인가?

12 다음의 추론에 대한 유효성을 설명하라. 어떤 추론 규칙을 설명하고 있는가?

```
p→q
¬q
∴¬p
```

13 "some prime number is even number." 명제를 정량자를 사용하여 표기해보라.

14 다음의 문장이 주어졌을 때 다음의 문장에 대하여 진리값을 평가하라.

```
Given : x= -3, y =3, z=0
```

1) $-y < 0$

2) $x = y$

3) $x+y = z$

15 다음의 논리식을 코드로 변환해보자.

```
Let
p = greek
q = "I will come"
r = "I will not come"
```

$$(p \rightarrow q) \land (\neg p \rightarrow r)$$

16 "모든 사람은 (언젠가) 죽는다."를 정량자와 변수를 포함하는 술어문장으로 표현해보자.

17 Smullyan은 두 종류의 주민, 항상 진실을 말하고 있는 기사와 항상 반대로 말하는 악당, 이 있는 섬에 대해 많은 퍼즐을 제시했다. 당신은 그 섬에 가서 A와 B의 두 사람을 만나게 된다. A와 B가 하는 말을 듣고 어떤 유형의 사람인지를 판별하는 것이다. A는 '우리 중에서 최소한 한명은 악당이다.' 그리고 B는 '아무 말도 안한다.' A와 B는 어떤 유형인가?

5 컴퓨터는 지식 표현과 처리 기계

5.1 컴퓨터의 이해

지금까지는 인간이 개념을 기반으로 지식을 표현하고 논리와 추론에 대하여 다루었다. 이제부터는 컴퓨터를 중심으로 개념 또는 지식을 어떻게 표현하고 다루는지 살펴본다.

컴퓨터는 신비스러운 기계인가?

인류의 많은 위대한 발명품 중에서 컴퓨터만큼 뛰어난 것도 없는 것 같다. 한두 가지 특징과 목적을 갖는 카메라, 복사기, 자동차, 비행기 등의 발명품과는 달리 컴퓨터는 책도 보고, 문서를 작성 및 복사하고, 오디오를 플레이하고, 영화도 보고, 기차표도 예약하고, 세금도 내고, 쇼핑도 하고, 전화도 할 수 있으며, 계산도 하고, 게임도 하고, 인공지능도 되고, 병을 진단하는 등 그 활용 범위가 너무나 다양하다. 컴퓨터로 세상의 복제품을 만들어 낼 수 있다는 것은, 컴퓨터에 무언가가 있는 것 같다. 우리는 컴퓨터가 모든 종류의 소리, 그림, 그래픽, 숫자 및 텍스트를 사용하여 놀라운 일들을 해내는 것을 보아왔다. 이 기계가 놀랍도록 복잡하다고 생각할 수도 있다. 컴퓨터는 신비스러운 기계인가? 실제로는 그렇지 않다.

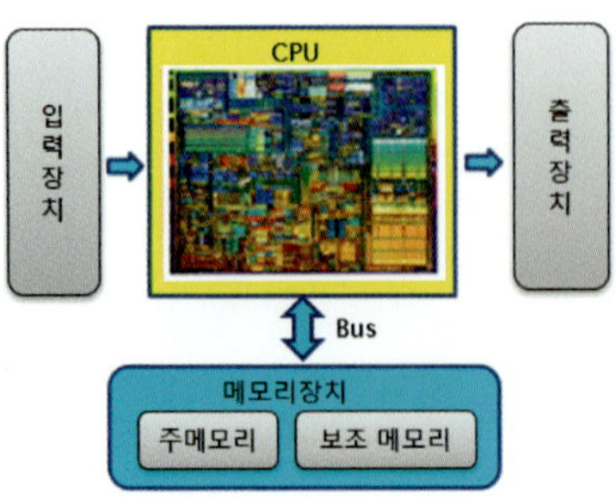

그림 1 Intel Pentium4 기반 컴퓨터 구조

컴퓨터는 그림 1처럼 다수의 요소로 구성된 시스템이다. 많은 전자 소자와 프로그램들로 구성돼 있어 컴퓨터 시스템을 전체적으로 이해하는 것은 쉬운 일이 아니다. **컴퓨터는 하드웨어와 소프트웨어의 적절한 조합에 의해 하나의 지능 기계처럼 작동**한다. 어떠한 컴퓨터 하드웨어도 소프트웨어가 없으면 실질적인 가치가 없겠다.

어떻게 복잡한 컴퓨터 시스템을 이해하여야 할까?

우리는 추상화를 사용하여 컴퓨터 시스템의 세부를 숨기고 복잡한 것들을 간략히 하여 핵심 개념으로 이해한다. 컴퓨터 과학에서는 추상적 개념으로 컴퓨터의 하드웨어뿐만 아니라 소프트웨어, 개념과 지식의 데이터 표현, 프로그램 등을 이해한다. **하드웨어의 추상화, 소프트웨어의 추상화, 데이터의 추상화, 언어의 추상화, 프로그램의 추상화** 등 다양한 추상화 개념이 사용된다. 그래서 사람들은 컴퓨터 과학은 추상화 학문이라고도 한다. 컴퓨터에서의 다양한 추상화가 어떻게 이루어지는지는 뒤에서 설명한다.

5.2 감각을 개념으로 인식

인간은 주변을 관찰하고 오감을 통해 듣고, 느끼고, 보고, 맛을 보며 무엇인지를 인식한다. 그리고 사물 객체에 대하여 인식을 통해 의지로 행동을 한다.

"오감을 통한 객체의 관찰이 실세계의 진실일까?"

오감을 통한 인식이 실세계의 진실일까? 실세계가 인간의 감각기관을 거치면서 전기적, 화학적 변화를 거쳐 변형되어 인간의 두뇌로 전달된다. 우리 두뇌가 감지하는 것이 실세계의 진실 모습을 감지하는 것인지 의문이 생긴다. 아마 다른 동물들은 다른 감각기관이 있으므로 우리의 세계와는 다르게 느끼고 인식할지 모르겠다. 인간이 보는 세계와 물고기, 새, 고양이가 보고 느끼고 듣는 세계는 감각기관이 달라서 흐르는 신호와 보이는 형상이 다를 것이다.

"동일 물체를 새와 인간이 동시에 바라볼 때 어떤 모습이 참모습일까?"

'작은 사람'을 뜻하는 호문쿨루스를 그림 2에 보여주고 있다. 인간의 대뇌피질에서 감각 또는 운동제어를 담당하는 비율에 따라 신체 기관을 그렸는데 뇌의 영역을 많이 차지하는 부위가 손과 입이라는 것이다. 손으로 처리하는 것과 입으로 말하는 감각기관이 유난히 크게 표현되고 있다. 손이 사람의 얼굴보다 훨씬 더 크고, 입은 얼굴의 절반을 차지할 만큼 크게 묘사된 사람 모형이다. 인간의 생존에서 가장 중요한 역할을 한 게 손과 입인 셈이다. 감각기관은 외부 연결 통로이며 신호가 두뇌로 모여 중앙 처리되는 모습을 관찰하게 된다.

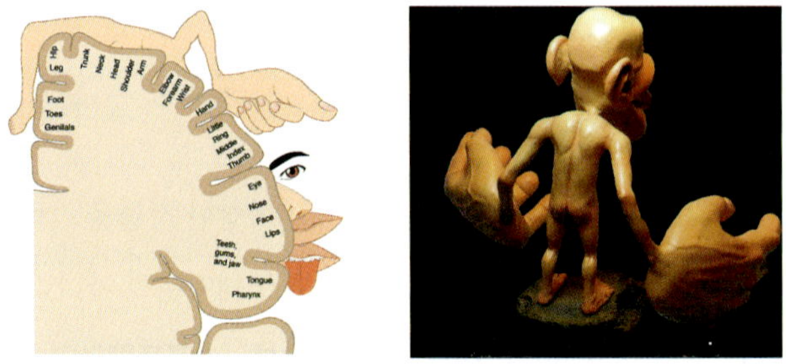

그림 2 호문쿨루스(homunculus) (출처: 위키피디아)

감각기관을 통해 전달된 신호가 두뇌에서 어떻게 변환되어 처리되는지 궁금하다. 하지만 감각기관을 통한 관찰 결과가 절대적으로 믿을 수 있는 것은 아닐 수 있다. 인간의 오감을 통한 객체에 대한 물리적 관찰 결과는 변경될 수 있다.

예를 들어 우리가 관찰하는 사과의 색은 특정 주파수의 전파가 사물에서 반사되어 시각세포에 감지되고, 이를 다시 화학적 전기적 신호로 두뇌에 전달되어 인식된다. 관찰되는 것은 객체 본질이 아닌 다양한 변화를 거쳐 감지된 후 **인식**되는 것이다. 시각에 의해 관찰 결과는 단지 우리에게 사과로 인식되도록 하는 한 가지 속성이다.

우리의 두뇌는 객체를 지식으로 저장하고 인식한다고 말할 수 있다.

사람은 오감을 통한 감각보다는 오히려 개념으로 인식한다. 우리의 두뇌는 오감을 통해 입력된 것을 개념으로 처리 또는 저장한다. 보고, 듣고, 느끼면서 얻은 것들을 두뇌에 개념으로 저장한다. 그리고 그 개념은 지식의 기초가 된다. 우리의 두뇌는 세상의 **객체, 그리고 객체 간의 관계, 객체의 행동(behaviour)을** 개념으로 처리 및 저장한다고 할 수 있다.

5.3 컴퓨터의 지식 처리 모델

"두뇌처럼, 컴퓨터도 개념과 **지식을 표현하고 처리한다.**"

인간이 오감을 통해 관찰하고 두뇌로 개념과 지식을 처리하듯 컴퓨터 시스템(소프트웨어 또는 하드웨어)도 매우 유사하게 처리한다. 어떻게 컴퓨터는 개념과 지식을 표현하고 처리할까?

"어떻게 컴퓨터에서의 개념과 지식 처리 복잡성을 관리할 것인가?"

복잡한 것을 핵심사항으로 추상화 표현하고 처리한다. 컴퓨터 시스템에서의 추상적 개념과 지식을 표현 및 처리를 다단계의 추상적 계층 모델로 이해하는 것이 편리하다. 컴퓨터 시스템을 **물리**, **데이터**, **지식** 세계의 계층 구조로 표현한다. 이러한 추상적 계층 구조에서는 어떤 계층에 대한 설명 시 해당 계층보다 하위 계층에서 어떤 동작이 발생하는지 자세히 알 필요가 없도록 한다. 상위 계층의 구성요소는 하위 계층의 구성요소를 어떻게 구현하는지에 대한 세부 정보를 알 필요 없도록 한다. 단지 하위 계층이 무엇을 하는지는 알아야 한다. 컴퓨터의 **지식 처리 모델을** 그림 3에 나타내고 있다. 인간은 지식을 객체와 술어로 표현했는데, 컴퓨터에서는 지식을 데이터와 연산으로 표현한다. 그리고 이러한 지식이 컴퓨터에서는 계층을 통해 처리되는 것으로 이해한다.

물리 세계는 어떤 개념을 물리적 신호로 표현하기 때문에 우리가 이해하기 어렵다. 인간 감각기관 및 두뇌에서 전기화학적 신호를 다루듯이 컴퓨터에서 물리적 신호를 다룬다. 부호된 개념과 지식 데이터를 신호로 처리하는 컴퓨터의 하드웨어를 나타낸다. 하드웨어는 여러 회로와 구성요소가 결합하여 하나처럼 작동하도록 구성돼 있다. 키보드, CPU, 메모리 등이 하드웨어이다.

데이터 세계는 개념과 지식을 부호로 다룰 수 있도록 한다. 물리 세계에서의 신호를 0과 1의 이진 데이터로 변환하고, 또는 이진 데이터를 인간의 개념과 지식으로 변환하는 것을 지원한다. 인간이 개념과 지식을 두뇌에 기억하듯이 컴퓨터 메모리에 이진 데이터로 개념과 지식을 저장한다. 개념과 지식의 효율적 저장, 관리, 또는 운영을 위해 운영체제, 시스템 프로그램, 데이터베이스, 컴파일러 등을 제공한다. 그리고 응용 프로그램의 작성, 실행 그리고 하드웨어로의 입출력된 데이터를 처리한다.

지식 세계는 개념과 지식을 인간 수준으로 표현하는 응용 프로그램을 다룬다. 지식 세계에서는 숫자, 문자, 이미지, 그래프 같은 **객체의 개념을 표현**하고 다룰 뿐만 아니라 **술어**를 연산이라는 개념으로 다룬다.

지식을 데이터와 연산(함수)의 조합으로 표현하지만, 지식이 어떻게 처리되는지 그 과정이나 방법에 대하여 자세히 이해하기는 어렵다. 컴퓨터 개발자는 관심이 있겠지만 일반 프로그램 개발자는 더욱 이해하기 어려운 내용이다.

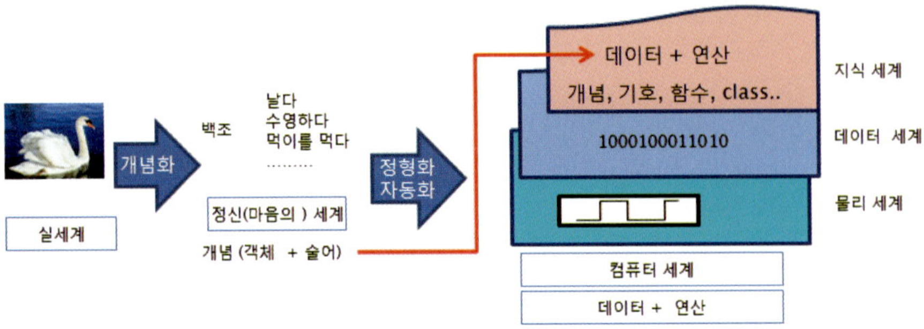

그림 3 컴퓨터의 개념과 지식 처리 모델

컴퓨터 계층 모델에서 지식 처리의 예를 보자. 지식 계층에서는 인간처럼 숫자 '1'의 개념을 다룬다. 데이터 세계에서는 개념이 디지털 데이터(00110001)로 부호 처리되고 다시 물리 세계에서는 물리적 신호로 다루어진다. [그림 4 참고]

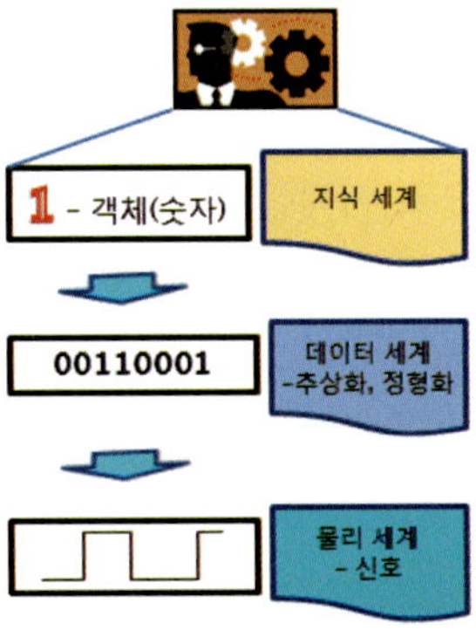

그림 4 지식의 계층적 처리

컴퓨터의 지식 처리는 인공지능의 출발점이 된다.

컴퓨터로 개념과 지식을 표현하는 것이 가능해짐에 따라 나중에 인공지능이 가능해진다. 비록 현재의 지식수준은 낮을 지라도 **지식을 표현할 수 있다는 것이 중요하다**. 그리고 지능은 학자마다 정의를 다르게 하고 있지만 보통 추상적 개념을 다루는 능력을 의미한다. 인공지능은 컴퓨터가 지식을 바탕으로 어떤 원하는 것을 유도해 낼 수 있는 능력이다. 더 자세한 설명은 뒤에서 기술한다.

데이터(data)

실세계 객체가 이진 부호로 표현된 것.

데이터(data)의 탄생

'데이터'라는 단어가 라틴어 datum로부터 출발하여 영어로 처음 사용되기 시작한 것은 1640년대인데, '전송 가능하고 저장 가능한 컴퓨터 정보'를 의미하기 위해 '데이터'라는 단어가 사용된 것은 1946년이다.

5.4 실세계 객체의 이진 변환 원리

개념과 지식이 인간의 경우 두뇌 세포에 저장된다. 전기적 또는 화학적 어떤 형식인지는 모르지만 우리는 개념으로 기억하고 있다. 컴퓨터는 객체의 개념을 이진 부호로 표현하고 메모리에 저장한다. 메모리의 주소 공간에 데이터를 저장한다. 어떤 원리로 객체를 이진 데이터로 변환하여 컴퓨터에서 처리하는가?

부호화(encoding)는 어떤 형태에서 다른 형태로 정보를 변형시키는 과정이다.

실세계 객체를 추상화하여 컴퓨터로 변환하는 것이 필요하다. 컴퓨터로 표현할 때는 이진으로 표현되어야 인식된다. **객체를 이진 데이터로 표현할 때 부호화**라는 개념을 도입한다. **부호화**는 어떤 형태에서 다른 형태로 정보를 변형시키는 과정인데, 이때 표준화와 자원의 효율적 활용 측면을 고려하여야 한다.

객체를 고유 부호로 표현한다.

그림, 나무, 비행기, 음악 등 수많은 실세계 객체를 체계적으로 서로 다른 이진 부호로 만들어야 한다. 부호화에서 중요한 이슈는 효율적 처리와 메모리 공간을 절약하는 형식으로 이진 부호를 생성하여야 한다. 객체를 부호로 표현하는데 추상화와 정형화가 사용된다. 특히 **객체별 고유한 부호로 표현하여**야 한다. **부호화**는 **부호(code) 또는 기호**를 생성하는 것이다. 생성된 부호에서 원래의 객체로 복원하는 것을 복호화(decoding)라 한다. [그림 5 참고]

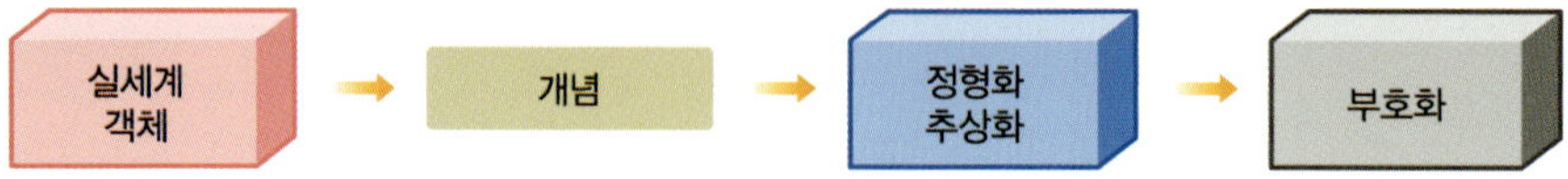

그림 5 객체의 부호화

어떤 고유 부호 값으로 실세계 객체를 표현할까?

예를 들어서 '5'라는 양을 나타내는 개념은 '0000 0101'처럼 이진 데이터로 표현된다. '6'은 '0000 0110'처럼 이진 데이터 부호로 표현된다.

"객체를 1:1 대응되는 부호로 표현한다."

고유한 부호로 표현하기 위해 객체 대 부호에 1:1 대응 원칙을 적용한다. 예를 들어서 컴퓨터 키보드를 생각해보자. 100 개 정도의 버튼으로 구성된다. 서로 다른 버튼을 누르면 어떤 버튼이 눌렸는지 CPU가 이해할 수 있도록 고유하게 부호화한다. 그래서 개별 텍스트 문자(문자, 숫자, 기호 및 공간)를 고유한 부호로 표현한다.

"컴퓨터는 고유 이진 부호를 사용한다."

컴퓨터에서는 데이터(객체)를 고유하게 이진 부호화한다. 그런데 데이터 종류별로 이진 부호화하는 방식이 다르다. 문자, 숫자, 파일, 프로그램 컴파일 및 실행, 데이터 전송, 스토리지 및 압축/압축 등의 데이터 표현에서 다양한 부호화 방식이 사용된다. 데이터를 0과 1로 이진 부호화 표현하면 일반적으로 이해하기 어렵다. 데이터의 원 의미를 이해하기 위해서는 역으로 복호화하여 원래의 객체로 복원하여야 한다.

"객체의 부호 표현에 어떤 부호화 원리가 있을까?"

객체가 다르면 부호 값이 다르게 된다. 알파벳 개별의 부호 값이 다르고, 한자나 한글 각각의 부호 값이 다르다. 그림이나 오디오를 부호 값도 다르다. 언어마다 다른 부호 데이터 표현을 사용한다.

이진 부호화와 복호화 방식이 같아야 문자에 대한 해독이 가능하다. 어떤 방식으로 부호화하면 해당 방식의 부호화와 복호화 체계를 지원하는 프로그램에 의해서만 읽을 수 있다는 것이다. 데이터 처리의 표준화 필요성이 생긴다. 텍스트 문자에 대한 표준 부호화 방식으로는 아스키(ASCII)와 유니코드(unicode)가 있다.

왜 부호화가 필요한가?

부호화는 다양한 정보처리에 필요한 형식으로 이진 데이터로 변환하는 것을 의미한다. 문자, 기호 및 숫자를 특정 부호(code)로 표현하는 것을 의미한다. 이는 프로그램의 실행, 또는 데이터의 저장, 전송, 압축, 및 파일 변환 같은 처리 작업을 위해 필요하다.

1차원 주소 공간에 어떤 방식으로 객체별 다른 형태의 이진 부호를 표현할 것인가?

메모리는 바이트 단위로 구성되며, 1차원 주소 공간으로 표현된다. 어떻게 다양한 객체를 부호 데이터로 만들어 1차원 메모리 공간 구조에 저장할 것인가? 하나의 객체를 부호 표현하는데 얼마나 많은 메모리를 차지하게 할 것인가? 앞으로는 객체들을 데이터로 변환하고 메모리에 저장하는 방법을 기술한다. [그림 6 참고]

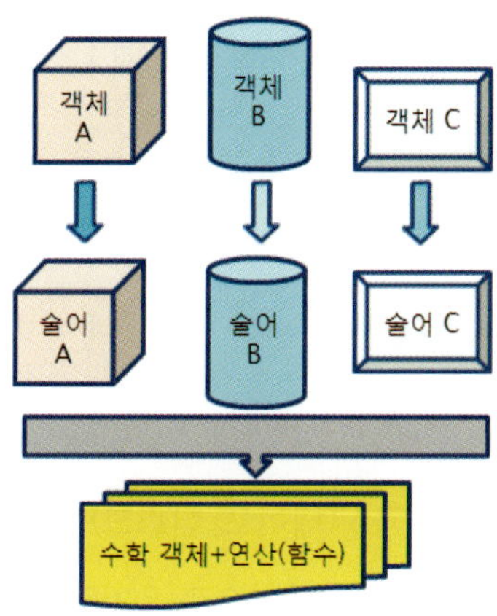

그림 6 객체별 다른 이진 부호 표현

5.5 이진이란?

"이진 체계로 실세계를 표현할 수 있다는 것이 놀랍다."

어떤 화가는 점으로만 그림을 그리고, 어떤 화가는 선으로만 그림을 그리는 것을 봤다. 컴퓨터에서는 단지 '0'과 '1' 두 가지 '상태'의 이진(binary) 체계로도 세상의 지식을 표현, 저장, 처리할 수 있다.

이진 체계를 사용하는 디지털 컴퓨터에서는 문서와 통계 자료뿐만이 아니라 음성 자료도, 영상 자료도 디지털 방식인 이진수로 표현한다. 디지털 자료는 복제, 삭제, 편집이 간편하며, 복사물과 원본의 차이가 없다는 특징을 갖는다.

디지털 기술로 전송 또는 저장되는 모든 데이터는 0과 1의 문자열로 표현되고, 또한 컴퓨터는 모든 0과 1로 논리적 처리를 한다. 디지털 기술의 컴퓨터 하드웨어에서는 신호가 높은 전압이면 비트가 1이고 신호가 낮은 전압이면 비트가 0이 된다. 디지털 기술 이전에는 데이터를 전송하는데 다양한 주파수 또는 진폭의 반송파에 특정의 전자 신호를 추가하는 아날로그 기술이 사용되었다. 방송 및 전화 전송은 일반적으로 아날로그 기술을 사용한다. [그림 7 참고]

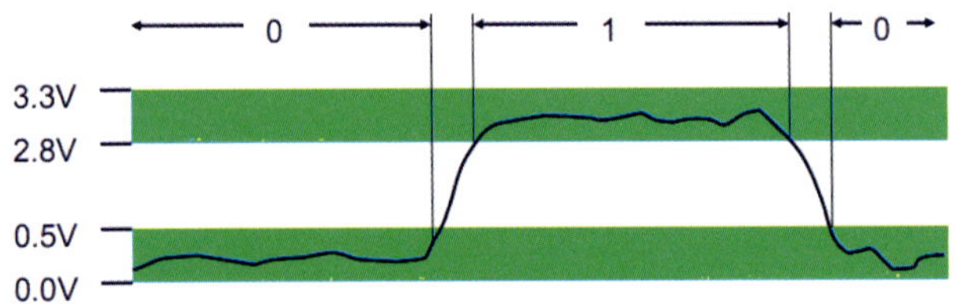

그림 7 이진 표현 0과 1

전기적 신호의 high(스위치가 켜져 있을 때) 또는 low(스위치가 꺼져 있을 때)로 논리적 1 또는 0을 표현하는 것이 디지털 기술의 출발점이다. 이러한 0과 1로 작용하는 회로를 여러 개 조합하여 다른 전기적 동작을 하는 회로를 만들 수 있다. 이는 추후 논리 게이트에서 더 자세히 기술한다.

펀치 카드 시대에는 카드에 있는 구멍을 보고 프로그램 스트림(stream)을 구성하는 1과 0을 눈으로 볼 수 있었다. 물론 이것은 작은 자성 입자의 극성(테이프, 디스크)을 통해 빠르게 저장되고 오늘날 상상할 수 없는 양의 데이터를 주머니에 넣을 수 있는 시점으로 옮겨졌다.

5.6 왜 이진수를 사용하는가?

컴퓨터에서는 0과 1의 이진수가 사용되는데, **왜 10진수를 사용하지 않는가?** 결론적으로 하드웨어적으로 구현이 쉽기에 이진수 체계를 사용한다.

이진에서는 켜짐(on)과 꺼짐(off)의 2단계 신호 값만을 사용하므로 간편하다. 3.2V 전압레벨 체계에서, 2진 표현을 위해 컴퓨터 설계에서 2.8V ~ 3.2V 범위에 드는 신호는 1로, 0V ~ 0.4V 범위의 신호는 0의 2단계 신호 값으로 판별한다. [표 1 참고]

표 1 0과 1의 판별 신호 값

전압 [V]	디지털 값
2.8 ~ 3.2	1
0 ~ 0.4	0

하지만 8진법을 사용하려면 3.2V 전압 레벨을 8단계로 나누어 8 상태를 가져야 한다. 회로 구성이 가능은 하겠지만 현실적으로 어렵다. 신호 속의 잡음 등을 고려하면 작은 전압을 세밀하게 나누는 것이 비현실적이다.

8진법 사용을 위해서는 0V ~ 3.2V 범위의 신호 값들을 8 단계 신호로 나누어 사용하여야 한다. 다음과 같은 8진수 디지털 값이 할당된다. [표2 참고]

표 2 다단계 디지털 값

전압 [V]	디지털 값
2.8 ~ 3.2	7
2.4~2.8	6
2.0~2.4	5
....	....
0 ~ 0.4	0

5.7 이진수 체계

5.7.1 이진 연산

이진법은 정보를 나타내기 위해 상호 배타적인 두 가지 상태를 사용하는 2진법 숫자 체계이다. 이진수는 각 비트가 두 가지 가능한 상태 중 하나에 있을 수 있는 비트라는 요소로 구성된다. 참(T, true)은 비트 값 '1'을 사용하여 표현하고, 거짓(F, false)은 비트 값 '0'을 사용한다. 이진 논리는 19세기 중반 영국의 수학자 조지 부울(George Boole)에 의해 개발된 것으로 "부울 대수학"으로 알려져 있다.

단위 비트에 대한 연산 처리는 부울 대수를 따른다. 이진값을 갖는 비트 변수를 **부울 변수(Boolean variable)**라고 한다. (표 3 참조)

표 3 이진 표현

	값
부울 변수	1 (T)
	0 (F)

수의 본질은 덧셈, 뺄셈 같은 산술연산이 가능하다는 것이다. 수에 대한 **술어 개념은** 수에 대한 **산술논리 연산으로** 표현된다. 컴퓨터에서 비트 연산이란 비트열, 비트 배열 또는 이진수에 대한 개별 비트 수준의 처리를 하는 것을 의미한다. 빠르고 간단한 동작으로, 상위 수준의 산술연산에서 기본적이며 중앙처리 장치에서 직접 지원된다. 컴퓨터에서 사용하는 모든 1과 0의 이진 산술 및 논리 표현은 전자 회로, 논리 게이트 등 하드웨어의 도움으로 만들어지고 부울 대수를 따른다.

프로그램에서 빠른 연산을 위해 비트 연산을 수행한다. 산술연산은 덧셈, 뺄셈, 곱셈, 나눗셈을 의미한다. 산술연산은 뒤편에서 설명하고 먼저 이해하기 쉬운 논리 연산을 기술한다. 비트 논리 연산에는 논리합(OR), 논리곱(AND), 논리부정(NOT)과 배타적 논리합(XOR), 비트 이동(bit shift) 등이 있고, 고수준 프로그램 언어(C, 또는 자바)에서 지원된다.

논리합(OR)

논리합(OR) 연산에서는 입력 Input(#1) 또는 Input(#2)가 참이면 출력(Output)가 참이 된다. 그림 8의 진리표에 의해 표현될 수 있다. 논리 문장에 의해 다음처럼 표현될 수도 있다.

```
Output = Input(#1) OR Input(#2)
```

다음 논리합(OR)은 기계식 스위치의 개폐 조합에 따른 논리 결과를 보여준다. 실제 트랜지스터의 스위칭 부분은 반도체 상태이다. 논리합 연산의 결과가 다음과 같다.

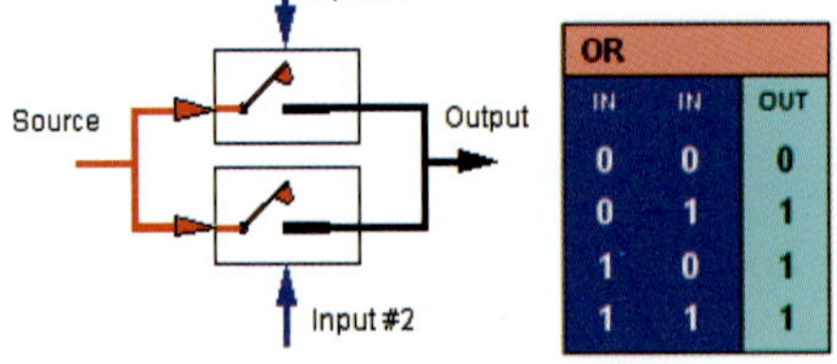

그림 8 논리합(OR) 연산

논리곱(AND)

논리곱 연산의 출력(Output)은 입력(input#) 1과 입력(input#) 2가 모두 참인 경우에만 참이다. 논리곱(AND) 연산은 부울 곱셈이 된다. 즉, TRUE * FALSE = TRUE. 다음과 같이 논리 문장으로 표현될 수도 있다.

```
Output = Input(#1) AND Input(#2)
```

이것은 진리표에 의해 다음과 같이 표현될 수 있다. [그림 9 참고]

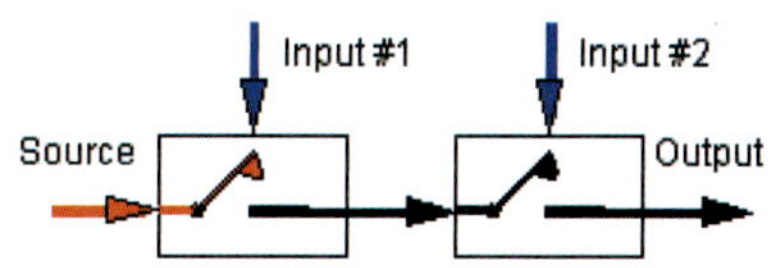

AND		
IN	IN	OUT
0	0	0
0	1	0
1	0	0
1	1	1

그림 9 AND 연산

논리부정(NOT)

논리부정(NOT) 연산은 부울 반전을 수행한다. 논리부정 연산의 예로서 입력(Input#)이 거짓이면 출력(Output)이 참이다. 이 논리 문장으로 다음처럼 표현될 수도 있다.

```
Output = NOT Input(#1)
```

그림 10의 진리표에 의해 표현될 수 있다.

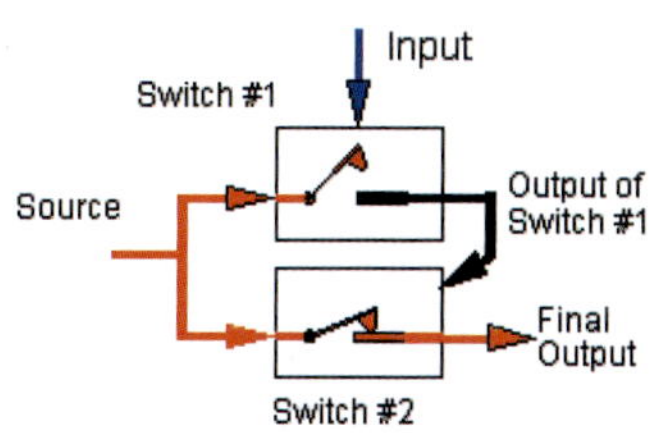

NOT	
IN	OUT
0	1
1	0

그림 10 NOT 연산

다음처럼 비트 연산(bit operations)도 가능하다. 진리표에서 부울 변수 x와 y에 대하여 참(true)을 1로, 거짓(false)을 0으로 대체하면 표 4 에 표시된 해당 비트 연산에 대한 표를 얻을 수 있다. 이전에 사용한 논리 연산자 ∨, ∧ 및 ⊕는 부울 연산자 OR, AND, XOR와 각각 동일 의미이다.

표 4 AND, OR, XOR 비트 연산

x	y	$x \vee y$	$x \wedge y$	$x \oplus y$
0	0	0	0	0
0	1	1	0	1
1	0	1	0	1
1	1	1	1	0

비트 연산을 비트 열로 확장할 수도 있다. 동일 크기의 두 비트 열에 대해 비트 연산을 수행할 수 있다.

부울 논리 외에도 다치(Many-valued) 논리, 확률론적 논리처럼 일반적인 논리 데이터 유형이 존재한다. 즉, 논리가 항상 부울일 필요는 없다.

예제 1

다음 논리 연산이 참인지 거짓인지 평가 결과를 말해보자.

```
10 > 20
```

답 거짓

예제 2

다음의 비트 스트링 쌍에 대한 비트 연산 OR, AND, 및 XOR 연산을 수행하라.

a) 101 1110, 010 0001

b) 1111 0000, 1010 1010

c) 00 0111 0001, 10 0100 1000

d) 11 1111 1111, 00 0000 0000

답 a) *OR* = 111 1111; *AND* = 000 0000; *XOR* = 1111111

b) *OR* = 1111 1010; *AND* = 1010 0000; *XOR* = 0101 1010

c) *OR* = 10 01111001; *AND* = 00 0100 0000; *XOR* = 10 00111001

d) *OR* = 1111111111; *AND* = 00 0000 0000; *XOR* = 1111111111

5.7.2 수 표기법

조그만 수를 표현할지라도 많은 비트 수가 사용되기 때문에, 인간이 개별 비트들을 읽고, 쓰고 또한 기억하는 것은 매우 성가신 일이다. 이진 데이터를 보다 편리하게 처리할 수 있도록 다양한 방법이 개발되었다.

가장 일반적인 것은 16진수 표기법이다. 16진수 표기법에서는 4비트(nibble)를 한 자리 숫자로 표현한다. 4비트 표기의 문제는, 16개의 가능한 조합을 제공하는데도 0에서 9까지의 10개의 고유한 십진수만 있기 때문이다. 이것은 알파벳의 처음 6글자(A ... F)를 숫자로 사용하여 해결한다. 16진 표기는 수를 전자적 하드웨어에 의해 표현할 편리하다. [그림 11 참고]

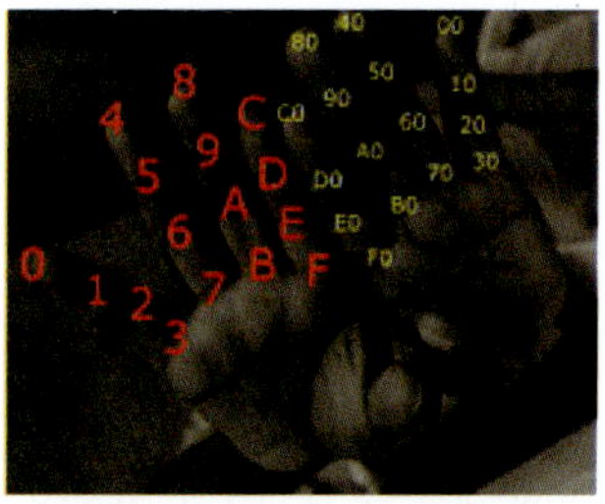

그림 11 16진수 기호와 추상화

수는 한 진법에서 다른 진법으로 변환될 수 있다. 이진수, 십진수 및 16진수처럼 다양한 수 체계를 사용한다. 십진수를 이진 비트 단위의 수로 또는 16진과 같은 다른 기수 체계로 변환하는 것도 추상화이다. 16진법 표현은 이진수보다 적은 자리의 수를 사용하여 디지털 데이터를 나타낸다. 다음 표 5는 십진, 16진 및 이진 사이의 관계를 보여준다.

표 6 십진-16진-이진 관계

Decimal	Hexadecimal	Binary
0	0	0000
1	1	0001
2	2	0010
3	3	0011
4	4	0100
5	5	0101
6	6	0110
7	7	0111
8	8	1000
9	9	1001
10	A	1010
11	B	1011
12	C	1100
13	D	1101
14	E	1110
15	F	1111

예제 3

이진수 1010 0111 1011를 16진수로 표현하세요.

답 A7B

예제 4

16진수 3C를 십진수로 나타내세요.

답 60

5.8 이진 데이터로의 추상화 표현

어떤 객체든 수로 표현하고, 다시 이진법으로 변환되어 컴퓨터로 처리한다.

객체를 부호로 직접 표현하지 않고, 먼저 객체를 십진수로 표현하고 이어서 이진 부호로의 변환작업을 거친다. 수가 인간에게 유용하지만 이진수로의 번역은 컴퓨터를 매우 유용하게 만든다. 예를 들어 화면은 수백만 개의 개별 픽셀로 구성되어 있으며, 각각은 사람의 눈으로는 구분할 수 없을 정도로 작지만 결합하여 완전한 이미지를 만든다. 일반적으로 각 픽셀에는 디스플레이 색상을 구성하는 특정 빨강, 녹색 및 파랑 구성요소가 있다. 물론 이러한 값을 수로 나타낼 수 있으며 물론 이진수로 나타낼 수도 있다! 따라서 모든 이미지는 수백만 개의 개별 점으로 나눌 수 있으며 각 점은 픽셀의 빨강, 녹색 및 파랑 값을 나타내는 세 가지 값의 튜플(tuple)로 표시된다. 따라서 올바른 형식으로 지정된 이러한 긴 문자열의 수를 주면 컴퓨터의 비디오 하드웨어는 이 수를 전기 신호로 변환하여 개별 픽셀을 켜고 끄고 이미지를 표시할 수 있다.

데이터는 객체를 이진 부호로 표현한 것

다양한 객체를 이진부호로 표현하고 처리를 위해 메모리에 저장해야 한다. 이제부터는 이진 부호로 표현된 것을 **데이터**라고 한다. 데이터 객체는 용도와 분야에 따라 크기가 다를 수 있다. 데이터를 어떻게 구성 또는 표현하여 메모리에 저장할까? 객체마다 다른 부호(코드)로 만들어지도록 하여야 한다. 이미지, 오디오, 및 비디오, 문자는 서로 다른 부호 값을 갖게 된다. 특히 오디오나 비디오 파일은 메모리 사용량을 절약하는 것이 중요하다.

데이터는 크기에 따라 비트-바이트-워드-정보-지식의 추상화로 표현된다.

가장 작게 추상화된 데이터는 무엇일까? 비트(bit)는 컴퓨터에서 데이터 추상화 표현의 최소 크기이다. 비트는 데이터의 최소 단위이다. 그리고 하나의 비트는 0과 1의 두 가지 값을 갖는다. 비트(bit)라는 단어는 '*b*inary dig*it*'에서 유래되었다. 디지털이란 용어는 손가락을 뜻하는 라틴어 낱말 'digitalis'에서 나온 것으로, 숫자를 세는 데 쓰인다. 유명한 통계학자 존 투키(John Tukey)가 1946년에 이 용어를 도입했다.

단일 비트의 이진 데이터 유형은 컴퓨터에서 다루는 데이터 유형 중에서 가장 간단한 형태이다. 하나의 이진 비트로는 실세계의 많은 개념을 데이터로 표현하는 것이 불가능하다. 그래서 여러 이진 비트를 묶어서 데이터를 표현한다. 한 비트는 0과 1의 두 개의 기호로 표현한다. 2비트가 있으면 4가지 고유한 조합을 나타낼 수 있다(00 01 10 11). 3비트가 있다면 8개의 다른 조합을 나타낼 수 있다. 일반적으로 n 비트면 2^n개의 고유한 조합을 나타낼 수 있다.

다음 높은 수준의 추상화 레벨은 8비트를 하나의 그룹으로 묶은 바이트(byte)이다. 바이트(byte)는 8개 비트로 구성되는 열이다. '00100101'은 1바이트 데이터 표현의 예이다.

"여러 비트를 묶어 데이터를 추상화 표현한다."

8비트를 묶어 표현(2^8)하기 때문에 표현력이 풍부해진다. 1960년대 중반 이후 1바이트의 길이는 8 비트 였다. 바이트는 우리가 사용하는 문자 기호 집합을 비트의 집합으로 나타내는 크기이다. 1바이트로는 '00000000'에서 '11111111'까지의 $2^8 = 256$개의 다른 부호를 표현할 수 있다. 예를 들어, 모든 소문자, 대문자, 수 및 구두점을 포함하는 알파벳의 모든 문자를 나타내려면 최소한 80가지 정도의 조합이 필요할 것이다. 알파벳은 1바이트로 충분히 표현된다.

전 세계의 컴퓨터 사용자들에게 가장 큰 문제는 영어 알파벳과는 다른 문자들을 어떻게 표현할 까였다. ASCII 부호 방식으로는 악센트가 있는 알파벳 문자나 각 나라에서 사용하는 특수 기호들을 표시할 수 없었다. 숫자, 문자 및 색상도 종종 비트 또는 바이트 수준의 데이터로 나타낸다. [그림 12 참고]

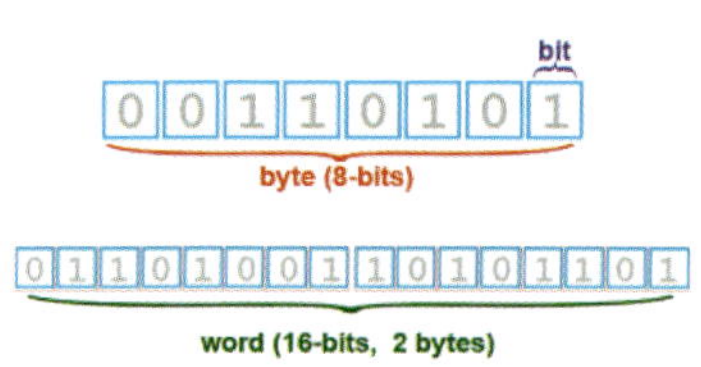

그림 12 비트와 바이트

다음은 워드(word)를 기술한다. 워드는 바이트 다음 수준의 추상화 표현이다. 컴퓨터에서 워드는 특정 CPU가 기본단위로 처리하는 비트 수이다. 즉, 특정 프로세서 설계에 사용되는 데이터의 단위다. 워드의 크기, 워드 폭 또는 워드 길이로 말하는 워드의 비트 수는 프로세서 설계나 컴퓨터 아키텍처의 중요한 특성이다.

워드의 크기는 컴퓨터의 구조와 작동의 많은 측면을 반영한다. 단일 작업에서 한 번에 메모리와 주고받을 수 있는 가장 큰 데이터 단위는 대부분 컴퓨터 구조에서 워드다. 그래서 프로세서의 레지스터 대부분은 보통 워드 크기로 되어있다. 워드는 데이터를 저장하는 레지스터나 메모리 크기의 기준이 되며 데이터를 이동하는 버스의 폭을 결정하는데 주요한 요소이다. 보통 32비트 컴퓨터는 32비트가 한 워드가 된다. 물론 64비트 컴퓨터는 64비트가 한 워드가 된다. 하드웨어의 발전에 따라 물리적으로 한 번에 이동할 수 있는 비트의 수는 많아졌지만, 이전에 사용하는 소프트웨어를 그대로 사용하기 위해서는 논리적으로 초기에 정했던 워드의 크기를 변경할 수 없어서 초기에 설계한 비트 수를 워드의 크기로 지정하여 사용하기도 한다.

예로 인텔의 80x86 프로세서에서는 초기에 정한 16비트를 워드(word) 크기로 정하고, 32비트 구조는 더블워드(double word), 64비트 구조는 쿼드워드(quad word)를 사용한다. 중앙처리장치의 산술논리장치는 데이터를 메모리에서 중앙처리장치로 워드 크기 단위로 가져와서 처리한다. 더 큰 워드는 더 빠르고 유연한 처리를 한다.

비트, 바이트, 배열, 워드도 추상화된 하나의 객체이다. 이들 객체는 데이터를 담을 수 있는 그릇(container)에 해당한다.

비주얼스튜디오에서 x86 어셈블리 예:

```
mov ax, WORD PTR [00400010H]
```

00400010H 메모리 번지의 내용을 AX 레지스터로 옮기는 명령어이며, 이때 옮기는 단위 16 비트이다.

비트, 바이트, 워드 외에도 필요에 따라 데이터를 모아서 지식 표현에 사용하고 있다. 비트 수를 많이 사용하면 더 복잡한 개념을 데이터로 표현할 수 있다. 그림, 이미지, 오디오가 있고, 엑셀, 워드, 파워포인트 같은 응용 프로그램에서 사용하는 형태로 데이터를 묶어 지식을 표현하기도 한다.

비트, 바이트, 워드 같은 추상화된 데이터가 실제 어떻게 메모리에 저장되는지를 독자들이 자세히 알 필요는 없다.

5.9 하드웨어의 추상화 이해

컴퓨터는 주변장치와 많은 프로그램을 포함하면서 더욱 복잡한 시스템이 되고 있다. 하드웨어와 소프트웨어는 수만 또는 수백만 개의 구성요소로 구성되는데 개념적으로 이해하기를 추천한다. [그림 13 참고]

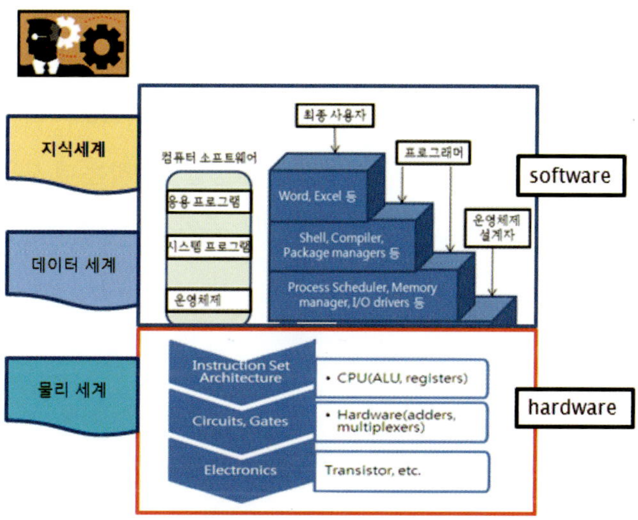

그림 13 컴퓨터 시스템 구성

"수십만 개의 부품과 회로로 구성된 하드웨어를 어떻게 이해할 것인가?"

컴퓨터 물리 세계를 구성하는 하드웨어는 매우 복잡한 시스템이다. CPU 하나 만해도 그 안에는 수백만 개의 게이트 회로를 포함하고 있다. CPU뿐만 아니라 메모리, 버스, 통신, 입출력 장치 등 다양한 요소들로 구성되어 있다. 이러한 복잡한 시스템을 이해하기 쉽도록 기능별로 추상화하여 요소들을 다루고 있다.

"하드웨어 계층적 추상화"

우리는 컴퓨터 하드웨어를 추상화 개념으로 설명한다. 칩과 트랜지스터와 같은 물리적 소자의 계층이 있고 논리 회로와 게이트(gate)와 중앙처리장치 같은 추상화 계층이 있다. 논리 게이트처럼 단순해 보이는 장치를 한곳에 모아 휴대폰, 컴퓨터, 심지어 자율주행차 같은 복잡한 장치에 핵심 기능을 공급하는 CPU를 만들 수 있다는 점이 인상적이다.

컴퓨터의 하드웨어를 최상위 수준으로 추상화하면 **중앙처리장치(CPU)**를 중심으로 **입출력 장치**(Input/Output Units)와 **메모리 장치(memory unit)**로 표현한다. 범용 컴퓨터는 **중앙처리장치**, **메모리**, **보조 메모리** 및 **입출력 장치**(통칭 I/O)처럼 4개의 주요 구성요소로 이루어진다. 이들은 버스를 통해 서로 연결된다. 컴퓨터는 그림 1 같은 폰 노이만 아키텍처에서 출발하여 오늘날에도 여전히 발전하고 있다.

개별 장치들이 버스(Bus)라고 불리는 전선 모음에 의해 서로 연결되어 있으며, 버스를 통해 데이터가 이동한다. 각 버스는 세 가지(주소, 데이터 및 제어) 종류의 데이터를 전달한다. **주소 버스**는 데이터가 저장될 메모리 위치 또는 장치를 선택하는 데 사용된다. 그러면 데이터 버스를 통해 중앙처리장치, 메모리 및 I/O 장치로 전달된다. **제어 버스**는 주소 및 **데이터**의 흐름을 관리하는 데 사용된다. 예를 들어 제어 신호는 데이터가 CPU로부터 또는 CPU로 흐르는 방향을 결정하는 데 사용된다. 버스 폭(Bus Width)은 동시에 전송할 수 있는 비트 수를 나타낸다. 버스 폭이 넓을수록 동시에 더 많은 주소 또는 데이터 비트가 이동할 수 있다.

중앙처리장치(CPU)

중앙처리장치에 대한 이해는 사람의 두뇌 이해와 같다.

중앙처리장치(CPU)는 컴퓨터의 가장 핵심적인 구성요소로 **전자두뇌** 역할을 한다. CPU는 입력 처리, **데이터의 저장, 결과를 출력하는데 필요한 모든** 전자 **회로로** 구성된다. 하드웨어 수준에서 CPU는 칩(chip)이라고도 하는 집적 회로이다. 집적 회로는 수백만 또는 수십억 개의 작은 전기 부품을 "통합"하여 회로에 배치하고 이들 모두를 소형 장치에 집어넣는다. CPU는 처리할 데이터와 처리 방법을 알려주는 컴퓨터 프로그램의 지시를 지속으로 따른다. CPU가 없으면 우리는 컴퓨터에서 프로그램을 실행할 수 없다.

중앙처리장치(CPU)도 개념에 따라 여러 계층으로 구성된다. 전자 회로(circuits) 계층은 트랜지스터, 다이오드, 커패시터 같은 소자로 구성되고, 추상화 게이트(gates) 계층은 'AND, OR, Adder, Multiplier' 같은 논리 게이트로 표현된다. 논리 게이트는 트랜지스터 등의 전자 소자에 의해 만들어진다. 논리 게이트는 논리적 입력 신호에 대하여 논리 연산을 수행하고 또한 부울 연산자를 구현하는 물리적 장치이다. 최상위의 중앙처리장치는 레지스터, 'ALU', '프로그램 카운터' 등 논리 게이트로 구성된다. 중앙처리장치는 메모리에서 명령어와 데이터를 가져와 명령에 따라 수행할 연산을 결정하고, 수행 연산 내용에 따라 해당 게이트 회로로 전달하고, 이는 다시 내부의 트랜지스터 수준에서 전기적 신호로 처리한다.

산술논리장치와 제어장치는 아주 밀접하게 작동하기 때문에 종종 중앙처리장치라고 하는 하나의 장치로 된다. 먼저 **산술논리장치는** 더하기, 빼기, 곱하기 및 나누기와 같은 기본 산술연산할 수 있다. 이 장치는 또한 AND, OR 및 NOT과 같은 논리 연산을 수행할 수 있다. 산술논리장치는 특정 컴퓨터 설계와 관련된 데이터 단위인 워드(word)로 작동한다. 역사적으로 컴퓨터의 워드 **길이는** 산술논리장치가 한 번에 처리하는 비트 수이다. 자연어에서의 단어가 기본 구성단위이듯 컴퓨터는 워드가 처리의 기본이 된다. 대부분의 최신 중앙처리장치에는 레지스터(registers)라고 하는 소수의 특수 저장 장치가 있다. 이 레지스터는 즉각적으로 필요한 데이터를 한 워드 크기로 저장하는 데 사용한다. 일종의 단기 기억의 빠른 처리 및 저장하는 데 유용하다. 레지스터에 대한 접근은 메모리 주소에 대한 접근보다 훨씬 빠르다. 이유는 메모리에 접근하는 시간이 버스(bus)를 통한 요청과 허락 과정을 거쳐야 해서 더 소요된다.

예를 들어, $4 \times (2 + 3)$의 계산은 2가 먼저 3에 더 해지고 그 결과에 4가 곱해진다는 의미이다. 2와 3을 합한 결과 5를 메모리에 저장한 다음 메모리에서 꺼내 4를 곱하는 것보다는, 덧셈한 결과 5를 레지스터에 넣고 직접 4를 곱하게 되면 더 빠른 연산이 가능하다. 왜냐하면, 레지스터는 중앙처리장치에 있고, 메모리는 버스를 통하여 중앙처리장치 외부에 연결되어 있기 때문이다. 레지스터로의 접근은 메모리보다 빠르지만 기억 용량에 한계가 있다.

제어장치(control unit)는 메모리로부터 **명령어** 가져오기(fetch), 해석, 및 실행(execution)을 담당하기에 중요한 구동원이 된다. 제어장치에는 2개의 특수 레지스터가 있다. 명령어 레지스터(IR)는 실행 중인 명령어를 포함하고 있고, 프로그램 카운터(PC)는 다음에 실행될 명령어의 주소를 포함하고 있다.

수 처리는 컴퓨터의 기초이다.

간단한 숫자가 어떻게 컴퓨터가 할 수 있는 모든 놀라운 일의 기초가 되는지 궁금할 것이다. 믿거나 말거나 그렇다! 컴퓨터의 중앙처리장치에는 수에 대해 덧셈, 곱셈 등을 수행할 수 있는 복잡하지만 제한된 명령어 집합(set of instructions)이 있다. 기본적으로 각 **명령어에 하나의 수를 할당**하여 전체 프로그램(그 수에 더하기, 곱하기 즉, 그 수로 나누기 등)이 일련의 **수로 표현**되도록 한다. 예를 들어, 그림 14처럼 중앙처리장치가 연산 2의 덧셈임을 알고 있다면, 213는 "1과 3를 더하고 출력을 어딘가에 저장"을 의미할 수 있다. 물론 현실은 훨씬 더 복잡하지만 (컴퓨터 아키텍처 참조) 간단히 말해서 이것이 바로 컴퓨터다. CPU는 프로그램 명령을 해석할 줄 아는 제어장치(Control Unit)와 수의 덧셈하는 산술논리장치(Arithmetic/ Logic Unit) 덕분에 이러한 명령을 쉽게 처리할 수 있다. 제어장치와 ALU를 결합하면 CPU는 단순한 계산기보다 훨씬 복잡한 프로그램을 처리할 수 있다.

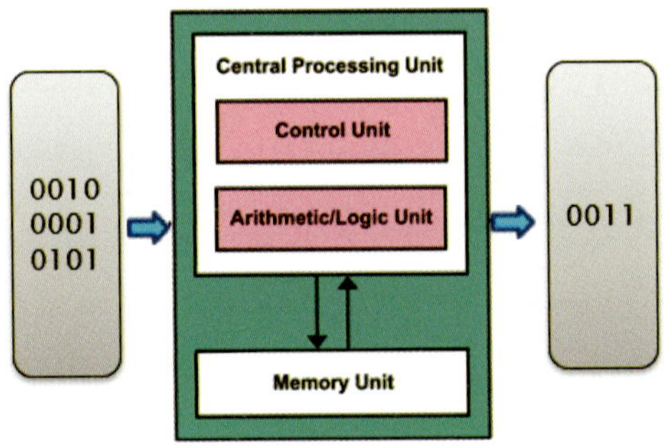

그림 14 CPU 구조와 동작

중앙처리장치의 주 기능은 임의의 산술 또는 논리 연산을 자동으로 실행하는 것이다. 아마도 컴퓨터 간의 가장 중요한 차이점은 바로 중앙처리장치에서 사용하는 산술 및 논리 연산에 대한 명령어(instruction) 집합일 것이다.

메모리

메모리는 객체**를 데이터로 저장**하는 그릇이다. 메모리는 프로그램 코드 또는 데이터를 저장하는 장치로서 **주 메모리(main memory)**와 **보조 메모리(auxiliary memory)**로 구분된다.

주 메모리는 현재 실행 중인 프로그램과 해당 데이터를 저장하는 곳이다. 중앙처리장치는 주 메모리에서 필요한 프로그램 명령어들과 데이터를 순서대로 가져온 다음 명령어에 따라 지정된 작업을 수행한다. 주 메모리를 일반적으로 RAM(Random Access Memory)이라고 부르며 어느 위치로든 데이터를 읽고 쓸 수 있다. 한 마디로 직접 주소 접근이 가능한데 이는 튜링 기계에서의 순차적 이동과는 다른 특징으로 컴퓨팅의 속도를 더 빠르게 한다. 주 메모리는 프로그램과 데이터가 필요할 때만 저장하는 휘발성 메모리(RAM)와 기계의 전원이 꺼져도 내용이 손실되지 않는 비휘발성 메모리(ROM)로 구성돼 있다.

주 메모리 – RAM과 ROM

RAM은 Random-Access Memory의 약자이다. RAM은 각 셀(일반적으로 1바이트)에 직접 접근할 수 있는 메모리이다. 각 위치에 접근할 수 있다는 것은 각 위치의 내용을 변경하는 것이 가능하다는 의미이다. 즉, 각 셀의 비트 패턴을 변경할 수 있다.
RAM 외에도 대부분 컴퓨터에는 ROM(Read Only Memory)이라는 메모리가 있다. ROM은 읽기 전용 메모리의 약자이다. ROM에 있는 내용은 임의로 변경할 수 없다. 그 내용이 영구적이며 변경할 수 없다. ROM에 비트 패턴을 배치하는 것을 굽기(burn)라고 한다. 비트 패턴은 ROM이 제조될때 또는 컴퓨터 부품이 조립될 때 구워진다.
RAM은 휘발성(volatile)이며 ROM은 비휘발성이다. RAM은 전원이 꺼지면 내용이 사라지고, ROM은 비트 내용이 유지된다. ROM은 내용을 변경할 수 없으므로 컴퓨터를 부팅(booting)시키는 프로그램을 저장하는 데 사용된다.

메모리는 기억소자(memory cell)의 모음이며 각 기억소자에는 고유한 해당 주소가 할당된다. 메모리의 주소 지정은 시스템마다 다르지만 대부분 컴퓨터는 바이트 단위로 주소 지정이 가능하다.

"메모리에 저장되는 데이터는 **주소**와 저장되는 **내용**으로 표현된다."

예를 들어, 그림 15는 메모리의 주소 공간이 8 비트(bit) 단위로 이루어진 것을 보여준다. 메모리 주소가 0부터 $(11111111)_2$ 번지까지 256개의 주소 공간으로 구성된다. 메모리의 주소는 0부터 시작하여 연속적으로 주소 번지가 지정된다. 메모리 주소 $(11111110)_2$ 번지에 무슨 내용이 들어있는가? 해당 위치에 저장된 비트 패턴은 '10101010' 이다. 구체적 내용, 지시, 값, 부호 등은 나중에 설명하겠지만 중요한 것은 비트 패턴이 정보이며 해석될 수 있음을 이해하는 것이다. 4GB RAM이 장착된 32비트 컴퓨터는 메모리가 2^{32} 바이트(byte) 주소 공간으로 구성되며, 각 바이트에 대해 고유한 주소 지정이 가능함을 의미한다.

주소(Address)	내용(Contents)
00000000	11100011
00000001	01010101
....	....
11111100	00000000
11111101	11111111
11111110	10101010
11111111	00110011

그림 15 주소 공간과 데이터 저장

보조 메모리

주 메모리의 대부분은 휘발성이고 제한적이기 때문에 컴퓨터에 전원 공급이 되지 않을 때 프로그램과 데이터를 저장할 수 있는 다른 유형의 저장 장치가 필요하다. 보조 메모리 장치라고 한다. 보조 메모리는 프로그램과 데이터 모두에 대해 장기적이고 안정적인 저장 공간이 된다. 현대의 컴퓨터 시스템에서 보조 메모리는 회전식 자기 저장 장치를 사용하여 구현되는 경우가 많으며 일반적으로 디스크라고 부른다. 비교적 많은 양의 데이터와 많은 프로그램을 저장할 수 있기에 대용량 저장 장치라고도 한다.

보조 메모리 저장 장치에는 자기 테이프, 자기 디스크, CD 및 DVD, 플래시 드라이브, 외장형 하드, SSD 기반 하드 같은 것이 포함된다. 보조 메모리 장치를 구성하는 디스크는 데이터를 중앙처리장치와 메모리로 데이터를 가져오거나 출력하는 수단을 제공하기 때문에 입출력(I/O) 장치의 한 형태이기도 하다.

주변장치 – 입출력 장치(Input/Output Units)

"컴퓨터가 외부 세계와 소통하는 장치"

대부분 컴퓨터 장치가 계산을 위해 값을 외부에서 입력 또는 계산 결과를 외부로 보낼 수 없다면 유용하지 않다. 입력 및 출력 장치는 컴퓨터가 **외부 세계를 감지하고 소통하는 채널**이다. 일반적으로 이 장치는 사람이나 다른 컴퓨터와 통신할 수 있게 하여 컴퓨터와 주변 환경 간에 물리적 인터페이스를 제공한다.

주변장치에는 입력 장치, 출력 장치 및 두 기능을 수행하는 입력/출력 장치(예: 터치스크린)가 있다. 주변장치를 통해 컴퓨터 외부에서 정보를 검색할 수 있으며 결과를 저장할 수 있다.

입력장치는 외부 세계의 데이터 및 프로그램을 컴퓨터에 입력하는 장치이다. 키보드, 마우스, 카메라, 웹캠 및 스캐닝 장치 등이 있다. 출력 장치는 컴퓨터 메모리에 저장된 결과를 외부 세계에서 사용할 수 있게 해주는 장치이다. 예로는 프린터 및 화면 모니터가 있다.

입출력 장치는 컴퓨터의 데이터 전송을 위한 묶음 연결선인 버스(bus)로 상호 연결되며, 이들 손톱 크기의 장치 내부에 수천에서 수만 개의 작은 전기 회로가 있다는 것이 믿기지 않는다. 이들 전기 회로는 전자적 개폐를 하는 스위치 역할을 한다. 스위치의 전기적 개폐는 논리적으로 1 또는 0의 값을 나타낸다.

"이 기종 하드웨어 간에는 호환성 문제가 존재한다."

컴퓨터에서 중앙처리장치에 차이가 나면 컴퓨터의 종류와 하드웨어가 다르게 된다. 동일 중앙처리장치라도 서로 다른 주변장치를 사용할 수도 있다. 컴퓨터마다 속도가 다르고, 메모리 용량이 다르고, 사용하는 클럭(clock) 주파수가 다르고, 그들을 제작 판매하는 제조사가 다르게 된다. 이렇게 하드웨어가 다르면 컴퓨터 주변장치에 대한 호환성 문제가 발생한다. 컴퓨터에서 하드웨어 호환성을 해결하는 것은 매우 중요한 이슈다. 이는 인간 몸에 장기를 이식하여 부작용이 생기는 것과 같은 원리이다.

참고로 컴퓨터라고 하여 반드시 책상 위의 컴퓨터만을 의미하지는 않는다. 중앙처리장치가 활용되는 핸드폰, 키오스크, 노트북, 라우터, 공유기, 텔레비전, 로봇, 드론 등의 장치를 모두 포함한다.

하드웨어와 논리적 소프트웨어에 대한 동등(Equivalence) 법칙

컴퓨터에서 어떤 지식 표현과 처리를 하드웨어로 할 것인가 또는 소프트웨어로 할 것인가? 컴퓨터의 개념에서 중요한 것은 물리적 하드웨어와 논리적 소프트웨어에 대한 동등(Equivalence) 법칙이 있다는 것이다. 소프트웨어로 컴퓨팅할 수 있는 것은 어느 것이든 하드웨어로도 할 수 있고, 하드웨어로 컴퓨팅 가능한 것 역시 소프트웨어로 될 수 있다는 것이다. 튜링기계를 기초로 한 컴퓨터는 메모리만 충분하다면 무엇이든 컴퓨팅할 수 있다. 실제 컴퓨터의 설계에서는 다양한 기능을 수행할 수 있도록 **하드웨어와 소프트웨어의 기능과 역할을 분담해놓는다.**

컴퓨터 하드웨어에는 많은 프로그램이 탑재되어 운영되고 있다. 하지만 컴퓨터 자원은 한정되어 있다. 특히 임베디드시스템 또는 드라이버 개발자는 이러한 하드웨어에 대한 이해가 필요하다.

5.10 소프트웨어의 추상화 이해

많은 프로그램으로 구성된 소프트웨어를 어떻게 이해할 것인가?

컴퓨터 소프트웨어는 개념과 지식의 데이터 표현을 지원하고 데이터의 연산 처리를 데이터 세계를 통합하는 개념이다. 프로그램 언어와 작성된 소프트웨어는 지식 세계를 표현한다. 개념과 지식 다양한 도구를 지원한다. 데이터 세계의 대표적 소프트웨어로는 인간 지식의 저장과 처리와 같은 복잡한 기능을

지원하는 운영체제, 데이터베이스, 그리고 시스템 프로그램 등이 포함된다. 프로그램 언어와 작성된 응용 프로그램은 지식 세계를 표현 및 처리한다.

소프트웨어는 운영체제, 웹브라우저, MS 워드, 파워포인트, 응용 프로그램 같은 프로그램들의 집합으로 프로그램에 대한 광범위한 의미로 사용된다. 소프트웨어 중에서 특정 작업을 수행하는 것을 **프로그램**이라고 하며 프로그램 대신에 코드(code)라고도 한다.

5.10.1 운영체제(Operating System, OS)

운영체제(OS)는 소프트웨어의 핵심이다. 운영체제는 컴퓨터의 하드웨어인 중앙처리 장치, 주기억 장치, 보조 기억 장치, 입출력 장치 등을 효율적으로 관리하고 운영한다. 또한, 응용 소프트웨어를 위한 기반 환경을 제공하여 사용자가 컴퓨터를 사용할 수 있도록 중재 역할을 해주는 프로그램이다. 이처럼 운영체제는 컴퓨터 하드웨어와 응용 프로그램 간의 인터페이스 역할을 한다.

인간과 컴퓨터의 상호작용 지원

운영체제는 메모리에 탑재되어 있으면서 **인간과 컴퓨터 간의 상호작용**을 제공함과 동시에 컴퓨터의 동작을 **구동(booting)**하고 다수 작업에 대한 순서도 정하며 입출력 연산도 제어한다. 동시에 다수의 프로그램 또는 다수 사용자에 대한 **접근 제어**를 관리한다. 또 프로그램의 **오류나 부적절한 사용을 방지**하기 위한 처리도 하며 데이터를 파일에 저장하는 **관리**기능을 한다. 즉, 운영체제의 기능은 크게 **메모리 관리, 프로세스 관리, 장치 및 파일 관리**의 세 가지로 볼 수 있다. 이 밖에도 주변 네트워크와 통신 기능도 제공한다.

하드웨어의 추상화와 호환성 제공

어떤 하드웨어가 사용되더라도 사용자의 프로그램이 실행되는데 불편함이 없이 호환되도록 역할을 하는 것이 바로 운영체제이다. 서로 다른 하드웨어 간에 호환성을 유지할 수 있도록 하는 것이 운영체제이다. 운영체제는 메모리, 디스크, USB, 네트워크 같은 **하드웨어를 역시 추상화**한다. 어떤 하드웨어를 사용해도 운영체제가 지원하는 응용 프로그램은 하드웨어에 대하여 몰라도 동작하도록 지원하고 있다.

동시에 복수 프로그램의 실행을 관리

복수의 프로그램이 동시에 구동될 수도 있다. 어떻게 복수의 프로그램을 하나의 중앙처리장치, 레지스터와 메모리를 사용하여 실행할 수 있을까? 이러한 컴퓨터 자원의 효율적 운영을 위해 컴퓨터 **운영체제**가 역할을 한다. 인간의 두뇌가 동시에 여러 가지 지식을 처리하는 것과 같은 개념이다.

운영체제는 유형별로 동시에 구동되는 프로그램의 수에 따라 **단일/다중작업**(multitasking) 운영체제, 동시에 사용하는 사용자의 수에 따라 **단일/다중** 사용자 운영체제로 구분한다. 그리고 네트워크로 연결된 개별 컴퓨터를 하나의 컴퓨터로 관리하게 해주는 **분산 운영체제**, 임베디드시스템에서 구동되는 **임베디드 운영체제**, 데이터나 이벤트를 정해진 짧은 시간 내에 처리하도록 보장하는 **실시간 운영체제** 등으로 구분할 수 있다.

특히 임베디드 운영체제는 매우 다양한 산업 및 소비자 장치용의 제어 시스템에서 사용된다. 드론, 로봇, 전자레인지 및 리모컨과 같은 단순한 특수 목적 장치, 산업용 로봇 및 스마트 폰과 같은 모바일 장치에 사용된다.

5.10.2 시스템 소프트웨어 프로그램

유익하고 편리한 개념 처리 기능을 지원

시스템 소프트웨어는 개념과 지식 기반의 응용 프로그램을 작성하고 실행할 수 있는 환경과 도구를 제공하며 종종 하드웨어와 직접 상호 작용하기도 한다. 시스템 소프트웨어는 지능 세계에서 작성한 지식 표현을 물리 세계에서 처리되도록 변환 기능을 지원한다. 지식 표현을 물리 세계로 변환하기 위한 컴파일, 링크, 디버깅 같은 작업을 지원한다.

운영체제와 사용자 간 인터페이스

운영체제와 사용자 간의 인터페이스를 위한 프로그램도 있다. 사용자가 응용 프로그램에서 직접 하드웨어에 접근하지 못하므로 운영체제에 요청할 수 있는 인터페이스를 제공해주고, 역으로 하드웨어에서 운영체제로 넘겨진 정보를 사용자의 응용 프로그램에 연계시켜주는 역할을 하는 프로그램도 있다. 예를 들어, 쉘(shell) 프로그램 같은 것이 이에 속한다.

응용 프로그래밍과 비교할 때 시스템 소프트웨어의 주요 특징은 다른 프로그램에 서비스를 제공하고 프로그램 **플랫폼**을 만드는 것을 목표로 한다. 응용 프로그램이 사용자에게 직접 서비스를 제공하는 소프트웨어(예 : 워드 프로세서)와 다른 점이다. 예로서 게임 엔진, 검색기 엔진, 데이터베이스 관리시스템이 포함된다.

그리고 시스템 소프트웨어 작업에는 상당한 수준의 하드웨어 지식이 필요하다. 시스템 프로그램은 성능에 중대한 문제 또는 작은 효율성 개선으로도 서비스 제공 업체(클라우드 기반 워드 프로세서)에 상당한 금전적 절감을 직접 유발할 수 있기에 사용 가능한 자원을 효율적으로 사용하여야 한다. 컴파일러, 디버거, 시스템 함수 라이브러리 등이 시스템 프로그램 예이다.

5.10.3 응용 프로그램

사용자에게 문제해결 서비스를 제공하기 위한 응용 프로그램(application)

응용 프로그램(application)은 사용자의 문제해결을 위한 프로그램을 말한다. 응용 프로그램은 특정 요구사항을 해결하기 위해 작성되었으므로 현실 세계의 지식을 표현하고 문제를 해결한다.

예로서, 웹서핑을 위한 웹브라우저, 문서작성을 지원해주는 워드 프로세서 등을 말한다. 이밖에도 파워포인트, 게임, 재고 관리 시스템, 교통정보시스템, 자동차 진단프로그램 및 미사일 유도 프로그램은 모두 응용 프로그램이다. [그림 16 참고]

Application	Software (Tool)	Files (materials)
	Hammer	nails
Word processing	Microsoft Word	documents
Spreadsheet	Excel	spreadsheet
Database application Bank, Student information system, super market, doctor's office	ACCESS	Database, Data
Presentation	PowerPoint	
Website	FrontPage	
Image processing	Photoshop	
Email	Outlook,	
Surfing the Internet	Web Browser, Internet Explore, Firefox, Netscape	

그림 16 응용 프로그램 예

응용 프로그램은 운영체제가 컴퓨터 하드웨어를 추상화 지원해주기 때문에 개발자는 하드웨어에 대한 정보를 모르더라도 하드웨어를 사용하는 프로그램이 가능하다. 응용 프로그램이 시스템 자원에 접근하기 위해서는 운영체제 또는 시스템 프로그램을 통하여야 한다.

사실 대부분의 프로그램은 응용 프로그램에 해당한다. 어떤 문제를 해결하기 위하여 개발자가 설계하고 구현하는 프로그램은 특정한 목적과 요구사항을 충족하도록 개념과 지식을 처리하여야 할 것이다.

이때 하드웨어를 활용하려면 운영체제 등에 대하여 이해하여야 하겠다.

프로그래머는 문제 해결사이다.

일반적인 컴퓨팅 사고를 학습하는 독자는 응용 프로그램 개발에 관심이 있겠다. 그리고 프로그램 작업에 종사하는 사람을 **프로그래머(programmer)** 또는 **소프트웨어 개발자**라고 한다. 모든 프로그램은 누군가의 요청 사항을 만족시키기 위해 작업하는 것이기 때문에 일종의 문제를 해결하는 작업을 하는 것이다. 따라서 우리는 프로그래머를 문제 해결사(problem solver)라고 한다. 앞으로의 초 지능화 및 초연결 사회에서 컴퓨터의 역할은 더욱 증대할 것이며, 컴퓨터 프로그래머는 그 속에서 문제 해결사 역할을 할 것이다.

5.11 어떻게 이진 데이터를 구분하나?

컴퓨터는 어떻게 이진 데이터를 서로 구분할 수 있는가?

컴퓨터 중앙처리장치는 이진 데이터를 처리한다. 컴퓨터의 중앙처리장치(CPU)뿐만 아니라 모니터, 키보드, 마우스, 프린터에서도 이진 데이터를 처리한다. 실세계의 무한히 많은 숫자, 그림 등의 객체와 행동을 모두 이진 데이터로 표현하면, 컴퓨터는 어떻게 이들을 구분하는가? 중앙처리장치가 이진으로만 구성된 데이터를 보고서는 숫자, 텍스트 또는 그림 등을 구분할 수가 없다. [그림 17 참고]

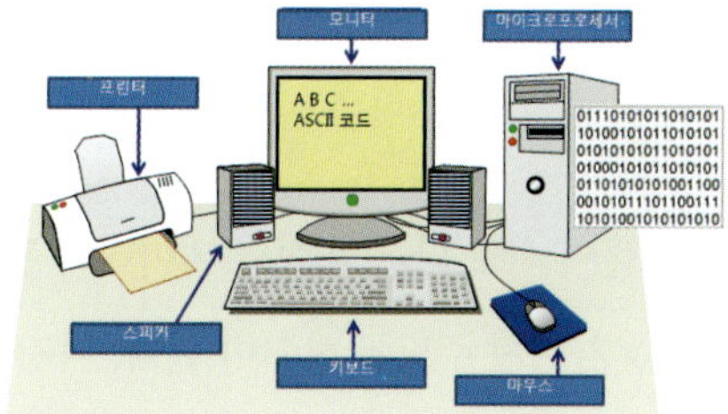

그림 17 컴퓨터 하드웨어는 이진 데이터 처리

우리가 데이터에 추가적인 정보를 제공해야 그 종류를 구분할 수 있게 된다. 그래야 데이터에 적합한 연산을 수행할 수 있다. 컴퓨터의 중앙처리장치가 종류를 구분할 수 있도록 이진 부호 데이터에 특별한 규칙이 필요하다.

예를 들어서, 한 바이트 크기의 이진부호 데이터 '01010011'가 있을 때 다음 중의 어떤 데이터가 될 가능성이 있다. 정수 '83'이 될 수도 있고, 문자 'S' 또는 이미지에서 한 픽셀의 색채 수준이 될 수도 있다. 이밖에도 더 많은 이진부호 데이터 표현이 가능하다. [그림 18 참고]

01010011 ???

→

정수 (83),
문자 'S',
그림에서 하나의 화소(pixel)에 대한 83번째의 색채 수준,
사운드에 대한 83번째의 데시벨 레벨,
또는 '레지스터로 이동' 과 같은 컴퓨터에 대한 명령어.

그림 18 이진 데이터 판별의 어려움

데이터가 표현하는 문맥에 따라 판단한다.

어떤 이진 데이터가 다른 많은 유형의 값이 될 수 있다면, 컴퓨터가 어떻게 이종 데이터인지를 알 수 있을까? 대답은 그 데이터가 표현하는 문맥(context)에서 알 수 있다. 앞에서의 이진부호 데이터를 스피커로 보내면 83번째 레벨(level)의 사운드가 생성될 것이다. 데이터를 모니터나 프린터로 보내면 83단계의 픽셀 색상이 생성될 것이다.

데이터가 문자라면 아스키(ASCII) 부호 값, 그림의 경우라면 GIF 이미지의 한 픽셀 값, WAV 표준 기술로 코딩된 사운드의 경우라면 컴퓨터는 바이트 데이터를 오디오 장치로 내보내어 장치에서 생성된다. 반대로 마이크에서 오는 데이터라면 중앙처리장치는 마이크의 볼륨 데이터로 인식해야 할 것이다. 중앙처리장치는 **어디에서 오는 데이터인지를 알아야** 할 것이다.

데이터 유형을 알려준다.

문맥 또는 상황에 따라 일련의 비트들이 서로 다른 유형의 데이터가 된다. 사람들이 컴퓨터로 이진 데이터를 어떻게 해석하고 사용할지를 가르쳐 주도록 하여야 한다. 이것은 "숫자이다, 색깔이다, 볼륨이다, 명령어이다, 혹은 문자다."처럼 어떤 종류의 데이터(도는 집합의 원소)를 처리하고 있는지를 컴퓨터에 알려주어야 한다. 이 데이터는 문자이고, 그림이고, 음성이고, 혹은 은행의 카운터에서 기다리는 손님의 목록이고, 미로를 이동하는 로봇의 추적 위치를 나타낸다고, 문맥을 나타내는 것을 **데이터 유형(data type)**라 한다.

예제 1

컴퓨터의 모든 것이 이진수의 stream으로 표현된다. 오디오, 이미지 문자가 기계어의 형태인 2진수처럼 보인다. 컴퓨터에서는 0 과 1으로 구성된 데이터를 보고 어떻게 그림인지, 텍스트인지, 또는 오디오 인지를 구별해서 연산처리 하는가?
이러한 이진수는 그 데이터에 의미를 주기 위하여 서로 다른 데이터 형식(data type)으로 부호화(encode)해야 한다. 예를 들어서 8비트 패턴 01000001 은 숫자 65임이 확실한데, 문자 'A' 또는 어떤 이미지에서 한 가지 색상이 될 수 있다.

5.12 어떻게 이진 데이터로 표현할 것인가?

현실 세계는 복잡하고 다양하다. 객체와 객체 간의 복잡한 관계로 구성된 실세계에 지속적으로 새로운 데이터가 생성되고 있다. 그리고 이러한 데이터를 컴퓨터로 처리하여 활용하면 인류의 삶의 질 향상에 공헌할 수 있을 것으로 믿는다.

"데이터는 산업의 원유"

원유로 휘발유, 경우를 만들고, 심지어는 섬유도 만들고 식품도 만들고, 의약품도 만든다. 원유를 어떻게 처리하느냐에 따라 다양한 제품을 만들 수 있듯이, 데이터를 어떻게 처리하느냐에 따라 활용 용도가 많겠다. 이러한 데이터는 교통, 지리, 문화, 과학, 금융, 통계 연구 등의 기초 재료(산업의 원유)가 될 수 있다.

예로서, 정부와 비정부기구 등 다양한 조직과 기관에서는 매출 데이터, 수익 또는 주가와 같은 영업 데이터, 범죄율, 실업률, 문맹률과 같은 데이터를 수집하여 정책에 활용하고 있다. [그림 19 참고]

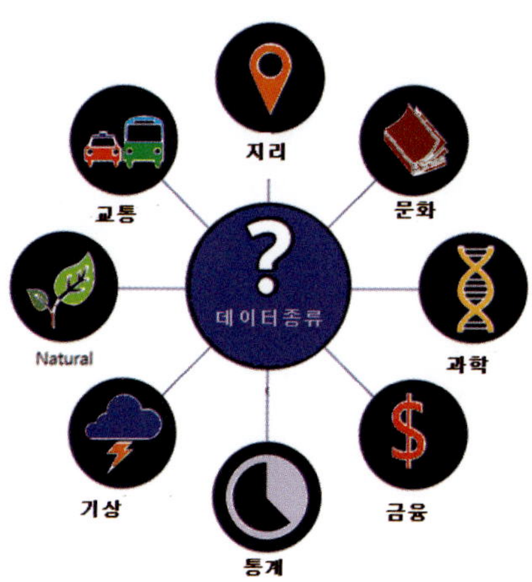

그림 19 실세계 데이터

실세상을 이진 데이터로 표현하는 것이 핵심이다.

이제 실세계의 다양한 객체와 행동을 이진 데이터로 표현하여 계산 모델을 만드는 것이 필요하다.

이들을 어떻게 이진 데이터로 표현할까?

예를 들어 수학 문제도 이진 데이터로 표현하고, 글자, 숫자도 이진 데이터로 표현하고, 음악, 영상도 이진 데이터 표현하고, DNA 구조, 도로, 심지어 은행 카운터에서 사람들이 줄지어 서 있는 것, 전하가 도체 속을 이동하는 것, 전파가 공기 중을 통해 이동하는 것, 식당에서 주방장이 요리하는 것도 이진 데이터로 표현해야겠다.

다음의 여러 문제에 대해 어떻게 데이터로 표현하고 처리할지 생각해보자.

- 세계 식량 공급을 효과적으로 관리하기 위하여 농업, 어업, 영양 상태, 그리고 인구에 관한 데이터를 하나의 데이터베이스로 합병하고자 한다.
- 더 작고, 더 싸고, 강력한 기술들은 다양한 분야에서 우리가 전에 할 수 없었던 것을 가능하도록 한다. 예로서, 모바일 전화기의 카메라에 더 싼 렌즈가 장착되면 현미경처럼 되어 겸상(낫모양) 적혈구 빈혈증 같은 것을 진단할 수도 있고, 의료 기본시설 없이도 어떤 장소에든 사용할 수 있겠나?
- 문자, 이미지, 행동을 컴퓨터에서 사용할 수 있도록 어떻게 표현할까?
- 어떻게 새로운 기술로 자동차가 서로 통신하면 사고를 상당 부분 방지할 수 있으며 교통을 개선시킬 수 있겠나?
- 어떻게 인터넷으로 사회 각계 각 층의 사람들이 지식을 얻도록 도움을 줄 수 있을까?
- 고대문자 해석과 우주 은하계 영상 분류 같은 대형의 프로젝트에 컴퓨팅을 사용할 줄 아는 자원자를 참여시키고 있다. 그리고 인간 게놈 지도 작성은 질병 진단과 치료에 혁명적인 변화를 유도할 것이다. 앞으로 수십 년간에 걸쳐 이러한 컴퓨터 기반의 작업이 계속될 것이다. 어떻게 인간의 모든 DNA 순서에 대한 지도를 작성할 것인가?
- 어떻게 윌리엄 세익스피어 이름이 언급된 작품들을 기술할 수 있을까?
- 일반인도 AI 프로그램을 작성할 수 있을까?
- 일반인도 자신의 음악을 작곡할 수 있을까?
- 허수 또는 복소수를 어떻게 컴퓨터에서 2진수로 변환하여 표현할 수 있을까?

이밖에도 비행기의 이동에 따른 공기의 흐름, 사람들의 인식 과정, 분자들이 결합하는 움직임, 전자가 전자계 내에서 이동, 로봇이 미로를 혼자 탈출하는 행동, 또는 자율주행차가 교통상황을 인식하는 **행동**을 컴퓨터를 활용하여 해결할 수 있을까?

앞으로는 다양한 객체를 데이터로 표현하는 것에 집중한다. 다양한 곳에서의 문제와 사실을 데이터로 표현하는 것에 관심이 있다.

연습문제

01 이진은 어떤 기수를 사용하는가?

1) Base 2
2) Base 8
3) Base 10
4) Base 16

02 십진수 55가 이진으로는 얼마인가?

1) 00110111
2) 00101111
3) 01010111
4) 01010101

03 이진 '00101110' 가 10진으로는 얼마인가?

1) 46
2) 47
3) 36
4) 50

04 오버플로 에러(overflow error)란?

1) 이진 계산 결과가 컴퓨터가 처리하기에는 너무 긴 경우
2) 프로그래밍 시 잘못된 스펠링인 경우
3) 컴퓨터 프로그램이 잘못된 명령을 받은 경우

05 CPU가 한 번에 처리할 수 있는 명령어는 몇 개입니까?

06 컴퓨터가 데이터를 처리하려면 어떤 형식의 데이터가 있어야 하는가?

1) 이진
2) 십진
3) 이진 또는 십진

07 메인 메모리에서 명령어를 CPU로 가져올 때 어디에 저장합니까?

08 ______는 한 번에 하나의 명령문을 변환하고 실행한다.

1) 컴파일러
2) 인터프리터
3) 컨버터
4) 명령어

09 클럭 속도의 단위는 무엇입니까?

10 3GHz 프로세서는 초당 몇 사이클을 실행합니까?

11 소프트웨어란 무엇인가?

1) 컴퓨터의 물리적 부분
2) 컴퓨터에서 실행되는 프로그램
3) 컴퓨터에서 데이터가 저장되는 장소

12 소프트웨어의 두 가지 주요 유형은 무엇입니까?

13 하드웨어란?

14 시스템 소프트웨어의 역할은?

15 시스템 소프트웨어에서 가장 중요한 것은?

16 다음 중 운영체제가 수행하는 임무는?

1) 워드프로세싱
2) 메모리 사용 관리
3) 음악 재생
4) 컴파일

17 사용자 인터페이스란?

18 응용 소프트웨어란?

19 **다음 중 응용 소프트웨어의 예제는?**

1) Anti-virus 프로그램
2) 워드 프로세서
3) 프린터 드라이버
4) 운영체제

20 **범용 소프트웨어란 무엇인가?**

1) 특정 임무를 수행하는 소프트웨어
2) 운영체제
3) 다양한 작업을 수행하는 하나의 소프트웨어
4) 컴파일러

21 **CPU의 목적은?**

22 **제어장치(control unit)는 무엇을 하는가?**

23 **MS-Word는 (   )의 한 예이다.**

1) 운영체제
2) 처리 장치
3) 응용 소프트웨어
4) 입력 장치

24 **Ctrl, Shift, Alt 키는 (   )키라고 불리운다.**

1) Modifier
2) function
3) alphanumeric
4) adjustment

25 **컴퓨터는 (   )가 없다면 부팅할 수 없다.**

1) 컴파일러
2) 로더(loader)
3) 운영체제
4) 어셈블러

26 **(   )는 트랙(track)과 섹터(sector)로 분할하는 과정이다.**

1) 트래킹
2) 포메팅(formatting)
3) crashing
4) allotting

27 junk e-mail은 ( )라고 불리운다.

1) spam
2) spool
3) sniffer script
4) spoof

28 기본적으로 문서는 ( ) 모드로 프린트된다.

1) 풍경
2) 초상화
3) page setup
4) print view

29 다음 중 멀티미디어 웹 페이지 개발에 널리 사용되는 프로그래밍 언어는 무엇입니까?

1) COBOL
2) Java
3) BASIC
4) Assembler

30 USB는 어떤 유형의 저장 장치입니까?

1) primary
2) secondary
3) tertiary
4) quaternary

31 최초의 컴퓨터는 ( )를 사용하여 프로그램되었다.

1) 어셈블리어
2) 기계어
3) 스파게티 코드
4) 소스 코드

32 컴퓨터의 중앙처리장치는 다음 부분으로 구성된다.

1) CPU와 주메모리
2) 하드 디스크와 플로피 드라이브
3) Control unit과 ALU
4) 운영체제와 응용 프로그램

33 ( )는 웹 페이지를 보는데 사용되는 소프트웨어 프로그램이다.

1) site
2) 호스트
3) link
4) 브라우저

34 컴퓨터의 중앙처리장치가 들어있는 상자는 ....

1) motherboard
2) 하드디스크
3) 주변장치
4) RAM

35 컴퓨터 시스템에 대한 확장기능을 제공한다.

1) 소켓
2) 슬롯
3) 바이트
4) 해당사항 없음

36 특정 작업을 수행하기 위해 다른 키와 함께 사용되는 키는 무엇입니까?

1) function
2) spacebar
3) arrow
4) control

37 컴퓨터가 수행하는 기본 작업은 다음과 같다.

1) 논리 연산
2) 저장
3) 산술연산
4) 상기 전체

38 읽기 전용 메모리(ROM)의 어떤 특성이 유용합니까?

39 디지털 시스템에서 데이터의 가장 작은 단위는 (　　)

40 1 billion 바이트는 (　　) Gigabyte이다.

41 탭(tap) 키는 언제 사용하는가?

1) 커서를 수평이동
2) 들여쓰기
3) 커서를 상하로 이동
4) 1과 2)

42 C, BASIC, COBOL 및 Java는 .... 의 예이다.

1) 저수준
2) 프로그램
3) 컴퓨터
4) 고급언어

43 **공급 업체가 만든 수정 프로그램을 ________라고한다.**

1) patch
2) antiviruses
3) holes
4) fixes

44 **마이크로컴퓨터 하드웨어는 세 가지 기본 분류의 물리적 장비로 구성된다.**

1) 키보드, 모니터, 하드디스크
2) system unit, 입출력, 메모리
3) system unit, 입출력, 이차저장 장치
4) system unit, 일차 저장, 이차 저장 장치

45 **UNIX라는 운영 체제는 일반적으로 ________에 사용된다.**

1) 데스크탑 컴퓨터
2) 랩탑 컴퓨터
3) 슈퍼컴퓨터
4) 상기 전체

46 **숫자 패드를 방향 화살표로 사용하려면 같이 사용해야하는 키는?**

1) Num lock
2) Caps lock
3) Arrow lock
4) Shift

47 **프리웨어(freeware)의 두 가지 예는 무엇인가?**

1) WinZip and Linux
2) shareware and file sharing
3) Microsoft word and the Google toolbar
4) Instant messaging and the Google toolbar

48 **MIPS는 (　　)의 속도를 측정하는 데 사용된다.**

1) 디스크 드라이브
2) 테이프 드라이브
3) 프린터
4) 프로세서

49 **운영체제의 일차 목적은?**

50 상품 5개의 정보를 저장할 수 있는 데이터를 C언어 구조로 표현해봐라. 상품은 번호와 이름, 가격의 속성을 갖는다.

51 양자 우위 (quantum supremacy)란 ?

52 큐비트(Qubit)란?

53 분자 컴퓨터란 ?

54 컴퓨터 하드웨어와 컴퓨터 소프트웨어의 차이점은 무엇입니까?

55 무어의 법칙을 적용한다면, 현재 사용하고 있는 컴퓨터에 비해 30년 전의 컴퓨터가 얼마나 더 커질 것으로 예상하십니까?

56 16진 수 7D0을 이진수로 변환하세요.

57 어떤 16진수에 대해 한자리 좌측으로 이동하면 얼마나 더 커지는 수가 되는가?

58 다음 논리 연산의 결과는?

1) '4 < 3'은 연산의 결과는?

2) '10 == 6'의 연산 결과는?

02

컴퓨팅 사고

6 | 컴퓨팅 사고란?

6.1 사고란?

그림 1 "나는 생각한다. 고로 나는 존재한다."

철학, 심리학, 생물학, 심지어 신경학 등 다양한 분야에서 **인간의 생각(thought) 또는 사고**(thinking)**가** 어떤 **심리적 또는 정신적 활동에 의해서** 만들어지는지는 몰라도, 모든 인간은 사고할 수 있는 능력이 있다. **사고**(thinking)란 모든 의식적 또는 무의식적인 정신 과정을 의미한다. 철학에서 사고는 인간 존재의 근거 중 하나로 여겨진다. 르네 데카르트[Descartes, René]의 사상은 인간 존재의 근거로 사고를 강조하고 있다. [그림 1 참고]

사고는 일련의 과정이다.

사고는, "대한민국의 수도는 서울이다."처럼 단 답 형식으로 해답이 나오는 것이 아니라, 집에서 학교 가기, 자동차 운전하기, 온라인 계좌 이체하기 등처럼 여러 단계를 거쳐야 해결되는 문제를 다룰 때 사용하는 기법이다. **사고가 일련의 생각 과정**이란 의미는, 공장에서 제품을 설계, 제조, 조립, 시험 검사, 포장, 배달하는 다양한 제조 과정을 거치는 것과 유사하다. 여러 과정을 거쳐야 우리가 원하는 제품을 얻을 수 있다. 사고란 원하는 결과를 얻기 위하여 어떤 과정을 수행할지를 정의하는 것이다. [그림 2 참고]

그림 2 제조 공정

문제 해결에 사고를 이용한다.

사람들은 문제 해결을 위해 사고를 이용한다. 스님은 진리를 깨우치려 할 때 선문답의 형식으로 사고를 한다. 정치인은 대중을 선동하고자 할 때 이념의 필요성을 정리하는 사고를 한다. 경제학자도 어떤 학문적 해법을 찾아갈 때 사고를 한다. 음악가, 미술가, 소설가 등 예술인도 작품을 구상하고 느낌을 표현할 때 사고를 한다.

"어떤 사고방식이 문제 해결에 최선의 방식일까?"

문제 해결에 다양한 학문에서 제공하는 이론적 개념과 논리에 기반한 사고방식을 활용한다. 예로서, 신화적 사고(Mythical think), 철학적 사고, 논리적 사고, 인문학적 사고, 도덕적 사고, 수학적 사고, 과학적 사고, 공학적 사고 등의 다양한 사고방식이 있다. 최근에는 컴퓨터 기술의 발달로 컴퓨팅 사고방식이 인기를 얻고 있다. 문제 해결에 어떤 학문의 사고방식이 최선의 것일까?

참고로 수학적, 과학적, 공학적 사고방식을 기술한다. 수학적 또는 과학적 사고방식이란? 과학자가 명쾌한 공식을 만들거나, 예술가가 아름다운 그림을 그리는 것처럼 감각적으로 아름다운 형태의 것을 창조하는 방식을 의미한다. 특히 **과학적 사고란 이론을 바탕으로 검증을 진행하는 학문이고, 공학적 사고는 어떤 임무에 대하여 비용과 성능 측면을 고려하는 학문**이다. [그림 3 참고]

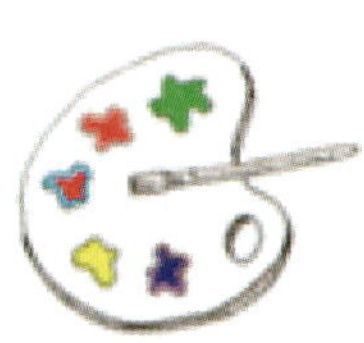

그림 3 수학적 과학적 사고방식

6.2 컴퓨팅 사고란?

컴퓨팅 사고(Computational Thinking)는 상대적으로 새로운 문제 해결 방법으로서 1990년대에 대두되었다. 컴퓨팅 사고에 대한 개념은 2006년 지넷 윙(Jeannette Wing)에 의하여 정립되어 발표되었다.

컴퓨팅 사고는 과거 수년간에 걸쳐 상당한 관심을 끌고 있고 다양하게 정의된다. "컴퓨팅 사고는 컴퓨터가 효과적으로 수행할 수 있도록 문제를 정의하고 그에 대한 답을 기술하는 것이 포함된 사고과정 일체"라고 정의되고 있다 [위키백과]. 그리고 컴퓨팅 사고는 컴퓨터 과학자가 생각하는 방식으로, 즉 그들이 추론하는 방식으로 문제 해결에 적용하는 사고체계로 정의된다. 문제를 컴퓨터가 처리할 수 있도록 정형화한 이후 절차적 알고리즘으로 표현하는 사고과정으로서 컴퓨터 프로그램으로 구현하기 전 단계로 정의한다. 컴퓨팅 사고에서 컴퓨터가 반드시 포함되어야 하는 것은 아님을 유의한다.

"컴퓨팅 사고란 인간의 지적 사고 능력과 컴퓨터의 계산능력을 결합한 사고방식"

컴퓨팅 사고란 인간의 지적 사고 능력과 컴퓨터의 계산능력을 결합한 사고방식이다. 객체와 지식을 다루는 인간의 논리체계를 컴퓨터와 결합한 것이 컴퓨팅 사고이기도 하다. 다양한 정의가 있지만, 저자는 이 정의를 실제 제일 좋아한다. 컴퓨팅 사고를 위해서는 컴퓨터를 이해할 필요가 있다.

컴퓨팅 사고는 기본적으로 무슨 문제(What)를 어떻게(How) 해결할지 방법을 기술한다. 그렇게 하기 위해서는 실세계를 컴퓨터로 다룰 수 있도록 표현하는 것이 중요하다.

"문제를 해결하는 절차적 방법론을 제시"

그리고 컴퓨팅 사고는 컴퓨터에 지시할 것을 정확히 기술하도록 하는 것이다. 그래서 컴퓨팅 사고는 컴퓨터 프로그램을 유도하는 도구라고 생각할 수도 있다. 컴퓨팅 사고는 컴퓨터를 포함할 수 있으나, 반드시 그럴 필요는 없다. 정리하면 컴퓨팅 사고는 문제 해결을 위한 절차적 방법을 제시한다. 일련의 과정을 거쳐 문제를 해결한다는 의미이다. 수학자가 수학 문제를 절차적으로 해결하는 것과 유사한 개념이다.

사고과정 또는 사고하는 방법

컴퓨팅 사고는 문제를 해결하는 일련의 과정이며 스킬(skill)이다. 단순 프로그램을 작성하는 것이 아닌 **사고과정 또는 사고하는 방법**(thought process, way of thinking) 이며, 기계적인 단순 암기가 아닌 기본적으로 컴퓨터 과학 개념에 의지한다. 그래서 앞으로는 어떤 과정을 통해 실 세상을 컴퓨터로 표현하게 되며, 그 과정에는 어떤 스킬이 활용되는지를 기술한다.

컴퓨팅 사고도 수학적 사고와 맥을 같이 하고 있다. 컴퓨터는 계산 도구로서 수학에 기반을 두고 있다. 컴퓨팅 사고와 수학적 사고는 개념, 모델링, 추론, 논리 등 측면에서 유사하다. 컴퓨팅 사고와 수학적 사고가 밀접하게 연관되어 있지만 동일 개념은 아니다. 컴퓨팅 사고는 공학적 사고와 유사하다. 공학과 같이 문제 해결을 통하여 무엇인가를 만들게 되는데 실제 환경에서 사용되어야 하므로 다양한 제약조건이 있다. 비용 조건, 경제성이 고려하여야 한다.

- 제랄드 서스만(Gerald Sussman) : "컴퓨팅 사고와 수학적 사고는 둘 다 명확한 사고에 필수적인 기본 언어 구조이며 추상적인 구조를 가진다."
- 지넷 윙(Jeannette Wing) : "컴퓨팅 사고는 많은 측면에서 수학적 사고와 유사하지만, 컴퓨터의 근본적인 물리적 제약을 고려해야만 한다는 점에서 가장 큰 차이를 보인다." "컴퓨팅 사고는 속도, 공간 등 특정한 제약조건을 고려한다는 점에서 공학기술과 유사하지만, 컴퓨팅 사고는 SW를 통해 물리적 현실에 의해 제약받지 않는 가상의 세계를 구축하여 사고한다는 점에서 공학기술과 근본적으로 다르다."

정리하면, 컴퓨팅 사고는 수학적 사고와 공학적 사고와 같은 맥락을 유지한다. 논리적 사고의 논리성, 수학적 사고의 추상화 개념, 과학적 사고의 이론과 검증, 공학적 사고의 비용 및 성능 등의 개념을 복합적으로 융합하여 사용하는 컴퓨팅 사고이다. 따라서 컴퓨팅 사고는 창의성, 확장성과 효율성을 제공한다. [그림 4 참고]

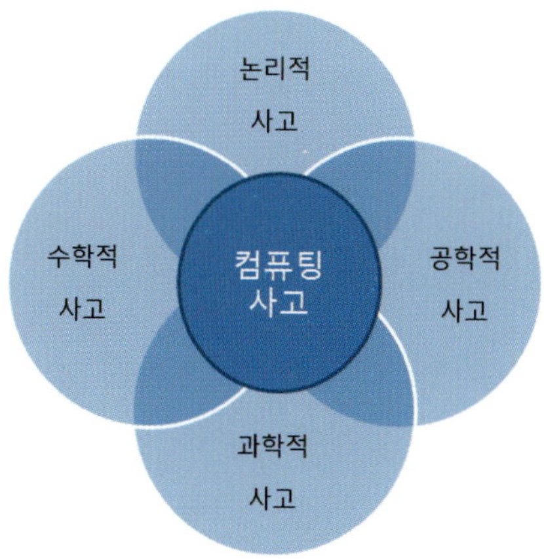

그림 4 컴퓨팅 사고는 융합적 사고

컴퓨팅 사고는 21세기의 학생들이 반드시 익혀야만 하는 기본적인 능력(Skill)이다. 인간의 가장 기본적인 능력으로 읽기, 쓰기, 셈하기 등과 마찬가지의 능력이다. 컴퓨터 과학 교육에 관한 것이 아니라 21세기를 살아가야 하는 모든 사람이 갖추어야 할 사고 능력이다. '디지털 원주민(digital natives)'이라 불리는 학생들은 급변하는 정보기술에 적응하고, 지금은 존재하지 않는 새로운 직업을 가지게 될 것이므로 이를 충족하는 능력을 길러야 한다고 한다.

셈(calculation)과 계산(computation)
셈(calculation)은 계산기(calculator)를 사용하여 덧셈 뺄셈 등의 연산 작업을 수행하는 것이다. 계산(computation)은 컴퓨터 등으로 알고리즘 개념을 포함하여 해결하는 것이다.

6.3 컴퓨팅 사고의 한계와 도전

인간 창의성과 컴퓨터의 컴퓨팅 능력

인간 사고는 창의적이기는 하지만 때로는 논리적으로 애매함을 포함하고, 기억력이나 사고과정을 추적하기 쉽지 않고, 속도도 컴퓨터에 비해 느리다. 하지만 컴퓨터는 믿기 힘들 정도로 대단한 장치이다. 컴퓨터는 어떤 측면에서 인간의 두뇌가 할 수 있는 것보다 더 뛰어난 작업을 수행할 수도 있다. 컴퓨터는 더 빨리 연산할 수 있고 다른 사람들과도 정보를 **공유**할 수 있게도 한다.

인간의 창의성과 컴퓨터의 능력을 결합하면 그동안 불가능하였던 문제 해결에 도움을 줄 수도 있겠다. 이러한 컴퓨터를 어떻게 문제 해결에 도움이 되게 할지 또는 어떻게 문제 해결에 적용해야 할지를 생각해야 한다.

"컴퓨팅 사고는 인간 사고의 한계를 극복할 수 있는 기술"

컴퓨팅 사고의 중요성은 인간의 사고에만 전적으로 의존하지 않고 컴퓨터 과학 개념 및 원리와 컴퓨팅 시스템을 활용해 인간 사고의 한계를 넘어설 것이란 점이다. 컴퓨팅 사고는 인간 사고에 컴퓨팅 계산능력을 결합하는 것이다. 그래서 인간 사고의 한계를 극복할 수 있는 기술이라고 생각된다. 인간의 창의성과 컴퓨터 능력이 융합될 때 복잡한 초연결/초지능 사회의 문제 해결 도구가 될 것이다. 컴퓨팅 사고가 초연결/초지능 사회에서 핵심역할을 할 것이라 믿는다. 컴퓨팅 사고는 미래 문제 해결의 핵심이 되고, 심지어 인간 혼자 해결할 수 없었던 것을 해결할 수 있도록 할 것이다. [그림 5 참고]

그림 5 컴퓨팅 사고와 도전

"컴퓨팅 사고의 한계는 무엇일까?"

데이터 처리 능력, 기록의 보관, 광속도 전송 그리고 자동화 특성을 갖는 컴퓨터 기술은 그 어떤 기술보다도 편리하고, 신속하며, 효율적이어서 그 발전의 끝을 아무도 예측하지 못하고 있다. 그 발전의 한계는 단지 인간의 상상력의 한계와 컴퓨팅 능력의 한계가 되지 않을까?

"아무리 좋은 도구여도 잘 활용되어야 가치가 있다."

컴퓨팅 사고가 인간 사고력의 한계를 극복할 수 있는 대안으로 기대된다. 아무리 좋은 도구여도 활용할 능력이 부족하면 가치가 없는 것이 아닐까? 이론적으로는 좋은 도구임에 틀림이 없으나 잘 활용하여야 훌륭한 도구가 될 것이다.

지금도 컴퓨터 기술이 많이 발전했지만, 아직도 해야 할 도전적인 과제들이 많이 있다. 기업들은 미래의 원유라고 생각하는 데이터를 획득하기 위해 어떻게 투자를 하여야 하는가? 그동안의 비행기, 기차, 버스 같은 교통수단이 개인용 교통수단으로 대체 변화하려는 등 많은 분야에서 혁신을 어떻게 진행하여야 하는가? 머지않아 로봇이 인간 사회의 한 구성원으로 다가올 것이라 예상하는데 어떻게 대처하여야 하는가?

"우주의 생명체와 대화를 하는 것도 컴퓨팅 사고의 비전"

무엇보다도 객체들과 더 다양하게 소통할 수 있기를 기대한다. 추운 겨울 이겨내고 따뜻한 봄 들판에 활짝 핀 꽃이 무슨 말을 하는지, 숲속의 새들은 무슨 재미있는 얘기들을 하는지, 그리고 바다의 고래는 망망대해 태평양을 이동하며 밤하늘의 별을 보고 무슨 대화를 하는지 알아낼 수 있을 것이다. 저 멀리 우주에 다른 생명체가 있다면 그들과도 소통할 수 있을 것이다. 초연결 초지능 세계에 그러한 우주 생명체와 대화하는 것이 컴퓨팅 사고의 비전이 되겠다. 이 책을 읽는 독자 중에 이러한 도전을 해주면 좋겠다.

현재의 컴퓨터는 메모리 용량 또는 입출력 장치 한계 같은 **물리적 특성에 제약이 있**다. 컴퓨터의 활용이 인간이 작성하는 프로그램에 따르는 창의성의 한계를 갖는다.

6.4 컴퓨팅 사고와 문제 해결 단계

6.4.1 문제 해결 단계

"컴퓨터로 작업을 시작하기 전에 컴퓨팅 사고"

수학에서 주관식 문제를 푸는 경우 먼저 문제를 이해하고 분석한 후에 계산기(calculator)를 사용하여 산술 계산을 한다. 애니메이션을 제작하는 경우는 컴퓨터 하드웨어나 소프트웨어로 작업을 진행하기 전에 먼저 스토리와 캐릭터를 어떻게 움직이게 할 것인지를 먼저 계획해야 할 것이다. 당연히 컴퓨터로 문제 해결 전에 컴퓨팅 사고가 이루어져야 할 것이다. 컴퓨터가 어떻게 도움을 줄 수 있는지를 생각해야 한다.

해결하고자 하는 문제는 점차 복잡해지고 있다. 그리고 문제가 복잡해서 한 번에 해결할 수 있는 적절한 모델을 쉽게 찾지 못한다. 컴퓨팅 사고는 컴퓨터로 무엇(What)을 어떻게(How) 해결할 수 있는지를 생각하도록 한다. 문제 해결에 컴퓨팅 사고를 적용해보자.

컴퓨터로 문제 해결에는 여러 단계가 포함된다. 첫 번째로 문제에 대한 이해, 둘째로 문제의 추상화와 정형화, 그리고 알고리즘 개발의 순차적 단계로 진행된다. 이어서 프로그래밍, 검증 및 평가 단계가 필요하다. 이 중에서 문제 이해, 문제 추상화와 정형화, 및 알고리즘 개발과정을 컴퓨팅 사고 단계라 한다. 컴퓨팅 사고는 프로그램 개발 이전에 수행되어야 하는 단계로서 문제를 관찰하고 이해한 후 해결책을 고안해내는 과정이다. 응용 분야에 따라 개별 단계에 대한 명칭이 약간씩 다를 수 있고, 단계의 수가 다를 수는 있다. [그림 6 참고]

1) 첫 번째는 문제 이해 단계이다. 무슨 문제(What)를 해결하려 하는지, 어떤 입력 또는 출력을 원하는지 시스템적으로 이해하는 것이다.
2) **추상화와 정형화는** 컴퓨터로의 문제 표현이다. 복잡한 실 세상 문제를 컴퓨터로 다룰 수 있도록 추상화와 정형화 표현하는 것이다. 복잡한 문제를 작은 문제로 분절 파편화하고 그 속에서 패턴을 찾아 일반화하는 개념도 포함한다.

3) **알고리즘 설계와 개발로 해결책을 고안하는 단계이다.** 알고리즘은 문제 해결을 절차적 작업으로 실행되도록 한다. 알고리즘 설계를 위해서도 창의적인 해법 찾는 노력이 있어야 한다.

4) 프로그래밍 단계는 프로그램 언어를 사용하여 알고리즘을 실제 구현하는 과정이다. 프로그램으로 문제 해결을 자동화시키는 단계이다.

5) 검증 과정은 알고리즘과 프로그램 실행에 문제가 없는지를 조사하고, 실제적인 데이터를 입력하여 문제가 어떻게 해결되는지 조사한다.

6) 평가 단계는 문제 해결이 얼마나 적합한지, 사용하기에 또는 성능에 문제가 없는지, 문제 해결 과정을 다른 분야의 문제로 일반화할 수 있는지 등을 평가한다.

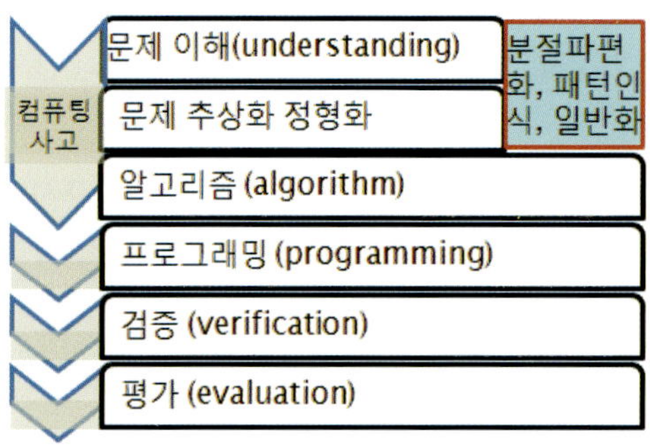

그림 6 문제 해결 단계와 컴퓨팅 사고

6.4.2 시스템적 이해

컴퓨팅 사고에는 컴퓨터에 대한 시스템적 이해가 필요하다. 컴퓨팅 사고를 통한 문제 해결책이 컴퓨터로 만들어지기 때문이다. 컴퓨팅 사고의 시스템적 이해는 문제 해결을 위한 지식 하나하나를 시스템적으로 서로 연결하여 전체를 구성하고, 전체적으로 타당한지를 관찰하는 것이다. [그림 7 참고]

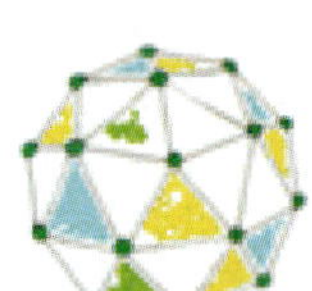

그림 7 시스템적 이해

"시스템 모델이란?"

그림 8은 **문제 해결의 기본 컴퓨팅** 시스템 모델을 나타낸다. 문제 해결이 이 시스템 모델에 의해 일련의 과정으로 기술된다. 시스템 모델은 주어지는 입력, 입력 자료의 처리, 계산되는 결론, 그리고 주변 환경으로 이루어진다. 문제나 해결책에 따라 시스템의 상세 내부는 달라질 것이다. 앞으로는 이러한 컴퓨팅 시스템 모델을 기초로 하여 문제 해결책을 찾도록 한다.

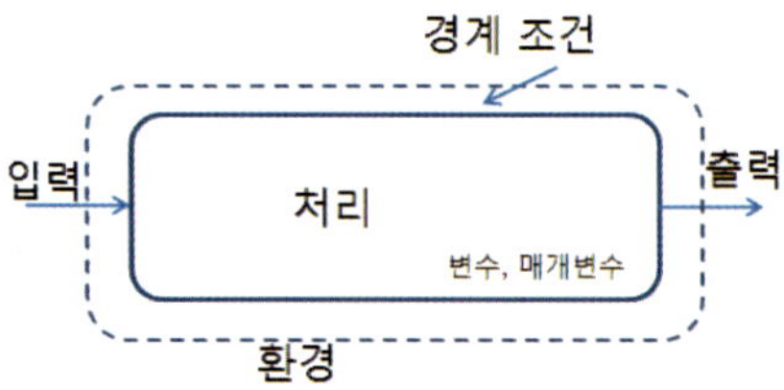

그림 8 컴퓨팅 시스템 모델

"시스템 모델의 구성요소를 이해한다."

컴퓨팅 시스템 모델을 기반으로 문제 해결이 이루어지기 때문에, 요구사항이 무엇인지 그리고 시스템 설계의 목표가 무엇인지는 기본적으로 검토되어야 할 것이다. 그리고 시스템의 개별 구성요소인 입력, 처리, 출력, 그리고 주어진 환경에 대한 정의가 필요하다. 컴퓨팅 시스템 기반의 문제 해결 시 검토되어야 할 주요 내용에는 다음과 같은 것들이 있다.

1. 사용자의 요구사항이 무엇인지?
2. 문제를 해결하기에 빠진 것 없이 충분한 정보가 있는지?
3. 어떤 데이터가 필요한지?
4. 무엇을 컴퓨팅(compute)하기를 원하는지? 시스템의 기능이 무엇인가?
5. 어떤 출력 정보를 원하는지?
6. 구성요소가 무엇이고 개별 성분의 목적은 무엇인가?
7. 연결성 : 어떻게 조각들이 모여 함께 서로 조합되고, 어떤 활동(activities)들이 있고, 어떻게 그들이 서로 연관되는지?

그림 9는 컴퓨팅 사고와 시스템적 이해를 보여준다. 컴퓨팅 사고를 통해 어떤 유형의 입력 데이터가 필요한지, 어떤 알고리즘으로 처리할지, 그리고 결과를 출력할지를 나타낸다. 문제를 어떻게 해결할 것인가는 데이터 처리 또는 알고리즘에 해당한다. 이러한 입력 데이터로부터 출력 처리하는 컴퓨팅 과정이 CPU(중앙 처리 장치), 네트워크, 입출력 장치, 데이터베이스 등의 지원을 통해 수행된다.

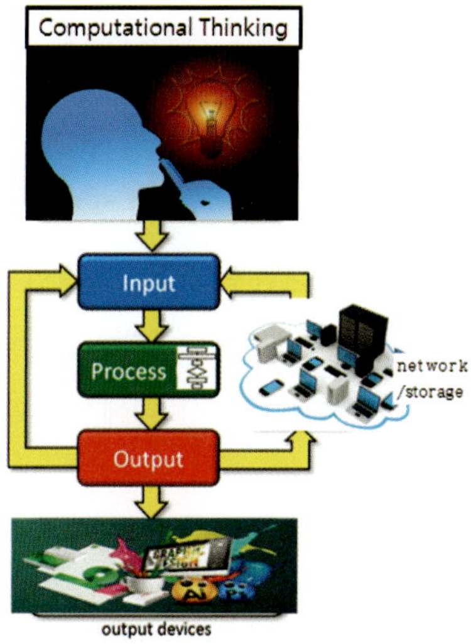

그림 9 컴퓨팅 사고와 시스템적 컴퓨팅 처리

6.5 문제 이해

문제란 무엇인가?

문제 이해는 컴퓨팅 사고 또는 문제 해결의 첫걸음이다. 먼저 문제를 이해한다는 것은 문제의 요구사항이 무엇인지 또는 무엇(what)을 해결할 것인지를 이해하는 것이다. 간단히 문제(problem)가 무엇인지 설명한다.

- 문제(problem)는 우리가 위기라고 느끼고 인식해서 해결책이 필요할 때만 문제가 된다.
- 쉬운 대답이 없어서 문제가 된다. 쉽다면 이미 해결되었을 것이다.
- 과거에 좋은 해결책이 이제 더 이상 잘 작동하지 않는다. 가치가 시간이 지나면서 변하기 때문이다.
- 문제는 그것이 문제라고 생각할 때 문제가 된다.
- 문제에 대한 주요 요인(factor)으로는 기술적, 사회적, 경제적인 것들이 있다.

시스템적으로 문제 해결에 무슨 데이터를 어떻게 활용할지를 계획한다.

문제를 이해한 후 첫 번째 수행해야 할 작업은 시스템적으로 문제 해결에 사용할 데이터를 이해하고 준비하는 것이다. 추후 설명하지만 데이터는 실세계 객체를 표현한다. 실세계의 **어떤 종류 또는 어떤 형식의 객체 또는 지식을 나타내는 데이터**를 어떻게 **활용할지 계획을 수립하여야 할** 것이다.

"입력 데이터의 계획과 수집"

예로서 사람들의 의견을 수집하여 어떤 사회적 문제에 대해 향상된 해결하기를 원한다. 어떻게 해결책을 시작하나? 먼저 무슨(what) 데이터를 어떻게 얻어 활용할지에 대한 계획하고 이어서 설문 문항을 작성한다. 데이터 수집하는 방법(how)으로 대면 면접 또는 온라인 등이 고려될 수 있다. 또는 센서 같은 주변장치를 통해 입력 데이터를 수집하는 방법도 고려된다. 경우에 따라 데이터베이스 또는 네트워크가 사용될 수 있다. 그 밖에도 데이터베이스 또는 인터넷에서 검색을 위한 인덱스 용어 선정 등 작업이 필요하다.

일반적인 컴퓨터 시스템에서는 사용자로부터 입력(예를 들어, 키보드/마우스, 데이터베이스, 네트워크, 또는 제어 움직임)을 얻은 다음 알고리즘에 의하여 문제를 해결하고, 그리고 결과를 출력(예 : 파일, 이미지, 텍스트, 사운드)한다.

그림 10은 문제 해결을 위해 시스템적으로 데이터 입력, 처리, 및 출력 관련 사례를 보여준다. 어떻게 입력 데이터를 얻고, 처리한 후 출력할지를 검토한다. 사례1은 계측기를 통해 데이터를 얻도록 하고, 그래프 등으로 패턴을 분석한 후 다양한 시각화 출력을 제공하는 방식으로 문제를 이해한다.

		사례 1	사례 2
문제이해	데이터 입력	계측기를 사용하여 데이터를 수집	"기술 발전이 삶의 질을 향상 시켰는가?"에 대한 설문지를 통해 자료수집
	데이터 처리	그래프로 데이터를 분석하고 경향, 패턴 변화, 특이점 등을 추출.	"기술 발전이 삶의 질에 영향을 주지 않았다"는 가설을 검증하기 위한 통계 분석 방법을 적용
	데이터 출력	다양한 형태의 그래프로 데이터를 표현하고 가장 효과적인 시각화 전략 선택	"기술 발전이 삶의 질을 향상시켰는가?"에 다양한 방법으로 자료를 표현. 다양한 결론 도출

그림 10 시스템적 문제 이해의 사례

"데이터의 **출력 형태 결정**"

입력 데이터를 분석 및 처리한 후 결과를 어떻게 제공할 곳인가를 생각한다. 문제의 내용에 따라 그래프, 이미지, 영상, 문서 등에서 생각해 볼 수 있다. 실제 예제를 통해 여러 다양한 분야에서 활용되는 데이터를 출력 표현하는 연습이 필요하다.

"문제의 주변 환경을 이해한다."

문제 해결에 사용될 입력 데이터 외에 주변의 문제에 대한 주변 환경을 이해할 필요가 있다. 과학자들이 이러한 환경에 대한 고려를 좀 소홀히 하는 경향이 있다. 다음과 같은 다양한 주변 환경 이슈를 검토하여야 한다.

- 시장에 대한 이해가 필요하다. 누가 사용할 것이며 어떤 특성을 요구하고 있는가?
- 경쟁 상황에 대한 이해가 필요하다. 현재 어떤 시스템이 존재하고 장단점은 어떻게 되는가?
- 문제를 다룰 때 알아야 할 목록("Need to Know" list)에 무엇이 있는가?
- 기후 및 날씨에 대한 이해가 필요하다. 추운지, 따뜻한지, 건조한지, 습한지.
- 사용하는 사람에 대한 이해가 필요하다. 사람이 할 수 있는 스킬, 문해력, 핸디캡 여부, 시력, 청력 등을 고려한다.

이 밖에도 재료(강도, 수송, 토양, 지속성, 가공성), 응급 상황(화재, 홍수, 바람, 안전, 범죄), 절차(공사 공정, 노사 관계, 관리, 임금 지급, 작업 계획, 작업 순서) 관련 이해가 필요하겠다.

6.6 정형화(formalization)

정형화(formalzation)는 컴퓨팅 사고에서 필요한 매우 중요한 스킬(skill)이다. 대부분의 실세계 객체 및 객체의 행동은 비정형화되어 있다. 모양도 다르고, 색깔도 다르고, 크기도 다르다. 사람과 동물의 행동도 비정형화되어 있다. 물리적인 사물과 행동을 컴퓨터가 이해할 수 있도록 표현하는 것을 정형화(formalization)라 한다. [그림 11 참고]

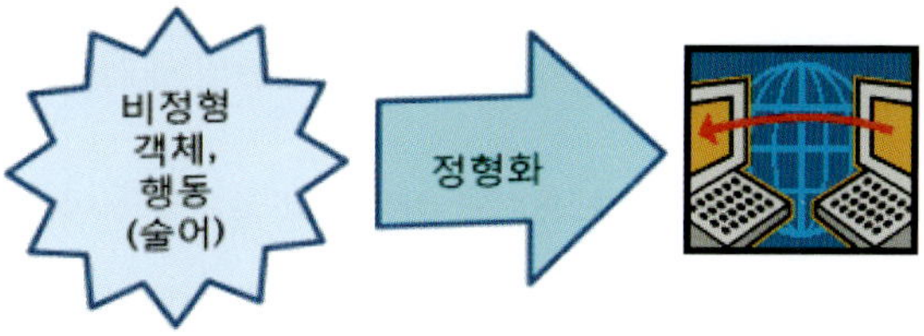

그림 11 정형화

정형화는 대상을 잘 이해하지 않아도 대상을 다룰 수 있도록 한다.

정형화는 우리가 하는 일을 충분히 이해하고 있지 않아도 대상을 다룰 수 있는 수단을 제공한다. 이것은 처음에는 모순처럼 들리지만, 예를 들어 설명해본다. 우리는 숫자가 무엇인지 또는 더하기가 무엇인지 이해할 필요 없이 정확하게 숫자의 덧셈을 위해 따라가는 일련의 규칙을 가지고 있다. 계산 과정의 정형화 모델을 통해서 산술 계산이 가능한 것이다.

"컴퓨터는 비정형 데이터를 이해할 수 없다."

먼저 숫자를 생각해보자. 숫자는 인류가 만들어낸 수와 양을 다룰 때 사용되는 아주 오래된 기호이자 개념이다. 수학에서의 숫자(0, 1, 2 ...)를 어떻게 컴퓨터로 표현할까? 숫자에도 다양한 형태가 있는데 그들을 어떻게 구분하여 표현할까? **다양한 형태와 크기 그리고 색상의 숫자가 존재한다. 물리적 또는 행동이 수없이 많이 존재하기 때문에** 어떤 숫자를 컴퓨터에서 사용할까? 예로서, 컴퓨터에서는 숫자 '1'이라도 크기가 다양하고, 모양이 다양하고, 색이 다양한 모든 종류의 '1'을 다룰 수 없다. 비정형의 숫자 '1'을 각기 다른 방식으로 표현하여야 할까? 비정형화된 숫자를 컴퓨터가 이해할 수 있게 변환할 필요가 있다. [그림 12 참고]

그림 12 다양한 비정형 숫자

컴퓨터 키보드에서 숫자를 입력하여 처리하는 것은 정형화의 한 예제이다. 컴퓨터 CPU에서 처리될 수 있는 부호 형식으로 숫자를 입력해야 한다. 정형화된 입력 데이터는 응용 프로그램을 통해 다양한 크기, 폰트 형태, 및 색상의 양상(appearance)으로 표현된다.

무한한 실세계의 비정형 객체를 어떻게 유한한 컴퓨터 세계로 표현할 것인가?

실세계에는 객체가 무한히 많은데 어떻게 컴퓨터로 변환하여 처리할 것인가가 중요한 도전과제다. 무한 원소의 집합 세계에서 유한한 컴퓨터 세계로 변환하는가와 동일 의미이다. 유한 세계로 변환하는 예로 패턴 인식(Pattern Recognition) 또는 아날로그/디지털(A/D) 변환 등의 기술이 사용된다.

"정형화는 지식도 어떤 형식으로 다룬다."

정형화는 컴퓨터 표현의 출발점이 된다. 숫자 객체에 대한 정형화 표현뿐만 아니라 또한 정형화는 지식 표현들도 어떤 형식으로 다룬다. 객체뿐만 아니라 술어에 대한 개념도 정형화 표현하고 또한 인간 언어의 논리적 애매함을 피하기 위한 논리적 판단과 추론도 정형화한다.

"지식의 추론 과정도 정형화하여 자동 계산한다."

규칙과 단계별 절차에 의한 지식의 추론 과정도 정형화 표현한다. 어떤 문제에 대한 추론 과정을 컴퓨터 프로그램으로 작성하기 위해서는 정형화가 필수적이다. 입출력 데이터와 프로그램 명령어, 함수 등이 정형화되어야 하고, 길고 복잡한 추론 과정도 규칙 적용을 통해 자동계산이 가능하도록 정형화되어야 한다. 현대의 인공지능 분야도 실세계의 지식을 정형화하여 표현하는 것에 기초를 둔다.

정형화는 컴퓨팅 사고의 중심 스킬이다. 정형화 모델을 작성하기 위해서 그림 13에 제시한 것처럼 대표적인 추상화, 문제 분절파편화, 패턴 인식, 일반화의 기법이 활용된다. 이들 간에 어떤 순서가 있는 것은 아니다. 문제에 따라 이들을 적용하는 순서가 달라질 수 있고, 어떤 경우는 사용되지 않을 수도 있다.

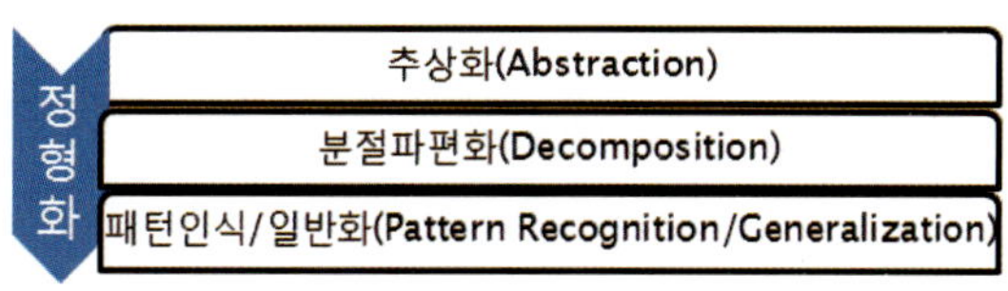

그림 13 정형화

비정형 객체 및 행동을 정형화 모델을 작성하는 방법에 대하여 생각해보자.

예제 1

필기체로 작성된 숫자를 정형화하기 위해서는 어떻게 하는 방법이 있을까요?

답 필기체 글자의 이미지를 분석한 특성이 표준 규격화된 글자의 고유한 특성과 일치하는지 패턴 인식을 수행한다. 필기체 글자가 표준 글자와 고유 특성이 일치하면 필기체 글자를 표준 글자로 변환하여 처리한다. 이렇게 필기체 글자를 정형화한다.

예제 2

수화하는 내용을 컴퓨터로 처리하기 위해서는 어떻게 하는 방법이 있을까요?

답 수화의 제스처 이미지를 분석한 특성과 표준 규격화된 제스처의 고유한 특성이 일치하는지 패턴 인식을 수행한다. 수화 제스처가 표준 제스처와 고유 특성이 일치하면 수화 제스처를 표준 제스처의 의미로 변환하여 처리한다. 이렇게 수화 제스처를 정형화할 수 있다.

예제 3

어떻게 증권 거래소에서의 업무를 추상화하고 정형화시킬 것인가? 그래서 자동으로 처리하는 컴퓨터 시스템을 개발할까?

답 증권 거래소에서의 업무는 복잡한 방식으로 상호 연관되어 업무가 어떻게 작동하는지 파악하는게 쉽지 않다. 이러한 증권 거래소의 구체적인 업무가 어떻게 작동하는지를 추상적으로 간략히 모델링하고 시스템으로 만들 수 있도록 정형화하여야 한다. 이때 프로그래머에게 프로그램을 구성하고 있는 어떤 개체들에 대한 이름은 중요하지 않다. 사용되는 프로그램 언어도 중요하지 않다. 중요한 것은 실제 증권거래소 업무를 충실하고 완전하게 정형화(형식화) 모델로 표현하여야 한다는 것이다.

정형화는 **표준화(standard)와 관련이 깊**다. 그리고 이러한 정형화는 컴퓨터 과학의 전문 분야로 많은 이론과 학습이 필요하다.

6.7 추상화(abstraction)

추상화는 정형화에 필요한 중요 스킬(skill)이다. 고대 철학부터 이어져 온 복잡성을 다루기 위한 추상화는 인간의 중요한 사고 기법의 하나이다. 자연 세계의 복잡함을 다룰 수 있도록 해준다. 추상화는 복잡성을 줄이기 위해 불필요한 요소를 제거하고 문제의 핵심 요소를 추출하는 활동(action)이다. 복잡한 실세계를 추상화로 간략히 표현한 후 정형화에 활용될 수 있다.

> "하나의 그림이 수천 단어보다 더 값어치가 있다."

하나의 그림이 수천 단어보다 더 값어치가 있다는 표현처럼 추상화는 어떤 지식 또는 객체의 세부 사항들을 포함하는 개념이다. "차를 끓이다."는 추상화의 좋은 예이다. "주전자를 가져와서, 물을 붓고, 약 10여 분을 가열하고, 뜨거운 물을 컵에 따른 다음, 티백, 설탕, 우유를 추가한다." 같은 세부 행동 또는 사항들을 포함한다.

추상화는 수학, 생물학, 음악, 미술 등 모든 학문에서도 복잡성을 관리하여 핵심사항을 도출하는 데 사용된다.

- 수학 '주관식 문제'에서, 산술, 대수 또는 기하학 언어로 문제를 표현하고 핵심 정보를 식별하는 과정이 추상화 표현에 포함된다.

- 지리학에서, 환경의 복잡성을 계층적 추상화하여 다양한 형태(해상도별, 내용별)의 지도를 제공한다.
- 역사학에서, 실제 사건에 대한 세부 사항을 추상화하여 국가의 역사, 개인 전기, 세계사 또는 민족 역사를 가르친다.
- 음악에서, 팝송의 피아노 편곡은 해당 음악의 추상화라고 생각할 수 있다.
- 독자들이 알고 있는 주제에 대한 발표나 비디오를 위해 **핵심 정보에 집중**하고 어떻게 표현할지 생각해야 할 때 주제의 많은 부분이 한쪽으로 남겨지게 된다. 이 역시 추상화가 필요하다.
- 독자들이 소프트웨어를 사용하거나, 웹을 탐색할 때, 또는 컴퓨터 내부 또는 인터넷에서 일어나는 일에 대해 사고할 때도 추상화가 필요하다.
- 2차 다항식을 인수 분해하는 데 규칙을 사용한다. (수학 – 추상화)
- 화학적 결합과 상호작용에 대한 규칙을 결정하는 데 추상화를 사용한다. (화학 – 추상화)

이밖에도 추상화는 많은 학문영역에서 적용된다. 이야기를 듣고 주요 소재를 반영하여 적절한 제목을 결정하기, 한 시대의 역사를 공부한 후 그 시대를 대표하는 사건, 인물, 상징 등으로 표현하기, 현대사회의 본질적인 특성을 분석하고 그 시대를 대표적으로 표현할 수 있는 시대로 명명하기 등이 있겠다.

예제 4

어떤 3변을 갖는 도형이 다양한 형태와 크기 그리고 색상으로 표현된다. 이 도형을 추상화 표현해봐라.

답 삼각형

예제 5

다양한 모양과 크기의 세 개, 네 개, 다섯 개 물체를 추상화한다면?

답 숫자 3, 4, 5

예제 6

2020년을 대표하는 사건은?

답 세계적 코로나 대유행

"계층적 추상화는 문제 이해에 도움"

계층적 추상화의 예를 들어보자. 학교 시간표는 전형적으로 한 주에 일어나는 일(What)을 추상화한 것이다. 무슨 주제, 어디서, 누가 가르치는지를 기술한 내용이다. 개별 수업 시간에 계획된 학습 목표 및 활동과 같은 복잡한 것들은 별도의 계층으로 남겨둔다.

자동차를 운전에 필요한 요소로 추상화 표현

자동차는 수만 개의 부품으로 이루어진 복잡한 객체이다. 자동차는 엔진, 브레이크, 조명, 사운드 시스템, 시트 및 기타 여러 가지 부분 시스템으로 구성된다. 또다시 부분 시스템 '브레이크'는 전륜 브레이크와 후륜 브레이크로 분류된다. 그림 14는 자동차를 계층적 추상화 표현하여 보여준다. 자동차를 운전하는데 필요한 세부 사항인 브레이크, 후방 거울, 기어, 클러치, 스티어링과 같은 요소로 추상화 표현하고 있다.

그림 14 자동차 추상화 표현의 예

또 다른 추상화의 예로서 대도시에 설치 운영되는 복잡한 지하철 시스템을 생각해보자. 복잡한 실세계의 시스템을 추상화하여 간편히 나타내고, 여기에 추가로 그래프 이론으로 지하철 노선도를 표현하면 컴퓨터에서 지하철 노선 찾기 등에 활용할 수 있겠다. 그림 15처럼 지하철을 편리하게 이용할 수 있도록 지하철 노선도 개념을 만들어 사용하고 있다. 이렇게 추상화와 그래프 처리 등으로 정형화 모델이 만들어진다. 그래프는 컴퓨터가 처리할 수 있는 형태로 변환 가능하다.

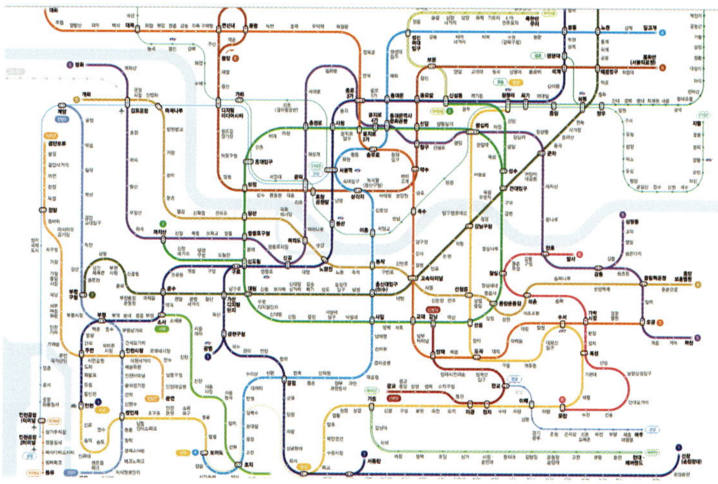

그림 15 추상화의 예 (서울 지하철 노선도)

객체 또는 지식의 추상화 표현

추상화는 다중의 복잡한 문제를 핵심적으로 간단히 표현하는 데 도움을 준다. 어떻게 객체 또는 지식을 컴퓨터로 추상화 표현할까? 자연어로 표현하듯 컴퓨터에서는 부호화된 심볼로 추상화 표현한다. 부호화 표현하는 것에 대하여 나중에 설명합니다.

"프로그램의 계층적 추상화 표현"

인간 지식 체계가 계층적 구조를 갖듯이 컴퓨터 프로그램으로도 추상적 계층체계로 표현한다. 복잡한 개념이나 문제 해결책을 여러 계층의 추상적 개념으로 표현한다. 개별 계층은 상하 종속 개념을 가지며 계층별 다른 관점을 보여준다. 그리고 상세한 내용은 개별 계층에서 다룬다.

컴퓨터 해결책을 계층적 추상화로 표현하면 필수 요소가 무엇인지 알아내는 데 도움이 된다. 시스템을 만드는데 어떤 요소가 필수인지 이해하는 데 도움이 된다. 컴퓨팅 사고 관점에서 보면 프로그램 간의 계층적 구조로 기술된다. 프로그램 상하 모듈로 문제 해결책을 표현한다.

예제 7

실세계를 배경으로 하는 탁구 게임을 개발하는 경우를 생각해보자. 문제의 복잡성을 관리하기 위해 게임 개발에서 추상화를 적용하라.

답 3차원보다는 2차원으로 볼의 움직임을 표현하고 공기의 저항, 회전, 또는 중력 같은 요인을 무시한다.

추상화와 개념화(conceptualization)

- 추상화는 관심 대상인 객체나 시스템의 중요한 부분에 상세히 집중하기 위하여 덜 중요한 물리적, 공간적, 시간적 사항을 제거하는 행동이다.
- 개념화는 경험, 관찰, 추론 등으로부터 객체와 관계에 대한 마음으로의 이해를 의미. 세상의 특정 부분을 추상화하여 간략히 보는 관점이다.

6.8 문제의 분절 파편화

"큰 문제도 작은 문제 해결부터 출발한다."

아주 작은 티끌이라도 쌓이고 쌓이면 산만큼 거대해지는 것처럼, 큰 문제도 알고 보면 작은 문제들이 쌓여있는 것이다. 우리는 큰 문제를 작은 문제로 다루는 능력이 필요하다. 문제 분절 파편화(Problem Decomposition)는 큰 문제를 작은 단위의 문제로 구조화 또는 조직화하여 나누는 것이다. 문제를 분석할 때 논리적으로 더 작고 다루기 쉬운 작은 문제로 나누는 것이다. 분절 파편화도 컴퓨팅 사고에서 정형화 표현하도록 하는 중요한 스킬이다. 때론 문제의 기초 단계가 해결되면 나머지는 기초의 확장으로 해결되는 경우가 많다. 기본기가 중요하다는 것을 잘 이해하고 있을 것이다.

헬리콥터 설계 및 개발 문제에서 헬리콥터의 본체, 구동 힘을 전달하는 프로펠러 부, 그리고 방향 제어를 위한 꼬리날개 부분으로 세분화할 수 있다는 것을 분석을 통해 알아낸다. 큰 문제를 이처럼 세분화하고 이어 개별 세부 문제에 집중하여 해결하고 추후 통합한다. [그림 16 참조]

그림 16 분절 파편화

또 다른 예로서, 국가의 지도 제작을 위해 개별 시도 단위로 지도를 먼저 제작하고 이후 통합하여 전체 지도를 만드는 것이다. 또는 환경친화적 도시를 만들기 위해 쓰레기 분리수거 및 재활용 등으로 세분화하는 것도 문제의 분절 파편화 예에 속한다.

예제 8

시를 분석하려면 어떻게 하여야 하는가?

답 분절 파편화를 시도한다. 시를 운율, 길이, 구조, 톤, 이미지, 발음, 의미 등 여러 부분 또는 단계로 나누어 분석한다. 그리고 그곳에서 패턴과 동향을 인지해보도록 한다(문학-문제 분절 파편화).

분절 파편화는 컴퓨터 알고리즘의 핵심적 개념으로 복잡한 문제를 계산 가능한(또는 처리 가능한) 작은 문제들로 나누고 각각을 해결하는 기법이다. **재귀**(recursion), **상태 천이도, 분할과 정복 알고리즘**이 분절 파편화의 대표적 예이다.

예로서, 재귀(recursion)는 수학에서 나온 개념으로 어떤 함수가 그 함수 자체를 호출할 때 발생한다. 하나의 함수에서 자신을 다시 호출하여 작업을 수행하는 방식이다. 어떤 함수가 자기 자신을 반복 호출하여 문제를 풀어나가는 알고리즘이다. 재귀(recursion)가 표면적으로는 대단해 보이지는 않지만, 컴퓨터 프로그램에서 어려운 문제에 대한 우아한 솔루션을 제공한다. 재귀방식으로 팩토리얼을 구하는 함수에서 자신과 동일 팩토리얼 함수를 호출한다. 이는 작은 단위의 팩토리얼 함수 해결에서 출발하고, 이를 반복하여 전체 팩토리얼 함수를 계산하는 개념이다. 이러한 재귀도 정형화에 사용되는 하나의 스킬이다.

```
예로서 factorial() {
        ... factorial();
              }
```

또 다른 재귀의 예로 그림 17을 관찰해보자. 동일 무늬이지만 크기는 동일지 않으면서 반복적으로 구성되어있다는 것을 관찰할 수 있다. 이러한 패턴을 어떻게 만들어낼까? 외곽의 정삼각형 내부에 역삼각형을 그리고 나머지 정삼각형 공간에 대해서도 계속 역삼각형을 그려 넣는 패턴을 반복하고 있다. 이러한 그림 그리기도 재귀개념으로 설명이 된다.

그림 17 재귀의 한 예

예제 9

재귀는 어떻게 문제 분절 파편화를 활용한 해법이 되는가?

답 재귀는 문제가 해결될 때까지 작은 문제로 분절 파편화하여 해결하는 방법이다.

예제 10

집에서 어질러진 집안을 아이에게 정리하라고 요청할 때 아이는 무엇을 어떻게 시작해야 할지 모른다. 어떻게 아기가 집안 정리를 할 수 있도록 할 것인가?

답 (문제 분절 파편화) 먼저 어질러진 책들 좀 책꽂이에 갖다 두고 장난감은 장난감 상자에 두도록 한다. 하나씩 하나씩 해야 할 임무를 말해주면 아이는 집 청소를 잘 해낼 수 있다. 이처럼 아이에게 집안 정리는 복잡한 문제이다. 이러한 복잡한 문제를 더 작은 문제 단위로 나누어 처리하면 복잡한 문제가 해결되는 것이다.

그림 18은 문제 분절 파편화의 사례를 예시하고 있다.

	사례 1	사례 2
문제 분절 파편화	회사의 월간 소식지를 만들기 위해 역할 분담하고 이를 합성한다.	"어떻게 하면 창업자가 될 수 있을까?"와 같은 큰 문제를 생각하고 작은 문제로 나눈다. 학생이 할 수 있는 일과 할 수 없는 일로 나눈다.

그림 18 문제 분절 파편화 사례

6.9 패턴 인식(Pattern recognition)과 일반화(Generalization)

"**패턴 인식은 공통의 유사점**을 찾는 것이다."

"소크라테스도 죽었다. 플라톤도 죽었다. 홍길동도 죽었다. 그래서 모든 사람은 죽는다." 에서처럼 모든 사람이 죽는다는 **패턴을 관찰**할 수 있다.

패턴 인식은 문제가 다양한 형태나 크기로 나타날 때 그들 사이에 많은 차이점이 있음에도 그곳에는 유사점이 있다는 것을 찾아내는 것이다. 수집된 데이터와 문제의 분석을 통해 문제 내부에서 또는 하부 문제들 사이에서 동일 패턴 또는 경향을 인식하여 **규칙성을 찾는 것을 패턴 인식**이라고 한다. 문제 해결에서 이러한 패턴을 찾아내는 능력이 필요하다. 이러한 패턴 인식은 일반적 수학적 모델로 정형화하여 다루는 중요한 스킬이다. 다음의 많은 영역에서 패턴 찾기를 해보자.

- 경제학에서는 한 국가 경제의 상승과 하락에서 주기 패턴을 찾아본다(경제학 - 패턴 인식).
- 사람들은 어린 시절부터 어린이용 이야기에서 반복되는 어구에 익숙하다. 전통적인 이야기나 다른 장르에서 반복되는 표현 구조에 주목할 것이다.
- 음악에서 아이들은 많은 음악적 형태로 반복되는 멜로디나 베이스라인을 인식하는 법을 배운다. 그리고 간단한 음악 편집 소프트웨어를 사용하여 어떤 비트 패턴이 반복되는 리듬감 있고 효과적인 음악 작곡을 만들 수 있도록 한다.
- 수학에서 전형적인 패턴을 찾아내고 일반화된 결과를 추론하는 조사를 수행한다. 예로서 다양한 삼각형을 조사하여 내각의 합이 180도임을 관찰한다.
- 영어에서 철자에 대한 일반적인 규칙과 예외 사항을 알아차릴 수 있다.

컴퓨터 프로그램은 패턴 인식을 활용하여 문제 해결책을 더 간단하거나 빠른 방법으로 얻을 수 있다. 프로그램은 일반화된 개념을 제공하여 다양하게 활용될 수 있다.

- 숫자 패턴 및 수열(sequence)의 일부를 제공하고 스크래치(Scratch) 또는 다른 프로그래밍 언어를 사용하여 나머지 수열을 찾아보도록 한다. 또는 일반 프로그램을 사용하여 수열을 생성할 수 있다.

예제 11

다음 수열의 네모(□)에 알맞은 수를 구하시오.
1, 1, 2, 3, 5, 8, 13, □, 34

답 21

- 그래픽 소프트웨어를 사용하여 화면에 바둑판 패턴을 채우는 것을 상상하자. 이 작업을 수행하는데 더 빠른 방법을 찾을 수 있다. 일반적으로는 개별 모양을 복사하여 붙여넣는 방식을 사용할 수 있다. 사각형을 그리는 프로그램 코드를 반복적으로 사용하여 작성할 수도 있다. 특히 프로그램에서는 사용되는 몇 개의 숫자를 변경하여 다른 모양으로 채울 수도 있다.

데이터 분석(Data Analysis)이란 수집된 데이터를 통계적 방법, 도표 등을 통하여 세심히 분석하여 동향, 패턴, 변화, 특이점 등을 찾아내는 것이다. 데이터 분석을 위해서는 데이터를 논리적으로 배치하고 분석하는 것이 필요하다. 구조화된 다량의 데이터로부터 의미 있는 정보를 도출하고 공통된 패턴을 찾아내어 문제를 형식화(정형화)하여 다룬다. 이를 위해 필요한 분석 도구 또는 컴퓨팅 도구를 사용할 줄 알아야겠다.

헬리콥터 설계에서 헬리콥터 본체는 비행 시 외부 환경(공기)에 대한 저항을 극복하여야 한다는 것을 이해하고 있다. 이러한 문제 극복은 헬리콥터뿐만 아니라 잠수함, 비행기, 오토바이 선수 등에서도 공통으로 대두되는 문제이다. **다양한 상황에서 공통적**(규칙적)으로 발생하는 문제이다. 공기 역학적 해석의 도움을 받아서 설계 문제를 해결할 수 있는 정형화 모델이 필요하겠다. 패턴을 확인함으로써 우리는 예측도 할 수 있고, 규칙도 만들고 더 **일반적인 문제**도 해결할 수 있다. [그림 19 참조]

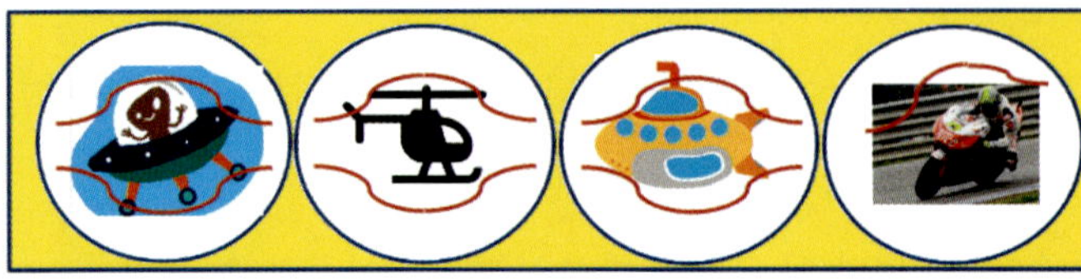

그림 19 패턴 찾기 예

"일반화는 어떤 패턴을 찾은 후 수학적 모델로 정형화하는 것이다."

일반화는 특정 사례들로부터 공통적 속성(properties) 또는 어떤 패턴을 찾은 후 정형화(공식화)하는 것이다. 일반화는 관련 사물 또는 사례들이 공유하는 하나 이상의 공통적인 특성을 가정하고 공통 특성의 모델을 만드는 것이다. 일반화는 구성요소 간의 관계를 수학적 모델로 표현하는 것이다. 수학적 모델을 만드는 데는 분야별 지식이 필요하다.

그 모델은 복잡한 문제 또는 시스템에 대한 추상화 표현이다. 그리고 모델에서 변수 표현은 그 문제 또는 시스템에 대한 깊은 이해에 도움을 준다. 모델에 대한 실험을 통하여 모델의 적용 범위, 장단점 등을 이해할 수도 있다. 이렇듯 일반화 모델은 다양하게 적용될 수 있다.

그림 20은 잠수함의 일반화 모델의 예로 물에 대한 저항 역학의 계산 개념을 보여준다. 역학 계산을 위해 잠수함의 본체를 간략히 추상화하여 우리가 다루기 편리하도록 한다. 프로펠러 부분이나 망원경 부분을 삭제하고 일반화 모델을 만든다. 마지막으로 본체의 형상을 결정하기 위해 다양한 형상에 대한 저항 역학을 계산하여 가장 좋은 형상을 찾아야 할 것이다. 최적의 형상을 찾기 위한 형상과 저항 역학 간의 관계가 정형화되어야 한다. [그림 21 참조]

그림 20 일반화 예

문제에 적합하게 컴퓨팅 사고를 활용하는 능력이 필요하다.

문제 해결에 여러 단계의 과정이 필요할 수 있다. 문제에 따라 어떤 문제는 단일 과정만이 필요하고 어떤 문제는 일부의 단계만을 사용해 문제가 해결되기도 한다. 문제의 유형에 맞게 적합한 컴퓨팅 사고 단계를 활용하는 능력이 필요하다.

예제 12

철수가 회사에 가는 도중 그의 자동차가 고장 났다. 회사에 지각하게 생겼다. 다행히 컴퓨팅 사고를 이해하고 있어서 문제를 해결할 수 있겠다.

답 조사해보니 연료가 다 떨어져 가고 있다는 것과 타이어가 펑크 났다는 것을 깨닫게 되었다. 이렇게 분석하는 것을 문제 분절 파편화라고 한다. 그런데 철수는 전에도 유사한 상황을 겪었었다. 과거의 그러한 경험으로부터 타이어를 먼저 검사해야 한다고 깨닫게 된다, 이러한 것을 두 번째 구성요소인 패턴 인식이라 한다. 연료가 부족하지만, 다음 번 주유소까지는 갈 수 있는 연료가 남아있다는 것을 깨닫는다. 그래서 그는 연료 문제는 무시하고 타이어를 교체하는 것에 집중하게 된다. 이러한 결정은 추상화 단계라고 한다. 철수는 타이어를 교체하기 위해 재킷으로 차를 들어 올리고 타이어를 고정하고 있는 볼트 너트를 풀고 새 타이어로 교체한다. 이러한 행동을 알고리즘 단계라고 한다.

6.10 알고리즘이란?

지금까지 무슨 문제를 해결(What to do)할지를 이해하는데 필요한 컴퓨팅 사고 스킬(skill)을 알아봤다. 문제 이해에서 시스템적으로 무슨 데이터를 준비해야 할지 또는 어떤 작업이 필요한지, 그리고 추상화 표현, 패턴 찾기 또는 일반화 모델을 사용하여 컴퓨터로 표현하는 정형화를 기술하였다.

"문제를 해결하는 방법(How to do)을 기술한다."

이제부터는 문제를 해결하는 방법(How to do)을 고안하는데 필요한 컴퓨팅 사고 스킬인 알고리즘(algorithm)을 알아본다. **알고리즘**(algorithm)은 어떤 문제에 대한 해결 모델을 만들고 그것의 자동화를 고안하는 것이다. 알고리즘은 문제 해결 과정을 순차적인 절차 또는 반복적인 패턴 등으로 표현한다.

예를 들어 집에서 지하철역까지 가는 최단 경로를 알고리즘으로 표현해보자. 집에서 좌회전 후 500미터 직진, 그리고 우회전 등과 같이 계속 순차적으로 이동하여야 할 것이다. 이처럼 알고리즘은 순차적인 과정으로 표현된다.

집에서 출발하여 서울의 남산을 찾아갈 수 있도록 하는 길 안내서를 만들 때는 순차적 행동 외에도 다양한 지점에서의 환승 같은 제어 개념이 필요해진다.

주어진 시간 내에 미로 탈출하는 로봇 프로그램 만들 때는 막다른 길을 **저장**하여 다시 재방문하지 않도록 하는 알고리즘이 필요하겠다.

이 밖에도 요리사의 레시피, 영어 수업의 교수법도 알고리즘의 한 형태이다. 과학의 실험방법, 수학의 암산하기 또는 컴퓨터 기반 교육용 게임에도 알고리즘이 필요하다.

"복수의 해결 방법 중에서 최선의 방법은 무엇일까?"

동일 목표를 달성하는데도 많은 알고리즘(예 : 경로)이 가능하다. 이 경우 가장 짧은 또는 빠른 경로를 찾기처럼 목적에 따라 다른 알고리즘이 존재한다. 문제 해결에 최선의 알고리즘이 존재할 것이다.

실세계에서는 어떻게 알고리즘이 사용될까?

구글(Google)과 같은 **검색 엔진도** 알고리즘을 사용하여 검색 결과를 얻고, 알고리즘으로 검색 결과를 첫 페이지 상단에 순서대로 위치하도록 한다. 페이스북(Facebook) 뉴스 피드(Feed)도 알고리즘으로 친구의 상태에 대한 갱신과 기타 활동 자료를 활용하여 **가장 관심을 가질 것으로 생각하는 활동만**을 표시한다. 아마존(Amazon), 네플릭스(Netflix) 및 이베이(eBay)에서도 알고리즘으로 다른 사람들의 관심 목록을 참고하여 **추천 상품**을 자동 생성하여 제공한다.

"규칙과 순차적 과정을 따르면 누구든 문제를 해결할 수 있도록 한다."

일상생활이 많은 알고리즘에 의해 영향을 받는다는 것을 고려할 때 알고리즘이 무엇인지를 이해하는 것이 중요하다. 규칙을 직렬 또는 순차적으로 생성하고 만들면 누구든지 그 과정을 따를 때 문제를 해결할 수 있게 한다.

그림 21은 알고리즘 사례를 예시하고 있다. 문제의 복잡성에 따라 알고리즘에서 사용하는 일련의 절차에 대한 표현도 달라진다.

	사례 1	사례 2
알고리즘	시청을 출발하여 지역의 주요 관광지를 찾아 갈 수 있는 안내도 만들기	주어진 시간 내에 마이크로 마우스가 미로를 탈출하기 위한 길을 찾는 프로그래밍

그림 21 알고리즘 사례

알고리즘을 어떻게 표현하나?

알고리즘의 표현을 위해 의사 코드(pseudocode), 자연어(natural language) 또는 흐름도(flowchart) 방식이 사용된다. 알고리즘을 흐름도 또는 의사코드로 표현하고 어떻게 작동할지를 검토하는 데 사용한다. 물론 숙달된 프로그래머는 이 과정 없이 직접 프로그램 작성을 하기도 한다.

흐름도는 시작부터 끝까지의 작업 흐름(work flow) 또는 과정을 도형으로 나타낸다. 다양한 종류의 도형으로 단계를 표시하고 화살표로 도형을 연결하여 순서를 표시한다. 이 도형 모델에 의한 표현은 실제 프로그램이 어떻게 작동하는지를 시각적으로 설명한다. 흐름도는 알고리즘 외에도 다양한 분야에서의 작업에 대한 분석, 처리, 설계, 문서화 또는 관리하는 데 사용된다. 그림 22는 흐름도에 사용되는 주요 도형의 일부이다.

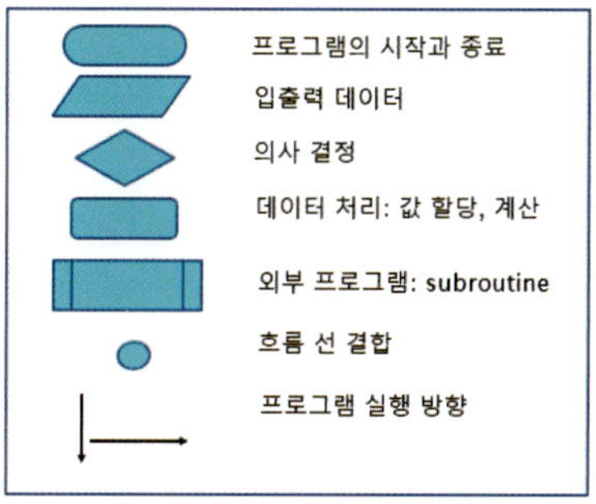

그림 22 흐름도 도형 요소

그림 23는 조명장치(lamp)가 동작하지 않는 문제를 해결하는 알고리즘을 흐름도로 표현한 것이다. 먼저 전원 콘센트가 연결되어 있는지 확인해야 할 것이고, 다음은 전구가 온전한지 끊어졌는지 확인한다. 결과에 따라 전구 또는 조명장치를 교체 또는 수리하여야 할지를 흐름도로 나타내고 있다.

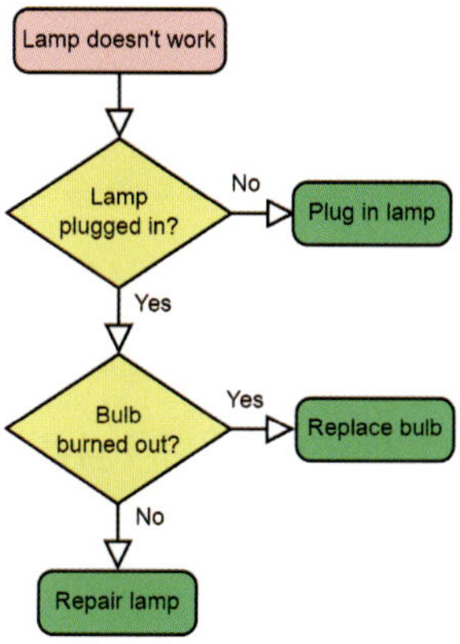

그림 23 조명장치 문제 흐름도 예

흐름도를 통해 문제 해결의 흐름 과정을 쉽게 이해할 수 있다. 흐름도는 알고리즘을 자동화 구현하는데 유용하지만 복잡해지면 사용하기 힘들어지는 단점이 있다. 짧은 알고리즘을 이해하는데 또는 초기 프로그램 학습자에게 유익한 표현 방법이다.

의사 코드(pseudocode)는 자연어와 프로그램 언어를 조합하여 알고리즘을 표현하는 방식이다. 실제 프로그램 코드로 개발하기 전의 중간 단계에 속한다. 상기 알고리즘을 의사 코드로 표현한 예이다. [그림 24 참고]

```
1. IF lamp works, go to step 7.
2. Check if lamp is plugged in.
3. IF not plugged in, plug in lamp.
4. Check if bulb is burnt out.
5. IF blub is burnt, replace bulb.
6. IF lamp doesn't work buy new lamp.
7. Quit ... problem is solved.
```

그림 24 조명장치 문제 의사코드 예

의사 코드는 종종 컴퓨터 프로그램 방법을 이해하지 못하는 사람에게 컴퓨터 프로그램을 설명하는 방법으로 사용된다. 프로그램을 배우려면 의사 코드를 작성하는 것이 중요하다. 의사 코드를 사용하면 해결하려는 문제를 명확하게 표현할 수 있기 때문이다. 그리고 나중에 프로그램을 작성할 때 구문 세부 정보 부족으로 인해 수렁(예 : 맞춤법 오류와 같은)에 빠지지 않도록 도와준다. 흐름도가 시각적으로 매력적일 수는 있지만, 의사 코드는 종종 알고리즘 개발을 위해 선호되는 선택이다.

- 의사 코드는 실제 프로그램 코드에 매우 유사하여 나중에 프로그램을 작성하기 쉽다
- 의사 코드는 흐름도보다 작성 시간이 짧다.

의사 코드를 작성하는데 일반적인 규칙은 없다. 따라서 의사 코드는 작성자에 따라 다르다. 즉, 한 사람의 의사 코드는 종종 다른 사람의 의사 코드와 상당히 다를 수 있다. 정리하면 알고리즘 표현에는 정형화 또는 표준화된 방식이 없다. 알고리즘을 의사코드(프로그램이 어떻게 작동하는지에 대한 설명), 또는 흐름도 외에도 대략적인 요점, 스토리보드 등으로 작성하는 것도 가능하다. 프로그램 코드를 구현하기 전에 이러한 방식으로 알고리즘을 표현하면 자신이나 다른 동료로부터 알고리즘에 대한 피드백을 받을 수 있어 코드 작업이 훨씬 쉬워진다.

흐름도와 의사 코드는 표준화되어 있지 않았는데 반면 프로그램 언어와 만들어진 실행 파일은 대부분

정형화되어 있음을 유의한다. 정형화되었다는 의미는 형식을 이해하고 따라야 한다는 의미이다.

알고리즘은 공통된 제어구조로 표현된다.

일반적인 알고리즘은 순차적 흐름, 선택, 반복, 저장, 이동 같은 기본 제어구조로 구성된다.

순차(sequence)

알고리즘의 의사코드 또는 프로그램 명령이 하나하나 순서대로 진행하는 것을 의미한다. [그림 25 참고]

```
1. IF lamp works, go to step 7.
2. Check if lamp is plugged in.
3. IF not plugged in, plug in lamp.
4. Check if bulb is burnt out.
```

그림 25 명령의 순서 목록 예

선택(selection)

알고리즘의 순차적 진행 중에 특정 조건을 판단하여 어떤 특정의 행동 또는 의사 코드를 수행하든지 아니면 다른 일을 하도록 결정하는 경우에 사용된다. [그림 26 참고]

```
IF not plugged in, plug in lamp.

IF blub is burnt, replace bulb.
```

그림 26 선택 명령의 예

반복

알고리즘에서 어떤 의사 코드 부분을 고정된 횟수만큼 반복시키든지 또는 어떤 조건이 발생할 때까지 반복시킬 때 사용된다. [그림 27 참고]

```
repeat
  get a new light bulb
  put it in the lamp
until lamp works or no more bulbs left
```

그림 27 반복 명령의 예

저장

알고리즘에서 향후의 사용을 위해 정보를 저장할 때 사용된다. [그림 28 참고]

```
x <- a new bulb
count <- 5
```

그림 28 저장 명령 예

이동(Jump)

특정의 단계로 점프 이동할 때 사용된다. [그림 29 참고]

```
if bulb works
   then goto step 7
```

그림 29 이동 명령 예

칠판에 예로서, 3, 6, 9, 12 또는 2, 4, 8, 16 수열을 적어 놓는다. 수열에서 개별 숫자에 3을 덧셈하는 또는 2배가 되는 **순차적 규칙**을 인식한다. 규칙을 알게 되어 학생들에게 상기 수열 이후 10번째 또는 20번째 숫자를 예측하도록 물어볼 수 있다.

또 다른 예로서 다른 사람이 사용할 수 있도록 레시피를 작성해보자. (**영양학 – 알고리즘**)

예제 13

다음 데이터 정렬(sorting) 문제에 대한 알고리즘을 생각해보자.

1) 선형검색

수업 시간에 학생들과 'Guess my number' 게임을 진행한다. 1에서 100 사이의 어떤 숫자 하나를 무작위로 추측 선택하도록 요청한다. 그리고 그것이 무엇인지를 다른 학생들이 추측하는 게임이다. 그리고 다른 학생들에게 새로운 숫자를 사용하여 하나씩 추측하여 맞추도록 요청하는 게임이다. 학생들은 다음 질문을 할 수 있다. 예를 들어 숫자 일 '1' 인가요? 이 '2' 인가요? 삼 '3' 인가요? 이처럼 질문을 할 수는 있지만, 추측 숫자를 갖는 학생은 '예' 또는 '아니오' 만 대답할 수 있다. 이렇게 하나씩 순서대로 일치할 때까지 데이터를 찾아가는 방식을 선형검색이라고 한다.

2) 이진검색

학생들은 이미 그 추측 숫자가 100 이하임을 알고 있다. '50 미만입니까?', '25 미만입니까?' 또는 '13 미만입니까?'처럼 질문하도록 한다. 학생들에게 숫자가 발견될 때까지 검색하는 부분을 **반**으로 줄이게 한다. 이때도 추측 숫자를 갖는 학생은 '예' 또는 '아니오' 만 대답할 수 있다.

3) 끝으로, 어떤 접근 방식이 더 빨리 숫자를 찾는 방법인지를 논의한다.
선형검색 방법은 숫자가 많을수록 정답을 알아맞히는데 더 오랜 시간이 걸릴 것이다. 이진 검색 방법 사용에 익숙하면 1에서 1000 사이의 숫자를 사용하여 게임을 다시 해도 선형검색 방법보다 더 좋은 성과를 낼 수 있다.
4) 간단한 저울을 사용하여 서로 다른 미지의 무게를 갖는 통을 무게 순서로 정렬하고자 한다. 이를 수행하기 위한 알고리즘에 대해 신중히 생각한 다음 동일 활동을 수행하기 위한 더 빠른 방법을 생각해보도록 하자. 이에 대한 데모는 http://csunplugged.org/sorting-algorithms 에서 확인할 수 있다. [그림 30 참고]

그림 30 이미지(출처 : CS unplugged)

6.11 프로그래밍

알고리즘 설계 후에는 문제 해결의 중요한 단계로 프로그램 작성에 의한 프로그래밍 단계가 있다. 기본적으로 프로그램 작성은 컴퓨팅 사고의 범위에 속하지는 않는다.

컴퓨터 과학이란 추상화의 과학이며 자동화의 과학이라고 한다. 컴퓨팅 능력 중 가장 중요한 특징이 프로그래밍에 의한 자동화(automation)이다. **컴퓨터 과학으로** 어떤 문제에 대한 적합한 추상적 해결책의 모델을 생성할뿐더러, 그것을 해결하기 위한 자동화 기법을 제공하고 있다. 자동화는 추상적 모델을 컴퓨팅 시스템으로 구현하여 해결하는 것이다.

자동화(automation)의 의미를 실제 예제를 통해 살펴보자. 바코드, 현금인출기 등이 자동화 사례이다. 자동화로 오늘날 거의 필요로 하지 않는 능력이 생겨나고 있다. 큰 숫자를 나눗셈하기, 제곱근 구하기, 문장에서 철자 확인하기, 통계에 대한 수식 만들기, 역사적인 날짜를 기억하기, 전화번호 암기하기 등은 이제 필요 없어진 능력들이 되겠다. 자동화로 컴퓨터가 대신해주기 때문이다.

> "자동화는 반복적 패턴을 컴퓨터 시스템으로 구현하여 최선책을 만들어내는 단계"

자동화는 주어진 문제 중에 **반복적인 패턴을 찾아** 체계화하고 이를 프로그램 **코딩으로 실현**하는 것이다. 컴퓨터를 이용하여 반복적인 임무를 프로그램 또는 자동화하여 더 효율적으로 문제를 해결한다. **컴퓨팅 시스템을 이용하여** 순서대로 나열하고 표현한 **최선의 알고리즘 구현을 만들어내는 단계를 의미한**다.

알고리즘 구현에 많은 프로그래밍 구현 방법이 있을 수 있다. 서로 다른 프로그래밍 언어를 사용하여 구현할 수도 있다. 예로서 사각형을 그리는 데 그림판을 사용할 수도 있고, 파이썬 또는 Scratch Jr로도 가능하다. 다양한 프로그램 구현 방법 중에서 적합한 것을 선택한다.

그림 31은 자동화 사례를 예시하고 있다.

	사례 1	사례 2
자동화 (프로그램)	아두이노 미세먼지 센서 모듈기반 프로그램하여 데이터를 수집한 후 미세먼지 관측치를 내림차순으로 정렬한다.	자동화로 인해 오늘날 거의 사용하지 않는 능력과 정보를 학습하는 것에 대한 장점 논의한다. • 자동화 능력에는 큰 숫자 곱하기와 나누기, 제곱근 구하기, 철자 확인, 통계 수식, 역사적인 날짜 기억 등이 있다.

그림 31 자동화의 예

또 다른 자동화 관련 응용으로 모의실험(simulation)과 병렬화(parallelization)가 있다. 특히 모의실험은 시스템 또는 객체가 어떤 동작 또는 행동을 가상적으로 실행하고 관찰하는 데 이용된다.

모의실험은 복잡하고 어려운 해결책이나 현실적으로 실행 불가능한 해결책을 선택하기 위해 가상으로 실험하는 자동화 중의 하나이다. 모의실험은 사물을 이해하는 데도 사용된다. 어떤 이론을 가상의 세계를 통하여 실험하고 관찰할 수 있다. 여러 분야에서 모의실험 도구를 사용하는 방법을 배워서 실험하는 학습할 필요가 있다. 그림 32는 모의실험 사례를 예시하고 있다.

	사례 1	사례 2
시뮬 레이션	생태계에서 돼지들이 아프리카 열병으로 일정 비율이 죽었다고 가정한다. 생태계에 어떤 일이 발생할지 분석할 수 있는 간단한 생태계 모의실험 모델을 만들어서 죽는 비율을 조정해 가면서 생태계를 분석해 본다.	"한 방에 생일이 같은 사람이 적어도 2명 있을 확률이 50% 이상이려면 몇 명의 사람이 있어야 할까?" 와 같은 문제를 모의실험하기 위한 스프레드시트를 작성한다. 적어도 3명 있을 경우에 답하기 위해 동일한 모델을 사용해 본다.

그림 32 모의실험 사례

병렬화(parallelization)는 목표를 달성하는데 필요한 여러 작업을 동시에 수행하도록 자원을 구성하는 개념이다. 컴퓨터에서는 수행 속도 향상을 위하여 다중 프로세서를 사용하든지 또는 동시에 다중 프로그램을 실행하여 병렬화를 제공한다. 그림 33은 병렬화 사례를 예시하고 있다.

	사례 1	사례 2
병렬화	동영상을 제작하기 위하여 시나리오, 소품, 역할을 포함한 제작 계획을 수립한다. 동시에 수행할 수 있는 작업으로 나누고 이후 통합하는 등의 과정을 의미한다.	명량대첩을 승리로 이끈 각 거북선 포함 부대의 활동 순서를 기술한다. 활동은 거북선 준비, 병사모집 그리고 부대 및 무기 전개 결정 등을 모두 포함한다.

그림 33 병렬화의 사례

6.12 시험(test) 및 검증(verification)

복잡한 문제라도 일상생활에서 유사성을 찾을 수 있다. 전화번호부에서 자신의 전화번호를 찾는 과정은 다른 분야에서의 해법을 찾는데에도 적용될 수 있다. 예로서 핸드폰에서 어떤 예술가를 찾는다든지 또는 어떤 목록에서 참가자 찾기를 할 수 있다. 반대로 유사한 문제라도 다른 해법이 있을 수 있다. 어떻게 그 문제에 대처하는지에 따라 더 효율적이고 효과적인 해결책을 유도할 수도 있다. 다양한 해결책이 있으며 그리고 문제 해결책에 오류가 발생할 수도 있다. 때에 따라서는 문제 해결 과정이 간단하지 않고 비선형적이며 반복적이어서 실패 또는 잘못되는 경우가 있다. 한 가지 해결책만이 존재한다는 의미가 아니다. 그리고 문제 해결이 쉬운 것은 아니다.

알고리즘에 대한 신뢰성 또는 성능 검증(verification)이 필요

그래서 알고리즘에 대한 신뢰성 또는 성능 등에 대한 시험(test)과 검증(verification)이 필요하다. 프로그램하면서 알고리즘의 성능에 대한 평가, 오류 교정(디버깅) 등의 작업을 수행하게 된다. 문제 해결 알고리즘을 코드로 작성하면 시험을 통해 프로그램의 오류를 찾아야 한다. 이를 위해서는 알고리즘에 대한 논리적 추론 과정이 필요하다. **알고리즘과 프로그램 코드 간에** 분명히 **불일치 또는 오류**가 있을 것이다! 이러한 시험 및 검증을 위한 도구가 개발되어 사용되고 있다.

문제가 해결되었어도 다시 검토한다. 문제가 어떻게 해결될지를 생각해보고, 어떻게 해결책에 도달할 수 있었을지를 시험한다. 때로는 더 적합한 해결책을 위한 모델 만들기와 실행 단계를 여러 번 반복할 수도 있다.

알고리즘이 확립되지 않았을 때는 시행착오도 문제 해결의 한 방법이다.

알고리즘이 확립되지 않았을 때는 **시행착오 또는 경험적 방법이** 문제 해결의 한 방법이다. **시행착오는** 무언가를 시험해봤을 때 그것이 작동하지 않는다면, 성공할 때까지 다시 시도하는 것이다. 시행착오 과정에 패턴을 찾을 수도 있는데 이를 일반화시켜 다른 사람들도 똑같이 따르게 할 지침을 만들기도 한다. 이러한 시행착오 방식은 우리가 항상 이용해야 할 스킬(skill)에 속한다. [그림 34 참고]

그림 34 시행착오

문제 해결 과정을 검토해보면 집중해도 실패를 하게 되고, 처음에는 올바른 해결책을 얻지 못하는 수도 있다. 해결책을 지속적 시험해보고, 그 해결책이 잘 작동하는 것을 확인한다. 때로는 문제에 적합한 해결책이 아닐 수 있다는 것도 받아들여야 한다.

예제 7

마음속으로 주어진 30초 동안 정수 1부터 200까지를 덧셈하는 문제를 생각해보라.

$$1+2+3+\ldots\ldots\quad +198+199+200=?$$

마음속으로 그러한 숫자를 덧셈하는 것이 쉽지 않다. 하지만 더 작은 문제로 나누어 패턴을 찾고 알고리즘을 개발하면 쉽게 해결할 수 있다.

알고리즘 1

1) 분절파편 및 패턴 찾기

1+200 = 201, 2+199 = 201, 3+198 = 201, ..., 99+102 = 201, 100+101= 201.

2) 알고리즘 개발

$201 \times 100 = 20100$

알고리즘 2

1) 귀납적 추론 a= [1, 2, 3, ... 200]

```
sum =0;                  // 초기 합;
sum = a[i] + sum;        // 모든 수를 하나씩 더해 간다.
```

2) 반복적 더하기

```
sum for all a[i]
```

6.13 컴퓨팅 사고 스킬(skill)의 활용

6.13.1 일상생활 속의 컴퓨팅 사고

아침 일하러 갈 때 버스나 기차를 이용하는가? 혹은 어젯밤 저녁 식사를 위해 요리를 했는가? 그렇다면 그것에 대해 깊은 생각을 하지 않아도 당신은 이미 문제 해결 과정을 경험 한 것이다. 자동차를 운전하면서 네비게이터를 사용하였고, 식료품 가게에서 쇼핑하고, 레시피를 따라 요리를 하는 등 이들은 컴퓨팅 사고에 관계된다.

컴퓨팅 사고는 일상생활에서 겪게 되는 하드웨어나 소프트웨어가 아니라 사고방식이다. 즉 인공물이 아니라 아이디어이다. 모든 사람이 어느 곳에든 적용할 수 있는 것이다. 다음은 일상생활에서 우리가 겪게 되는 컴퓨팅 사고의 예제들이다.

일상생활에서 일어나는 사례들이 컴퓨팅 사고와 어떤 관련성이 있다고 생각하는가? 생활 사례들의 공통점은 컴퓨팅 사고를 필요로 한다는 것이다. 몇 가지 사례들이 어떻게 컴퓨팅 사고와 관련되는지 보여준다. 컴퓨팅 사고에서 언급한 스킬(skill) 외에도 작업 계획, 캐싱, 검색, 동시성, 해싱, 분산처리 등이 있다.

- 알파벳 순으로 정렬된 목록에서 이름 찾기
  - 선형검색 : 상단부터 시작한다.
  - 이진검색 : 중간에 시작한다.
- 은행, 슈퍼마켓, 세관 및 이민국에서 줄 서기
  - 작업 스케줄링의 성능 분석

- 당일을 위해 학생의 배낭에 물건을 넣는다.
  - 미래의 사용을 예상하여 선인출(prefetch) 및 캐싱(caching)을 하고 다중 사용자를 고려하여 모듈화한다.
  - 선인출 및 캐싱(백팩, locker, home)
- 아이들을 축구, 체조 및 수영 연습에 데려다준다.
  - 여행 세일즈맨(제약 조건이 많음)
- 미식가 요리하기
  - 병행 처리 : 야채를 요리하는 동안 고기가 차가워지는 것을 원하지 않는다.
- 차고 청소하기
  - 공간이 부족할 때 필요한 물건만 보관하는 것과 물건을 버리는 것.
- 바닥에 흩어져 있는 아이들의 레고 조각을 보관할 때.
  - 해싱 사용(예 : 모양, 색상별로)
- 세탁하기 또는 뷔페에서 음식을 가지러 갈 때.
  - 세척, 건조 및 다리미 단계를 파이프라이닝(연속적 처리) 한다. 접시, 샐러드, 주요 요리, 디저트 코너를 일렬로 배치한다.
- 알고리즘 (인수 분해, 최대공약수 찾기, ...) 및 추상 자료형 (abstract data type) (집합, 표 등)을 배운다.
  - 대규모의 복잡한 작업을 처리하기 위해 추상화와 분절 파편화를 사용한다.
- 동시성 문제(철학자 식사) : 5 명의 철학자는 원형 테이블 주위에 앉아있다. 각 철학자는 생각과 식사를 번갈아 가며 생활을 한다. 테이블 중앙에는 스파게티 한 그릇이 있다. 철학자는 스파게티를 먹는 두 개의 포크가 필요하다.
  - 회의를 조정할 때 교착 상태임을 알리고 경쟁 조건을 피한다.
- 분산 컴퓨팅 : 인터넷, 비동기적 통신, 끊김 없고 속도 유지
  - 이중화, 손상 억제 및 오류 수정을 통해 최악의 시나리오에서 예방, 감지 및 복구한다.

6.13.2 컴퓨팅 사고에서 무슨 스킬을 배워야 하는가?

요즘은 초・중등 과정에서 학생들에게 학교 교육을 통하여 의무적으로 학생들이 컴퓨터 과학을 학습하고 있다. 전 세계적으로 많은 나라에서 의무교육으로 컴퓨팅 사고를 가르치고 있다. 컴퓨팅 사고력은 인간의 가장 기본적인 능력으로 읽기, 쓰기, 셈하기 등과 마찬가지로 21세기의 학생들이 반드시 익혀야만 하는 능력이 되어 가고 있다.

일상생활에서 책을 읽고, 글을 쓰고, 더하기 빼기 같은 수학 연산을 쉽게 하듯이 이제 우리는 컴퓨팅 사고로 문제를 해결하는 것이 자유롭고, 편리하게 활용되어야 할 것이다.

하지만 언제 무슨 내용을 학생들에게 가르치고 배워야 하는가? 수학 및 물리 등에는 기본적으로 학습하는 체계가 있다. 5살 유치원 때 숫자를 배우고, 어떤 숫자가 더 큰가 하는 개념을 공부하고, 이어 중학교 때 대수학을 배우고, 고등학교 또는 대학교 때 미적분을 학습하게 한다.

컴퓨팅 사고는 특히 컴퓨터 비전공 학생들이 **컴퓨팅 능력을 이용하는 방법을 이해**하는 데 도움을 준다. 기존 교과나 기술을 변경할 필요는 없다.

컴퓨팅 사고도 영어, 수학처럼 초중등 교과과정에 체계가 있어야 할 것이다. 예를 들어서 초중고교 과정에서는 흥미를 높이기 위해 조립 키트, 로봇 같은 장치에 프로그램을 작성한 후 실제 작동하는 것을 경험하면서 컴퓨팅 사고를 학습한다. 반면에 대학에서는 컴퓨팅 사고의 좀 더 고급 스킬을 학습하도록 하여야겠다.

대학 수준에서 배우는 컴퓨팅 사고의 고급 스킬에 대하여 생각해보자. 어떤 스킬인지 설명할 수 있도록 해보자.

산술, 논리, 추론, 비교, 또는 분기 제어(control) 개념
순차, 호출(call), 반복(iteration), 재귀(recursion) 개념
복잡성을 어떻게 관리할 것인가?
무슨 원리에 의해 객체 또는 지식을 컴퓨터로 표현할 수 있는가?
프로그램의 문장들은 논리적으로 어떤 의미를 갖는가?
정형화란?
....

컴퓨팅 사고과정에 사용하는 기본기능인 산술연산, 논리 연산, 추론, 비교 연산, 또는 분기 제어(control)기능 같은 개념을 이해하여야 한다. 그 밖에도 순차, 호출(call), 반복(iteration), 재귀(recursion) 개념을 이해하여야 할 것이다. 이러한 개념을 사용하여 알고리즘을 표현할 수 있어야겠다. 이러한 기법과 개념을 활용해서 보다 체계적인 문제 해결이 가능하다. 그래서 다른 어떤 방법보다도 문제 해결 과정에 있어 우위를 점할 수 있다.

- 재귀(recursion) 개념은 무엇인가?
- 컴퓨팅의 한계는 무엇일까?
- 어떤 문제는 컴퓨터를 활용하여 해결할 수 있고(computable) 어떤 문제는 해결할 수 없는(uncomputable) 것일까?

재귀(recursion)는 반복(iteration)과는 다른 좀 다른 개념이다. 반복은 그 반복 횟수가 정해질 수 있다. 하지만 재귀는 무한 반복하는 메커니즘이다. 그래서 재귀를 사용할 때는 어느 시점에 재귀를 멈추게 해야 할지 무한루프에서 탈출하는 조건을 제공해주어야 한다. 표면적으로는 대단해 보이지는 않지만, 재귀는 프로그램하기가 어려운 문제에 대한 우아한 솔루션을 제공한다.

6.13.3 컴퓨팅 사고의 활용

예제 12

여러분이 기자(journalist)라고 생각하고, 다가오는 선거에서 사람들의 의견이 어떤지 알고 싶다면 어떻게 할까?

하나의 방안은 거리에서 개별 사람들에게 의견을 요청하는 것이고, 또 다른 방안은 수백만의 SNS 및 웹 페이지에 게재된 의견을 컴퓨터 프로그램을 통해 자동으로 수 초 만에 수집하여 분석하는 것이다. 이것이 바로 컴퓨팅 사고를 통한 접근 방법의 장점의 한 예이다.

- **저널리스트** : 선거에 대한 의견 수집
- **기존** : 거리에서 의견조사
- **컴퓨팅 사고** : SNS, 웹 페이지등 자동 방문 조사하는 프로그램 개발 → 순식간에 수집, 분석

데이터의 수집보다 데이터 내면에 집중

과거에는 필요한 데이터를 수동적으로 수집하여왔다. 이제는 알고리즘을 개발하여 매우 빠르게 결과를 얻을 수 있다. 데이터 수집에 많은 시간을 소모하기보다는 데이터의 내면에 더 집중할 수 있게 되었다. 데이터 내면에 집중하고 상황을 분석하여 결론을 유도하게 된다. 우리는 단순히 프로그래머가 개발한 알고리즘을 그대로 사용하는 것을 원하지 않는다. 우리 자신의 모델을 개발하기를 원한다. 그렇게 하기 위해서는 내부에 숨겨진 패턴을 찾아야 한다.

"프로그램에 관련된 지식이 있어야 컴퓨팅 사고를 더 잘 활용할 수 있을 것이다. 하지만 컴퓨터를 충분히 이해하지 못해도 이해할 수 있는 개념이다."

실생활에서부터 다양한 학문 분야까지, 간단한 문제에서 복잡한 문제까지의 직면한 문제를 해결하기 위해 컴퓨팅 사고가 필수가 되어가고 있다. 인간의 두뇌와 첨단 기술의 힘과 효율성을 이용하자. 즉, 컴퓨터에 대한 지식과 프로그램에 관련된 지식이 있어야 컴퓨팅 사고를 더 잘 활용할 수 있다. 하지만 컴퓨터에 대학 지식이 많지 않은 사람들은 어떻게 컴퓨터가 작동하는지 이해하지 못할 수 있다. 그리고 어떻게 프로그램이 만들어지는지 이해하지 못할 수 있다. 컴퓨팅 사고를 통한 문제 해결은 컴퓨터를 충분히 이해하지 못해도 이해할 수 있는 개념이다.

"컴퓨팅 사고는 어느 분야의 문제 해결에도 사용될 수 있을까?"

컴퓨팅 사고를 통해 개발된 기법은 어느 분야에서든 문제 해결에 적용될 수 있다. 전공이 인문학, 수학, 예술, 생물학, 교통, 영업 등 어느 분야든 상관없다. 문제 해결에 필요한 일련의 컴퓨팅 사고 기법들은 어떤 분야의 종사자들에게도 새로운 문을 열어준다. 영역을 넘어서는 사고 방법을 제공하기 때문이다. 특히 많은 STEM(science, technology, engineering, math) 문제들도 컴퓨팅 사고에 의해 해결될 수 있다. 컴퓨팅 사고는 우리가 단순 사고(생각)만 하도록 하는 것이 아니라 실제 무언가를 수행하는 방법을 개발하는 것이다.

컴퓨팅 사고 학습에 반드시 프로그램 언어를 사용할 필요는 없다.

컴퓨팅 사고 교과목에 프로그래밍 작성을 포함한 수업이 많이 있다. 컴퓨팅 사고가 항상 프로그래밍 언어를 사용하는 것으로 결론되지는 않지만, 무엇이 가능한지를 보는 것도 훌륭한 방안이 된다. 코드를 어떻게 작성하는 것인지를 배우는 것이 교과목의 목표가 아닐뿐더러, 이미 코드를 작성하는 방법을 알고 있어야 하는 것도 전제조건은 아니다.

연습문제

01 **컴퓨팅 사고는 무엇을 포함하는가?**

1) 컴퓨터처럼 이진으로 사고하기
2) 복잡한 문제를 간단한 단계로 분해
3) 프로그램 하는 방법을 학습하는 것
4) 프로그램을 작성하기

02 **무엇이 복잡한 문제인가?**

1) 해결하는데 한 개 이상의 컴퓨터를 필요로 하는 문제
2) 명확하고 즉각적인 해결책이 없는 문제
3) 하나의 컴퓨터로만 해결될 수 있는 문제
4) 프로그램 소스 길이가 긴 것

03 **다음의 과정을 흐름도로 작성해보시오.**

1) 아침에 일어나서 학교로 등교하는 과정
2) 일주일 동안의 학교 등교 과정

04 **문제를 작은 문제로 나누는 과정에 주어진 이름은 무엇인가?**

1) 분절파편화(Decomposition)　　2) 정형화
3) 추상화　　4) 알고리즘 설계

05 **파티에 입을 옷을 결정하는 것이 무엇의 예입니까?**

1) 컴퓨팅 사고　　2) 추상화
3) 분절파편화　　4) 캡슐화

힌트 왜냐하면 문제를 생각하고 해결책을 도출해야하기 때문

06 추상화(abstraction)란 무엇인가?

1) 필요한 문제에 집중하기 위해 필요하지 않은 문제의 특성을 걸러내는 과정
2) 문제해결위한 알고리즘의 생성
3) 복잡한 문제를 다룰 수 있는 여러 문제로 나누는 과정
4) 피카소의 그림

07 다음 중 어떤 것이 컴퓨팅 사고의 예에 속하는가?

1) 피자 굽는 방법을 계획하고 따라야 할 단계 목록을 작성하는 것
2) 친구에게 피자 굽는 방법 묻기
3) 피자를 만들 때 어떤 재료가 가장 효과적인지 알아보기 위해 다른 재료를 시도한다.
4) 피자를 친구와 나눠 먹는다.

08 고속버스 노선도는 어떤 것의 좋은 예에 속하는가?

1) 분절파편화　　2) 알고리즘 설계
3) 캡슐화　　4) 추상화

09 비디오 게임을 완성하는 방법을 알아내는 것이 무엇의 예입니까?

1) 알고리즘 설계　　2) 분절파편화
3) 추상화　　4) 정형화

10 무엇이 중요하고 무엇이 중요하지 않은지 결정하는 것이 무엇의 예입니까?

1) 알고리즘 설계　　2) 추상화
3) 정형화　　4) 분절파편화

11 다음 중 컴퓨팅 사고의 예제가 아닌 것은?

1) 컴퓨터 게임 레벨을 달성하기 위해 무엇을 수집할지 계획하기
2) 컴퓨터 게임에서 적을 물리치는 방법을 계획하기
3) 우연히 컴퓨터 게임 레벨 달성
4) 컴퓨터 게임 레벨을 달성하기 위해 어디에서 종료해야 하는지 계획하기

12 **다음의 과정을 의사 코드로 작성해보시오.**

1) 아침에 일어나서 학교로 등교하는 과정

2) 일주일 동안의 학교 등교 과정

13 **테스트 데이터의 3가지 유형은 무엇인가요?**

1) 유효, 무효 및 오류

2) 유효, 무효 및 극단값

3) 오류, 극단값 및 무효

14 **성공적인 컴퓨터 프로그램을 만들기 위해서, 보통 얼마나 많은 컴퓨터 사고 기법이 필요한가?**

1) 하나

2) 둘

3) 셋

4) 넷

15 **컴퓨터 사고에서 언제 컴퓨터가 가장 많이 사용됩니까?**

1) 분절파편화

2) 마지막에, 컴퓨터를 프로그래밍 할 때

3) 알고리즘 작성할 때

4) dry run

16 **알고리즘이란 무엇인가?**

1) 문제를 해결하는데 사용되는 패턴과 경향

2) 문제를 해결위한 단계별 명령 집합

3) 프로그램 언어

4) dry run

17 **알고리즘은 어떻게 표현되는가?**

1) 플로우차트

2) 의사코드

3) 플로우차트 또는 의사코드

4) 소스 코드

18 **플로우차트란?**

1) 명령 집합을 표현하는 그림
2) 특정 구문을 사용하는 고급언어
3) 특정 구문을 사용하지 않고 명령 집합을 묘사하는 방법

19 **플로우차트에서 처리(process) 명령을 위한 올바른 기호는?**

1) 사각형
2) 평행사변형
3) 정사각형
4) 삼각형

20 **검증에서 수행하지 않는 것은 무엇인가요?**

1) 입력한 데이터가 올바른 데이터 유형인지 확인
2) 데이터가 실제로 입력되었는지 확인
3) 입력한 데이터가 올바른지 확인.

21 **테스팅의 목적은 무엇인가?**

1) 사용자가 프로그램에 익숙해지도록 하기 위함
2) 프로그램이 의도한 대로 작동하는지 확인하기 위함
3) 프로그래머가 모든 요구사항을 충족하는지 확인하기 위해

22 **플로우차트의 각 명령은 무엇으로 연결됩니까?**

1) 직선
2) 이중선
3) 화살표
4) 이중화살표

23 **플로우차트에서 올바른 의사 결정 기호는 무엇입니까?**

1) 사각형
2) 다이아몬드
3) 정사각형
4) 평행사변형

24 의사코드란 무엇인가?

1) 명령 집합을 표현하는 그림
2) 특정 구문을 사용하는 고급언어
3) 특정 구문을 사용하지 않고 명령 집합을 묘사하는 방법
4) 소스코드

25 패턴 인식(pattern recognition)이란 무엇인가?

1) 하나의 복잡한 문제를 작은 문제들로 나누는 것
2) 패턴에서 모델을 만드는 것
3) 문제 간 및 문제 내에서 유사성을 찾는 것
4) 복잡한 현상에서 핵심사항 만 골라내는 것

26 검증(validation)의 목적은?

1) 입력한 데이터가 합리적이고 가능한지를 확인.
2) 입력한 데이터가 올바른지 확인
3) 프로그래머가 모든 요구사항을 충족하는지 확인하기 위함

27 패턴을 찾지 않으면 어떻게 될까요?

1) 해답이 비효율적일 수 있다.
2) 문제를 올바르게 풀지 못할지도 모른다.
3) 올바르지 않거나 비효율적인 해답을 생성할 수 있다.

28 다음 중 패턴이 포함되지 않은 것은?

1) 어떤 시계들은 알람을 가지고 있다.
2) 어떤 시계들은 디지털이다.
3) 이 시계는 시계바늘이 있다.

29 모델(model)이란 무엇인가?

1) 문제에 대한 표현
2) 컴퓨터 프로그램
3) 스프레드쉬트

30 **다음 중 일반 특성이 아닌 것은?**

1) 개는 빨리 달린다.
2) 개는 하나의 코를 가지고 있다.
3) 이 개는 갈색 코트를 입고 있다.

31 **집에는 벽과 문이 있고 사람들은 그 안에 산다. 집을 그리기 위해 우리가 알아야 할 특징들은 몇 가지인가?**

1) 1
2) 2
3) 3
4) 4

32 **다음 중 어떤 것이 분절파편의 예에 속하는가?**

1) 정비사가 자전거를 수리하는 것을 보고 있다.
2) 서로 다른 자전거의 유사성을 살펴본다.
3) 자전거를 구성하는 다양한 부분을 자세히 살펴봄으로써 자전거의 작동 방식 파악한다.
4) 자전거에 부가적인 장치를 더 부착하여 복잡한 자전거가 되게 한다.

33 **SNS, Facebook, Google, Web 등에서 패스워드를 효율적으로 기억하는 알고리즘을 생각해보자. 동일한 패스워드를 사용하면 쉽겠지만, 누가 언제 사이트를 해킹할지 모르는 일이다. 모든 사이트에 대해 서로 다른 패스워드를 사용하는 알고리즘을 생각해보라?**

34 **평가(evaluation)하는 것이 왜 중요한가?**

1) 해결책이 가능한 한 우수한지 확인하기 위해
2) 해결책이 테스트되었음을 증명하기 위해
3) 비효율적이다.

35 **해결책이 어떻게 고장 날 수 있습니까?**

1) 불완전할 수 있다.
2) 해결책이 불완전하거나 분해(분절파편)되지 않을 수 있다.
3) 분해되지 않을 수 있다.

36 펜과 종이로 알고리즘을 통해 작업하는 것은 무엇으로 알려져 있는가?

1) 테스트(testing)
2) 시운전(dry run)
3) 평가(evaluation)

37 비정형 객체 및 행동을 정형화 할 수 있는 사례를 들어보자.

38 컴퓨팅 사고의 일상 생활 속에서의 예

39 학교에서 집에까지 가는 방법 중에서 대중교통으로 가장 빨리 가는 방법은?
대중교통을 이용하여 가장 저렴하게 갈 수 있는 방법은?

40 컴퓨팅 사고란 무엇인가?

41 컴퓨팅 사고의 중요 요소는 무엇인가?

42 컴퓨팅 사고가 다른 형식의 문제 해결 전략과 어떻게 구별되는가?

43 대학 교육에서는 컴퓨팅 사고의 무엇이 중요한가?

44 사고와 추론의 차이는?

45 왜 우리는 컴퓨팅 사고로 생각할 필요가 있는가?

1) 프로그램 작성을 돕기 위해
2) 복잡한 문제를 더 쉽게 해결하도록 돕기 위해
3) 우리가 컴퓨터처럼 생각하는 것을 돕기 위해

46 **다음 중 컴퓨팅 사고의 기법이 아닌 것은?**

1) 분절파편화 2) 패턴 매칭

3) 추상화 4) 코딩

47 **다음 중 어떤 것이 컴퓨팅 사고의 예제인가?**

1) 친구 만나러 갈 때 경로를 계획하는 것

2) 친구 만나로 갈 때 친구를 만날 때까지 배회하는 것

3) 친구 만나러갈 때 부모님께 길을 계획해 달라고 부탁한다.

48 **커피 한 잔을 먹기 위한 방법은?**

7 세상을 데이터로 표현

7.1 데이터 유형

어떻게 일차원 선형 메모리 공간에 다양한 데이터를 표현할까?

실세계 객체를 이진 부호화하여 컴퓨터로 표현할 수 있는 데이터에 어떤 종류가 있는지 기술한다. 이를 데이터 유형(data type)이라고 하는데 데이터 유형마다 표현하는 방법이 다르다. 데이터 표현에서 유념할 것은 일차원 선형 메모리 공간에 어떻게 다양한 데이터를 표현해 넣는가이다. 그림 1처럼 데이터 유형(data type)은 기본 데이터(primitive data)와 복합 데이터(non-primitive data 또는 structure)로 분류된다.

기본 데이터 유형에는 수(numeric), 불(boolean), 문자열(strings)이 있다. 복합 데이터 유형(data type)에는 배열(array), 리스트(lists), 파일(files) 등이 있다. 그리고 이들을 자세히 살펴보면 더 세부적인 데이터 유형을 포함하고 있다. 예로서 수(Numeric)에는 무부호 정수(unsigned integer), 부호 정수(signed integer), 실수(float) 등이 존재한다. 그리고 문자(strings) 유형에도 문자와 문자열의 세부 유형이 있다.

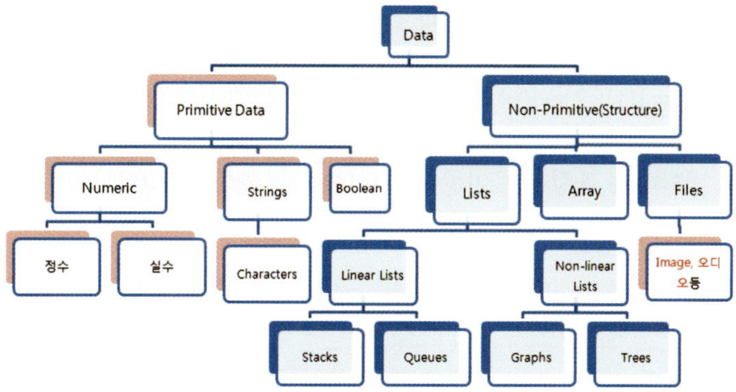

그림 1 데이터 유형 분류

7.2 수의 표현과 연산

7.2.1 수의 변환

무엇이든 수로 표현할 수 있으면 튜링기계로 무엇이든 계산 가능하다고 하였다. 세상의 객체를 수로 어떻게 표현할까? **먼저 수는 중요한 객체로** 정수, 실수, 음수 등 데이터 유형이 다양하다.

십진수를 1차원 메모리 주소 공간에 이진 데이터 부호로 표현한다.

에니악 같은 초기 컴퓨터는 인간처럼 십진수를 사용하였지만, 이후 현대 컴퓨터는 이진수를 사용한다. 인간은 **십진수를 사용하지만** 컴퓨터 하드웨어는 **이진 데이터를** 처리한다. 수를 이진, 16진, 10진법 상호 변환하여 1차원 메모리 주소 공간에 표현할 수 있다. 특히 16진 표기는 수를 전자적 하드웨어로 표현하는 데 많이 사용한다.

수가 어떤 표기법으로 표현되었는지를 구분하기 위해 특별한 표기법을 사용한다. 예를 들어 이진수는 다음과 같은 방법으로 표기한다. 독자들은 이진과 십진 등 다양한 진법 사이에 수를 상호 변환하는 방법을 이해해야 한다.

100101b(b를 덧붙임)

100101_2 하부 첨자 2를 덧붙임, 주로 수학에서 쓰임)

0b100101(앞에 0b를 덧붙임, 주로 프로그래밍 언어에서 쓰임)

이진법에서 각 자리 숫자는 2의 지수로 표현되는데 가장 오른쪽 숫자는 2^0, 다음 기호는 2^1, 다음은 2^2이 된다. 수의 자리가 왼쪽으로 하나씩 올라감에 따라 자리의 값이 2배씩 커진다. 이진수 100101_2는 자릿수 별로 2배씩 변화하며 십진수로는 37과 같다.

$$100101_2 = [(1)\times 2^5]+[(0)\times 2^4]+[(0)\times 2^3]+[(1)\times 2^2]+[(0)\times 2^1]+[(1)\times 2^0]= 37$$

십진수를 이진수로 변환하는 과정을 보여준다. 이진수로 변환하면 $(2.625)_{10} = (0010.101)_2$가 된다. 아래의 계산 과정을 참고한다. [그림 2 참고]

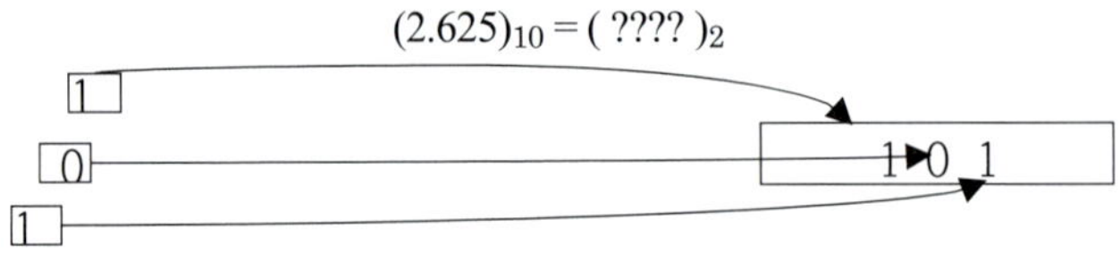

그림 2 실수의 이진 변환

$0.625 \times 2 = 1.25$
$0.25 \times 2 = 0.5$
$0.5 \times 2 = 1.0$

수 체계를 변경해도 동일 산술연산 결과 얻을까?

인간은 산술연산을 수행하는데 십진법을 주로 사용하는데, 이진으로 처리해도 동일 결과를 얻을까? 십진 13 + 23 = 36 계산을 이진으로 해도 동일 결과를 얻을까? 이진법, 팔진법, 십진법 어떤 수 체계를 사용하든 산술연산 결과는 같다. 인간이 현실 세계의 십진법 산술처리를 컴퓨터에서 이진 체계로 산술처리를 하여도 동일 결과를 얻는다는 것을 의미한다. 나중에 설명하지만, 컴퓨터 하드웨어의 제약으로부터 발생하는 약간의 차이는 있다.

수를 표현할 때 얼마나 큰 메모리가 필요할까?

위에서 십진수 37을 표현하는데 6비트를 사용하였다. 더 큰 수는 더 많은 비트가 필요하겠다. 만약 8비트를 사용한다면 정수를 0에서 255까지 표현 할 수 있다. 16비트로 표현하면 0에서 65535까지 가능하다. 그렇다면 더 큰 정수를 위해 더 많은 메모리 비트가 필요하겠다.

더 큰 수를 표기하기 위해서는 더 많은 비트가 필요한데, 컴퓨터에서는 **비트 개수를 제한**한다. 컴퓨터 자원의 효율성을 위해 비트 수를 제한한다. 정수, 실수 등에 표기할 수 있는 최대와 최소 비트 개수가 존재한다. 예로서, 인텔 80×86 프로세서에서는 정수(int)와 실수(float) 표현에 4바이트(= 32비트) 사용한다.

양수, 음수, 실수 등 다양한 종류의 수를 어떻게 표기할까?

수에는 양의 정수, 음의 정수, 실수, 복소수 등 다양한 종류의 수가 존재하는데 이들을 어떻게 이진으로 표기할까? 먼저 음수와 양수를 이진으로 표현하는 경우를 살펴보자. 양수는 첫 비트가 0으로 시작하고, 음의 숫자는 1로 시작한다. 예를 들어서 양수 4는 이진으로 0100인데, 음수 -4를 2의 보수로 표현하면 1100 이 된다. 음의 정수를 이진수로 표시하는 데는 보수체계를 이해하여야 한다. 7(=0111)인데, 음수 -7를 2의 보수로 표현하면 1001이 된다.

2 의 보수(Two's complement)란?

수학의 집합이나 실험에서 보수(complement)란 한 이벤트에 속하지 않는 나머지 모두를 의미한다. 일반적으로 컴퓨터에서 음수는 2의 보수를 취하여 만들어진다. 1의 보수도 있음을 유의한다.

이진수 연산에서 2의 보수란 **부호(sign) 있는 수**의 표현 방법으로 컴퓨터에서 널리 사용되는 방법이다. N비트로 표현될 수 있는 최댓값은 2^N으로 표현되는데 보수는 이진으로 표현되는 최댓값에 대한 부정(negation)으로 정의된다. (최댓값 - 어떤 이진수)로 정의된다. 3비트인 경우 최댓값은 2^3으로 이진값으로는 1000_2 이 된다. 예를 들어 이진수 010에 대한 2의 보수는 1000 - 010 = 110이 된다. [표 1 참고]

표 1 이진수와 보수

십진수 값	이진 값(2의 보수 표현)
0	0000 0000
1	0000 0001
2	0000 0010
126	0111 1110
127	0111 1111
−128	1000 0000
−127	1000 0001
−126	1000 0010
−2	1111 1110
−1	1111 1111

음수를 만들 때 또 다른 방식으로 1의 보수(One's complement) 체계도 있다. 이진수에 대한 1의 보수는 이진 표현 수에서 모든 비트를 반전하여 얻은 값으로 정의된다(1은 0으로, 그 반대는 0으로 바꾼다).

예를 들어 이진수 '010'에 대한 1의 보수는 '101'이 된다.

"어떻게 컴퓨터에서 실수를 표현할까?"

실수를 표현하는 방식은 정수보다 좀 복잡하다. 실수는 보통 정수와 소수부로 나누어 표시하는데 2가지 방식이 있다. 첫 번째로 고정소수점(fixed point) 방식은 소수부의 자릿수를 고정한다. 고정소수점 방식은 크고 정밀한 실수를 표현하지 못하기 때문에 최근 컴퓨터에서는 사용되지 않는다. 다음은 실수 표현에 8비트를 사용하고, 그중 3비트는 소수부를 나타내는 데 사용한다. 고정소수점 방식으로 표시된 수는 십진으로 0.125가 된다.

$$10111.011_2 = 0.125$$

예제 1

상기 8비트중 3비트 소수부의 표기법으로 나타낼 수 있는 최댓값은?

답 $11111.111_2 = 31.875$

부동소수점(floating point) 방식은 소수점의 위치를 고정하지 않고 가수부와 지수부로 나누어 표기하는 방식이다. (가수)×(밑수)$^{(지수)}$와 같이 곱셈 형태로 표현된다. 밑수는 2나 10, 16을 사용하는데, 컴퓨터에서는 2진법을 사용하여 부호부, 지수부와 가수부로 나타낸다. 소수점의 위치가 지수부의 크기에 따라 변경되며 소수점은 지수부와 가수부 사이에 있는 것으로 간주한다. 보통 가수부와 지수부로 나눈 다음 소수점을 첫 자리로 이동 후 옮긴 만큼 지수로 표시한다. 다음 이진수 표기에서 b_i는 1 또는 0이 된다. m은 지수부이고, n은 가수부에 해당한다.

$$x = \pm\, b_0 \cdot b_1 b_2 b_3 \cdots b_n \times 2^m$$

예제 2

39.6875 = 100111.1011_2를 부동소수점 표기법으로 표현하세요.

답 $39.6875 = 100111.1011_2 = 1,0011110112 \times 2^5$

부동 소수점 기수법에서 어떤 수의 유효 자릿수를 나타내는 부분. 예를 들면, 10진 실수 10.34375가 있을 때 10진 부동소수점 방식으로 표현하면 $10.34375 = 1.034375 \times 10^1$이 된다. 0.034375를 가수라고 하고 1을 지수(exponent)라고 한다. 가수는 소수 부분을 나타내고 지수는 소수점의 위치를 지정한다.

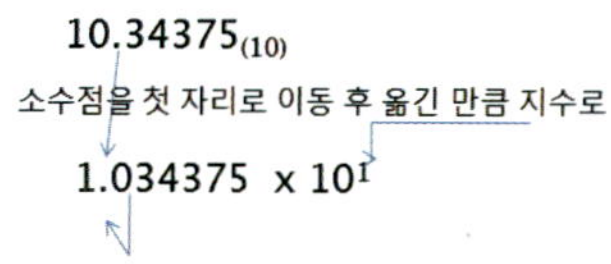

십진수 $10.34375_{(10)}$은 이진으로 변환하면 $1010.01011_{(2)}$가 되는데, 소수점을 이동하여 지수 값으로 다음처럼 표현한다.

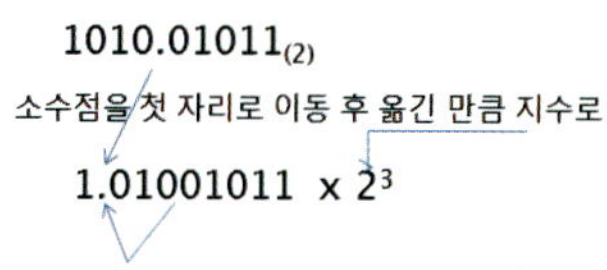

부동소수점으로 나타내면 1.01001011×2^3가 된다. 메모리에 저장할 때는 부동소수점 표현에서 지수와 가수를 분리하여 저장한다. $3(11_{(2)})$는 지수고 01001011은 가수라고 한다. 메모리에는 이러한 지수와 가수를 저장한다.

부동소수점을 표현 및 처리하는 전기전자기술자협회(IEEE)의 표준 IEEE 754가 현재 가장 널리 쓰인다. 매우 큰 실수까지 표현할 수 있다. 그리고 소수점이 있는 실수를 처리하기 위해서는 별도의 지원이 필요하겠다. 예로서 부동소수점 장치 FPU(Floating Point Unit) 같은 것을 사용한다. 실수를 IEEE-754 표준의 32비트 단일 정밀도로 표현하면 다음과 같다. 부호 비트가 0 이면 양수, 1이면 음수가 된다.

$$x = (-1)^s 1.f \times 2^m$$

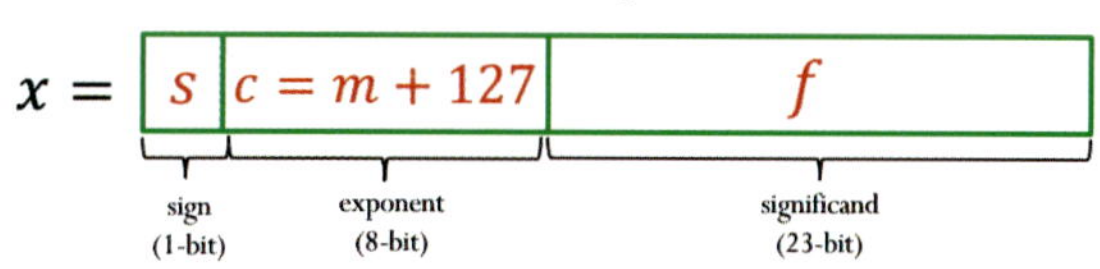

예제 3

실수 = −67.125를 IEEE 단일 정밀도 표준으로 표현하세요.

답 $67.125 = 1000011.001_2 = 1.000011001_2 \times 2^6$

$$c = 6 + 127 = 133 = 10000101_2$$

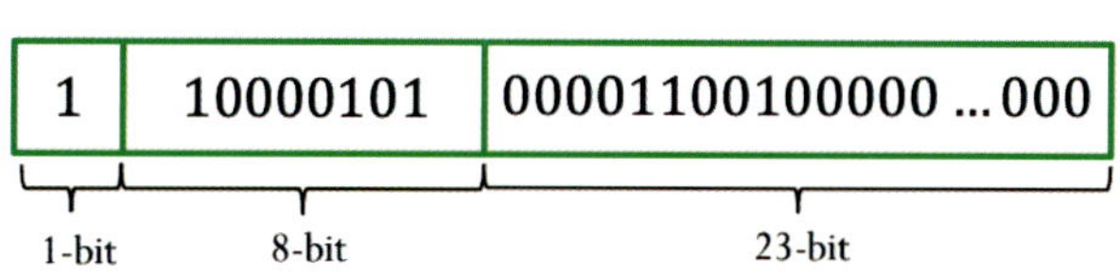

컴퓨터에서 데이터가 저장되는 것은 32비트 또는 64비트 인지에 따라 형식이 다른데, 32비트일 때 지수는 8비트, 가수는 23비트로 나타낸다. 64비트(=8바이트)로 표현할 경우는 양수(0), 음수(1) 부호를 나타내기 위해 1비트, 지수에 11비트, 가수에 52비트를 사용한다. 지수에 1023을 더해서 바이어스(bias)된 정수로 저장한다. 즉, 1023은 11비트로 나타낼 수 있는 값들의 중앙값으로 0 제곱을 의미하고, 만약 1022이면 -1 제곱, 1100이면 1100 - 1023 = 77로 77 제곱을 의미한다. 이 중앙값을 바이어스(bias)라고 한다. [그림 3 참고]

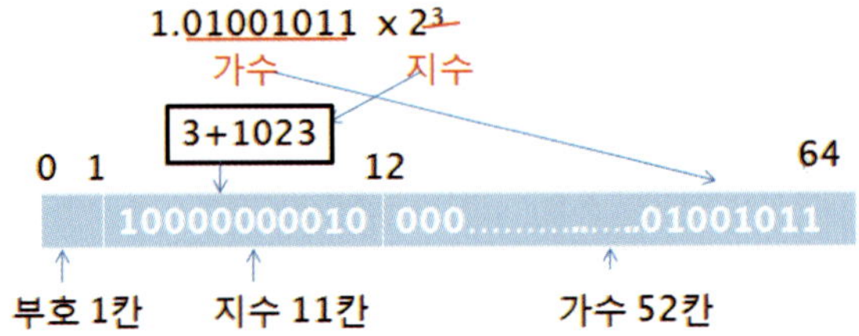

그림 3 64비트 부동소수점 표기법

역으로 메모리에서 읽으면 다음처럼 표시된다.

$$(1 + (\text{가수})) \times 2^{\text{지수}-1023}$$

참고로 메모리 또는 바이트 크기 등을 표현하는데 이진 접두사가 표준화되어 사용되고 있다. 예를 들어서 국제단위계(SI)에서 접두사 메비(MiB)는 1,048,576(2^{20})을 나타내는 배수이다. [표 2 참고]

표 2 이진수-십진수 국제 표준 값

십진수			이진수		
값	기호	읽기	값	기호	IEC(읽기)
1000	K	kilo	2^{10}	KiB	kibibyte
1000^2	M	mega	2^{20}	MiB	mebibyte
1000^3	G	giga	1024^3	GiB	gibibyte
1000^4	T	tera	1024^4	TiB	tebibyte
1000^5	P	peta	1024^5	PiB	pebibyte
1000^6	E	exa	1024^6	EiB	exbibyte
1000^7	Z	zetta	1024^7	ZiB	zebibyte
1000^8	Y	yotta	1024^8	YiB	yobibyte

7.2.2 수 표현의 한계

메모리 크기의 한계로 수의 표현에 제약이 존재한다. 수학에서 정수는 -∞ ~ +∞까지 범위를 생각할 수 있는데, 컴퓨터에서는 8비트 가지고 부호 정수를 표현할 때는 +127에서 -128 범위의 수 또는 무부호 정수(unsigned char)는 0에서 255의 수만을 표현한다.

표 3은 C 언어에서 사용하는 데이터 유형별 데이터가 취할 수 있는 수의 최대 범위를 나타낸다. 2바이트 short 형식의 정수는 -32768 ~ 32767, 4바이트 int 형식 정수는 -2147483648 ~ 2147483647로 값의 범위가 매우 제한적이다. 컴퓨터의 성능에 따라 표3의 정수 또는 실수에 대한 최대 또는 최솟값의 범위가 변동됨을 유의해야 한다.

표 3 데이터 유형별 수의 한계

데이터 유형	공역(range)
char	-128 ~ 127
unsigned char	0 ~ 255
short	-32768 ~ 32767
int	-2147483648 ~ 2147483647
float	3.4e-38 ~ 3.4e+38
double	1.7e-308 ~ 1.7e+308

실수 $0.1_{(10)}$을 이진으로 표현해보자. 2진으로 변환하면 $0.00011011011..._{(2)}$가 되는데 '011'이 반복되어 나타나는 무한소수가 된다. 그러면 십진수 0.1을 컴퓨터는 어떻게 제대로 인식할 수 있을까?

"십진-이진 변환 오류 발생"

이번에는 실수 1/3을 이진으로 표현해보자. 실수 1/3은 0.33333333....처럼 '3'이 무한 반복되는데 이것을 완벽하게 이진수로 표현할 수 없다. 실수를 컴퓨터 자원 제한의 문제로 이진수 부호로 표현하지 못하는 경우가 있다. 이때 우리는 근사적으로 표현하게 된다. 컴퓨터에서 사용하는 비트 수에 따라 근사값과 실제 값 사이에 오차가 생긴다. 십진법 실수와 이진수 표현에는 약간의 오차가 발생하는 문제점이 있다.

"오버플로 발생 가능"

무한의 수학적 개념을 컴퓨터 프로그램에서는 **제한된 비트 수**로 다룬다. 이 제한으로 인해 오버플로 또는 기타 오류가 발생할 수 있다. 예로서 큰 수를 나타내는데 제한이 있다. "정수(integer)" 형은 -2147483648 에서 2147483647 까지의 정수 범위로 제한된다.

컴퓨터에서는 무한히 큰 숫자(예 : 999333555222777123456789....) 를 표현하는 것이 불가능 : 컴퓨터의 한계

컴퓨터의 비트 수에 의해 표현할 수 있는 한계가 있다. 컴퓨터에서는 무한히 큰 숫자(예: 9993333555222777123456789....) 를 표현하는 것이 불가능하다. 컴퓨터에서 사용하는 이진수 표현에는 약간의 오차와 제한이 있지만, 실제적으로는 큰 문제가 되지 않는다.

로또 및 뽑기 같은 게임 또는 시뮬레이션 프로그램을 만든다든지 할 때 난수(random number)를 생성하는 것이 중요하다. 그래서 프로그램에서는 난수를 생성하기 위한 라이브러리 함수 rand()를 제공하고 있다. 이때 난수 발생 함수 rand()을 통해 얻을 수 있는 최댓값이 32767로 난수 발생에도 한계가 있다.

허수를 어떻게 표현할 수 있는가?

7.2.3 이진 산술연산

이전에는 컴퓨터의 중앙처리장치에서 이진수의 논리 연산에 대하여 설명하였다. 이제 이진수 덧셈, 뺄셈, 곱셈 및 나눗셈의 산술연산이 어떻게 되는지를 기술한다.

덧셈(Addition)

이진 덧셈은 이진 산술연산의 핵심이고 그리고 한 자리 이진수 덧셈에는 표 1과 같이 4가지 규칙이 있다. 십진 숫자들 대신에 0과 1을 사용하는 이진 덧셈 계산은 십진 덧셈과 동일 방식으로 작동한다. 실제로 이진 덧셈이 십진수 덧셈보다 훨씬 간단히 회로를 만들 수 있다. 다음을 기억하기만 하면 된다. 4번째 행의 경우, 이진 덧셈은 '1+1 = 10'으로 되는데 합(sum) 열에는 0이 표시되고, 다음 열에 자리올림(carry) 1이 발생한다. [표 4 참고]

표 4 이진 덧셈

경우	A + B	덧셈	자리올림
1	0 + 0	0	0
2	0 + 1	1	0
3	1 + 0	1	0
4	1 + 1	0	1

다음은 십진 13_{10}과 23_{10}의 덧셈을 이진 01101_2과 10111_2 숫자의 덧셈으로 변환하여 그 과정을 보여준다. 상단 행은 사용된 자리 올림 비트를 보여준다. 그리고 최종 결과가 100100_2(십진수 36)가 된다. 컴퓨터는 이러한 두 수 간의 덧셈을 매우 빠르게 계산한다.

```
 11111   (자리올림수)
  01101
+ 10111
------------
=100100
```

$[(1)\times2^5]+[(0)\times2^4]+[(0)\times2^3]+[(1)\times2^2]+[(0)\times2^1]+[(0)\times2^0] = 36$

뺄셈(Subtraction)

뺄셈에서는 음수와 같은 부호가 있는 이진수를 위해 보수(complement) 체계를 이해하여야 한다. 그리고 이진 뺄셈에 4가지 규칙이 존재한다. [표 5 참고]

표 2 이진 뺄셈

Case	A – B	Subtract	Borrow
1	0 – 0	0	0
2	1 – 0	1	0
3	1 – 1	0	0
4	0 – 1	0	1

표 2의 4번째 행처럼 "0 – 1"는 "1"이 생성되고 다음 열에서 1을 뺀다. 이것을 **자리내림**이라 한다. 뺄셈의 결과가 0보다 작은 경우, 십진수 뺄셈의 계산 과정처럼, 좌측 열에서 부족분을 빌려와서 빼는 작업을 수행한다.

예제 1

현재 컴퓨터의 '계산기' 프로그램에서 사용하는 보수체계는 무엇인가?

답 계산기를 사용해서 확인해본다. 7은 이진수로 00000111로 표기된다. -7은 보수로 11111001가 된다. 이는 계산기 프로그램이 2의 보수 체계를 사용한다는 것을 의미한다.

예로서 십진수 -2에서 -6을 더하는 계산을 살펴보자. 십진수 결과는 -8이 되어야 할 것이다. 이를 이진수로 계산해보면 다음과 같다. '00001000'에 대한 2의 보수는 '11111000'로 -8이 얻어진다.

```
  -2        11111110
+ -6        11111010
-----------------
  -8   1   111111000
```

2의 보수로 양수를 뺀다는 것은 동일 음수의 절대값을 더하는 것과 같다. 컴퓨터는 음수를 부호가 있는 숫자로 표현한다. 이러한 표현은 별도의 "빼셈" 연산의 필요성이 없어진다. 1의 보수를 사용하여 빼셈하면, 더한 후 결과에 1을 추가해야 하는 경우가 있어서 불편하다. 그래서 2의 보수 체계를 사용한다.

곱셈(Multiplication)

이진수 곱셈은 십진수의 곱셈과 유사하다. 0과 1만이 사용되기 때문에 십진수 경우보다 오히려 더 간단하다. 이진 곱셈에 4개의 규칙이 있다. [표 6 참고]

표 6 이진 곱셈

경우	A × B	곱셈
1	0 × 0	0
2	0 ×1	0
3	1 × 0	0
4	1 × 1	1

두 개의 수 A와 B는 부분 곱으로 곱해진다. B의 각 수에 대해 A의 해당 수가 계산되어 새로운 줄에 써지고 B의 자릿수와 일치하도록 왼쪽으로 이동(shift)한다. 이러한 부분 곱의 합계가 최종 결과가 된다.

예를 들어, 십진수 십일(11)과 십(10)에 대해 각각의 이진수 1011(11_{10}) 와 1010(10_{10})에 대하여 다음과 같이 곱셈한다.

```
   1011    (A)
 x 1010    (B)
   0000        ← B의 최우측 0에 대응
  1011         ← B의 다음 1에 대응
 1011
 1101110
```

실수에 대한 곱셈에서는 점을 중심으로 뒤에 있는 비트를 곱한다.

```
       101.101        (A) 5.625
x      110.01         (B) 6.25 십진수
         1.01101
+       00.0000       ← B의 최우측 0에 대응
+      000.000        ← B의 다음 1에 대응
+     1011.01
+    10110.1
= 100011.00101        35.15625 십진수
```

나눗셈(Division)

이진 나눗셈도 십진 나눗셈과 유사하다. 그림 4처럼 나눗셈 42/6 = 7(111)이 됨을 보인다. 이진수로 표기하면 101010 / 000110 = 000111이 된다.

```
             111
0000110√101010
          110
          1001
           110
            110
            110
              0
```

그림 4 이진수 나눗셈 보기

7.2.4 수식의 표현과 연산

수식을 어떻게 산술연산 처리할까?

십진법 산술연산의 수식을 다루는 것은 개념과 지식을 다루는 것과 같다. 십진법 수식이 컴퓨터에서는 이진 부호로 변환되어야 한다. 컴퓨터 중앙처리장치 사양에 맞게 변환되어야 한다.

13 + 23, 4 - 7, 11 x (a + b), 10/4

이러한 수식의 변환 작업에는 전위, 중위, 후위 표기법이 사용된다. 상기 수식 표현은 중위 표기법이다. 하지만 컴퓨터는 후위 표기법을 사용한다. 중위 표기법 수식에서는 괄호부분을 우선 처리하고, 이어서 연산자와 피연산자를 고려하면서 연산하는 방식이다. 후위 표기법은 괄호'()'같은 것을 없애고 수식의 앞부분부터 읽으면서 연산하는 편리한 방식이다. 보통은 중위 표기법으로 표현된 수식을 후위 표기법

으로 변환하여 처리한다. 컴퓨터 중앙처리장치의 산술논리장치(ALU)는 후위 표기법으로 이진 산술 연산을 매우 빠르게 처리한다. [그림 6 참고]

예제 5

(A+B) *(C +D) 다음 중위 표기법을 후위 표기법으로 변환하라.

답 AB+CD+*

객체 종류마다 고유한 속성(특성)을 나타내고 있다. 수의 본질로부터 산술연산이 유도되므로 덧셈, 뺄셈 같은 연산이 가능하다. 그리고 수에는 관계 또는 논리 연산 등도 가능하다. 이외에 수에 대한 더 이상의 연산 종류가 없을까? 수에서 최댓값 찾기, 정렬(sort)하기 등도 수를 다룰 때 행할 수 있는 연산이 되겠다.

7.3 문자의 부호화 표현과 처리

7.3.1 문자의 부호화

문자(**character**)는 우리가 개념과 지식을 표현하는데 필요한 매우 중요한 객체이다. 문자 데이터 유형을 어떻게 이진 부호화 표현하고 어떤 데이터 연산이 존재할까? 문자에는 0, 1, 2,... 의 숫자와 알파벳 a부터 z, 대소문자, 그리고 한글 자모, 일본어, 중국어 등 종류가 다양하다.

"문자를 고유한 이진수 부호로 표현한다."

문자의 부호화(**encoding**)는 개별 문자 객체가 구분되도록 서로 다른 고유한 이진 부호로 표현하는 것이다. 예로써 알파벳 a와 b가 구분되도록 다른 형태의 이진 부호로 표현한다. 어떻게 문자를 이진 부호로 변환하고 역으로 2진 부호를 인간이 다루는 문자로 복호화할까? **부호화 방식에 따라 데이터에 필요한 이진 비트 개수가 결정되는데 몇 비트 부호로 표현할까?**

문자 부호화에 몇 비트를 사용할까?

알파벳도 숫자처럼 두 개 이상의 종류를 포함하기 때문에 1비트로는 표현할 수는 없다. 컴퓨터 키보드의 숫자, 알파벳, 시프트(shift)키 또는 제어키를 포함한 전체 100여 개의 문자를 7비트 부호(code)로 표현하기에 충분하다. 7비트를 사용하면 128(=2^7) 가지의 문자를 표현할 수 있다. 키보드의 키를 누르면 정형화된 이진 부호 값이 컴퓨터에 입력되고, 중앙처리장치에서 처리된 후 모니터 화면에 입력된 문자가 나타난다. [그림 5 참고]

그림 5 키보드 입력 데이터의 정형화된 이진 부호 처리

7.3.2 표준 부호화 방식

예전에는 문자를 다른 형태로 부호화 표현하려는 시도가 있었다. 전건을 길게, 또는 짧게 두드려서 라틴 알파벳을 나타내는 모스 부호가 있었다. "A"라는 문자를 부호로 표현하는데 많은 방법이 있을 수 있지만, 비트 순서 또는 몇 비트로 표현할지 약속하여야 한다. 부호화에 대한 표준화가 필요하다.

초기의 컴퓨터에서는 천공카드로 데이터를 입력하였다. 천공카드에서 hole은 1을 no hole은 0의 방식으로 부호화 및 정형화하였다.

컴퓨팅 초기에는 아스키(ASCII: American Standard Code for Information Interchange, 1963년), EBCDIC(Extended Binary-Coded Decimal Interchange Code, 1964년) 문자열 세트가 표준으로 자리 잡았다. 아스키는 디지털 기계에서 정보 교환을 위해 수십 년 전에 개발된 문자 및 숫자에 대한 부호화 표준이다. 아스키에는 문자뿐 아니라 구두점, 반환키, 제어 문자는 물론 특수 문자(숫자, 대문자 및 소문자 포함)를 포함한다. 이후 EBCDIC 부호화 체계가 생겨났다. EBCDIC는 IBM에서 개발한 8비트로 정보를 표현하는 코드다. 256(=2^8)가지의 서로 다른 문자와 숫자를 표현할 수 있고 1개의 패리티 비트를 포함하여 전체 9비트로 이루어진다. 주로 IBM사의 대형컴퓨터에서 사용한다.

문자 데이터의 처리, 전송 및 저장이 편리한 부호화 방법이 고안되었다. 이진 체계로 부호화하면 인간이 이해하기 어렵지만 본래 문자나 기호로 복호화하면 해독이 가능해진다. 문자의 부호화 방식에 다음과 같이 여러 종류가 있다. 부호화 방식별로 사용되는 계산 부호모델이 다르다.

- ASCII : 7 비트

- UTF-8 : 8 비트
- UTF-16 : 16 비트
- UTF-32 : 32 비트

7.3.3 아스키코드 표준화

"1차원 주소 공간의 한 바이트로 문자 표현이 가능하다."

ASCII 코드는 원래 7비트로 128(=2^7)자를 표현할 수 있기에 영어 문자를 표현하기에는 충분하지만 다른 언어의 문자들을 표현하기에는 충분하지 않다. 아스키 표준은 나중에 8비트 코드로 256개의 고유한 코드 패턴을 허용하도록 확장되었다. 1차원 주소 공간의 한 바이트로 문자 표현이 가능하다.

"문자를 숫자로 다룬다"

확장형 8비트 0부터 255까지 256(=2^8)개의 비트 조합이 가능하다. 따라서 256개의 아스키 부호(코드) 구분이 가능하다. 예로서 문자 'A'는 아스키 코드 "01000001"(16진으로 0x41)로 변환된다. 그림 6 아스키코드 부호표에서 0,1, 2, ... 의 **숫자는 양을 다루는 수의 개념이 아닌 문자**다. 수 1(=0001)와 숫자 1(=0x31)가 서로 다르게 부호화됨을 유의한다. 코드가 문자인지 숫자인지는 문맥에 의해 결정된다.

제어 문자 / 공백 문자 / 구두점 / 숫자 / 알파벳

10진	16진	문자	10진	16진	문자	10진	16진	문자	10진	16진	문자
0	0x00	NUL	32	0x20	SP	64	0x40	[illegible]	96	0x60	[illegible]
1	0x01	SOH	33	0x21	[illegible]	65	0x41	A	97	0x61	a
2	0x02	STX	34	0x22	[illegible]	66	0x42	B	98	0x62	b
3	0x03	ETX	35	0x23	#	67	0x43	C	99	0x63	c
4	0x04	EOT	36	0x24	[illegible]	68	0x44	D	100	0x64	d
5	0x05	ENQ	37	0x25	[illegible]	69	0x45	E	101	0x65	e
6	0x06	ACK	38	0x26	[illegible]	70	0x46	F	102	0x66	f
7	0x07	BEL	39	0x27	[illegible]	71	0x47	G	103	0x67	g
8	0x08	BS	40	0x28	[illegible]	72	0x48	H	104	0x68	h
9	0x09	HT	41	0x29	[illegible]	73	0x49	I	105	0x69	i
10	0x0A	LF	42	0x2A	[illegible]	74	0x4A	J	106	0x6A	j
11	0x0B	VT	43	0x2B	[illegible]	75	0x4B	K	107	0x6B	k
12	0x0C	FF	44	0x2C	[illegible]	76	0x4C	L	108	0x6C	l
13	0x0D	CR	45	0x2D	[illegible]	77	0x4D	M	109	0x6D	m
14	0x0E	SO	46	0x2E	[illegible]	78	0x4E	N	110	0x6E	n
15	0x0F	SI	47	0x2F	[illegible]	79	0x4F	O	111	0x6F	o
16	0x10	DLE	48	0x30	0	80	0x50	P	112	0x70	p
17	0x11	DC1	49	0x31	1	81	0x51	Q	113	0x71	q

그림 6 ASCII 코드 부호표

예제 6

코드표에서 문자 'a', 'b', 'c'의 코드를 확인한다.

답 문자 'a'의 아스키코드 값은 '0110 0001' (97)
문자 'b'의 아스키코드 값은 '0110 0010' (98)
문자 'c'의 아스키코드 값은 '0110 0011' (99)

"아스키 문자의 대/소문자 간에 산술 변환이 가능하다."

아스키 부호표는 문자도 숫자 기호로 표현되는 것을 보여준다. 문자와 숫자가 16진수로 표현된다. 아스키 부호표에서 대문자는 41h에서 시작하고 소문자는 61h에서 시작하는 코드값 특성을 갖는다. 41h에서 61h 사이의 차이는 20h이다. 따라서 대문자와 소문자 간의 변환에는 문자 부호에 20h을 더하거나 뺀다. 소문자를 대문자로 변환하려면 20h를 빼고 반대로 대문자를 소문자로 변환하려면 20h를 더한다. 더하기 또는 빼기를 수행하기 전에 실제로 알파벳 문자가 있는지 확인한다. 일반적으로 대문자는 41h ~ 5Ah, 소문자는 61h ~ 7Ah 범위에 있는지 확인한다.

그림 7의 표준 102 키보드를 통해 문자 버튼을 누르면 해당하는 이진 부호가 중앙처리장치에 전달되어 어떤 내용이 입력되었는지를 해석 처리한다. 문자는 아스키코드 부호표에 있는 알파벳으로 제한된다. 그리고 알파벳 유한 집합의 원소로 조합될 수 있는 문자 또는 문자열 역시 일련의 유한한 기호가 된다.

그림 7 표준 102 키보드

7.3.4 유니코드

유럽어의 악센트 또는 키릴 문자(러시아어 알파벳) 및 중국어(북경어) 같은 문자를 사용하려면 더 많은 비트로 문자를 표현하여야 한다. 다양한 언어를 표현할 필요성이 생기며 유니코드(Unicode)가 제정되었다. 알파벳 외의 언어를 표현할 수 있게 되었다.

유니코드의 목적은 전 세계의 모든 문자를 컴퓨터에서 일관되게 표현하고 다룰 수 있도록 설계된 산업 표준으로 데이터의 교환을 편리하게 한다. 디지털 플랫폼이 무엇이든, 어떤 프로그램이든, 언어가 무엇이든 간에, 모든 문자에 대해 고유 부호를 제공한다. 비영리 조직인 유니코드 컨소시엄에서 유니코드 표준의 제정 및 관리를 한다. 유니코드 표준의 변경은 컨소시엄 및 국제 표준 ISO/IEC 10646에 의해 승인되어야 한다. 유니코드 표준 및 ISO/IEC 10646에서는 UTF-8, UTF-16, 그리고 UTF-32의 세 가지 부호화 형식을 지원한다.

유니코드에서는 구두점, 수학 기호, 기술 기호, 화살표, 태국어, 중국어 또는 아랍어 그리고 비 라틴어 알파벳으로 구성되는 문자를 포함한 많은 기호에 대해 고유 코드를 제공한다. 최근에는 이모지 같은 이미지도 유니코드로 만들어 보급하고 있다. 그러면 그림도 몇 바이트 크기 메모리로 처리할 수 있다. [그림 8 참고]

그림 8 유니코드로 표현된 이모지

유니코드는 제정 초기부터 현대의 모든 소프트웨어 공급자에 의해 채택되어서 컴퓨팅 장치, 응용 프로그램 또는 플랫폼에 상관없이 데이터를 전송할 수 있도록 하고 있다. 현재 주요 운영체제, 브라우저, 검색 엔진, 랩톱, 스마트폰 및 인터넷에서 채택되어 사용되고 있다. 유니코드가 다양한 문자 집합들을 통합하는 데 성공하면서 컴퓨터 소프트웨어의 국제화와 지역화에 널리 사용되고 있으며, 비교적 최근의 기술인 XML, 자바, 그리고 최신 운영체제 등에서도 지원되고 있다.

유니코드는 부호화에 기본적으로 4바이트를 사용한다. 현재 유니코드는 0_{hex}에서 $10FFFF_{hex}$ 사이의 부호 범위에 1,114,112 부호(코드) 포인트(code point)를 정의하고 있다. 부호(코드) 포인트 값이 유니코드이다. 이 정도면 세상의 모든 문자를 표현하기 충분하다. 하지만 유니코드 변환형식(UTF)에서는 글자를 2바이트로 표현하기도 한다. 예를 들어, 문자 'A'는 아스키코드로 '41'인데, 유니코드로 '0041'처럼 표현한다. [그림 9 참고]

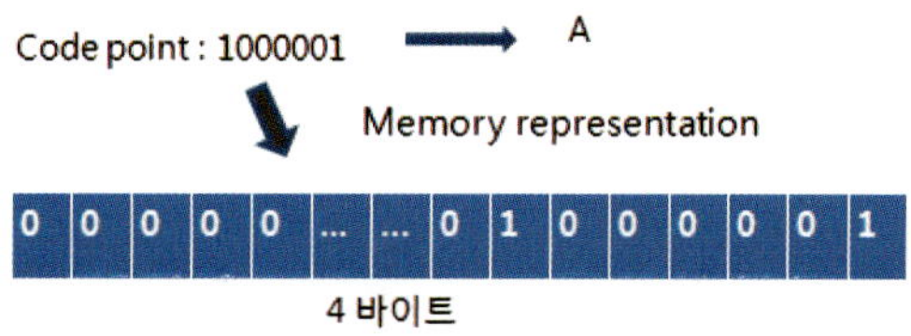

그림 9 유니코드 표현 예

예제 7

한글 '가'의 유니코드는 무엇인가?

답 'AC00'

예제 8

'한글'의 유니코드는 무엇인가?

답 'D55C' 'AE00' 또는 '1101010101011100 1010111000000000'

일반적으로 유니코드의 코드 포인트는 "U+" 다음에 16진수 4자리를 사용하여 표현한다. 다국어 기본 평면(Basic Multilingual Plane: BMP) 외의 코드 포인트에는 필요에 따라 5자리 또는 6자리 숫자를 사용한다. 예로 특수목적 코드 영역 U+E0001, 그리고 사용자 정의 문자의 경우 U+10FFFD 유니코드 값을 갖는다. [그림 10 참고]

유니코드 목록 (범위) v • d • e • h

다국어 기본 평면 BMP		다국어 보충 평면 SMP		상형 문자 보충 평면 SIP		상형 문자 제3 평면 TIP	특수 목적 보충 평면 SSP	사용자 정의 영역 PUA
0000~0FFF	8000~8FFF	10000~10FFF	18000~18FFF	20000~20FFF	28000~28FFF	문자 없음	E0000~E0FFF	F0000~FFFFF
1000~1FFF	9000~9FFF	11000~11FFF		21000~21FFF	29000~29FFF			100000~10FFFF
2000~2FFF	A000~AFFF	12000~12FFF		22000~22FFF	2A000~2AFFF			
3000~3FFF	B000~BFFF	13000~13FFF	1B000~1BFFF	23000~23FFF	2B000~2BFFF			
4000~4FFF	C000~CFFF	14000~14FFF		24000~24FFF	2C000~2CFFF			
5000~5FFF	D000~DFFF		1D000~1DFFF	25000~25FFF	2D000~2DFFF			
6000~6FFF	E000~EFFF	16000~16FFF	1E000~1EFFF	26000~26FFF	2E000~2EFFF			
7000~7FFF	F000~FFFF	17000~17FFF	1F000~1FFFF	27000~27FFF	2F000~2FFFF			

그림 10 유니코드 목록

그림 11의 유니코드를 찾는 실습을 해본다. 아래아한글 프로그램의 '문자표 입력' 메뉴에서 검색 문자를 입력하면 우측 상단의 유니코드를 확인할 수 있다. 숫자 '1'은 U+0031로 표현된다. 호환용 한글 자모 'ㄱ'은 U+3131로 표현된다.

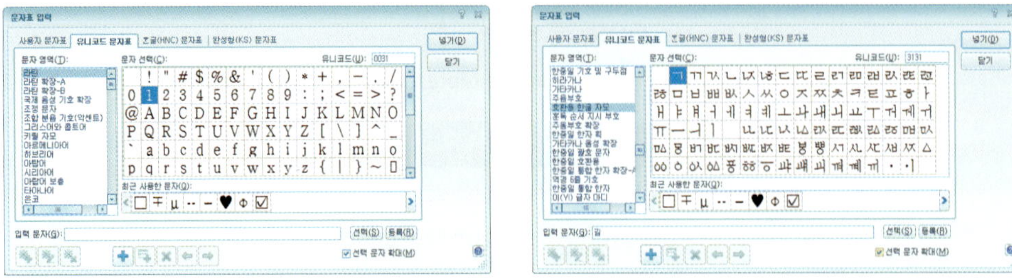

그림 11 한글 '문자표 찾기'로 실습

7.3.5 유니코드 변환 형식(UTF)

1바이트 확장형 아스키코드는 256가지 부호로 제한되므로, 중국어, 아랍어, 일본어 및 기타 특정 문자 집합을 표현할 여유가 없다. 이러한 문제를 해결하기 위해 각 문자를 2바이트 이상의 유니코드를 사용하여 해결되었다. 하지만 2바이트 이상의 유니코드 단점은 저장에 메모리를 많이 사용한다. 메모리 사용을 줄이기 위해 유니코드의 변형이 생겨났다.

유니코드 변환형식(Unicode Transformation Format)이라고 한다. 가장 일반적인 변환형식에는 UTF-8과 UTF-16가 있다. 그림 12는 유니코드에서 UTF-8, UTF-16, UTF-32로 변환될 수 있다는 것을 보인다.

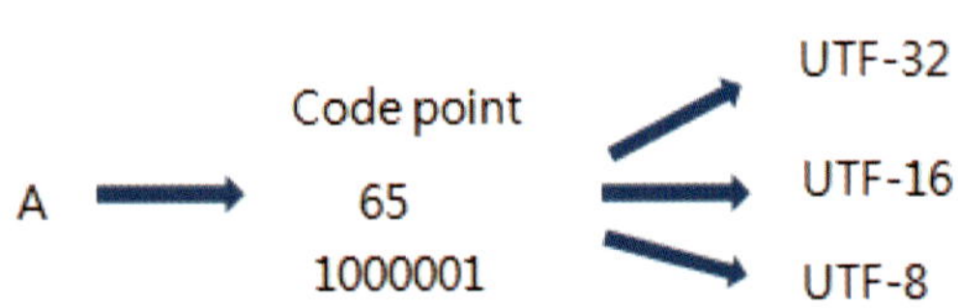

그림 12 유니코드 변환

UTF-8

UTF-8은 가변 길이의 유니코드로서 어떤 언어의 문자이든 부호화가 가능하다. 하나의 유니코드를 1바이트에서 4바이트 크기의 코드로 변환하는 방식이다. 그리고 UTF-8은 1바이트의 아스키코드와 호환되는 코드 값을 갖는다. 아스키코드 외의 문자에는 최대 4바이트를 사용한다.

유니코드 값이 0에서 127까지는 1바이트 코드로 변환하고, 128에서 2047까지의 유니코드 값은 2바이트 크기의 코드 문자로 표현한다. 2048부터 65535까지는 3바이트 문자로 표현하고, 65536부터 1,112,064까지는 4바이트 문자로 표현한다. 1바이트 경우는 아스키코드 문자와 동일 코드값이 된다. [표 7 참고]

표 6 유니코드 값과 사용 바이트 크기 범위

유니코드 값	사용 바이트 수
1 ~ 127	1
128 ~ 2047	2
2048 ~ 65535	3
65536 ~ 1,112,064	4

UTF-8 코드에서 문자 표현에 사용되는 바이트 수는 첫 번째 바이트에 있는 1의 개수에 따라 결정된다. 1바이트 사용 UTF-8 코드는 최상위 비트가 항상 영(0)으로 시작하고, 나머지 7비트는 코드를 표현한다. [그림 13 참고]

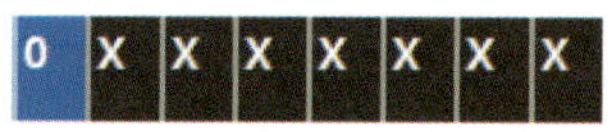

그림 13 1바이트 UTF-8 코드 형식

2바이트 사용 UTF-8 코드는 첫 번째 바이트의 최상위 3개 비트가 '110'인데 1이 두 개이다. 두 번째 바이트의 최상위 2비트는 '10'으로 설정된다. 문자를 부호화하는 데는 이러한 제어 비트를 제외하고 11(=5+6) 비트만 사용된다. [그림 14 참고]

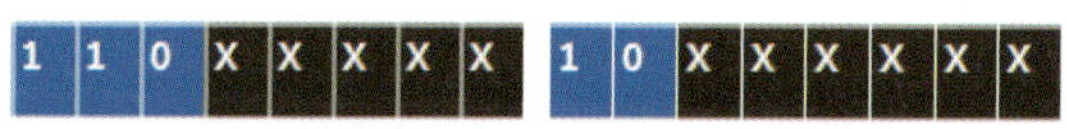

그림 14 2바이트 UTF-8 코드 형식

3바이트 UTF-8 코드에서는 첫 바이트의 시작이 '1110', 둘째 셋째 바이트는 '10'으로 바이트가 시작한다. 문자를 부호화하는 데는 16(= 4+6+6) 비트를 사용한다. [그림 15 참고]

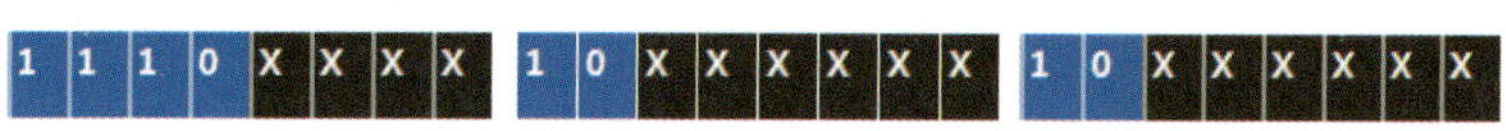

그림 15 3바이트 UTF-8 코드 형식

4바이트 코드에서는 '11110'과 '10', '10', '10'으로 바이트를 시작한다. 문자를 부호화하는 데 21(=3+6+6+6) 비트를 사용한다. [그림 16 참고]

그림 16 4바이트 UTF-8 코드 형식

코드가 작아 현재 대부분의 웹 페이지를 전송하는 데는 UTF-8 코드를 사용한다. 어느 방향으로 스캔하든 문자 간의 경계를 쉽게 찾아낼 수 있어 엔디언(Endian)에 무관한 장점이 있다. 최근 인터넷 프로그램 언어 XML과 JSON에서도 문자 부호화에 UTF-8을 사용한다. UTF-8의 단점으로는 영어 이외의 한국어, 중국어, 일본어 같은 다국적 언어를 표현하는데 3바이트가 필요하며 UTF-16보다 많은 메모리가 필요하다.

예제 9

그림 17처럼 '1FACBD' 유니코드 값이 있을 때 UTF-8 코드로 표현해보자. 이 값은 FFFF(65535) 보다 큰 값이므로 4바이트로 부호화해야 할 것이다. 이를 2진으로 표현하면 다음과 같다. '

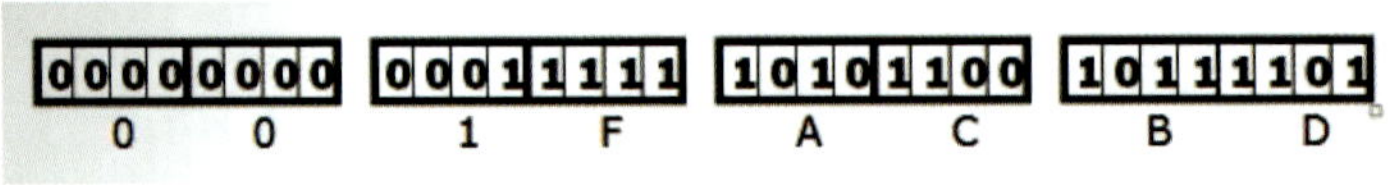

그림 17 유니코드 값 예

답

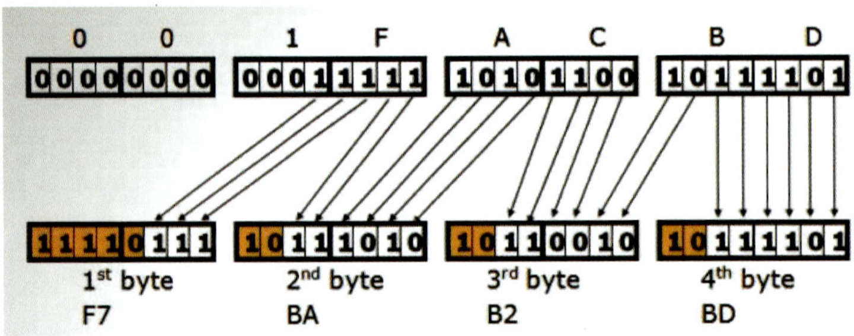

예제 6 답 UTF-8 형식으로 변환 예

UTF-16

UTF-16는 16비트 기반의 가변 길이 코드를 사용한다. UTF-8과 UTF-16의 기본 차이는 문자 하나를 표현할 때 필요한 최소 바이트 개수이다. 한 문자를 표현할 때 UTF-8은 1 ~ 4바이트가 필요하고, UTF-16은 2바이트 또는 4바이트가 필요하다. 따라서 문자 부호화 시 최소 필요 비트가 8비트 또는 16비트 여부이다. UTF-16은 2개의 16비트(4 × 8 = 32비트) 까지를 사용하여 문자를 처리한다. 저장과 통신 용량을 고려한 최적의 상황이 필요한 경우 어떤 문자를 주로 사용하느냐에 따라 UTF-8 또는 UTF-16 중에서 어떤 것을 선택할지의 기준이 될 것이다. 대체로 영어 문서는 UTF-8의 1바이트로 처리되는데, 한글 문서는 3바이트를 사용하기 때문에 UTF-8 대신에 2바이트를 사용하는 UTF-16이 유리하다. [그림 18 참고]

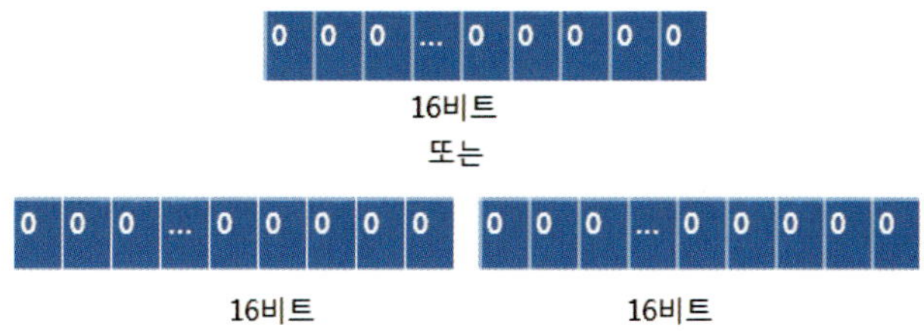

그림 18 UTF-16 코드 형식

유니코드에서 기본 다국어는 U+0000 에서 U+FFFF 범위의 코드값이 주어진다. 영어, 한글, 중국어 등 대부분 문자가 이곳에 포함된다. 따라서 기본 다국어 문자들을 16비트의 UTF-16 코드 값으로 1:1 대응시켜 부호화가 가능하다. 그러면 영어, 한글 모두를 2바이트로 저장하므로 한글 문서는 UTF-8보다 용량을 줄일 수 있다.

하지만 2바이트 문자열이기 때문에 바이트 순서에 유의하여야 한다. 하나의 문자를 여러 개의 바이트로 구성 표현할 때 바이트 순서에 유념하여야 한다. 바이트 순서를 나타내는 표기법으로 **리틀엔디안(little endian)과 빅엔디안(big endian)**이 있다. 하위 주소 번지에 하위 바이트를 먼저 저장하는 방식은 리틀엔디언, 하위 주소 번지에 상위 바이트 데이터를 먼저 저장하는 방식을 빅엔디언이라 한다.

여러 개의 바이트로 구성된 데이터를 네트워크를 통해 직렬 전달 또는 파일에 직렬 저장할 때는 어떤 부호화 방식을 사용하고 있는지 컴퓨터에 알려주어야 한다. 바이트 순서가 올바르지 않으면 정확한 데이터 처리가 안 되기 때문이다. 예로서 UTF-16 코드를 빅엔디언으로 전송 또는 파일 저장할 때는 표식문자(Byte Order Mark) '0xFEFF'를 데이터 앞 부분에 첨가한다. 반대로 리틀엔디언으로 처리시는 '0xFFFE'를 첨부한다. [그림 19 참고]

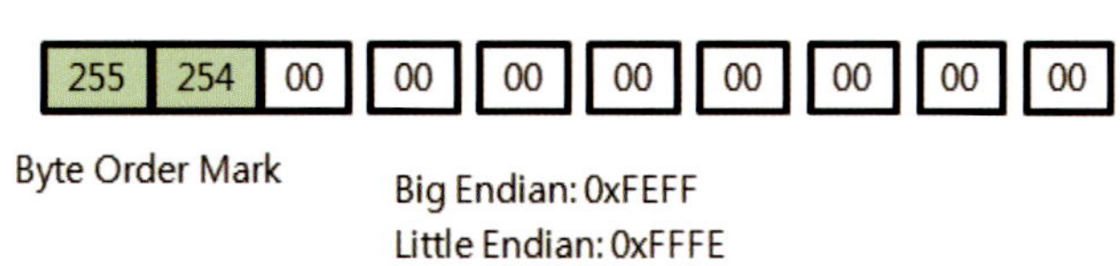

그림 19 엔디언과 바이트 순서 (좌 → 우 메모리 주소 증가)

메모장 프로그램에서 텍스트 '41'을 빅엔디언으로 저장한 후 바이너리 파일 뷰어(binary viewer)로 읽어보는 실습을 기술한다. 그림 23에는 가) 원래 데이터, 나) 아스키코드, 다) 유니코드-빅엔디언, 라) 유니코드-리틀엔디언 코드로 저장된 데이터를 이진파일 뷰어로 보여주고 있다. 엔디언 형식에 따라 2바이트 문자열이 다르게 처리됨을 확인할 수 있다. [그림 20 참고]

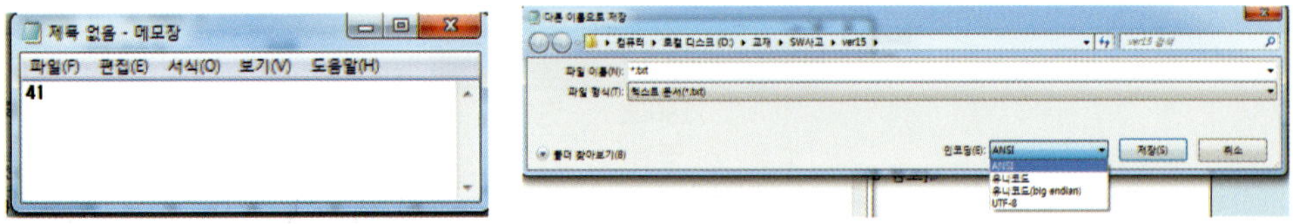

가) 메모장으로 41 입력후 다양한 부호화 방식으로 저장

Hexadecimal (1 Byte)	Text (ASCII)
34 31	4 1

나) ASCII 코드로 저장

Hexadecimal (1 Byte)	Text (ASCII)
FE FF 00 34 00 31	▫ ▫ ▫ 4 ▫ 1

다) UTF-16 유니코드 - 빅엔디언으로 저장

Hexadecimal (1 Byte)	Text (ASCII)
FF FE 34 00 31 00	▫ ▫ 4 ▫ 1 ▫

라) UTF-16 유니코드 - 리틀엔디언 저장

Hexadecimal (1 Byte)	Text (ASCII)
EF BB BF 34 31	▫ ▫ ▫ 4 1

그림 20 엔디언 형식에 따른 UTF 코드 변환

예제 10

UTF-16로 부호화된 '물 수', 'z', '높은음자리표(𝄞)' (출처: 위키백과)의 부호화

유니 코드 값	문자	UTF-16 코드 값	문자/기호
122 (hex 7A)	소문자 z (로마자)	007A	z
27700 (hex 6C34)	물 수 (한자)	6C34	水
119070 (hex 1D11E)	높은음자리표	D834 DD1E	𝄞

인코딩	바이트 순서	바이트 열
UTF-16	리틀엔디언	FF FE, 34 6C, 7A 00, 34 D8 1E DD
UTF-16	빅엔디언	FE FF, 6C 34, 00 7A, D8 34 DD 1E

UTF-32

UTF-32는 무조건 4바이트로 표기하는 부호화 방식이다. UTF-32는 가변 길이 부호화에 비해 많은 공간을 차지하기 때문에 잘 쓰이지 않는다. 하지만 가변 길이를 고려할 필요가 없어서 처리가 간단한 장점이 있다. [그림 21 참고]

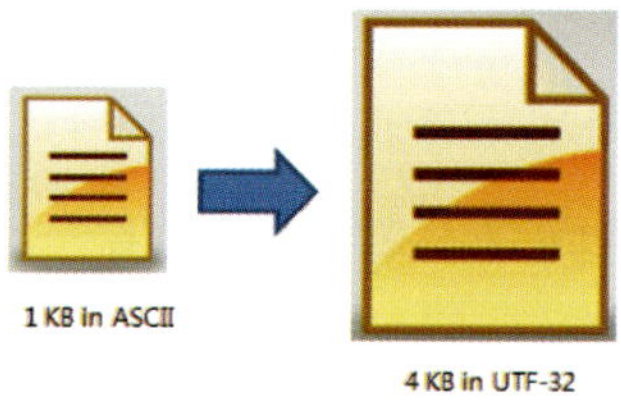

그림 21 ASCII와 UTF32 크기 비교

7.3.6 문자에 대한 연산

문자열의 일차원 배열 형식의 메모리에 표현

지식을 표현하기 위해 문자 또는 문자 집합인 문자열을 사용한다. **문자열은** 일련의 문자를 의미한다. 문자열은 1차원 메모리 공간의 인접 주소에 순서대로 저장한다. 이러한 표현은 배열이라는 데이터 구조로 표현된다. 문자열은 배열 외에 리스트 데이터 형식의 구조로도 나타낼 수 있다.

문자, 문자열 객체에 대한 연산은 어떤 것들이 있는가?

문자 또는 문자열 객체는 수 객체와는 다른 특성을 갖는다. 수의 산술연산과는 다른 형태의 연산이 가능하다. 먼저 가장 기본적인 것으로 문자열의 길이를 구하는 연산이 있다. 문자의 유한 집합 문자열에서 특정 패턴의 문자를 찾기 위한 문자열 검색, 대소문자 문자열 변환 조작, 순서에 따른 정렬, 문자열 문법 규칙 찾기(parsing), 또는 문자열 간의 결합하기 등이 가능하다. 이러한 기능은 단어나 파일에서 특정 문자를 찾는데 또는 교체하는 데도 사용된다.

IoT, 로봇, 자율주행 등 새로운 기술이 대두되고 있다. 인간과 기계 간의 통신은 상호 문자를 전송, 해석하여 뜻을 이해하는 과정을 거칠 것이다. 목적 메시지를 상호 간에 전달하면 상대는 메시지 내용에 따른 행동을 수행할 것이다. 로봇과 자율주행차에 특정 목적 메시지를 전달하고, 역으로 로봇, 자율주행차, 센서는 인간에게 희망하는 메시지를 전송하게 될 것이다. 이러한 문자를 다루는 개념과 기술이 더욱 발전되어 사물과 인간이 소통하는데 활용될 것이다.

7.4 실세계 신호의 데이터 표현

7.4.1 신호의 수학적 모델

사람의 심장 운동, 자연의 온도, 소리, 전압, 전류, 지진파, 전자파 같은 것들도 객체로서 데이터로 변환되어야 한다. 이러한 객체들은 센서를 통해 신호(signals)로 다루어진다. 신호는 연속적 또는 불연속적으로 변화하는 특징을 갖는다. 연속적 변동 형태의 신호를 아날로그 신호 객체라 한다. 다양한 동물 소리 또는 식물이 표현하는 신호도 아날로그 신호에 해당한다.

아날로그 신호는 수로 변환이 가능

아날로그 신호는 연속으로 표현된다. 세상의 사물과 행동을 표현하는데도 아날로그 신호가 사용되고 있다. 크기가 변화하는 아날로그 신호는 수의 변동 모델로 표현될 수 있다. 이어서 수의 모델로 표현되면 데이터로 처리도 가능하다.

아날로그 신호를 수학적 연속된 실선(line) 모델로 표현한다. 실선은 연속된 실수 값으로 표현될 수 있다. 신호의 수학적 모델은 데이터 부호화로 변환될 수 있다. 연속적 실선 모델을 수로 표현하면 무한히 큰 실수 집합으로 표현된다. 따라서 무한 실수 집합을 컴퓨터에서는 자원의 한계로 처리에 문제가 있다. 컴퓨터는 메모리 한계로 제한된 양의 정보를 저장할 수 있는 유한상태 기계이다.

"컴퓨터 처리를 위해서는 무한 요소의 실수값 집합을 유한 요소의 실수값 집합으로 변환"

컴퓨터에서 아날로그 신호 처리를 위해서는 무한 요소의 실수 집합을 유한 요소의 실수 집합으로 변환하는 과정이 필요하다. 유한 개수의 집합으로 변환하는 원리는 아날로그 신호를 디지털 신호로 변환하는 것이다. 이를 A/D 변환이라고 한다.

"아날로그 신호를 이진 데이터로 표현한다."

아날로그 신호를 유한의 디지털 신호로 변환하기 위해서는 몇 단계 과정이 필요하다. 기본 원리는 아날로그 신호의 값을 특정 시간 경과마다 샘플링(sampling)하고 이어 신호를 유한 크기 값으로 양자화(quantization)한다. 신호를 양자화(Quantization)하는 가장 간단한 방법은 원래 아날로그 신호의 진폭에 가장 가까운 디지털 진폭 값을 선택하는 것이다. 이때 아날로그 신호를 양자화하면서 실제 값과는 약간의 오차가 발생한다. 이 오차를 양자화 잡음(quantization noise)이라고 한다. 양자화 값을 이진 코드로 변환하는 과정으로 진행한다.

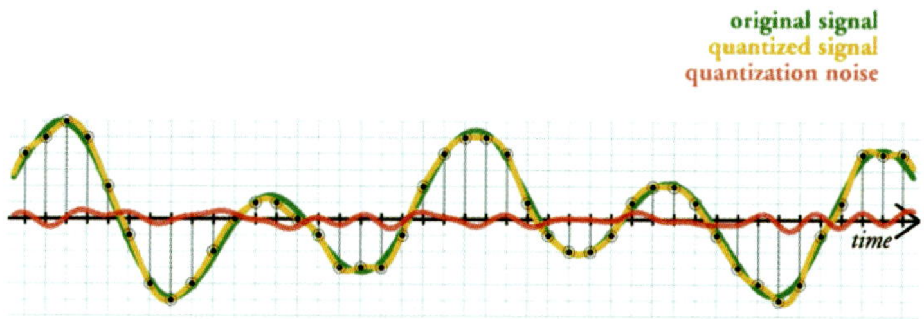

그림 22 아날로그 신호의 디지털 변환

그림 22에 있는 녹색의 아날로그 신호를 샘플링한 후 검은색의 양자화된 신호로 변환한다. 원래 녹색 신호와 양자화된 검은색 신호로부터 새롭게 만들어진 노란색 신호 간에는 빨간색 신호만큼의 양자화 잡음 오류를 나타낸다.

양자화 과정은 입력값이 같으면 출력 신호도 같도록 항상 보장하는 결정 함수(deterministic function) 관계로 정의된다. 양자화는 큰 집합을 작은 집합 또는 이산 집합으로 변환하는 과정을 말한다. 그래서 이러한 다대다(many-to-few) 사상(mapping)의 양자화는 본질적으로 비선형적(non-linear)이고 돌이킬 수 없는(irreversible) 과정의 특징이 있다. 즉, 여러 아날로그 입력값이 하나의 동일 디지털 출력값으로 사상(mapping)된다. 따라서 일반적으로 디지털 출력값으로부터 역으로 아날로그 입력값을 복구할 수는 없다.

수학 및 디지털 신호 처리에서 양자화는 종종 무한한 연속 집합의 입력값을 종종 유한한 수의 요소를 갖는 작은 집합의 출력값으로 사상하는 프로세스이다. 이러한 신호는 확률과정(stochastic process)으로 수학적 모델링되며, 신호에서 순간 샘플링된 값은 통계적 분포에 의해 결정되고 평균 및 분산 같은 통계적 매개 변수로 표현된다.

아날로그-디지털 변환(ADC)은 연속 신호(전압 또는 전류)를 이산(discrete) 논리 레벨의 일련의 숫자로 변환하는 것이다. 수학적으로 아날로그-디지털 변환은 더 큰 도메인의 함수를 양자화하여 더 작은 도메인의 함수를 생성하는 것으로 설명될 수 있다. 아날로그-디지털 변환 과정이 수학적으로 아래 방정식에 의해 나타낸다.

$$V_{in} = \sum_{n=0}^{N-1} b_n 2^n \frac{V_{ref}}{2^N}$$

이 방정식에서 2^N은 양자화 수준을 의미한다. 아날로그 입력 전압 Vin 는 일련의 디지털 비트 b_{N-1} ...

b_0를 갖는 양자화된 데이터의 합으로 표현된다. V_{ref}는 정확한 디지털로 표현할 수 있는 최대 입력 전압을 나타낸다.

양자화 수준이, 즉 n의 개수, 클수록 원래 아날로그 신호를 보다 정밀하게 디지털 방식으로 표현하는 것이 가능하다. 예를 들어, 신호를 256 양자화 수준 대신 1024 양자화 수준으로 나타낼 수 있다면, 개별 양자화 수준 값을 더 작은 진폭 범위로 나타낼 수 있기에 아날로그-디지털 변환의 정밀도가 증가한다.

7.4.2 아날로그 신호의 부호화

연속적 아날로그 신호를 0과 1의 디지털 신호로 변환할 때 많은 비트를 사용하면 정밀하게 아날로그를 표현할 수 있는데 메모리를 많이 차지하는 단점이 있다. 디지털로 변환 후에도 복원 시 원래의 아날로그 신호 특성이 유지되도록 하는 것이 중요하다.

양자화 수준의 이진 부호화 표현

아날로그 신호를 샘플링하여 양자화 수준들로 나눈 후에 그 수준들에 대하여 2진 부호화를 수행하는 과정을 거친다. 이때 2진 부호를 위해 사용되는 비트 수에 따라 변환의 정밀도를 높일 수 있다. 한 비트는 0 또는 1로 두 개의 출력만 나타낼 수 있다. 3개 이상의 출력을 표현하려면 여러 비트가 필요하다. 2개의 이진 비트로 표현할 수 있는 예는 00, 01, 10, 11처럼 4가지 조합이 가능하다. 일반적으로 n비트는 2^n 출력을 나타낼 수 있다. 참고로 n 비트로 만들 수 있는 0과 1의 조합이 2^n개 가능하기 때문이다.

> 비트 수를 1개 늘릴 때마다 표현할 수 있는 부호화 경우의 수는 두 배로 늘어난다.

어떤 양자화된 수준 값을 8비트 코드로 표현하면 256가지의 세분된 디지털 값으로 나타낼 수 있고, 10비트 코드로 표현한다면 1,024($=2^{10}$)개의 세분된 값으로 표현할 수 있다. 비트 수가 많을수록 정밀하게 아날로그 값을 표현할 수 있다.

그림 23은 아날로그 신호의 이진 부호화 과정을 보여준다. 상단부터 첫 번째 그림은 아날로그 신호를 보여준다. 두 번째 그림은 샘플링된 다음 양자화되는 과정을 보여주고, 3번째는 4비트로 이진 부호를 나타낸다.

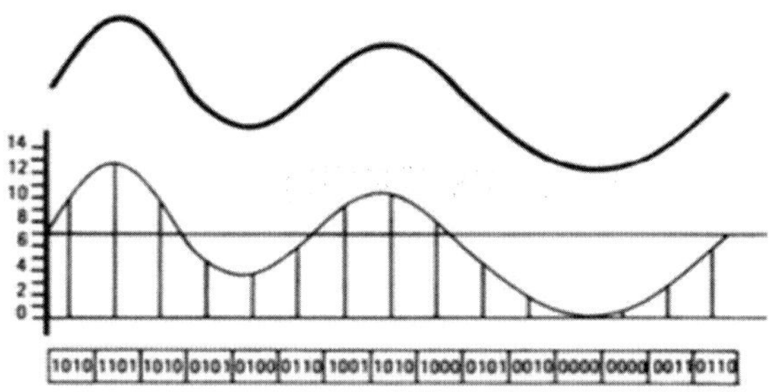

그림 22 아날로그 디지털 부호 변환 예

아날로그는 환경 영향받음

아날로그 및 디지털 전기 신호는 선로를 따라 이동 시 환경의 영향으로 인해 신호의 품질이 저하되는 특성이 있다. 아날로그 신호는 품질이 떨어지면 바로 데이터가 손실된다. 어떤 시점의 전압값이 동작 범위 내로 있으면 유효한 것으로 인식되며, 원신호의 변경 여부를 알 수 없다.

디지털 신호는 잡음에 강함

디지털 신호는 최대와 최소 두 극단 값 사이에서 급격히 변동한다. 디지털 신호는 특정 임계값을 기준으로 초과하는 값은 논리적 참(1) 값으로 간주되고, 임계 값 미만은 논리적 거짓(0) 값으로 간주되기 때문에 품질이 저하되어 잃게 되는 데이터가 적다.

디지털 신호는 어떤 수준으로 품질이 저하되기 전 재생(regeneration)이 가능하여 데이터를 복구하여 손실을 적게 한다. 디지털 신호는 원래 모양을 되찾기 위해 주기적으로 다시 재생된다. 그림 24은 원래의 디지털과 아날로그 신호와 잡음으로 품질이 저하된 디지털과 아날로그 신호를 보여준다.

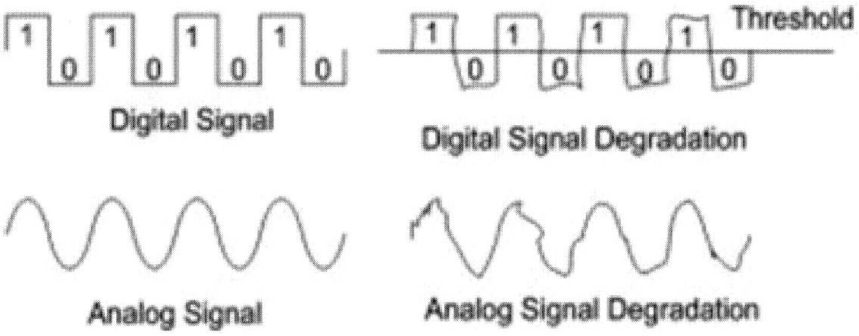

그림 24 디지털과 아날로그 잡음 영향

이진 데이터를 전기적 신호로 전송하면 두 가지 가능한 값 중 하나를 표현하기 때문에 훨씬 더 안정적이고 유지관리가 더 쉽다. 다양한 사물 객체에서 아날로그 값을 측정하여 디지털 데이터로 변환한 후 네트워크를 통해 이동 및 처리하는 IoT 시대에 아날로그-디지털 변환은 매우 중요한 기술이 되겠다.

7.4.3 센싱(sensing)이 초연결을 유도한다.

자연에서 발생하는 신호는 대부분이 아날로그 신호이다. 온도, 습도, 바람, 가스 성분, 물의 흐름, 압력, 진동, 가속도, 속도, 새의 움직임, 새의 소리 등 모든 양이 아날로그 양이다. 그러한 아날로그 양을 우리가 측정해 낼 수 있으면 디지털로 변환이 가능하고 결국 컴퓨터로 처리 가능해진다.

반도체 기술과 바이오 기술의 발전으로 나날이 센싱 기술이 발전하고 있다. 센싱 기술의 발전이 IoT 기술로 확대되고 있다. 이러한 센싱 기술의 발전으로 미래에는 사물, 기계, 사람을 연결하는 초연결 사회가 될 것이다.

아날로그 량의 디지털 인식의 예로서 광학 문자 인식(OCR)을 생각해보자. 텍스트는 일반적으로 키보드 또는 스캐너를 통해 컴퓨터에 입력된다. 특히 스캔된 텍스트가 '이미지'(pdf, 비트맵, gif 등)로 저장되는 경우 이미지는 디지털이지만 원래 텍스트는 여전히 아날로그이다. 이미지를 텍스트로 변환하는 과정도 필요한데 다양한 글꼴, 크기, 방향 등으로 인해 도전적인 과제가 된다. 이처럼 텍스트를 아날로그에서 디지털로 변환하는 것을 광학 문자 인식이라고 한다.

비정형 문자의 정형화

문자 종류도 다양하고, 또한 문자마다 크기, 색깔, 모양도 다양한 비정형 아날로그 형태이다. 컴퓨터는 이진 데이터만 인식하기 때문에 문자도 이진 모델로 표현되어야 한다. 비정형 문자의 정형화가 필요하겠다. 비정형 문자 및 기호는 무한히 많아도 일정 부호 형식으로 정형화된 유한 집합의 알파벳 문자(a, b, c, d ...)로 대응된다.

유한 자원의 컴퓨터로 문자를 다루기 위해서는 컴퓨터가 처리할 수 있는 형식으로 정형화시킨다. 사람들은 어떤 형식으로든 문자를 표현해도 이해하지만, 컴퓨터는 자원의 한계로 표현에 제약사항이 있다. 문자를 이진 부호로 변환하여 컴퓨터에서 처리하지만, 컴퓨터에서는 모든 경우의 문자를 다룰 수는 없다. 그림 25은 다양한 아날로그 형태, 폰트, 크기, 색의 문자를 보여준다. 물리적으로는 수없이 많은 형태의 문자가 존재하더라도 정형화된 문자를 제공해 주어야 한다.

그림 25 문자의 정형화

컴퓨터 키보드에서 문자를 입력하는 것은 정형화의 보기이다. 컴퓨터가 이해할 수 있는 형태로 문자를 만들어 컴퓨터에 입력한다. 필기체로 쓴 문자 같은 비정형 데이터는 패턴 인식 같은 기술을 사용하여 정형화한 문자를 제공할 수 있다.

"꽃과도 대화하는 것이 컴퓨팅 사고의 미래이다."

자연 세계에는 우리가 알고자 하는 많은 진리가 숨겨져 있다. 그중 아날로그 형식의 사실을 컴퓨팅 모델(계산모델)로 변환할 수 있으면 우리가 이해할 수 있다. 어떤 것이든 아날로그 신호를 얻을 수만 있으면 디지털로 변환하여 2진 계산모델을 만들 수 있다. 자연 세계에서 아날로그 신호를 얻는 것이 중요한 도전과제이다. 예를 들어 우리는 꽃이 이야기하는 것을 신호로 얻을 수 있다면 꽃이 이야기하는 것을 이해할 수 있겠다. 반대로 꽃에 이야기를 들려줄 수도 있겠다. 이렇게 자연과도 소통을 가능하게 하는 것이 컴퓨팅 사고의 핵심이며, 미래 우리가 해야 할 도전과제이다.

7.5 오디오의 데이터 표현

"소리는 진동 신호이다."

물리적으로 소리(sound)는 다양한 원천에서 발생한다. 그리고 기체, 액체 또는 고체와 같은 탄성 매체를 통과하면서 생기는 기계적 진동으로 소리가 된다. 소리는 일련의 공기압이 우리의 귀에 있는 막을 진동시켜 신호를 우리의 두뇌에 전달할 때 감지된다. 소리는 진동의 주파수로 구성되어 있으며, 일부는 우리가 들을 수 있고 어떤 것들은 들을 수 없다. 진동되는 신호는 멀리까지 전파되는 특징을 갖는다. 이러한 소리도 주요한 객체의 하나로 어떻게 이진 부호화하여 컴퓨터로 처리하는지 기술한다.

소리를 수로 표현한다.

소리 신호는 시간에 따라 변동한다. 신호의 변화를 수의 변화로 변환시킬 수 있다. 소리가 컴퓨터에서 처리되기 위해서는 아날로그 음파를 디지털 데이터로 변환하여야 한다. 소리와 같은 아날로그 데이터를 가져와서 디지털화하는 과정을 아날로그-디지털 변환이라고 한다. 그러면 컴퓨터에서 소리의 저장 및 재생을 할 수 있다.

소리 중에서 우리가 귀로 들을 수 있는 것을 오디오라고 한다. 오디오는 전자 장치로부터 생성, 기록, 또는 전송되는 소리에 관련된 기술적 용어이다. 그리고 오디오는 가청 주파수 대의 음파에 관련된다. 보통 가청 주파수 대의 음파는 20kHz에서 20Hz 대의 주파수를 갖는 소리를 말한다.

무한 집합의 비정형 음성을 아날로그가 아닌 디지털 신호로 변환하여 인터넷에서 활용하는 도전이 계속되고 있다. 아날로그 연속 신호를 샘플링하고, 샘플링 때마다 수 데이터로 양자화 표현한다. 유한 개수의 집합으로부터 오디오를 재생하는 과정에 수학적 모델이 필요하다. 음성 신호는 그림 26처럼 침묵의 저 에너지 기간과 단어를 감지하고 에너지 기간이 혼합되어 있다. 데이터를 줄이기 위해서 음성 데이터로 처리하기 전에 종종 무음을 삭제 및 감소 처리한다.

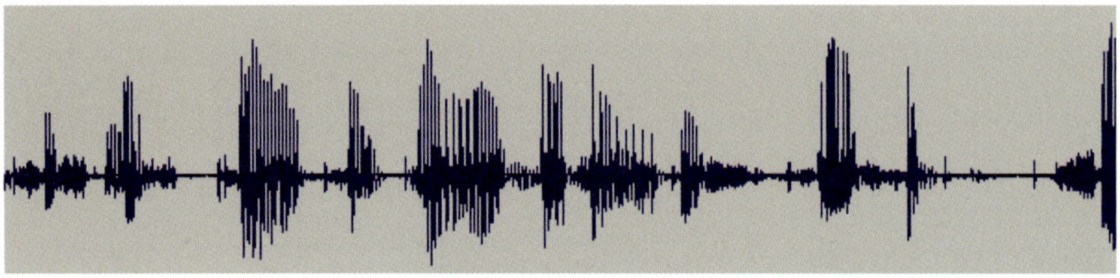

그림 26 오디오 신호 예

오디오 신호의 수학적 모델은 확률과정(stationary stochastic process)으로 표현되는데, 샘플링 순간에 평균 및 분산 같은 통계적 매개 변수를 갖는 통계적 분포로 표현된다. 오디오는 통계적 매개 변수가 시간 축에 따라 변동하는 좀 복잡한 수학적 모델을 갖는다. 이러한 음성 신호를 비정상 확률과정(non-stationary stochastic process)이라고 한다. 참고로 확률 분포가 시간의 변화에 대해 불변인 확률과정을 정상적 확률과정이라 한다. 유체의 흐름, 열의 전도, 전류, 파동 같은 동적인 현상에서 이들의 상태를 결정하는 여러 변수가 시간적 통계 성질이 불변인 것을 정상(stationary)이라고 한다.

현재의 음악 CD는 녹음 장비 자체에서 아날로그-디지털 변환을 수행하므로 더 양질의 변환이 가능하다. 아날로그 신호 파형을 디지털로 변환하려면 변환기는 샘플링이라는 프로세스를 진행한다. 샘플링 데이터를 디지털로 표현할 때 많은 비트를 사용하여야 정밀한 음악의 저장 및 재생을 할 수 있다.

일정한 시간 간격으로 음파 높이를 1초보다 훨씬 작은 간격으로 샘플링하는데 1바이트(8비트)로 샘플

값을 처리하면 음파는 256(= 2^8)가지의 세분된 높이 중 하나가 될 수 있다. 0은 가장 낮은 음 세기이고 255는 가장 높은 음 세기가 된다. 이 높이가 오디오의 데시벨 수준을 나타낸다.

샘플링 과정과 반대로 디지털 데이터를 컴퓨터의 스피커로 전송하면 음성으로 재생된다. 일반적으로 초당 약 4 만회의 샘플링 속도로 고품질의 오디오를 재생한다. 그래서 우리가 한마디 말하는 것을 데이터로 표현하면 수백 바이트 크기가 될 수 있다.

소리를 전자적으로 재생하는 스피커는 아날로그 파형의 음파를 생성하는 장치이다. 스테레오 시스템은 디지털 데이터를 아날로그 전기 신호로 변환하여 스피커로 전송하고, 다시 음파로 변환하여 소리를 생성하는 장치이다. 아날로그 전기 신호의 세기에 따라 음파가 정비례한다. 반대로 컴퓨터에서 소리를 처리할 수 있으려면 소리가 디지털 이진으로 변환해야 한다.

"오디오를 이진 데이터로 표현한다."

음파를 아날로그-디지털 변환기를 통하여 매 특정시간마다 샘플링할 수 있다. 표8의 샘플을 십진법과 이진법으로 변환할 수 있다. 샘플은 양자화로 가장 가까운 정수로 표현된다. 샘플링을 통해 얻은 이진 샘플 데이터를 가지고 재생하면 음파가 약간 다르게 들린다. 이렇듯 소리 또는 오디오도 1차원 메모리 주소 공간에 표현할 수 있다.

표 8 샘플링 값

Time–샘플	1	2	3	4	5	6	7	8	9	10
십진법	8	3	7	6	9	7	2	6	6	6
이진법	1000	0011	0111	0110	1001	0111	0010	0100	0110	0110

아날로그 파형을 샘플링하고 이어서 재생하면 생성된 디지털 오디오 음파가 원본과 정밀하게 일치하는 것이 아니다. 샘플 수가 적어 데이터가 충분하지 않으면 오디오의 품질이 저하된다. 원본에 가까운 음질로 오디오를 저장하는 방법은 샘플을 더 많이 사용하는 것이다.

샘플링의 빈도를 샘플 속도라고 하며, 헤르츠(Hz) 단위로 측정된다. 샘플 속도가 1Hz라면 초당 하나의 샘플을 표현하는 것이다. 대부분의 CD 품질 수준의 오디오는 44,100 또는 48,000 KHz로 샘플링한다.

오디오 연산

오디오를 이진 부호화하여 데이터로 표현할 수 있으나 오디오에 대한 연산은 고급 기술이 필요하다. 사람들이 단어를 말하면 디지털 문자로 즉시 전환할 수 있는 컴퓨터는 응용처가 거의 무한하다. 음성을 이해하는 것은 단순히 소리의 크고 작음을 이진 데이터로 변환하는 것과는 다르다. 사람의 억양과 발음이 서로 다르기에 정확한 음성인식은 사실 어려운 작업이다.

두 명의 사람이 동일 문구를 발음하면 같지는 않아도 "어떤 유사 패턴"을 갖는 음성 신호를 생성할 것이다. 그렇지 않으면 동일 문구를 다른 사람들이 이해할 수 없다. 통계적으로 가변성이 있지만, 신호의 통계 매개 변수 같은 특정 기능은 같거나 최소한 유사하다. 이러한 음성 처리 또는 연산을 통해 음성인식에 사용된다.

음성인식기술은 컴퓨터가 마이크와 같은 소리 센서를 통해 얻은 음향학적 신호(acoustic speech signal)를 단어나 문장으로 변환시키는 기술을 말한다. 음성인식은 센싱과 데이터 분석 기술이 결합한 기술이다.

문장 인식, 자동 번역, 음성 합성과 같은 음성 처리(voice processing)는 좀 복잡한 데이터 처리 작업으로서 여러 가지 방법론과 알고리즘이 존재한다. 현재까지 100% 완벽한 음성 처리 결과를 얻지는 못하고 있다. 문제가 있음에도 많은 응용 분야에 적용되고 있다. 최근 인공지능 기술로 인공지능 스피커 등 다양한 응용 분야로 확대되고 있다.

인터넷의 발달로 음성, 노래 같은 아날로그 신호를 디지털로 전송하려는 필요성이 점차 증가하고 있다. 이러한 필요성은 예전에 없던 새로운 개념이다.

"새가 무슨 말을 하는지 이해하는 길이 열렸다."

이러한 소리 기술의 발달은 장차 새나 물고기, 짐승들의 소리를 표현하고 이해할 것을 제시한다. 언젠가 도전적인 독자가 나와 새가 무슨 말을 그렇게 재미있게 이야기하는지 그 이야기를 전해주길 바란다.

오디오 부호화 형식

문자의 경우 아스키, 그림의 경우 GIF 및 JPEG와 마찬가지로 오디오를 이진 바이트로 표시하기 위해 동의 된 몇 가지 코드 형식이 있다. **WAV는 모든 샘플을 저장하는 일반적인 형식**이다. 비트맵이 이미지의 모든 픽셀을 저장하는 방식과 비슷하다. 몇 가지 널리 사용되는 오디오 부호화 형식에는 WAV, AU, AIFF, VQF, OGG, WMA 및 MP3가 있다. 오디오는 데이터가 크기 때문에 저장 시 데이터를 압축하여 사용한다. 현재 오디오 데이터를 압축하는 주요 형식은 MP3이다. MP3는 'MPEG-2, Audio Layer 3'의 약어이다.

일반적인 오디오 부호화 형식인 MP3는 모든 샘플을 저장하지 않고 인간의 귀로 들을 수 있는 샘플만 저장한 후 샘플을 특별한 부호화 방식으로 압축한다. 손실 압축과 무손실 압축을 모두 사용하는 압축형식이다. 주파수 분포를 분석하고 이를 인간의 심리 음향학(귀와 뇌의 상관관계에 대한 연구)의 수학적 모델과 비교하여 인간이 들을 수 없는 주파수 성분을 삭제하여 압축하는 방식이다. 그리고 비트 스트림(stream)에 허프만 부호화 방식을 사용하여 추가 압축을 달성한다. MP3 플레이어는 부호화된 오디오 파일을 읽고 재생할 수 있다.

예제 11

MP3 형식으로 2 개의 채널을 통해 표준 녹음을 3분 위해 필요한 총 메모리 비트수는 얼마인가?

답 44,100 샘플/초 × 16비트/초 × 180초 = 127,008,000 bits = 15, 876,000 bytes = 15,504 KiB = 15.1 MiB per channel
15.1 MiB × 2 channels = 30.2 MiB. 매우 많은 데이터 양임에 틀림없다.

7.6 이미지의 데이터 표현

석양의 아름다운 하늘과 석양을 품은 잔잔한 호수를 생각해보라. 이것을 추상화하여 마음에 담으면 담는 이의 마음에 따라 다르게 표현된다. 소설가가 마음에 담으면 황홀, 스산한, 찬란한 등으로 표현된다. 수 없이 애매한 표현으로 마음에 따라 표현된다. 국문학자는 석양과 호수를 추상적으로 마음에 담아 문학적으로 표현하고, 또는 모네나 피카소 같은 미술가는 미학적으로 표현한다. 수학자, 소설가, 예술가에게는 무한정의 표현이 가능하다. 이러한 실세계의 이미지를 컴퓨터에서는 어떻게 표현하고 어떤 처리를 할까? 실세계의 무한한 이미지는 비정형 데이터이다. 이미지를 컴퓨터 세상으로 표현하기 위해서 정형화와 샘플링에 의한 유한집합으로의 변환 과정이 필요하다.

이미지 센서는 눈의 망막 세포와 같은 구실을 하는 고감도 센서로 이미지를 감지, 전달, 디지털 처리가 가능해졌다. 이미지 센서는 광파가 물체를 통과하거나 반사할 때 광파의 가변 감쇠를 작은 전류 신호로 변환함으로써 이미지를 감지하는 장치이다. 이미지 센서에서 이미지는 이진 형식으로 변환된다. 디지털 이미지는 화소(picture element)로 구성되며 이미지의 각 화소는 이진수 값으로 표현된다. 이미지 센서는 디지털카메라, 카메라 모듈, 카메라폰, 광마우스장치, 의료영상장비, 열화상 장치 등 야간 시력 장비, 레이더, 음파나 기타 등 아날로그와 디지털의 전자영상기기에 모두 사용된다.

컴퓨터에서는 석양 하늘의 각 위치를 카메라 화소(픽셀, pixel)로 대응하고, 각 화소를 색으로 표현한다. 색은 0~255 범위의 수로 표현된다. 색 값의 범위는 컴퓨터 하드웨어 성능에 따라 달라진다. 보통은 빛의 삼원색인 적색, 녹색, 청색(RGB)의 조합으로 표현된다. 이미지는 화소 위치별 0~255의 RGB 색상으로 표현된다. 무한한 공간이 이미지 감지범위로, 무한한 색상도 RGB 값 범위로 축소되어 유한집합이 된다. 마음속의 무한한 이미지 표현이 컴퓨터에서는 유한집합의 세상으로 변환된다.

이미지를 숫자로 나타낸다.

이처럼 이미지는 공간적으로 픽셀로 분해되고, 개별 픽셀의 색상은 수로 표현된다. 예로서 간단한 흑백 이미지는 간단하게 각 픽셀의 값을 0과 1로 표현한다. 0을 흰색, 1을 검은색으로 표현하면 2진 값을 갖는 흑백 사진이 된다. 실제 흑백 이미지는 단일 픽셀을 1바이트로 나타낸다. 1바이트의 픽셀은 256가지 음영 중 하나가 될 수 있다.

그림 27의 이미지(가로 6픽셀, 세로 6픽셀)는 그리드를 설정하고 개별 사각형(픽셀)에 검은색에 1, 흰색에 0을 할당하여 표현된다. 이미지 크기는 6 × 6으로 표현된다.

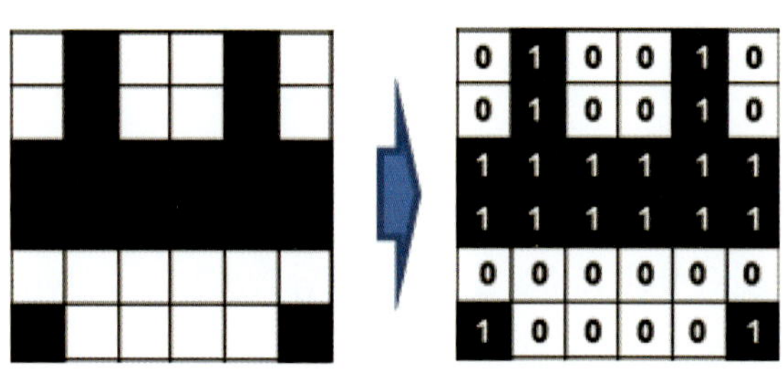

그림 27 이진 이미지의 변환

색상 수

흑백 이미지와 달리 대부분의 이미지는 색상을 사용한다. 이미지의 색상 표현에 픽셀 당 2비트를 사용하면 다음과 같이 4가지 색상을 표현할 수 있다.

```
00 - 백색
01 - 청색
10 - 녹색
11 - 적색
```

여전히 다양한 종류의 색상은 아니지만 하나의 이진 비트를 추가하게 되면서 흑백 이미지보다 사용할 수 있는 색상 수가 2배가 되었다. 픽셀 당 색상 표현에 사용하는 비트 수를 증가시킴에 따라 표현 가능한 색상 수가 증가한다. 더 많은 색상을 가진 이미지를 표현하려면 더 많은 비트가 필요하다. 즉, 많은 색상을 사용하는 이미지를 표현하기 위해서는 더 큰 파일이 필요하다.

```
화소 당 1비트 (0 또는 1) : 두 가지 색상
화소 당 2비트 (00 ~ 11) : 4가지 색상 가능
화소 당 3비트 (000 ~ 111) : 8가지 색상 가능
화소 당 4비트 (0000 - 1111) : 16가지 색상 가능
...
화소 당 16비트 (0000 0000 0000 0000 - 1111 1111 1111 1111) : 65,000가지 색상 가능
```

현대의 비디오 게임과 화려한 그래픽에서는 각 픽셀에 대해 여러 바이트를 사용하여 색상을 표현한다. 예로서 Nintendo 64는 각 픽셀에 대해 8바이트(=64비트)를 사용하여 가능한 많은 색상을 얻는다.

색 깊이(color depth)

각 픽셀을 표현하는데 사용되는 비트 수를 색 깊이(color depth)라고 한다. 하이컬러색 깊이(color depth)(High Colour)는 16비트 색 깊이를 나타내는 용어이다. 적(Red) 및 청(Blue)색 성분을 나타내기 위해 각각 5 비트를 사용하고, 인간의 눈이 녹색(Green)에 더 민감하여 6비트는 녹색(Green) 성분을 나타내는 데 사용한다. 트루컬러(True Colour)는 24비트 색 깊이로 나타낸다. Red, Green, Blue의 표현에 각 8비트를 사용한다. [그림 28 참고]

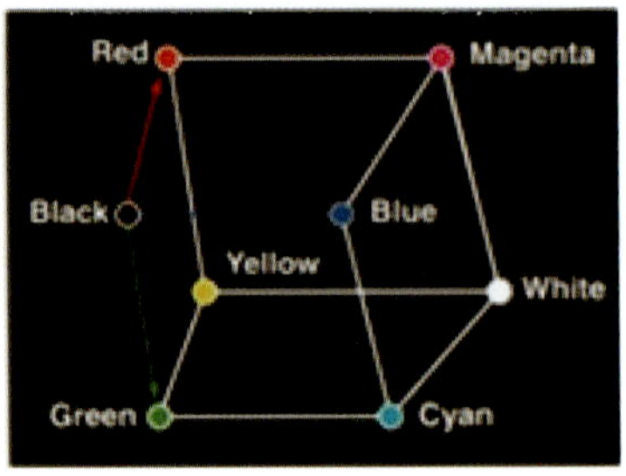

그림 28 3차원 색 공간

이미지 품질(Image quality)

이미지에 사용되는 픽셀 수를 해상도(resolution)라고 한다. 이미지 품질은 이미지의 해상도에 의해 영향을 받는다. 이미지의 해상도는 픽셀이 얼마나 긴밀하게 패킹(packing) 되었는지를 나타낸다.

그림 29은 해상도가 이미지 품질에 미칠 수 있는 영향의 예를 보여준다. 원본 이미지는 비트맵 형식이다. 이미지의 픽셀 해상도가 높을수록 선명해지고 파일 크기는 커진다. 저해상도 이미지는 적은 수의 픽셀로 동일 이미지를 표현하다 보니 이미지가 뭉툭하다. 고해상도 이미지는 픽셀 수가 많으므로 이미지를 확대하거나 늘일 때 훨씬 좋아 보인다. 더 많은 픽셀을 갖는 것의 단점은 파일 크기가 커진다는 것이다.

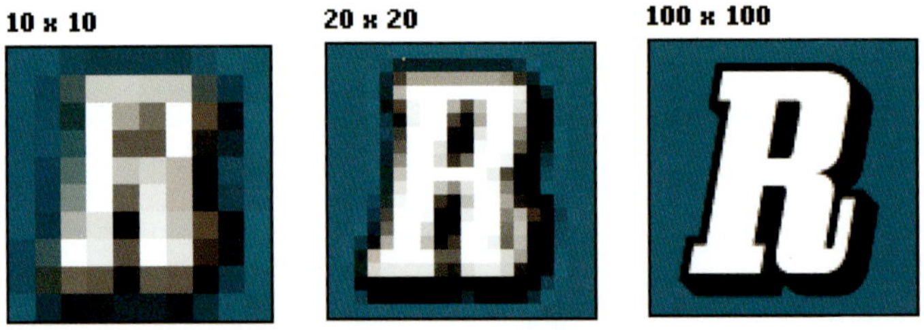

그림 29 해상도별 이미지

낮은 해상도 이미지는 상세함이 부족하고 고해상도 이미지보다 더 추상적이다. 추상화(abstraction)는 절대적으로 필요한 경우가 아니면 공간을 절약하기 위해(즉, 세부 사항을 숨김으로써) 이미지의 해상도를 낮출 수 있다. 이처럼 이미지 해상도는 이미지 추상화 처리에 사용되는 기법이다.

이러한 이미지 추상화는 게임 프로그램 등에서 활용된다. 게임 캐릭터가 그 물체에 더 가까이 다가갈 때까지 필요 없는 물체의 세부 사항을 숨기는 3D 비디오 게임 엔진에서 추상화에 대한 아이디어를 본다. 게임 플레이어가 주변의 더 중요한 물체에 집중할 수 있게 하면서 게임 속도를 높이고 혼란을 줄이는 데 도움이 된다.

이미지의 이진 부호화 표현

물리적으로 색상이란 우리 눈의 망막에 도달하는 다양한 빛 주파수에 대한 우리의 인식이다. 우리의 망막은 서로 다른 주파수에 반응하는 세 가지 유형의 색(colour) 광수용체 원뿔형 세포를 가지고 있다. 이런 광수용체들은 적색(Red), 녹색(Green) 및 청색(Blue)의 색상에 반응한다.

컴퓨터에서는 색상을 대부분 RGB 값으로 표현한다. RGB는 세 가지 기본 색상의 상대적인 기여도를 나타내는 세 개의 숫자이다. 예를 들어 RGB 값이 (255, 255, 0)이면 빨강 및 녹색의 기여도를 최대화하고 파랑의 기여도를 최소화한 것으로 밝은 노란색이 된다. [그림 30 참고]

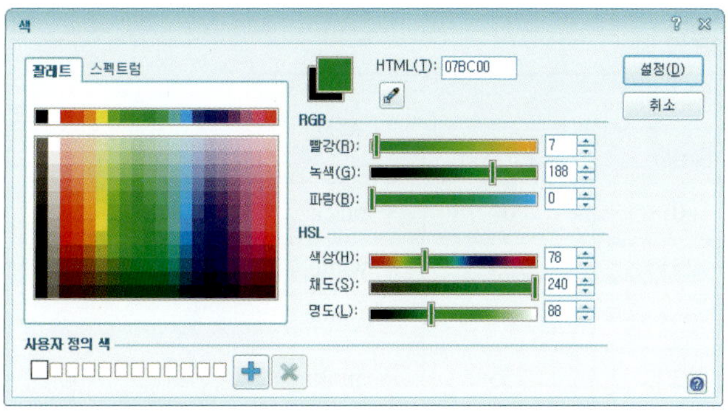

그림 30 그림판을 통한 RGB 값의 실습 예

빛의 3원색인 적색, 녹색, 청색(RGB)의 3가지 색상의 조합에 의해 이미지 픽셀의 색상을 부호화하는 방식이다. 한 픽셀을 3개의 기본 픽셀 색(RGB)으로 구현하는 방식이다. 기본색으로 비디오나 영상 장치 색을 표현한다. RGB의 색마다 8비트를 사용하고 0부터 255까지 256개의 색 값을 표현할 수 있다. 예로서 검정색 표현을 위해서는 RGB의 개별 색 값을 (0, 0, 0)으로 한다. 흰색은 RGB의 개별 색 값을 (255, 255, 255)로 설정하면 된다. 이처럼 색을 숫자로 표현하는 것이 가능하고, 색깔에 해당하는 이름을 문자열로 표현하기도 한다.

다음의 이미지를 RGB 이진 데이터로 표현하면 다음과 같다. [그림 31 참고]

0,0,0	0,0,0	0,0,0	0,0,0	0,0,0
0,0,0	0,0,0	255,255,255	0,0,0	0,0,0
0,0,0	255,255,255	255,255,255	255,255,255	0,0,0
0,0,0	0,0,0	255,255,255	0,0,0	0,0,0
0,0,0	0,0,0	0,0,0	0,0,0	0,0,0

그림 31 RGB 이미지 예

다음의 이미지를 RGB로 표현하면 다음과 같다. [그림 32 참고]

0,0,0	0,0,0	0,0,0	0,0,0	0,0,0
0,0,0	0,0,0	255,0,0	0,0,0	0,0,0
0,0,0	255,0,0	255,0,0	255,0,0	0,0,0
0,0,0	0,0,0	255,0,0	0,0,0	0,0,0
0,0,0	0,0,0	0,0,0	0,0,0	0,0,0

그림 32 RGB 이미지 예

다음은 몇 가지 일반적인 색상에 대한 RGB 값을 보여준다. [표 9 참고]

표 9 색상별 RGB 값 예

RGB 값			색상
Red	Green	Blue	
0	0	0	black
255	255	255	white
255	255	0	yellow
255	130	255	pink
146	81	0	brown
157	95	82	purple
140	0	0	maroon

비트맵 이미지 표현이란?

현재 사용 중인 대표적 형식의 이미지로 비트맵(bmp)이 있다. 비트맵 형식은 이미지의 모든 픽셀을 저장하므로 많은 양의 바이트 파일이 된다. 간단한 비트맵 화면도 수 메가바이트를 쉽게 초과할 수 있다. 이 파일은 저장 공간을 많이 필요로 한다.

비트맵 이미지는 래스터(raster) 형식이다. 래스터는 갈퀴와 같은 연장을 뜻하는데 멍석과 같은 평면에 쌀 같은 곡식을 한 줄씩 깔아서 채우듯이 픽셀로 한 줄 한 줄씩 채워가는 방식을 의미한다. 이 한 줄을 주사선(scan)이라고 한다.

비트맵 이미지는 스캐너, 디지털카메라, 비디오 캡처 장치, 마우스 및 펜과 같은 **그래픽 입력 장치로** 생성된다. 디지털 이미지의 픽셀 패턴을 페인트(Paint)와 같은 **드로잉 소프트웨어**를 사용하여 만들 수도 있다. **그림판** 같은 **편집 도구인** 소프트웨어로 비트별 편집 처리를 할 수 있다. 음영, 색상, 모양 및 질감 변화 등의 이미지 연산 처리 기능이 가능하다.

예제 12

3,500,000 픽셀의 디지털 카메라로 1장의 이미지를 저장하기 위해 필요한 총 메모리 비트 수는 얼마인가?

답 3,500,000 pixels/image × 24 bits/pixel × 1 image = 84,000,000 비트

비트맵 이미지에 여러 가지 형식이 존재한다. 태그 이미지 파일 형식인 TIFF, 그래픽 교환 형식인 GIF, 공동 사진작가 전문가 그룹 형식인 JPEG, Portable Network Graphics 형식인 PNG 등이 있다.

파일 크기가 중요하다.

인터넷에서 사용되는 두 가지 JPEG과 GIF은 압축 그래픽 형식이다. JPEG와 GIF는 디지털카메라의 작은 플래시 메모리 카드에 저장하거나 상대적으로 느린 인터넷을 통해 다운로드하는데 더 적합하다. 웹 페이지 디자인, 전자 메일을 통한 디지털 사진 전송, 인터넷을 통해 사진 다운로드, 디지털카메라 또는 기타 보조 저장장치인 소형 플래시 메모리 카드에 사진 저장 시 이미지의 크기가 특히 중요하다. JPEG 및 GIF와 같은 압축된 형식을 사용하는 주된 목표는 이미지 품질에 부정적인 영향 없이 파일 크기를 가능한 한 작은 용량으로 줄이는 것이다.

벡터 이미지 표현이란?

기하학 공식을 해석하여 그래픽을 만드는 경우이다. 벡터 그래픽 형식의 이미지는 선 및 기하학적 모양으로 이미지를 표현한다. 벡터 그래픽은 선의 방향, 두께 및 색상을 설명하는 일련의 명령어로 나타낸다. 이러한 형식의 파일 크기는 모든 픽셀을 고려할 필요가 없기에 작다. 벡터 그래픽은 수학적으로 크기를 조정할 수 있으며 필요에 따라 이러한 변경 사항을 동적으로 계산할 수 있다.

그러나 벡터 그래픽은 실제 이미지를 표현하기에는 적합하지 않다. 사진이나 그림처럼 상세한 이미지를 나타낼 수 없기 때문이다. 그리기 패키지 또는 스프레드시트 데이터 그래프의 출력으로 생성된다. 필요한 저장 공간은 선, 도형, 채우기 패턴을 생성하기 위한 명령들의 이미지 복잡도에 달려 있다.

예 : Shrek, Toy Story, 마다가스카르와 같은 영화에서 볼 수 있는 객체.

대부분의 벡터 이미지 형식은 제품별로 배타적이다. 파일 확장명으로 .wmf, .dxf, .mgx 및 .cgm 등

이 있다. 인기 있는 객체 그래픽 소프트웨어로는 Macromedia Flash, Micrographx 디자이너, CorelDraw 가 있다. 벡터 삽화, 레이아웃, 비트맵 생성, 이미지 편집, 페인팅 및 애니메이션 기능이 있는 소프트웨어이다. Autodesk AutoCAD는 설계 프로그램이다. XML 웹기술 언어에 기반 한 W3C SVG(Scalable Vector Graphics)가 있다.

7.7 왜 파일을 압축하는가?

오디오 또는 이미지처럼 많은 데이터를 처리할 때는 처리 능력과 저장 공간이 매우 중요하다. 두 가지 모두에서 최상의 결과를 얻으려면 텍스트, 이미지 및 오디오 데이터의 파일 크기를 줄여서 더 빨리 전송하고 저장 공간을 덜 차지하도록 해야 한다.

대용량 파일을 다운로드하거나 업로드하는데 많은 시간이 걸린다. 특히 인터넷에서 웹 페이지, 오디오, 비디오 파일의 로드 및 재생 시간이 오래 걸리면 사용자가 매우 불편해한다. 압축으로 이러한 문제를 해결한다. 모든 종류의 데이터를 압축하여 크기를 줄일 수 있다. 압축에는 두 가지 주요 유형이 있다. 손실 및 무손실 압축이다. [그림 33 참고]

그림 33 압축으로 크기 축소

압축의 기본 원리는 모든 픽셀을 저장하지 않고 대신에 픽셀 패턴을 저장한다. 예를 들어 이미지의 어떤 20,000개 픽셀 영역이 모두 검은색이면 20,000개의 검은색 픽셀을 저장하는 대신 압축 알고리즘으로 "검은색 20,000회 반복"을 의미하는 몇 바이트 만 저장한다.

손실 압축

손실 압축은 파일 크기를 줄이기 위해 파일의 원래 데이터의 일부를 제거하는 방식이다. 이미지의 색상 수를 줄이거나 오디오 파일의 샘플링 수를 줄이는 방법을 사용한다. 이 경우 이미지 또는 오디오 파일의 품질이 약간 저하할 수 있다.

이미지의 인기 있는 손실 압축 방법으로 JPEG 방식이 있는데 이는 인터넷의 대부분 이미지가 JPEG인 이유이다. 오디오에 널리 사용되는 손실 압축 방식은 MP3이다. 손실 압축을 사용하여 파일을 압축하면 폐기된 데이터를 다시 검색할 수 없다.

무손실 압축

무손실 압축은 이미지나 오디오 파일의 품질을 전혀 저하시키지 않는다. 압축을 위해 손실된 데이터가 삭제되지 않으므로 파일을 원래대로 만들 때와 똑같이 재생시킬 수 있다.

일반적으로 반복되는 데이터의 패턴을 찾아 다양한 알고리즘을 수행한다. Zip 파일은 무손실 압축의 예이다. 무손실 압축방식의 공간 절약은 손실 압축의 경우만큼 좋지 않다.

보통 JPEG 이미지는 비트맵 이미지보다 훨씬 작은데 최소 20%에서 최대 95%까지 압축하여 파일 크기를 줄여서 표시한다. 그림 36은 이미지의 압축율에 따른 이미지의 품질과 크기 변화를 보여준다. 이미지가 약 60% 압축될 때부터 약간의 저하가 나타나다가 이미지의 품질이 최대 90% 압축까지 점차 저하된다. 95% 압축 시 위의 이미지를 분별하기 어렵게 된다. 이미지의 바람직한 값은 20~25 KiB의 크기를 갖는 약 40~50% 압축된 상태이다. [그림 34 참고]

20% 압축 37 KiB

95% 압축 4 KiB

그림 34 400×336 JPEG 이미지의 압축률과 이미지 품질
(참고문헌:https://computer.howstuffworks.com/question289.htm)

"왜 압축이 중요한가?"

웹 페이지에서 그래픽을 처리할 때는 빠른 접근이 요구되므로 일반적으로 이미지의 파일 크기가 작아지도록 압축을 한다. 인터넷에서 사용되는 대표적 압축형식의 파일로 JPEG와 GIF가 있다. JPEG 및 GIF는 디지털카메라의 작은 메모리 카드에 저장하거나 상대적으로 느린 인터넷을 통해 다운로드하는 데 적합하다. JPEG 및 GIF와 같은 압축된 형식을 사용하는 주된 목표는 이미지 품질을 많이 저하시키지 않고 파일 크기를 가능한 한 적게 만드는 것이다.

미디어 파일은 종종 디스크 공간을 절약하기 위해 부호화한다. 디지털 오디오, 비디오, 이미지 파일을 부호화함으로써 더 효율적이고 압축된 형식으로 저장할 수 있다. 부호화된 미디어 파일은 일반적으로 압축되지 않은 원래 미디어 파일과 품질은 비슷하지만 파일 크기는 훨씬 작다. 예를 들어 WAVE(.WAV) 오디오 파일은 이보다 1/10 크기인 MP3(.MP3) 파일로 변환될 수 있다. 마찬가지로 MPEG(.MPG) 압축 비디오 파일은 원본 디지털 비디오(DV) 파일보다 디스크 공간의 일부만 필요로 할 수 있다.

7.8 비디오의 데이터 표현

비디오(동영상)를 디지털로 다룰 수 있는 기술이 필요해졌다. 비디오도 대표적인 비정형 데이터이다. 비디오의 표현을 위해서는 엄청난 양의 데이터가 필요하다. 비디오카메라로 화면이 640 x 480픽셀 트루컬러 이미지를 30프레임/초로 생성하면 매초 수 MiB 데이터가 생성된다. 이런 큰 파일 비디오는 사용자에게 전달하는 방법에 따라 형식이 다르다.

- **스트리밍 비디오** : 웹 서버에서 비디오를 다운로드하면서 표시한다. 화상 회의, 네플릭스 등이 이 방식에 속한다.
- **로컬 비디오** : DVD 또는 시스템에 다운로드 후 재생하는 형식이다. 특히 MPEG-2는 영화 수준 품질의 이미지로 상당한 처리 능력이 필요하다. MPEG-2는 압축율이 높은 비디오 형식이다. 더 높은 품질을 위한 방식이다.
- **비디오 코덱**(코더/디코더) : 영화를 컴퓨터 또는 네트워크에서 재생할 수 있도록 영화의 크기를 축소하는데 사용되는 방법을 나타낸다. 거의 모든 비디오 코덱은 손실 압축을 사용하여 비디오와 관련된 엄청난 양의 데이터를 최소화한다. 압축 유형에도 시간적인 압축과 공간 압축의 두 가지 방식이 있다.

비디오 편집기와 같은 기존 소프트웨어를 사용하면 디지털 효과와 애니메이션도 만들 수 있다.

예제 13

매 프레임 3백만 픽셀이고 매초 30프레임의 영화를 5분 저장위한 총 메모리 비트 수는 얼마인가?

답 3,000,000 pixels/frame × 24 bits/pixel × 30 frame/sec × 300 sec = 648,000,000,000 bits
= 81,000,000,000 bytes

7.9 표준화

객체에 대한 이진 부호화 형식은 컴퓨터가 데이터를 이해하는데 매우 중요하다. 데이터를 부호화(encoding)할 때마다 올바른 유형의 부호체계를 지원하는 프로그램에 의해서만 읽을 수 있다.

텍스트 형태에 다양한 부호화 형식(ASCII, UTF-8 등)이 있다는 사실을 기억한다. Microsoft의 Word, Corel의 Word Perfect, IBM의 Lotus Notes 같은 대부분의 문자 편집기는 서로 다른 파일의 부호화 방식을 사용한다. 텍스트 편집기가 텍스트 문서에 사용된 부호화를 지원하지 않는 경우, 문자 일부 또는 전부가 의도된 텍스트가 아닌 이상한 기호로 나타날 수 있다.

왜 표준이 필요한가?

부호화 방식간에 '상호 호환성'이 성립되어야 정보의 전송 및 교환을 할 수 있다. 예를 들어 이미지만 하더라도 JPEG, GIF, BMP, PNG 등 다양한 이미지 데이터 형식이 존재하는데 동일 데이터 형식을 사용하여야 상호 간에 데이터의 내용 및 의미에 대한 이해가 가능하다. 그리고 다음 이유로 표준화가 필요하다. [표 10 참고]

- **편리성** : 제품을 출시할 때마다 출시 시기가 매우 중요한데 기존 표준을 사용하면 자체 프로토콜 및 인터페이스를 공들여 만들기 위한 시간을 절약할 수 있다.
- **효율성** : 대부분의 표준은 특정 분야에서 폭넓은 경험의 위원회에 의해 제정된다.
- **유연성** : 표준은 제조업체 또는 OEM(원래 장비 제조업체)이 고유한 형식으로 확장하는 것을 허용한다.
- **적절성** : 특정 영역의 문제를 해결한다.

표준은 정보의 전달 및 공유를 가능하게 한다. 또한, 컴퓨터 시스템 간에 소프트웨어가 상호 운용되도록 한다. 이러한 이유로 진화해온 표준은 폭발적인 발전을 해왔다.

표 10 표준 예

데이터 형식	표준
텍스트	ASCII, Unicode
이미지	JPEG, GIF, PCX, TIFF, BMP, PNG, etc.
동영상	MPEG-2, Quick Time, MPEG-4, etc.
음향	Sound Blaster, Wav, Au, MP3, etc.
그래픽/폰트	PostScript, True Type, PDF

주요 표준화 제정 기구에는 ISO(International Standards Organization), ANSI(American National Standards Institute), IEEE(Institute for Electrical and Electronics Engineers) 등이 있다. 표준은 두 가지 방법으로 진화한다.

- 독점 형식이 사실상 표준이 된 경우(예 : Adobe PostScript, Apple Quick Time).
- 위원회에서 다양한 사양 문제를 조정하여 하나의 표준으로 만들어내는 경우(Motion Pictures Experts Group, MPEG).

연습문제

01 메타데이터(metadata)란 무엇인가?

1) 필요하지 않은 데이터
2) 다른 데이터에 대한 정보를 제공하는 데이터
3) 나중에 사용하기 위해 저장된 데이터
4) 메타데이터가 비구조화된 데이터(이미지, 비디오, 웹 페이지등)에는 사용되지 않는다.

02 이미지가 압축되는 이유는 무엇입니까?

1) 품질 향상을 위해
2) 포함된 색상을 변경하기 위해
3) 보관하는데 더 작게 하기 위해
4) 표준화를 위해

03 손실 압축은 무엇을 합니까?

1) 불필요하다고 생각되는 데이터를 버림으로써 압축
2) 파일의 품질을 향상시키는 것
3) 저장을 위해 파일을 작은 부분으로 나누어 압축한 다음 다시 열면 원래로 돌아간다.
4) 데이터 복호화 방법이다.

04 무손실 압축은 무엇을 하는 것인가?

1) 불필요하다고 생각되는 데이터를 버림으로써 압축
2) 파일 품질 향상
3) 저장을 위해 파일을 작은 부분으로 나누어 압축한 다음 다시 열면 원래로 돌아간다.
4) 보통 손실 압축보다 압축파일의 크기가 더 커진다.

05 이미지의 손실 압축에 널리 사용되는 방법은 무엇입니까?

1) MPEG
2) JPEG
3) TIF
4) PNG

06 **컴퓨터가 데이터를 처리할 수 있으려면 데이터가 어떤 형태여야 합니까?**

1) 2진
2) Denary(10진)
3) 2진 또는 10진
4) 8진

07 **다음의 이진 덧셈 "00100101 + 01000100"의 결과는?**

1) 10101001
2) 01101001
3) 01101011
4) 01101010

08 **텍스트를 이진수로 변환하는 데 사용할 수 있는 코드는 무엇입니까?**

1) 파이썬
2) ASCII 코드
3) 이진코드
4) 손실 압축

09 **ASCII 코드는 몇 개의 문자를 저장할 수 있습니까?**

1) 8
2)129
3)128
4)266

10 **ASCII 코드에 포함된 항목은 무엇입니까?**

1) 글자와 숫자만 입력
2) just letters
3) 일반 키보드의 모든 키
4) 전원 개폐

11 **아날로그-디지털 변환기의 기능은 무엇입니까?**

1) 일정한 간격으로 음파를 샘플링 한 다음 이를 이진으로 변환
2) 이미지를 작게 만든다.
3) 이진 코드를 텍스트에 할당
4) 텍스트에 이진부호를 할당

12 **다음의 이진 덧셈 "01010011 + 01110110"의 결과는?**

1) 11001001
2) 11101001
3) 11101011
4) 11101011

13 원 숫자가 2자리의 이진수로 구성된다. 다음의 두 이진수의 합을 구하면 어떻게 되는가?

11 + 01

14 논리 게이트란 무엇인가?

1) 프로그램 언어의 한 유형

2) 저장장치

3) 전자 시스템이 입력 정보를 기반으로 의사 결정을 할 수 있게 해주는 디지털 전자 장치

4) 논리회로로 들어가는 입구

15 논리 게이트 계산은 어떻게 나타낼 수 있는가?

1) 문서로서　　2) 프로그램 언어로서

3) 진리표로서　　4) 플로우차트로서

16 AND 게이트의 경우 출력이 1이면 입력 중에서 몇 개가 1이어야 합니까?

1) 0　　2) 1

3) 2개다　　4) 3개 중 2개

17 NOT 게이트의 입력이 1이면 출력은 어떻게 됩니까?

1) 0　　2) 1

3) 2　　4) 4

18 다음 십진 '11'을 이진수로 변화하라.

19 4에서 −7을 빼는 계산을 4자리의 이진수를 사용해서 계산해보라.

20 'A'는 유니코드로 U+0041 이고, '가'는 'U+AC00'이다. 이러한 유니코드를 UTF−8로 저장하세요.

21 **다음 특수 문자를 UTF-16로 표현해보세요.**

16비트 기반으로 문자열을 저장한다. 기본 다국어는 2 바이트로 그이상의 문자는 바이트로 인코딩된다. 영어, 한글 모두 2바이트로 저장되어 한글문서의 용량을 줄일 수 있다. ANSI와 호환이 안 되고, 2 바이트이기 때문에 리틀엔디안, 빅엔디안이 필요하다는 단점이 생긴다. 윈도우즈 메모장에서 텍스트 파일 저장시 유니코드(big endian)이 바로 UTF-16에 해당한다.

문자		2진 코드	UTF-16(2진)	UTF-16(16)
$	U+0024	0000 0000 0010 0100	0000 0000 0010 0100	0024
€	U+20AC	0010 0000 1010 1100	0010 0000 1010 1100	20AC
𐐷	U+10437	0001 0000 0100 0011 0111	1101 1000 0000 0001 1101 1100 0011 0111	D801 DC37
𤭢	U+24B62	0010 0100 1011 0110 0010	1101 1000 0101 0010 1101 1111 0110 0010	D852 DF62

22 **알파벳 소문자 'z'을 UTF-16 리틀엔디언과 빅엔디언으로 각각 저장하여 이진파일로 확인한다. 문자 z를 저장하기 위해서는 메모장을 사용한다. 파일 저장 옵션에서 리틀엔디언 또는 빅엔디언 UTF-16을 선택한다. 2진 파일을 보기 위해서는 인터넷에서 2진 파일 뷰어(viewer)를 다운받아 사용한다. 2진 파일 뷰어의 예로 다음을 추천한다.**

https://hexed.it Browser-based online and Offline Hex Editing 같은 프로그램(도구)를 사용

23 **네이버 웹사이트에서 사용하는 문자 코드체계는 무엇인가요?**

24 **대학교의 ICT 대학 빌딩을 방문하였는데, 모든 방 번호가 2진법으로 표시되어 있다. 13호실로 가려한다. 실험실 문에서 어떤 이진수를 찾아야 합니까?**

25 **한 ICT 과학자가 딸의 생일을 축하하기 위해 목걸이를 만든다. 그 목걸이는 은구슬 111과 000들을 사용하여 딸의 생일을 2진수로 인코딩한다. 그 달의 날짜를 인코딩하는 목걸이가 11010 입니다. 며칠을 말하는 겁니까?**

26 친구의 생일이고 여러분은 케이크에 있는 양초에 이진수를 사용하기를 원합니다. 여러분의 계획은 녹색 양초를 "켜짐"을 의미할 때 사용하고 회색 양초를 "꺼짐"을 의미할 때 사용하는 것입니다. 18세를 나타내기 위해 필요한 최소한의 양초는 몇 개입니까?

27 유니코드 '0x4100'를 UTF-16의 빅엔디언과 리틀엔디언으로 각각 저장한 후 이진파일 뷰어로 읽어 결과를 보여라. 인식문자로 'FEFF' 또는 'FFFE'는 여기서 표기하지 않았다.

28 이진수 '11111111'를 십진수로 변환하면?

29 다음 실수 100101.101_2는 메모리에 어떻게 저장될까요?

8 프로그램 언어는 지식표현 도구

8.1 최초의 프로그램 언어가 탄생하다 : 람다 대수(λ–calculus)

8.1.1 프로그램 언어의 최초 탄생

1935년 알론조 처치(Alonzo Church)가 **함수에 기반하여 수학적 논리를 계산하는 기본틀**(framework)인 람다 **대수(λ–계산) 계산 방법을** 제안하게 되었다. 람다 대수는 컴퓨터 관점에서 함수를 어떻게 표기하여야 하나 고민하다 만들어 낸 것이다. 람다 대수도 튜링과 같이 계산(computation) 작업의 정형화 시스템이다. 처치는 유명한 튜링 기계(Turing Machine)을 발명한 앨런 튜링(Alan Turing)의 박사 지도교수였다. 그는 람다 대수**로도** 어떤 계산 모델이라도 계산할 수 있다고 주장한다.

튜링 기계는 **상태기반 모델**을 사용하여 연산을 수행하는 반면, 처치(Church)는 람다 대수(Lamda Calculus)의 **함수 표기법으로** 연산을 하는 방법을 제안했다. 람다 대수로 할 수 있는 모든 계산은 튜링 기계로도 가능하고 그 역도 성립한다는 것을 증명하였다. 람다 대수와 동치인 프로그램 언어 역시 튜링 완전하다. **튜링과 처치의 두 다른 개념(함수와 상태기반)이 결국은 같으며** 처치-튜링 가정(Church-Turing hypothesis)라고 한다.

참 놀랍다. 두 사람 처치와 튜링이 독립적으로 개발했음에도 람다 대수나 튜링 기계로 똑같이 계산해 낼 수 있다는 것이다. 어떤 함수를 튜링 기계로 계산할 수 있으면 람다 대수로도 계산할 수 있다는 것이다.

이러한 **동등성**(람다 대수와 튜링 기계의 동일 계산)은 수학자와 컴퓨터 과학자들이 이들 모델을 범용적인 것으로 믿게 하였다. 튜링 기계 계산이 가능하든가 또는 람다(λ) 대수 계산이 가능하면 어떤 함수든 계산할 수 있다는 것이다.

A function is computable if and only if λ-computable if and only if Turing computable.

말이 람다 대수이지 람다 대수로는 미적분 계산을 할 수 없다. 튜링 기계가 절차적인 계산 모델이듯이, 람다 대수도 하나의 계산 모델이다. 람다 대수는 변수, 함수 등을 사용하여 프로그램 코드를 작성한다.

계산 모델이란 무엇인가? 계산 모델은 수학, 물리, 화학, 경제, 심리, 및 인지 과학 등 다양한 분야에서 복잡한 시스템을 시뮬레이션하고 연구하는 데 컴퓨터 프로그램을 사용하는 것이다. 계산 모델에는 연구 중인 시스템의 특성을 나타내는 수많은 변수가 포함된다. 시뮬레이션은 변수를 단독으로 또는 조합하여 조정하고 결과를 관찰하여 수행된다. 계산 모델은 과학자들이 컴퓨터로 수천 가지의 시뮬레이션 실험을 할 수 있게 해준다. 한 가지 예는 인플루엔자와 같은 전염병의 발생을 연구하기 위해 계산 모델을 사용한다.

람다 대수와 튜링 기계는 술어 논리보다 월등한 표현 능력

현대 많은 프로그래밍 언어는 튜링 기계보다 람다 대수(계산)를 더 널리 이용한다. 계산 모델이 만들어지면 튜링기계나 람다 대수로 계산이 가능하다. 그리고 람다 대수와 튜링 기계는 술어 논리보다 월등한 표현 능력이 있다.

"세계에서 가장 작은 범용 프로그램 언어의 시작 - 람다 대수"

람다 대수는 가장 작은 프로그램 언어이다. 람다 대수는 변수와 함수를 이용한 표현 기법으로 **종속 변수(bound variable)와 자유 변수(free variable)**의 개념을 도입하고 프로그램의 기본이 된다. 함수와 변수 대입 규칙을 사용한 람다 대수는 프로그램 언어의 모델이며 또한 범용 계산 모델이 되었다.

람다 대수는 현대 프로그램 언어 이론의 기초가 되었다.

람다 대수는 특히 프로그램 언어 이론의 발전에 크게 기여하고, 함수형 프로그램 언어의 핵심이 된다. 리스프(Lisp)와 같은 함수형 프로그래밍 언어는 람다 대수로부터 직접적인 영향을 받아 탄생했으며, 함수형 프로그램 언어에는 리스프(Lisp), 해스컬(Haskell), 파이썬(Python), 자바스크립트(JavaScript) 등이 있다.

"프로그램이 서로 다르게 보이는데 근본적으로 람다 대수를 따르고 있다."

람다 대수는 프로그램 언어의 최소 특징과 구문론적 구조를 학습하기에 좋은 표준 테스트 베드(test

bed)가 된다. 모든 프로그램이 서로 다르게 보이는데 근본적으로 람다 대수를 따르고 있다. 다른 수백 개의 컴퓨터 언어는 모두 람다 대수의 변형일 뿐이다.

람다 대수는 프로그램 언어의 발달에 큰 영향을 미쳤다. 람다 대수는 함수형 프로그램의 기초를 이룬다. 함수형 프로그램에서는 함수 포인터, 중첩된 함수(nested functions), 쓰레기 수거(garbage collection), 변수 범위(variable scope) 등의 특징을 갖는다.

람다 대수는 변수(자유, 종속), 함수와 함수선언과 같은 구문론적 표기법을 갖는다. 함수의 계산과 변수의 종속에 대한 개념이 있는데 프로그램 언어의 설계 및 분석에 큰 영향을 주었다. 람다 대수는 프로그램 언어 이론의 발달에 중요한 역할을 했고, 컴퓨터 과학의 기초를 이루고 있다.

8.1.2 람다 대수(λ-calculus)

처치는 함수를 블랙박스(black box)로 가정하였다. 블랙박스는 내부를 볼 수 없고, 숫자 x를 입력으로 받고, 어떤 형식으로든 처리하고, 출력을 생성하는 모델이다. 예를 들어, 그림 1은 1개의 입력 x을 받아 처리한 후 1개의 결과를(예 x+1) 출력한다.

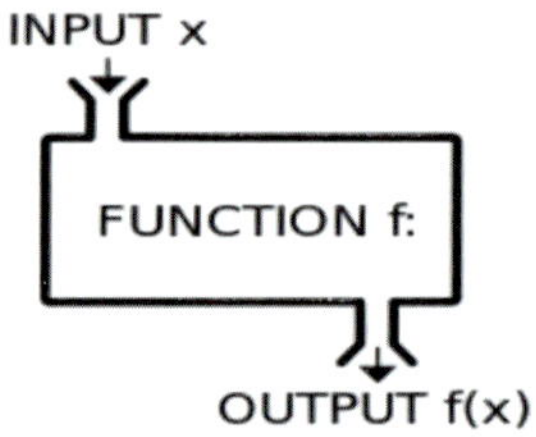

그림 1 람다 함수 모델

좀 더 복잡한 예로 2개의 입력의 블랙박스를 생각하자. 2개의 입력(x 와 y)을 처리하여 하나의 결과를(예: x+y) 출력한다. [그림 2 참고]

그림 2 복수 입력 람다 함수 모델

여기에서 두 가지 중요한 사실이 있다. 첫 번째로 중요한 것은 함수가 블랙박스라는 것이다. 그 내부를 볼 수 없다는 것이다. 박스 안에서 무슨 일이 벌어지는지 그 메커니즘을 볼 수 없다. 우리가 할 수 있는 것은 박스에 어떤 것을 입력하고 다른 방향에서 출력을 관찰하는 것뿐이다.

두 번째 중요한 것은 순수한 수학적 함수(pure mathematical function)의 형태라는 것이다. 튜링 기계가 내부상태 기반인 것에 반해 완전히 새로운 개념이다. 단지 입력 변수(예: 'x')를 출력(예: 'x+1')으로 매핑한다. 마술처럼 'x'가 박스 내부를 통과한 후 'x+1'로 된다. 함수에 어떤 내부상태(internal state) 또는 사용할 수 있는 유용한 정보가 없다는 것이다.

람다 대수에서는 함수를 어떻게 정의하는가?

알랜 튜링이 튜링 기계로 계산을 다루었던 것과는 매우 다른 개념이다. 람다 대수로 간단한 1만큼 증가하는 증분 함수(increment function)에 대한 간단한 구문을 소개한다. 함수 **정의**를 위해서 그리스 문자 람다(λ)를 도입하고 이어서 **입력 변수를** 적는다. 여기서 입력 변수의 하나로 'x'를 사용한다. 그리고 **점(dot)을** 찍는다. 그리고 **함수가** 어떻게 계산되는지를 적는다. 'x+1'이 함수 출력이 된다.

$$\lambda x.x+1$$

두 수의 덧셈도 같은 표기 방식으로 할 수 있다. 이 경우는 두 개의 람다가 필요하다. 두 개의 입력 'λx.'와 'λy.' 그리고 덧셈 함수 'x+y'가 된다.

$$\lambda x.\lambda y.x+y$$

정의된 함수로 무엇을 할 것인가?

그러면 함수를 정의한 후 무엇을 할 것인가? 우리가 할 수 있는 것은 함수에 입력을 제공하는 것이다. 블랙박스에 입력을 제공하면 어떤 출력을 생성하게 된다. 간단한 예를 들어보겠다. 증분 함수의 입력 변수에 숫자 5를 적용한다.

$$(\lambda x.x+1)\ 5$$

그러면 어떻게 되는가? 이는 함수의 입력 변수에 대입하는 것과 같다. 숫자 5를 람다 표현식의 본체에 대입해보자. x=5가 되고 맞은편에서 출력으로 5+1=6을 얻는다. 이상이 람다 계산법 기초이다.

람다 대수는 3가지 개념으로 **구성**된다. 함수의 매개 변수(x, y, z). 함수 정의, 그리고 함수 적용(application) 개념으로 구성된다. 함수 정의에서 'x'는 **매개 변수**이고, 함수의 본체는 'x+1'이고, 함수 본체에 **이름이 없다.** 이 함수를 계산하기 위해 함수에 **인수(argument)** '3'을 적용한다, 그러면 계산 결과가 (λx.x+1)3이 된다. 또 다른 예는 함수 본체 'x^2'에 인수 5를 적용하고 있다. [그림 3 참고]

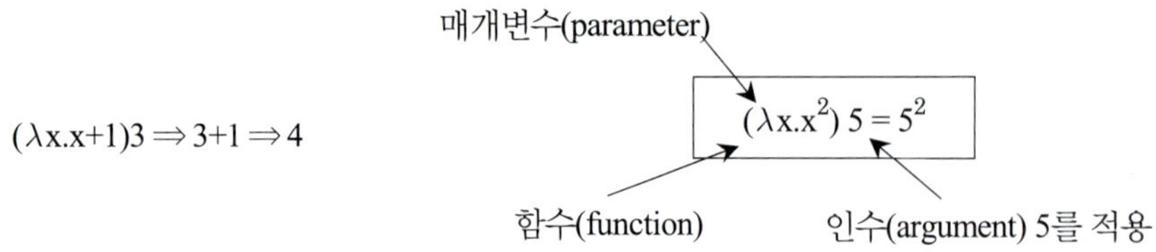

그림 3 람다 대수 구문

람다 대수는 변수 바인딩과 대입을 사용한 함수 추상화와 적용(application)에 기초하여 계산을 수행하는 일종의 정형화 시스템이다. 람다 대수에는 함수 추상화와 함수 적용(application)의 두 가지 개념이 존재한다.

첫 번째로 람다식은 매개 변수와 본체를 포함하는 추상화이다. '**λx.E**'는 함수 정의 또는 추상화 개념이다. 'x'는 함수 변수, 'E'는 함수 본체를 의미한다. 함수는 이름이 없고 변수가 하나인 경우이다. 변수 '**x**'가 본체 '**E**'의 내부로 **바인딩되면** 종속 변수가 된다. 반대로 바인딩되지 않으면 자유 변수라 한다.

예로서 **λx.x는 항등(identity) 함수이다. 또는 λx.2 는 값이 2인 상수 함수이다.**

두 번째, 함수 적용은 인수(매개변수)를 함수 본체에 대입하는 과정이다. 2개의 람다식 'M과 N'이 있을 때 (MN)은 람다식 N을 M에 적용하는 개념이다. 여기서 M과 N은 람다대수 표현(변수, 추상화, 적용)에 해당하는 람다 항이다. 입력 N을 함수 M에 적용하는 의미이다. 적용은 함수 본체에 있는 매개 변수를 실제 값으로 교환하는 것이다.

예로서 (λx.x) λy.2 = λy.2가 된다.

복수의 람다식 경우 좌측결합(left associative) 우선 규칙이 적용된다. 예로서, (f g h) = ((f g) h) 그리고 λx.M N는 (λx.M)N가 아니라 λx.(M N)처럼 적용된다. 함수 적용이 가장 높은 우선 순위권을 가짐을 유의한다. 또 다른 예로서 삼각형 Area = λb.λh.(h*b)/2라 할 때, (Area 3) = λh.(h*3)/2 이 된다. 또한 ((Area 3) 7) = 7*3/2 = 10.5가 된다.

왜 람다 표현식이 추상화 표기인가?

추상화의 개념은 좀 더 일반화시키기 위해 정보의 일부를 제거하여 간략화한 것이다. 예를 들어 '5 + 10× 8'의 산출식이 있을 때 좀 더 일반화할 수 있다. 일반식 'x + 10・y'처럼 말이다. 앞의 식보다 훨씬 일반적이다. 주어진 정보에서 5와 8을 제거하고 더 일반화되었다.

'$\lambda x.x^2$'는 현대의 함수 $f(x)=x^2$과 동일 의미이다. 우리는 이 함수에 '$(\lambda x.x^2)7$'처럼 인수를 적용할 수 있다. 변수에 값을 할당한 함수의 계산 결과는 49가 된다.

람다 대수에서는 $(\lambda x.\lambda y.(\lambda z.(\lambda x.z\ x)\ (\lambda y.z\ y))\ (x\ y))$처럼 함수 형식으로 표현식을 만들 수 있다. 함수가 수학의 기초를 이루는 개념인데, 람다 대수는 함수를 단순하게 표현하여 '함수형식의 계산' 개념을 제시했다.

예제 1

다음 람다 대수를 계산해보자.

$$(\lambda x.x^2)(\lambda y.y+3)$$

답 문제에서 $(\lambda y.y+3)$를 인수로 하여 x에 대입하여야 한다. 그러면 다음과 같은 새로운 함수가 된다.

$(\lambda x.x^2)(\lambda y.y+3) = \lambda y.(y+3)^2$

예제 2

다음 람다 대수를 계산해보자.

add = $\lambda x.x+6$, twice = $\lambda f.\lambda x.\ f\ (f\ x)$라고 정의할 때, (twice add)을 계산해보자.

x가 바운드되어서 대입(substitute)전에 새로운 이름으로 변경할 필요가 있다.

답 (twice add) = $(\lambda f.\lambda z.\ f\ (f\ z))\ (\lambda x.x+6)$

$= (\lambda z.\ ((\lambda x.x+6)\ ((\lambda x.x+6)\ z))$

$= (\lambda z.\ ((\lambda x.x+6)\ (z+6))$

$= \lambda z.\ (z+6+6)$

argument(인수) 와 parameter(매개변수)

argument : 매개변수에 전달되는 실제 값 또는 표현

parameter : 함수의 선언에서 사용되는 변수

예로서,

```
function add(a,b)  // a, b는 매개변수
{
return a+b;
}

call add(3,4)  // 3, 4는 인수(argument)
```

8.1.3 람다 대수(λ-Calculus)로 프로그램하기

람다 대수도 프로그램 언어라고 하였다. 람다 대수로 프로그램을 작성해보자.

대부분의 현재 주요 프로그램 언어에서도 람다 대수를 포함하고 있다. 10년 전에는 그렇지 않았는데 최근에는 람다 대수를 사용하고 있다. 자바, C#, 비주얼베이직, F# 등의 언어들이 최근에는 람다 대수를 기본 구성 요소로서 프로그램하고 있다. 리스프(Lisp)와 같은 함수형 프로그래밍 언어는 람다 대수로부터 직접적인 영향을 받아 탄생했으며, 함수형 프로그램 언어에는 리스프(Lisp), 해스컬(Haskell), 파이썬(Python), 자바스크립트(JavaScript) 등이 있다. 그래서 오늘날의 모든 컴퓨터 과학자는 람다 대수를 알아야 할 필요가 있다.

람다 대수는 특히 기호로 표현할 수 있다는 것이 매우 중요하다. 기호로 표현한 것을 컴퓨터가 분석 처리하는 것이다.

람다 대수에서는 데이터 유형, 내장된 제어 구조가 없다. 따라서 데이터 유형 또는 제어 관련 처리하고 싶으면 그들을 프로그램 작성하여 사용할 필요가 있다. 간단히 람다 대수로 프로그램 작성하는 방법을 보여준다.

기본 논리값인 참(true)과 거짓(false)을 두 가지 중에서 하나를 선택하는 개념을 생각해보자. 만약 어떤 것이 참(true)이면 어떤 하나를 선택하고 거짓(false)이면 다른 것을 선택하는 개념이다. 둘 사이에서 하나를 선택하는 함수로 참(TRUE)과 거짓(FALSE) 함수 프로그램을 만들어보자. 아주 간단한 함수형 프로그램이 된다.

$$\text{TRUE 함수} = \lambda x.\lambda y.x$$
$$\text{FALSE 함수} = \lambda x.\lambda y.y$$

약간의 설명이 필요하다. TRUE 함수 'λx.λy.x'은 어떤 두 개 입력 'x'와 'y'을 인수로 받아서 그중 첫 번째 것을 선택한다. 반대로 FALSE 함수는 두 개 입력을 인수로 받아서 두 번째를 출력한다.

"이것으로 우리는 무엇을 할까?"

프로그램에서는 **이 논리값으로 무엇을 할 것인가가 중요**하다. 그럼 이렇게 정의해 놓고 무엇을 할 것인가? 이것을 이용해 다른 논리 연산자 "NOT" 함수를 프로그램 해보겠다. "NOT"은 가장 간단한 논리 연산자이다. 이것은 참을 거짓으로, 거짓을 참으로 바꾸는 개념이다. 논리적 부정(negation)이다.

이러한 개념을 기반으로 어떻게 'NOT' 연산자 또는 'NOT' 함수를 프로그램할 수 있을까? 어렵지 않다. 입력으로 부울 값(b)을 갖는 함수 (λb.b)를 정의한다. 부울 값은 TRUE 함수나 FALSE 함수 중의 한 가지 값만 갖는데 여기에 FALSE와 TRUE를 적용한다. 이렇게 하는 것이 'NOT' 함수의 정의이다. NOT 함수를 다음처럼 정의해보자.

NOT 함수 = λb.b FALSE TRUE

그러면 상기 'NOT' 함수가 어떻게 작동하는지 검토해보자. 'NOT' 함수에 'TRUE'를 적용하면 우리는 'FALSE'를 얻어야 한다. 어떻게 작동하는지 살펴보자.

NOT TRUE

여기서 할 수 있는 것은 'NOT'에 대한 정의를 확장하여 시작하는 것이다. 'NOT' 함수의 정의를 확대하고, 그리고 'NOT' 함수에 'TRUE'를 적용해보자 1).

(λb.b FALSE TRUE) TRUE 1)

'NOT' 함수의 정의에서 입력 변수 'b'에 "TRUE'를 적용한다. 여기에 'TRUE'를 복사하여 적용한다. 'NOT' 함수 입력 변수 b를 취한 다음 함수 본체 b에 TRUE를 적용한다 2).

(λb.b FALSE TRUE) TRUE

(TRUE FALSE TRUE) 2)

여기서 "TRUE FALSE TRUE"가 통상적으로는 아무 의미 없어 보이지만, 람다 대수에서는 의미가 있다. 계속해서 TRUE의 정의를 사용해서 확장해보자. TRUE 함수의 정의에서 TRUE 함수는 2개의 입력을 취해 처음 것을 출력으로 내보낸다는 것이었다. TRUE 함수 대신에 'λx.λy.x'를 대입한다 3).

(λx.λy.x) FALSE TRUE 3)

다음은 위의 확장 표현식 3)에 FALSE를 적용해보자. "λx.λy.x"에 FALSE와 TRUE를 적용하면 결과적으로 값 FALSE를 얻게 된다. 즉

NOT TRUE = FALSE

가 됨을 확인한다. 이렇게 'FALSE', 'TRUE', 'NOT' 함수가 어떻게 동작하는지 살펴봤다.

람다 대수에서는 TRUE, FALSE 함수 외에 자연수, 덧셈과 뺄셈, 논리적 AND, OR, '0', 반복에 대한 표기법이 다음과 같이 존재하는데 이들 표기법을 활용하여 모든 계산이 가능해진다.

자연수 표기법 (예: 3)	: 3 = λs.(λz.s(s(s z)))
덧셈 뺄셈 표기법	: ± n m = λs.(λz.ns(msz))
곱셈 나눗셈 표기법	: x/ n m = λs.(λz.n(ms)z)
AND a b 표기법	: a b F
zero(0) 표기법	: n = n (λx.F)T
반복 표기법 E	: (λf.(λx.f(x x)) (λx.f(x x))) E // 반복 표현식 E

이러한 람다 대수는 저급수준 언어지만 이를 바탕으로 좀 더 고급 수준의 프로그램으로 발전된다. 이 밖에도 조건문에 해당하는 'if a then b else c'를 'a b c'로 정의한다. a가 참이면 b가 실행되고, a가 거짓이면 c 가 실행되는 의미이다.

"if true then b else c"에 대한 계산은 다음과 같이 된다.

```
(λx.λy.x) b c → (λy.b) c → b
```

"if false then b else c"에 대한 계산은 다음과 같다.

```
(λx.λy.y) b c → (λy.y) c → c
```

연습 문제에서 람다 계산법으로 논리 함수 AND와 OR을 프로그램하는 문제를 제시했으니 한 번 도전해 보기를 권합니다. 람다 계산법으로 함수의 재귀 개념이 가능하게 되었다. 어떤 함수 내부에서 그 함수 자체를 호출하는 개념이다. 자기 자신을 호출하는 재귀를 프로그램하는 방법을 소개한다. 다음 표현은 함수 스스로 호출하는 재귀 코드를 보여준다.

```
Y = λf.(λx.f(x x)) (λx.f(x x))  // 재귀의 람다 표현
```

재귀 표현식에는 입력 변수 람다 'x'가 있고, 함수 본체 'λx.f(x x)'가 있다. 이 함수에 함수 자신과 똑같은 'λx.f(x x)'을 인수로 적용하고 있다. 표현식에 똑같은 것이 반복되고 있다. 이것이 프로그램 언어에서 자신을 반복하는 핵심이다. DNA의 구조를 보면 자신을 반복(self-replicate)하는 특징을 갖는다. 람다 대수 또는 재귀가 생명공학과의 연결점이 된다.

더 많은 람다 대수에 관한 다양한 함수 및 연산자에 대한 표현이 있으나 본 주제에서는 간단한 람다 대수의 개념과 유용성을 이해하는 정도에서 마무리한다.

예제 3

람다 계산을 해보자.

- $(\lambda x.\ (x+y))\ 3$
  - => 3 + y
- $(\lambda f.\ \lambda x.\ f(f\ x))\ (\lambda y.y+1)$
  - => $\lambda x.\ (\lambda y.\ y+1)\ ((\lambda y.y+1)\ x)$
  - => $\lambda x.\ (\lambda y.\ y+1)\ (x+1)$
  - => $\lambda x.\ (x+1)+1$
- $\lambda x.\ (\lambda y.y\ x)\ (\lambda z.x\ z)$
  - => $\lambda x.\ (\lambda z.x\ z)\ x$
  - => $\lambda x.\ x\ x$

8.2 프로그램 언어의 발달

서로 다르게 보이는 프로그램 언어들이 근본적으로 다른 것인가?

세상에는 많은 종류의 프로그램 언어가 개발되었다. 프로그램 언어가 서로 다르게 보이는데 근본적으로 다른 것인가 아니면 공통된 구조를 갖는 것인가?

튜링 완전 프로그램 언어에 공통적인 핵심 메커니즘이 있는가?

프로그램 언어에 다음 기능이 있으면 튜링 완전하다고 한다.

1) 조건 분기 명령어를 지원하고,

2) 임의 위치의 메모리 값을 바꿀 수 있음

대표적 절차적 언어인 C는 상기 조건을 만족하기에 튜링 완전하다. 'HTML은 프로그램 언어가 아니다'라는 말은 여기서 나온 것이다. HTML은 조건 분기도 없으며 메모리를 바꾸는 것도 불가능하여 튜링 완전하지 않다.

프로그램 언어를 어떻게 이해할까?

어떻게 프로그램 언어를 이해해야 할까? 프로그램 명령어도 숫자이고 데이터도 숫자이다. 프로그램 언어는 달성하려는 것을 설명하는데 사용되는 일련의 명령어, 규칙 그리고 도구이다. 다양한 자연어가 있는 것처럼 많은 다른 프로그램 언어가 있다. 프로그램 언어의 발달과 계층적 구조에 대하여 설명한다.

프로그램 언어는 진화한다. 지금은 컴퓨터가 자연어와 유사한 프로그램 언어를 사용하지만, 초창기는 프로그램 언어가 기계어 수준이었다. 기계어를 사용하는 상업용 시스템에서는 도입 후 얼마 지나지 않아서는 컴퓨터가 쓸모없게 될 만큼 프로그램하기가 어려웠다. 그리고 개별 컴퓨터 시스템마다 개별적으로 별도의 프로그램을 다시 작성해야 했다. 그러한 어려움 때문에 프로그래머는 귀했고 가치가 있었다. 초기에 대형 응용 프로그램은 수천 줄의 소스 코드가 필요했다. 특히 기계어는 인간이 이해하기 어려운 완전히 숫자로 구성된다는 사실에 비추어 대용량 프로그램을 작성하는 데 어려움이 있었다.

컴퓨터가 상업적 성공을 거두기 위해서는 어려운 프로그램 작업을 쉽게 할 수 있도록 해야 한다는 것으로 추론된다. 그래서 컴퓨터 시스템 하드웨어와 독립적이고 보편적인 언어를 개발할 필요성이 있었다. 컴퓨터 프로그래머가 메모리나 레지스터 측면에서의 **데이터 처리보다는 문제해결에 더 집중할 수 있도록** 기계어보다는 자연어에 가까운 언어로 프로그램 작업이 필요하였다. 인간과 유사한 언어로 지식을 표현할 수 있도록 프로그램 언어가 발전되었다. 요즘은 프로그램 개발자들이 인간과 유사한 수준에서 프로그램 작업을 한다.

프로그램 언어는 진화한다.

이 세상에는 수백 가지의 프로그램 언어가 있다는 것을 유의하라. 프로그램 언어는 많아도 결국에는 중앙처리 장치에서 사용하는 기계 명령어로 제공되어야 한다. 하지만 기계어로는 프로그램에 어려움이 있어 고급 언어(high level language)로 프로그램 작성하고 이를 기계어로 변환하는 방식을 사용한다. 프로그램 언어가 자연어 수준에 얼마나 근접하느냐에 따라 고급 언어 또는 저급 언어(low level language)라고 한다. 초창기 기계어 수준의 프로그램 언어는 시간이 지남에 따라 점차 진화했다. 기계어, 어셈블리 언어, 고급 언어로 진화해왔다. 기계가 이해하는 언어를 저급 언어라고 하고, 인간과 유사한 수준의 지식 표현을 할 수 있는 프로그램 언어를 고급 언어라고 한다. 그리고 프로그램의 변환 방식에 따라 해석기 언어, 컴파일 언어로 분류된다. 그리고 지식을 표현하는 방식에 따라 서술적, 절차적 언어로 분류하기도 한다. [그림 4 참고]

1) 고급 언어와 저급 언어 (High vs low level language)
2) 해석기 언어와 컴파일 언어(interpreted vs compiled)

3) 서술적 언어와 절차적 언어

4) 고정된 언어와 저장된 언어(fixed vs stored)

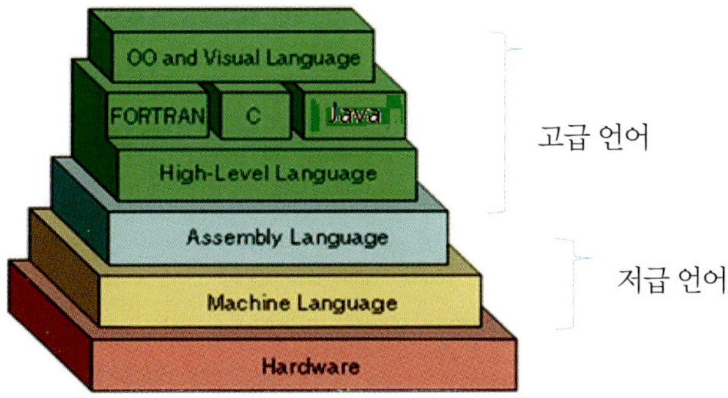

그림 4 프로그램 언어 구분

저급 언어 – 기계어란?

기계어(machine language)는 컴퓨터의 중앙처리장치(CPU)에서 **직접처리 되는 명령어**(instruction)들의 집합이다. 1세대 프로그램 언어다.

프로그램 언어 중에서 가장 낮은 저급 언어이고 컴퓨터**의 하드웨어에 종속**된다. 컴퓨터를 구성하는 중앙처리장치마다 고유하게 해독할 수 있는 기계어가 다양하게 존재한다. 마치 종족이 다르면 모국어가 다르듯이 말이다. 기계어는 컴퓨터 구조마다 달라서 명령어 체계에 호환성이 없고, 또한 컴퓨터 구조에 대한 충분한 지식이 없으면 프로그램을 이해 및 작성하기가 어렵다. 하지만 기계어는 다른 어떤 언어보다 실행 속도가 빠르다.

기계어는 중앙처리장치가 해독 및 실행할 수 있는 낮은 계층의 모든 연산을 위한 **명령어 집합**(instruction sets)이라고 한다. 기계어의 명령어와 데이터는 이진으로 표현되고 처리된다.

"기계어가 숫자로 표현된다."

그래서 기계어로 작성된 프로그램은 엄격히 설계된 숫자의 언어이다. 산술논리장치에 지시하는 명령어도, 사용할 데이터 값도, 모두 이진 체계로 구성된다. 다음은 텍스트 "Hello World"를 나타내는 기계어 프로그램이다. 기계어는 '0'과 '1'로 구성되어 있다.

인텔 계열에서는 “Hello World”를 출력하는 기계어가 다음과 같다. 기계 종류마다 다르게 기계어로 표현됨을 유의하고, 명령어도 숫자로 표현됨을 유의한다.

```
01001000 01100101 01101100 01101100 01101111 00100000 01010111 01101111 01110010
01101100 01100100
```

명령어는 추상화와 정형화 개념을 갖는다.”

기계 명령어는 바이트 또는 몇 개의 바이트 모음이다. 명령어의 바이트 역시 추상적 개념을 갖는다. 기계가 어떤 작업을 수행하게 할지를 지시한다. 예로서, 어떤 데이터를 어디서 어디로 옮기게 할지 등을 지정한다. 기계 명령어는 복잡해 보여도 준수해야 하는 규칙과 **형식**이 있다. 명령어는 연산 코드(opcode)와 피연산자(operand)로 구성된다. 연산 코드는 기계에 의해 해석되어 수행할 작업을 나타내는 숫자이다. 연산 코드는 ‘메모리의 내용을 레지스터에 더하라’처럼 중앙처리장치가 수행시킬 지시 내용을 기술한다. 그리고 피연산자에는 연산의 대상이 되는 내용으로 레지스터, 메모리 위치 또는 데이터가 들어간다. 다음의 일반적인 형식을 갖는다. [그림 5 참고]

```
[opcode] [operand, operand]          [; comments]
```

그림 5 기계어 구성 형식

기계 명령어는 중앙처리장치의 레지스터 또는 주 메모리의 데이터에 대한 산술논리 연산, 데이터를 레지스터에 적재(load), 또는 다른 실행 명령어로 건너뜀(jump)과 같은 특정한 임무를 수행하게 한다. 어떻든 제공되는 프로그램은 산술논리장치 등이 이해할 수 있는 명령어와 데이터 형태이어야 한다. 만약 기계어로 프로그램한다면 레지스터, 메모리 같은 하드웨어에 대한 이해가 필요하다.

기계 명령어는 여러 비트 영역으로 구분되는데 연산 코드, 연산 대상의 데이터를 가져올 시작 주소 및 연산 결과를 저장할 목적지 주소, 그리고 어떤 내용을 포함하고 있는 상수 영역으로 구성된다. 그림 6은 MIPS(32비트 중앙처리장치의 하나)에서 사용하는 것으로 시작 주소의 데이터와 상수 영역의 데이터를 가지고 덧셈을 한 후 목적 주소로 저장하는 “즉시 덧셈” 명령어를 보여준다. 명령어는 전체 32비트로 구성되고 처음 6비트는 ‘즉시 덧셈’ 연산 작업을 의미한다. 두 번째 및 세 번째 5비트 영역은 각각 특정 레지스터 중 하나가 메모리 주소를 지정한다. 첫 번째 영역은 목적지 주소를 지정하고 두 번째 영역은 시작 주소를 지정한다. 마지막 16비트는 즉시 사용할 상수 값을 포함하고 있다.

001000	00001	00010	0000000001001101
연산(OP)코드	목적주소	시작주소	상수

그림 6 기계 명령어의 예

이 명령어는 '00010' 메모리 주소에 포함된 내용과 상수값 77 (0000000001001101)을 더하고 그 결과를 '00001' 메모리 주소에 저장하라는 의미이다. 이처럼 기계어는 명령어도 데이터도 모두 이진 데이터 형식을 갖는다.

기계어로 개별 비트를 관리하고 메모리 주소와 데이터를 수동으로 계산하는 것은 지루하고 오류가 발생하기 쉽다. 이러한 이유로 현대적인 프로그래밍에서 기계어로 직접 작성되는 경우는 거의 없지만 저수준 디버깅 및 어셈블리 언어 해석을 위해 사용되기는 한다. [그림 7 참고]

예제 3

32비트 MIPS 기계어로 1024 번지로 점프 이동하는 코드

```
 [   op  |   target address  ]
   2          1024          // 10진 기계어
000010 00000 00000 00000 10000 000000  // 이진 기계어


 Equivalent mnemonic :    jp 1024
```

그림 7 기계어 프로그램 예

Macintosh과 Intel PC와 같은 다른 컴퓨터에서는 서로 다른, 공통으로 적용되지 않는, 명령어 체계를 제공한다. 컴퓨터 제작사마다 다른 명령어 체계를 사용한다. 컴퓨터가 서로 호환되지 않는 서로 다른 변환 형식의 명령어를 사용하기 때문이다.

현대의 모든 컴퓨터는 튜링 기계(Turing Machine) 이론에 바탕을 두고 있다. 특히 **폰 노이만 구조**의 컴퓨터는 명령어와 데이터가 동일 메모리에 저장된다. 반면에 **하버드 구조**의 컴퓨터는 명령어 코드와 데이터를 저장하는 메모리가 분리되어있다. **하버드 구조는** 테이프를 두 개 달아놓은 튜링 머신이라고 생각할 수 있다.

기계 명령어 프로그램 실행과정을 이해해보자. 프로그램이 실행되기 위해서는 하드디스크에서 컴퓨터 주 메모리에 적재되어야 한다. 그림 8은 실행할 명령어 (A, B, C, ... ,X)들이 주 메모리에 올라가 있는 상황이 된다. 주메모리에 프로그램이 적재되었지만, 실행과정에는 명령어의 주소 위치와

가져올 명령어 순서가 정의되어야 한다. 중앙처리장치의 제어장치(control unit)는 주 메모리에서 명령어(instruction)를 하나씩 순서대로 가져와서 처리하는 역할을 한다. 어떤 명령어를 가져와서 처리할지 그 순서는 중앙처리장치의 프로그램 카운터(PC : program counter)라는 레지스터가 담당한다. 가져오는 명령어의 내용에 따라 산술논리장치는 연산 작업 처리한다.

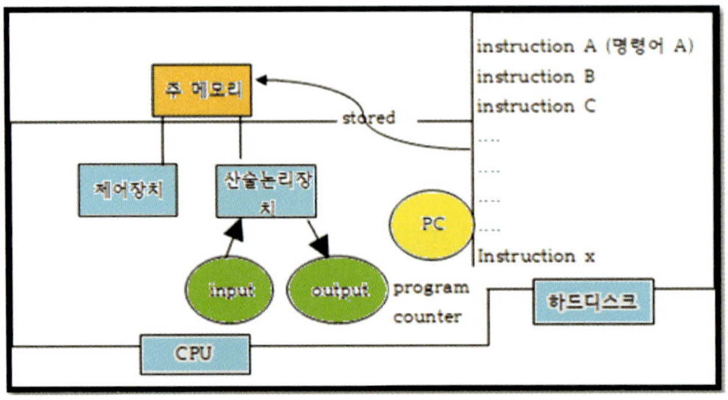

그림 8 프로그램의 적재 및 실행 과정

이러한 과정으로 주 메모리에 저장된 프로그램의 명령어가 하나씩 순차적으로 실행된다. 프로그램의 최초 명령어로부터 시작하여 순차적으로 명령어를 가져와서 전체 명령어가 종료될 때까지 실행된다. 여기서 사용하는 프로그램은 기계어로 표현된 것이다.

프로그램의 어떤 명령어는 산술논리장치(ALU)가 시험(test)할 것이고, 그 시험이 참인지 여부에 따라 프로그램 카운터는 메모리의 다른 명령어를 실행하도록 ALU에게 지시(point)한다. 이는 튜링 기계의 **조건적 분기**(conditional branching)와 유사한 개념이다. 산술논리장치는 **지시하는 데이터에 대한 접근, 변경, 조건, 반복, 시험 등의 작업**을 지속으로 실행한다.

저급 언어 – 어셈블리 언어(assembly language)

기계어와 유사한 어셈블리 언어가 있다. 어셈블리 언어도 저급 언어의 한 예이다. 어셈블리 언어는 사용자에게 여전히 익숙하지는 않다. 어셈블리 언어는 개별 기계어에 간단한 심볼(예: ADD, SUB, DIV, JMP, MOV)을 할당한다. 어셈블리 프로그램은 기계어 수준의 코드로 기계어와 어셈블리 명령어에는 대부분 일대일(1:1) 관계가 있다.

다음의 어셈블리 명령어 예는 x86 마이크로프로세서에서 사용되는 것으로 16진수 값 0x61 (=10진수로 97)을 중앙처리장치의 'al' 레지스터로 이동하라는 명령어(mov)이다. 명령어 "mov"는 연산 코드 '1011'을 사용하고, 2번째 피연산자(0x61)의 내용을 첫 번째 피연산자(al)의 지시된 장소로 이동하라는 의미이다. 'mov'는 'move'의 약어로 명령어 설계자가 프로그래머가 기억하기 쉽도록 선택한 명령어이다.

```
mov al, #061h
```

때때로 프로그래머는 긴 어셈블리 코드를 작성해야 한다. 이것은 프로그래머가 문제에 대한 알고리즘 설계보다는 중앙처리장치의 내부 구조 즉 레지스터와 메모리를 다루어야 한다는 것을 의미한다. 어셈블리 언어에는 몇 가지 기계어를 그룹으로 연결하여 고수준 명령어와 유사하게 만든 매크로 기능도 있다.

어셈블리 언어는 특수 목적으로 사용된다. 예를 들어 디버깅하면서 레지스터나 메모리 상태를 감시하거나, 빠른 실행을 목표, 또는 해킹 침해 여부를 검사하기 위해 메모리나 레지스터 검사를 할 때 사용한다. 그리고 어셈블리 언어도 프로세서에 따라 달라서 서로 다른 컴퓨터에서 호환되지 않는다.

C와 같은 고급 언어로 작성된 프로그램보다 어셈블리 언어로 작성된 프로그램이 대체로 **실행 속도가 빨라서** 운영체제를 구성하는 드라이버 개발에 사용된다. 어셈블리 언어는 컴퓨터의 프로세스, 메모리, 모니터, 주변장치 같은 **하드웨어를 직접 제어**하는 기능 구현에 주로 사용한다. 또한 자바(Java)나 C 언어와 같은 고급 언어에서 지원되지 않는 기능을 위해 어셈블리 언어를 사용한다. [그림 9 참고]

어셈블리 언어는 컴퓨터가 직접 이해 어려운 연상 기호인 니모닉(mnemonics) 집합이다. 기계어가 아니어서 결국 이진 기계어로 변환되어야 한다. 어셈블러(assembler)라고 하는 프로그램으로 기계어로 번역된다.

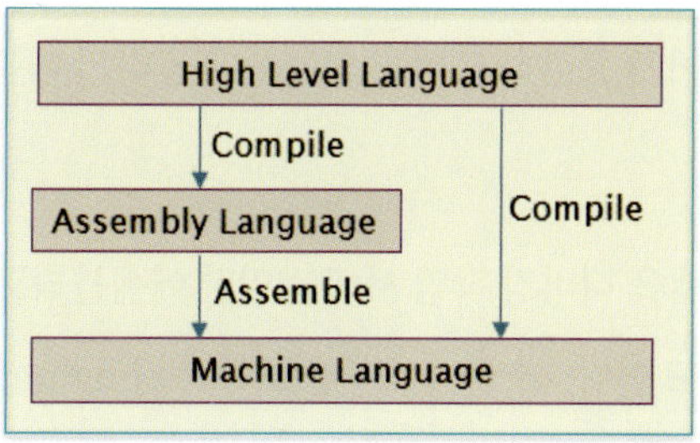

그림 9 고급 언어의 기계어 번역 과정

니모닉(mnemonics)

영어 단어 mnemonic은 "어떤 것을 생각하는 데 도움이 되는 문자, 아이디어와 같은 장치"를 의미한다. 어셈블리 언어는 프로그래머가 기억하기 쉽게 만들어 낸 연산(operation)의 약어, 예로서 ADD, SUB, MUL가 있고 어셈블리 언어마다 다르다.

어셈블러(Assembler)

어셈블리 언어를 기계어로 변화하는 프로그램을 의미한다. 니모닉과 피연산자를 실행 가능한 기계어로 변환한다.

그림 10은 32비트 인텔 프로세서에서 "Hello, World"를 모니터로 출력하는 어셈블리 프로그램 예제이다. 기계어로 작성된 것보다는 훨씬 가독성이 뛰어나다.

```
global  _main
    extern  _printf

    section .text
_main:
    push    message
    call    _printf
    add     esp, 4
    ret
message:
    db  'Hello, World!', 10, 0
```

그림 10 어셈블리 프로그램 예

인간은 점차 자연어와 유사한 명령어로 프로그램 소스 코드를 작성하고자 한다. 하지만 고급 언어에서도 기존의 어셈블리 언어가 풍부하고 빠른 환경을 제공하기 때문에 어셈블리 언어를 활용하고 있다.

고급 언어로 작성된 프로그램을 디버깅 작업 시에는 일단 어셈블리로 변환하고 이어서 다시 기계어로 변환하는 과정을 거치기도 한다. 역 엔지니어링(reverse engineering)에서 임의의 프로그램에 대한 기계어의 실행 코드를 알면 어셈블리 언어로 역 변환이 가능하고, 다시 프로그램의 의미를 해석하는데 사용할 수 있다. [그림 11 참고]

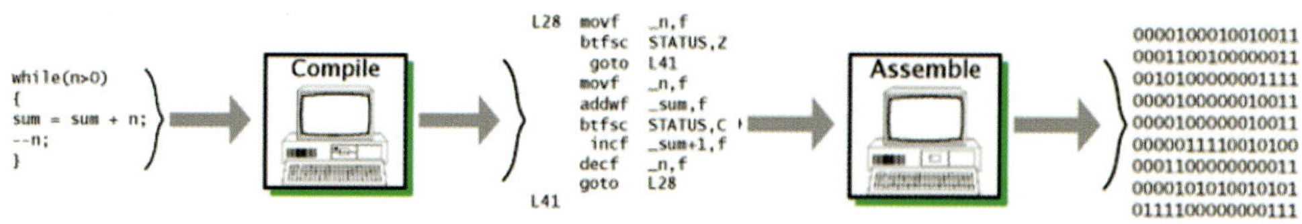

그림 11 고급 언어에서 어셈블리 언어, 기계어로 변환

고급 언어(high level language)

기계어의 가독성 어려움 때문에 다양한 프로그램 언어가 개발되고 있다. 프로그램 작업의 편리성과 효율성을 위해 고급 프로그램 언어와 다양한 프로그램 기법들이 개발되었다. 고급 언어로 작성된 프로그램도 결국에는 기계어(실행 가능 코드)로 번역되어야 실행될 수 있다. 프로그램을 언제 기계어로 변환하는가에 따라 해석기 언어(interpreted language) 또는 컴파일 언어(compiled language)로 구분된다. 전체 고급 언어 명령어를 한 번에 기계어로 변환시켜주는 프로그램을 **컴파일러**라고도 한다. 명령어를 한 번에 하나씩 기계어로 변환하며 실행하는 것을 **해석기 언어**라고 한다.

"기계어를 추상화한 고급 언어"

여러 기계어 수준의 저급 명령어를 추상화하여 하나의 고급 언어로 작성하면 실행될 기계에 대해 의존하지 않고 프로그램을 작성할 수 있다. 기계만이 인식할 수 있고 프로그래머는 인식하기 어려운 명령어를 추상화시켜 프로그래머가 이해하기 쉬운 형태의 새로운 포괄적인 추상적 명령어를 사용한다. 고급 언어는 개발자들이 단어의 의미를 그래도 이해하기 쉽다. 하지만 고급 언어로 프로그램을 작성하면 다시 기계어로 변환하는 작업을 거쳐야 한다. 그러한 방식으로 기계와 개발자가 프로그램을 이해할 수 있게 한다.

"고급 언어는 아키텍처에 독립적이며 문제 해결에 중점"

프로그램의 효율성, 품질 및 재사용의 향상을 위해서, 프로그램 언어는 다루는 프로세서의 **아키텍처에 독립적이**어야 하며 문제 해결에 중점을 보다 더 둔 구문이어야 한다. 고급 프로그램 언어는 기본적으로 하드웨어에 독립적으로 프로그램할 수 있도록 하며 컴퓨터의 세부 사항을 추상화하여 숨긴 언어이다. 영어 문장에 가까운 명령어를 사용한다. 저급 언어와 비교하여 자연어 요소를 포함하여 사용하기 쉽고 컴퓨터 시스템의 **메모리 관리, 프로세스 관리** 같은 중요한 영역을 추상화하여 프로그램 개발 프로세스를 단순화한다. 제공되는 추상화의 정도는 프로그램 언어가 얼마나 "고급"인가에 영향을 준다.

저급 언어와 달리 고급 언어는 프로그래머에게 친숙하고 **프로그램 코드 작성, 디버그** 및 **유지 관리**가 쉽다. 오늘날 거의 모든 프로그램은 고급 프로그램 언어를 사용하여 개발된다. 우리는 고급 언어를 사용하여 다양한 응용 프로그램을 개발하기가 편리하다. 데스크탑 응용 프로그램, 웹 사이트, 시스템 소프트웨어, 유틸리티 소프트웨어 등을 개발하는 데 사용된다.

어떤 특정의 문제 해결을 위해 다양한 고급 프로그램 언어가 개발되었다. 첫 번째로 1950년대 초반에 포트란(Fortran)과 코볼(COBOL)이 있었다. 포트란은 과학 기술 문제를 다룰 때 주로 사용되고, 코볼은 비즈니스 응용 프로그램 개발에 주로 사용되었다. 수십 년이 흘러갔음에도 널리 사용되던 관성 때문에 많은 분야에서 여전히 골동품 언어로 사용되고 있다. 다른 유명한 언어로는 알골(Algol), 베이직(BASIC), 파스칼(Pascal), C, C++, 자바(Java) 및 파이썬(Python) 등이 있다.

프로그래머는 고급 언어로 프로그램 작성이 더 쉽고 생산적이지만 컴퓨터 프로세서에 적합한 기계어로 변환되어야 한다. 소스 코드를 기계어로 번역하기 위한 변환기(translator)로 컴파일러(compiler) 또는 해석기(interpreter)가 필요하다.

1980년대 중반까지도 컴파일러가 복잡하고 비싸서 대형 컴퓨터에서만 사용되었는데 이후 개인용 컴퓨터와 워크스테이션이 많이 보급됨에 따라 시장에서 이들을 위한 컴파일러가 나타나기 시작했다. 컴파일러의 발달에 따라 고급 언어가 많이 개발되어 사용되기 시작했다.

그림 13은 고급 프로그램 언어를 사용하여 화면에 “Hello world!”를 출력하라는 예이다. 사람이 그 내용 또는 프로그램 언어가 의미하는 것을 쉽게 이해할 수 있다. 여기서 사용한 printf()는 많은 기계어 명령어를 조합하여 사람이 사용하기 쉽게 만들어진 추상적 언어이다.

```
A High-Level Program


# This programs displays “Hello, World!”
printf(“Hello world!”)
```

그림 13 고급 프로그램언어

그림 14는 앞에서의 printf() 함수를 구현하기 위해 많은 저급의 어셈블리 언어가 사용된 것을 보여주는 예이다. 어셈블리 언어는 기계어 명령어와 거의 일대일(1:1)로 대응하고 있지만, 하나의 고급 명령어는 복수의 기계어와 대응된다. 그리고 저급 언어보다 자연어에 가깝고 구문 규칙이 훨씬 자유로운 특징이 있다. 이식성이 좋아서 이기종 컴퓨터에서도 실행이 가능하다.

```
title   Hello World Program
; This program displays "Hello, World!"

dosseg
.model small
.stack 100h

.data
hello_message db 'Hello, World!',0dh,0ah,'$'

.code
main  proc
      mov    ax,@data
      mov    ds,ax

      mov    ah,9
      mov    dx,offset hello_message
      int    21h

      mov    ax,4C00h
      int    21h
main  endp
end   main
```

그림 14 printf() 함수의 어셈블리어 번역 예

프로그램이 점차 거대해 짐에 따라 여러 사람의 프로그램을 통합하는데 어려움이 생기고 또한 팀으로 노력해야 가능해질 수 있게 되었다. 이 경우 프로그램 언어의 이식성과 재활용성은 매우 중요한 요소가 되어가고 있다.

컴파일 언어 (compiled language)

컴파일러는 해당 고급 프로그램을 실행 가능한 기계어 형식으로 변환하는 작업을 한다. 컴파일러는 전체 명령어를 읽고 **문법적 오류**를 검사한 후 실행 코드(기계어)로 번역한다. 실행 속도는 빠르지만, 프로그램 일부만 수정해도 전체를 다시 컴파일 해야 한다. C, C++ 등이 대표적인 컴파일러를 사용하는 프로그램 언어이다. 소스 코드가 컴파일되면 기계어로 만들어진다. 대표적인 컴파일러 예는 C 언어 경우 gcc, c89 등이 있다. [그림 15 참고]

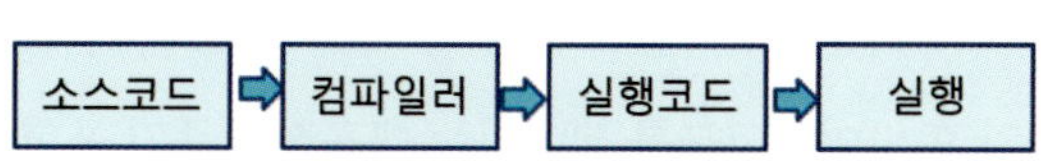

그림 15 컴파일 언어 번역 과정

해석기 언어(Interpreted language)

해석기(Interpreter) 기반 프로그램은 흐름에 따라 프로그램 명령어 문장을 하나씩 읽고, 무엇을 해야 할지를 직접 결정하고 실행하는 방식이다. 기계어 프로그램으로 컴파일하지 않고 바로 직접 실행하는 프로그램이다.

해석기는 일반적으로 소스 코드를 구문 분석(parsing)하고, 바이트코드(bytecode) 같은 중간 표현으로 변환한 후, 다른 실행 프로그램(예로서 자바머신)의 도움으로 실행한다. 가독 가능한 소스 코드와 달리, 바이트코드는 데이터 유형, 루프, 참조 주소 등을 해석한 특별한 중간 단계 표현의 수치형 코드이다. 바이트코드는 1바이트 연산 부호(opcode)를 사용하는 데서 유래하였다. 바이트코드는 하드웨어나 운영체제의 의존성을 줄이는 장점이 있다. 바이트코드의 명령어는 소프트웨어에 의해 실행되기 때문에 좀 복잡하다. 주로 가상머신(virtual machine)에서 실행된다. 바이트코드는 컴파일 프로그램보다는 실행 속도가 느리지만, 컴파일 과정을 거치지 않아 프로그램 수정 작업이 간단하고 빠르다. 최근 많이 사용하는 스크래치 언어는 해석기 언어이다. [그림 16 참고]

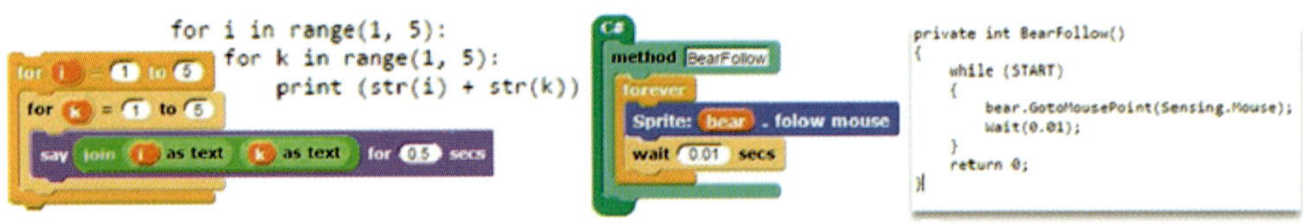

그림 16 해석기 언어 – 스크래치 프로그램 예

비주얼 프로그램 언어도 해석기 기반 언어인가?

비주얼 프로그램 언어(VPL: Visual programming languages)가 점점 대중화되고 있다. VPL의 중요한 특징 중 하나는 초심자에게 필요한 모든 도구가 하나의 환경에 포함되어 있기에 명령어 목록이나 복잡한 구문을 기억할 필요가 없다는 것이다. 이 언어의 목적은 C#과 같은 고급 프로그램 언어로 솔루션을 쉽게 개발하도록 지원한다. VPL도 해석기(Interpreter) 기반의 프로그램 언어의 한 종류이다. 하지만 VPL로 작성된 프로그램도 텍스트 기반 고급 프로그램 언어로 변환되어야 한다.

요즘 해석기가 대부분 컴퓨터에서 사용하는 핵심 개념이 되어 가고 있다. 최근 유행하는 파이썬(Python)을 비롯하여 자바스크립트(JavaScript), 루비(Ruby), 피에치피(PHP), 펄(Perl) 등이 이에 속한다. 자바는 컴파일 후 바이트코드를 생성하는 대표적인 중간 표현 형식의 언어이다. 가상 머신은 바이트코드를 기계 코드로 변환하는 역할을 한다. 자바는 바이트코드로 컴파일 되고 자바가상기기(JVM)에서 해석되어 실행된다. [그림 17 참고]

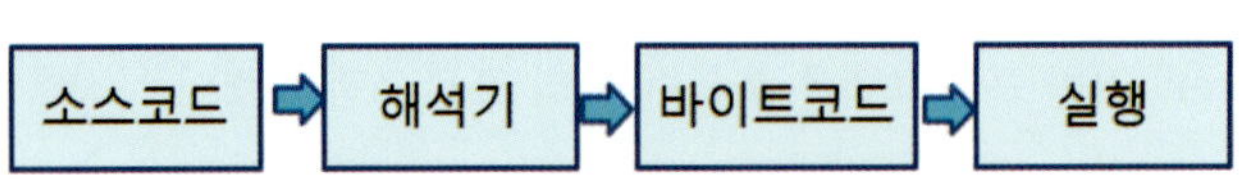

그림 17 해석기 언어 번역 과정

> **바이트코드(bytecode)**
> 바이트코드는 실제 컴퓨터 하드웨어 프로세서가 아니라 일반적으로 가상 머신에서 처리되는 컴퓨터 코드이다. 가상 머신은 가상의 프로세서를 만들고 이곳에서 처리되는 특정 기계 명령어를 사용한다. 바이트코드는 이 접근법을 지원하는 언어로 작성된 소스 코드를 컴파일한 결과이다. 주로 Java 와 같은 소프트웨어 기반 해석기(인터프리터)에서 사용된다.

요즘은 컴파일과 해석기 기반을 혼용해서 사용하는 언어도 나오고 있다. 컴파일러는 소스 코드를 바이트코드(bytecode)의 중간 형태로 변환하고, 그 후에 그것을 실행한다.

목적에 따른 프로그램 분류

▪ 일반 목적 프로그램 언어

- 절차적 프로그램 언어(Procedural programming languages) : C, Pascal.
- 객체지향 언어(Object-oriented languages) : Java, Smalltalk or C#.
- 다중패러다임 언어(Multi-paradigm languages) : Ada, C++, Common Lisp, Object Pascal, Python, R.

▪ 특수 프로그램

- 함수형 언어(Functional languages) : Lisp and Haskell.
- 논리적 프로그램 언어(Logic programming languages) : Prolog.

> **논리적 프로그래밍(logic programming)**
> 추론규칙을 술어 논리로 구성하는 문장 형식을 논리적 프로그램이라고 한다. 프로그램은 형식 논리(formal logic)의 체계를 따르며 어떤 문제에 관한 사실(facts)과 규칙(rules)을 표현한다.
> 예로서 논리적 프로그램 언어가 순수하게 서술적(declarative)인 문장을 사용하여 프로그램한다. 문제점으로는 달성하는 방법에 관한 단계별 명령이 없다는 것이다.
> • 규칙의 표현 : “H is true if B1, B2, and B3 are true.”
> • 사실의 표현 : “H is true.”

임베디드시스템 개발 언어

최근에는 냉장고, 세탁기, 로봇, 핸드폰 등의 임베디드시스템 개발에 고급 언어를 많이 사용한다. 아두이노, 라즈베리 보드를 사용한 임베디드시스템 구현이 대표적 예이다.

지금까지 임베디드시스템에 사용된 가장 일반적인 고급 언어는 C이다. 역사적으로 C는 유닉스, 리눅스 같은 운영체제를 작성하기 위한 언어로 개발되었다. 간략히 운영체제(OS)는 키보드, 메모리,

레지스터 및 디스크 구성과 같은 컴퓨터 하드웨어 작동을 사용자에게 숨기는 프로그램이다. 따라서 운영체제 프로그램 개발자는 컴퓨터 하드웨어의 구성 요소인 레지스터와 메모리에 대해 접근 및 사용 가능해야 한다. 운영체제는 이러한 하드웨어 단말기를 다루는 드라이버를 통합 운영하고 있는데 이를 통해 주변장치 간의 호환성을 유지하고 있다.

8.3 최고의 프로그램 언어는?

자연어가 다양한 것처럼 프로그램 언어도 다양하다.

프로그램 언어는 문제 해결 과정을 기술하는 일련의 명령어, 규칙 및 도구이다. 특정 알고리즘 구현에 프로그램 언어가 사용된다. 프로그램은 일련의 프로그램 명령어의 집합으로 작성된다. 프로그램 명령어는 컴퓨터의 중앙처리장치(CPU)에 어떤 처리할 일을 지시한다.

"There is no best programming language."

재미있는 것은 어떤 프로그램 언어로 할 수 있는 것은 대부분 다른 프로그램 언어로도 할 수 있다는 것이다. 이 세상에는 다른 것보다 더 좋은 프로그램 언어가 없다는 것이다. 최상의 프로그램 언어가 없다는 의미이다. 부분적으로 어떤 측면에서는 더 좋을 수 있지만 다른 측면에서는 다른 컴퓨터가 더 좋은 성능을 보인다는 것이다. MATLAB, C, Java, Lisp... [그림 18 참고]

그림 18 최고의 프로그램 언어는?

한 컴퓨터로 할 수 있는 작업은 다른 컴퓨터로도 똑같이 작업이 되는 것을 **튜링 호환성**(Turing compatibility)이라고 한다. 튜링의 기초 언어는 매우 사용하기 어렵다. 우리는 그보다는 고급 언어, 추상화 개념의 프로그램 언어를 가지고 프로그램 작업을 한다. 알고리즘에 대해 모든 튜링 언어는 같은 결과를 구현할 수 있다.

추상적 개념 및 수준에 따라 다양한 종류와 다양한 수준의 프로그램 언어가 존재한다. 기계어, 어셈블리 언어 같은 저급 프로그램 언어와 C, 자바와 같은 고급 프로그램 언어가 있다. 전통적인 프로그램 언어는 **구조적 프로그램 언어**(structural programming languages)로 알려져 있다. C, 포트란(Fortran), 파스칼(Pascal), 코볼(Cobol), 베이직(Basic) 등이 있다. 하지만 1980년대 이후에는 자바(JAVA), C++, C# 같은 **객체지향 프로그램 언어**가 더 대중적이다.

이 밖에도 **함수형** 프로그램 언어(functional programming languages)와 **논리적** 프로그램 언어(logic programming languages.) 같은 종류의 프로그램 언어도 있다. 프로그램 언어의 **대중성에 대한 지표**의 하나인 티오베 지수(Tiobe index)에 의하면 2019년 현재 다음과 같다. 자바와 C가 가장 인기가 많은 것으로 보인다. 수년 동안 사용하기 쉽고, 인기도 높은 자바가 많이 사용되고 있다. 그렇지만 자바에는 언어의 시작과 관련된 오버헤드를 포함하여 새로운 프로그래머(programmer)에게 단점이다. [그림 19 참고]

저자의 생각으로는 접근하기 어렵지만, C 프로그래밍에 대한 견고한 기초를 닦으면 향후 다른 컴퓨터 프로그램 언어를 쉽게 배울 수 있을 것이다. 다른 프로그램 언어도 비슷한 특징을 갖기 때문이다.

Jan 2019	Jan 2018	Change	Programming Language	Ratings	Change
1	1		Java	16.904%	+2.69%
2	2		C	13.337%	+2.30%
3	4	↑	Python	8.294%	+3.62%
4	3	↓	C++	8.158%	+2.55%
5	7	↑	Visual Basic .NET	6.459%	+3.20%
6	6		JavaScript	3.302%	-0.16%
7	5	↓	C#	3.284%	-0.47%
8	9	↑	PHP	2.680%	+0.15%
9	-	⇈	SQL	2.277%	+2.28%
10	16	⇈	Objective-C	1.781%	-0.08%
11	18	⇈	MATLAB	1.502%	-0.15%

그림 19 Tiobe 지수(2019년)

8.4 프로그램 언어의 특징

8.4.1 데이터와 연산의 분리 처리

수, 문자, 소리, 그리고 이미지를 이진 부호화하는 것과 이들을 연산하는 것을 기술했다. 그럼 프로그램 언어에서는 이러한 객체와 연산을 어떻게 표현할까?

"프로그램 언어는 데이터와 연산을 분리 처리"

인간이 실세계를 객체와 술어로 분리하여 다루듯 프로그램 언어도 데이터와 연산으로 분리하여 다룬다. 객체를 데이터로 표현하고 술어를 연산으로 표현한다. 얼마나 편리하게 데이터와 연산을 잘 다룰 수 있는가가 프로그램 언어의 중요한 이슈이다. [그림 20 참고]

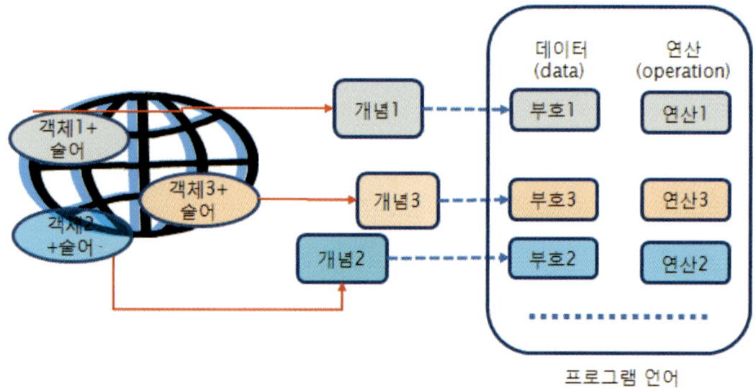

그림 20 프로그램 언어의 추상화 표현

프로그램 언어는 데이터와 연산을 지원하기 위한 추상적 기능을 제공하고 있다. 컴퓨터에 객체 데이터의 맥락(context)을 이해시키기는 방법을 지원하고 있다. 그 형식과 방법이 언어마다 조금씩 다르지만, 일반적으로 데이터 유형(data type) 개념을 사용한다. 데이터 유형이란 데이터가 어떤 종류의 객체인지를 나타낸다. 그리고 객체의 연산은 객체별 고유 특징에 따른 연산 방법을 지원한다. 예를 들어 수 객체를 위한 데이터 유형에는 int, double, float 등이 사용되고, 수 객체의 연산은 산술 연산자 (+, -, x, /)로 수행된다.

그림 객체는 "image"라는 데이터 유형을 사용하고, 연산은 이미지 품질을 향상하든가, 이미지에서 색 반전, 색 분포, 또는 특정 패턴을 찾는다든가 하는 것이 되겠다. 아쉽게도 이미지에 대한 연산은 전문적인 이미지 처리 지식이 필요하다.

실세계에는 다양한 객체 데이터로 표현되고, 그러한 데이터를 다루는 연산은 목적에 따라 연산의 종류가 달라진다. 이미지 인식, 음성 인식, 로봇의 자율 이동에서 행동에 대한 자율 주행 인식 등이 모두 연산에 해당한다. 최근은 이러한 인식 분야에서 인공지능을 활용한 연구가 많이 진행되고 있다.

리스트(list), 큐(queue), 트리(tree), 스택(stack), 그래프(graph), 파일 같은 객체는 추상 데이터 유형(Abstract Data Type)으로 표현된다. 추상 데이터 유형은 특별한 형태의 데이터이다. 예로서 리스트 객체에 새로운 데이터 항목의 추가(insert), 삭제(delete), 탐색(search) 등이 연산에 속한다. 연산은 산술 연산자(+, -, *, %)가 아닌 insert() 같은 함수에 의해 수행된다.

8.4.2 프로그램 언어는 지식의 표현 도구

```
a = (2 + 3) * 4
```

인간에게는 상기 수식은 매우 간단하고 분명한 계산 문제이다. 수 객체의 덧셈과 곱셈의 연산이다. 이는 **단순한 수식이 아닌 지식의 표현이**다. 2와 3을 더하고, 이후 4배 곱셈을 한다는 지식의 표현이다. 컴퓨터가 이 계산을 수행하고 값 '20을 반환하고, 다음 해당 값을 변수 'a' 에 할당하는 과정은 매우 복잡하다. 컴퓨터 내부에서 이러한 지식 처리 과정을 이해하는 것은 매우 복잡하고 어려운 문제이다.

"기계어로 연산 작업하는 것은 매우 복잡하다."

이러한 지식을 기계어 같은 저급 언어로 표현한다고 생각하자. 기계어로 구현하려면 레지스터 값을 우측으로 이동시키거나, 레지스터 값에 이진 보수를 취하고, 혹은 특정 메모리 위치의 값을 더하는 것 같은 매우 복잡한 연산을 수행하여야 한다. 그리고 'a'라는 이름의 변수를 사용하기 위해 메모리의 위치를 찾는 과정이 필요하겠다. 그리고 '20'의 이진 표현을 그 메모리 위치에 저장하는 과정이 필요하다.

"고급 언어는 변수, 배열, 산술식, 함수, 루프, 쓰레드 등의 추상적 개념을 다루는 언어이다."

인간의 지식표현과 유사한 고급 프로그램 언어를 사용하면 이 계산을 상위 레벨에서 수행할 수 있다. 고급 언어는 변수, 배열, 객체, 산술 또는 부울식, 서브루틴 및 함수, 루프, 쓰레드 등의 추상적 개념을 사용한다. 고급 언어는 문자열 처리 루틴, 객체지향 언어 및 파일 입/출력과 같은 고급 추상화 명령어를 사용한다. 프로그램 언어는 추상적 개념을 다루는 언어이다.

"고급 프로그램 언어 사용의 장점은 프로그래머를 기계에서 분리시키는 것이다."

고급 프로그램 언어 사용의 장점은 프로그래머가 기계에서 분리될 수 있다는 것이다. 즉, 어셈블리 언어나 기계어와 같은 저급 언어와 달리 고급 프로그래밍은 프로그래머가 기계에 대한 지식 없이도 많은 데이터의 저장과 이동 같은 것을 만들어 낼 수 있다.

인간 자연어와 유사한 프로그램 언어가 개념으로 지식을 표현하는 추상화가 없으면 프로그래머는 두 개의 숫자를 더하거나 곱하고 그 결과를 변수에 할당할 때마다 모든 레지스터/이진 레벨의 과정들을 일일이 지정해야 한다.

"추상적 개념의 명령어를 사용하여 알고리즘과 지식을 표현"

고급 언어로 지식은 표현하지만, 프로그램 명령어의 실제적 실행에 대한 책임과 권한은 프로그래머가 아닌 기계에 종속된다. 다행히 프로그래머는 **추상적 개념의 명령어를 사용하여 알고리즘과 지식을 표현**하면 된다.

8.4.3 프로그램 언어는 엄격한 규칙

"프로그램 언어는 엄격한 규칙을 기반으로 한다."

프로그램 언어의 개념은 우리가 사용하는 자연어의 애매함을 피하고 간결하고 정확한 의미를 전달한다. 프로그램의 명령어는 개념이 정밀하고 엄격하다. 주어가 생략되고 때로는 주어와 목적어가 바뀌어도 대충 이해할 수 있는 인간의 언어와는 다르다. 엄격한 사용법과 **규칙**을 따라야 한다. 컴퓨터 프로그램 언어의 사용 규칙은 우리의 자연어와 달리 명확하고 절제된 의미의 정형 언어이다.

"점차 인간과 유사한 수준의 언어로 지식을 표현하고 있다."

최근의 프로그램 언어는 인간과 유사한 수준의 언어로 추상적 지식표현이 점차 가능해지고 있다. 인간이 생각하는 방식대로 프로그램 언어로 지식을 표현하는 것이 가능해지고 있다. 비록 약간의 노력을 필요하기는 하지만. 예를 들어 'read, write, print' 같은 명령어가 사용되는데 인간과 유사한 수준의 언어이다.

"프로그램 언어가 외국어보다 학습하기 편리하다."

프로그램 언어를 학습하기 위해서는 명령어를 이해하고 또한 명령어로 솔루션을 위한 시나리오 작성에 대한 학습을 수행하여야 한다. 프로그램 명령어가 추상적인 개념이어서 명령어 단어 하나하나에 대한 사용법만 익히면 명령어로 긴 시나리오 이해 및 작성도 편리하게 할 수 있다. 외국어 공부보다 편리한 점은 듣기가 없고 말할 필요도 없다. 단지 글쓰기만 하면 되어 학습하기가 쉽다.

8.4.4 프로그램 언어는 자동화 도구이다.

"프로그램 언어는 자동화를 지원하는 도구"

컴퓨터 프로그램의 또 다른 특징은 자동화이다. 논리에서 다룬 추론 과정을 인간의 지능 도움 없이 알고리즘에 의해 실행할 수 있다. 논리에서 다룬 추론 과정을 알고리즘으로 정당화하면 추론을 매우 빠르게 실행할 수 있는 장점이 있다. 문제 해답의 추론 과정을 자동화하는 것이 가능하다. 프로그램 언어로 작성한 **산술 및 논리적 작업을 자동으로 하드웨어가 실행**할 수 있도록 설계되어 있다. 일종의 **자동화를 지원하는 도구**이다.

8.5 프로그램의 계층화와 캡슐화

8.5.1 프로그램의 추상화와 캡슐화

프로그램에는 추상화와 캡슐화 개념을 포함한다. **추상화**는 인간과 소통하는 개념이고, 캡슐화는 소통을 지원하는 구현 기술이다. 캡슐화(encapsulation)는 하나의 상자에 여러 가지를 넣고 작은 구멍을 내는 것과 같다. 캡슐화도 추상화와 유사하게 정보를 숨긴다. [그림 23 참고]

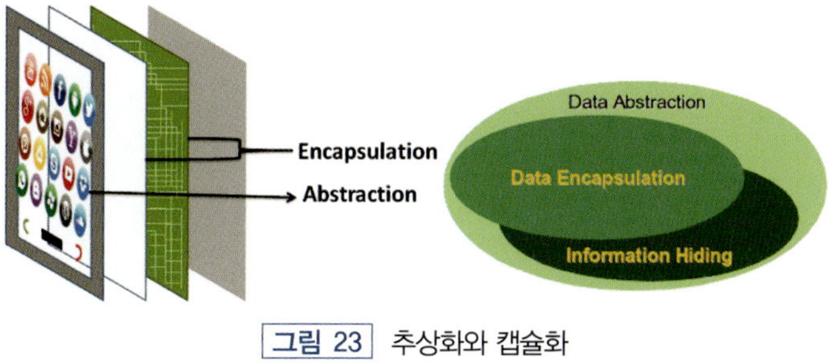

그림 23 추상화와 캡슐화

캡슐화는 단일 구성 요소로 데이터 및 기능을 묶고, 일부 객체의 구성 요소는 접근을 제한할 수도 있다. 예로, 객체지향 프로그램 객체의 데이터와 함수를 논리적으로 묶고 접근 권한을 주어 데이터를 은닉한다. 그림 24은 캡슐화의 예를 보여준다. 일반적으로 캡슐화로 객체(함수, 모듈 등) 및 정의를 외부로부터 숨긴다.

캡슐화의 예 :
도구 상자
클래스
TCP/IP datagram
지갑
핸드백
캡슐
burrito

그림 24 캡슐화의 예

8.5.2 프로그램의 계층화

"프로그램의 복잡성을 어떻게 관리할까?"

문제가 복잡하면 프로그램도 복잡해지고, 이를 관리하는 것도 어려워진다. 컴퓨팅 사고를 프로그램에 적용하여, 계층적 추상화로 프로그램의 복잡성을 관리한다. 컴퓨터 시스템을 계층적 추상화로 이해한 것과 유사하다.

프로그램의 세부사항에 대해 전부 이해하여야 하는가?

모바일 핸드폰 **사용자**는 어떻게 전화를 **걸고**, 어떻게 전화기가 인터넷에 **접속**되는지를 알지 못한다. 심지어 핸드폰에 데이터가 어떻게 만들어지고 저장되는지를 이해하지 못한다. 대신에 그것에 대한 세부사항은 숨긴다. **사용자**는 단지 그러한 기능을 사용하기 위한 인터페이스가 필요하다. 사실 컴퓨터의 세부사항에 대한 지식 없이도 프로그램이 처리되기를 바란다.

프로그램 입장에서는 사용자가 간단히 전화번호를 입력하여 전화를 걸 수 있도록 한다. 전화번호 입력 후 아이콘(구글 등)을 모니터에서 선택하여 인터넷에 접속하게 한다. 사용자는 그들에 대한 자세한 세부사항을 이해할 필요가 없다. 자세한 사항은 추상화를 통해 숨겨서 편리하게 사용하도록 만든다.

프로그램에서는 전화번호만 입력하면 되도록 한다. 그 전화번호가 하드웨어에서 어떻게 수치 연산 또는 처리되는지 방식(예: 16비트 또는 32비트 정수)에는 관심이 없다. 세부 정보를 표시하지 않도록 추상화한다. 그러면 내부적으로 번호가 이진 숫자로 변환되어 처리된다.

또 다른 예로, 전 세계에 전자 메일을 보내기 위한 프로그램 작업할 때 광섬유 케이블과 하드웨어 구성

요소로부터 시작한다면 매우 복잡해질 것이다. 프로그램에 케이블 및 네트워크 부분을 추상화한 가상의 데이터 채널을 제공하면 작업이 편리해진다.

다시 한번 문제가 복잡하면 그것을 해결하려는 소프트웨어 프로그램도 복잡해진다. 컴퓨팅 사고를 프로그램 적용하여, 처음부터 큰 어려운 문제를 대하는 것보다 문제를 분절 파편화하여 작은 문제로 나누어 이해하고 이를 체계화하는 것이 좋은 해결 방법이다. 기능이 복잡하고 거대한 프로그램을 계층적 구조로 구성하도록 한다.

다양한 레벨의 계층적 추상화 설계로 디자인을 추상화한다. 효과적으로 작업할 수 있도록 다양한 추상화 수준의 다양한 역할과 기능으로 프로그램을 분절 파편화한다. 프로그램을 계층으로 구조화하여 더 작은 조각으로 나누면 구성 요소 간의 명확한 흐름을 제어할 필요가 있다. 프로그램을 분할하는 것은 컴퓨팅 사고의 핵심 부분이다. 프로그램을 작은 단위로 쪼개어 계층적으로 구성해놓으면 프로그램의 **이식성이 좋아**진다. [그림 21 참고]

프로그램의 계층화는 상부 프로그램에서 하부 프로그램을 호출하는 개념이다. 상위 프로그램은 더욱 추상적이고 광범위한 기능을 한다. 하위로 내려갈수록 실제적인 것을 구현한다. 프로그램이 다른 계층에는 영향을 주지 않고 현 계층에만 영향을 주도록 한다. 이러한 것이 계층적 프로그램 추상화의 핵심 특징이다.

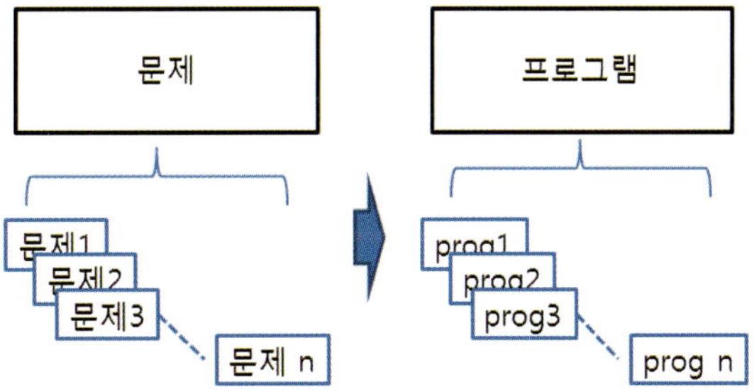

그림 21 문제와 프로그램의 계층화

인터페이스(interface)로 계층을 연결한다.

분할된 조각 프로그램에 대한 연결을 위해 인터페이스가 필요해진다. 프로그램 언어는 함수(function), 서브루틴(subroutine), 모듈(module), 객체(object), 라이브러리 등과 같은 추상적 개념으로 분절 파편화를 지원하고 이들 조각 간에 상호 작용하도록 인터페이스 한다.

인터페이스를 기반으로 개별 계층에 대한 프로그램 개발 작업을 하고, 해당 계층에서 처리하기에 너무 복잡할 수 있는 기능은 하부 계층에서 구현한다. 하부 계층이 어떻게 내부적으로 구현되었는지를 이해할 필요가 없다. 단지 특정 계층의 인터페이스를 통해 계층 간 연결을 한다.

인터페이스(interface)와 구현(implementation)을 분리한다.

예로서 라이브러리(library)가 있다고 하자. 프로그래머는 라이브러리가 어떻게 구현되었는지는 알 필요가 없다. 프로그래머는 라이브러리 기능을 사용하기 위해 인터페이스를 사용하는 방법이 필요하다. 실제 많은 프로그램 언어는 구현과 동작은 다르지만 공통된 인터페이스를 갖는 라이브러리를 제공한다.

계층화 예로서, 대규모 소프트웨어는 복잡한 작업을 여러 모듈로 나눈다. 회사원 급여지급 시스템을 생각해보자. 최상위 레벨에는 일반적인 최종 사용자를 위한 작업 메뉴가 있겠다. 상위 접속 프로그램(prog1)은 데이터 입력 화면(prog1-1)을 위한 데이터베이스와의 인터페이스(prog1-2)를 가질 수 있다. 데이터베이스로는 독립적인 타사의 라이브러리 또는 정적으로 연결된 라이브러리일 수 있다. [그림 22 참고]

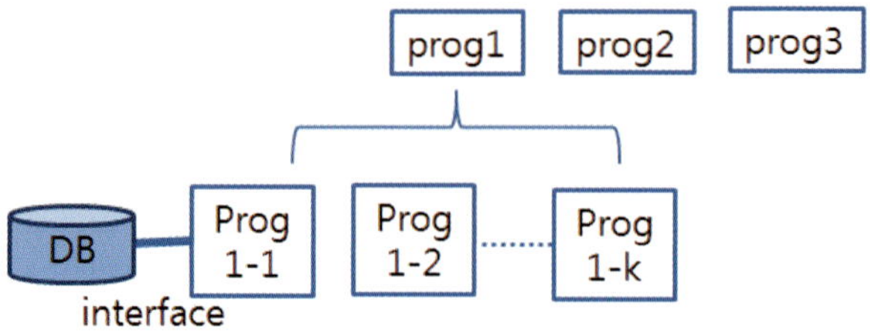

그림 22 프로그램의 계층 및 모듈화

표준화된 개발 방식을 프로그램에 적용한다.

소프트웨어 개발 방법론이란?

확실한 제어와 동작 실행의 전기기계와 비교해 소프트웨어의 불확실성에서 개발 방법론이 나왔다. 보이지 않는 소프트웨어의 동작 실행 과정을 개발 방법론으로 확실하게 하고자 한다. 개발자가 각각 다르게 표현하고 작업해도 만족한 결과를 얻도록 개발과정을 관리한다. 대표적 방법론으로 폭포수(waterfall)모델과 V모델이 있다. 폭포수는 한번 떨어지면 올라가지 못한다. 소프트웨어 개발에도 여러 단계(생명주기별 단계)를 두고, 각 단계를 확실히 매듭짓고, 그 결과를 철저하게 검토하고, 승인 과정을 거친 후, 이어서 다음 단계로 넘어가는 방식이다. V모델은 폭포수모델의 변형이다. 단계별 진행하다 결함이 발생하면 상위단계로 올라가서 다시 시작하는 방식이다. 최근 IEC, EN등 에서 철도, 비행기, 자동차등 안전분야에서는 V모델을 적용하고 있다.

8.6 어떻게 해야 프로그램을 잘할 수 있을까?

컴퓨팅 사고를 시작했다면 사고를 행동으로 옮기는 과정이 필요하다. 어떤 방법이 효율적 프로그램 학습일까?

즐기면서 학습

종종 컴퓨터 과학자가 작업하는 것처럼 **실험하고 탐구하려는 의지**가 필요하다. 새로운 프로그램 언어를 배우거나, 새로운 시스템을 탐구하는 것은 탁아소에서의 놀이처럼 학습하는 것이 가장 효과적인 학습 방법으로 고려된다.

그리고 오픈소스 소프트웨어를 사용하면 다른 사람의 코드를 쉽게 가져와 작성한 방법을 보고 자신의 특정 프로젝트나 목적에 맞게 수정할 수 있다. Scratch나 C와 같은 플랫폼은 사용자가 다른 프로그래머의 작업을 보고 자신의 창의적인 코딩의 기초로 할 것을 권장한다. 부모, 형제, 또는 친구와 대화하면서 말을 배우듯이 다른 사람의 프로그램 작업을 보면서 배우는 것이 효과적이다.

먼저 정확히 어떻게 작동하는지를 이해하는 것보다는 새로운 소프트웨어를 가지고 놀고, 서로에 대해 발견한 내용을 공유하기를 권장한다. 또한, 프로젝트의 출발점으로 다른 사람의 코드를 사용할 수 있는 방법을 활용하는 것이 좋다.

비판능력

프로그램은 **창조적인 과정**이다. 창조적인 작업은 독창성과 가치 있는 무언가를 요구한다. 독창적인 정신으로 임무에 접근하도록 격려하고, 옳은 대답에 도달하기보다는 창조적인 표현을 사용하여 프로그램 한다.

자신이 작업한 프로그램의 품질을 평가하고 비판하도록 격려한다. 항상 소프트웨어 프로젝트를 개선하는 방법을 모색하는 절차는 소프트웨어 개발에서 일반적인 관행이 되고 있다.

디버깅(Debugging)

복잡성 때문에 프로그래머가 작성하는 코드가 종종 의도한 대로 작동하지 않는다. 알고리즘과 코드에서 오류를 찾고 또한 수정하도록 하는 것은 프로그래머처럼 생각하고 일하는 법을 배우는데 중요한 부분이다. 수학에서의 작업을 검사하거나 영문 글을 교정하는 것처럼 프로그램에서도 동일 과정이 필요하다. 서로의 코드를 디버깅하거나 서로의 프로그램 작업을 교정하도록 요청하여 실수를 찾고 개선점을 찾는 것은 좋은 학습 방법이 된다.

실수로부터 배우는 것이 특히 효과적인 접근 방법이라는 증거가 있다. 자신이나 다른 사람들의 코드를 디버깅하는 과정이 이를 실천하는 한 가지 방법이다. 마주치는 오류를 주의 깊게 관찰하다 보면, 프로그래머는 이러한 오류들이 때때로 프로그래머의 잘못된 개념에서 유발될 수 있다는 것을 이해한다.

참을성(Persevering)

컴퓨터 프로그램이 쉽지만은 않다. 우아하고 효과적인 코드를 작성하는 것은 알고리즘 및 프로그램 언어에 대한 이해뿐만 아니라 종종 어렵고 때로는 매우 실망스러운 것을 인내하려는 의지가 필요하다. 어려움에 직면할 때 열심히 일하고 자발적으로 노력하는 것이 학습 성과를 내는 주요 요인이 될 수 있을 것이다. 학생들이 프로그램 작업에 어려움이 있을 때 문제가 무엇인지를 정확히 알고 Bing 또는 Google에서 솔루션을 검색하고 친구에게 도움을 요청하여 해결 전략을 찾아보는 것을 추천한다.

협동 작업(Collaborating)

소프트웨어는 프로그램 팀으로 **다른 사람들과 함께 개발 작업**한다. 협동 작업은 오랫동안 초등 교육에서 자리를 지켰으며 프로그램도 다르지 않다.

사수와 부사수처럼 짝을 이루어 프로그램하는 '동료 프로그래밍(pair programming)'을 특히 효과적인 개발 방법으로 간주한다. 두 프로그래머가 화면과 키보드를 공유하고 함께 작업하여 프로그램을 작성하도록 한다. 일반적으로 한 명의 프로그래머가 운전사처럼 프로그램의 세부사항을 다루는 작업을 하고, 다른 프로그래머는 차의 네비게이터 역할을 맡아 더 큰 그림을 그리는 역할을 한다.

두 프로그래머는 정기적으로 역할을 교환하므로 두 사람 모두 세부사항과 큰 그림을 모두 파악한다. 대규모 그룹으로 일하면 각자는 자신의 재능 중 일부를 공유 프로젝트에 기증하여 몇 가지 부분적인 기술을 개발한다. 그렇지만 모든 프로그래머는 전체 공정의 각 부분에 대한 역할을 이해하고, 동료가 수행한 내용을 일정 부분 공유하고, 또한 그러한 활동이 통합되도록 해야 하는 것을 명심하여야 한다.

연습문제

01 데이터 추상화(data abstraction)를 설명하시오.

02 튜링 기계가 왜 중앙처리장치를 추상화 하고 있는지 설명하세요.

03 현대의 고급 프로그래밍 언어와 튜링 기계가 어떤 측면에서 동일한가?

04 다음 람다식을 계산한 결과는?

$$(\lambda x.x+1)3$$

05 다음 람다식을 계산하세요.

$$(\lambda x.x+1)((\lambda y.y+2)3)$$

06 다음 람다 대수식을 계산하세요.

$$(\lambda s.\lambda x.sx)\lambda y.y+1$$

07 다음 람다식을 계산하세요.

$$(\lambda x.\lambda y.x)(\lambda z.z)$$

08 다음 람다식을 계산하세요.

$$(\lambda x.(x + ((\lambda x.x+1)3)))2$$

09 람다식 'ifelse = λp. λa. λb. p a b'처럼 정의된다. 'ifelse true 42 58'을 계산하라.

10 람다 함수로 NOT FALSE = TRUE 임을 보여라.

11 다음 람다식을 계산하라.

$$(\lambda x.(\lambda y.y\ x)\ (\lambda z.x\ z))\ (\lambda y.y\ y)$$

12 본문에서 정의된 TRUE와 FALSE를 사용하여 논리 연산자 AND, OR을 정의해보자.

13 다음을 계산하라.

1) $((\lambda x.(\lambda y.x + y))\ 3)\ 5$

2) $(\lambda f.\lambda x.f(f\,x))(\lambda y.y{+}1)$

14 KSC 5601 표준은 완성형 한글코드에 대한 표준을 정의하고 있다. 다음 표는 5개의 2 바이트 완성형 한글 코드값을 나타낸다. 한글로 "다나가"를 2진으로 부호화하면 어떻게 되는가?

여기서 코드는 왼쪽에서 오른쪽으로 쓰여진다.

코드값	문자
B0A1	가
B3AA	나
B4D9	다
B6F3	라
B9D9	마

15 가장 널리 사용되는 프로그램 언어에는 어떤 것들이 있는가?

16 컴퓨터 프로그램을 유지 보수하고 업데이트함으로써 무엇을 이해합니까?

17 프로그램 설명서(documentation)를 설명하십시오. 그게 왜 중요한가요?

18 서브루틴에서 무엇을 이해합니까?

19 고급과 저급 프로그램 언어를 설명하고, 몇 가지 예를 보이세요.

20 당신은 기계 코드로 무엇을 이해하는가?

21 소프트웨어 테스트에 대해 설명하십시오. 그게 왜 필요하죠?

22 컴퓨터 프로그램의 "베타 버전(beta version)"은 무슨 뜻입니까?

23 하향식(top–down) 설계 접근법을 설명하시오.

24 프로그램 구현(implementation)으로 무엇을 이해하는가?

25 프로그램 실행(execution)을 설명하시오.

26 컴파일러(compiler)란?

27 디버깅(debugging)이란? 테스팅과 어떻게 관련되나?

28 기계어란?

1) 이진법으로 작성된 명령으로 구성된 프로그래밍 언어
2) 고급 프로그래밍 언어
3) 자바코드로 작성된 언어
4) 어셈블리 코드의 다른 이름

29 고급 언어란?

1) 컴퓨터의 명령어 집합에 가까운 프로그래밍 언어
2) 프로그래머의 말하기/쓰기 언어에 가까운 프로그래밍 언어
3) 일련의 이진수
4) 이진법으로 작성된 명령으로 구성된 프로그래밍 언어

30 **명령어 집합이란?**

1) 고급 언어의 명령 집합
2) 프로세서가 이해하는 명령 집합
3) 프로그래머가 특정 프로그램에서 사용하는 명령 집합

31 **고급 언어로 작성된 프로그램은 무엇으로 알려져 있습니까?**

1) 객체 코드(object code) 2) 기계 코드
3) 소스 코드 4) 어셈블리 코드

32 **변환기(translator)의 목적은?**

1) 객체 코드를 소스 코드로 변환
2) 소스 코드를 객체 코드로 변환

33 **기계 코드에서 명령어의 두 부분은 무엇입니까?**

1) opcode 와 logical operator 2) opcode 와 operand
3) opcode 와 data 4) opcode 와 value

34 **어셈블리어는 무엇을 이용하는가?**

1) 니모닉(mnemonics) 2) 이진
3) 영어 문장 4) 고급 언어

35 **컴파일러와 해석기(interpreter)의 차이점은 무엇인가?**

1) 컴파일러는 모든 코드를 한 번에 번역하는 반면 인터프리터는 한 번에 하나의 명령을 번역한다.
2) 인터프리터는 컴파일러가 한 번에 하나의 명령을 번역하는 동안 모든 코드를 한 번에 번역한다.
3) 컴파일러는 소스 코드를 객체 코드로 변환하는 반면 인터프리터는 객체 코드를 소스 코드로 변환합니다.

9 프로그램 여행하기

9.1 지식과 프로그램

"실세계 지식을 대응되는 프로그램 세계로의 추상화 변환"

시대와 사회가 변화함에 따라 **지식은** 자연발생적으로 **끊임없이 생성**된다. 세상에는 다양한 지식이 있다. 일상생활에 어떤 일을 수행하는데도 지식이 필요하다. 무한한 지식을 유한한 컴퓨터에 다 담을 수는 없다. 실세계 특정 영역의 지식에 한정하여 컴퓨터에 담을 필요가 있다. 따라서 실세계의 특정 영역 지식을 1:1 대응 개념으로 컴퓨터 프로그램 세계로 표현한다. [그림 1 참고]

그림 12 프로그램과 실 세계의 관계

햄버거 가게에서 키오스크로 음식을 주문하는 문제를 생각해보자. 메뉴 보기, 음식선택, 수량 선택, 음료수 선택, 사이드 메뉴 선택, 결재방법 선택 등 다단계를 거쳐야 햄버거를 먹을 수 있다. 일상의 많은 문제 해결이 한 가지 지식으로 해결되지 않고 다단계의 행동과 선택으로 진행한다. [그림 2 참고]

그림 2 키오스크에서 주문하기

특정 영역의 문제 해결에 필요로 하는 지식을 프로그램으로 변환하는 것에 대하여 생각해보자.

지식(knowledge)의 분류

지식은 크게 **서술적** (declarative) 지식과 **절차적(명령적)**(procedural or imperative) 지식의 두 가지로 분류된다. 일상생활에 암기하고 있는 서술적 지식보다는 여러 단계의 과정을 거쳐야 일이 수행되는 절차적인 지식이 필요하다.

서술적 지식은 어떤 사실에 대한 설명이다. 서술적 지식은 주로 암기로서 이해하는 형태이다. 수업 시간에 이루어지는 강의는 대부분 서술적 지식을 전달한다. 지식을 보통 명제의 형태로 표현한다. 지식이 주로 "...을 안다", "...을 이해한다."와 같이 설명된다. 서술적 지식에 대한 평가 기준은 얼마나 많이 지식을 암기하고 있는가이다. "이 색상은 노란색이다.", "나의 이름은 홍길동이다", "대한민국의 수도는 서울이다."처럼 어떤 사실을 단순 기술하는 것이 서술적 지식이다. 서술적 지식에 대한 평가는 어떤 사실을 얼마나 많이 암기하고 있는가에 대한 평가이다.

절차적(명령적) 지식이란 무언가를 성취하는 방법에 관한 것이다. 많은 과정을 거쳐야 문제가 해결되는 형태이다. 수학 문제 풀이는 절차적 지식을 요구한다. 아마 대부분 사람이 수학을 어려워하는 이유가 여러 과정을 거쳐야 하는 절차적 지식을 요구하기 때문 아닐까?

절차적 지식은 제곱근 구하기, 자전거 타기, 피아노 치기, 자동차 운전하기, 핸드폰 사용해서 검색하기. 전화 걸기 등의 임무를 위한 절차나 행동을 통해 습득된다. 지식이 주로 다단계의 과정을 수행한 후 "...을 할 수 있다"와 같이 얻어진다. 그래서 절차적 지식에 대한 평가 기준은 "...을 할 수 있는가 혹은 없느냐?" 이다.

우리는 글을 읽고 또는 쓰기를 하면서 글의 의미를 이해할 수 있다. 또는 수학 문제를 풀기 위하여 다양한 수학 기호를 자유롭게 다루어야 쉽게 해답을 얻을 수 있다. 어떻게 보면 우리는 컴퓨터 프로그램 코드를 읽고, 쓰고, 또한 이해하도록 학습해야 하는 것이 작문시간에 글쓰기 하는 것과 유사하다. 생각을 프로그램 언어로 표현하고, 문법적 오류가 있는지 확인하고, 그리고 수정하는 과정을 다루기 때문이다. **프로그램이란** 어떤 문제를 해결 또는 특정의 작업을 수행하기 위한 **프로그램 명령어의 집합**이다. 마치 논리 책을 읽고 쓰는 것과 유사하다. 프로그램을 읽고 이해하는 것은 어떤 추리소설을 읽고 이해하는 것과도 같다.

"절차적 지식을 알고리즘, 컴퓨터 영역으로 변환하면 프로그램"

문제 해결 과정을 절차적 기술하는 지식의 표현을 **알고리즘**이라고도 정의한다. 또한 절차적(명령적) 지식을 컴퓨터 영역으로 변환하는 것을 컴퓨터 **프로그램**이라 한다. 컴퓨터 프로그램을 줄여서 프로그램이라 한다.

9.2 지식의 프로그램 변환

어떻게 지식을 프로그램으로 변환할까?

지식을 어떻게 프로그램으로 표현하는지 제곱근을 구하는 문제로 설명한다. 수식 $\sqrt{x}=y$에서 제곱근 y를 구하는 것이 문제다. 어떻게 제곱근 y를 구할 수 있을까? 여기서 y는 양수이어야 한다.

$$\sqrt{x}=y$$

상기 수식은 제곱근에 대한 하나의 지식을 표현한 일종의 정의 문장이다. 어떠한 숫자 'x'에 대한 제곱근이 'y'라고 제곱근에 대한 지식을 기술하고 있다. 하지만 상기 수식이 제곱근을 찾는 데 도움을 주지는 않는다. 예로서 $\sqrt{2}$ 에 대한 제곱근을 알고 있다면 문제없지만 $\sqrt{3}$, $\sqrt{5}$ 같은 일반적인 문제는 제곱근이 얼마인지 모른다. 서술적 지식인 제곱근을 알고 있으면 좋지만, 그렇지 못하면 제곱근이 무엇인지 모른다. 서술적 지식은 제곱근을 계산하는데 어떻게 하는 방법을 예기해 주지 않고 있다.

만약에 x=2 에 대한 제곱근은 무엇인가? 즉, $\sqrt{2}$ 의 제곱근은? $\sqrt{2}=1.4142$ 라는 지식은 참지식이다. $\sqrt{2}=2.22$ 이라는 문장이 있다면 이는 거짓 지식을 의미한다. 이 지식이 참인가? 거짓인가? 참과 거짓 여부를 알기 위해 우리는 **지식을 검증**해보아야 한다. 하지만 어떻게 검증을 해야 하는지 그 방법을 말해주지 않고 있다.

절차적(명령적) 지식은 무엇인가를 시도 또는 실행해봄으로써 형성된다. 자동차 운전 연습을 해야 자동차 운전에 대한 지식이 습득되는 형식이다.

절차적(명령적) 지식은 무엇인가를 추론하는 방법을 기술한다. 제곱근 관련 명제가 참인지 거짓인지 판단할 수 있어야 한다. 제곱근 문제에서

$$\sqrt{x} = y \text{ 는 } y^2 = x\text{이 된다.}$$

서술적 지식이 없어도 참지식을 추론해 찾아내는 방법을 생각해보자. 자동차 운전하기를 시행착오를 통해 얻는 개념과 유사하다. 시행착오를 통해 제곱근을 구할 수 있다. 절차적 지식을 얻게 된다.

먼저, 하나의 추측 값 y = t로부터 **시험**을 시작해보자. 추측 값 제곱 t^2이 충분히 'x' 에 가까우면 멈추고 't'를 반환한다. 그러면 좋은 해답이 되고 참지식이다. 만약 'x' 에 충분히 근사하지 않으면 새로운 '$t_{(new)}=\frac{1}{2}(t+x/t)$'를 선택한다. 그리고 새로운 추측 값 '$t_{(new)}$'로 상기 명제에 대한 진실 여부 판정 과정을 반복한다. [그림 3 참고]

알고리즘

단계 1: 추측 값 t에서 시작하자.

단계 2: t*t가 x에 충분히 근접하면 t는 x의 제곱근에 대한 좋은 근사값이다.
그렇지 않으면 t와 x/t를 평균하여 새로운 추측 값 t_{new}를 만든다.
즉, $t_{(new)}=(t_{(old)}+x/t_{(old)})/2$,
이 새로운 추측 값을 사용하여 1 단계로 돌아간다.

이러한 시험과 검증의 다단계 지식 표현 알고리즘을 통해 참 또는 거짓 여부를 알 수 있다.

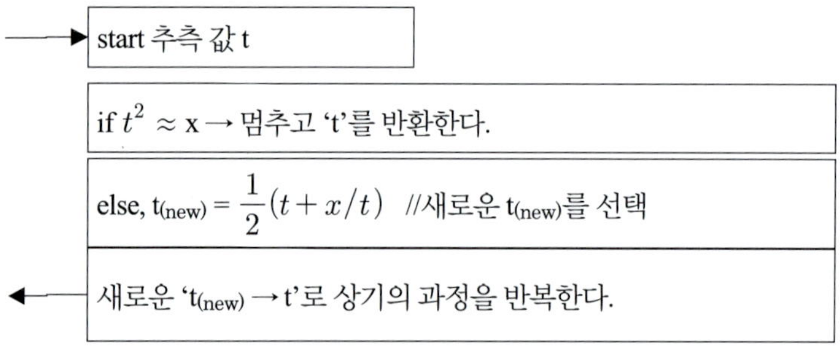

그림 3 제곱근 구하는 절차

상기의 알고리즘을 $\sqrt{5}$ 의 제곱근을 구하는 문제에 적용해보자.

반복 (Iteration) 1

추측 값 t = 3으로 시작한다.

3*3 = 9, 이는 x=25에 가깝지 않다. 새로운 추측 값을 계산한다.

$$t_{(new)} = (3+25/3)/2 = 5.666666666666667.$$

1단계부터 다시 새로운 추측 값으로 시작한다.

반복 2

t = 5.666666666666667부터 시작한다.

5.666666666666667 * 5.666666666666667 = 32.11111111111111이며 역시 25에 가깝지 않다. 새로운 추측 값을 계산한다.

$$t_{(new)} = (5.666666666666667 + 25 / 5.666666666666667)/2 = 5.03921568627451.$$

1 단계부터 다시 시작한다.

반복 3

t = 5.03921568627451부터 시작한다.

5.03921568627451 * 5.03921568627451 = 25.39369473279508 로 25에 가깝다.

반복 3에서 우리는 t = 5.03921568627451을 25의 적합한 제곱근으로 추론할 수 있다.

예제 1

16의 제곱근을 찾아야 한다면 해답은 4일 것이다. 상기 판정 절차를 따라 16의 제곱근을 찾아보자.

이러한 시험 과정 또는 단계적 임무의 절차적(명령적) 지식을 모아놓은 것을 **알고리즘**이라고도 한다.

"절차적(명령적) 지식을 컴퓨터 프로그램으로 매핑"

여기 참으로 놀라운 시스템이 있다고 가정하자. 이 시스템은 일련의 명령어를 입력으로 받고 그 명령어가 지시하는 대로 동작한다. 그러한 동작을 위해 시스템은 스스로 내부 회로를 재구성하고 에뮬레이션하면서 지시한 명령어를 실행한다. 사실 컴퓨터가 그렇게 하고 있다. 컴퓨터는 **명령어를 입력받고 이를 해석하여 실행한다. 프로그램은 절차적 지식을 프로그램 명령어를 사용한 표현**한 것이다. [그림 4 참고]

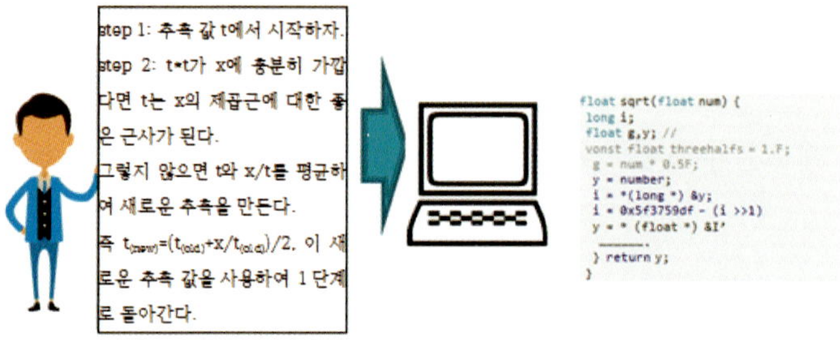

그림 4 절차적 지식을 컴퓨터로 변환한 프로그램

서술적 또는 절차적 프로그램이란?

서술적(선언적) 지식과 명령적(절차적) 지식이 있듯이 프로그램에도 서술적 프로그램과 절차적 프로그램으로 대응된다. 서술적 또는 명령적(절차적) 프로그래밍이란 무엇인가? 간단히 서술적 프로그래밍은 우리가 **원하는 것(What)을 표현**하고, 그리고 **명령적 프로그래밍은 우리가 원하는 것을 얻는 방법(How)**을 표현한다.

서술적 프로그래밍은 제어 흐름을 사용하지 않으면서 논리를 표현하는 프로그래밍 패러다임이다. 명령적(절차적) 프로그래밍은 명령어로 프로그램의 상태(state)를 변경하는 프로그래밍 패러다임이다.

지금 학교에 있다고 생각하자. "어떻게 여기서 집에 갈 것인가?" 질문에 대하여 **서술적 표현**으로 응답을 하면 "내 주소는 강남구 양재대로 298번지, 84020"과 같다. 단지 목적지 집 주소만을 표현한다.

명령적(절차적) 표현으로 답하면 "주차장의 북쪽 출구에서 나와 좌회전한다. 경부선을 탄다. 서초IC 출구에서 빠져나온다. 직진 후 첫 번째 신호등에서 오른쪽으로 간다. 다음 신호등에서 계속 진행하고 다음 왼쪽으로 간다. 그리고 집은 #298이다."처럼 된다.

파이썬(Python)으로 작성된 다음의 간단한 프로그램 코드를 살펴보자. 첫 프로그램은 5보다 작은 숫자 리스트(list)에 대한 표현을 설명한다. 리스트(list)를 어떻게 만드는지에 대한 "구현 세부 사항"을 지정하지 않고 있다. 두 번째 프로그램은 명령적(절차적) 표현으로 리스트에 요소를 추가(예: small_nums.append(i)) 하는 방법 또는 과정을 보여준다. [그림 5 참고]

```
# 서술적(Declarative) 표현
small_nums = [x for x in range(20) if x < 5]  // 5보다 작은 숫자를 리스트로 서술

# 명령적(Imperative) 표현  //리스트에 요소를 추가하는 과정
small_nums = []
for i in range(20):
    if i < 5:
        small_nums.append(i)
```

그림 5 서술과 명령 프로그램 예

서술적 프로그램에 대하여 좀 더 예를 들어본다. 다음은 데이터베이스에 질의하는 프로그램 코드이다. 'Korea'의 모든 'Users'를 선택하라는 지시내용이다. 원(what)하는 것을 표현하지만 어떻게(how) 데이터베이스에서 데이터가 얻어지는지는 생략되어 있다.

```
SELECT * FROM Users WHERE Country='Korea';
```

서술적 프로그램의 또 다른 예로서 HTML 언어를 사용한 웹 프로그램 예시를 보여준다. 웹 브라우저 화면의 제목(header)에 "절차적 프로그램과 서술적 프로그램 언어 그리고 어떤 것을 선택해야 하나", 그리고 단락 본문 내용에 "개발 프로세스에 대한 다른 접근방식은 확립된 프로그래밍 접근방식을 형성."가 나타나도록 하는 웹 프로그램이다. [그림 6 참고]

```
<body>
    <h1>절차적과 서술적 프로그램 언어 그리고 어떤 것을 선택해야 하나 </h1>
    <p>개발 프로세스에 대한 다른 접근방식은 확립된 프로그래밍 접근방식을 형성.</p>
</body>
```

그림 6 서술적 프로그램의 예 (HTML 프로그램)

상기 두 프로그램 코드는 서술적이다. 한국(Korea)에 거주하는 모든 사용자를 선택하는 것을 추상화한 것, 또한, 웹 브라우저가 기사를 파싱(parsing)하여 화면에 표시하는 것이지 그 방법에는 관심이 없다. 원하는 것은 한국 사용자란 것과 웹 사이트에 새로운 제목(header)과 단락(paragraph)을 표현하는 것이다.

프로그램을 보면 무엇이 진행되고 있는지 매우 명확하게 이해할 수 있다. 이들은 프로그램 결과가

어떻게 달성되는지에 대한 중간 과정보다는 원하는 결과가 무엇인가를 더 중요하게 생각한다. 중간에 어떻게 하는지를 설명하지 않고 달성하고자 하는 것을 묘사하고 있다.

이처럼 서술적 방식으로 프로그램하기 위해서는 명령어를 추상화시키는 것이 필요하다는 것을 깨닫게 된다. 이러한 서술적 표현을 위해서는 웹 브라우저나 DBMS(데이터베이스 관리시스템) 프로그램에서 **내부적 기능 지원**이 가정되어야 한다. 또한, 집에 가고자 할 때 목적지 주소만 알면 필요한 일종의 GPS(위성 위치 시스템)가 있어 **자동으로 찾아갈 수 있다고 가정**하는 것이다. **서술적** 프로그램에 대한 **응답에서는 일종의 절차적(명령적) 추상화 구현이 내부적으로 존재한다고 가정**한다.

절차적 프로그램에 대하여 살펴보자. JavaScript 통해 절차적(명령적) 표현의 프로그램 예제 코드를 살펴본다. [그림 7 참고]

```
프로그램 1. 절차적 표현 (JavaScript)      //배열의 모든 항목을 2배 곱하는 과정
function double (num) {
  let sum = []
  for (let i = 0; i < num.length; i++){
    sum.push(num[i] * 2)
  }
  return sum
}

프로그램 2. 절차적 표현 (JavaScript)      // 배열의 모든 항목을 더하는 과정
function add (num) {
  let sum = 0
  for (let i = 0; i < num.length; i++){
    sum += num[i]
  }
  return sum
}

프로그램 3. 절차적 표현 (jQuery)      // 버튼 이벤트에 따른 처리 과정
$("#btn").click(function() {
  $(this).toggleClass("확대")
  $(this).text() === '확대 추가'
    ? $(this).text('확대 제거')
    : $(this).text('확대 추가')
})
```

그림 7 절차적(명령적) 프로그램 예

그림 7에서 프로그램 1은 숫자 배열을 가지고 해당 배열의 모든 항목을 두 배로 증가시킨 후 새로운 배열을 반환하는 double() 함수를 작성한다. 예를 들어 double([1,2,3]) → [2, 4, 6].

프로그램 2는 배열의 모든 항목을 더하는 add() 함수를 작성하고 한다. 예로서 add([1,2,3]) → 6.

끝으로 프로그램 3은 jQuery를 사용하여 id가 'btn'인 웹 요소에 'click' 이벤트 핸들러를 추가한다. 버튼을 클릭하면 "확대" 표시된 클래스를 추가 또는 제거한다. 그리고 웹 요소의 현재 상태에 따라 텍스트를 '확대 추가' 또는 '확대 제거'로 변경한다.

상기 3가지 예제의 명백한 공통점은 그들이 **뭔가를 하는 방법을 설명**한다. 함수 double() 또는 add()는 반복적으로 배열을 처리하여 원하는 기능을 구현하는 **방법**을 기술하고 있다. 확실히 서술적 기술과는 차이가 있다. 그리고 **어떤 상태를 변경**하고 있다. **마치 변수처럼 메모리에 저장된 정보와 상태를 변경**한다. 처음 두 예제에서는 "sum" 변수를 만든 다음 계속 변경한다. 세 번째 예제는 변수는 없지만, 웹 문서에서 id=#btn인 DOM(문서 객체 모델)의 상태를 수정한다.

상기 문제를 서술적으로 표현하는 것도 가능하다. 문제를 서술적으로 표현하면 일어나는 일 또는 상태를 변경할 수 없다. [그림 8 참고]

```
프로그램 4. 서술적 표현
function double (num) {
  return num.map((item) => item * 2)    //map안 num 배열의 모든 값에 2를 곱하기
}                                       // for 문을 사용하지 않아도 모든 원소에 적용

프로그램 5. 서술적 표현
function add (num) {
  return num.reduce((prev, current) => prev + current, 0)
}  //reduce도 배열의 모든 원소에 대해서 초기 값 0부터 새로운 연산을 수행하는 의미

프로그램 6. 서술적 표현
<Btn
  onToggleHighlight={this.handleToggleHighlight}
  highlight={this.state.highlight}>
    {this.state.buttonText}
</Btn>
```

그림 8 서술적(선언적) 프로그램 예(JavaScript)

처음 두 코드는 JavaScript에 내장된 'map'과 'reduce' 명령을 활용하고 있다. 대부분의 서술적 프로그램은 추상적 명령을 내장하고 있다. 'map'과 'reduce'가 어떻게 구현되는지 알지 못한다. 우리는 상관하지 않는다. 우리는 어떤 상태도 변화시키지 않고 있다. 모든 변화가 'map'과 'reduce' 내부로 추상화된다.

서술적 프로그램은 **상황에 독립적**이다. 이것은 프로그램이 목표를 달성하는데 필요한 과정이 아니라 궁극적인 목표가 무엇인지에 관심을 가지기 때문에 동일 명령어가 여러 프로그램에서 사용될 수 있고 정상적으로 작동한다는 것을 의미한다.

위의 예를 통해 서술적 언어는 컴퓨터의 내부 상태를 명시적으로 조작 또는 따라야 할 단계에 대한 명시적인 순서를 지정하는 명령형(절차적) 언어와는 대조된다.

절차적 프로그램은 명령어의 순차적 실행이고 생각 또는 구성으로 수정이 가능한 **상태 기반의 프로그램**이다. 할당(statement), 공통 데이터구조 (common data structures), 전역 변수 (global variables)등의 사용으로 상태가 변동된다.

"절차적 프로그램은 상태를 가지며 어떤 결과를 얻는데 명령어의 순서가 매우 중요하다."

C, C++, Java, 그리고 PHP가 절차적 프로그램 언어에 속하며 계산 모델에 상태를 갖는다. 명령어들로 상태를 수정한다. 어떤 상태에서 연산을 수행하고 결과를 얻는다. 연산에 따른 상태가 변동하기 때문에 명령어의 순서가 매우 중요하다. **명령어의 실행 및 연산 순서가 중요하다.** 순서가 바뀌면 다른 결과를 얻게 된다. 보통 우리가 사용하는 프로그램 형태이다.

반면에 서술적 프로그램은 함수형 언어에 기반을 둔다. 함수형 프로그램은 서술 프로그램의 한 예이다. 순수한 함수형 프로그램 언어는 프로그램 관련 상태를 갖지 않는다. 함수형 프로그램은 주어진 입력에 대한 어떤 출력을 제공한다. 함수로만 프로그램을 작성한다. 대표적인 **서술적 프로그램 언어에는 SQL, HTML**이 있다.

JavaScript, C#, Python은 서술적 프로그램과 절차적 프로그램 요소가 섞여 있는 프로그램 언어에 속한다.

9.3 프로그램을 작성해보자.

정형화로 엄격한 규칙을 따른다.

프로그램 언어는 인간의 자연어와 달리 사용에 엄격한 형식과 규칙을 따른다. 처음 프로그램을 시작하는 사람에게는 규칙을 따르는 것이 힘들지 모르겠다. 프로그램 언어에 대한 문법을 익히는 과정이 필요하다.

프로그램 언어마다 작성방법은 다르지만, C 프로그램은 main() 함수 작성에서 시작하고, 시스템 호출 함수 exit()로 종료한다. return 명령어는 함수를 종료하고 되돌아간다는 의미이다. main 함수는 프로그램의 시작 지점이다. main(), exit(), return 같은 C 명령어는 각각 지식을 표현하는 문장이고, 프로그램은 이러한 일련의 문장들로 이루어진다. 문장의 기술 위치에 대한 특정의 규칙은 없으나 이들 문장의 **실행 순서**대로 작성하여야 한다.

9.3.1 간단한 절차적 지식 표현 예 1

간단한 C 프로그램의 예로서 모니터 화면에 "hello world"를 출력하는 프로그램을 작성해보자. 이러한 문제 해결을 위해서는 크게 3가지 종류의 절차적 지식을 컴퓨터에 제공해야 한다. 프로그램에 필요한 정보를 입력하고, 처리시키고, 결과를 출력한다. 입력으로 메시지 "hello world"가 필요하고, 처리한 후 모니터에 "hello world" 메시지를 표시하도록 하여야 한다. [그림 9 참고]

1. **입력** : **입력**으로 메시지 "hello world"를 제공한다.
2. **처리** : 입력받은 메시지를 **처리**한다.
3. **출력** : 모니터의 특정 위치로 메시지 "hello world"를 **출력**한다.

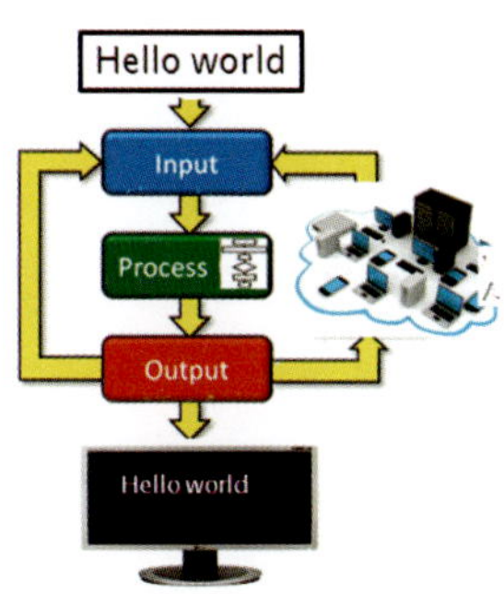

그림 9 프로그램 입력, 처리, 및 출력

상기 작업을 위해 C 언어로 프로그램 **소스 코드를 작성해야** 한다. 소스 코드는 인간이 읽기 쉬운 텍스트 형식의 프로그램 언어로 작성되며, 컴퓨터가 해야 할 작업을 기술한다. 프로그램은 지식의 표현이기도 하다.

다음은 메시지를 화면에 출력하는 지식을 표현하는 프로그램 예이다. 프로그램의 형식과 규칙을 설명한다. 컴퓨터는 사람만큼 입출력 및 처리가 다양하지 못해 프로그래머가 하나하나 지시해주어야 한다. 프로그램 소스에 있는 좌측 번호는 행 번호를 나타낸다. 이 행 번호는 설명을 위한 보조이지 프로그램 일부가 아님에 유의한다. [그림 10 참고]

```
1) #include <stdio.h>          //library/header file/prototype


2) int main()                  // main function
3) {                           // main function의 body
4)   printf("hello world\n");     // " "안의 내용(hello world)을 모니터로 출력
5)   return 0;                 // 함수는 정수 값을 0을 반환
   }
```

그림 10 프로그램 예제 hello.c

1행의 '#include <stdio.h>'은 다음을 의미한다.

- **#** : 전처리기(preprocessor)로서 컴파일러가 프로그램을 처리하기 전에 먼저 이 행(line)을 처리할 것을 지정한다.
- **include** : 프로그램에 헤더 파일(예 : stdio.h)을 포함하라는 의미이다. stdio.h 는 라이브러리 함수에 대한 인터페이스를 정의한다. stdio.h는 키보드를 통한 입력과 모니터를 통한 출력에 관한 다양한 함수 인터페이스를 제공한다. 예로서 헤더 파일(stdio.h)에 'printf' 명령어 함수가 정의되어 있다. 예제 프로그램은 몇 줄 안 되지만, 헤드 파일을 삽입하므로 커지게 된다. 간단히 해당 파일을 삽입함으로 라이브러리에서 제공하는 기능을 사용할 수 있다.
- **stdio.h(헤더 파일)** : C에서 사용할 명령어를 내장한 라이브러리(library)이다. 'stdio'는 'standard input output'을 의미한다. 입력(input) 및 출력(ouput)에 관련된 모든 함수를 포함하고 있는 헤더 파일이다, 사용자로부터 키보드를 통해 입력을 받고 또는 모니터로 사용자에게 출력을 나타내기 위해서는 stdio.h가 필요하다. 프로그래머는 이러한 입출력을 위한 함수를 별도로 작성할 필요 없이 제공하는 표준 함수를 링크하여 편리하게 사용할 수 있다. 헤더 파일은 '.h'의 확장자를 갖는다. 컴퓨터는 헤더 파일의 정의된 명령어를 이해할 수 있다.

- 〈 〉: 탐색 매개변수이다. 컴파일러는 < > 안에 있는 파일을 찾는다. '//'는 프로그램 실행에 영향을 주지 않고 주석을 달아 코드를 설명하는 데 사용된다.

- **2행** : int main() 또는 void main()

  main()은 C 프로그램의 진입점(entry point)을 나타내는 중요한 함수이다. main() 함수는 실행 후에 어떤 값을 반환하는데 return 명령을 통해 값을 반환한다. main() 앞에 void는 함수가 어떤 값도 반환하지 않는 것을 의미한다. main() 앞에 int는 정수(integer)를 반환한다는 것을 의미한다. 프로그램 실행이 종료되었다는 것을 운영체제(OS)에 알려주는 반환(feedback) 개념이다.

- **3행** : {}

  C 언어는 **함수와 블록 기반의 언어**이다. 중괄호({}) 쌍으로 블록이 구성되는 구조를 갖는다. 블록은 다수의 프로그램 명령을 하나의 복합문으로 다루는 데 사용한다. 중괄호를 기반으로 블록 쌓기처럼 프로그램을 만들어 간다. [그림 11 참고]

그림 11 블록구조 프로그램

- **4행** : printf(" ");

  컴퓨터는 말을 할 수 없다. 대신에 모니터에 글로서 생각을 표현한다. printf() 함수는 모니터에 표현할 수 있는 방법 중의 하나이다. printf() 함수는 stdio.h에 존재하는 내장된(inbuilt) 함수이다. 입력 메시지를 내부적으로 처리하고 모니터 화면의 특정 위치에 메시지가 나타나도록 한다. 프로그래머는 그 중간 처리 과정에 대하여 알 필요가 없고, 입력 메시지를 제공하는 것과 화면에 결과 메시지를 어떻게 표현할지만 이해하면 된다. 큰 따옴표 포함 내용이 모니터 화면(console)에 출력된다. 상기 예는 콘솔(console) 모드 모니터에 'hello world'를 출력시킨다.

  사람은 귀로 듣는다. 하지만 컴퓨터는 키보드 같은 장치로 귀를 대신한다. 컴퓨터에 키보드를 통해 글을 들려주는데는 scanf() 함수 같은 것을 사용한다.

- **5행** : return 0;

  함수가 종료하면서 0을 반환한다는 의미이다.

9.3.2 간단한 절차적 지식 표현 예 2

다음은 정수들의 합 계산을 C 언어로 작성한 프로그램이다. 프로그램은 함수에 n=5를 입력하면 n=0에 감소할 때까지 합계를 구하고 결과값 sum을 반환한다. [그림 12 참고]

$$\text{sum} = \sum_{k=1}^{n} k$$

$$\text{sum} = 5+4+3+2+1$$

합을 구하는 프로그램 summation()을 구현하고 있다.

```
1:  unsigned long summation(unsigned int n)
2:      {
3:      unsigned long sum = 0;
4:      while(n>0)
5:          {
6:          sum = sum + n;
7:          --n;
8:          }
9:      return sum;
10:     }
```

그림 12 프로그램 예제 2 – C로 작성된 정수 합을 구하는 간단한 함수

프로그램의 변수는 메모리의 어떤 위치에 값을 일시 저장하는 데 사용된다. 변수는 사용되기 전에 데이터 유형을 선언하여 어떤 맥락의 데이터를 사용하는지 컴파일러에 알려주어야 한다.

"sum= sum+n" 같은 수식은 수학적으로는 절대 이해할 수 없는 수식이다. 어떻게 "sum"과 "sum+n"가 같을 수 있겠는가? "sum = sum+n" 문에서 기호 "="는 같다는 의미가 아니라 "="의 우측에 있는 내용을 좌측에 할당(assignment)하라는 규칙이다. 이는 sum 값을 n만큼 증가시킨 후에 다시 sum에 할당하라는 규칙이다.

- **1행** : 함수의 이름('summation')을 지정하고 무부호 정수(unsigned long) 데이터 유형을 반환하라는 의미이다. 함수의 입력 매개변수 n은 무부호 정수(unsigned int)이다.
- **2행** : 왼쪽 여는 중괄호 '{'는 함수의 시작을 의미한다. 모든 시작은 닫는 중괄호 '}'로 끝나고 쌍으로 일치해야 한다. 들여쓰기는 시작과 끝이 쌍으로 되는 것을 쉽게 확인할 수 있기 때문이다. 2행과 10행 사이에는 함수 'summation()'의 본문이 들어있다.
- **3행** : 함수 매개변수는 n이고, 함수 내에서만 사용될 지역 변수 이름(sum)과 데이터 유형(unsigned long)이 정의되어 있다. 이처럼 C에서 모든 데이터는 사용되기 전에 변수 이름과 데

이터 유형이 정의되어야 한다. 이것은 컴파일러에 변수에 들어갈 데이터의 속성을 알려주는 것이다. 프로그램에서는 메모리 크기(4바이트)와 산술 특성(무부호)을 할당한다. 동시에 'sum'에는 0의 초기 값을 할당한다. 개별 명령문의 종료는 세미콜론으로 알려준다. 일종의 언어 사용 **규칙**이다.

- **4행** : 합계를 계산할 때 while 명령어의 ( ) 검사에서, 'n'이 0보다 큰 동안은 중괄호({}) 부분을 반복한다. 즉 5행의 여는 중괄호와 8행의 닫는 중괄호 사이에 나타나는 명령문 집합은 '( )' 안의 표현이 참(1)이면 계속 실행된다. C에서 0이 아닌 것은 참(true)으로 간주한다.
- **5행** : 'while' 문장의 시작을 정의하는 중괄호. 들여쓰기가 되어 있다. 표현식 'n>0'을 검사하여 참이면 변수 'sum'에 n을 추가한다. 이어서 n을 하나만큼 감소(--n)시킨 후 다시 표현식 'n>0'을 검사한다. 반복으로 n을 하나씩 감소하면, 결국 n=0이 되고, 중괄호를 닫는다. 이어서 return 명령문(9행)이 실행된다.
- **6행** : 할당(=)의 오른쪽에 있는 표현식'sum + n'의 계산 결과를 왼쪽의 변수'sum'에 할당한다. 4바이트 정수 변수(sum)에 2바이트 정수(n)를 덧셈할 때 C는 자동으로 4바이트 정수로 확장된다.
- **7행** : 'n'값을 감소연산자 '--'로 1 만큼 감소시킨다. 이것은 'n = n-1'문과 같다.
- **8행** : 'while'문장을 닫는 중괄호. 시작 중괄호(5행)와 닫는 중괄호가 어떻게 정렬되는지 주목한다. 컴파일러는 정렬 양식에 대해 아무런 지시를 하지 않는다. 정렬은 사람의 가독성과 오류 가능성을 줄이는 데 그 목적이 있다.
- **9행** : 명령어 'return'은 함수를 종료하고 하나의 매개변수를 호출자에게 반환하도록 한다. 이 경우는 변수'sum'의 계산 값이다. 컴파일러는 이 매개변수의 크기가 1행의 함수 머리글 접두사, 즉 무부호 정수(unsigned long)와 일치하는지 확인한다. 이때 반환되는 매개변수가 함수값이 된다.
- **10행** : 함수 'summation()'를 닫는 중괄호 '}'

예제 1

비주얼 스튜디오 또는 DevC++는 프로그램의 작성, 컴파일, 디버깅을 하나의 플랫폼에서 수행할 수 있는 통합개발환경(IDE)의 하나이다. 통합개발환경을 하나 구축하고 프로젝트를 생성하고, 이어서 프로그램 'hello.c'을 생성하고, 컴파일, 링크, 실행 과정을 수행한다. 실행 결과 화면에 'hello world'가 나타나도록 한다.

참고 동영상 :
https://www.youtube.com/watch?v=I2tEHylRPVE
https://www.youtube.com/watch?v=FBo5Cso-ufE

9.4 데이터의 여행

프로그램은 데이터 객체를 생성하고, 이동하고, 변환시키고, 저장 등을 겪도록 한다. 데이터는 생성된 이후 어떤 연산을 적용하는가에 따라, 어딘가에 머무르고, 방향을 변경하고, 형태를 변경하기도 하고, 도중에 이벤트를 만나기고, 그리고 예기치 않은 사고를 만나기도 한다. 어떤 면에서 프로그램은 데이터가 긴 여정을 떠나는 것과 같다.

"프로그램은 데이터가 긴 여정을 떠나는 것과 같다."

데이터가 여행을 떠난다. 프로그램은 데이터가 컴퓨터의 입출력 장치, 메모리, 산술논리장치, 레지스터, 버스의 여기저기를 여행하게 한다. 프로그램은 데이터의 **흐름 제어**, 연산자(operators), 순차(sequence), 반복(loops), 동시성(concurrency), 이벤트(events), 그리고 조건(conditionals) 처리를 거치면서 여행을 관리한다.

9.4.1 데이터가 머무르는 장소

"변수는 데이터가 머무르는 장소이다."

데이터를 처리하기 전에 일단 어딘가에 머물러 있도록 한다. 데이터는 변수라는 그릇에 임시 머무를 수 있다. 변수는 정보를 담는 그릇으로써 컴퓨터 프로그램에서 참조될 데이터를 저장하는 데 사용된다. 변수를 위한 그릇의 크기와 장소는 컴파일러 또는 운영체제가 담당한다. 데이터가 머무르는 곳은 메모리, 레지스터, 하드디스크, 입출력 장치가 된다.

바인딩(binding)이란?

어떻게 변수에 데이터가 저장될까? 변수에 메모리 공간이 할당되어야 한다. 먼저 프로그램에서 메모리 공간은 변수를 생성함으로 이루어진다. 생성된 메모리 공간에 데이터를 저장하는 것은 변수에 값을 할당함으로 이루어진다. 변수에 데이터의 저장은 '='기호를 사용한다. 변수 이름이 왼쪽에 표시되고 저장하려는 값을 오른쪽에 위치시킨다. 그러면 오른쪽 값이 변수 그릇에 저장되도록 한다. 하지만 여기서 변수 이름과 변수를 위해 할당된 메모리가 연결해야 한다. 메모리 주소 공간과 변수 이름의 연결을 바인딩(binding)이라 한다. 그러면 변수 이름에 데이터를 할당하는 것과 메모리 주소가 연결된다. 바인딩으로 프로그래머는 메모리 주소를 모르더라도 변수 이름으로 데이터가 저장된 메모리에 접근할 수 있다. 그러면 프로그래머는 변수 이름으로 객체 데이터를 다룰 수 있다. 메모리의 특정 주소에 데이터가 저장되는데 이를 변수 이름으로 접근할 수 있다. 메모리 공간과 변수 이름의 바인딩은 컴파일러가 담당한다. [그림 15 참고]

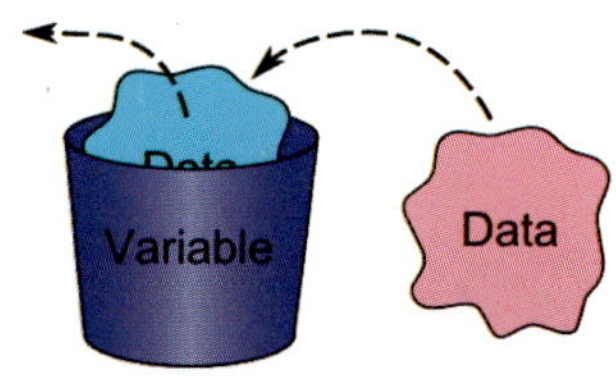

그림 15 변수와 바인딩

다음의 코드는 변수 이름 'var_name'에 정수 데이터 유형(int)을 선언하고 있다. 그리고 변수 이름 'var_name' 선언으로 변수를 위한 메모리 공간이 할당된다. 이 변수는 정수 데이터 유형을 저장하기 위한 메모리 크기가 되고, 변수에 정수 '10'을 할당하는 명령어이다. 명령어를 이렇게 해놓고 나중에 컴파일 시 바인딩된다.

```
int var_name = 10
```

프로그래머가 어떤 객체의 **변수 이름과 데이터 유형**을 지정하면, 컴파일러에 의해 변수 저장 공간이 메모리에 할당되고, 변수 이름과의 바인딩이 된다. 컴파일러는 데이터 유형에 대응하는 메모리 크기를 지정한다. 예로서, 정수형 변수를 선언하면 4바이트의 메모리를 할당한다. 컴파일러는 심볼 테이블(symbol table)의 데이터구조를 통해 이름과 데이터를 체계적으로 관리한다.

변수에는 다양한 종류의 숫자를 저장할 수 있다. 가장 기본적 형식인 소수점이 없는 정수를 저장하기 위해서는 'int'라는 정수형 데이터 유형을 사용한다. 더 복잡한 형태인 소수를 포함하는 실수를 표현하는 데는 'float'를 사용한다.

```
# 정수(int)와 실수(float) 유형의 예
1, 2, 10, 9999,... ,1.2345, 23.456, ...
```

변수의 적용 범위란?

변수의 적용 범위(scope)는 변수가 사용될 수 있는 범위로서 중요한 개념이다. 복합문, 블록, 그리고 함수 등으로 구성된 프로그램에서 변수 적용 범위는 변수가 어떤 위치에서 생성되느냐에 따라 다르다. 변수가 생성되는 위치에 따라 범위가 결정된다. 변수 범위는 보통 중괄호 '{}' 블록으로 정의된다.

블록 내에서만 사용되는 변수를 **지역 변수**라고 한다. 블록 내부 범위에 선언 생성된 지역 변수와 블록 외부에 선언된 **전역 변수**는 접근 권한이 다르다. **전역 변수**로 선언된 변수는 블록 내외부 어디서든 접근할 수 있지만, 지역 변수로 선언된 변수는 해당 블록 내에서만 접근할 수 있다. **전역 변수**는 블록 경계 또는 계층을 무시하면서 프로그램 전체에서 사용할 수 있고, 지역 변수는 가장 일반적으로 사용되는 변수이며 블록 경계를 준수한다.

변수에 값 할당

변수의 특별한 경우로 **상수**는 변경할 필요가 없는 데이터를 저장하는 데 사용된다. 대부분의 프로그램 언어는 상수로 지정된 값은 변경될 수 없다. 상수로 지정되면 프로그램 전체에서 일정한 값으로 사용된다.

문자열 변수는 복수의 문자를 저장하는 데 사용된다. 특히 C언어는 저장할 문자열을 큰 따옴표("Hi seoul")로 표시한다.

프로그램에서 변수에 데이터를 할당하는 것 외에도 입력장치를 통해 변수에 값을 할당할 수 있다. 사람들은 흥미로운 방식으로 프로그램과 상호 작용할 수 있기를 원한다. 때로는 프로그래머가 아닌 사용자가 변수에 정보를 할당할 수 있도록 한다.

사용자로부터 정보를 얻는 한 가지 방법은 gets() 함수를 호출하는 것이다. 이는 사용자가 정보를 입력하고 'Enter' 키를 누를 때까지 기다린다. 이후 사용자가 입력한 데이터를 'name' 변수에 저장한다. 사용자가 "Bob"을 입력하고 'Enter' 키를 누르면 'name' 변수에 "Bob\n" 데이터가 저장된다. 끝에 있는 \n은 "개행" 문자로서 'Enter' 키를 나타낸다.

```
name = gets()
=> "Bob\n"
```

프로그래머는 필요하면 원하는 형태의 그릇을 설계하여 사용할 수 있다. 목록(lists), 스택, 큐, 그래프 같은 **추상적** 데이터 그릇은 인간의 **행동 양식** 관련 데이터의 저장과 검색에 유용하다. 예를 들어 큰 물고기가 작은 물고기를 먹을 때마다 1점 증가하는 게임에서 게임자별 점수를 저장하고 유지하는데 리스트(lists) 형태의 그릇을 사용한다.

9.4.2 프로그램이 여행을 떠나다.

프로그램의 여정에는 한 걸음 한 걸음 앞으로 나아가는 순차(sequence), 많은 갈림길에서의 선택(selection), 그리고 짐을 풀고 싸는 등의 반복(iteration)되는 행동을 포함한다.

순차(sequence)

한 단계 한 단계 이동하게 한다. 프로그램은 특정 활동이나 작업을 **일련의 개별 단계 또는 지침으로 표현한**다. 일련의 프로그램 명령은 요리 레시피와 마찬가지로 순차적인 행동 또는 동작을 지정한다.

루프(loops) 반복

루프(loops) 및 반복(iterations)은 데이터 처리에서 반복 작업을 수행하는 좋은 방법이다. 중요한 것은 컴퓨터는 반복 작업을 시켜도 불평 없이 잘 해낸다는 것이다. 그것도 매우 빨리 계산해 낼 수 있다는 것이다. 참고로 반복(iteration)은 절차 또는 단계를 반복하는 컴퓨터 프로그램에서 사용하는 용어이다.

반복(iterations)은 **정해진 횟수만큼을 무조건 반복** 실행하는 것이다. 예로서 for(i=0; i<10; i++) 명령어는 10회를 반복하게 한다. 루프(loops)는 **특정 조건이 충족될 때까지** 코드를 계속 반복 실행하는 것에 while 루프, do/while 루프가 있다.

while 루프(loops)는 달성하고자 하는 최종 상태(final state)를 알고 있을 때 사용하지만 반복할 횟수는 알 수 없다. 이것이 현실 세계에 어떻게 적용될 수 있는가?

여러분이 대량으로 샀던 초콜릿을 기억하는가? 지루한 일요일 오후라고 상상해보십시오. 초콜릿 상자를 여러 개 가지고 있다. 아마 몇 상자는 예비로 보관하고 있다. 초콜릿 한 조각을 먹기 시작하고 곧 또 다른 한 조각을 먹게 될 것이다. 아마도 초콜릿이 사라질 때까지 ... 그리고 얼마 지나지 않아 상자는 비게 된다.

루프(loop)에 빠진 것 같다! 여러분은 끝 상태에 도달할 때까지 계속 진행하고 있다. 결국에 초콜릿이 더는 없게 된다. 이것을 다음과 같이 작성할 수 있다. [그림 22 참고]

WHILE (there's chocolate)
→ eat it

그림 22 초콜릿 while 루프

맛있게 보이는 예이지만 안 좋은 경우가 발생한다. 프로그램이 목표를 달성할 수 없다면 계속해서 무한 루프가 된다. 처음에는 맛있는데, 맞습니까? 초콜릿이 마술처럼 계속 나타난다. 여러분은 그것을 계속 먹어도, 위장은 많은 초콜릿을 다룰 수 있다. 언젠가 불가피하게 소화가 "오작동" 한다. 여러분의 컴퓨터에서도 마찬가지이다. 프로그램이 붕괴될 수 있다. 충돌로 이어질 수 있다. 너무 많은 설탕을 먹는 어린이와 같다. 아니면 초콜릿을 다 먹은 후에 탈이 날 수도 있다.

초콜릿 폭식에서 회복한 이후에 마라톤 훈련을 결정한다. 마라톤 경기 날에 여러분이 염두에 두어야 할 모든 것은 또 다른 'while loop' 이다. 분명히 도달할 수 있는 명확한 최종 상태가 있다. 결승선을 건너십시오! 그래야 무한 루프에서 탈출할 수 있다! [그림 23 참고]

WHILE (the finish line has not been reached)
→ keep running

그림 23 while 루프 실행

이제 두 번째 유형으로 'for loop'를 이용하여 초콜릿으로 디저트 만들기를 생각해보자!

으깨진 약 4컵의 초콜릿으로 초콜릿 케이크를 만들려고 한다. 부엌에 계량컵이 하나밖에 없기에 초콜릿을 케이크 반죽에 한 번에 한 컵 넣어야 한다. 이것은 특정 양을 반복하는 것으로 'for loop'와 완벽하게 대응된다. 이 경우 반죽에 넣는 초콜릿을 컵으로 4번 반복한다. 네 번을 모두 넣으면 끝난다!. 지루한 일요일 오후 케이크를 만들었으니 완벽하게 시간을 보낼 수 있었다.

또 다른 'for loop' 사용하는 예로, 새 비디오 스트리밍 서비스가 시작되고, 여러분은 방금 좋아하는 TV 드라마에 새로운 단편 극이 있다는 사실을 알게 되었다. 모든 10개의 단편 극을 볼 준비가 되었다. 글쎄, 여러분은 알게 모르게 다시 한번 'for loop'를 사용한다. 계속해서 정확히 10개의 단편 극을 볼 것이고 그다음에 멈출 것이다. 알았지요? 여러분은 컴퓨터처럼 생각하고 있다.

다음은 무작위로 1과 100 사이의 비밀번호를 결정하는 추측 게임을 작성해보자. 상대방에게 비밀번호를 추측하라고 요청하는 게임이다. 상대방은 비밀번호를 추측할 것이고, 컴퓨터는 이 추측한 비밀번호가 컴퓨터가 가지고 있는 비밀번호와 일치 여부를 말하게 한다. 이것을 컴퓨터 프로그램으로 만들고자 할 때 다음 두 가지 옵션을 사용한다.

- 상대방이 정답을 맞출 때까지 반복하여 추측한다.
- 상대방의 추측 횟수에 제한을 둔다.

"어떤 경우에 'for loop'를 사용하는가? 또 어떤 경우에 'while loop'를 사용하는가?"

루프 중에서도 'while loop'는 원하는 종료 **상태를** 알고 있을 때 사용되지만 반복 횟수는 알 수 없다. 'for loop'는 필요한 반복 횟수를 정확히 알고 있을 때 사용된다. '무한 루프(infinite loop)'는 종료 조건이 없으므로 진퇴양난의 'while loop'가 된다.

재귀는 루프를 만드는 또 다른 방법이다. 재귀(자체를 호출하는 기능)는 문제를 해결하는 강력한 방법일 수도 있다. 아마도 혼란스러워 보일 것이다. 재귀는 문제가 해결될 때까지 문제를 작은 하위 문제로 분절 파편화하여 문제를 해결하는 방법이다. 표면적으로는 대단해 보이지는 않지만 프로그램하기가 어려운 문제에 재귀를 통해서 우아한 솔루션을 작성할 수 있다.

러시아의 인형 '마트로시카'를 생각하라. 인형 속에 겉과 동일 형태의 인형들이 계속해서 들어있다. 인형을 하나씩 열어봐도 계속해서 동일 형태의 인형이 계속 나올 것이다. 재귀는 이와 비슷한 개념이다. [그림 24 참고]

그림 24 러시아 인형: 마트로시카

의사결정 – 선택 (selection)

프로그램을 작성할 때 데이터에 올바른 결정을 내리고 싶어 한다. 어떻게 데이터에 올바른 결정을 할 수 있는가? 갈림길에서 선택한다.

데이터가 조건에 접근하면 조건에 따라 어디로 데이터를 보낼지 선택하게 된다. **조건문(conditional statement)**은 'if' 문장과 비교 및 논리 연산자 (<, >, <=, >=, ==, !=, &&, | |)의 조합을 사용하여 형성된다. 이들은 'if, else, else if'로 정의되는 기본 논리 구조를 갖는다.

'if'는 조건(condition)을 검사해서 조건이 참이면 지정된 행동(action 1)을 수행한다. 조건이 거짓이면 다른 행동을 수행한다. 거짓에 'else'에 의한 행동(action 2)이 지정된다. [그림 16 참고]

```
IF (condition)
    action 1
ELSE
    action 2
```

그림 16 'if/else' 문 사용법

일상생활에 'if/else'문을 적용할 수 있다. 상상해보라. 여러분은 멋진 초콜릿을 먹고 싶어 한다. 그래서 초콜릿을 사러 상점으로 여행을 한다. 상점으로 향하면서 초콜릿 구매를 위한 게임을 생각한다. 화려한 초콜릿은 비싸므로 한 번에 많은 초콜릿을 살 수가 없다. 상자로 살 것인가?, 묶음으로 살 것인가?, 양자택일의 순간이다. 조건에 따라 행동이 달라진다. [그림 17 참고]

```
IF (chocolate is on sale)
    buy it in bulk
ELSE
    buy one box
```

그림 17 초콜릿 구매에 대한 'if/else' 활용

여러분은 수학 수업에서 "~보다 크다(greater than)", "~ 보다 작다(less than)", "~와 같다(equal to)"와 같은 개념을 기억할 것이다. 다음 예제가 참인지 여부를 말해보라. 답은 모두 참이다.

- 30 > 15 // 30은 15보다 크다.
- 3 = 3 // 3은 3과 같다.

"조건에 따라 행동 결과가 다르다."

조건식을 평가하고, 평가결과의 참(true) 또는 거짓(false)에 따라 수행할 행동을 'if/else'문에 추가할 수도 있다. "~보다 큰 것"(greater than)부터 시작해보자. 조건에 따라 행동이 달라진다. [그림 18 참고] "~보다 작은 것(less than)"에 대하여도 살펴보자. [그림 19 참고]

```
IF (your speed is greater than 60 mph)
    slow down
ELSE
    keep on driving
```

그림 18 운전 속도 제한 활용

```
IF (you spend less than your budget allows)
    go out to dinner with friends
ELSE
    eat instant noodles
```

그림 19 외식에 대한 'if/else' 활용

조건식(condition)은 부울 논리를 기반으로 평가된다.

부울 논리의 논리값은 참과 거짓의 값만을 갖는 기본 명제이다. 'if' 문에서의 조건부는 **부울 표현식이고,** 부울 값은 항상 참(true) 또는 거짓(false) 이외 다른 값은 없다.

앞에서의 조건문을 피연산자와 **관계 연산자**(Relational operators)를 사용한 **부울 표현식으로** 나타낼 수 있다. 부울 변수 및 상수를 사용하여 **부울 표현식을** 나타내고 연산 규칙으로 계산한다. 다음은 관계 연산자를 나타낸다. 두 데이터 값이 같은지 확인하는 동등성(== equality comparison)을 시험하려면 '==' 연산자를 사용한다. 이것은 '=='의 양쪽에 있는 데이터에 대한 동등성을 시험한 후 참 또는 거짓을 반환한다. [그림 20 참고]

“<“	less than
“<=“	less than or equal to
“>”	greater than
“>=“	greater than or equal to
“==“	equal to
“!=“	not equal to

그림 20 관계 연산자

관계 연산자의 예로서 '4 == 4'는 참이다. 또는 문자열에도 '==' 연산자를 사용할 수 있다. 예로서 'foo' == 'bar'는 거짓이다. 다음 '4' == 4는 거짓이다. 여기서 '4'는 문자열이고 4는 정수인 것을 비교하기 때문에 거짓을 반환한다. 이러한 관계 연산자는 항상 부울 값을 반환한다. [그림 21 참고]

(-5 < 5) → True
(4 <= -5) → False
(3 > 3) → False
(3 >= 3) → True
(7 == 0) → False
(2 != 7) → True
(5 = 1) → Error! Not a Boolean expression

그림 21 부울 관계 연산의 예

예제 2

다음과 같이 부울 변수와 부울식이 선언되어 있다. 부울식 b1, b2, b3, b4의 평가결과는 무엇인가?

답 b1은 참값, b2는 거짓, b3는 거짓, b4는 참이다.

```
boolean b1, b2, b3, b4;
b1 = ( 4 < 5); b2 = ( 4 <= 3); b3 = ( 3 > 3); b4 = ( 4 < (3 + 2));
```

부울 논리 조건식에 여러 가지 조건을 논리 연산자로 복합적으로 결합하여 보다 구체적인 의사결정

을 만들 수도 있다. 이때 논리 연산자 "AND"에 대응하는 '&&'와 "OR"에 대응하는 '||'를 사용한다. 예로서 (4 == 4) && (5 == 5) 는 참이고, (4 == 5) && (5 == 5)은 거짓이다.

표현식을 결합할 때는 괄호를 사용하여 개별 조건식을 묶는 것이 좋다. 이는 가독성을 높이며 컴퓨터가 의미를 더 정확하게 이해하는 데 도움을 준다. 예로서 (4 == 5) || (5 == 5)는 참이고, (4 == 5) || (5 == 6)는 거짓이다. 그리고 부정 연산자 '!'은 "NOT"로 반대 논리값으로 변경한다. 예로서, !(4 == 4)는 거짓이다.

9.4.3 데이터 연산

"데이터의 활동과 연산"

여행하다 보면 새로운 세상을 만나게 된다. 여행하면서 사람은 다른 사람을 만나고, 사색과 성찰하며 내면의 변화를 느낀다. 데이터도 메모리, 레지스터, 버스 등을 여행하면서 많은 다른 데이터를 만난다. 프로그램은 데이터에 다른 데이터를 만나게 하는 등 다양한 활동과 연산을 적용하도록 한다.

컴퓨팅(computation)과 연산(operation)

컴퓨팅은 수학적 또는 논리적 방법으로 무언가를 결정 또는 계산(calculation)하는 과정으로 많은 연산 규칙을 사용한다. 연산은 객체가 기능(function) 또는 작동하게 하는 하나의 행위, 과정 또는 방식이다. 연산은 객체에 어떤 입력을 제공하고 정의된 출력을 얻는 일종의 함수(function)이다. 연산은 객체에 사고나 망설임 전체 과정을 달성되도록 한다. 연산의 예로, 수에 대한 산술논리 연산, 의사의 환자에 대한 병을 치료하기 위한 수술, 군대의 침투 등 특정 임무를 수행하기 위한 군사행동, 프로그램 실행에서 컴퓨터에 의한 하나의 명령어 처리 단계 등이 있다.

산술논리 연산

수 데이터는 다른 수 데이터를 만나 더해지고, 합해지고 또는 감소하는 등의 산술논리 연산이 진행한다. 프로그램 언어는 다양한 연산 기능을 지원한다.

프로그램 언어로 정수, 실수, 상수, 무부호 정수 등으로 수를 표현하였다. 그리고 수의 산술 및 논리 연산을 위한 연산자를 지원한다. 산술 연산에 사용하는 연산자 기호가 수학에서 사용하던 것과 나눗셈을 제외하고 같다. 두 개의 정수를 덧셈할 땐 '+' 연산자를 사용한다. 예로서 '1 + 1'이다. 뺄셈은 '-' 연산자를 사용한다. 예로서 '1 - 1'이다. 곱셈에는 '*' 연산자를 사용한다. 예로서 '4 * 4'이다, 나눗셈에는 '/' 연산자를 사용한다. 예로서 '16/4' 이다.

모듈러(**modulo**)라는 '%' 연산자도 있다. 이것은 나머지 연산자라고 한다. 모듈로 연산자는 나눗셈 연산 이후의 나머지를 제공한다. 예로서 16%5에 대한 결과는 1이 된다. 실수(float) 나눗셈을 보다 정확하게 계산하려면 'float'를 사용할 수 있다. 예로서 '15.0/4 = 3.75' 이다.

문자열 연산

문자와 문자가 만나 문자열을 만들고, 문자열은 또 다른 문자열을 만날 수 있다. 문자열 연결(String concatenation)은 두 문자열을 연결하여 하나의 문자열로 만드는 연산이다. 두 문자열 연결은 수의 덧셈 연산처럼 '+' 연산자를 사용하는데 문자열을 결합한다. 예로서 'foo' + 'foo'는 "foofoo"가 된다. 그리고 문자 '1' + '1'는 '11'이 된다. 문자열 연결 외에도 특정 문자 검색하기, 문자열의 길이, 대소문자 간의 변환 등과 같은 연산 기능을 제공된다.

형 변환(Type conversion)

데이터를 **변신시킨**다. 숫자를 문자로 또는 역으로 문자를 숫자로 변환할 수 있다. 이처럼 한 데이터 유형에서 다른 데이터 유형으로 변환하는 것이다. 숫자가 문자로 어떻게 변환 가능한가? 문자도 숫자로 표현된다는 것을 기억하라.

연산자의 우선순위(operator precedence)

데이터에 복합적 연산 작업을 수행할 때 연산에 우선권이 있다. 어떤 연산을 먼저 수행할지의 연산자 우선순위라 한다. 다음 수식의 계산 결과는 어떻게 되는가?

```
3 + 4 * 5 = ??
```

모든 연산자의 우선권이 동등하다면? 3+4=7 이 계산되고, 이어서 7*5 = 35가 계산될 것이다. 그런데 곱셈이 덧셈보다 우선순위가 있다면 결과가 (4*5) + 3= 23 이 될 것이다. 연산 우선이 어떻게 주어지느냐에 따라 계산 결과가 다르다.

추상적 데이터 연산(ADT)

객체의 **행동 양식(behaviour)을** 데이터로 표현하기 위해 추상적 데이터 유형(Abstract Data Type)을 도입한다. 추상적 데이터 유형으로 리스트, 그래프, 스택, 큐 같은 것들이 존재한다. 이러한 추상적 데이터 유형에도 데이터의 관리를 위한 연산이 가능하다. 예로서, 리스트(list)에는 자료를 삽입하기 위해 insert() 함수, 삭제하기 위해 delete() 함수 같은 것들이 기본으로 사용된다. 숫자 데이터에서 연산자(+, -)를 사용하는 것과 유사하다.

9.4.4 뜻밖의 사건을 만나다. – 이벤트(Events)

예전의 프로그램 흐름은 시간에 따라 위에서부터 순차적으로 아래로 진행된다. 프로그램 흐름을 예측할 수 있었다. 하지만 현재는 이러한 흐름을 따르지 않는다. 과거에는 하나의 흐름 정도였는데 현재는 흐름을 예측할 수 없다. 특히 그래픽 사용자 인터페이스(GUI) 환경이 되면서 인터럽트가 다양하게 발생한다. 이벤트 기반 프로그램이 현재 프로그램의 기초가 된다.

이벤트 기반 프로그램은 GUI 환경에서 사용자 입력에 응답하여 특정 동작이 수행되도록 하는 프로그래밍 패러다임이다. 이벤트 기반 프로그램은 어떤 응답에 반응하도록 설계한다. 이벤트에는 사용자의 입력 동작(마우스 클릭, 키 누름), 센서에서의 입력, 다른 프로그램이나 쓰레드(thread)에서의 메시지 입력, 드롭다운에서 옵션을 선택하거나, 필드에 텍스트를 입력하거나, 음성 명령을 내리거나, 비디오를 업로드, 또는 프로그램 로딩과 같은 시스템에서 생성되는 것이 포함된다.

이벤트에 의해 프로그램의 흐름이 결정된다. 이러한 이벤트가 언제 발생할지 몰라서 흐름을 예측할 수 없다. 즉 프로그램의 흐름을 예측하는 자체가 의미가 없다. [그림 25 참고]

그림 25 이벤트 기반의 프로그램

이벤트 기반 프로그래밍은 사용자에게 빠르고 정확한 응답 서비스를 제공하며, 이는 일반적으로 더 나은 사용자 경험과 비즈니스 이익으로 해석된다. 현재 사용되고 있는 대부분 인기 응용 프로그램은 사용자 입력(소셜 미디어 플랫폼, 게임, 생산성 도구 등)을 통해 작동한다. 하지만 단점으로 프로그램이 복잡하고 너무 커진다.

이벤트 프로그램은 비주얼 C++, 자바, 자바스크립트, 웹 애플리케이션 등에서 사용되는 패러다임이다. 윈도우 운영체제에서 디바이스 드라이버(예 : USB 디바이스 드라이버)에 대한 동작 처리가 이벤트 기반으로 이루어진다.

이벤트 프로그램은 하나의 주 루프(main loop)를 사용하여 이벤트를 기다리다가 어떤 이벤트가 감지되면 해당 기능을 실행한다. 임베디드 시스템은 지속적 실행되는 주 루프(main loop) 대신 하드웨어 인터럽트를 사용하여 동일 목표를 달성할 수 있다.

"대표적 이벤트 처리 프로그램으로 'Win32 API'가 있다."

Win32 API는 오래된 기술로 요즘 이것을 사용하여 프로그램하는 일은 드물지만, 순차적으로 어떻게 이벤트들이 처리하는지를 이해에 도움이 된다. main 함수는 이벤트 발생하기를 무한정 기다리고 있다. 그렇게 기다리다 이벤트가 발생하면 이벤트에 대응하는 작업을 재빨리 처리하고 다시 이벤트를 무한정 기다린다. 초기에는 이러한 방식으로 이벤트 기반 프로그램을 작성하였다. 이때는 특정 이벤트들만 처리하고 main 부분은 거의 손도 대지 않았다.

그러다가 프로그램 소스코드에서 main을 배제하고 이벤트 처리에만 집중하는 방식으로 변화된다. 현대 이벤트 기반 프로그래밍들은 main의 역할이 거의 없고, 이벤트를 처리하는 데만 집중한다. 대표적인 것이 스크래치를 활용한 **아두이노** 프로그램이다.

이벤트 기반 이후의 프로그램 기법으로 서버 없는 컴퓨팅을 예상한다. **새로운 응용 프로그램을 쉽고 빠르게 만들 수 있는** 또 다른 추상화 수준이다. 서버가 없는 상태로 더는 서버 운영에 대해 걱정할 필요가 없으며, 클라우드 기능만 쓰고 제공자(AWS Lambda)에 코드를 업로드한 이후 서비스를 수행(코드가 실행된 시간에만 비용을 지불)한다. 이것은 자신의 서버와 운영체제 등을 소유할 필요가 없는 개념이다. 이벤트 기반 프로그래밍을 한 단계 끌어올리는 큰 변화로 이미 주류의 주목을 받고 있다.

9.4.5 동시성(concurrency)

어떤 데이터에 여러 프로그램 또는 사용자가 동시에 접속할 수도 있다. 개별 사용자가 데이터를 읽고 쓰고 나름의 작업을 수행할 경우 데이터에 무결성(integrity)이 달성되어야 한다. 예를 들어서 음료 자판기를 생각해보자. 생산자는 음료수를 채워 넣고 소비자는 음료수를 소비한다. 이때 생산자와 소비자 간에 동기화가 이루어지지 않으면 어떤 문제가 생길까?

Empty와 NULL 개념

- Empty

  방금 강아지가 태어났다고 상상하자. 이름을 지어주겠지만 아직은 이름을 지정하지 않은 것이다. 이 강아지를 데이터 객체로 모델링하면 이름이 비어(empty) 있는 것이다. 그것을 위한 자리는 준비했지만 아직은 비어있다.

- NULL

  길가의 방황하는 개를 상상해보자. 이름이 없을 뿐만 아니라 이름을 지어줄 계획도 없다. 결국 당신의 개가 아니다.

그림 26 EMPTY 와 NULL

왼쪽에는 화장지 롤이 있지만 더는 화장지가 없다. 비어(Empty) 있다. 오른쪽에는 롤이 전혀 없다! 그것은 null이다. [그림 26 참고]

9.5 프로그램 언어의 수학적 개념

제곱근을 구하는 문제를 다시 생각한다. 문제 조건으로 x>0가 주어지고 x와 y는 실수라는 전제가 주어진다. 이렇듯 수학 문제를 다룰 때는 대상이 실수인지 정수인지 **정의역을** 지정한다.

> "프로그램 언어는 수학적 개념을 갖는다."

수학에서는 대상 수의 정의역을 먼저 지정한다. 프로그램 언어도 특정 집합의 수를 다룬다. 프로그램 언어가 어떻게 수학적 개념을 다루는지 살펴본다. 프로그램 언어는 단순한 문장이 아닌 수학적 기원과 논리를 바탕으로 하고 있다. 프로그램 언어의 구성 요소들에 수학적 개념이 포함되어 있다니 신기하다. 구성 요소에 대한 수학적 개념을 이해하는 것은 프로그램 언어를 더 잘 이해할 수 있게 한다. [그림 27 참고]

그림 27 수와 프로그램 언어 관계

프로그램 언어는 일반적으로 데이터 유형, 제어문(control statements), 루프 문(loop statements), 입출력 함수, 비교 연산자, 논리 연산자, 배열, 포인터 형식의 변수, 문자열 연산, 함수, 서브루틴 등으로 구성된다. 이밖에도 객체지향 프로그램 언어에는 클래스(class), 객체(object), 상속(inheritance), 캡슐화(encapsulation), 다형성(polymorphism) 같은 개념으로 구성된다.

C 언어를 선택하여 수학적 개념을 설명한다. 물론 이러한 기법은 다른 고급 언어로 확대될 수 있다. 특히 C 언어는 C++, C#, JAVA 같은 언어의 모태 언어에 해당한다. 프로그램 구조와 구성 요소가 거의 유사한 특징이 있다. C 언어 구성 요소 중에서 변수와 데이터 유형의 수학적 개념에 대하여 먼저 살펴보자.

9.5.1 변수의 데이터 유형과 집합 관계

"객체가 어떤 집합의 것인지를 지정하여야 한다."

논리에서 객체를 다룰 때 처음에는 객체가 집합 전체를 대표하도록 했다. 그 이후 정량자로 객체에 대한 수량을 표현했다. 마지막으로는 객체를 변수로 일반화 표현하였다. 수학에서 먼저 정의역을 지정하듯이, 프로그램에서도 객체 변수가 어떤 집합의 객체 인지를 지정한다.

수학에서 집합을 표현하는 방법을 기술한다. 집합은 잘 정의된 모든 객체 또는 구성 요소의 모임이다. 집합에 속하는 객체를 요소(element)라고 한다. 여기서 "잘 정의된"은 객체가 주어진 집합의 구성 요소인지 아닌지 쉽게 판단할 수 있도록 한다. 집합을 표현하는 대표적 2가지 방법을 소개한다.

1) 도표 방법(Tabulation Method) : 집합의 개별 요소를 중괄호({})로 둘러싸고 콤마로 구분하여 열거하는 방법이다. 예로서 알파벳 모음 5개의 집합은 {a, e, i, o, u}로 표기된다.
2) 속성 정의 방법(Defining property method) : 이 방법은 상당히 편리하고 간단하다. 원소가 집합에 속하는 조건을 표현한다. 해당 집합의 각 요소가 충족하여야 하는 속성을 중괄호로 둘러싸서 표현한다.

{x | defining property} 또는 {x : defining property}

여기서 x는 집합의 요소를 나타내는 기호이다. 그리고 ':' 또는 '|'는 영어로 'such that'과 같은 의미로 집합의 요소가 가져야 할 성질을 나타낸다.

```
P = { x: x is a number greater than 12}
```

는 'P is the set of elements x such that x is a number greater than 12'로 읽는다. 예를 들어, "1보다 크고 10보다 작은 자연수의 집합"은 {x | x는 1보다 크고 10보다 작은 자연수}로 표기된다. 집합의 원소를 하나하나 나열하지 않고 원소의 성질을 '어떤 조건을 만족하는 것 전체' 의 형태로 표현한다. 집합의 대표적인 예로서 N=자연수 집합. Z=정수 집합. Q=유리수 집합. R=실수 집합이 있다.

예제 3

7보다 작은 홀수의 집합을 집합 표기법으로 나타내보자.

답 {x : 7보다 작은 홀수}

"객체 집합의 데이터 유형으로 정의역(domain)은 나타낸다."

프로그램에서 변수의 데이터 유형(Data Type)으로 정의역을 표현한다. C 언어에서는 숫자와 문자 집합에 대한 기본적인 데이터 유형을 제공한다. 변수의 데이터 유형은 객체 **집합에 대한 속성을 정의한**다. 정수 유형 변수를 정의하는데 'int'로 변수를 정의한다. 문자 유형 변수를 정의하려면 'char'(아스키코드 값 0~255)로 변수를 정의한다. 비슷하게 실수 유형 변수를 정의하기 위해서는 'float, 'double'로 변수를 정의한다. 그래서 int와 char은 정수(Integer)로서 생각되고, float와 double은 실수(Real Number)로서 생각된다. 프로그램 개발자가 사용할 변수의 데이터 유형을 지정해야 한다. 최근 다른 프로그램 언어에서는 데이터 유형을 지정하지 않아도 내부적으로 적합한 데이터 유형으로 자동변환 처리되기도 한다.

어떤 변수에 'int'라는 데이터 유형 선언은 객체가 정수 정의역 집합에 속한다는 것을 의미하고, 이 변수는 대수적 성질을 갖게 되어 덧셈, 뺄셈 같은 산술 연산이 가능하다. C 프로그램 언어에서는 변수의 데이터 유형 또는 정의역을 다음과 같이 진행한다.

```
int a, b, c;    // 변수 a, b, c는 정수 객체를 의미한다.
c = a + b ;   // 정수 객체 a와 b를 더하는 연산 이후 변수 c에 저장한다는 의미이다.
```

예제 4

C 언어에서 왜 복소수는 변수 선언이 다루어지지 않는가?

답 C에서 복소수는 실수와 같은 순서 공리(order axiom)를 갖지 않기 때문이다. 정수나 실수는 순서 공리를 갖는다.

> **순서 공리(order axiom)란?**
> 수학의 당연한 공리의 하나로 증명이 불가능하다. 순서 공리는 다음 성질을 만족한다.
> 실수 a, b, c에 대해서 'a<b, b<c 이면 a<c이다' 와 같은 성질이다.
> 또는 임의의 실수 a, b는 다음 셋 중에 하나이다. a<b, b<a, a=b,
> 또는 실수에 대하여 a<b 이면 a+c < b+c 가 된다.

예제 5

C 언어에서, 어떻게 다른 데이터 유형에 대해 값의 범위가 다른가?

답 실수의 최소상계 공리에 따라서 공집합이 아닌 모든 실수의 부분집합이 위로 유계(bounded above)이면, 상한(supremum)을 갖는다. 어떤 실수의 부분집합 E의 모든 원소보다 크거나 같은 실수값 b가 존재할 때, E를 위로 유계(bounded above)라고 한다. 그리고 b를 상계(upper bound)라고 한다.

예제 5

C 언어에서, 어떻게 문자형 변수/데이터를 정의하는가?

답 문자 유형 변수와 실수를 1:1 대응시킬 필요가 있다. 그래서 아스키코드(0~255)가 개별 문자와 1:1 대응되도록 만들어졌다.

9.5.2 조건 분기와 집합 관계

이번에는 의사 결정 또는 조건 분기 관련 명령어에 대한 수 집합 개념에 어떤 영향을 주는지 기술한다. 조건 분기 명령어가 수 집합의 **조건 분기는 집합을 분리**한다.

1) 명령어 : if 문 (if statement)

if 문은 자연어로 "만일 ... 한다면, ... 한다"와 같은 의사 결정 문장이다. if 문에 몇 가지 형식이 있는데 그중에서 제일 간단한 구조이다.

```
if (expression: 표현식)
statement(속성 정의문);
```

괄호속 표현식(expression)의 다음 문장은 단문 또는 복문 형식일 수 있다. 그림 28의 벤다이어그램에서 가운데 원안은 표현식 결과가 참이 되도록 하는 집합의 속성을 표현한다. 표현식 다음 문장으로 그런 집합의 속성을 나타내고, 전체 집합에서 특정 속성을 갖는 부분 집합으로 분리하는 결과가 된다. 다음처럼 해당 부분 집합을 속성 정의 방법으로 표기한다.

집합 S = {expression | statement (defining property)}

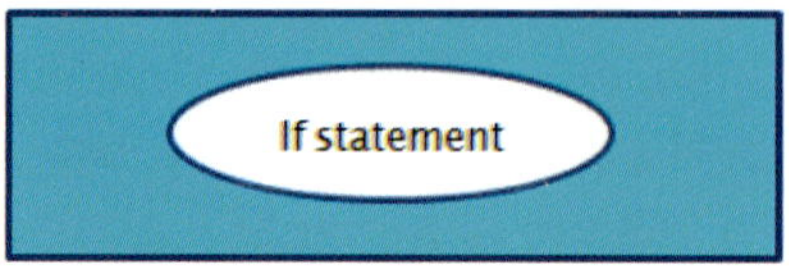

그림 28 if 문의 벤다이어그램 표현

2) if-else 문

'if-else' 문은 임의의 실험에서 두 개 이상의 사건이 상호 배타적이거나 서로 호환되지 않는다, 즉 동일 실험에서 두 개 이상의 사건이 동시에 발생할 수 없다는 양자택일 조건 개념이다. 우리가 동전을 던지면 결과가 앞면(head)이나 뒷면(tail)이 나온다고 가정하는 것과 같다. 마찬가지로 if-else 문에서 출력은 'if' 부분 또는 'else' 부분으로 나누어진다. 참 부분은 앞면으로, 거짓 부분은 뒷면으로 받아들일 수 있다. if-else 문의 일반적인 형식은 다음과 같다.

```
If (expression: 표현식)
statement1(문장);
else
statement2;
```

if-else 문장에서는 표현식이 참이면 'statement1'이 실행되고, 거짓이면 'statement2'가 실행된다. 여기서 'statement1'과 'statement2'는 단문 또는 복합문일 수 있다. 표현식이 참이 되도록 하는 부분 집합 요소는 다이어그램의 가운데 원안에 포함되고, 표현식을 거짓 되게 하면 부분 집합 요소가 다이어그램의 원 외부에 포함된다. 그리고 문장1(statement1)과 문장2(statement2)는 각각의 부분 집합 요소에 대한 속성을 표현한다. [그림 29 참고]

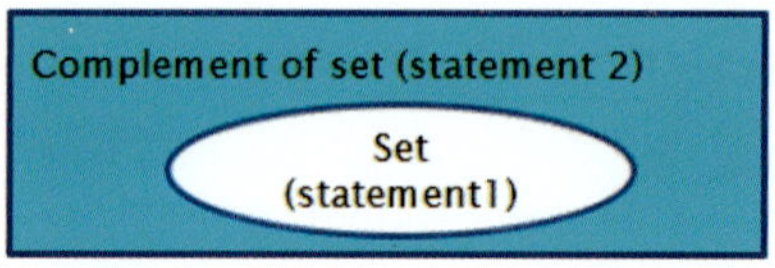

그림 29 if-else문의 다이어그램 표현

3) 중첩된(nested) if-else 문

if-else문이 또 다른 if-else 문과 중첩될 수 있다. 이때 내부 if-else문은 외부 if-else문에 내포된다. 이러한 중첩이 여러 수준으로 반복될 수도 있다. 중첩된 if-else문은 다음의 형식을 갖는다.

```
if(expression1)
{
   if(expression2)
     statement1;
   else
     statement2;
}
else
{
   if(expression3)
     statement3;
   else
     statement4;
}
```

중첩된 if-else문은 집합 요소를 여러 개로 세분화한다. 외부 if-else문에서 내부 if-else문으로 들어갈수록 요소 집합이 작아지고, 내부와 외부 집합의 교집합이 된다. 중첩된 'if-else' 문은 수학적으로 점차 감소하는 중첩된 일련의 집합의 교집합에 관한 칸토어(Cantor)의 교점 정리를 따른다. S1, S2, S3... 가 실수 집합 **R**의 닫힌(closed and bounded) 부분 집합이고 그리고 S1⊃ S2 ⊃S3 ,... 의 성질을 갖는다고 생각하자. 그러면 교집합(∩Si)이 된다.

4) break 문

명령어 'break'는 속성을 구간 단위로 **불연속적으로 분리**하여 나타낼 때 사용된다. 만약 입력 조건이 구간별로 다르다면 출력도 달라질 것이다. 예를 들어 그림 30처럼 입력 조건이 3가지로 주어질 때 출력도 3가지로 표현된다. 집합 요소의 정의역을 몇 가지로 나누는 개념이다.

입력 조건	출력 결과
$0<x\le 2$	$f(x)=x+2$
$3<x\le 4$	$=x+4$
$5<x\le 10$	$=x+10$

그림 30 집합의 분할

```
f(x) =x+2      0<x≤2
     =x+4      3<x≤4
     =x+10     5<x≤10
```

'break'는 루프 반복문에서 탈출시 사용된다. C 언어에서 'break'는 'switch-case' 문장으로 사용된다. 이는 if-then-else 문의 압축형식이다. 'switch'에 대한 구문은 다음과 같다:

```
switch(expression)
{
case value-1:
  block-1
  break;
case value-2:
  block-2
  break;
....................
}
```

입력 조건을 **구간별 불연속으로** 한다. 프로그램에서 개별 경우(case value-1, case value-2)는 입력 조건으로 집합 요소의 정의역이 된다. 그리고 개별 경우 조건에 따라 block-1,... 문을 출력한다.

9.5.3 for 루프 문(loop statements)과 집합

실수 범위를 세부 구간들로 나눠어 구간별로 처리를 할 수 있다. 실수 선의 부분 집합을 구간이라 부른다. 최소 두 개의 원소 수에 의하여 정의되는 구간은 두 수 사이에 있는 모든 실수를 포함한다. 이 구간은 실수의 부분 집합이 된다. 두 원소 a≤b에 의해 정의되는 실수 집합 S를 생각해보자. 집합 S가 개구간(또는 폐구간) 집합으로 표현될 수 있다.

$$(a, b] = \{x \in S : a < x \le b\}$$

예를 들어 실수 폐구간 [a, b]을 생각하자. 집합 S를 많은 세부 구간으로 나눌 수 있다. 'n'개의 세부 구간에 대한 구성 요소들을 다음처럼 표현할 수 있다.

$x_0=a$

$x_1=a+d$

$x_2=a+2d$

....

$x_n=a+nd$

이러한 구간들은 C 언어에서 'for' 루프로 만들어진다. 프로그램에서 'for' 루프에 대한 구문은 다음과 같이 표현된다.

```
for(initvar=initial value; final value; increment/decrement of initvar)
        <actions;>
```

프로그램에서 'for' 루프로 표현하는 것은, **구간** [a, b]**을** 복수의 **세부** 유한구간으로 만드는 것과 같다.

9.5.4 'while' 루프 반복

'while' 루프는 조건식을 만족하는 동안은 무한루프를 실행하는 명령어이다. 'while' 루프에 대한 사용 형식은 다음과 같다.

```
while(condition)
{
        statement_block;
}
statement_outside_while;
```

여기서 'statement_block'는 조건(condition) 값이 참인 동안은 반복적으로 실행된다. 그리고 거짓이 되면 while 루프를 벗어나 'statement_block' 실행으로 이동한다. 조건은 주로 다음과 같은 **부등식** 형식을 갖는다.

```
while (variable >=< value)
```

예로서,

a) (variable = value)인 경우, 변수(variable)는 한 개의 원소의 집합이 된다.
b) (variable > value)인 경우 변수는 (value, ∞)의 간격을 갖는 집합이 된다.
c) (variable < value)인 경우 변수는 (-∞, value)의 간격을 갖는 집합이 된다.

이처럼 프로그램에서 while 문은 집합의 범위를 a), b), c)처럼 구분할 수 있다. 주어진 변수(variable)의 조건에 따라 'statement_block'가 종속되어 실행된다. 반면에 Do-while 문은 'while'문과 같은데, 'statement_block'는 주어진 변수 조건에 상관없이 최소 한번 실행된다. 이후는 조건에 따라 실행된다.

9.5.5 배열(array)은 함수의 하나

프로그램에서 다루는 데이터 항목이 많을 때 항목마다 각각 다른 변수 이름을 할당하는 것은 프로그램을 복잡하게 만든다. **변수 데이터가 동일 유형일 때** 배열이 사용된다. 배열의 모든 데이터 항목은 같은 이름을 갖는다. 그리고 배열의 데이터 항목은 양의 정수 집합과 1:1 대응한다. 배열에는 유한한 항목으로 구성되고 개별 항목은 수학적으로 다음처럼 연결된다. 개별 데이터 항목을 영(zero)부터 시작하는 양의 정수, 색인(index)에 대응시킨다. 그러면 색인을 나타내는 정수 집합과 데이터 변수 항목 사이에 연결 관계가 성립한다. 두 집합 (양의 정수 집합과 변수 데이터 집합) 사이에는 **선형 연산자**에 의한 관계가 존재하는 것과 같다.

배열에 대한 벤다이어그램을 표시한다. 배열 'variable[]'에 대한 변수 집합 {v0, v1, ..., v(N-1)}은 마치 variable[0] = v0, variable[1]= v1, ... ,variable[n-1] = v(N-1)처럼 서로 대응되도록 하는 의미의 함수이다. 마치 배열은 색인과 변수를 대응시키는 특별한 함수로서 작동한다. [그림 31 참고]

색인(집합)	변수 집합
0	v0
1	v1
2	v2
....	....
N-1	v(N-1)

그림 31 배열은 변수의 함수

배열의 구성 항목은 순서대로 **인접 주소 번지**에 저장되도록 한다. 그러면 개별 변수 항목은 배열 이름에 대응되는 시작주소와 색인(index)으로 접근이 가능하다. 참고로 프로그램에서 배열이라는 데이터 유형을 사용하기 위해서는 사용 전에 미리 컴파일러에게 알려준다. 사전에 배열의 크기를 고정한다. 배열은 매우 중요한 데이터 유형으로 C 프로그램 언어에서 대괄호[ ]로 표시된다.

예로서 A= [1, 2, 3, 4, 5]

1에서 5까지의 정수 배열 'A'를 만든 것이다. 배열의 각 요소는 색인(index)를 통해 접근할 수 있다. 색인은 0부터 시작하는 번호이다. 색인이 0인 데이터는 배열의 첫 번째 요소로서 상기 배열에서 숫자 '1'을 의미한다. 배열에 대해 기억해야 할 중요한 점은 순서가 중요하다는 것이다. 배열 내의 요소는 색인으로 검색할 수 있다.

"컴퓨터에서 색인은 0부터 1 2 ,... 로 셈을 한다는 것을 명심한다."

9.5.6 함수(functions)와 집합

레온하르트 오일러(Leonhard Euler, 1707-1783)가 처음으로 함수를 정의하는데 'y = f(x)'를 사용한 이후 기호 'f'는 함수를 나타내고 있다. 문자 'x'는 독립변수로서 'f'의 정의역으로부터의 입력을 나타낸다. 그리고 'y'는 종속변수가 된다.

의심할 나위 없이 함수는 수학에서 가장 기초적인 개념 중의 하나이다. 함수는 "특정한 집합(함수의 정의역)의 원소 x를 다른 집합(함수의 공역)의 원소 y와 일대일 대응시키는 대응규칙"의 개념이다. 규칙이란 용어가 애매하여 수학자들은 집합이란 언어로 함수를 정의한다. 모든 가능한 **입력값의 집합을 함수의 정의역**이라고 한다. 모든 가능한 **출력값의 집합**을 함수의 **공역**이라 한다.

함수는 두 집합의 요소 간에 순서쌍의 집합 관계를 나타낸다. 함수는 첫 번째 집합의 각 요소에 두 번째 집합의 요소를 할당한다. 함수 f:X→Y는, X에서 Y로의 함수, 집합 X의 임의의 요소 x를 입력으로 받아 특정한 방식으로 처리한 뒤 새로운 객체 f(x)로 변환하는 장치이다. 여기서 정의역은 집합 X, 공역은 집합 Y, 치역은 함수값 전체의 집합, 즉 {f(x) | x∈X}가 된다. [그림 32 참고]

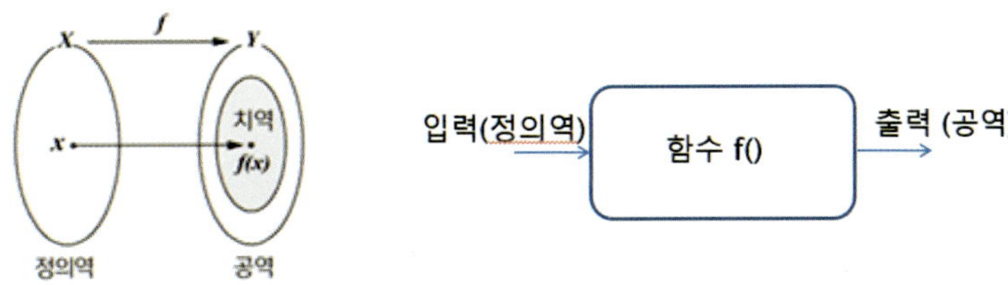

그림 32 함수의 개념

프로그램에서 함수는 출력값과 데이터 유형을 반환하는 성질을 갖는다. 프로그래머는 특정한 임무를 수행하기 위해 자신의 함수를 작성할 수 있다. 사용자 정의 함수를 생성하기 위해서는 다음의 과정이 필요하다.

1) 함수 정의(function definition)
2) 함수 선언(function declaration)
3) 함수 호출(function call)

```
void function1(int x, int y);   // 함수 원형 정의 동시에 함수 선언

main()
{
void function2(); // 함수 선언
        ------------
        function1();   // 함수호출
        --------
        function2();
        -----------
}

function1()   // 함수 정의
{
        --------------
}

function2() // 함수 정의
{
        __________
}
```

“문자열도 특별한 유형의 함수”

수열 또는 문자열 두 집합이 반드시 별개일 필요는 없다. 수열 또는 문자열 구조는 특별한 유형의 함수이며 데이터 구조라고 한다. 문자열은 **일련의 문자**를 저장하고, 사용 문자의 개수에 따라 길이가 다르다. 문자열도 하나의 **데이터 유형이**며 일련의 1바이트 크기 문자를 저장하는 배열 데이터 구조이다. 문자열은 알파벳이라고 하는 집합에서 선택된 유한한 일련의 기호를 저장한다.

C 언어의 프로그램 명령어가 수학적 집합과 연관되어 있음을 유의한다. 물론 여기서 언급되지 않은 재귀(recursion) 같은 프로그램 언어들도 집합으로 모델링이 가능하며 C 언어 외의 다른 언어에 대해서도 확장, 가능하다. 이밖에도 많은 중요한 이산 데이터 구조가 객체의 모임인 집합으로 표현된다.

9.6 근사해(approximation)도 진리?

과거의 수학은 곡선이 있으면 곡선에 둘러싸인 면적 또는 둘레길이를 구하는 개념이 중요하였다. '넓이'라는 개념은 직사각형의 경우에

"넓이=가로와 세로의 곱"

이라는 공식이 넓이의 정의이다. 직사각형에 둘러싸인 넓이가 무엇을 의미하는지를 수학적 직관을 사용하여 공식화한 것이다. 수학에서는 폭(W)과 높이(H)를 이용하여 사각형의 면적 개념 공식 S = W• H 에 의해 면적을 계산할 수 있다. 이때 컴퓨터에 방정식 폭(W)과 높이(H)를 곱하여 해석학 방정식으로 면적을 쉽게 구할 수 있다. 일단 직사각형의 넓이에 대한 개념이 정의되면 직각 삼각형의 넓이도 계산할 수 있다. [그림 35 참조]

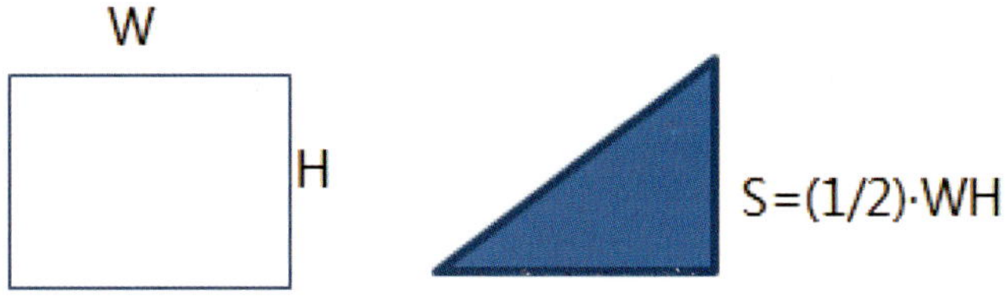

그림 35 도형의 면적 계산

하지만 세상의 문제가 쉽게 표현 및 해결되지는 않는다. 만일 그림 36처럼 임의의 도형이라면 우리는 도형의 면적을 어떻게 구할 수 있겠는가. 훌륭한 수학자가 있다면 구할 수도 있겠다. 하지만 이러한 임의의 도형은 해석학 식으로 표현되지 못한다.

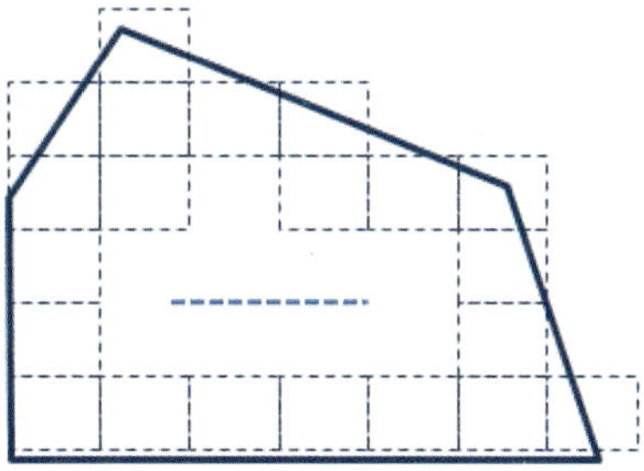

그림 36 임의 도형 면적 구하기

임의의 도형에 대한 정확한 면적을 구하는 일반적 해석학적인 방법은 없다. 임의의 도형에 대한 면적을 구하여야 한다. 이러한 임의의 도형은 방정식으로 표현할 수 없었다. 컴퓨팅 사고로 이러한 매우 복잡

한 문제의 해결이 가능하다. 반드시 해석학, 수학적으로 정확한 해를 찾는 것이 아니라 근사적으로 찾는 방법도 중요하다. 컴퓨팅 사고에서는 근사적 해를 찾는다.

"기본 해부터 전체 해를 찾아가는 것은 컴퓨터 사고의 핵심이다."

임의의 도형을 면적이 알려진 작은 도형을 활용하여 면적을 구할 수 있다. 알려진 도형을 반복적으로 채워가는 과정을 통해 허용오차 범위에서 면적을 쉽게 계산할 수 있다. 이는 알려진 공리와 이론으로부터 전체 문제를 해결하는 컴퓨팅 사고의 핵심이 된다. 알려진 도형에 대한 면적의 공리를 기반으로 출발하여 추론을 거친다. 이런 도형을 반복적으로 합하여 근사적으로 면적을 구할 수 있다.

"근사해도 컴퓨터에서는 정답이 된다."

컴퓨터에서는 근사한 해답도 허용된 범위에서 정답으로 인정된다. 근사해도 정답으로 인정될 수 있다. 수학적으로 특히 해석학적으로 방정식의 해는 유일하게 결정된다. 예를 들어 $x^2 - 2x + 1 = 0$이라는 방정식의 해는 해석학적으로 1이 유일하고 진리이다. 하지만 컴퓨터 측면에서는 사용하는 방법에 따라 해답이 달라질 수 있다. 수치 해석적 방법을 사용하면 0.9 ~ 1.1 사이의 값도 해답이 될 수도 있다. 근사적으로 계산하기 때문이다.

$x^2 - 2x + 1 = 0$ 방정식의 해가 0.9 ~ 1.1 사이일 수도 있다.

"근사해일지라도 진리?"

수학의 개념을 바탕으로 컴퓨터 과학이 출발했지만 이제 컴퓨터가 ICT와 결합하여 수학 이상의 문제 해결 능력이 있다. 더 편리하고 강력한 개념으로 세상을 표현하고 문제를 해결하는 방법을 제공한다. 컴퓨터의 유한성 때문에 엄밀한 의미에서의 정확한 해를 찾지는 못하더라도 복잡한 문제를 해결할 방안이 된다. 비록 근사해일지라도 구하는 것이 가능하다.

"1과 0으로 표현되는 유한 세상을 다루기 때문에 실세상을 근사적으로 표현"

만약 백만 마리 백조 중에서 1마리 다른 색 백조가 있다면 "모든 백조는 백색이다."라는 명제가 틀릴 수 있다. 논리학적으로는 오류지만 통계적으로는 참이 될 수 있다. 돌연변이 형태의 기형적 존재가 발생한다고 해서 명제가 거짓이라 하기 어렵다. 컴퓨터에서는 세상을 1과 0으로 표현하는 유한 세상을 다루기 때문에 때론 실세상을 근사적으로 표현한다. 근사적이란 의미는 완벽히 정확하지 않을 수 있다는 의미이다. 우리는 **충분히 허용된 오차 범위 내에서는 그 명제가 옳다고도 판단**할 수 있다. **컴퓨터의 세계에서는 진리가 다르게 해석**된다.

> "컴퓨팅 세계에서는 정확한 해를 얻지 못해도 허용 가능한 오차 범위 속에서는 진리로 해석한다."

수학에서는 무한 개념을 갖는다. 개념에 모순이 있는 것인지 여하튼 개념상으로는 무한 존재한다. 하지만 컴퓨터는 유한집합만을 상대로 한다. 컴퓨터는 무한 집합을 표현할 수 없다. 집합 내에만 백색 백조가 없으면 진리가 될 수 있다. 유한집합을 대상으로 삼는다는 의미이다. 컴퓨터의 표현 및 계산의 한계 때문이다.

연습문제

01 변수에 대하여 간단히 설명하세요.

02 NULL과 VOID의 차이점은 무엇인가?

03 변수 선언이 메모리 할당에 어떤 영향을 미치는지 설명하시오.

04 부울(Boolean) 형식의 데이터는 어떤 값을 가질 수 있나요? 복수 선택 가능합니다.

1) True
2) Null
3) Empty
4) False
5) Undefined

05 영어 알파벳의 모든 모음을 집합 V으로 표기하라.

06 10보다 작은 양의 홀수 집합 O을 표기하라.

7 a와 b가 a < b일 때 다음의 실수 구간을 집합으로 표기하세요.

1) [a, b]
2) [a, b]
3) [a, b]
4) [a, b]

08 집합 {1, 3, 5}과 {1, 2, 3}의 유니온을 집합으로 표기하라.

09 여러분 학교의 모든 컴퓨터 과학 전공과 모든 수학 전공 학생 집합의 유니온은?

10 컴퓨터 디스크에 저장되거나 네트워크를 통해 전송되는 데이터는 일반적으로 바이트 문자열로 표시된다. 각 바이트는 8 비트로 구성된다. 100 비트의 데이터를 인코딩하려면 몇 바이트가 필요합니까?

11 집합 {1, 2, 3, 4, 5} 과 {1, 3, 5, 7, 9}에 대한 비트 문자열이 각각 다음과 같다. 이 집합의 유니온과 교집합을 찾는데 비트 문자열을 사용해라. 컴퓨터로 집합 A를 길이 n의 비트 문자열로 표현할 때, a가 A에 속하면 문자열의 i번째 비트가 1이고, a_i가 A에 속하지 않으면 0이다.

{1, 2, 3, 4, 5} 과 {1, 3, 5, 7, 9}는 11 1110 0000 and 10 1010 1010이 된다.

12 집합 {1, 3, 5, 7, 9}(범용 집합 {1, 2, 3, 4, 5, 6, 7, 8, 9, 10})의 비트 문자열은 다음과 같다. 이 집합의 여집합을 위한 비트 문자열은 무엇인가?

10 1010 1010.

13 세 가지 기본적인 프로그래밍 구조는 무엇입니까?

1) 순차, 선택, 반복(iteration)
2) 순차, 선택, 루프
3) 순차, 반복(iteration), 루프
4) 순차. 반복(repeat), 루프

14 다음 중 총수–제어된 반복(count–controlled iteration)을 구현하는 문장은 무엇입니까?

1) for loop
2) repeat until
3) while loop
4) sequence

15 순차(sequence)란 무엇인가?

1) 데이터가 저장되는 순서를 결정하는 프로그래밍 구성
2) 명령이 실행되는 순서를 결정하는 프로그래밍 구성
3) 파일에 액세스하는 순서를 결정하는 프로그래밍 구성

16 어떤 형태의 조건(상태)–제어된 반복(condition–controlled iteration)이 루프 끝의 상태를 테스트합니까?

1) repeat until
2) for loop
3) Nested Loop
4) while loop

17 어떤 형태의 조건 제어된 반복(condition–controlled iteration)이 루프 시작 시 조건을 테스트합니까?

1) repeat until
2) while loop
3) for loop
4) sequence

18 다음 중 반복(iteration)의 다른 이름은 무엇입니까?

1) Selecting
2) Repeating
3) Looping
4) sequencing

19 다음 중 프로그래머가 선택을 구현할 수 있는 것은?

1) for loop
2) if then else
3) if while else
4) Nested Loop

20 하나의 프로그래밍 구성 요소를 다른 하나에 포함시키는 과정에 대해 주어진 용어는 무엇입니까?

1) Iteration
2) Looping
3) Nesting
4) repeating

21 무한루프란 무엇인가?

1) 영구적으로 루프되는 조건-제어 반복(iteration)
2) 영구적으로 루프되는 총수-제어 반복(iteration)
3) 코드가 실행되지 않는 반복(iteration)
4) 영구적으로 실행되는 한 명령어의 반복(repeat)

22 조건 테스트의 두 가지 가능한 결과는 무엇입니까?

1) YES 와 NO
2) TRUE 와 FALSE
3) POSITIVE 와 NEGATIVE
4) PLUS 과 MINUS

23 DRY 원칙의 위반을 무엇이라고 합니까? 일반적으로 어디에서 발견됩니까?

24 상수란?

1) 프로그램이 실행 중일 때 일반적으로 변경되지 않는 값

2) 프로그램이 실행 중일 때 변경되지 않는 값을 포함하는 명명된 메모리 주소

3) 프로그램이 실행 중일 때 일반적으로 변경되는 값을 포함하는 명명된 메모리 주소

25 변수에 값을 제공하는 것을 무엇이라고 합니까?

26 정수를 나타내는 데이터 유형은 무엇입니까?

1) Float

2) String

3) Integer

4) Character

27 캐스팅(casting) 이란?

1) 변수 이름 지정

2) 변수에 값 부여

3) 변수의 데이터 유형 변경

28 문자열의 결합에 대한 이름은 무엇입니까?

1) Manipulation

2) Concatenation

3) Declaration)

4) 인터페이스

29 '보다 큼(greater than)'을 의미하는 기호는 무엇입니까?

30 '보다 크거나 같음(greater than or equal to)'을 의미하는 기호는 무엇입니까?

31 '와 동등한(equal to)'을 의미하는 기호는 무엇입니까?

32 어떤 조건이 17세 이상의 사람이 차를 운전할 수 있다는 것을 확인시켜 줄 것인가?

1) age = 17

2) age > 17

3) age >= 17

4) age =< 17

33 21세 이상의 사람만이 미니 버스를 운전할 수 있다는 것을 확인하는 조건은 무엇입니까?

1) age = 22
2) age > 21
3) age >= 21
4) age =< 21

34 Which logical operator represents greater than?

1) <
2) >
3) >=
4) =<

35 What are the Boolean operators?

1) <, > 와 =
2) TRUE 와 FALSE
3) AND, OR and NOT
4) 0 과 1

힌트 TRUE and FALSE은 부울리언 값이다.

36 다음 집합을 예로 다음 물음에 답하라.

E = {2,4,6,8,10}

1) 실수의 부분집합인가?
2) 집합의 모든 원소보다 크거나 같은 실수값이 존재하는가?

37 수학에서는 어떤 값을 이용하여 다른 값을 계산(computation) 하는데 수식(expression) 이라는 용어를 사용한다. 수식의 한 예로 2*9+5 가 있다. 이를 컴퓨터 프로그램에서 변수를 사용하여 표현한다면?

38 수학자가 수행하는 작업을 컴퓨터가 수행 할 수 있는가? 에 대하여 생각해보자.

39 다음의 서술적 지식들에 대한 참 또는 거짓 여부를 판별하는 방법을 생각해보자.

1) 방정식 $ax_2 + bx + c = 0$ such that $x_{1,2} = (-b \pm \sqrt{b^2 - 4ac})/2a$ 그리고 a≠0

2) sinx = y such that

$$\sin x = x - \frac{x^3}{3!} + \frac{x^5}{5!} - \frac{x^7}{7!} + \cdots$$

$$= \sum_{n=0}^{\infty} \frac{(-1)^n}{(2n+1)!} x^{2n+1}$$

40 다음 그래프는 어떤 술어를 표현하고 있다. 논리식으로 표현하세요.

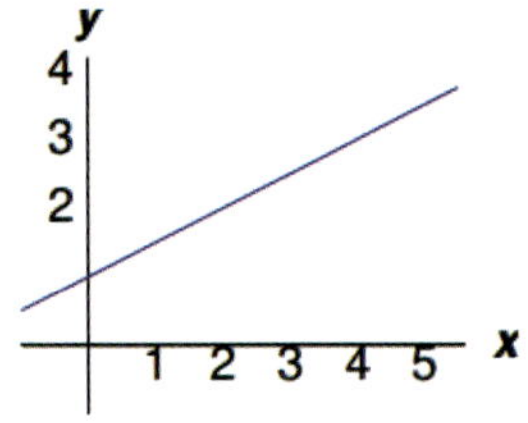

41 다음과 같이 부울형 변수가 선언되어 있다. b5, b6 에 할당되는 값은 무엇인가?

```
boolean b1, b2;
int x = 7;          // 대수 표현식
b5 = ((x - 5) <= 3) ;
b6 = b5 + 100;
```

42 재귀 알고리즘은 어떻게 작동합니까?

43 코드에 코멘트를 추가하는 것이 크게 권장하는 이유는 무엇입니까?

44 모든 프로그램 언어는 예약어(reserved words)를 갖고 있다. 어떤 것이 있는지 예를 들어라,

45 루프를 통해 무엇을 이해하는가? 다양한 유형의 루프에 대해 간략하게 설명하시오.

46 DRY 원리에 대해 설명해 주시겠습니까?

10 데이터 구조와 행동 양식의 표현

10.1 데이터 저장과 정리

우리는 이메일, 소셜 네트워크 서비스(SNS), 인터넷 검색, 전자상거래, 문서작성 등 일상생활 및 업무에서 많은 다양한 데이터를 접하게 된다. **데이터 정리**(organization)란 이러한 미가공 상태의 복잡한 데이터를 체계적으로 분류하고 정리하는 것을 의미한다. [그림 1 참고]

그림 1 다양한 데이터 생성

4차 산업 세계에서는 데이터가 자산이기 때문에 어떻게 데이터를 관리할 것인가가 중요한 이슈이다. 데이터의 체계적 수집 및 관리로 사업에 전략적 활용하는 것이 중요하다. 이때 **데이터 정리는 다양하고 효과적 서비스를 위한 기초이다**.

"데이터 정리란 무엇인가?"

오래된 업종별 전화번호부를 생각해보자. 특정 도시의 모든 거주자의 이름과 번호를 담고 있었던 거대한 책이다. 그것이 거대한 도시라면 그 책에는 수십만 명의 이름과 주소를 포함하고 있다. 데이터가 유용하기 위해서는 검색을 효과적으로 할 방식으로 정리되어야 한다. 전화번호부에 이름을 자모(알파벳)

순으로 배열하면 사전에서처럼 쉽게 찾을 수 있겠다. 하지만 전화번호가 무작위로 정렬되었다고 상상해보자. 엉망진창에서 어떻게 특정 이름을 찾겠는가?

날마다 지속적 생성되는 데이터를 적절히 정리하지 않으면 시간이 지남에 따라 데이터는 증가할 것이며, 그러한 데이터를 활용하기는 점점 어려워질 것이다. 심지어 정보를 검색하는 소요 시간도 늘어날 것이다. 데이터를 어떤 방식으로 정리하여 구성할지가 중요한 이슈다.

데이터 검색 시간의 단축

데이터를 체계적으로 정리하면 많은 장점이 발생한다. 그중 가장 큰 장점은 데이터를 검색하는 소요 시간이 줄어든다는 것이다. 1000명의 학생의 데이터가 있다고 가정하자. 90점이 넘는 학생이 몇 명이나 되는지를 알고자 한다. 데이터가 정리되지 않으면 필요한 정보를 얻는데 많은 시간과 자원이 필요하다. 하지만 점수 데이터를 내림차순으로 정리해 놓으면 필요한 정보의 검색이 매우 빠르고 쉽다.

작업에 대한 **신뢰성**이 증가

데이터 구성을 체계화하면 데이터 손실을 줄이고 오류를 줄일 수도 있다. 데이터가 정리되면 수행된 작업에 대한 신뢰성이 증가한다. 때로는 반복되는 데이터에서 패턴을 알아내거나, 증가 또는 감소하는 순서로 데이터를 정리하면 주어진 데이터 집합의 중앙값을 찾는 것도 가능하다.

사용 **목적**에 따라 데이터 정리 방법이 다르다!

사용 **목적**에 따라 데이터 정리 방법이 달라진다. 데이터의 사용 목적이 무엇인지를 이해하여야 어떻게 데이터를 정리하고 저장할지를 결정할 수 있다. 실제로 빅 데이터(Big data)는 비즈니스를 위한 자산이지만 데이터의 정리 측면에서 경험하기 싫은 수많은 도전적인 과제를 포함하고 있다. 사용자에게 정보를 극대화하여 보여줄 수 있는 데이터 정리법이 좋지 않겠는가?

혹시 당신은 카톡의 데이터, 학교의 성적 데이터 또는 이메일이 어디에 저장되어 처리되는지 궁금해한 적이 있는가? 물론 주 메모리이다. 주 메모리에 데이터가 있어야 중앙처리장치가 처리할 수 있다. 그럼 어떻게 데이터를 메모리에 저장할까요? 프로그램에서 데이터는 정수, 문자 같은 **변수를 통해 주 메모리에 저장**된다. 따라서 데이터를 메모리에 잘 정리해서 저장하여야겠다.

변수는 데이터의 일반화 개념

참고로 변수는 데이터의 일반화 개념이며, 데이터를 저장하는 임시 그릇이다. 프로그래머가 프로그램 소스에서 변수를 만들면 메모리에 변수를 위한 공간이 만들어진다.

메모리는 **1차원 주소 공간**(address space)

사람이 두뇌에 기억을 저장하는 방식과 컴퓨터가 메모리에 데이터를 저장하는 방식은 다르다. 컴퓨터의 메모리는 1차원 주소 공간으로 이루어진다. 컴퓨터의 메모리 공간은 하나하나 고유한 주소(예: 00000000 ~ FFFFFFFF 번지) 번지를 갖는다.

어떻게 **1차원 주소 공간에서 다양한 객체의 저장과 검색 방법**

그래서 컴퓨터에 데이터를 기억시키거나 읽어내는 방식은 좀 우리 두뇌와는 다르다. 프로그램 작성자는 이러한 특징을 잘 이해해야 한다. 1차원 공간에 다양한 형태 (2차원 데이터, 3차원 데이터)의 데이터를 저장하고 검색하는 것은 쉬운 일이 아니다. 예를 들어 2차원 이미지를 1차원 공간에 저장하여야 한다. 여기서는 어떻게 그들을 구현하는지 설명하지 않는다.

데이터 유형별 분류

잡동사니로 혼잡스럽게 집안을 두는 것보다는 깔끔하게 정리해서 물건을 두어야 찾기가 쉽다. 집안 정리를 잘하기 위해서는 종류별, 크기별, 용도별 분류를 해서 정리하는 것이 좋은 방법이 되겠다. 메모리에 데이터를 저장할 때도 마찬가지로 정리해 저장해야 한다. 그릇 유형이 있듯이 데이터 유형이 존재한다. 그리고 데이터 유형과 그릇 유형이 맞게 집어넣어야 한다. 이는 쓰레기 분리수거함을 이용하는 것과 같다. 그릇에 들어가는 데이터는 서로 유형이 일치시키는 것이 좋겠다. [그림 2 참고]

그림 2 쓰레기 분리수거처럼 데이터 유형별 분리

"저장된 데이터의 메모리 위치를 어떻게 알아낼까?"

프로그램이 데이터를 메모리 그릇에서 꺼내어 사용하고자 한다. 데이터 변수를 활용하려면 그릇의 주소가 필요하다. 그럼 광대한 주소 공간에서 찾는 그릇이 몇 번지에 있는지 찾아야 할 것이다. 하지만 메모리 주소 공간에는 많은 그릇이 존재하고 있다. 프로그램은 저장된 주소를 알면 해당 데이터를 읽을 수 있지만, 매번 변수 그릇의 주소를 찾아 활용하는 것이 불편하다. 어떻게 쉽게 찾는 방법이 없을까?

"그릇 주소 대신에 **변수 이름**을 사용한다."

이진수의 어려운 주소보다는 이해하기 쉬운 이름을 사용하는 방법이 편리하다. 그래서 그릇에 이름을 부여한다. 프로그램에서 변수에 이름을 지정하면 컴퓨터 **컴파일러**는 변수 이름을 주소 번지로 변환하는 작업을 지원한다. 그래서 변수에 이름을 할당하면 간접적으로 할당된 주소를 알 수 있다. 프로그램에서 변수 이름으로 데이터를 저장하면 컴파일러에 의해 메모리의 특정 주소에 저장된다. 반대로 변수 이름으로 저장된 값을 읽으면 자동으로 변환된 주소에서 데이터를 가져온다. 프로그래머는 변수 이름을 사용하는 것이 주소를 찾기보다 훨씬 쉽겠다. 컴파일러의 이러한 변수 이름과 주소를 연결하는 것을 **바인딩(binding)**이라고 한다.

그림 3은 정수형(int) 변수에 이름 'a'을 부여하고 그 변수에 정수 10을 할당하는 프로그램의 일부 예이다. 컴파일러는 메모리의 특정 주소 번지에 값을 저장하도록 변수 이름과 메모리 주소를 변환하여 바인딩(binding)한다.

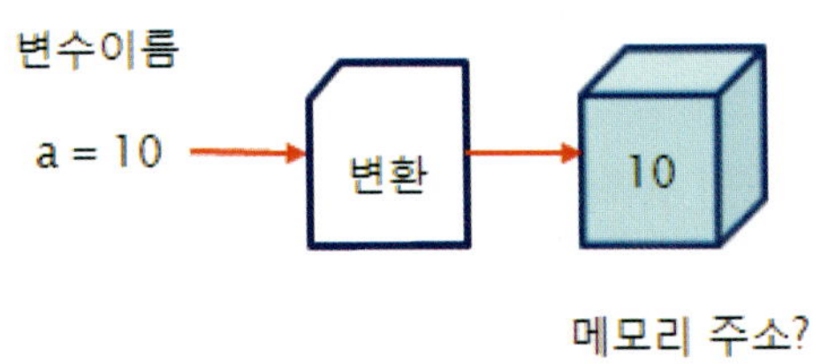

그림 3 변수 이름과 메모리 주소의 변환 바인딩

10.2 고유 식별자로서 이름

10.2.1 명명 규칙

"사물이나 개인은 고유한 이름을 갖는다."

고대부터 **객체를 고유하게 식별하는 데 이름을 사용한**다. 사람은 태어나면서 자신만의 유일한 이름을 부여받는다. 죽을 때까지 자신을 사랑하고 존중하며 살아가라는 의미일 것이다. 이처럼 이름은 특정 사물 또는 개인을 식별하게 한다. 이름은 사람뿐만 아니라 장소 또는 사물에도 부여할 수 있다. 과학자는 다양한 과학적 발견과 사실에도 이름을 부여한다. 이는 객체를 고유하게 식별하게 한다.

이름은 객체를 식별하며 데이터 정리의 기초

객체의 식별을 위해서는 고유 식별체계가 필요하다. 식별체계 예로서 집 주소, 컴퓨터의 IP 주소, 자동차 번호판, 또는 전화번호가 있다. 이들 식별체계는 객체를 식별하며 데이터 정리의 기초를 이룬다.

명명 규칙이란?

이름에는 명명(naming) 규칙이 있다. 이름을 체계화하여 유사한 정보를 모호하지 않게 표현하기 위함이다. 분야별 또는 의도에 따라 규칙이 달라질 수 있는데 잘 설계된 명명 규칙은 일반 사용자가 탐색하고 검색하는 데 도움이 된다. 명명 규칙이 일반적으로 사용되는 몇 가지 영역은 다음과 같다.

천문학에서의 행성 이름에 대한 명명 규칙, 컴퓨터 프로그래밍에서의 파일, 프로세스 등의 구별을 위한 식별자 명명 규칙, 컴퓨터 네트워킹에서의 인터넷상의 컴퓨터 및 네트워크 구분을 위한 명명 규칙 등 다양하다. 도시의 거리와 주소 이름도 명명 규칙을 따른다. 규칙적인 이름 기반으로 유용한 정보를 추론할 수 있다. 명명 규칙에서 사용하는 이름은 분야 내에서 유일하도록 한다. 몇 가지 분야에서의 명명 규칙을 더 설명한다.

10.2.2 프로그램 소스 명명 규칙

컴퓨터 프로그램 소스 코드를 만들 때도 일반적인 규칙이 적용된다. 소스 코드를 읽고 이해하기 쉽도록 변수, 함수 및 기타 항목에 사용하는 식별자 규칙이다. 일반적으로 가독성을 제공하기 위하여 **문자열**을 사용하고, 그밖에도 대소문자와 구두점을 사용하며, 특정 기능을 나타내기 위해 기호도 사용한다.

10.2.3 URL 명명 규칙

웹 주소의 논리적 개념

웹(World Wide Web)은 수백만 개의 컴퓨터와 파일로 구성되는데 유일하게 지정되고 검색되어야 할 것이다. 웹에서 특정 컴퓨터 또는 파일이 어디 있는지를 알려주는 규칙을 **URL(Uniform Resource Locators)**이라고 한다. 일반적으로 **웹 주소**라고 하며 접근을 위한 통신 프로토콜 방식 http, 웹 서버 주소, 그리고 문서 이름을 포함한다.

웹 주소 'https://en.wikipedia.org/wiki/URL' 에서 'https'는 통신 프로토콜 방식, 'en.wikipedia.org'는 웹 서버 주소, 'wiki/URL'는 그 웹 서버 내의 폴더와 문서 이름을 나타낸다. 이름을 지정할 때는 설명적이고 사용자들이 쉽게 이해할 수 있도록 해야 한다.

웹 주소에서 통신 프로토콜에 'http' 외에 ftp, telnet, mailto 등을 사용하기도 한다. 이밖에도 포트(port) 번호를 설정할 수도 있다. 포트 번호는 하나의 서버에서라도 동시에 복수의 통신이 일어날 수 있는데 이들 통신 채널을 구별하기 위한 것이다. 그림 4는 포트 번호로 8000을 사용한다.

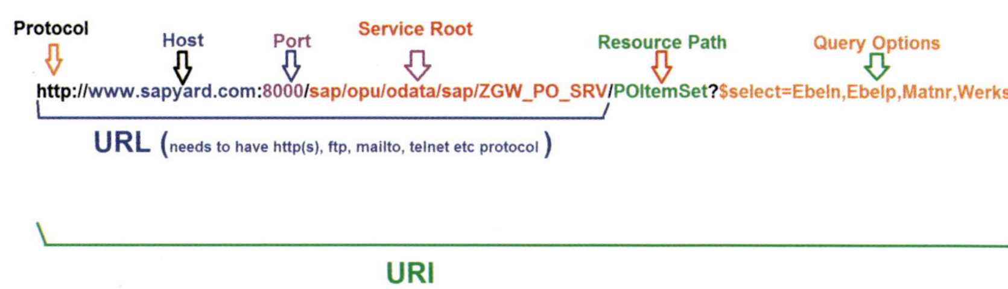

그림 4 웹의 URL 구성요소

10.2.4 파일 명명 규칙

파일 시스템?

컴퓨터 하드디스크의 수많은 데이터 파일은 파일 시스템에 저장된다. 컴퓨터 파일 시스템에는 다양한 형식의 파일들, 여러 버전, 여러 사용자 등이 저장된다. 데이터 파일을 컴퓨터 파일 시스템의 어디에 보관하여야 찾기가 쉬워질까? 컴퓨터 파일 시스템에서는 폴더(folder) 및 하부 폴더(subfolder)의 계층적 구조로 파일들을 저장한다. 파일 시스템의 주 역할은 파일 관리이다. 파일 시스템에는 파일 이름(file name)과 파일 구조(File structures), 생성 날짜, 소유자, 파일 형식, 버전(version) 등을 포함한다.

파일 구조란? 파일을 효율적으로 저장 및 관리하기 위한 시스템으로서 파일의 저장과 검색을 제공한다. 현재의 운영체제는 대부분 계층적 파일 구조를 사용한다. 폴더 및 하위 폴더로 구성된 항목을 갖는 계층적 구조를 사용한다. 예로서 어떤 파일을 저장하고자 하다면 저장할 폴더 위치를 알아야 한다.

파일의 명명 규칙

파일 이름에 대한 명명 규칙은 파일 내용에 대한 일관성 있고 설명적이어야 한다. 명명 규칙은 파일 관리를 편하게 만든다. 파일 이름은 다음 사항을 포함한다.

- 고유 파일 식별자 (예 : 프로젝트 이름 또는 번호)
- 파일 생성자 이름
- 조건 (사용 장비, 실험 환경 등)
- 실험 실행 순서
- 파일 생성 날짜

10.2.5 중앙처리장치 입출력 데이터의 명명

입출력 하드웨어 데이터 구분을 위한 번호 또는 명칭

인간의 두뇌가 주변 감각 기관(눈, 코, 귀 등)으로부터 감지되는 신호에 따라 의사 판단을 하듯이 컴퓨터 중앙처리장치도 주변 입출력 장치로부터의 신호에 따라 작동한다. 중앙처리 장치는 입출력되는 신호를 구분하기 위해 서로 구분되는 이름 또는 번호를 사용한다.

그름 5는 아두이노 보드와 호문클루스 이미지를 보여주고 있다. 인간 두뇌처럼 보드는 인간 두뇌에 상응하는 입출력 신호를 구분하기 위한 고유한 입출력 이름 또는 번호가 있다. 컴퓨터 중앙처리장치이든 인간 두뇌(호문쿨루스)이든 입출력되는 신호를 식별하기 위한 체계가 존재하고 있다.

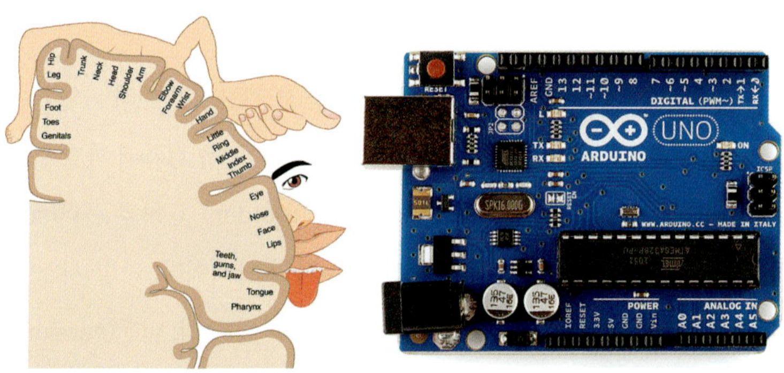

그림 5 호문쿨루스 두뇌와 아두이노의 고유 입출력 주소 (출처: 위키피디아)

10.3 데이터 구조화

10.3.1 데이터 구조화

우리는 이미 수를 이진 부호화하는 방식에 대해 앞장에서 기술하였다. 수학에서는 수가 커질수록 필요한 자릿수가 커짐을 이해하고 있다. 수가 1, 10, 100, 1000, 10000처럼 커질수록 이진 부호화 비트 수가 커진다. 그리고 정수, 실수 등 다양한 형태의 수를 하나의 그릇에 저장할까? 예를 들어 99와 999를 크기가 다른 그릇에 저장할까 아니면 동일 크기 메모리 그릇에 저장하는 것이 좋을까? 또는 99와 9.9를 동일 크기 그릇에 저장할까?

수를 크기가 다른 그릇에 저장한다면 수마다 다른 크기의 그릇이, 마치 문자열 저장처럼, 필요하겠다. 따라서 이진 부호화했을 때 필요한 자릿수도 커질 것이다. [그림 7 참조]

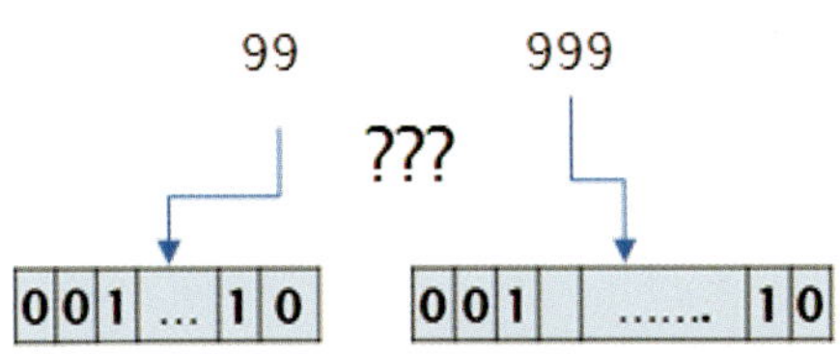

그림 7 수에 따라 그릇의 크기가 변동할까?

"수를 고정된 크기의 메모리로 표현"

컴퓨터 프로그램에서는 수를 위한 그릇의 크기가 정해져 있다. 고정크기 그릇을 사용한다. 수가 크건 작건 데이터 유형이 결정되면 그릇의 크기가 일정하게 결정된다. 통상 정수(int)에 대해서는 4바이트 메모리를 사용하고, 실수(double) 저장에는 8바이트 메모리를 사용한다. 한계를 초과하는 정수는 표현할 수 없다. 왜 일정 크기의 그릇을 사용하는가? 수에 대한 연산이 편리해서일까?

"변수를 위한 최적의 그릇 크기는 얼마일까?"

메모리 주소 공간의 합리적 사용이 중요하다. 데이터를 어떤 메모리 크기로 표현할까? 데이터 크기는 어떤 이진 부호화 방식으로 데이터 표현하는가에 따라 달라진다. **큰 그릇에 1바이트만 저장하면 메모리 낭비이다. 반대로 작은 그릇에 한계를 초과하는 큰 데이터를 저장할 수 없다.** 많은 종류의 데이터 유형을 어떤 크기 그릇과 어떤 구조에 저장하느냐에 따라 검색 성능이 달라진다. [그림 6 참조]

그림 6 다양한 데이터와 그릇의 형태

이진부호 문자를 저장하기 위해 메모리를 얼마만큼 사용하는 것이 좋을까? 보통 알파벳 문자 하나는 아스키부호를 위해 1바이트의 그릇을 사용한다.

"문자열은 문자 수 만큼 비례하여 메모리가 증가한다."

문자 2개는 문자열(strings) 유형 그릇에 저장할 수 있다. 문자열에 대해서는 문자 수 만큼 그릇의 크기가 증가한다. 문자의 특징은 문자들을 상호 연결하여 단어를 만들고, 단어의 연결로 문장을 만들고, 글을 만들 수 있다는 것이다.

데이터 저장에 변수 개념부터 시작했다! 변수 외에 데이터 구조를 이해하여야 한다. 10,000명의 학생 점수 데이터가 있다고 가정하자. 이때 각 학생을 위해 10,000개의 변수를 사용하여 성적처리를 한다면 얼마나 복잡하겠는가? 더 어려워지는 점은 변수가 메모리의 서로 다른 임의의 번지에 저장된다는 것이다. 학생 점수를 활용하려면 서로 다른 주소에 가서 점수를 찾아야 한다.

"데이터를 묶어서 구조적으로 정리하는 방법이 있다."

대량의 데이터를 어떻게 관리하여야 할까? 필요 데이터를 특별한 통일된 양식으로 묶어서 표현하는 것을 **데이터 구조화(structuration)**라 한다. 데이터 정리를 잘하기 위해서는 데이터 구조**(Data structure)**를 잘 설계하여야 한다. 대표적인 데이터 구조 예로 배열이 있었다. **배열 외에** 데이터를 묶는 방법으로 **구조체(struct) 또는 추상 데이터 유형**이 있다.

데이터 구조는 대규모 데이터 정리 작업의 성공에 필수적이다. 예를 들어 테라(10^9)바이트 또는 페타(10^{12})바이트의 데이터를 다룰 때 문제의 크기는 집에서 자동차 열쇠를 찾는 것보다 훨씬 복잡하다. 데이터 분석가가 분석을 위한 데이터 준비 소요 시간이 최대 80%를 차지하고 실제로 분석을 수행하는 데는 단지 20% 정도만을 차지한다고 한다. 데이터 정리를 잘해 둘 필요성이 있다는 의미이다.

컴퓨터 프로그램 언어는 데이터 구조를 편리하게 하도록 다양한 표준 라이브러리를 제공하고 있다. 예로, C++의 표준 템플릿 라이브러리나 자바의 자바 API, 마이크로소프트의 닷넷(.NET)과 같은 것을 들 수 있다.

10.3.2 추상 데이터 유형(Abstract Data Types)

컴퓨터는 모든 객체를 고유한 이진 부호로 다룬다. 그림 8은 수와 문자 관련 데이터 유형 외에 다양한 데이터 유형을 나타내고 있다. 데이터 유형으로 정수, 실수를 포함한 수(numeric) 데이터 유형, 문자(character) 유형, 부울(boolean) 유형이 있다. 그리고 최근 많이 사용되는 이미지, 오디오, 비디오, 그리고 아날로그 신호 저장에 대한 데이터 유형도 존재한다.

세상의 복잡한 현상과 문제를 표현하는데 그 정도면 충분할까? 그것이 전체일까? 아니다 더 많은 다양한 데이터 유형이 필요하다. 지금부터는 좀 색다른 데이터 유형을 기술한다.

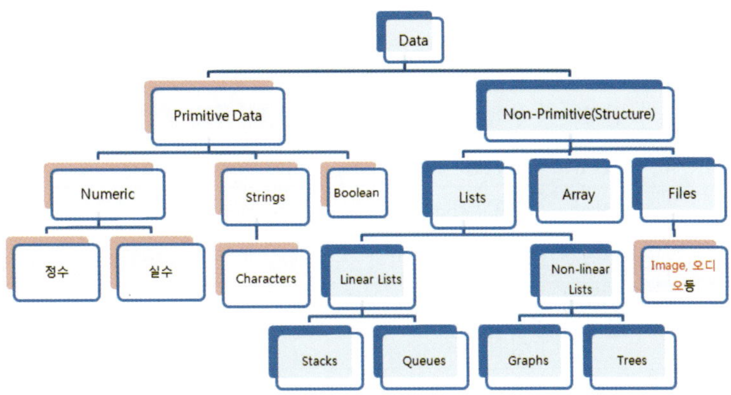

그림 8 데이터 유형 종류

"추상 데이터 유형이란?"

추상 데이터 유형(Abstract Data Type)이 있다. 예로서 그래프, 리스트, 스택, 트리, 해시 등이 있다. 추상 데이터 유형은 우리가 객체 간의 관계 또는 행동 등을 묶어 정리하는 데 매우 유용하다. 예로서 SNS의 블로그에는 게시자 이름과 게시물이 관계되어 있다. 게시물과 게시자 관계를 맺어 저장하기에 필요한 데이터 구조는 어떻게 만들까 생각해보자.

"관계와 행동이란?"

관계(relation)는 실세계에서 객체 간의 연관성을 표현하는 것이다. **행동(behaviour)**이란 객체가 자신이나 주변 객체와 관계되어 만들어지는 반응이다. 세상은 모든 객체가 관계 속에서 서로 의존하며 살아가고 있다. 식물이 있어야 동물이 살고, 벌이 있어야 열매를 맺고, 뱀이 있어야 들쥐가 없어지고, 그리고 남자가 있어야 여자가 있다 등과 같다.

행동의 예로 다음과 같은 것들이 있다. 은행에서 줄을 서서 기다리기, 전자가 자기장 속에서 힘을 받아 움직이는 것, 지구가 태양계 속에서 움직이는 것. 기러기가 대형을 이루어 날아가는 것. 네비게이션이 도로 교통 상황을 이해하여 안내하는 것 등이 있다.

어떻게 관계와 행동을 추상 데이터로 구조화 표현할까?

표 1은 다양한 추상 데이터 유형별 특성을 설명해 놓고 있다. 프로그래머는 특성을 잘 이해하고 적합한 데이터 유형을 선택하여 데이터 정리에 사용하면 된다. 앞으로는 이러한 데이터 유형의 그릇을 어떻게 활용하는지 살펴볼 것이다.

표 1 추상 데이터 유형

추상 데이터 유형	특성	설명
배열, 리스트	선형	선형 데이터 구조, 데이터 항목을 선형 순서로 정렬
트리, 그래프	비선형	비선형 데이터 구조, 데이터 항목의 순서가 다름
배열	동질성	동질성(homogeneous), 모든 요소가 동일 데이터 유형
구조	비 동질성	비 동질성 데이터 구조, 요소가 동일 유형일 수도 그렇지 않을 수도 있음
배열	정적	정적 데이터 구조, 크기와 구조가 메모리 위치와 관련하여 컴파일시 고정된 구조
포인터로 구현한 연결 리스트	동적	다이내믹 구조, 프로그램 요구와 실행에 따라 확장되거나 축소되는 구조이다. 또한, 관련 메모리 위치가 변경

데이터베이스

대규모 데이터 정리에서는 많은 고려가 이루어져야 한다. 특수한 데이터 그릇으로 데이터베이스가 존재한다. 데이터베이스로 데이터에 접근하기 쉽고 저장하기 쉽다.

응용 프로그램에서 데이터 관리

일반적인 단일 데이터 유형을 저장하는 구조와 별도로 특수 경우도 있다. 에디터(아래아한글, MS워드)로 만들어지는 **파일**은 다양한 데이터 유형이 복잡하게 저장되는 것으로 데이터에 대한 연산도 매우 복잡하다. 숫자, 문자, 문장, 문단, 페이지 등으로 데이터를 저장한다.

추상 데이터 유형은 **사용자가 데이터 구조에 대한 정의와 수행할 연산**을 **정의**한다. 데이터에 대한 연산 예로는 찾기, 삽입, 제거, 갱신, 검색, 길이 구하기 등이 있다.

예제 1

메모장 같은 간단한 텍스트 편집기(Editor)에서는 데이터를 어떻게 정리하는 것이 좋을까?

답 메모장은 라인별 순서를 유지 및 관리한다.

10.4 데이터 구조와 성능

"데이터 구조는 검색 속도와 메모리 용량에 영향을 준다."

데이터가 어떻게 구조화되어 있는가에 따라 검색 및 정렬(sorting) 소요 시간이 달라진다. 데이터 구조와 알고리즘은 서로 뗄 수 없는 방식으로 연결된다. **알고리즘 성능은 데이터 구조에 의존**된다. 쉽게 예기해서 데이터가 동일해도 데이터 구조에 따라 검색 시간이 다를 수 있고, 또한 구현하는 알고리즘이 달라진다.

리스트 경우 어떤 데이터 구조(그릇 형태)로 설계할 것인가? 항목을 추가 또는 삭제함에 따라 다른 항목의 위치가 변동되는데 이에 대한 주소를 추적할 수 있어야겠다. 이때 다음의 것들이 고려되어야 한다.

- 현재 물리적 주소 위치를 추적할 수 있나?
- 색인을 통해 리스트의 주소 위치가 계산 가능한가?

이를 위해 데이터를 어떤 형태의 그릇에 저장 및 보관할 것인가가 이슈이다. 데이터 구조는 보다 좋은 데이터의 효율적 이용을 위하여 데이터 저장할 그릇 형태를 설계하는 것이다.

프로그램의 알고리즘은 구조화된 데이터로 무언가를 실행하도록 하는 것.

신중히 설계된 데이터 구조는 데이터의 **검색 등에 보다 효율적인 알고리즘**을 사용할 수 있게 한다. 효율적으로 설계된 데이터 구조는 실행시간 혹은 **메모리 용량과 같은 자원을 최소한**으로 사용하면서 연산을 수행하도록 해준다.

예를 들어, 소셜 네트워크 시스템에서 귀하의 제품에 대해 고객들이 어떻게 이야기하는지 실시간으로 알고자 한다면 검색 속도와 효율성이 가장 중요할 것이다. 데이터 검색 속도는 데이터 구조를 어떻게 했느냐에 따라 다르다는 것이다. 데이터 구조는 대규모 데이터를 저장할 때 검색 속도와 효율성을 극대화하여 가능한 한 빠른 분석에 도달하기 위한 열쇠이다.

그리고 데이터 구조는 데이터를 수집 정리하고 그것으로부터 무엇인가를 할 수 있는 수단을 제공한다. 예로서, 개별 성적 데이터로부터 평균 성적을 얻을 수 있다.

데이터 구조는 이후 데이터에 대한 다양한 작업을 가능하도록 하고 메모리에 저장된 데이터에 대한 지식을 나타낸다. 복잡성을 줄이고 효율성을 증가시키는 방식으로 데이터 구조가 설계 및 구현되어야 한다.

데이터 정리를 이해하기 위해 다음 예제를 생각해보자. 10 명의 학생들에 대한 컴퓨터 시험을 채점한 점수가 다음과 같다. 어떤 데이터 구조로 정리할까? 학생별로 다른 변수 이름을 사용하여 각각의 변수에 성적을 할당하여 계산할 수 있겠으나 개별 학생에게 변수를 할당하면 변수의 개수가 많아진다.

10, 40, 25, 28, 23, 57, 44, 49, 26, 31

만약 학생들의 수가 10,000명으로 증가하게 되면 이때 데이터 정리 방식은 어떻게 해야 할지 혼란스러워진다. 데이터 구조를 다음과 같은 표 2의 형태로 정리하면 어떨까? 변수의 수를 여러 개 만들 필요가 없다. 배열의 처음 주소만 알면 개별 요소들의 주소는 색인 값으로부터 계산할 수 있어 주소를 찾기 위해 운영체제에 요청하고 받아올 필요가 없다.

표 2 배열 데이터 구조

번호	점수
1	10
2	40
3	25
4	28
5	23
6	57
7	44
8	49
9	26
10	31

표 2는 이해하기 쉬운 데이터 표현 방법이다. 우리가 오래전부터 데이터를 정리하는데 사용해온 방식이다. 초기에는 이러한 표가 데이터 정리에 다소 시간이 걸릴 수 있지만, 장기적으로 볼 때는 소요 시간의 가치를 이해할 수 있다. 요구사항에 따라 데이터를 적절히 체계화하면 향후 필요한 정보 및 추후 분석도 가능해진다.

"데이터 접근에 색인 값을 사용하는 것이 메모리 주소보다 접근하기 쉽다."

표에서는 개별 데이터를 식별하기 위해 색인(index)을 사용한다. 이름으로 데이터에 접근하기 위해서는 모든 변수에 대하여 메모리 주소를 찾아야 한다고 했다. 색인을 사용하여도 종국에는 메모리 주소가 필요하다. 배열을 사용하면 연속된 메모리를 사용하여 구현되기 때문에 요소에 대한 접근이 색인을 사용하여 계산될 수 있다.

데이터에 대한 정렬은 데이터를 크기순으로 나열하는 것이다. 정렬하는 방법은 많으나 일반적으로 최상의 성능을 보여주는 최적의 알고리즘은 존재하지 않는다. 따라서 현재의 프로그램 수행 환경에서 가장 효율적인 정렬 알고리즘을 사용하여야 한다. 정렬 방법에는 단순하지만 비효율적인 선형검색, 삽입정렬, 버블정렬 방법이 있고, 복잡하지만 효율적인 이진검색, 병합정렬 방법이 있다.

선형 검색은 데이터 집합의 시작부터 일치할 때까지 각 데이터 항목을 검사한다. 항목이 발견되면 검색이 종료된다. 이진 검색은 정렬된 데이터 집합을 이분화하면서 검색하는 효율적인 방법이다. 버블 정렬은 서로 이웃한 데이터들을 비교하며 가장 큰 데이터를 가장 뒤로 보내며 정렬하는 방식으로 가장 간단하다. 가장 가벼운 것이 위로 올라가는 거품의 움직임에 빗대어 붙여진 이름이다. 병합정렬은 분할과 정복이라는 기술을 사용하는 더 복잡한 정렬이지만 매우 효율적이다.

데이터 구조로 정리하는 또 다른 예를 살펴보자. 예로서 100m 경기 참가자의 이름이 "홍길동"이고 연령이 26인 데이터가 있다. "홍길동"은 '문자열(String)' 데이터 유형이고, 26은 '정수' 데이터 유형이다. 이러한 참가자들은 배열로 저장할 수 없다. 하지만 이름과 나이 그리고 경기기록 데이터를 하나의 블럭 그룹으로 정리할 수 있다. 데이터를 묶어서 하나의 그룹으로 표현하는데 **구조체**(struct) 유형을 활용한다. 즉, 참가자의 기록을 수집한 다음 데이터 구조체 그룹을 사용하여 파일이나 데이터베이스에 저장할 수 있다. 예로 : "강감찬" 30 10.5초, "이순신" 31 11.3초, "유관순" 33 10.45초.

이처럼 구조체는 데이터 유형을 혼합하여 정의하는 그룹에 적합하다. 사람이라는 객체가 생년월일과 이름을 포함하고 있다고 하자. 프로그래머는 이름과 생년월일을 포함하는 새로운 데이터 유형 "사람"을 만들 수 있다. [그림 9 참고]

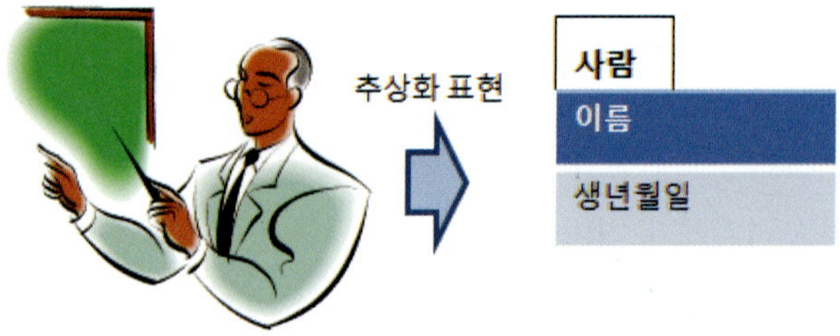

그림 9 새로운 저장 그릇

카드 게임에 사용할 카드 표현과 메모리 용량을 생각해보자. 이 경우 매 카드는 숫자와 무늬를 갖는다. 이런 카드를 위한 새로운 데이터 유형을 별도로 만들어 사용할 수 있다. 한 장의 카드가 숫자와 무늬에 대한 정보를 갖는데, 숫자는 정수형 변수 그리고 무늬는 문자형 변수로 표현할 수 있다. 정수형과 문자형의 서로 다른 데이터를 다루어야 한다. 프로그램 언어에서는 이러한 데이터를 편리하게 다룰 수 있도록 프로그램 언어를 제공하는데 데이터 구조체(struct)라는 것이다. 카드 52장을 서로 다르게 표현하고 있다고 이해할 것이다.

```
struct card { int number; char *pattern; } cards[] = {
1, "spade",
1, "heart",
1, "clobber",
1, "diamond",
2, "spade",
2, "heart",
...
};
```

여기서 메모리 공간 사용에 대하여 좀 더 생각해보면 상기 설계가 메모리 낭비라는 것을 발견할 수 있다. 예를 들어 "heart"와 "spade" 문자열을 저장하기 위해서는 각각 5개의 문자와 1개의 NULL(\0) 문자를 합해 전체 6문자를 저장하기 위해 6바이트 공간이 필요하다. 마찬가지로 "diamond", "clobber"를 저장하기 위해서는 각각 8바이트 메모리가 필요하겠다. 평균적으로는 7바이트((6+8+6+8)/4)의 메모리가 필요하다. 보통 프로그램 언어에서 정수를 저장하기 위해서는 4바이트가 필요하다는 것을 고려하면, 52장의 카드를 저장하기 위해서는 52 × (7 + 4) = 572바이트가 필요하다.

같은 문제지만 메모리를 좀 더 절약하면서 데이터를 저장하는 방법이 없을까? 메모리를 줄이기 위해 문자열을 하나의 문자로 대체해보자. "spade"에 대해서는 "S"로 대체가 가능하다. 나머지 카드는 'H',

'C', 'D'가 된다. 숫자를 1바이트의 문자로 저장할 수 있다는 것을 고려하면, 카드 52장을 저장하는데 52 x (1+1=2) = 104바이트가 필요하다.

```
struct card { char number; char pattern; } cards[] = {
‘1’, 'S',
'1', 'H',
'1', 'C',
'1', 'D',
'2', 'S',
'2', 'H',
...
};
```

메모리 공간을 많이 절약할 수 있게 되었다. 그렇다면 이것이 최고의 방법일까? 메모리는 절약할 수 있지만 다른 대가를 치러야 한다. 압축된 문자 'H'를 사용하기 때문에 나중에 화면에 나타내기 위해서는 변환 과정을 거쳐야 한다. **실행 측면에서는 그만큼 처리에 더 많은 시간이 필요하**다.

"데이터 구조는 메모리 공간과 실행시간에 관련"

데이터 구조는 메모리 저장 공간과 프로그램 실행시간에 매우 밀접한 관련성이 있다. 어떤 데이터 구조를 사용하느냐에 따라 사용하는 알고리즘이 달라지고 또한 알고리즘 성능이 다르게 된다. 데이터 구조는 알고리즘 및 프로그램 성능의 기초가 된다. [그림 10 참고]

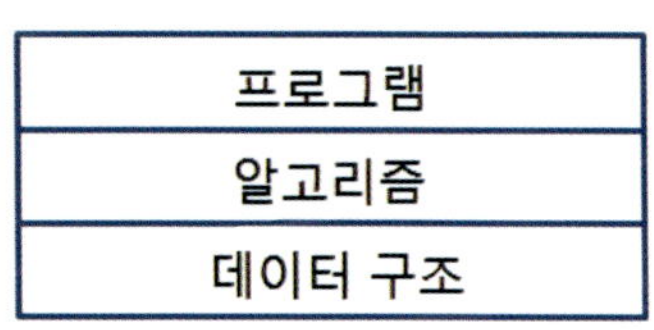

그림 10 데이터 구조와 알고리즘

10.5 가장 오래된 추상 데이터 유형 – 배열

"배열은 물리적 1차원 주소 공간에 논리적으로 색인에 의해 접근하는 구조."

"적절한 데이터 구조를 선택해야 한다."에 대하여 예기해보자. **변수**는 하나의 데이터를 저장할 수 있는 그릇이다. **배열**은 변수의 묶음으로서 가장 오래되고 중요하며 색인(찾아보기, index) 또는 키(key)값으로 식별되는 데이터 유형이다. 배열의 색인은 각 요소의 주소가 수학 공식에 의해 계산된다. 배열은 물리적 1차원 주소 공간에 논리적으로 색인에 의해 접근하는 개념이다. 배열은 여러 가지 목적으로 만든다. 어쩌면 배열에 학생, 자동차 또는 심지어 행성을 저장할 수도 있다.

달걀판에 달걀을 집어넣는 것처럼 배열 그릇의 개별 주소에 데이터를 저장한다. 배열은 객체를 저장할 수 있는 그릇 객체이기도 하다. 궁극적으로 그곳에는 10개의 달걀을 저장할 수 있다. 그림 11의 배열은 현재 꽉 차 있다.

그림 11 달걀판 (출처 : 위키피디아)

"배열은 그릇의 크기가 고정되어 있다."

배열(array)의 특징은 원하는 만큼 미리 크기를 결정해 놓아야 한다는 것이다. 이 경우는 10개 이하의 달걀만을 저장할 수 있다. 배열은 항상 그릇의 크기가 고정되어 있다. 따라서 배열에 더 적은 수의 요소는 저장할 수 있지만 (예 : 10개 이하의 달걀은 정상이지만) 원래 지정된 수보다 많은(11개 이상의 달걀은 좋지 않음) 것을 저장할 수는 없다.

"배열 구조에 연산(삽입, 삭제 등) 기능이 필요하다."

배열만 있으면 뭐하나? 프로그래머는 배열 그릇에 데이터를 삽입 또는 삭제 같은 연산이 필요하다. 배열은 추상 데이터 유형의 하나이긴 하나, 많이 사용되는 이유로 연산 작업이 함수가 아닌 특별한 연산자로 가능하다.

배열은 거의 모든 프로그램에서 사용되며 동일 데이터 유형의 항목들을 저장하는 데이터 구조이다. 배열 요소는 인접한 메모리 위치에 연속적 순서를 이루고 있어 효과적인 논리 주소 지정이 가능한 선형적 데이터 구조의 하나이다. 규칙성이 있어 기본 주소, 즉 배열의 첫 번째 요소의 메모리 위치에 오프셋을 추가하여 각 요소의 위치를 쉽게 계산할 수 있다. 배열 요소에 대한 접근 주소는 색인 시작점부터 상대적 색인 값 차이로 계산된다. 배열의 첫 번째 요소의 메모리 주소를 첫 번째 주소, 기본 주소라고 한다. 요소 지정에 사용되는 색인은 0부터 시작하는 정수이어야 한다. 컴퓨터에서는 1이 아닌 0부터 수를 센다는 것을 유의한다. 0, 1, 2, 3, 4 처럼 순서를 센다.

배열 요소를 **일정 시간(constant time)**에 접근할 수 있으므로, 그릇에 달걀이 몇 개 있는 경우나 2백만 개의 달걀이 있더라도 하나의 달걀을 가져오는 시간은 같다. 이처럼 배열의 각 항목은 색인에 의해 빠르게 검색되는 장점이 있다. 단점은 배열이 꽉 채워져 메모리가 부족해지면 배열의 크기를 조정해야 한다는 것이다.

배열 이름 'number'에 색인 번호 i를 갖는 데이터를 number[i]처럼 기술한다. 2차원 배열 이름 bitmap에 색인 i와 j를 가지면 bitmap[i, j]처럼 표기된다.

```
배열 예 :
number[i]
bitmap[i,j]
```

예제 2

배열 이름 "name"가 주어지고 개별 요소가 다음처럼 주어진다. 다음 질문에 답하십시오!

"Ahn"	"Yoo"	"Sung"	"kim"	"Lee"	"Son"	"Dylian"	"Min"	"Jung"	"Han"

1. 이 배열의 길이는 얼마인가?
2. "Lee"에 접근하기 위한 올바른 구문을 작성하십시오.
3. name[0]에 저장된 것은 무엇입니까?

답 1. 10
2. name[4]
3. Ahn

배열의 메모리 주조 지정을 설명한다. 예를 들어, 배열 'Scores[i]'의 개별 요소가 32비트이고, 0에서 5의 색인 범위일 때, 개별 요소의 메모리 주소는 다음과 같다. [그림 12 참고]

5000, 5004, 5008, ... 5020.

일반적으로 색인 i번째 요소의 메모리 주소는 5000 + 4 × I 처럼 계산된다.

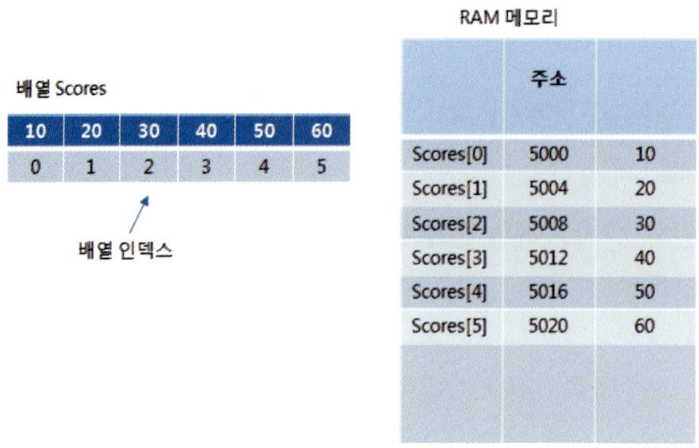

그림 12 배열 색인과 주소 관계

배열은 크기가 고정되어 데이터의 추가 또는 삭제를 위한 확장이나 축소가 되지 않는다. 추가 생성된 데이터를 상기 배열에 요소를 추가할 수 없다. 하지만 마지막 요소를 삭제한 후 추가는 가능하다. 배열의 마지막 요소를 삭제하는 것은 쉬운 일이다. 마지막 요소만 삭제하면 된다. 하지만 배열에서 색인 3인 요소를 삭제하면 데이터 '40'이 삭제된다. 그림 13처럼 중간 요소를 삭제하면 이후 하위 색인 요소들을 이동시켜 공간을 채우도록 하여야 한다. 배열 Scores[i]에서 i 번째 요소를 삭제하는 경우는 그림14 알고리즘처럼 배열을 정리한다.

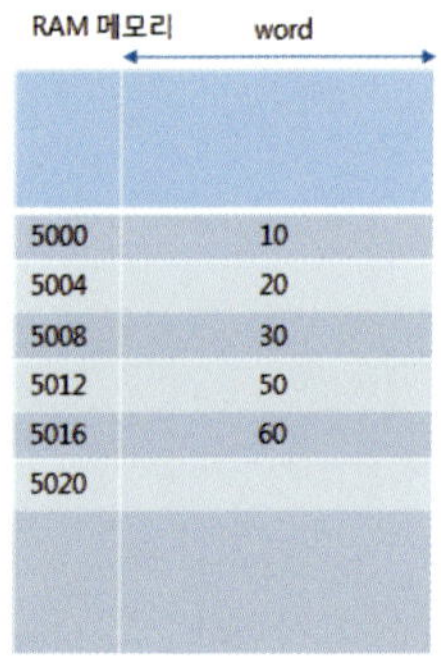

그림 13 배열에서 데이터 삭제

```
step 1 : x = Scores[i]
step 2 : k = i + 1
step 3 : while k <= upper bound
         Scores[k-1] = Scores[k]
         k = k +1
step 4 : Set N = N -1; N은 배열 요소 수
step 5 : Exit
```

그림 14 삭제 연산에 대한 배열 정리 알고리즘

배열에 요소들을 삽입하거나 삭제하면 배열 요소 개수가 변동된다. 배열이 차지하는 메모리를 효율적으로 관리하기 위해서는 공간의 상태를 추적할 수 있어야겠다. 메모리의 어디가 비어 있고, 채워져 있는지 공간의 상태를 추적 관리해야 한다. 또는 꽉 채워짐 또는 일부 비어 있는지 말이다. 그래야 요소의 삽입 또는 삭제 같은 연산 작업이 가능해진다. 프로그래머가 직접 이러한 기능을 구현해서 사용하기도 하지만, 대부분은 라이브러리 형태로 시스템에서 주어진다. 어떻든 프로그래머는 배열 데이터에 대한 연산 작업을 이해해야겠다. 추상 데이터를 위한 연산은 연산자가 아닌 함수로서 수행된다.

"배열은 리스트, 스택, 큐 등 구조를 만드는 데도 활용된다."

사실 어떠한 추상 데이터 유형이든 배열로 가능하다. 배열은 리스트, 그래프, 스택 등의 추상 데이터 유형을 만드는 기초 데이터 유형이다. 배열에 데이터를 저장하고 어떻게 관리하느냐에 따라 리스트도 되고, 트리도 될 수 있다. 물론 배열로 구현하게 되면 크기가 고정되어 확장성이 없다는 단점이 있지만. 동적 메모리와 포인터로 그런 문제를 해결할 수 있다.

1차원 배열은 간단한 유형의 데이터 구조이다. 수학의 2차원 격자 행렬(matrix)은 프로그램에서 **2차원 배열로 표현한**다. 수학적으로 "벡터(vector)"라는 용어도 컴퓨터에서 배열로 나타낼 수 있다. 수학적 표(table)도 종종 배열, 특히 배열은 조회 테이블(lookup tables)의 형태로 구현된다.

예제 3

학생들을 2차원 배열 데이터 구조로 메모리에 저장해보자. 100×4 크기의 행렬이라고 하자. 배열 students[0,0]의 메모리 시작 주소 번지가 1,000이라고 가정한다. 개별 학생 요소는 하나의 메모리 위치만 차지한다. students[4, 2]은 몇 번지에 저장되는가. [그림 15 참고]

Column n = 4					
Row		0	1	2	3
m	0				
=	1				
100	2				
	3				
	4			y	
	......				

그림 15 2차원 배열

답 수식을 사용하여 메모리 주소를 찾을 수 있다.
y = x + Cols * (i) + (j)
만약 첫 번째 요소 students[0,0]의 메모리 주소가 1,000번지라면 목표 요소 students[4,2]의 주소는 1,018번지가 된다.
y = 1000 + 4 * (4) + (2) = 1018

예제 4

정수 배열 array[i]에서 평균값을 찾는 알고리즘을 의사코드로 표현해봐라. n은 배열의 크기이다.

```
sum =0
i = 0
while (i <= n-1)
{
sum = sum + array[i]
i=i+1
}
average = sum/(n-1)
```

배열 기반 데이터 구조의 구현은 종종 단순하고 공간 효율적으로 공간 오버헤드가 거의 필요하지 않다. 그리고 배열은 리스트(lists), 힙, 해시 테이블, 큐, 스택 및 문자열(strings)과 같은 다른 데이터 구조의 기초이다. 배열 응용 분야로서 학생들의 성적을 계산한다든가, 영화관 좌석을 예매한다든지, 은행에서 고객의 계좌를 관리하는 것 같은 형태의 반복적 데이터를 편리하게 처리하는 데 사용된다.

컴퓨터의 주 메모리 주소 지정에도 사용되고, 외부 저장 장치의 메모리를 관리하는데도 1차원 단어(word) 배열로 표현하여 사용한다. 여기서 배열의 색인은 주소가 된다. 프로세서, 특히 벡터 프로세서는 종종 배열 작업 처리에 최적화되어 있다. 크고 작은 많은 데이터베이스 요소도 레코드(records)인 1차원 배열로 구성된다.

이산 수학에서 행렬은 다양한 이산 구조를 나타내고, 배열은 요소 간의 관계와 그래프를 표현하는데 적합한 데이터 구조이다. 비트맵 이미지, 버퍼, 제어 테이블 등도 배열 형태의 데이터 구조를 사용하는 응용 분야이다.

프로그램에서 부분 또는 전체 제어 흐름을 결정할 때, 복수의 if 문장 사용보다 간결한 대안으로, 배열을 사용할 수 있다. 제어 테이블이라고도 하는 배열에 포함된 값에 따라 제어 흐름을 변경한다. 배열로 실행 경로를 지시하는 서브루틴 포인터 (또는 switch 문으로 작동되는 상대 서브루틴 번호)를 대체할 수도 있다.

10.6 행동양식 표현 – 리스트

리스트는 배열이 가지고 있는 색인의 장점을 버리고 대신 빈틈없이 연속적으로 저장하는 데이터 구조이다. 리스트는 일련의 요소를 순서대로 나열하는 데 사용된다.

리스트는 그릇 크기가 변경

리스트(list) 데이터 유형은 배열과 유사하게 객체를 저장하는 데이터 구조이다. 일단 리스트를 생성하면 비어 있게 되는데 객체를 추가할 때마다 커진다. 하지만 배열에 리스트를 구현한다면 크기가 고정된다.

예를 들어 전자상거래에서 물건을 구매하는 경우를 생각해보자. 구매 리스트로 각 구매 상품 정보를 확인할 수 있을 뿐만 아니라 리스트에 새로운 구매 항목을 추가할 수도 있다. 그리고 구매 리스트를 수정하거나 지울 수도 있다.

학교에서 특정 과목의 수강 학생을 생각해보자. 얼마나 많은 학생이 수강 신청을 할지 미리 결정할 수 없다. 이 시나리오에서는 미리 크기가 결정된 배열보다는 무경계(unbounded)의 리스트 그릇이 이상적이다. 리스트는 그릇 크기가 변경되는 데이터 구조이다. 리스트는 항목을 순서대로 열거할 때 편리하다. 많은 영역에서 리스트 구조로 데이터를 잘 정리하여 사용하고 있다. 몇 가지 리스트 예로는 다음과 같은 것들이 있다. [그림 16 참고]

그림 16 리스트 표현

- 입후보자 리스트 : 선거에 나온 예비후보자들의 리스트,
- 우편주소 리스트 : 수신자에게 어떤 물건을 보내기 위해 만든 이름과 주소의 집합을 나타내는 리스트
- 작업 리스트 : 미리 시간 관리를 위해 할 일에 대한 리스트
- 이메일 리스트:

리스트에는 정렬 여부에 따라 두 가지 유형이 있다 :

- 정렬(ordered) 리스트
- 비정렬(unordered) 리스트

예제 5

수강 신청 학생들 관리를 위해 정렬 또는 비정렬 리스트 중 어떤 방식으로 해야 하는가?

답 비 정렬, 수강 순서로 채워지는 경우

배열은 색인마다 고유한 주소를 갖는다. 특정 위치의 항목 접근에 색인을 사용한다면 배열 구조 같은 **임의** 접근(random access) 방식이 검색에 매우 좋다.

리스트는 순서가 있고, 항목의 추가와 삭제가 쉬운 데이터 구조

하지만 리스트는 임의 접근 기능이 제공되지 않는다. 리스트는 배열이 가지고 있는 색인이라는 장점을 버리고 대신 빈틈없이 연속적으로 저장되는 데이터 구조이다. **리스트는 순서대로 나열해 놓은 자료구조이다.** 리스트에서 항목에 접근하기 위해서는 리스트 시작점부터 찾아가야 한다.

리스트에서는 추가되는 순서대로 항목들을 정렬한다. 배열의 임의 접근과 달리 리스트는 순차 위치에 항목을 추가하고 삭제할 수 있는 구조이다. 고정된 크기의 배열에서는 요소 추가에 제약이 있으나, 리스트는 새로운 요소의 추가가 가능하다. 리스트(list)는 물리 메모리 내의 항목들을 논리적으로 연결하는 방식으로 표현한다.

리스트의 핵심적인 개념은 순서(order)가 있는 항목의 모임이다. **빈 항목이 허용되지 않는다**는 것을 기억해야 할 것이다. 어떻게 이런 것이 가능할까?

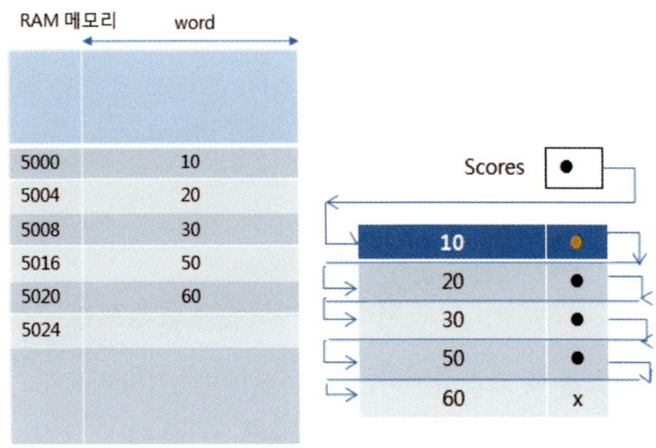

그림 17 배열 리스트에서 데이터 삭제

앞에서는 고정된 배열을 사용한 리스트 구조를 보여줬지만, 일반적으로는 리스트 크기가 동적으로 변경되는 리스트도 있다. 연속된 메모리의 배열을 기반으로 논리적으로 **동적인 리스트 구조** 구현을 기술한다. 그림 17은 연속 메모리에 리스트가 생성된 예를 보여준다. 배열에 리스트의 본래 속성처럼 항목을 추가 및 삭제를 할 수 있다. 리스트의 특정 위치 데이터를 추가하거나 제거할 수 있고, 데이터가 추가되거나 제거될 때 실시간으로 리스트의 크기가 확대 또는 축소될 수 있다. 어떻게 이런 것이 가능할까? 동적으로 항목 정리를 하도록 배열을 특수하게 관리하여야 한다.

순서(order)가 있는 리스트 구조의 특성상 어떤 요소를 제거하면 나머지 요소들을 이동할 필요가 있다. 리스트의 4번째 요소 '40'을 삭제하면 리스트에서 5번째 이하의 항목들을 위로 이동하여 빈칸을 채우도록 한다. 요소 하나가 삭제됨에 따라 메모리 5024번지가 빈칸으로 된다. 이러한 리스트 항목의 이동과 관리 때문에 프로그램 구현이 배열보다 복잡해진다.

"리스트에 어떤 연산이 필요한가?"

앞에서 언급된 것보다 좀 더 데이터를 강력하게 관리할 수 있는 리스트 구조를 생각해보자. 아래와 같은 연산 가능한 리스트 구조를 생각할 수 있다.

- 처음, 마지막, 또는 중간 요소를 추가/삭제하는 기능
- 데이터를 검색하는 기능
- 리스트의 모든 데이터에 접근할 수 있는 기능

리스트는 언제 사용합니까?

리스트는 사용자에게 정보를 제공하는 가장 좋은 방법의 하나다. 그중 정렬 리스트는 요소들을 정렬 순서로 저장해 놓는다. 이름에서 알 수 있듯이 데이터를 자모순으로 정렬한 후 저장하는 것이다. 정렬 리스트는 사전, 백과사전, 서적 색인에서 검색할 때 또는 특정 항목에 대한 선형적 접근이 필요할 때 편리하다.

자모순으로 데이터를 정리하면 검색이 쉽고 빠르다. 자모순으로 정보를 구성하는 경우는 사람들이 찾고자 하는 **특정 용어를 알고 있을 때 효과적**이다. 단어 사전이나 전화번호부는 자모에 익숙한 사용자에게 효율적으로 데이터를 체계화하는 방법이다. 이런 경우 검색하려는 용어가 문자 '가'로 시작한다는 것을 알고 있는 경우 다른 문자로 시작하는 내용을 읽는 시간을 낭비하지 않아도 되겠다. 사전, 웹 사이트 리스트, 수강 학생 명단 리스트에 사용된다.

하지만 찾고 있는 용어를 알지 못하는 경우 이 데이터 구성 방법은 쓸모없게 된다. 독자가 검색하는 용어를 알고 있지 않다면 자모 순서는 그다지 도움이 되지 않는다.

시간을 수로 표현한다.

시간(Time) 순서에 따라 리스트를 표현할 때 좋은 경우가 존재한다. 리스트로 데이터 구조를 만든 후 사용자에게 정보를 제공하는 방법의 하나로서 시간이란 고정된 시간 동안 일어난 사건을 분류하는 경우이다. 이러한 유형의 정보를 구성하는 것은 아마도 인간이 가장 많이 사용하는 정보일 것이다. 우리는 사고방식을 선형적으로 생각하는 것을 좋아한다. 이러한 시간을 수로 표현할 수 있다는 것이다.

"시간은 우주의 모든 것의 기준이 된다."

시간은 우주의 모든 것의 기준이 된다. 데이터 구성에서 시간이 모든 것이 아닐 수도 있지만, 콘텐츠를 구성해야 하는 옵션 중 하나이다. 정보를 연대순으로 찾으려면 정보를 만든 시간을 기준으로 정보를 구성하는 것이 가장 좋은 방법이다. 이 방법은 일정 기간 어떻게 되는지를 보여주기 때문에 적합하다.

예제 6

시간에 따른 리스트 예제를 말해보세요.

답 캘린더 및 회의 일정, 이메일 수신함, 프로젝트 계획, 즐거운 페이스북 타임 라인 [그림 18 참고], 전자상거래 플랫폼의 주문 리스트, 메시지 응용 프로그램 등.

그림 18 페이스북 타임 라인

시간별로 구성하면 변경 사항을 쉽게 관찰하고 비교할 수 있다. 인간이 시간을 선형으로 인식하기 때문에 역사를 기록하는 가장 좋은 방법이다.

고정된 시간 동안 이벤트를 제시하거나 비교할 때, 시간 기반 순서(단계별 절차)를 전달하고자 할 때, 또는 지시를 내릴 필요가 있거나 시간순으로 사건을 기록할 필요가 있을 때 시간에 따라 정보를 구성한다. 이해하기 쉽고 비교 및 결론을 쉽게 내릴 수 있다. 농담, 시나리오, 이야기 등에 많이 사용된다.

예를 들어 비즈니스에서 재정적 활동에 대한 데이터를 고려해보자. 이것을 구성하는 가장 좋은 방법은 시간이다. 돈을 어디에서 가져오거나 갈 것인지를 표시하기 위해 위치별로 데이터를 구성할 수 있지만, 시간별로 데이터를 구성하는 경우 데이터를 포괄적으로 볼 수 있다.

리스트 유형의 대표적 응용인 사전을 기술한다. 사전은 키(key) / 값(value) 쌍으로 데이터를 저장하는 형태이다. 사전에서는 표제어가 키이고 뜻풀이는 값에 해당한다. 키로 "검색"할 수 있다. 예: 사전에서 "dictionary"의 뜻풀이를 찾고 싶을 때 키로 "dictionary"를 입력한다. [그림 19 참고]

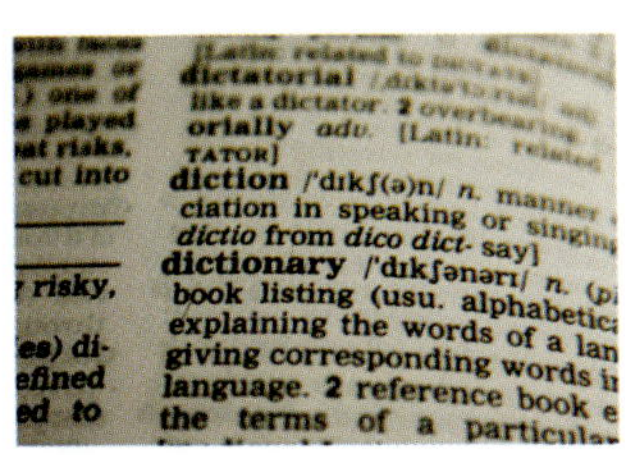

그림 19 사전 단어와 뜻풀이

사전에서 숫자, 문자열 등을 키로 저장하고 뜻풀이는 문자열로 저장한다. 키와 값의 쌍으로 사전이 만들어진다. [표3 참고]

표 3 사전의 키와 값

Key (표제어)	Value (뜻풀이)
dictionary	a reference source in print or electronic form containing words usually alphabetically arranged along with information about their forms, pronunciations, functions, etymologies, meanings, and syntactic and idiomatic uses

사전은 소셜 미디어 작성에도 활용이 된다. 어떤 컴퓨팅 사고 담당 교수가 수강 학생들을 위해 수업 의견을 달 수 있는 설명 페이지를 개발하기를 원한다. 학생들은 수업에서 궁금한 사항을 지속적 물어보고 싶어 댓글 시스템이 있으면 한다. 다음은 댓글 시스템에 포함되기를 원하는 기능이다.

- 학생은 하루에 여러 개의 댓글을 입력할 수 있다.
- 댓글을 게시할 때 코멘트를 저장하여야 한다.

어떻게 할까? 코멘트가 게시된 년과 월의 날짜를 키(key)로 만들고, 값(value)은 코멘트 자체의 텍스트가 된다. 표 4과 같이 보일 수 있다.

표 4 키와 코멘트로 구성된 댓글 시스템

Key (when)	코멘트 (comment)
20190417	수업에서 배운 내용에 대한 더 자세한 이해를 위한 좋은 정보 요청!
20190502	정말 빨리 응답해주신다.
20190610	프로젝트 프로그램을 창의적으로 하면 성적 A를 받는다..

필요한 만큼 코멘트를 추가할 수 있지만, 학생의 험담 또는 부적절한 의견은 해당 코멘트에서 삭제할 수 있다! 이처럼 사전 유형은 다양한 곳에서 활용될 수 있다.

- 사전 데이터 유형은 키/값 쌍이다.
- 크기는 동적이며 실시간으로 축소/증가할 수 있다.

10.7 행동양식 표현 – 연결 리스트

배열은 정적 구조이므로 데이터 크기에 맞게 확장하거나 축소할 수 없다는 단점이 있다. 즉, 새로운 항목의 삽입과 삭제에 비용이 발생한다. 이러한 문제점을 개선하기 위해 메모리 블록(block)에 생성되는 데이터 항목을 저장하고 블록들을 포인터로 상호연결시키는 **연결 리스트(linked lists) 구조가 도입되었다.**

그림 20에 표시된 리스트 항목 모임을 생각해보자. 데이터가 무작위로 배치된 것처럼 보인다. 이번에는 그림 21처럼 각 항목이 명시적으로 다음 항목의 위치를 갖게 된다면, 한 요소에서 다음 요소까지의 연결을 따라 각 요소의 상대적 위치를 간단하게 나타낼 수 있다. 그렇게 항목을 연결하여 순서를 유지한 것이 연결 리스트 개념이다.

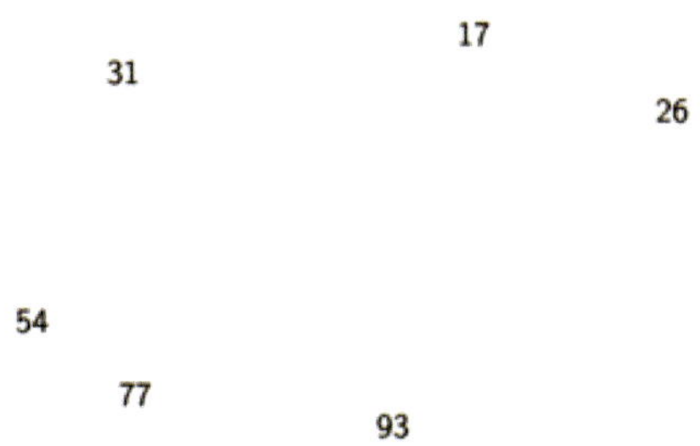

그림 20 비 정렬 데이터 집단

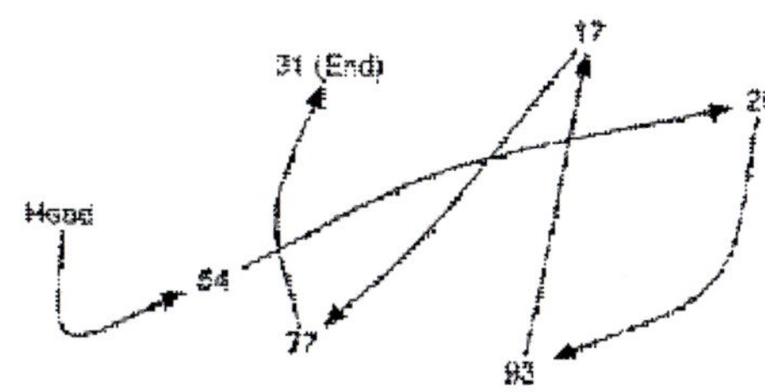

그림 21 비 정렬 리스트로 표현

리스트에서는 첫 번째 메모리 블록 요소의 위치를 명시적으로 지정한다. 리스트의 첫 번째 요소가 어디에 있는지 알게 되면 첫 번째 메모리 블록 요소는 두 번째 메모리 블록 요소가 어디에 있는지를 알려준다. 마지막 요소에는 다음 연결 항목이 없음을 나타낸다.

연결 리스트는 **선형적 데이터 구조 형식이다.** 선형적 데이터 구조란 앞뒤의 데이터와 데이터가 1:1 관계를 맺고 있는 것을 의미한다. 현재 데이터의 앞에도 1개, 뒤에도 1개의 데이터가 존재하는 형식이다. 리스트, 연결 리스트, 배열이 선형 데이터 구조에 속한다.

연결 리스트의 메모리 블록을 **노드(node)**라고 부른다. 연결 리스트의 각 노드 블록에는 **데이터**와 다음 노드를 가리키는 **포인터**를 포함한다. 연결 리스트의 각 노드는 **별도의 개체**이다. 포인터를 노드와 노드를 서로 연결하는 선으로 생각하면 편하겠다. 여기서 노드는 동적으로 **임의의 메모리 주소에** 생성된다. 포인터로 노드들을 연결하여 체인을 형성한다. 연결 리스트는 트리 및 그래프를 만드는 데도 사용된다.

데이터를 삽입 및 제거할 때에, 포인터는 배열 방식보다 더 많은 공간을 사용하지만 이동할 필요가 없다. 하지만, 포인터 기반 리스트는 중간에 연결된 고리가 끊어지면 나머지 데이터를 다 잃을 수 있다. 그래서 특정 노드를 제거 또는 삽입할 때 연결 주소 고리가 끊기지 않도록 주의하여야 한다.

그림 22는 간단한 연결 리스트 예를 보여준다. 리스트의 처음과 끝에 있는 노드는 각각 머리 노드(head node)와 꼬리 노드(tail node)라고 한다. 연결 리스트에 대한 진입점을 리스트의 머리 변수가 지시하고 있다. 머리 변수는 별도의 노드가 아니라 첫 번째 노드(머리 노드)를 지시하고 있음을 의미한다. 첫 번째 노드는 다음 두 번째 노드의 주소를 알고 있고, 두 번째 노드는 세 번째 노드의 주소를 알고 있다.

마지막 꼬리 노드에는 NULL 포인터가 있다. NULL은 어디도 지시하고 있지 않음을 의미한다.

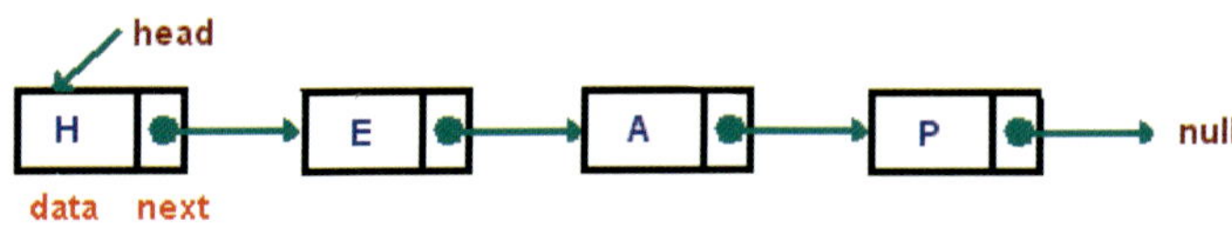

그림 22 연결 리스트 구조

연결 리스트는 동적인 데이터 구조 형식이다. 연결 리스트는 노드가 하나도 없는 상태에서 출발해 새로운 노드를 추가하면서 확대되어 간다. 다른 노드들을 이동시키지 않고서도 리스트 내의 노드 삭제가 가능하다. 단지 **포인터의 연결경로만 변경**하면 된다. 배열에서는 나머지 노드들을 이동시켜야 했다. 연결 리스트에 있는 노드의 수는 고정되어 있지 않으며 요구에 따라 늘어나거나 줄어들 수 있다. 연결 리스트에서 우리는 미리 크기를 알 필요가 없다.

메모리에 연속적으로 저장할 필요가 없기에 연결 리스트의 가장 큰 장점은 데이터 항목을 삽입 또는 제거해도 나머지 리스트를 재배치하지 않아도 되는 효율성이라 할 수 있다. 연결 리스트(linked list)를 사용하면 리스트의 어느 지점에서나 노드를 삽입하고 제거할 수 있다. 연결 리스트 기법을 사용하면 메모리가 실제로 완전히 채워지지 않아서 오버플로(overflow)가 발생하지 않는 장점이 있다. 이러한 동적 메모리 할당 특성으로 연결 리스트는 스택, 대기열, 그래프 등을 구현에도 사용된다.

이러한 연결 리스트는 전자상거래에서 구입 상품 리스트, 학교에서 학생들의 성적을 유지 관리하는 데 사용된다. 매 학기 신규 학생들이 등록하고 또한 일부 학생들은 졸업하여 학교를 떠난다. 연결 리스트는 많은 수의 항목 삽입 및 삭제가 필요한 경우에 적절한 구조이다. 하지만 연결 리스트에서 검색하는 것은 배열에서 검색하는 것보다 느리다.

연결 리스트는 머리부터 시작하여 항목을 찾을 때까지 추적하여야 한다.

배열과 달리 연결 리스트는 개별 요소에 대한 직접 접근을 허용하지 않는다는 단점이 있다. 사실 접근하고 싶어도 중간 노드의 주소를 모른다. 데이터에 대한 임의의 접근이나 효율적인 색인의 형태를 허용하지 않는다. 특정 항목에 접근하려면 해당 항목을 찾을 때까지 머리부터 시작하여 포인터를 따라 추적해야 한다. 임의로 접근할 수 없고 리스트 머리부터 노드를 순차적으로 접근하여야 한다. 어떤 경우는 모든 리스트 항목을 순차적으로 검색하여야 할 수도 있다. 또 다른 단점은 배열과 비교하여 연결 리스트가 더 많은 메모리를 사용한다는 것이다. 하나의 노드 블록에 포인터를 위해 4바이트(32비트 컴퓨터에서)가 추가로 더 필요하다.

연결 리스트에 노드의 삽입 또는 삭제 같은 연산에 알고리즘이 필요하다. 다음은 특정 노드를 찾아서 그 뒤에 새로운 노드를 삽입하는 경우이다. 그림 23에서 "E" 다음에 새 노드를 삽입하고 노드 연결을 변경한다. 이 알고리즘에서는 'temp' 포인터 변수를 사용한다. 'temp' 포인터 변수에 삽입할 위치를 임시 저장한다. 삽입항목을 A 노드에 연결하고 tmp 노드는 새 항목을 지시하도록 한다.

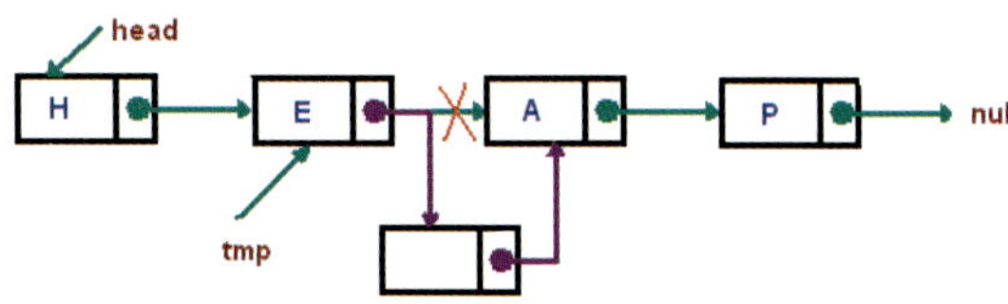

그림 23 새로운 노드 삽입

다음은 특정 노드를 찾아서 삭제하는 경우이다. 그림 24에서 "A"가 포함된 노드를 삭제한다. 이 알고리즘에서는 'prev'와 'cur'의 두 가지 포인터 변수를 사용한다. 리스트에서 항목의 삭제에 따른 리스트의 상태를 추적하는데 사용되는 포인터 변수이다. 삭제해야 할 노드 'cur'에 도달하면 'key' A를 발견하게 된다. 해당 노드를 삭제하고 나머지 노드에 대한 연결을 수정해야 한다. 이처럼 포인터의 연결지점 변동으로 데이터 항목과 삭제를 관리할 수 있다.

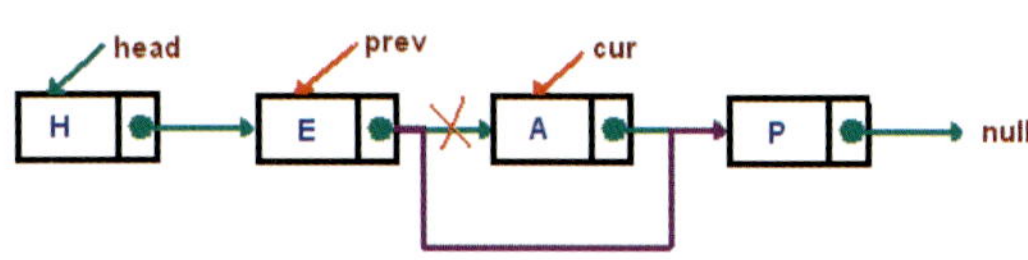

그림 24 노드 삭제

연결 리스트 검색에는 모든 노드를 방문하여야 한다. 머리(head) 노드부터 포인터로 연결된 노드를 따라가면서 검색을 수행한다. 다음은 알고리즘을 보여준다.

```
Traversal_list (head)
{ cur = head;
   while (cur != NULL)
   { printout cur->data;
         cur = cur->next;
   }
}
```

다항식의 덧셈, 곱셈, 나눗셈을 다루는 응용 프로그램을 작성하려 한다. 다항식을 프로그램으로 어떻게 표현할까? 여기서는 연결 리스트로 다항식을 표현하는 방법을 사용한다, 각 노드에는 차수, 계수, 그리고 다음 노드를 지시하는 정보를 포함한다. 최종 노드에는 리스트의 꼬리를 나타내는 NULL 지시가 있도록 한다. 다음 다항식을 연결 리스트로 표현해보자.

$$10 - 20\,x^2 + 30\,x^5 + 15\,x^{16}$$

위의 다항식을 연결 리스트로 표현하면 그림 25와 같다.

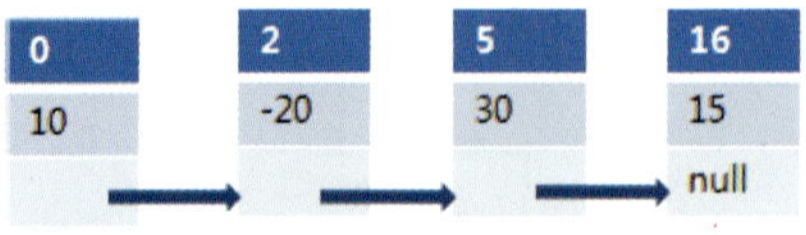

그림 25 다항식의 연결 리스트 표현

이 밖에도 다양한 종류의 리스트가 존재한다. 더 빠른 삽입과 제거를 위한 기법으로 **이중 연결 리스트 (doubly linked list)가 있는데** 개별 노드가 이전과 이후 노드를 지시하는 포인터를 갖는다. **원형 리스트 (circular linked list)는** 맨 마지막 노드가 다시 첫 번째 노드의 헤드를 지시한다.

10.8 행동양식 표현 – 스택

스택(Stacks)은 접시 쌓기 같은 행동을 표현하는 데 적합하다. 처음 접시가 아래로 가고 맨 나중 접시가 맨 위로 위치한다. 접시를 꺼낼 때는 맨 위 접시부터 가능하다. 최하위 위치에 배치된 접시는 가장 긴 시간 동안 스택에 남아있게 된다. [그림 26 참고]

그림 26 스택의 데이터 표현

스택은 미리 정의된 제한된 용량의 추상적인 데이터 유형이다. 스택은 작업이 특정의 수행 순서(order)를 따르는 선형 데이터 구조 형식이다. "마지막 들어온 것이 처음 나간다, LIFO(Last In First Out)" 또는 FILO(First In Last Out)는 순서를 지원하는 데이터 구조이다.

스택 구조에 항목을 삽입하고 제거하는 연산은 함수 호출로 이루어진다. 추가되는 항목은 스택의 맨 위로 이동하고, 제거하려는 항목도 스택의 맨 위에 있는 요소이다. 다음은 기본적 연산으로 필요에 따라 다양한 연산을 추가할 수 있다. [그림 27 참고]

- 스택 추가(push) : 스택에 항목을 추가한다. 스택이 가득 차면 오버플로 상태라고 한다.
- 스택 제거(Pop) : 스택에서 항목을 제거한다. 항목은 푸시된 역순으로 팝(pop)된다. 스택이 비어 있으면 언더플로(underflow) 상태라고 한다.
- 검색(Peek) : 스택의 최상 위 항목을 반환한다.
- isEmpty : 스택이 비어 있는지 여부를 나타낸다.

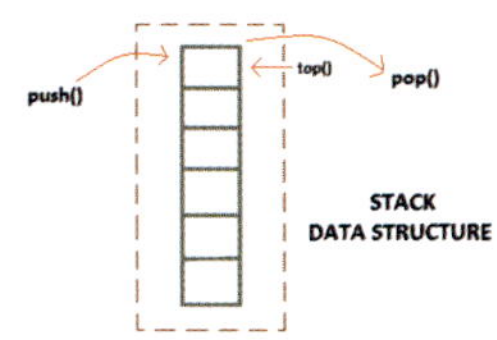

그림 27 스택의 기본 구조

스택의 응용 예로 편집기(editor), 포토샵과 같은 프로그램에서 '다시 실행 취소' 기능, 웹 브라우저의 앞뒤 페이지 가기 기능, 역추적(Backtracking), 미로의 쥐(rat in a maze), 계산기의 계산식 분석 등이 있다. 스택은 배열과 연결 리스트를 사용하여 구현된다.

예제 7

두 노드 간의 최단 경로 찾기 위한 미로 라우팅

마우스가 다음과 같은 미로를 탈출하는 문제를 데이터로 표현해보자. 마우스는 전체 미로를 이동하면서 얻은 경로를 학습하여 최단 경로를 찾을 수 있다. 어떻게 하면 가능하겠는가?

답 미로를 2차원 수학적 배열로 표현할 수 있다. 예로서 0은 길을, 1은 벽으로 표현한다. 미로를 배열로 표현하고 경로 찾기와 최단 거리 찾기를 할 수 있다. 마이크로 마우스가 최단거리를 이동할 수 있는 알고리즘을 찾는 데 활용한다.
https://www.youtube.com/watch?v=A4hzCcFikm0
최단 경로 찾기 위해 우선법 등으로 진행 과정의 좌표리스트를 배열에 저장한다. 저장된 좌표리스트에서 중복되는 좌표 부분을 잘라내어 최단 거리를 구할 수 있다. 또 다른 방법으로 너비우선탐색(Width First Search) 방법이 있는데, 출발점부터 시작해서 한 칸씩 떨어진 지점들을 모두 검사해보고, 그 한 칸 떨어진 지점 중에서 출구가 있다면 프로그램이 종료된다. 출구가 없다면 이번엔 두 칸 떨어진 지점들을 모두 검사해보고, 그 두 칸 떨어진 지점 중에서 출구가 있다면 프로그램 종료한다. 이런 방식으로 탈출할 때까지 반복한다.

10.9 행동양식 표현 – 대기열

대기열은 줄서기 하는 것과 같은 행동을 표현하는데 적합한 데이터 구조 형태이다. 은행 창구에 기다리고 있는 사람들과 마찬가지로 첫 번째로 대기열에 도착한 사람이 첫 번째로 서비스를 받고 떠난다. [그림 28 참고]

그림 28 대기열 표현

스택과 마찬가지로 대기열(Queue)은 작업이 특정 순서(order)를 따라는 선형 구조 형식이다. 대기열은 "선입 선출, FIFO(first in, first out)" 순서를 지원한다. 스택과 대기열의 차이점은 제거하는 방식이다. 스택에서는 가장 늦게 추가된 항목을 제거하고, 대기열에서는 가장 먼저 추가된 항목을 제거한다. 대기열 관리를 위해 다음 네 가지 기본 연산 작업이 필요하다. [그림 29 참고]

- 대기열 추가(Enqueue) : 항목을 대기열에 추가한다. 대기열이 가득 차면 오버플로 상태라고 한다.
- 대기열 제거(Dequeue) : 대기열에서 항목을 제거한다. 항목은 추가된 것과 동일 순서로 팝업한다. 대기열이 비어 있으면 언더플로 조건이라고 한다.
- 앞면(Front) : 대기열 맨 앞 항목을 꺼낸다.
- 후면(rear) : 대기열 마지막 항목을 꺼낸다.

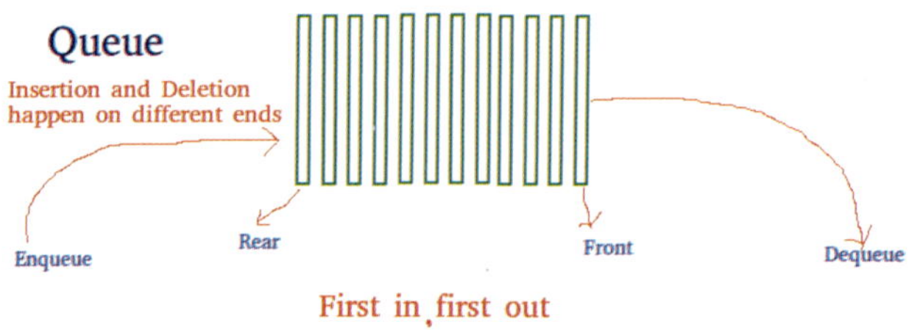

그림 29 대기열 구조 표현

대기열은 작업을 즉시 처리할 필요가 없지만 선입 선출 순서로 처리하여야 하는 경우 사용된다. 대기열의 속성은 다음과 같은 종류의 시나리오에서 유용하다.

1) 자원이 여러 소비자 사이에서 공유되는 경우. 예를 들면 단일 공유 프린터에서 인쇄 요청, 네트워크나 생산 라인에서 입력 작업이 처리되는 동안 기다리는 것, CPU 스케줄링, 디스크 스케줄링 등이 있다.

2) 두 프로세스 간에 데이터가 비동기적으로 전송되는 경우 (전송된 것과 동일 비율로 데이터를 수신하지 않아도 됨). IO 버퍼, 파이프, 파일 IO 등을 예를 수 있다.

대기열도 배열로 구현될 수 있지만, 대기열을 관리하기 위해 앞뒤 두 개의 변수를 추적해야 한다. 대기열은 항목을 뒤편(Rear)으로 추가하고 앞면(Front)에서 빼낸다. 항목의 추가 또는 삭제에 따른 변수를 변경시키며 대기열을 관리한다. 단순히 앞뒤 변수를 증가시키면 문제가 발생할 수 있다. 앞면이 배열의 끝에 도달할 수도 있다. 이 문제에 대한 해결책은 전후방을 순환 방식으로 증가시키는 것이다.

Bebras(베브라스)란?

베브라스(Bebras)는 리투아니아어로 비버(수달)를 뜻한다. 리투아니아 빌뉴스 대학(Vilnius University)의 발레티나 더게네(Valentina Dagiene) 교수가, 수달이 보다 완벽한 집을 짓는 데 포기하지 않고 끝없이 노력하는 것처럼, 학생들도 컴퓨팅 분야의 학습을 지속으로 해야겠다는 생각으로 시작한 교육 프로그램이다.

컴퓨팅 사고의 향상을 위해 핵심 주제인 패턴인식, 알고리즘 디자인, 개념화 등 많은 예제를 개발 보급하고 있다. 전 세계의 많은 학생이 참가하여 활발히 활용하고 있다. 베브라스는 지도 교사 및 다양한 학생뿐만 아니라 많은 대중에게도 컴퓨팅 사고의 이해력을 증진 시키고자 하는 국제적 활동이며 이에는 세계 각국이 참여하고 있다.

베브라스 챌린지가 2004년 리투아니아에서 처음 시작된 이후 현재는 전 세계 40여 개국, 약 100만여 명의 학생이 참여하는 국제적 행사이다. 베브라스 챌린지는 온라인 공간에서 학생들이 45분 동안 Bebras task라고 부르는 18개의 짧은 질문들에 답을 내는 대회로 모든 연령층에서 승자를 가려 시상을 한다. Bebras task는 컴퓨팅에 대한 사전지식이 없이도 풀릴 수 있지만, 이는 컴퓨팅 사고력 개념과 관련되어 있다. 다양한 미션으로 이루어진 도전과제를 주고 주어진 시간 안에 문제를 해결하는 것이다. 학생들의 연령과 수준을 고려하여 여러 그룹으로 나누어 진행한다.

이를 해결하는 과정에는 정보, 이산적 구조, 자료 처리 등이 필요하고 특히 알고리즘 개념을 사용해만 하며, 각각의 문제는 컴퓨팅 사고력과 연관되어 참가자의 학습 능력도를 평가할 수 있다.

https://www.bebras.org/?q=about

연습문제

01 **배열이란?**

1) 관련 데이터를 보관하는 데이터 구조
2) 둘 이상의 값을 갖는 변수
3) 동적 할당된 메모리 구조
4) 데이터 유형이 둘 이상인 변수

02 **검색 알고리즘은 무엇을 합니까?**

03 **검색 알고리즘이 존재하지 않는다면 무엇이 필요할까요?**

04 **일치 항목을 만나거나 더이상 검사할 항목이 없을 때까지 각 데이터 항목을 차례로 검사하는 검색은 무엇인가?**

05 **이진 검색의 단점은?**

06 **다음 중 가장 효율적인 정렬 방법은?**

1) 선형 정렬
2) 삽입 정렬
3) 버블 정렬
4) 병합 정렬

07 **프로그램 작성하기 가장 쉬운 정렬 방법은?**

1) 버블 정렬
2) 삽입 정렬(insertion sort)
3) 병합 정렬
4) quick 정렬

08 **삽입 정렬이 가장 효율적으로 작동하는 데이터 집합은 무엇입니까?**

1) 소규모 데이터 집합
2) 중규모 데이터 집합
3) 대규모 데이터 집합
4) 데이터 규모와 상관없음

09 **병합 정렬이 가장 효율적으로 작동하는 데이터 집합은 무엇입니까?**

1) 소규모 데이터 집합
2) 중규모 데이터 집합
3) 대규모 데이터 집합
4) 데이터 규모와 상관없음

10 **데이터 집합이 0, 2, 3, 5, 7, 8, 9일 때 선형 검색은 값 5를 찾기까지 몇 개의 값을 검사합니까?**

11 **데이터 집합이 0, 2, 3, 5, 6, 8, 9인 경우, 이진 검색으로 값 8을 찾기까지 몇 개의 값을 검사합니까?**

12 **데이터 집합이 0, 2, 4, 3, 8, 9, 7인 경우 선형 검색으로 값 9를 찾기까지 몇 개의 값을 검사합니까?**

13 **배열을 설명하세요.**

14 **앞 11.6에서 언급한 리스트 예제에 대하여 정렬 리스트 또는 비 정렬 리스트 어떤 것이 각 개체 그룹에 대해 더 나은지 결정하십시오.**

15 **1차원 배열의 모든 요소를 어떻게 참조하시겠습니까?**

16 **다음 중 검색 알고리즘의 유형은 무엇입니까?**

1) 선형(직렬) 검색
2) 단어 검색
3) 검색 엔진
4) FIFO

17 **선형 검색은 무엇을 합니까?**

1) 요청된 데이터 항목을 찾을 때까지 첫 번째 데이터 항목을 보고 이후는 차례로 하나씩 살펴본다.
2) 데이터를 알파벳 순서로 구성
3) 요청된 데이터가 발견될 때까지 데이터를 분할한다.
4) 가장 빠른 검색이다.

18 **선형 검색의 장점은?**

19 **다음 중 선형 검색의 장점이 아닌 것은 무엇입니까?**

1) 유형에 관계없이 모든 데이터 집합에서 사용할 수 있습니다.

2) 가장 빠른 검색이다

3) 간단한 알고리즘이기 때문에 그것을 실행하기 위해 컴퓨터 프로그램을 쓰는 것이 쉽다.

20 **어떤 컴퓨터 소프트웨어 시스템을 설계할 때 왜 데이터 구조의 선택이 중요한가?**

21 **왜 배열은 크기에 유연성이 부족한가요?**

22 **색인 0에서 9까지의 10개의 32비트 정수 변수 배열은 메모리 주소 2000, 2004, 2008, ... 2036에 10 워드로 저장될 수 있다. 색인 i의 요소에 대한 주소는?**

23 **한 강좌 10명 학생의 성적(50, 60, 80, 70, 70, 50, 30, 30, 20, 40)에 대한 평균을 계산하는 문제를 생각해보자. 10명의 학생별로 다른 변수 이름을 사용하여 성적을 저장하는 것과 배열을 사용하여 저장하는 것을 표현해봐라.**

24 **다음 중 변수에 대한 설명으로 올바른 것은? 복수 선택이 가능합니다.**

1) 데이터를 저장하는 데 사용된다.

2) 이름은 있지만 유형은 없다.

3) 유형은 있지만 이름은 없다.

4) 유형과 이름이 있다.

25 **컴퓨터의 메모리에서 어떤 메모리 블록이 비어 있는지를 추적 관리를 하고 싶다. 어떤 데이터 구조를 선택할까?**

26 **다음의 다항식을 배열 구조로 표현해본다.**

$$10 - 20x^2 + 30x^5 + 15x^{16}$$

27 개구리가 연못 주위를 점프하며 이동한다. 연잎에서 연잎으로 그림과 같은 순서로 점프하며 이동한다. 이러한 개구리의 이동 경로를 데이터로 표현해본다. S로 표시된 연잎에서 출발하여 그림처럼 끝낸다. 여기서 연잎의 각 점은 개구리가 착지한 연잎을 나타낸다. 점프에는 그림처럼 8개의 방향이 가능하고, 개별 방향에는 0부터 7까지의 정수가 주어진다.

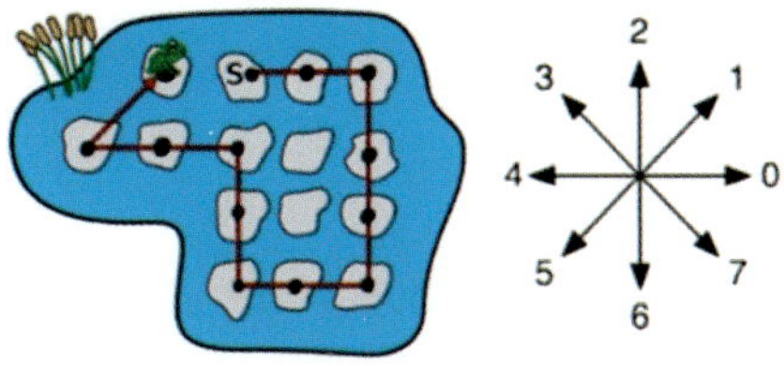

그림 행동을 데이터로 표현하기

28 리스트 사용의 장점은 무엇인가?

29 데이터 구조를 설명하십시오.

30 데이터 구조를 활용하는 영역에는 어떤 것들이 있습니까?

31 정렬을 통해 무엇을 이해합니까? 몇 가지 인기 있는 정렬 기법의 이름을 대세요.

32 이진 검색을 설명하십시오. 이진 검색을 사용하는 가장 좋은 시나리오는 무엇입니까?

33 당신은 LIFO와 FIFO로 무엇을 이해합니까?

34 다차원 배열을 설명해 주세요.

35 이진 검색은 어떻게 합니까?

36 순서형(ordered) 데이터와 함께 사용하는 가장 좋은 검색 알고리즘은 무엇인가?

37 이진 검색의 장점은 무엇인가?

38 이진 검색의 가장 큰 단점은?

39 버블 정렬에 대해 설명하세요.

40 동적 메모리 할당이 데이터 관리에 어떻게 도움이 되는지 설명하시오.

41 어떤 것이 원시 데이터 유형에 속하는가?

1) 문자열
2) Boolean
3) Null
4) Empty
5) 숫자

42 다음 중 어느 것이 문자열인가?

1) "The sky is blue."
2) Water is wet.
3) True
4) 'eleven'

힌트 자바, C는 큰따옴표, 파이썬은 큰/작은 따옴표 다 사용

43 변수는 어디에 저장되는가?

1) 컴퓨터 메모리
2) 클라우드
3) 웨어하우스
4) 특정 기록된 위치

44 생일 파티에 손님을 초대하고 싶다. 당신은 컴퓨터 프로그램의 데이터로서 손님들의 이름을 저장하기로 결정했다. 당신은 올 수 없는 사람을 제거해야 할 뿐만 아니라 친구의 파트너 이름들을 추가해야 할 수도 있다. 다음 중 어떤 것이 가장 적합한가요?

1) 배열
2) 정렬된 리스트
3) 비 정렬된 리스트

45 **사전(dictionaries)에 대한 설명으로 옳은 것은?**

1) 지도(maps)라고도 불린다.
2) 크기가 수정될 수 있다.
3) 계속해서 조회해야 할 필요가 있는 정보를 저장하는 데 유용하다.
4) 단어와 함께만 사용될 수 있다.

46 **배열 사용의 장점은 무엇인가?**

47 **선형 검색의 장점은 무엇인가?**

48 **비트를 사용하여 컴퓨터에 저장되는 데이터 유형은 어느 것인가?**

가. 자연수
나. 분수
다. 텍스트 파일

1) 가
2) 가와 나
3) 나와 다
4) 가, 나, 그리고 다

49 **철수는 할인이 적용된 상품의 최종 가격을 계산하기 위해 다음의 코드를 작성하려 한다. 최종 가격이 0.5가 아닌 0.49999999999999994인 것을 보고 놀랐다. 그 이유에 대한 가장 적합한 설명은?**

1) 컴퓨터가 정수 대신에 부동소수점 표현을 사용했다.
2) 정수 오버플로 오류가 발생했다.
3) 부동소수점으로 저장하기에는 숫자가 너무 크다.
4) 부동소수점에 대한 산술 연산이 반올림 오류로 되었다.

50 **컴퓨터 테트리스 게임에서, 코드는 현재 수준에 10능 곱하고 40을 더하여 레벨당 허용 시간을 계산한다. 레벨 22에서 계산된 시간이 260이다. 하지만 이 게임은 260이 아니라 4로 표시된다. 단 4초 만에 레벨을 완료하는 것은 불가능하기 때문에 누구도 레벨 22를 넘지 못한다. 레벨 22 버그의 가장 유력한 원인은 무엇인가?**

1) 부동소수점에서 반올림 오류
2) 정수 오버플로 오류
3) 부동소수 대신 정수의 잘못된 사용
4) 부동소수의 제한된 정밀도

51 양수를 표현하는데 4비트를 사용하는 컴퓨터를 생각하세요. 다음 중 어떤 연산이 정수 오버플로로 되겠는가?

1) 4×4 2) $15 + 1$

3) $1 + 14$ 4) 15×1

5) 3×3 6) $6 + 1$

52 연결된 데이터 구조란 무엇인가?

53 순차적으로 할당된 데이터 구조란 무엇입니까?

54 기본적인 링크된 데이터 구조는 무엇입니까?

55 순차적으로 할당된 기본 데이터 구조는 무엇입니까?

56 리스트란 무엇인가?

57 배열이란 무엇인가?

11 관계 표현과 컴퓨팅 사고 적용

11.1 관계 표현

앞 장에서 기술한 행동 양식 표현의 배열, 리스트, 스택, 대기열 자료구조 외에도 몇 가지 더 추상 데이터 유형이 있다. 객체 간의 관계(relation)와 행동(behaviour)을 표현하는 그래프와 트리라는 추상 데이터 유형이다. 실세계를 자세히 관찰하면 이러한 것들을 관찰할 수 있다. [그림 1 참고]

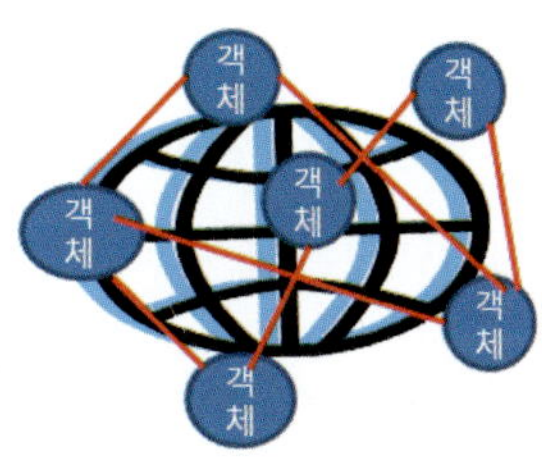

그림 1 객체의 관계 표현

예를 들어 사람들이 SNS 방을 만들어 활동하는 것은 객체 간의 관계를 만드는 것이다. 도시와 도시들이 도로를 통해 연결되고, 새들이 대형을 이루는 것, 전자가 외부 전자계 속에 있는 것도 관계를 표현한다.

이러한 객체 간의 관계는 분야별로 상항에 따라 다양한 양상이 발생한다. 지금까지의 정적인 객체를 표현하는 것과는 차이가 있다. 동영상 속의 어떤 사람(객체)이 움직이면 그것도 객체의 활동에 포함된다. 새들이 대형을 이루어 이동하는 것, 전자가 외부 전자계 속에서 힘을 받아 움직이는 것, 즉, 객체 간 관계로 어떤 환경에서 영향을 받으면 객체들은 반응하는 행동을 나타낸다.

11.2 행동 양식 표현 – 그래프

11.2.1 위치 표현

물리적 또는 개념적 공간 **위치**별로 데이터를 구성하는 경우에 **그래프** 구조 형식이 사용된다. 자동차, 비행기, 선박 항법과 전쟁 전략을 위해 지도를 사용하는 것부터 부엌에서 재료를 수납하는 것에 이르기까지 인간의 일상생활이 **위치 데이터**를 활용하도록 발전했다. 시간과 더불어 위치 데이터를 수 모델로 나타낼 수 있어 가능하다.

"위치를 데이터로 표현한다."

특정 서비스를 설계할 때 상품의 **위치**와 유통 방법을 고려해야 한다. 오프라인 슈퍼마켓에서 선반 설계는 실제 위치에 데이터를 저장하는 좋은 예이다. 디지털 세계에서도 위치별 데이터 구성 또는 제공은 중요한 역할을 한다.

예를 들어 방향 찾기에 도움이 되는 GPS 및 관련 앱을 생각해보자. 위치 기반의 사용자 인터페이스(UI, User Interface) 앱이 상호 작용에 따른 알림을 시작하도록 해보자. 그러하려면 물리적 위치에 따라 특정의 행동을 하도록 유도하는 알림 기능이 필요할 것이다. 그리고 가상 증강 현실 기술(VR/AR)의 발달로 **위치** 기반의 정보 구성이 정보 아키텍처의 매우 중요한 부분이 되고 있다.

위치 정보를 언제 사용하는가? 물론 제공하고자 하는 위치 정보가 상대적으로 중요할 때 사용한다. 방향을 알려주거나, 또는 위치와 관련성이 큰 것이 무엇인가에 따라 제공하는 데이터의 종류나 우선순위가 다를 것이다.

데이터와 시간을 결합하여 사용자에게 가장 필요한 방식으로 필요한 답변을 표시할 수도 있다. **물리적 위치 기반의 시각적 묘사(사진, 그림 등)**를 보여줄 수 있는 데이터를 구성할 수 있다. 대학 캠퍼스 또는 쇼핑몰 안내도와 같은 지도를 고려해보라. 지도는 위치를 기반으로 정보를 구성하는 가장 일반적인 방법이다. 위치별로 체계화하여 위치에 대한 일종의 시각화를 제공하는 것이다. 지도를 기반으로 한 특정 상점이 다른 가게와 관련하여 어디 있는지에 대한 시각적 이미지를 제공해준다. 위치를 기반으로 데이터를 구성하면 서로 관련성이 있는 다양한 콘텐츠 간의 관계를 보여주게 된다. 지도책(아틀라스), 여행 안내책, 신체 부위, 또는 시스템 부품과 같은 정보를 위치 기반으로 비교하는 데 사용된다. 대표적 서비스인 포켓몬고는 위치를 기반으로 한 게임이다. [그림 2 참고]

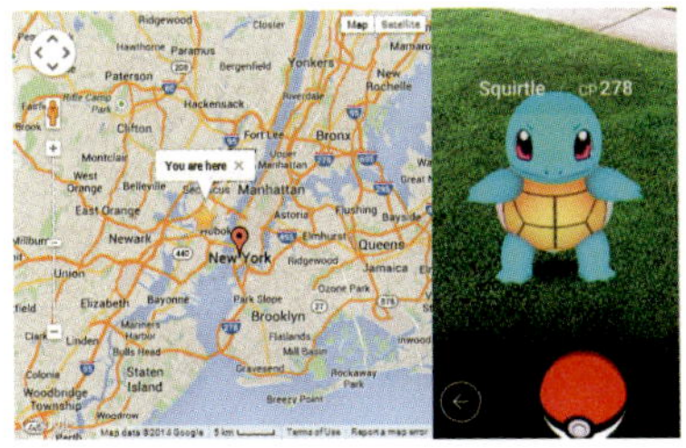

그림 2 지도와 포켓몬고

11.2.2 그래프 구조

그래프(Graph) 구조는 네트워크 형태의 관계를 표현하는 데 적합하다. 그래프는 도시, 도로망, 전화망 또는 네트워크 같은 것을 표현하는데 이용될 수 있다. 페이스북과 같은 소셜 네트워크에서 구성원 간 연결을 표현하는 데도 사용된다. 예를 들어, 페이스북에서 각 구성원은 노드(node)로 표현한다. 각 노드는 하나의 추상적인 구조로 사람 ID, 이름, 성별 및 배경과 같은 정보를 포함한다. 그리고 데이터가 일렬로 나열되는 것이 아니라 평면적 연결로 이루어진다. 그래프와 트리 구조는 데이터를 일렬로 저장하지 않는 비선형 구조이다. 반면 리스트, 스택, 큐 등은 일렬로 데이터를 저장하는 선형구조에 속한다.

노드 간의 관계를 수학적 행렬로 표현하다.

그래프 구조는 **노드**와 노드 간의 관계를 맺어주는 **간선**(edge)으로 표현되는데, 관계가 반복되는 사이클(cycle)이 존재할 수 있다. 그래프 구조는 다음으로 설명된다.

1) 노드의 유한 집합
2) 관계를 간선으로 표시하는 순서쌍(u,v)의 유한 집합. 방향성 그래프의 경우에는 순서쌍 (u,v)과 (v,u)가 같지 않다. 순서쌍(u,v)은 노드 u에서 노드 v의 관계를 맺어주는 간선이 있음을 나타낸다. 간선에는 가중치/값/비용이 포함될 수 있다.

관계의 방향성은 무방향 그래프와 유방향 그래프로 표현한다. 그림 3은 5개의 노드가 있는 무방향 그래프의 예이다.

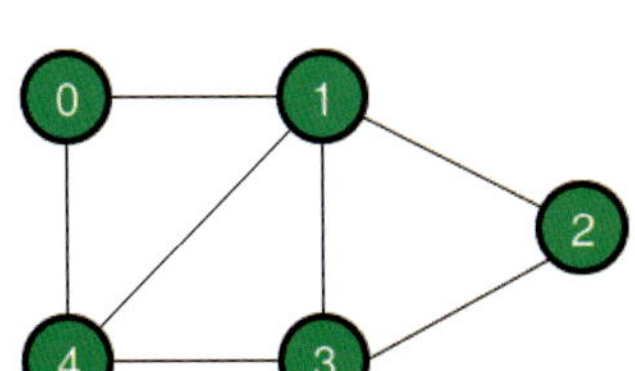

그림 3 무방향 그래프 구조 예

관계를 **인접 행렬**(Adjacency Matrix) 또는 **인접 리스트**(Adjacency List)로 표현한다. 그래프 표현에서 행렬 또는 리스트에 대한 선택은 상황에 따라 다르다. 전적으로 수행할 작업 유형과 사용의 용이성에 의존한다.

인접 행렬(Adjacency Matrix)이란 관계를 2차원 배열로 표현하는 것을 의미한다. n개의 노드를 가진 그래프라면 행렬은 nxn 정방 행렬이 된다. 여기서 n은 노드 수이다. 그래프를 2차원 배열 Adj[i][j]로 할 때, 예로서 Adj[i][j] = 1은 노드 i에서 노드 j까지에 간선이 있음을 나타낸다. 무방향 그래프의 인접 행렬은 항상 대칭적이다. 인접 행렬은 가중치 그래프를 나타내는 데 사용된다. Adj[i][j] = w이면, 노드 i에서 노드 j까지 가중치 w를 갖는 간선이 있음을 나타낸다. 그림 4는 인접 행렬의 한 예이다.

	0	1	2	3	4
0	0	1	0	0	1
1	1	0	1	1	1
2	0	1	0	1	0
3	0	1	1	0	1
4	1	1	0	1	0

그림 4 인접 행렬의 한 예

인접 리스트(Adjacency List)는 관계를 연결 리스트로 표현한다. 그림 5의 그래프는 인접 리스트 표현의 한 예다. 개별 노드가 다른 노드와 어떤 관계가 있는지 리스트로 표현한다. 그리고 개별 노드를 원소로 하여 배열 array[i]로 표현한다. 예로서 array[i]는 i+1번째 노드에 인접한 노드의 연결 리스트를 나타낸다.

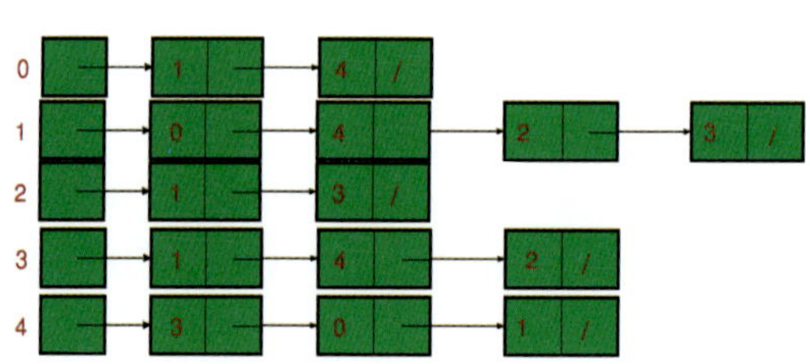

그림 5 인접 리스트 예

프로그램 언어에서는 이러한 노드를 어떻게 표현할까?

실제 프로그램으로는 이러한 노드를 어떻게 표현할까 이는 도전적인 과제이다. 프로그램 언어를 좀 더 학습하면, 이러한 구조를 프로그램으로 구현하여 다양한 활용이 가능하다.

그래프 구조의 추상 데이터(ADT)에도 연산이 필요하다. 그래프에 노드를 추가하거나, 삭제, 탐색, 수정 등의 연산이 필요하다. 그래프 구조에서 특정의 노드를 찾을 수 있어야 한다. 그래프를 배열로 구현했다면 인덱스를 기준으로 찾을 수 있는데, 그래프는 순서대로 저장되어 있지 않으므로 좀 특수한 기법이 필요하다.

리스트에서 특정 노드를 찾는 것은 일렬로 정렬되어 있으므로 순차적으로 탐색해가면 된다. 하지만 그래프에서 노드를 탐색할 때는 사이클이 포함될 수 있기에 동일 노드로 다시 올 수 있다. 노드를 두 번 이상 방문하지 않으려면 방문 여부를 배열에 표기하여야겠다.

시작 노드에서 모든 노드에 도달할 수 있다고 가정하자. 예를 들어 다음 그림 6 그래프에서 노드 2부터 탐색을 시작한다. 먼저 노드 0에 도달하면 인접한 모든 노드를 찾게 된다. 노드 2는 또한 노드 0의 인접한 노드이다. 이처럼 시작 노드에서 인접한 모든 노드를 먼저 검색해가는 기법을 너비우선탐색(Width First Search)이라고 한다. 하지만 이때 방문한 노드를 표시하지 않으면 노드 2로 다시 방문하게 되고 끊임없이 반복하는 사이클을 구성한다. 그림 6에서의 너비 우선 탐색은 2, 0, 3, 1 순서로 탐색한다.

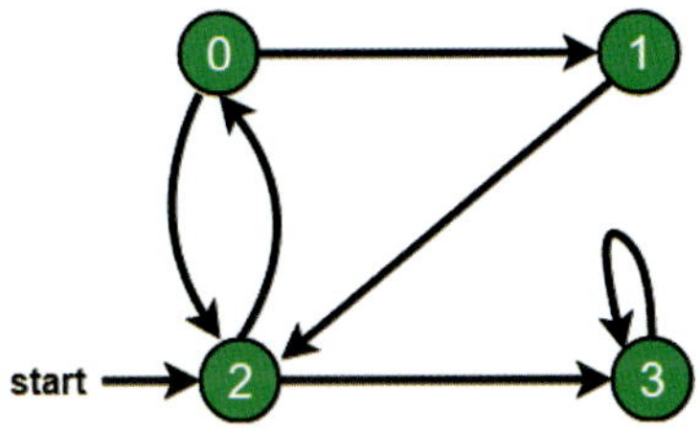

그림 6 그래프 검색

예제 1

비밀번호 생성 기계(Password machine)

컴퓨터 실습실에서 학생들이 각자의 계정에 대하여 새로운 비밀번호를 설정해야 한다. 비밀번호를 위해 소문자, 대문자, 그리고 0부터 9까지의 숫자를 조합해서 사용할 수 있다.

> A–Z는 알파벳의 모든 대문자.
> 0–9는 임의의 숫자.
> a–z는 알파벳에서 소문자.

각 비밀번호에 허용할 수 있는 일반적인 순서와 규칙을 다음의 그래프 구조로 표현한다. 문자나 숫자를 여러 번 사용할 수도 있는데 이것은 동일 상태를 반복하는 것으로 그래프의 루프를 의미한다.

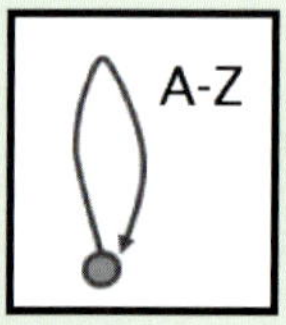

그림 7 루프 노드 표현

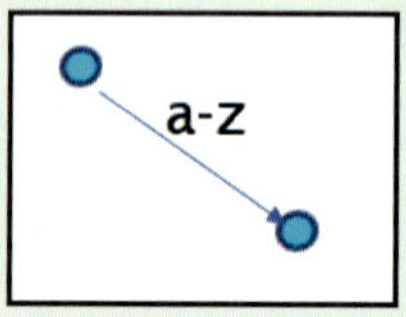

그림 8 간선 표현

그림 7은 그래프에서 루프 노드를 대문자로 표현하고 있다. 하나 이상의 대문자로 루프의 반복을 표현한다. 간선은 소문자나 숫자를 사용하여 표현한다. 그림 8은 소문자를 사용한 간선을 표시한다. 상기의 비밀번호 규칙을 사용하여 그림 9처럼 비밀번호를 처음부터 마지막까지 생성하도록 설계하였다.

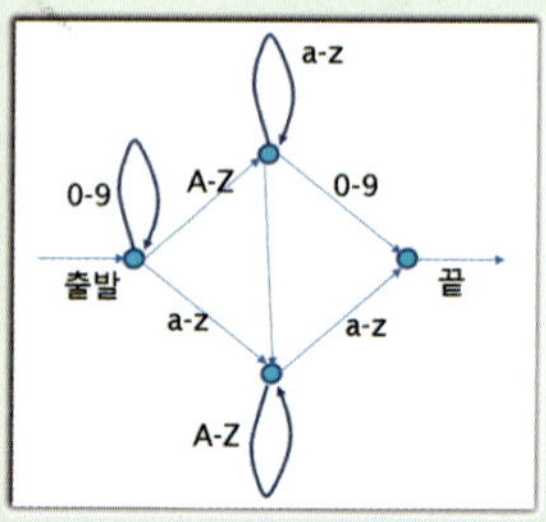

그림 9 비밀번호 설계

이 비밀번호 생성 기계로 생성되지 않는 비밀번호는?

1) 123aNNa 2) Peter3ABCd

3) 2010Beaver4EVEr 4) bENNOZzz

답 컴퓨터 하드웨어 또는 소프트웨어 시스템의 이론적 모델인 추상 기계인 그래프는 컴퓨터, 프로그램 등이 입력을 시각화하고 이해하는 좋은 방법이다. 규칙의 시각화도 보여준다.

4) "bENNOZzz는 허용되지 않는 비밀번호다. 대문자 한 개에 소문자 두 개가 뒤따르는데, 이는 허용되지 않는다. 1) "123aNNa", 2) "Peter33ABCd" and 3) "2010Beaver4EVEr"는 합법적이다.

11.2.3 위치 표현 실제

집으로부터 병원에 도착하기 위한 상황을 생각해보자. 이러한 상황을 어떻게 데이터로 표현하는지 설명한다. [그림 10 참고]

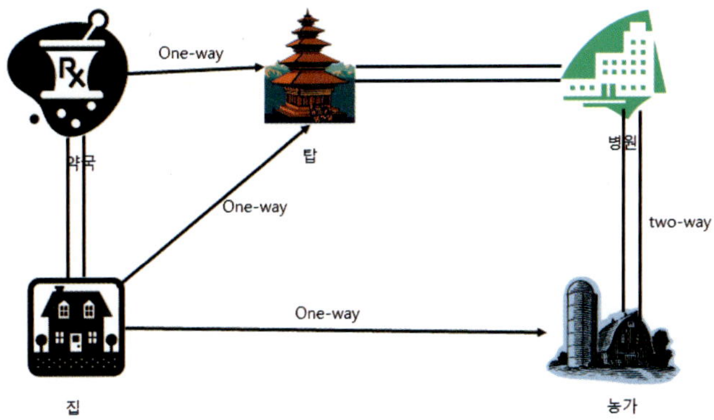

그림 10 관계 표현 사례

구글 지도에 개별 장소에 대한 좌표(위도, 경도)가 표 1의 형태로 주어져 있다고 가정하자. 예를 들어 집의 위도는 38.2이고 경도는 127.4이다.

표 1 개별 장소에 대한 좌표

집	(38.2, 127.4)
약국	(39.3, 127.4)
탑	(39.3, 127.3)
병원	(39.3, 127.2)
농가	(39.2, 127.2)

표 1은 개별 장소가 정확히 어떤 위치에 있는지는 말해주지만, 개별 장소가 어떤 도로와 연결되었는지를 말해주지 않고 있다. 그리고 도로가 어디에 있는지를 말해주지 않고 있다. 그래서 그러한 정보를 저장하는 방법을 고안해야 한다.

첫 번째 대안으로는 모든 도로를 리스트 형식으로 저장하는 것이다. 예로서 집에서 약국, 약국에서 집, 집에서 탑, ... 등 처럼 도로를 구성한다. 이러한 방법으로 도로에 대한 데이터를 표 2와 같이 표현할 수 있다. 표 2에서 이러한 데이터를 읽어보면 집에서 약국, 약국에서 집, 집에서 탑, ... 등의 도로가 있음을 알 수 있다.

표 2 도로 표현

(집, 약국)
(약국, 집)
(집, 탑)
(집, 농가)
(약국, 탑)
(탑, 병원)
(병원, 농가)
(병원, 탑)
(농가, 병원)

두 번째 방법으로는 개별 장소에서 갈 수 있는 모든 도로를 표현하는 것이다. 예로서 집에서 갈 수 있는 도로에는 약국, 탑, 및 농가로 가는 것이 있다. 이러한 방법을 사용할 경우 데이터는 표 3과 같다. 표 3의 좌측에는 모든 장소가 리스트 되어있다. 우측에는 좌측 장소에서 갈 수 있는 모든 장소가 리스트 되어 있다.

표 3 장소에 관련된 도로 표현

집	약국, 탑, 농가
약국	집, 탑
탑	병원
병원	탑, 농가
농가	병원

같은 구글 지도 데이터 집합에 대하여 두 가지 다른 방법으로 데이터를 표현하는 방법을 보았다. 그래서 서로 다른 데이터 집합으로 표현된다. 이는 데이터 구조가 어떠한 것인지를 간단히 보여주는 예이다.

먼저의 방법은 **배열 또는 리스트 자료구조**에 상응한다. 다음 **두 번째 방법은 해시(hash) 테이블 또는 해시 지도(hash map)** 데이터 구조와 유사하다.

어떤 알고리즘을 사용할 것인가?

관계 표현을 위해 상기 데이터를 배열 또는 해시로 저장할 수 있다고 하자. 이번에는 집에서 병원까지 가는 가장 짧은 경로를 찾고자 한다. 이 경우 수동으로 계산한다면 매우 쉽게 해답을 찾을 수 있다. 먼저 3개의 가능한 경로가 있다.

1) 집-약국-탑-병원

2) 집-탑-병원

3) 집-농가-병원

개별 경로에 대하여 거리를 계산하고 비교한 후 가장 짧은 것을 찾으면 된다. 거리를 계산하기 위하여 개발 위치에 대한 위도와 경도 좌표를 활용하면 된다. 이러한 문제를 손으로 푼다면 매우 쉬운 작업이 된다. 하지만 컴퓨터가 이러한 문제를 이해할 수 있도록 하려면 좀 더 시스템적으로 접근해야 한다. 컴퓨터가 이러한 것을 쉽게 이해하도록 다음과 같은 명령어 집합(연산)이 필요하겠다.

1) 먼저 집에서 갈 수 있는 모든 **장소**를 찾는다. 이 경우 약국, 탑, 농가가 포함된다.
2) 이들 개별 장소에서부터 모든 경로를 찾는다. 약국에서 탑으로, 탑에서 병원으로, 농가에서 병원으로의 **경로**가 있다.
3) 개별 경로에 대한 **거리**를 추적한다.
4) 병원에 도달할 때까지 과정을 반복한다.
5) 복수의 경로가 찾아지면 거리를 비교한다.
6) 끝으로 가장 짧은 경로를 찾는다.

집에서 병원까지의 최단 거리를 찾는데 1)부터 6)까지 계산 작업이 필요하다.

어떤 데이터 구조를 사용하느냐에 따라 문제를 해결하는데 사용하는 알고리즘이 달라지는 것이다. 앞의 예에서는 2가지 다른 형태로 정보 또는 데이터를 저장하는 방법을 사용했다.

(1) 도로가 어디에 있느냐?
(2) 서로 다른 장소를 어떻게 연결하느냐?

데이터 구성 (1)은 모든 가능한 도로를 리스트 하는 것이다. 집에서 출발하는 도로를 위해 리스트를 검색하여 (집, 약국), (집, 탑), (집, 농가)에 대한 도로를 찾는다. 필요에 따라 리스트 끝까지 도로를 찾아봐야 할 때가 있다. [표 2 참고]

데이터 구성 (2)는 집에 대한 데이터를 첫 번째 줄에서 찾았으므로 그 아래의 요소를 찾아볼 필요가 없다. 집에서 약국, 농가, 탑으로 갈 수 있는 3가지 경우가 있다. (2)번 데이터 구조가 (1)번 경우보다 약간 쉽다. [표 3 참고]

데이터 구조는 알고리즘 성능에 영향 준다.

알고리즘은 데이터 구조에 대한 연산을 실행하기 위한 명령어로 정의한다. 데이터 구조에 대한 알고리즘을 배우는 것은 매우 중요하다. 무슨 데이터 구조를 사용하느냐에 따라 추후 그 데이터를 활용한 시스템의 성능에 영향을 준다. 이들이 소프트웨어를 더 효율적으로 만들기 때문이다.

11.3 행동양식 표현 – 트리

트리(Tree) 형태의 데이터 구조는 기업이나 조직의 조직도처럼 보통의 계층적 형태의 데이터를 다루는 데 적합하다. 그림 11처럼 트리는 나무를 거꾸로 놓은 형태로 그래프의 일종이기도 하다.

그림 11 트리 구조

계층 구조는 정보의 중요성이나 순위에 따라 하나의 정보가 다른 정보와 어떻게 관련되는지 보여주고 싶을 때 유용하다. 조직도에서 누구에게 보고해야 하는지 또는 보여주고자 할 때 사용된다. 또한, 가장 큰 것부터 가장 작은 것 또는 가장 가벼운 것부터 가장 무거운 것까지 스케일을 표시하는데 사용할 수 있다. 많은 사람이 내림차순으로 작업하기를 선택하지만, 오름차순 또는 내림차순으로 데이터를 구성할 수 있다. [그림 12 참고]

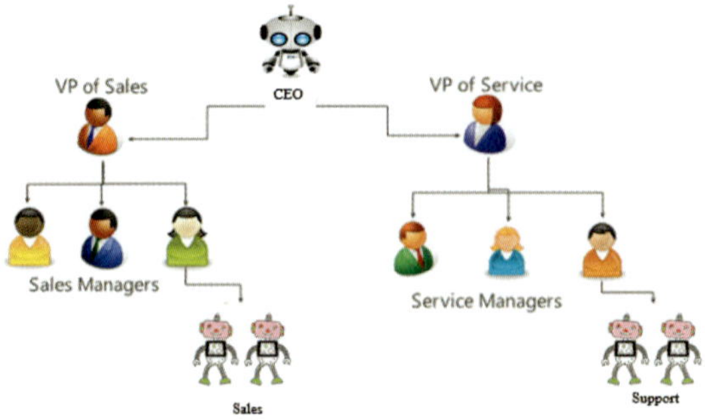

그림 12 조직도

선형 데이터 구조와 달리 트리는 하나 이상의 데이터 노드와 연결되는 계층적 비선형 데이터 구조를 이룬다. 최상위 첫 번째 노드를 루트(root)라고 한다. 바로 아래에 있는 요소를 자식이라고 한다. 각 노드는 0개 이상의 자식(child) 노드를 가질 수 있다. 루트 노드가 중심점이고 하부에 자식 노드들이 이어진다. 트리를 구성하는 노드들과 노드 간을 이어주는 간선으로 구성되고, 사이클이 없는 구조이다.

트리를 연결 무방향 그래프라고도 한다. 부모 노드 밑에 여러 자식 노드가 연결되고, 자식 노드 각각에 다시 자식 노드가 연결되는 **재귀적 형태의 데이터(자료) 구조**다. 예를 들어, 그림 13처럼 a는 f의 자식이고, f는 a의 부모이다. 마지막으로 자식이 없는 요소를 단말 노드라고 한다.

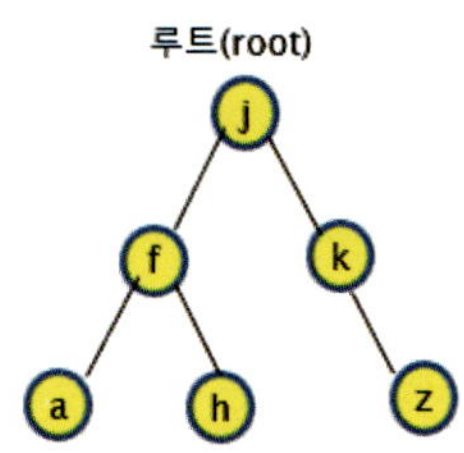

그림 13 트리 구조 예

트리 구조를 사용하는 한 가지 이유는 자연스럽게 계층을 형성하는 정보를 다루기 때문일 수 있다. 예를 들어, 컴퓨터의 파일 시스템이 트리 구조에 속한다. [그림 14 참고]

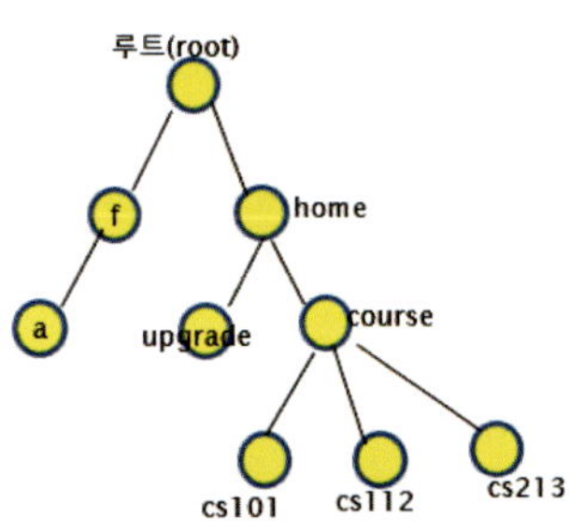

그림 14 컴퓨터 파일 시스템

트리 구조에서 특히 2개 이하의 자식을 갖는 이진 트리(Binary Tree)라고 말한다. 이진 트리의 각 노드는 2개까지의 자식 노드만 가질 수 있으므로 일반적으로 자식 노드의 이름을 왼쪽 및 오른쪽으로 명명한다.

트리의 계층적 데이터 구조에서 어떻게 데이터 검색을 빠르게 할 수 있을까? 파일 시스템에서 특정 파일을 찾는다거나, 라우터 알고리즘과 다단계 의사 결정에서 사용된다.

이러한 트리 구조의 추상 데이터(ADT)에도 연산이 필요하다. 트리에 노드를 추가하거나, 삭제, 탐색, 수정 등의 기능이 필요하다. 노드 수가 항시 변동 가능하다면 어떤 방식으로 데이터 구조를 구현하는 것이 좋을까? 연결 리스트를 사용하여 노드를 연결하면 노드 수에 상한이 없다. 배열을 사용하여 구현하는 것도 가능하지만 검색 속도 또는 확장성을 고려하여 선택한다.

트리 구조는 데이터를 순위별로 정리하는 경우에 적합하다. 예를 들어서 작은 것에서 큰 것, 가장 낮은 것에서 가장 높은 것, 행복에서 불행한 것까지, 서비스 및 제품에 대한 등급 점수, 점수표, 효율성, 크기 등의 관리에 사용된다.

11.4 행동양식 표현 – 해시 테이블(hash table)

빅 데이터(Big data)를 다룰 때 탐색 속도를 높이는 것은 중요한 과제이다. 해시는 데이터를 잘 정리하는 방식의 일종이다. 아이디어는 검색 항목 키를 더 작은 숫자로 변환해서 그 작은 숫자를 배열의 인덱스가 되도록 하는 방식이다. 해시 테이블은 큰 숫자 또는 문자열 대신에 작은 정수를 인덱스로 매핑한다. 해시(hash)의 의미 "잘게 썰다"처럼 큰 단위로 매칭 여부를 판단하지 않고 작은 단위로 변환하여 탐색에 사용한다. 좋은 해시 함수를 설계하면 효율적으로 계산할 수 있다.

현실적으로 탐색 키(key)가 문자열이거나 매우 큰 숫자여서 탐색 키를 직접 배열의 인덱스로 사용하기에는 무리가 될 수 있다. 그래서 작은 정수 숫자로 매핑시키는 어떤 함수가 필요하다. 이것을 해싱 함수(hash function)라고 한다.

표 4에는 학생의 이름, 학번, 주소와 같은 인적 사항이 있다. 우리는 학번을 탐색 키로 생각하여 학생의 인적 정보를 찾을 수 있다. 학번을 표 4의 인덱스로 변환하는 해시 함수(H)를 사용하면 학생의 학과내 해시 주소를 통해 저장 위치를 찾을 수 있다.

표 4 해시 테이블

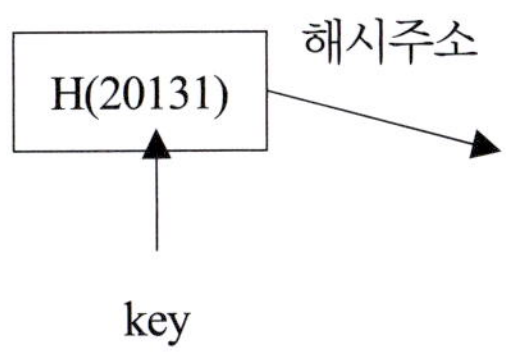

0	값 (value)
1	
2	
.....	
31	홍길동, 20131, 대한민국 서울시 남산동 23
....	
100	

해시 테이블은 키(key)와 값(value)을 쌍으로 하여 배열로 저장된다. 학생 테이블을 배열로 만드는데 학번이 배열의 인덱스가 될 수는 없어 인덱스로 해시 주소를 사용한다. 학생의 학번(20131)을 해시 함수에 입력하면 홍길동 학생의 위치 인덱스(해시 주소)가 31임을 알려주고 그곳에서 학생 정보를 얻을 수 있다. 이후 배열에서 자료 탐색은 다른 어떤 자료구조보다 빠른 탐색이 가능하다. 이 경우는 해시 함수(H)를 계산을 위해 시간이 좀 더 필요하겠다.

큰 사전에서 긴 문자열 항목을 사용해서 검색하는 것보다 작은 숫자를 사용하면 검색시간을 절약할 수 있다. 해시 함수를 이용해서 큰 데이터를 작은 숫자로 변환하여 생성되는 해시 주소가 실제 데이터가 저장된 배열의 인덱스가 된다. 사전에서 값에는 항목에 대한 정의와 설명이 포함된다.

해시에서는 임의의 문장이나 단어를 해시 알고리즘을 통해서 단 하나의 해시값을 갖도록 한다. 본문의 내용이 아주 일부만 바뀌더라도 해시값이 완전히 달라지는 특징이 있다. 이러한 특성으로 데이터의 무결성 검증, 메시지 인증에 사용한다. 블록체인처럼 거래 내역이 들어있는 수만 개의 블록이 무결성인지를 검사하는 데 사용하기도 한다.

11.5 재귀(recursion) 구조

11.5.1 재귀와 함수

재귀(recursion)란 무엇인가?

수천 개의 숲도 한 개의 도토리 열매에서 만들어진다. 재귀는 어떠한 것을 정의할 때 자기 자신을 참조한다. 재귀는 언어학, 논리학, 특히 컴퓨터 과학과 수학에서 많이 사용되는 중요한 개념이다. 매일 사용하는 것도 아닌데 왜 재귀를 공부하나? 일단 재귀 문제는 어렵다. 선천적으로 재귀적 사고 능력이 있는 사람은 별로 없다. 대부분 사람은 재귀적 사고 능력이 없다. 그래서 재귀적 사고에 대하여 배워야 한다. [그림 15 참고]

그림 15 재귀 개념

올바른 기술과 올바른 접근은 모든 것을 다르게 만든다. 재귀적 프로그래밍은 어려운 문제를 해결할 수 있다는 것을 자기 자신에 보여주는 좋은 방책이다. 만약 당신이 문제를 재귀로 해결할 수 있다면, 당신은 재귀로 좌절하는 사람으로부터 재귀로 문제를 해결할 수 있는 사람으로 갈 수 있다. 그리고 그런 자신감을 쌓는 것은 미래에 어떤 문제를 해결하든 간에 도움이 될 것이다.

함수란 무엇인가? 그렇다, 앞에서 이미 설명하였기에 함수가 무엇인지 알고 있다는 것을 알지만, 우리가 왜 재귀 사용을 귀찮아하는지 이해하기 전에 함수의 목적을 검토하는 것이 좋다.

함수는 어떤 특정 동작을 수행하는데 사용되는 체계적이고 재사용 가능한 코드의 블록이다. 프로그래머들은 같은 코드를 반복해서 작성하는 대신에 코드를 재사용하는 모듈 기능을 만든다. 그렇게 함으로써 더 나은 모듈성과 전체적인 깨끗한 코드 배치의 프로그램을 제작할 수 있다.

함수가 다른 함수를 호출하듯 재귀는 함수가 자신을 부르는 과정이다.

함수가 어떤 문제를 해결할 때 그것을 돕기 위해 많은 다른 함수들을 호출할 수 있다. 재귀는 함수가 직접 또는 간접적으로 자신을 부르는 과정이다. 그러한 함수를 **재귀함수**라고 한다. 문제를 더 간단한 몇 가지 작업으로 자연스럽게 나눌 수 있는 분절 파편 상황에서 유용하다.

만약 여러분이 컴퓨터 과학의 개념에 대해 배웠다면, 재귀라는 주제에 대해 몇 번 마주쳤을 것이다. 재귀라는 주제의 개념과 재귀 알고리즘을 언제 어떻게 사용하는지 설명하겠다.

종종 컴퓨터 프로그래밍에서 당신은 해결해야 할 큰 문제에 직면한다. 때때로, 그러한 문제들을 해결하는 가장 쉬운 방법은 큰 문제를 많은 작은 문제들로 세분하는 것인데, 그 결과 발생하는 문제가 너무 작아서 우리가 바로 해결할 수 있을 때까지 말이다. **큰 문제를 많은 작은 문제로 나누는 이 기술도 재귀 개념이다.**

11.5.2 재귀는 어떻게 동작하는가?

수학자라면

```
factorial(n) = n * factorial(n-1)
```

이러한 공식이 절대적으로 옳다고 말할 것이다. 그러나 이것은 계속 꼬리에 꼬리를 물고 이어져서 언젠가는 멈추어야 한다고 생각한다.

```
factorial(n-1) = (n-1) * factorial(n-2)
factorial(n-2) = (n-2) * factorial(n-3)
          ...................
```

이러한 과정이 무한정 계속된다. 언젠가는 멈추어야 한다. factorial(1) = 1일 때 멈추어야 할 것이다.

사실 예를 들어 fact(4)는 다음과 같이 해석된다.

```
fact(4) = 4 x fact(3)
        = 4 x 3 x fact(2)
        = 4 x 3 x 2 x fact(1)
```

fact(4)를 구하기 위해 4 * fact(3)의 계산이 필요한데, fact(3) 계산이 필요하다. 이는 다시 4x3xfact(2)가 되어 fact(2) 계산이 필요하다. 이는 다시 4x3x2xfact(1)이 되고 fact(1)을 계산해야 한다. 다행히 fact(1)을 우리는 안다. fact(1)=1이다. fact(1)이 알려지면 역으로 나머지 fact(2), fact(3), 그리고 fact(4)까지 계산할 수 있다.

상기 수학 문제를 컴퓨터 프로그램으로 구현하는 방법은 2가지가 있다. 재귀적 또는 반복적 방법이다. 팩토리얼 계산은 정수에 대해서만 유효하다. 실수에 대해서는 유효하지 않다. 매개변수 또는 인수에 대하여 정수로 선언하고 결과도 정수가 된다.

팩토리얼(factorial) 계산 문제를 해결하기 위한 반복적 방법이 있는데 그것은 반복 루프에 의한 것이다. 반복을 사용하여 숫자의 팩토리얼을 계산하기 위해 작성된 프로그램은 다음과 같다.

```
int factorial(int num)

{

  int i, result = 1;

  for (i=2; i <= num; i++) result = result * i;

  return result;

}
```

이 코드는 1부터 함수의 매개변수로 제공된 어떤 숫자(num)까지 반복하면서 매번 그 숫자(num) 변수까지 곱하기를 반복한다. 이 방법도 괜찮아서 팩토리얼(factorial) 계산을 아무 문제 없이 처리할 것이다.

재귀와 유일한 차이점은, 재귀함수는 순환(루프)하도록 스스로 호출한다는 것이다. 루프가 우리를 위해 순환을 한다는 것이다. 어렵나요?

11.5.3 왜 재귀를 사용하나?

반복으로 문제를 해결할 수 있다면, 왜 굳이 재귀를 사용하는가?

반복을 사용하여 같은 팩토리얼 문제를 해결할 수 있다면, 왜 굳이 재귀를 사용하는가? 팩토리얼 문제의 경우 재귀적 또는 반복적 방법의 사용에 별 차이가 없지만, 재귀로 더 빠르고 깨끗하게 해결할 수 있는 문제가 있다.

재귀는 특히 더 작고 반복적인 문제로 분절 파편화할 수 있는 문제를 해결할 때 유용하다. 그것은 많은 가능한 경우의 수 또는 파생물(branches)을 가지고 있고, 반복적인 접근하기에 너무 복잡한 문제들에 특히 좋다.

예를 들어, 파일 시스템을 검색하는 것은 재귀로 하기가 쉽다. 프로그램은 재귀방식으로 루트 폴더에서 시작하여 루트 폴더 속의 파일을 모두 검색할 수 있다. 그리고 각 폴더에 들어가 그 안에 있는 각 폴더를 검색한다. 이러한 유형의 구조는 모든 가능성에 대해 여러 가지 다양한 검사와 조건을 포함하지 않고도 여러 가지 분기 경로를 검색할 수 있기에 잘 된다.

앞에서의 팩토리얼 계산 문제를 프로그램으로 구현하면 다음과 같다. 이러한 프로그램은 거의 수학 문제를 다루는 것과 유사하다. 거의 팩토리얼에 대한 정의를 작성하는 것과 유사하다. 만약 입력 매개변수가 1이라면 factorial(1)=1 이다. 기타의 매개변수 입력에 대하여는 지속으로 자신 factorial()를 호출하는 것이다.

재귀함수를 다룰 때는 루프에서 탈출시키는 것이 중요하다.

그리고 재귀함수에서는 탈출시키는 것이 중요하다? 무슨 말? 갑자기 탈출? 재귀함수는 스스로의 코드를 계속 호출하게 되어있다. 영원히 스스로를 호출하게 된다. 누군가 이것을 멈추게 해야 한다. 프로그래머가 무한한 자기 자신의 호출을 멈추게 하여야 한다. 그림 16 프로그램에서는 n=1일 때 순환을 멈추도록 한다.

```
#include <stdio.h>
int factorial( int n)
// recursive version
{
  if ( n == 1) return 1; // 입력 매개변수가 1이면 factorial(1)=1과 같다. 재귀 탈출
  else
  return n x factorial(n-1);  // 기타 매개변수에 적용
}
```

그림 16 팩토리얼 계산 프로그램

그림 17는 팩토리얼 계산 과정을 보여준다. 어떻게 자신 함수를 호출할 수 있는가는 데이터 세그먼트 스택(stack)을 이해해야 한다. fact(4)의 계산에 fact(3)이 필요한데 재귀적으로 미해결 상태이다. 미해결 상태로 놓고 fact(3)을 계산하기 위해 재귀적으로 자신을 호출하여 fact(2)를 계산해야 한다. 이러한 과정을 계속한다. 결국에는 fact(1) = 1에서 마지막 재귀가 멈추고 탈출하게 된다. 그러면 그동안 미해결되었던 fact(2), fact(3), fact(4)가 스택에 저장되었다가 하나씩 해결된다. 차례대로 하나씩 해결된 후 함수를 빠져나와 원래의 호출 프로그램으로 되돌아갈 수 있다.

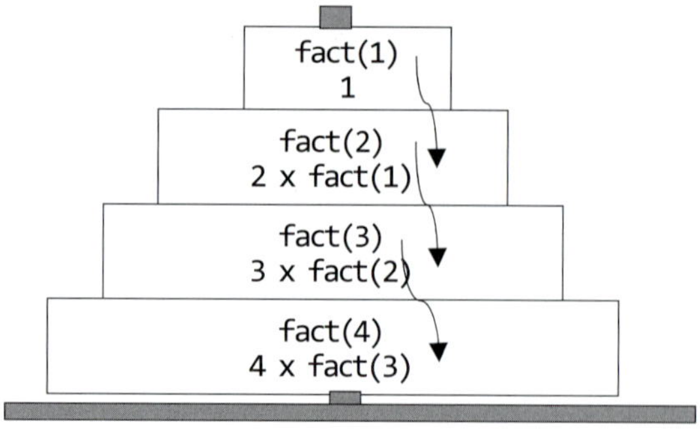

그림 17 재귀함수 해결 과정

반복 계산을 예전에는 다음 코드처럼 루프를 만들어 수행했다.

```
Do 100 I=1 20
...........
100 -------
```

그리고 루프 안에 루프를 포함하는 중첩 루프(nested loop)에 대하여도 생각했다.

```
DO 200 J = 1, 10
    Do 100 I=1 20
        ...........
    100 -------
     +++++
200 *******
```

이러한 계산은 2차원적 계산이 되는 것이다. 중첩(nested)으로 내부에 포함되는 루프의 숫자가 많아질수록 더 다차원 계산 문제가 된다. 예전의 프로그램 언어(예: Fortran)에서 중첩 루프(nested loop)에 한계가 있었는데 보통 10번 이하여야 했다.

이후 재귀 개념이 많이 고안되어 현대 사용자 수준의 재귀 계산이 C 언어에서 많이 보급되었다. 현재는 C++, 파이썬(Python), Java 같은 언어에서도 지원하고 있다. 재귀함수는 스택을 지속적으로 사용하므로 n 값이 커질수록 함수의 호출 깊이가 깊어져 메모리를 비정상적으로 사용하므로 주의가 필요하다. 반드시 탈출하도록 하여야 한다.

11.6 컴퓨팅 사고 적용

컴퓨팅 사고에서는 문제 해결을 일련의 단계들로 표현한다. 우리의 직관과 개념화, 정형화, 분절 파편화 등을 혼합적으로 활용하는 기술이다. 이해하기가 쉽지는 않다.

예제 2

n 개의 숫자가 주어졌다. 그들 중에서 최댓값 Max(n)을 찾아라.

```
Read (n)          // n 개의 데이터를 읽는다.
Read(num)         // 첫 번째 숫자 num를 읽는다.
MAX = num       // 첫번째 num을 최댓값으로 초기화시킨다.
loop i = 2,n,1  : //2번째부터 나머지를 루프로 반복, 첫 번째 데이터가 이미 읽혀졌음.
   Read(num)     // 다음 숫자를 읽는다.
   if MAX < num // 임시 MAX와 현재 숫자를 비교해 현재 숫자가 더 크다면
          MAX = num  // 현재 숫자를 MAX에 저장

print MAX   // loop를 탈출하여 최댓값을 출력한다.
```

이러한 방식으로 문제를 해결하는 것은 우리가 학습해야 할 것이 아니다. 이것은 단지 어떤 언어로 표현된 **하나의 솔루션(solution)**이다. 우리는 이미 이런 과정을 알고 있기에 이러한 일련의 단계로 쉽게 표현이 가능하였던 것이다. 하지만 전혀 새로운 문제에 직면했을 때 우리는 그 문제를 어떻게 다룰 것인가? 그래서 우리는 그러한 문제를 다룰 사고 기술이 필요하다. 그 문제에 대하여 알고 있는지, 여부가 문제가 아니라 사고방식이다. **문제 분절 파편 개념이**다.

11.6.1 문제 분절 파편화 예1 : 피보나치(fibonacci) 수 문제

수가 다음처럼 표현되는 피보나치 문제를 생각해보자. 이전 두 수의 합으로 표현된다. **피보나치** 계산 문제를 분절 파편화 과정을 기반으로 프로그램 해보자. 작은 문제를 해결하고 점차 큰 문제를 해결하는 방식을 사용한다.

$$F_n = F_{n-1} + F_{n-2}$$

가장 작은 기본 문제로는 n = 0과 n = 1인 경우 **피보나치를** 계산하는 것이다. 이어서 n > 1인 경우의 문제로 확대한다. 이 문제는 2개의 기본 조건과 2개의 하부문제를 갖는 재귀 문제가 된다.

1) 기본 조건 : (n <= 0) :   val = 0

(n == 1) :   val = 1

2) 귀납 : (n >1) X1 = fib(n-1)   // 하부 1 문제

Y1 = fib(n-2)   // 하부 2 문제

val = X1 + Y1   // 재결합

그림 18은 2개의 독립된 하부문제로 표현하고, 문제 분절 파편화 및 재결합 과정을 보여준다. 파란색은 분절 파편화 과정을 나타내고, 빨간색은 재결합하여 문제를 해결하는 과정을 보여준다. 그리고 노드 속의 숫자는 피보나치 수(예: fin(0), fib(1))이고, 빨간색 선에 표기된 숫자는 피보나치 값이다.

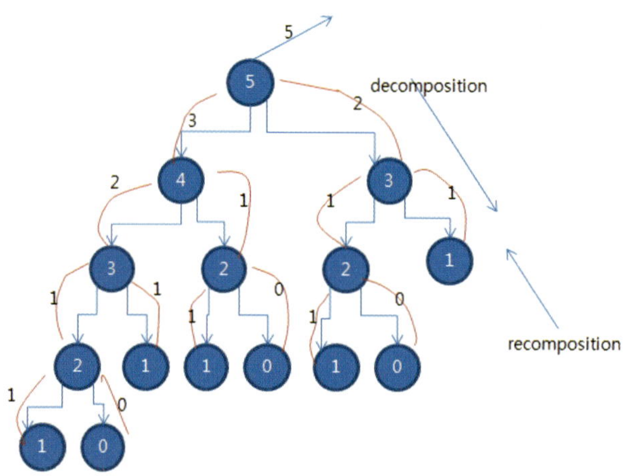

그림 18 피보나치 수 문제 분절 파편화 및 재결합 과정

11.6.2 최대최소 구하기 및 프로그램

앞에서의 최댓값 구하는 예제 2를 다시 한번 생각해보자. 이제부터는 일반적인 해법 대신에 문제를 분절 파편화하여 해결해 보도록 하자. 간단한 문제부터 점차 복잡한 문제까지 한 단계 한 단계 어떻게 문제에 대한 솔루션을 만들어 갈 수 있는지를 설명한다.

가 문제의 분절 파편화

좀 더 자세히 문제를 살펴본다. 수학적 관점에서 n 개의 숫자를 집합으로 표기한다.

```
{t1, t2, t3, ....., tn }
```

앞에서 문제의 과정을 보면 첫 번째 단계는 문제를 첫 번째 숫자(Read(num))에 대하여 해결하는 것이다, 이 경우 해결해야 할 유일한 문제는 t1에 대하여만 해결하는 것이다. 이 경우 솔루션으로 최댓값은 t1이 된다.

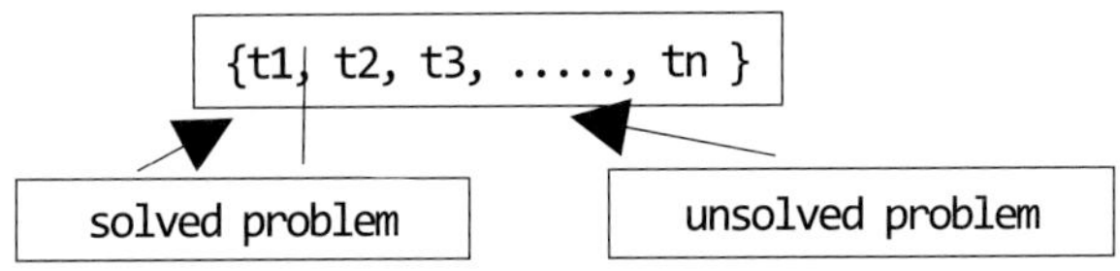

일단 t1에 대하여 해결되면 t1부터 t2까지의 문제에 대하여 해결한다.

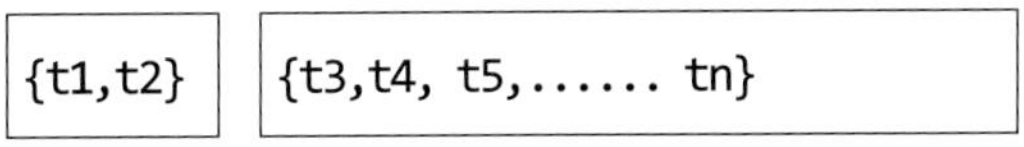

t2까지 문제에 대하여 해결하면 다음은 t3까지의 문제에 대하여 해결한다.

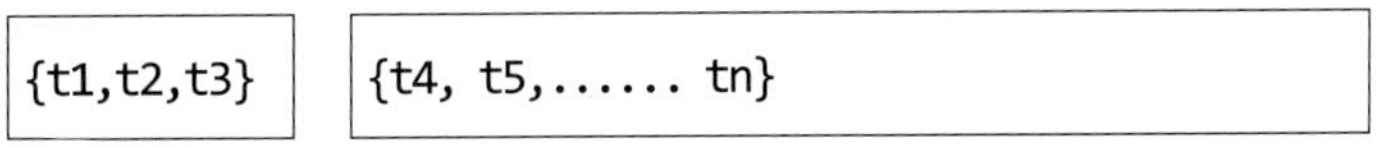

문제 해결을 이러한 형태로 발전시켜 간다. 이러한 형태를 문제 분절 파편 기술이라고 한다. 문제 분절 파편이 사소해 보이지만, 문제 분절 파편을 다른 형식으로도 진행할 수 있다.

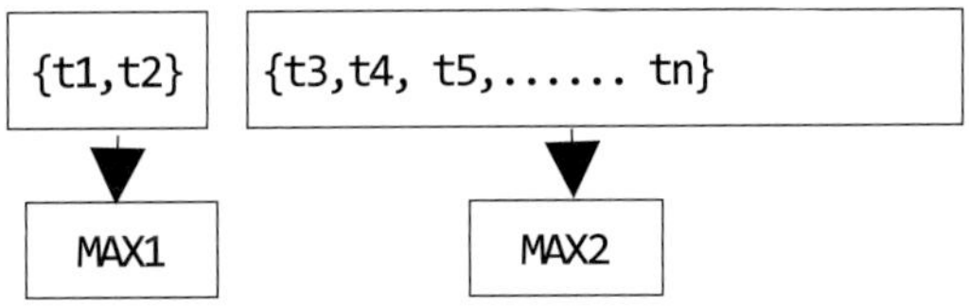

여기서 문제를 독립된 두 개의 하부문제(subproblem)로 분해해서 해결할 수 있다.

t1, t2에 대한 최댓값을 MAX1,
t3, t4,....., tn에 대한 최댓값을 MAX2라고 하자.

전체 문제에 대한 해답은 두 개의 하부문제 각각의 최댓값 중에서 더 큰 것이 전체 집합에 대한 최댓값이 될 것이다.

1) 한 단계 한 단계 문제를 해결하는 것과 달리
2) 이처럼 두 개 또는 다른 그룹(group)으로 분절 파편화하여 해결할 수도 있겠다.

1), 2) 어떤 경우든 동일한 해답(solution)을 얻게 된다.

11.6.3 문제 분절 파편화에 대한 일반화

다음은 분절 파편화를 일반화하는 것에 대하여 생각해보자. 먼저,

L = {t1, t2, t3,......., tn} 이라고 하자.

L 집합을 2개의 독립집합 L1과 L2로 분해한다. L1과 L2 집합이 부분적으로 중복될 수 있으나 해답은 동일하다. 단지 중복 계산의 불필요성이 존재한다.

```
MAX(L)
{
L = {t1, t2, t3, ......., tn}
                  // 앞절을 참고하여 2개의 독립 집합(L1과 L2)으로 쪼갠다.
MAX1 = MAX(L1)    //L1에 대하여 최댓값 구한다.
MAX1 = MAX(L2)    //L2에 대하여 최댓값 구한다.

   if MAX1 > MAX 2 then MAX = MAX1  //MAX1과 MAX2중 큰 것을 선택한다.
   else MAX = MAX2

return print (MAX)    // 최종 최댓값을 출력한다.
}
```

이렇게 하는 것은 프로그램이 아니라 직관적인 문제 분절 파편화이다. 주어진 집합을 두 개의 하부 독립집합으로 분해하고, 개별 독립집합에 대한 해답으로부터 원래 집합에 대한 해답을 얻는 과정이다.

컴퓨팅 사고의 핵심 개념 중 하나는 쉬운 것 또는 해결이 가능한 것부터 시작하여 점차 어려운 것을 해결해가는 단계적 해결 기술이다. 초기 해(**initial solution**)의 생성부터 단계를 시작한다. 이것이 상황에 따라 다를 수는 있다.

가 초기 해(initial solution) 생성

먼저 초기 해를 얻어야 하는 데 직관이 필요하다. 약간 모호하게 느끼겠지만 좀 더 구체적으로 말해 어떻게 하든 문제를 분절 파편화해야 한다. 분절 파편화는 작업을 일련의 단계로 만든다. 이 또한 약간 모호하다. 어떻게 문제를 분절 파편화할 것인가가 중요한 이슈가 된다.

> 초기 해 역시 많은 전체 최종 해답 중의 부분 해가 된다.

하지만 일반 해를 구하는데 강력한 일반적 규칙은 없다. 문제 유형에 따라 다르다. 많은 경험과 문제 해

결 과정으로부터 초기 해에 대한 해결책을 습득하게 될 것이다. **직관과 경험, 그리고 문제 분절 파편화를 통해 초기 해를 얻을 수 있다.** 참고로 초기 해는 실제 어떤 잠재적인 해결책을 포함하고 있다.

나 알고리즘 및 데이터 구조 선택

우리는 주어진 초기해로부터 최종 해까지를 찾고자 한다. 그리고 최종 해를 위한 조건이 무엇인지 결정해야 한다. 주요 조건은 효율성이다.

- 시간 효율성(Time efficiency) : 프로그램이 가능한 빨리 실행된다는 것을 의미
- 공간 효율성(space efficiency) : 프로그램이 메모리를 적게 차지한다는 의미

어떤 문제를 해결하든 주요 조건은 정확성(correctness)이다. 특히 초기 해를 구할 때 정확한 해답이어야 한다.

제1단계에서 초기 해는 검사되고 검증되어야 한다. 초기 해가 정확하지 않으면 최종 및 나머지 해가 쓸모없어진다. 2번째 알고리즘 단계에서 정확성이 유지되어야 한다. 그리고 주요 이슈는 효율이다. 왜 프로그래밍 방법론 및 데이터 구조가 필요한지에 대한 이유가 된다. 동일한 문제에 대하여 사람마다 완전히 다른 초기 해결책을 만들어 낼 수 있다. 이후는 알고리즘과 데이터 구조에 대한 설계가 중요한 이슈가 된다.

- 데이터 구조
- 알고리즘 설계

데이터 구조란 위의 문제에서 데이터 집합({t1, t2, t3, ..., tn})을 어떻게 정리하는가이다. 만약 위에서 데이터 집합을 두 개의 집합으로 1/2씩 나눴다면 그 데이터 집합을 어떻게 저장할 것인가이다. 배열 또는 리스트... 어떤 형식으로 저장할 것인가?

{t1, t2, t3, ...}	{... tj, ... tn}

고급 프로그램언어는 데이터 구조에 대한 기능을 제공하고 있다. 프로그래머가 배열이나 리스트 데이터 유형을 직접 구현하는 것보다 훨씬 편리하기 때문이다. 데이터 구조는 알고리즘 설계에 밀접하게 관련된다. 여기서 알고리즘 설계란 잠재적 프로그램 또는 해답으로 정확한 **순차적 단계를 결정**하는 것이다.

프로그램언어는 과정의 흐름을 제어하는 명령어를 제공하고 있다. 대표적인 것으로 if, if-then-else, for, while, ... 등이 있다. 특히 함수**는 문제를 분절 파편화하는 도구로 사용된다. 재귀함수는** 함수의 특별한 경우로 위의 문제에서 MAX 함수가 내부에서도 자체 함수 MAX가 호출되도록 재귀함수를 사용할 수 있다.

재귀함수는 문제 분절 파편에서 중요한 역할을 한다. 문제를 풀 때 하부문제를 풀기 위해 원래 문제를 해결하는데 사용하였던 것과 동일한 기술을 사용하는 경우에 사용한다. 포트란에서는 이러한 기능을 제공하지 않지만 C와 파스칼은 재귀함수 기능을 제공하고 있다.

다 최종 해(Final solution)

마지막 3단계에서는 일련의 단계 또는 의사 코드, 또는 흐름도를 표현하고, 프로그램을 작성하는 단계이다. 마지막 프로그래밍 단계에 도달한다. 최종 해를 프로그램으로 변환한다. 자연어보다 좀 더 섬세하고 엄격한 프로그램언어를 사용하여 개념적 특징을 표현한다.

11.7 베브라스 문제

11.7.1 함수–종이 접기(Paper Folding)

영희는 종이접기를 위한 프로그래밍 언어를 개발했다. 이 언어는 종이를 곧게 접는 방법을 제공한다. 명령어 하나로 접는 예를 보여준다. e=fold(a, b)은 a변을 b변 측으로 종이를 비스듬히 접어서 완전히 옆으로 눕게 하라는 의미이다. 변 접기를 한 후 생성되는 변을 e라 한다. [그림 19 참고]

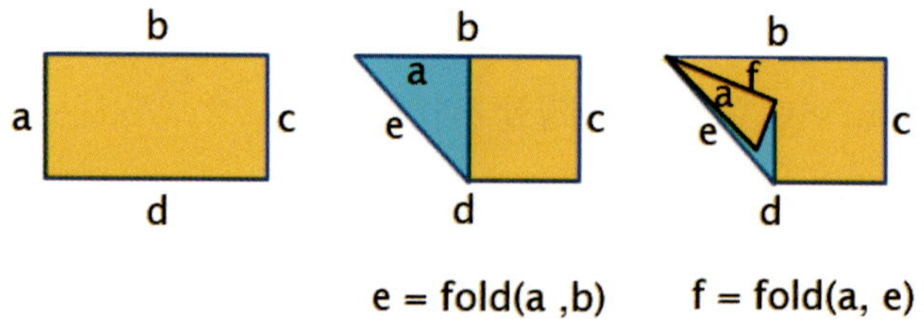

그림 19 면접기 프로그램 예

예로서 테이블에 종이가 한 장 있고, b변의 길이는 a변의 두 배이다. 아래의 세 가지 명령을 실행한 후 종이 직사각형(a, b, c, d)은 어떻게 생기는가?

```
e = fold(c, a); f = fold(c, d); g = fold(a, f)
```

다음 중 몇 번인가요?

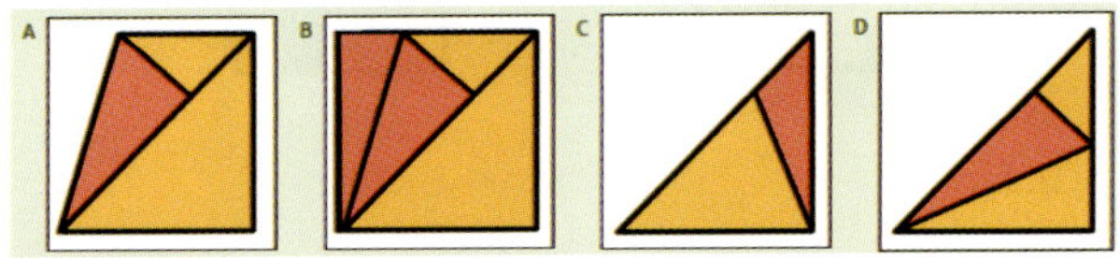

정답은 A이다. 다음 이미지는 접는 작업의 실행을 단계별로 보여준다.

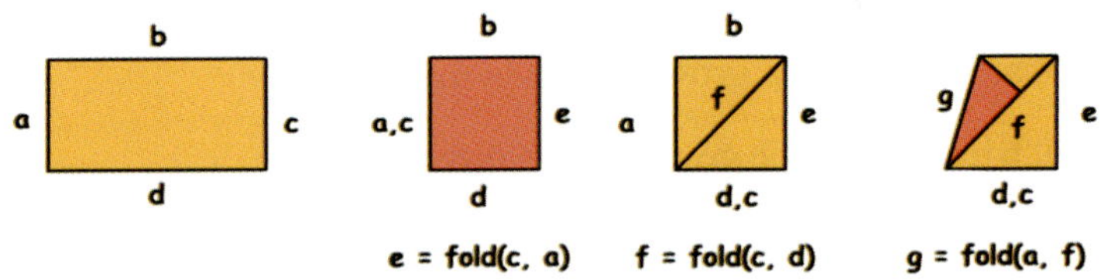

함수는 프로그래밍에서 중요한 개념이다. 함수호출은 어떤 활동의 시작으로 간주 된다. 프로그래머들은 다음과 같이 말한다. 함수는 일부 매개변수(양변)를 수용하고, 일부 데이터를 처리하고, 객체(접기)를 반환한다. 수학의 함수 개념과는 약간 다르다.

11.7.2 함수-식물 성장

철수는 꽃을 좋아한다. 식물수명을 바탕으로 비주얼 디자인을 위한 간단한 프로그래밍 언어를 발명하였다. 그림 20에서 a라고 불리는 정사각형으로 식물 성장이 시작한다. 그 시각적 객체에 grow(), split() 그리고 die()의 세 가지 연산 작업을 수행할 수 있다. 프로그램 개별 언어들의 의미를 이해하도록 설명한다. 먼저 직사각형 객체만을 동일한 크기의 두 개로 분할 할 수 있으며 split() 연산을 실행할 수 있다. 정사각형은 분할 할 수 없다.

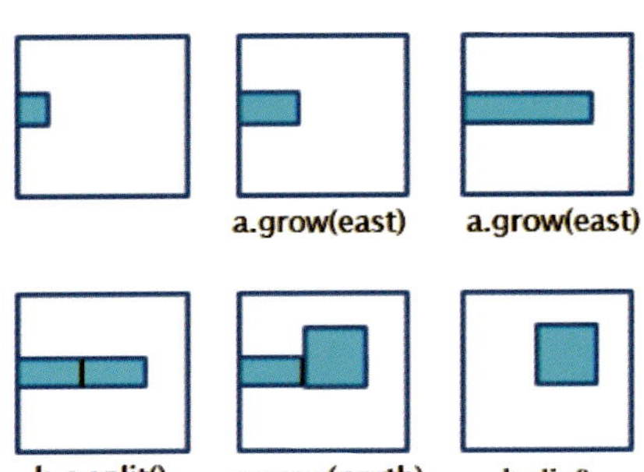

그림 20 식물 성장 프로그램 언어

철수는 상기 프로그램 언어를 사용하여 아래 왼쪽 이미지를 오른쪽 이미지로 변환하는 프로그램을 작성하고 싶어 한다. 이 프로그램의 첫 네 가지 명령은 어느 것인가?

올바른 문항을 선택하세요?

① a.grow(east); a.grow(east); b,c = a.split(); d,e = c.split();

② a.grow(north); a.grow(east); a.grow(east); b,c =a.split();

③ a.grow(east); a.grow(east); a.grow (north); a.die();

④ a.grow(east); b,c = a.split(); c.grow(north); c.grow(east);

정답은 ①이다. 이것은 완전한 프로그램이다: a.grow(east); a.grow(east); b,c = a.split(); d,e = c.split(); b.die(); d.die(); e.grow(north);

③은 네 번째 명령 후 이미지가 비어 있기에 작동하지 않는다. ②와 ④는 최소 측면 길이가 두 단위인 직사각형이 된다. split()-연산을 사용하여 최소 측면 길이가 1단위인 직사각형으로 이러한 모양을 줄이는 것은 불가능하다. 정원사는 꽃을 정성껏 재배해야 한다!

컴퓨터 프로그램, 클래스 라이브러리, 프로그래밍 언어는 종종 직관적인 은유를 기초로 한다. 이것은 인간 프로그래머가 그것들을 이해하고 사용하는 것을 더 쉽게 만든다.

이 과제에서 철수는 식물의 개념을 채택했다. 식물은 다리와 근육이 없기에 한 곳에서 다른 곳으로 걸을 수 없다. 그러나 식물은 자라며 번식하고 죽을 수 있다. 이러한 연산으로 그들은 특별한 방법으로 이동수단을 구현할 수 있다. 이것은 생물학의 알고리즘 측면이다.

11.7.3 파이프라인 – 빠른 세탁

철수는 새로운 세탁 사업을 시작했다. 그는 세탁기, 건조기, 다리미 등 세 가지 기계를 가지고 있다. 모든 기계는 30분 동안 전기를 공급하는 자체 타이머를 통해 연결된다. 그래서 고객이 도착하면 세 가지 모든 절차를 마치는데 90분이 필요하다. 그러면 세 명의 고객이 그 기계를 결과적으로 270분을 사용하게 된다. [그림 21 참고]

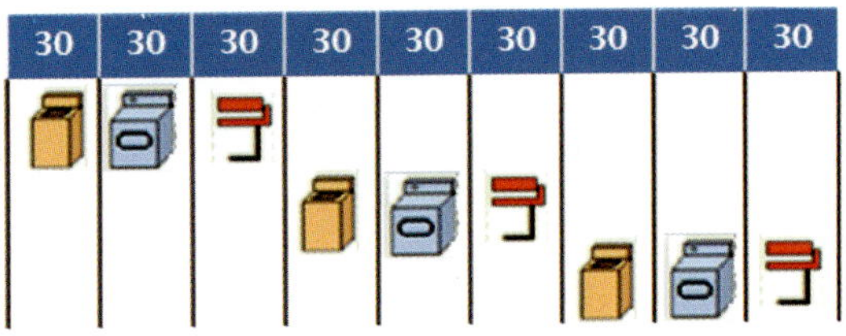

그림 21 세탁 과정

지금, 정말 바쁜 고객 세 명이 도착했다. 그들 각각은 한 벌의 세탁할 옷을 가지고 있다. 하지만 그들은 가능한 한 빨리 끝내고 싶다는 것에 동의한다. 세 사람 다 빨래를 끝내려면 몇 분이나 걸리는가? 올바른 문항을 선택하세요.

① 90 minutes ② 120 minutes ③ 150 minutes ④ 270 minutes

③가 정답이다. 고객 1은 어쨌든 90분이 필요하다. 고객 1이 건조기를 사용하는 동안, 고객 2는 세탁을 시작한다. 고객 1이 다리미질을 마무리하고 그의 세탁을 끝내는 것과 동시에 고객 3이 세탁을 시작한다. 결과적으로 고객 3은 두 단계(건조기와 다리미)가 더 필요하다. 고객 1의 90분에 고객 3의 2단계(60분)를 더하면 총 150분이다.

컴퓨터 과학적으로 중앙처리장치는 세탁과 비슷한 방식으로 작동하고 있다. 만약 모든 장치가 자유가 되는 즉시 사용된다면 계산은 빨라진다. 파이프라인(Pipeline)은 중앙처리장치를 구성하는 중요한 아이디어다. 그것은 계산 속도를 높이는 값싼 방법이다.

11.7.4 서버 클라우딩

네 개의 상호 연결된 서버 컴퓨터의 클라우드에 고객 데이터를 저장한다. 그림 22는 서버 간의 모든 연결을 보여준다. 높은 데이터 안전을 위해 모든 데이터는 저장 서버 STORE-1과 STORE-2에 저장된다. 더 높은 접근 확률을 위해 포트 서버 PORT-1과 PORT-2를 통해 모든 데이터에 접근될 수 있다. 데이터는 저장 서버에만 저장되고 포트 서버는 데이터를 저장하지 않는다. 그리고 STORE-1은 STORE-2를 통해 접근할 수 있으며, 그 반대도 가능하다.

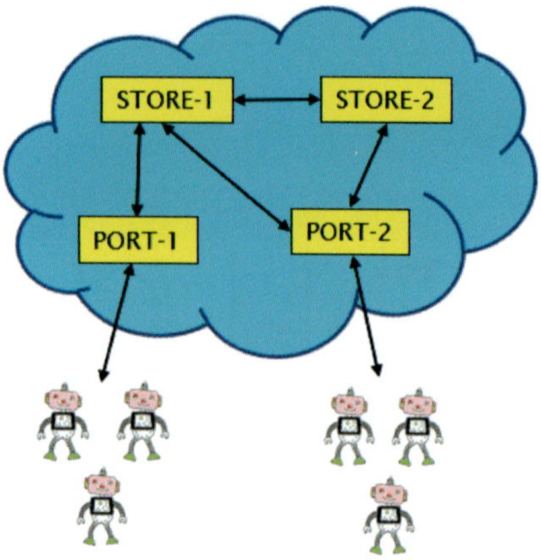

그림 22 서버 클라우드 시스템

어떤 문장이 거짓인가?

① STORE-1 및 PORT-2가 파괴되면 모든 고객 데이터에 접근할 수 없다.
② STORE-2 및 STORE-1이 파괴되면 고객 클라우드의 모든 데이터가 손실된다.
③ PORT-1과 PORT-2가 파괴되면 모든 고객 데이터에 접근할 수 없다.
④ PORT-2와 PORT-1이 파괴되면 고객 클라우드의 모든 데이터가 손실된다.

답 ④는 거짓이다. PORT-2 및 PORT-1이 파괴되면 고객 클라우드의 모든 데이터에 액세스할 수 없지만 손실되지는 않는다.

어떤 데이터의 경우든 한동안 접근할 수 없게 되거나 완전히 분실될 위험이 있다. 데이터 스토리지를 직접 관리할 경우 어떤 위험을 감수할지 스스로 결정하게 된다. 만약 당신이 당신의 데이터에 대한 책임을 정보 서비스 회사에 전가한다면, 당신은 그들이 어떤 위험을 감수하는지 알아야 한다. 상실과 접근 불가능 외에도 더 많은 위험이 있다. 예로서 데이터가 복사되어 다른 사람이 잘못 사용할 수 있으므로 개인 정보 보호가 손상될 수 있다. 데이터가 악의적으로 변경될 수 있으므로 더 이상 신뢰할 수 없다. 부주의한 "클라우드" 은유가 데이터에 대한 책임을 회피할 때 취하는 많은 위험을 모호하게 하기 위한 상업적 속임수에 불과한 것인가?

11.8 문제 해결은 창조적 기술이다.

지금까지 컴퓨팅 사고를 이용한 문제 해결 개념과 기법에 대하여 학습하였다. 문제 해결은 우리 모두에게 필요한 능력이다. 문제 해결은 특정한 목표를 달성하기 위한 새로운 방법으로 상황을 통합하는 창조적인 기술이다. 문제 해결은 창조적 기술이다.

일반적인 문제 해결 개념을 프로그래밍 문제에 적용 훈련

우리 중 몇몇은 다른 사람들보다 문제 해결을 더 잘할 수 있을지 모르지만, 지금까지 학습한 컴퓨팅 사고에 기반한 문제 해결 개념을 어떻게 프로그래밍 문제로 적용하는 것이 중요한 능력이다. 이러한 일반적 문제 해결 과정을 이해하고 입문 및 중간 프로그래밍에서 다양한 영역에서의 문제를 해결하는 훈련이 중요하다. 끝으로 이러한 일반적인 문제 해결 개념을 어떻게 특정한 문제에 적용하는 것을 지속으로 훈련하여야겠다.

다양한 도전적인 문제에서 실제 답은 중요하지 않다. 중요한 것은 :

어떻게 그 답을 찾을 수 있을까?
그리고 왜 답을 찾는 것이 그렇게 어려울까?

문제에 접근할 때에는 먼저 어떻게 해결할지를 생각하여야 한다. 어떻게 해결할지에 대한 아무런 계획이 없다면, 그것은 헛된 노력이다. 그것은 마치 당신 앞에 가야 할 먼 길이 있다는 것과 같은 소리다.

문제 해결 방안을 프로그램으로 적용할 때도 어려움에 다다를 것이다. 우리가 경계해야 할 나쁜 생각을 정리하면 다음과 같다.

1. 포기하는 것.
2. 계획 없이 코딩을 바로 진행하는 것.
3. 수정할 유사한 프로그램을 찾는 것.

우리가 선택해야 할 좋은 생각으로는 다음과 같다.

1. 프로그램을 단계별로 나누어 작업한다. 문제를 분절 파편화하는 것이다.
2. 자신 있는 부분에 대하여 작업을 시작하면 나머지 어려운 부분이 쉽게 풀릴 수도 있다.

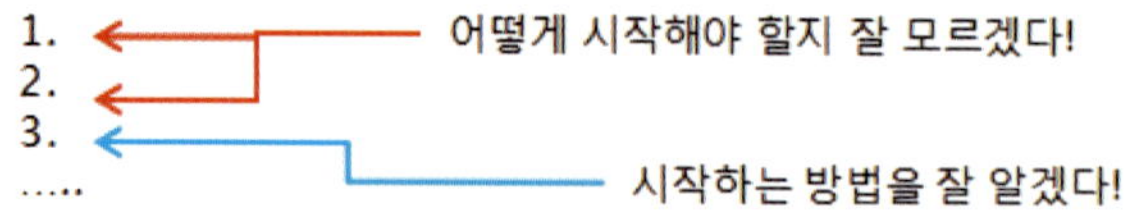

그림 23 문제의 분절 파편화

그림 23는 초기 처리를 어떻게 해야 할지 모르는 경우는 자신 있는 부분에 대하여 먼저 작업을 시작하면 나머지 어려운 부분이 쉽게 풀릴 수도 있다는 것을 보여준다.

연습문제

01 그래프를 설명해주세요.

02 다음 그래프는 어떤 술어 표현인가?

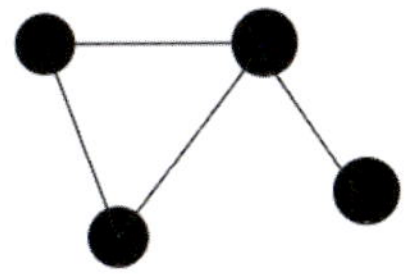

03 선형 데이터 구조와 비선형 데이터 구조의 차이점은 무엇입니까?

04 AVL 트리를 설명하시오.

05 왜 우리는 허프먼의 알고리즘을 사용하는가?

06 1 학년 컴퓨터 과학 학생이 작성할 수 있는 암호를 해독하는 간단한 알고리즘은 모든 가능한 문자열을 시도하는 무차별 대입 방식이다. 96개의 키(key)로 구성된 키보드를 고려해 볼 때 암호의 길이가 P임을 알고 있다고 가정하면 암호의 수는 몇 개인가?

07 다음 재료로 샌드위치 만드는 경우의 수는 몇 가지인가?

재료 : 흰 빵, 통밀 빵, 햄, 구운 쇠고기, 치즈, 마요네즈, 겨자, 상추

08 문제 자물쇠의 경우의 수는?

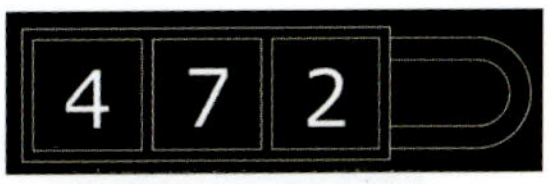

09 다음 그림과 같은 조합 자물쇠의 작동을 생각한다. 자물쇠에 대한 조합 번호를 잊었다고 가정하자. 자물쇠를 검사해서 각 회전마다 40 개의 가능한 정수(0 ~ 39) 마킹이 있음을 알 수 있다. 조이 자물쇠의 잠재적 조합 수는 얼마로 계산되는가?

그림 조합 자물쇠

10 루시아와 그녀의 친구들은 소셜 네트워크에 등록되어 있다. 여기 루시아의 친구들과 그들의 친구들이 있다. 선은 두 사람 사이의 우정을 의미한다. 예를 들어 모니카는 루시아의 친구지만 알렉스는 루시아의 친구가 아니다.

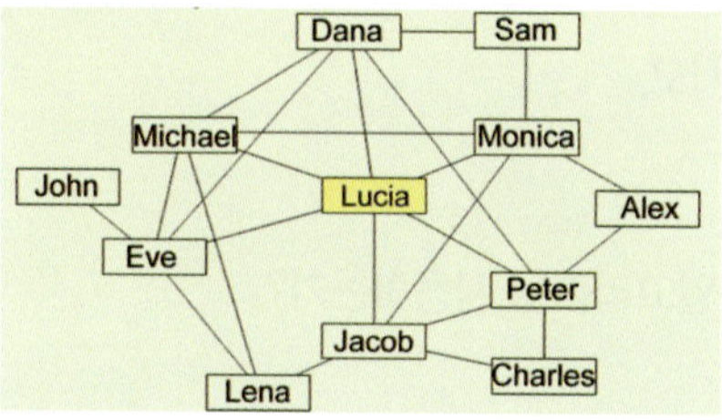

- 누군가가 자신의 친구들과 사진을 공유한다면, 그 친구들도 그것에 대해 댓글을 말할 수 있다.
- 누군가가 사진에 댓글을 달 경우, 모든 친구들이 댓글과 사진을 볼 수 있지만, 원래 댓글을 달 수 있는 경우가 아니면 댓글을 달 수 없다.

루시아가 사진을 올렸다. 만약 그녀가 제이콥이 그것을 보지 않기를 바란다면 그녀는 그것을 누구와 공유할 수 있을까? 올바른 것을 선택하세요.

1) 다나, 마이클, 이브
2) 다나, 이브, 모니카
3) 마이클, 이브, 제이콥
4) 마이클, 피터, 모니카

11 2 온스의 물량을 만들어라. 조건으로는 5온스와 3온스 컵이 있다는 것이고, 다른 방법 또는 도구가 없다. 잠시 생각해보라

12 피보나치 검색을 설명하시오.

13 학생들이 강에 세울 새로운 댐을 설계하고 있다. 그들은 가장 적은 수의 통나무를 사용하길 원한다. 그들은 영리하기 때문에 강에 있는 작은 섬들을 이용하고 싶어 한다. 사진은 강과 섬, 그리고 댐 구획을 짓는데 필요한 통나무의 수를 보여준다. 새 댐 건설에 필요한 통나무의 가장 적은 수는?

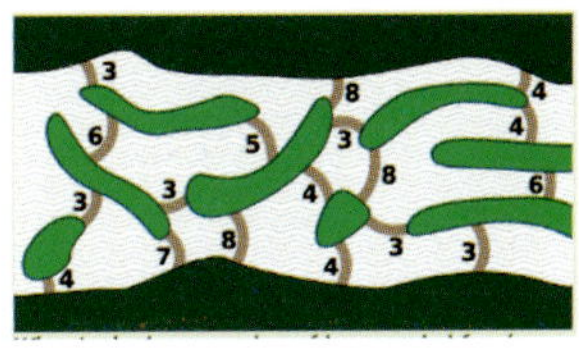

1) 14개 2) 15개

3) 16개 4) 17개

14 프로그램 코드를 보고 어떤 출력이 예상되는지 설명해보자. 함수가 스스로를 부르는 재귀함수에 관한 문제이다.

```
#include <stdio.h>

void recur(int n) {
  if (n < 1) return 0;  // base case
  printf("recursion ");
  recur(n-1);  }

int main() {
  recur(4);
  return 0;
}
```

15 팩토리얼 계산 문제를 분절파편화 과정을 기반으로 프로그래밍 해보자. 작은 문제를 해결하고 점차 큰 문제를 해결하는 방식을 사용한다. 가장 작은 기본 문제는 n=1 인 경우 팩토리얼을 계산하는 것이다. 이어서 n>1 인 경우의 문제를 해결한다.

16 팩토리얼(factorial) 계산을 귀납적 정의에 의해 계산해보라.

17 재귀(recursive) 계산은 어떤 측면에서 컴퓨팅 사고에 부합하는가?

18 앞에서의 팩토리얼(factorial) 계산을 재귀함수를 사용해서 해보라.

19 퀵정렬에서의 재귀를 설명하라.

12 인공지능이란?

12.1 인공지능(AI)의 역사

앞에서도 언급하였지만 앨런 튜링(Alan M. Turing)은 1950년에 발표한 Computing Machinery and Intelligence 논문에서, '생각하는 기계(Thinking Machine)'의 구현 가능성과 튜링 테스트를 제안하였다. "기계가 생각할 수 있는가?"라는 질문을 하고 기계가 생각한다는 것을 입증하기 어려워 튜링 테스트를 제안하기에 이르렀다. 실험에서 인간과 컴퓨터로부터의 반응을 구별할 수 없다면 컴퓨터가 생각할 수 있는 것이라고 보았다.

인공지능 분야에서 가장 위대한 혁신가 중 한 명은 2011년 세상을 떠난 인공지능의 아버지로 널리 알려진 존 매카시(John McCarthy)이다. 그는 컴퓨터 과학과 인공지능(AI) 분야에서 위대한 유산을 남겼다. 존 매카시는 인공지능을 **지능 기계를 만드는 과학**으로 정의하였다. [그림 1 참조]

그림 1 존 매카시(출처: Wikipedia)

1956년 여름에 미국 다트머스(Dartmouth) 대학교에서 열린 학회에서 존 매카시가 사용하면서 **인공지능이라는 용어가 처음 등장**하였다. 이 학회에 참석한 카네기멜론 대학의 앨런 뉴웰(Allen Newell)과 허버트 사이먼(Herbert Simon), 메사추세츠 공대(MIT)의 존 매카시와 마빈 민스키(Marvin Minsky),

IBM 사의 아서 사무엘(Arthur Samuel)이 인공지능 연구의 주도자가 되었다.

이들은 이미 1954년에 체커 게임에 대한 전략을 학습하는 컴퓨터 프로그램을 만들었고, 1959년까지 보통 사람들보다 나은 능력이 되도록 학습시켰다. 또한, 논리적인 정리들을 증명하고 영어를 말하는 능력까지 보였다. 1959년 MIT에 최초의 AI 연구실이 설립된 이후 1960년대 중반까지 미국의 인공지능 연구는 국방부의 막대한 자금 지원을 받았고, 전 세계에도 인공지능 관련 연구소가 많이 설립되게 되었다. 인공지능의 창시자들은 미래에 대해 낙관적이었다. 허버트 사이먼은 "기계는 20년 안에 사람이 할 수 있는 어떤 일도 할 수 있게 될 것이다"라고 예측했고, 마빈 민스키도 한 세대 내에 '인공지능'을 만드는 문제는 실질적으로 해결될 것이라고 동의했다. 1961년에는 챗봇(chatbot) 엘리자(Eliza)가 만들어졌다.

그러나 인공지능 연구자들은 문제점들이 있다는 것을 인식하지 못했다. 당시의 **정보처리 능력의 한계와 정보량의 부족,** 그리고 여러 이유로 연구자금 지원이 중단되는 문제와 특히 1969년도에 마빈 민스키와 세이머 파퍼트(Seymour Papert)가 출간한 "Perceptrons"라는 책에서 지적한 **단일 계층 신경망의 한계**로 인해 1970년대에는 한동안 인공지능 인기가 시들해졌었다. 이를 **1차 인공지능 겨울**(AI winter)이라고 한다. 이 문제는 1980년도에 다층 신경 회로망이 도입되면서 해소되었지만, 정보 처리능력의 한계를 넘어서기까지는 더 시간이 필요했다.

1980년대 초, 전문가들의 지식과 분석 능력을 시뮬레이션한 일종의 인공지능 프로그램인 전문가 시스템(**expert system**)이 상업적으로 성공하면서 다시 인공지능 분야 연구의 붐이 일어났다. 1985년까지 인공지능 시장은 10억 달러 이상이 되었고, 일본의 5세대 컴퓨터 프로젝트는 학술 연구를 위한 기금을 지원하도록 미국과 영국 정부를 자극하였다. 그러나 1987년 리스프 기계(**Lisp machine**) 시장의 붕괴를 시작으로 인공지능은 다시 한번 평판이 나빠졌고, 오랫동안 **2차 인공지능 겨울** 시기를 맞았다.

1990년대 후반과 21세기 초에 물류, 데이터 마이닝(data mining), 의료 진단 등 분야에 인공지능이 활용되기 시작했다. 새로운 성공은 컴퓨터 시스템이 획기적으로 발전하고, 계산 성능이 좋아지고, 특정 문제해결에 중점을 두면서 인공지능과 통계, 수학, 경제 등과 같은 다른 분야와 새로운 관계를 맺게 된다. 그리고 IBM사에서 개발한 딥 블루(Deep Blue)는 1997년 세계 체스 챔피언 개리 카스파로프(Garry Kasparov)를 물리친 최초의 체스 게임 컴퓨터 시스템이 되었다.

21세기 이후로는 2006년 제프리 힌톤(Geoffrey Hinton)에 의해 딥러닝(Deep Learning) 논문이 발표되면서 불가능이라 여겨졌던 **비지도 학습(unsupervised learning) 방법이 가능**해졌고, 여러 분야에서 인간의 수준을 뛰어넘는 성과물이 속속 나타나고 있다. 2011년, IBM사의 질의응답 시스템인 **왓슨(Watson)**이 미국의 퀴즈 쇼인 제퍼디(Jeopardy)에서 두 명의 챔피언을 이겼다. 현재의 인공지능은 사람의 능력과 비교하여 얼굴 인식률에서 더 높거나 사물을 더 잘 인식하는 결과를 나타내고 있고, 더 다양한 분야에서 빠른 속도로 사람의 능력을 추월할 것이라고 보고 있다.

최근에도 인공지능이 인간과 대결한 놀라운 역사적 사건이 있었다. 알파고(바둑) 인공지능과 인간의 대결이다. 2016년 3월 시행된 딥마인드 챌린지 매치(Google Deepmind Challenge match)로 세계는 컴퓨터의 인공지능과 인간의 지능이 대결하는 이벤트를 지켜봤다. 처음의 대결은 아니지만, **인공지능이 인간을 이기지 않았는가?** 기계가 인간을 이겼다니 놀랍지 않은가? 알다시피 인공지능은 스스로 지식을 만들 능력이 생겨나고 있다.

인간과 대등해지는 기계가 만들어지고 있다는 것에 두려움도 생긴다. 이는 4차 산업혁명의 열풍과 더불어 인공지능이 다시 주목을 받기 시작한 계기가 되었다. 인공지능 기술을 설계하고 활용하는 데는 여전히 인간 전문지식이 중요한 역할을 하고 있다. 인간 지능이 여전히 혁신적인 솔루션과 새로운 인공지능의 출현과 채택을 주도하고 있다. 비판적 사고를 통해 '왜'를 묻고 '만약'을 고려하는 것이 인간의 지능이다.

인공지능(AI)은 1950년대에 출현한 이후 급격히 성장해왔다. 왜 짧은 기간에 인공지능이 급격히 성장했고 사람들은 왜 인공지능이 중요하다고 하는가? 인공지능에 대한 수요가 증가한 이유는 다음가 같다.

1) **컴퓨터 계산 능력이 증대하였다.** : 사실 인공지능은 많은 컴퓨팅 능력을 요구한다. 최신의 복잡한 딥러닝 모델이 개발되었는데 이들을 가능하게 하는 것이 GPU(Graphics Processing Unit) 이다. 이러한 컴퓨팅 능력의 증대로 인공지능을 구현하는 것이 가능해졌다. GPU는 그래픽처리를 위한 고성능의 처리장치로 그래픽 카드의 핵심이다. CPU의 도움 없이도 자체적으로 다각형(Polygon: 3D 그래픽을 구성하는 도형)의 변형 및 광원 효과를 구사할 수 있다. 이전까지 사용했던 그래픽 컨트롤러와는 확연히 다른 개념이었기 때문에 그것들과 구분하고자 그래픽처리 장치(GPU)라는 이름이 붙게 되었다.
2) **더 많은 데이터** : 두 번째 이유로 우리가 많은 데이터를 갖게 되었다는 것이다. 그리고 현재도 측정 불가한 형태로 데이터가 생성되고 있다. 소셜미디어(social media), 사물인터넷(IoT) 장치 등을 통해 데이터가 생성되고 있다. 다양한 영역에서 데이터가 생성되고 있다.

3) **더 좋은 알고리즘** : 더 정확하고 편리한 알고리즘 개발로 인공지능에 대한 수요가 증가하고 있다. 이제 데이터를 처리할 방법과 데이터를 유용하게 활용할 수 있는 통찰력이 필요하다. 그래서 데이터를 활용한 사업에 활용할 수 있어야겠다. 다양한 목적의 활용을 위해 그러한 데이터 처리가 더 좋은 알고리즘의 인공지능에 의해 이루어질 필요가 있다.

4) **투자의 증가 :** 정부, 기업 등에서 투자를 확대하고 있다. 구글, 아마존, 페이스북, 마이크로소프트들이 인공지능에 집중적으로 투자를 하고 있다. 그 이유는 **인공지능이 미래**라고 믿기 때문이다.

12.2 인공지능 정의

인공지능이란 기술이 최근 모든 사람의 관심사가 되어가고 있다. 도대체 인공지능이 무엇인가? 인공지능은 사람들의 지능을 대체할 것인가? 사람들의 일자리를 빼앗을 것인가? 무기를 인공지능이 운영하게 된다면 우리는 어떻게 해야 하는가? 다양한 질문들이 쏟아지고 있다.

우리는 태어나서 자라면서 생활에서 얻은 경험과 학교 등에서 배운 **지식(knowledge)을 축적**해나간다. 새로운 상황에 부딪혔을 때 해결하는 과정을 보면 같은 경험이나 유사 경험을 기억해내고, 이때 축적해 놓았던 지식을 동원하여 문제를 처리해나간다. 문제를 해결해나가는 능력을 **지능**(intelligence)이라 하고 사람에 따라 그 능력이 다르게 평가된다.

시대와 사회가 변화함에 따라 **지식은 끊임없이 자연적으로 생성**된다. 시대에 따라 많은 지식이 자연발생적으로 생성된다. 그래서 지식에는 **인공지식 같은 개념이 존재하지 않는다.**

인간이 만들어낸 지식은 여기저기 많은 분야에 존재하고 있다. 지식을 인간의 두뇌, 책, 논문, 도서관, 웹, 컴퓨터 등에 저장한다. 얼마나 의식이든 무의식이든 마음으로 인간의 두뇌에 저장된 기억에서 **지식을 잘 이끌어낼 수 있는가를 지능**이라 한다.

> "메모리에 저장된 데이터로부터 인위적으로 지식을 끌어내는 능력을 **인공지능**이라 한다."

인간이 기억에서 지식을 이끌어내듯, **컴퓨터가 메모리에 저장된 데이터로부터 지식을 유도**해내는지에 대하여 도전한다. 컴퓨터 메모리에 저장된 데이터를 목적에 따라 인위적으로 지식을 끌어내는 능력을 **인공지능**이라고 한다. 이때 메모리에 얼마나 많은 데이터를 갖고 있느냐가 중요하다.

사람은 축적된 지식을 바탕으로 세상에 대하여 인식을 하고, 마음으로 표현하고 또한 행동한다. 인공지능도 축적된 데이터를 바탕으로 세상에 대하여 인식하고, 새로운 지식을 유도하고 또한 행동한다. 인공지능이 시각, 청각 등의 감각기관을 통해 입력되는 데이터를 활용한 인식 능력은 기계적으로 이미 상당한 수준에 도달해 있다. 카메라 영상을 통해 자동차 번호판 인식 또는 입력되는 음성신호를 인식하는 것이 대표적이다. 얼굴표정 또는 소리 같은 것으로 마음을 표현하고 있다. 그리고 기계적으로 움직이고 걷는 행동도 가능하다. [그림 2 참고]

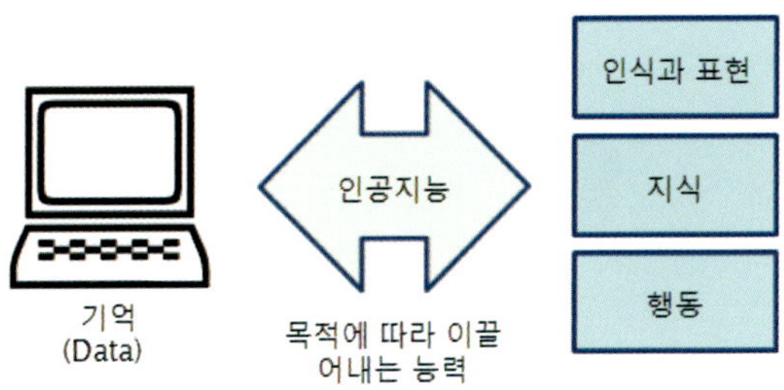

그림 2 인공지능이란

> "기계가 스스로 생각을 하게 하는 것은, 달나라 여행에 대한 꿈이 이루어지는 것보다, 훨씬 어려운 도전임이 틀림없다."

12.3 데이터와 지식 집합

수 데이터로 실세계의 다양하고 복잡한 자연이나 사회 현상들을 **추상화 표현하여** 이해**한다.** 예로서 **학번**이라는 수로 학생 객체를 추상화하여 표현하면 관리하기가 편해진다. 학번으로 학생 이름과 수강 신청 과목, 전공 등을 연관 지울 수 있다. 우리는 이처럼 **수**를 이용하여 **지식을 표현**하여 다른 사람에게 전달하고 있다.

> "백지에 그림으로 마음을 표현하듯 메모리 블럭에 데이터로 지식을 표현한다."

수로 세상의 많은 것을 표현하고 다시 프로그램 언어로 데이터로 변환하여 다룰 수 있게 되었다. 수로 숫자, 문자, 이미지, 오디오, 비디오, 스택, 큐, 리스트 등의 객체를 표현하면, 프로그램 언어는 데이터 객체로 표현하여 1차원 주소 공간의 메모리 블럭에 저장하는 기능을 지원한다. 데이터 객체에 따라 표현을 위한 메모리 공간 크기가 달라지는데 비트, 바이트, 배열, 구조체, 파일 등으로 불리 운다.

데이터 자체는 무의미한 기호이다.

데이터 자체만으로는 아무런 의미가 없다. 단순 수 또는 기호에 해당한다. 이런 데이터가 **정보**와 **지식**으로 변환되어야 가치가 부여된다. 단순 데이터는 아무 의미가 없지만, 데이터에 **의미나 맥락(context)을 할당**하면 정보로 변환된다. **데이터를 분석하고 인간에 유익하도록 어떤 맥락으로 정리하여 제공하면 정보**가 된다. 즉, 정보는 원론적으로 말하면 체계화된 데이터의 집합을 말한다. 그리고 정보를 제공하는 시스템을 **정보 시스템**이라고 한다. [그림 3 참조]

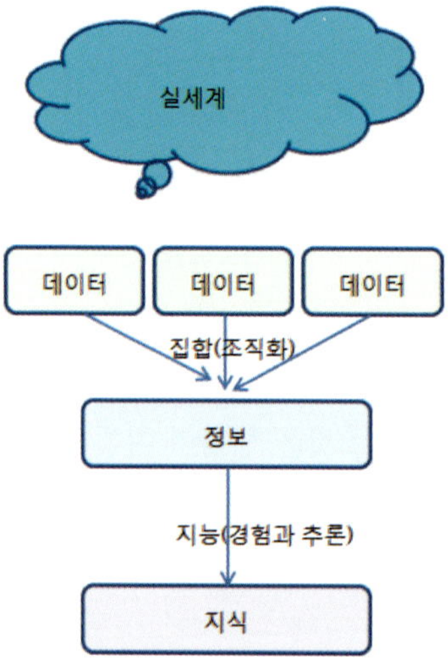

그림 3 데이터에서 정보와 지식으로 변환

예를 들어서, 어떤 데이터가 단지 수치로 170 라고 표현했을 때 실제 의미를 파악하기는 어렵다. 그러나 170원으로 단위를 붙이면 170에 해당하는 비교할 수 있는 값어치를 나타내는 것으로 이해한다. 170cm로 단위를 붙이면 키가 170cm로 크다는 것을 의미한다. 그리고 170번으로 단위를 붙이면 이것은 비교할 수 없는 하나의 개체를 지칭하는 기호로 판단하게 된다. 이 모든 표현은 알파벳, 숫자, 특수기호 등을 사용하여 이루어진다. 사용된 기호를 보고 뜻하는 바를 이해하여 판단하게 된다.

예제 1

데이터의 예
100
개, 고양이, 소, 닭
161.2, 175.3, 166.4, 164.7, 169.3

예제 2

정보의 예

이전 예제 1에 문맥 또는 어떤 의미를 부여하게 되면 정보가 된다.

100km

개, 고양이, 소, 닭은 집에서 키우는 가축의 목록이다.

161.2, 175.3, 166.4, 164.7, 169.3 은 14세 학생의 신장 값이다.

예제 3

지식의 예

주어진 정보를 활용하여 추가적인 지식을 얻게 된다.

100km는 꽤 먼 거리이다.

호랑이는 가축이 아니기 때문에 상기의 목록에 없고 호랑이는 숲에 산다.

가장 큰 학생의 신장은 186.3cm이다.

책 또는 정보 시스템에 존재하면 단지 정보이지만 그러한 **정보를** 사람이나 기계에 의해 처리 또는 활용할 때 **지식**이 된다. 문제해결 위해 정보를 잘 활용(지능)하여 해결책이 되면 지식이 된다. **데이터와 정보에서 가치를 생산하기 위해 지능이 필요하며 문제에 대한 해결책은 지식**이 된다. 데이터와 정보의 저장 장소인 데이터베이스를 통해 목적과 필요에 따라 생성된 지식을 공유할 수 있다. 이러한 논리를 따르면 **데이터가 정보**가 되고 **다시 지식을 유도**하고, 이는 다시 힘(power)이 되겠다. 그래서 구글, 네이버 같은 회사는 사람들이 생성하는 데이터를 모으고 있나 보다. 미래의 **지식 자원**이 되기 때문이다.

> "인간이 객체에 대한 관찰을 통해 지식을 얻듯이 컴퓨터는 데이터를 관찰하여 지식을 얻는다."

인간은 실세계의 객체에 대한 관찰과 경험을 통해 개념을 획득하고 거기서 지식을 얻는다. 컴퓨터도 데이터를 관찰 및 분석하여 지식을 얻는다. 대표적으로 인공지능이 데이터 기록을 기반으로 학습하여 향상되고 있다. 지식을 넓히기 위해서는 필요한 데이터가 더 확대되어야 할 것이다.

인공지능에서는 지식을 어떻게 표현하고 이를 활용할 수 있는가? 지식 표현은 고전적인 인공지능 연구의 중심이었다. 지식을 표현하고 저장하여 필요한 새로운 지식을 찾아내고자 노력했는데, "전문가 시스템(expert system)"은 제한된 분야의 전문가들 지식을 한군데로 모으는 것이다. 또 세상의 폭넓은 지식을 데이터베이스로 모아 저장하기도 한다.

예를 들어서 어떤 선생님이 새로 설립된 고등학교에 부임하여 3학년 담임을 맡았다고 가정해보자. 첫해에 이 반의 모의고사 성적을 입력하여 평균을 계산한 다음 이들을 비교하여 **석차를 정하는 프로그램을 작성**하여 **학생들을 평가**하는 데 사용한다. 그리고 이 데이터를 이용하여 **대학 진학 지도**를 한다. 첫해이므로 비교할 데이터가 없어서 다른 학교의 선생님의 도움을 받아 그 학교의 자료를 참고하여 진학 지도를 하고 만족한 결과를 얻는다. 이 결과를 예전의 모의고사 성적과 같이 저장하여 둔다. 다음 해 선생님은 다시 3학년의 진학 지도를 할 때, 저장해 두었던 지난해의 학생들 데이터를 이용하여 모의고사 성적이 같거나 유사한 점수의 학생이 진학한 대학으로 추천해줄 수 있다. 그러나 1년의 데이터로는 적중할 확률이 매우 낮다. 수년간 모의고사 성적과 이를 바탕으로 대학 진학 지도를 한 결과를 데이터베이스에 누적한다면 선생님은 이 자료를 보고 대학 진학 지도하기가 매우 수월해지고 적중률도 높아질 것이다. 선생님은 자주 **데이터베이스의 데이터를 판단에 적용하여 학생이 진학하고 싶은 대학을 결정하다 보면 결정 과정을 논리적으로 정리**할 수 있게 된다. 이러한 **논리를 새로운 프로그램에 적용**하여, 모의고사 성적만 입력하면 **진학 가능한 대학들을 추천해주는 소프트웨어로 변환**할 수 있을 것이다. 이후의 후배 학생들에게도 적용하면 정확도가 점점 높은 결과를 보여줄 수 있으며, **선생님의 진학 지도 없이도 이 프로그램을 이용하여 학생 스스로 판단**할 수 있고, 유사한 환경의 다른 반이나 다른 고등학교 학생들에게도 적용할 수 있다.

여기에서 이 프로그램의 중요 사항은, **누적해놓은 선배들의 모의고사 성적**과 **대학 진학 결과 데이터**, 그 **데이터로부터 컴퓨터를 통한 선생님의 논리적 판단 능력**이다. 선생님의 지능이 프로그램을 통하여 컴퓨터로 이전되어 마치 컴퓨터가 선생님처럼 대학 진학 지도를 할 수 있게 된 것이다. 즉, **컴퓨터가 대학 진학 지도에 대한 '인공지능'**을 갖게 된 것이다. **선생님**의 경우는 앞으로 데이터가 많아질수록 놓치는 부분이 있을 수 있어 **판단에 오류**가 생길 수 있으나, **컴퓨터**의 대학 진학 지도 프로그램은 **판단오류의 경우가 없어서 선생님보다 나은 대학 진학 지도**를 할 수 있다. 학생들은 선생님의 지능을 대신한 컴퓨터 '인공지능'을 신뢰하여 대학 진학 지도를 받고, 선생님은 대학 진학 지도에 대한 부담을 덜게 된다.

12.4 지식 관리와 데이터베이스 필요성

데이터베이스는 지식의 술어논리 표현

데이터베이스(database)는 데이터(data)와 베이스(base)의 합성어로 컴퓨터에 많은 데이터를 저장해 두고 여러 가지 형태로 이용할 수 있도록 한 프로그램 또는 그 데이터를 의미한다. 일반적으로 임의 숫자 및 알파벳 형식의 데이터를 체계적으로 모아놓은 것이 **데이터베이스**이다. 데이터베이스는 데이터를 관리가 쉽도록 정리된 것이다. 보통 데이터베이스의 **데이터는 테이블에 저장**된다. 테이블은 데이터 저장을 위한 가장 단순한 구조이면서 지식을 **1차 술어논리로 표현**한 것이다.

언제 데이터베이스가 필요한가?

데이터 저장을 하나의 큰 테이블을 사용하는 것이 좋을까 아니면 여러 개의 작은 테이블로 분해하여 데이터를 저장 관리하는 것이 좋을까? 하나의 대형 테이블을 사용하면 중복성이 존재하게 된다. 작은 테이블을 여러 개 사용하고 이들을 서로 연결하는 방식으로 문제를 해결한다. 예를 들어 수강 신청한 학생 기록 대형 테이블이 있다고 가정하자. 표 1에는 홍길동 학생의 학기별 주소가 저장되어 있는데 주소가 변경된 것을 확인할 수 있다.

표 1 학생별 수강 신청 내역

이름	학번	주소	전화번호	이수학기	교과목명	학점
홍길동	200001	서울 서대문구	333-12324	2018-01	자바프로그램	A+
김××	200011	인천시 ×××	222-4321	2018-02	운영체제	B0
…	…	…	…	…	…	…
홍길동	200001	서울 동대문구	335-5678	2019-02	데이터구조	B+
박××	200055	경기도 수원시	321-3456	2020-01	컴퓨팅사고	C+
…	…	…	…	…	…	…
홍길동	200001	경기도 하남시	213-7654	2020-02	인공지능	A0

홍길동이 여러 번 수강 신청했는데 수강 신청할 때마다 이사해서 성적표 전달 주소가 계속 변동된 상황을 나타내고 있다. 이렇게 큰 테이블에는 수강 신청 때마다 다른 주소가 등록되어 있어, 성적표를 어느 주소로 전달해야 할지 모르겠다.

이러한 문제를 해결하기 위해 여러 개의 테이블로 분해한다. 하나의 테이블은 학생의 이름, 주소 등의 정보, 다른 테이블에는 수강 교과목 정보, 또 다른 하나의 테이블에는 학생 성적 테이블을 표현한다. 학생 테이블의 학생 이름과 주소 그리고 교과목 정보 테이블의 교과목명을 학생성적표 테이블에 연결하여 가져오면 항상 업데이트된 정보를 가져올 수 있다. 이러한 이유로 데이터베이스가 만들어졌다. [그림 4 참고]

이밖에도 여러 프로세스(사용자/서버)가 데이터를 수정하는 경우 데이터베이스가 필요하다. 데이터베이스는 그들이 서로 변경사항을 덮어쓰는 것을 방지하는 역할을 한다. 데이터가 메모리보다 클 때도 데이터베이스가 필요하다.

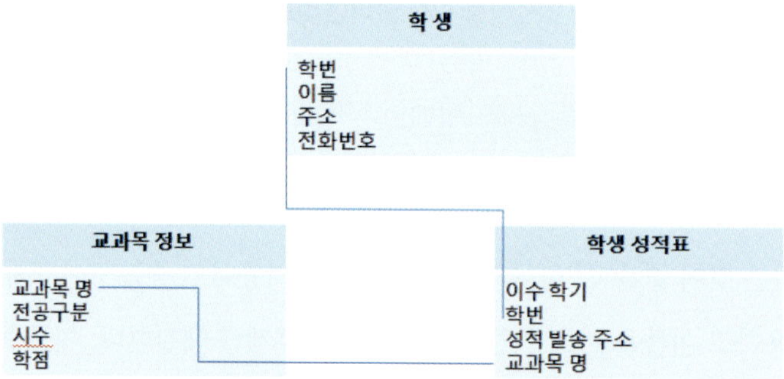

그림 4 데이터베이스 개체(entity) 테이블

앞에서처럼 하나의 업무를 전산처리하기 위해서 다른 업무와 관련된 데이터를 다뤄야 하는 경우가 있다. 데이터들이 구조나 형식이 다른 각각의 파일(테이블)로 구성되어도 결과적으로는 같은 데이터들을 중복해서 다룰 수 있다. 예로서 주소가 복수의 테이블에 존재하는데 이를 데이터의 **중복성**이라 한다.

그림 4에서처럼 학생 관리와 관련하여 학생 정보 업무, 교과목 정보 업무, 학생성적표 업무에 필요한 파일(테이블)들을 다루자. 각 관리 파일(테이블)에 학생에 대한 데이터가 포함되어 있고 이를 활용하여 업무처리가 이루어진다. '홍길동' 학생의 연락처가 변경되었다면, 각 파일(테이블)에서 홍길동의 주소를 모두 변경해야만 한다. 즉 데이터의 중복성이 있기 때문이다. 데이터의 중복성을 없애고 데이터의 무결성(integrity)을 유지하기 위한 대안으로 **데이터베이스**가 나오게 되었다.

앞에서의 학생 집합에서 만약 장학생을 선정하는 일을 처리하려면 학생에 대한 속성인 이수 학점 및 성적 사항을 참고하여 대상 학생들을 선정하고, 추천서를 작성해줄 지도교수 등의 데이터가 필요하다. 학생의 속성인 이수 학점, 성적, 지도교수가 장학생 선발이라는 일 처리에 정보로 활용되는 것이다.

서로 다른 테이블을 만들고 데이터베이스에서 이들을 연결한다. 상호연결은 프로그램 언어로 수행하여야 한다. 데이터베이스 관리 시스템(DBMS)이 그들의 연결에 대한 시각화 기능을 제공해주지는 않는다. 그래서 연결이 어떻게 되어있는지 그리고 어느 부분이 향상될 수 있는지를 보기가 어렵다. 그래서 데이터베이스의 개체관계도(Entity Relationship Diagrams, ERD)가 필요하다. 개체관계도는 데이터베이스의 구조를 시각화해서 바라보는 방법이다.

개별 테이블의 열에 있는 학생 이름, 주소, 전화번호 등이 개체(entity)의 속성으로서 목록이다. 수강신청에 따라 테이블 사이에 교과목명, 학생 이름 등에 대해서 연결을 만든다. 이들 연결은 관계(relationship) 선(line)을 통해 시각화된다.

파일은 정보 시스템을 사용하여 데이터를 처리하는 가장 기초적인 수준의 데이터 관리 형식이다. 업무와 관련된 테이블을 각각의 파일로 저장하고, 응용 프로그램은 이러한 파일들을 상호 연동하여 사용한다.

데이터베이스에서 한 행을 무엇이라고 하나?

관계 데이터베이스(relational database)에서 행을 **튜플(tuple)**이라고도 한다. 테이블에서 구조화된 각 열은 데이터의 **속성(attributes)**을 나타내는 집합을 나타내며, 테이블의 모든 행은 동일 구조를 갖는다. 테이블 구성요소인 항목(item), 레코드(record), 파일(file)들을 알아보도록 하자.

항목(item)

테이블을 구성하는 가장 작은 단위를 **항목**이라고 한다. 항목에는 내용을 함축하는 **제목**이 있고, 내용의 특성이나 제한사항을 나타내는 **속성**(attribute)을 포함하고 있다. 예를 들어 이름이라는 항목을 보면 개별 사람을 나타내는 것으로 성과 개인 명칭을 포함하고 있다. 이름을 숫자나 특수 기호로는 나타내지 않는다. 그리고 이름의 문자 개수에 제한이 있다. 또 다른 항목으로 나이는 양의 수로 표현해야 하며 3자리 이하의 수로 표현해야 하는 제한이 있다. 그림 19의 학적부상의 성명, 학번, 대학, 학과 등이 각각 항목이 된다.

레코드(record)

항목 중에서 서로 관련이 있는 것들을 모아 전산처리를 하고자 하는 집합을 구성하였을 때 이를 **레코드**라고 한다. 예를 들어 그림 5에서 보듯이 학적부에서 한 학생의 정보로 성명, 생년월일, 학번, 학과, 입학 연월일, 졸업 연월일, 출신학교, 보호자 등 학생의 학교생활에 필요한 항목들을 하나의 집합으로 관리하는 것을 레코드로 부른다.

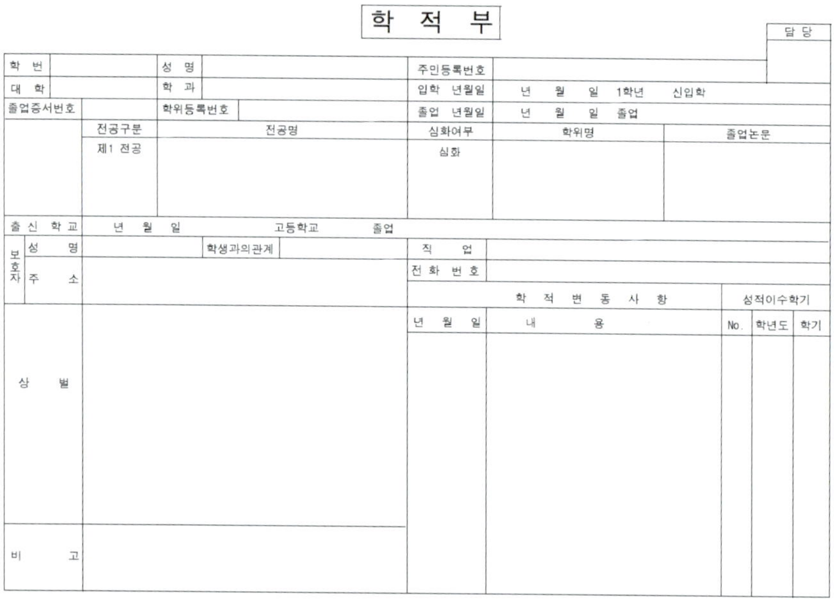
학 적 부

담 당

학 번 | 성 명 | 주민등록번호
대 학 | 학 과 | 입학 년월일 | 년 월 일 1학년 신입학
졸업증서번호 | 학위등록번호 | 졸업 년월일 | 년 월 일 졸업
전공구분 | 전공명 | 심화여부 | 학위명 | 졸업논문
제1 전공 | | 심화
출 신 학 교 | 년 월 일 고등학교 졸업
보호자 성 명 | 학생과의관계 | 직 업
주 소 | 전 화 번 호
학 적 변 동 사 항 | 성적이수학기
년 월 일 | 내 용 | No. | 학년도 | 학기
상 벌
비 고

그림 5 학적부의 예

파일(file)

파일은 관련된 **레코드들의 집합**이라고 정의할 수 있다. 즉, 레코드 간에 특정 관계가 있어서 이 관계성에 의해서 모아놓은 것을 파일이라고 한다. 예를 들어 학생들의 학적부 중 한 학과의 학생들 것만을 모아서 하나의 묶음으로 관리할 수도 있다. 이러한 묶음의 규모는 전산처리하는 목적에 따라서 달리할 수 있다.

그림 6에서 보듯이 전산처리 목적에 따라서 전체 학생들의 학적부를 하나의 파일로 만들어 사용할 수도 있고, 학과별, 학년별 또는 학과 내 학년별로 나눈 여러 파일로 전산처리에 사용할 수 있다.

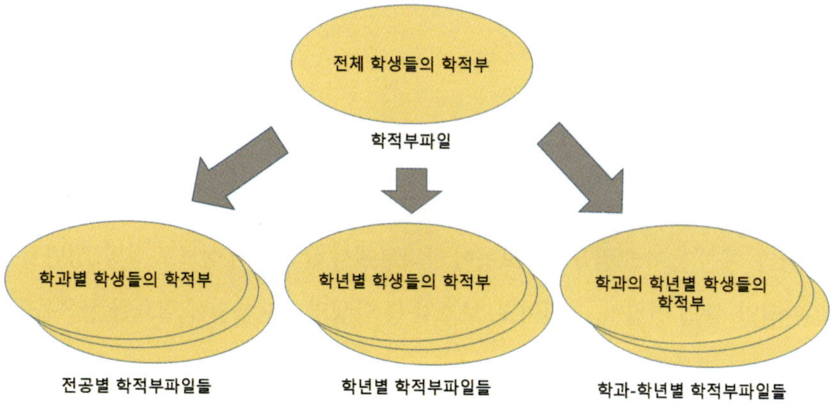

그림 6 학생 학적부의 관리에 따른 파일 구성 예

12.5 데이터베이스 관리 시스템(DBMS)

12.5.1 데이터베이스 관리 시스템이란

데이터베이스 관리시스템은 무엇인가?

데이터베이스에는 데이터베이스 관리시스템(Database management system : DBMS)이 필요하다. 데이터베이스 관리시스템은 사용자가 데이터베이스에 접근하여 데이터를 처리하고, 결과의 표현을 돕도록 하는 프로그램들의 집합이다. 데이터베이스 관리시스템(DBMS)은 최종 사용자, 응용 프로그램, 그리고 데이터베이스 간에 상호 작용하여 데이터를 모으고 분석하는 **소프트웨어**다.

DBMS에 의해 제공되는 기능은 매우 다양하다. 핵심 기능은 데이터의 저장, 검색 및 갱신이다. 또한, 다수의 사용자가 데이터베이스에 접근하는 것을 제어하기도 한다. 또한, 일반적으로 DBMS는 데이터의 가져오기, 내보내기, 모니터링, 조각 모음 및 분석 유틸리티를 포함하며, 데이터베이스를 효과적으로 관리하는 데 필요한 일련의 유틸리티를 제공하고 있다.

응용 프로그램은 데이터베이스 관리시스템의 기능을 이용하여 필요에 따라서 검색하고 새로이 제작하여 사용자가 원하는 정보로 변환하여 활용한다. 예를 들어 페이스북(Facebook)을 생각해보자. 회원, 친구, 회원의 활동, 메시지, 광고 등과 관계된 데이터를 저장, 처리, 그리고 출력할 필요가 있다. 이러한 것이 DBMS의 사용 예이다. 데이터베이스 관리시스템의 특징은 다음과 같다.

- **데이터 독립성**

  데이터의 독립성은 저장되어있는 형식에 따르는 **물리적** 독립성과 사용자가 보는 데이터의 구조에 관련된 **논리적** 독립성으로 구분할 수 있다. 물리적 독립성이란? 데이터베이스의 크기를 확장하거나 성능 조정에 필요하며 데이터의 양을 늘리거나 새롭게 항목들을 추가하여도 관련된 응용 프로그램을 수정할 필요가 없도록 한다. 즉, 데이터와 응용 프로그램에 독립성이 존재한다. 논리적 독립성이란? 데이터베이스는 데이터가 저장되어있는 물리적 구조와는 상관없이 데이터베이스 관리시스템에 의하여 응용 프로그램의 논리적 요구에 따라서 논리적 구조로 제공할 수 있도록 한다.

- **데이터 무결성**

  데이터 무결성은 잘못된 데이터가 발생하는 경우를 방지하는 기능으로 데이터의 유효성 검사를 통해서 구현한다.

- **데이터 보안성**

  허가된 사용자들만 데이터베이스와 데이터베이스 내의 자원에 접근할 수 있도록 데이터베이스 관리시스템은 계정을 관리하고 있다. 이 계정에 따라서 자원에 접근할 수 있는 권한을 구분하여 설정하여 데이터 보안을 구현하고 있다.

- **데이터 일관성**

  서로 연관되어있는 데이터들을 논리적인 구조로 관리를 하여 이들 중 하나의 데이터만 변경되었을 경우 발생할 수 있는 데이터들의 불일치성을 배제할 수 있다. 그리고 전산처리 작업 중에 일부 데이터만 변경되어 나머지 데이터와 불일치 하는 경우도 배제할 수 있다.

- **데이터 중복 최소화**

  데이터베이스는 데이터를 통합해서 관리하므로 파일 시스템의 단점인 데이터의 중복성과 데이터의 종속성을 해결할 수 있다.

12.5.2 데이터베이스 관리시스템(DBMS) 유형

데이터베이스 모델(database model)은 데이터베이스의 구조나 형식을 의미한다. 데이터베이스 모델은 데이터베이스가 어떻게 구조화되고 쓰이는지를 알려주는 이론이나 상세한 설명을 말한다. 여기에는 계층 모델(hierarchical model), 네트워크 모델(network model), 관계 모델 (relational model), 객체 지향 모델(object model), 객체 관계 모델(object-relational model) 등이 있다.

어떤 종류의 데이터베이스 모델을 사용하는가에 따라 다양한 데이터베이스 관리시스템 유형이 존재한다. 최근에는 여러 컴퓨터에 데이터베이스를 분산, 설치하고 사용자는 이를 통합적으로 활용할 수 있도록 하는 분산 데이터베이스 관리시스템(Distributede DBMS, DDBMS)으로 진보하고 있다.

데이터베이스 관리시스템은 새로운 개념은 아니고 1960년대에 이미 구현되었다. 찰스 버크멘(Charles Bachmen)의 통합 데이터 저장(Integrated Data Store)이 최초의 DBMS이다. 이후 DBMS 기술은 시간이 지남에 따라 크게 진화한다.

초기 여러 사용자가 동시에 사용할 수 있는 DBMS는 일반적으로 응용 프로그램이 단말기 또는 단말기 에뮬레이션 소프트웨어를 통해 접근할 수 있는 동일 컴퓨터에만 설치하여 상주하도록 했었다.

이후 클라이언트-서버(client-server) 시스템에서는 응용 프로그램이 클라이언트 컴퓨터에 설치되고, 데이터베이스는 서버에 설치된다(그림 7 참조). 데이터 처리는 클라이언트의 응용 프로그램들이 서버의 DBMS에 요청하여 데이터를 활용함으로써 분산되어 시행되도록 한다.

DBMS는 운영체제의 지원 아래 사용자와 물리적 저장장치와의 인터페이스 역할을 한다. 여러 사용자가 동시에 접속하여 데이터베이스를 활용할 수 있는 데이터베이스 서버 역할의 DBMS 들과 한 번에 한 사용자만 접속하여 사용할 수 있는 DBMS로 구분할 수 있다. 대부분의 DBMS는 운영체제의 서버 기능을 기반으로 DB 서버로 활용되지만, MS Access 같은 DBMS는 한 번에 한 사용자만 접속하도록 한다.

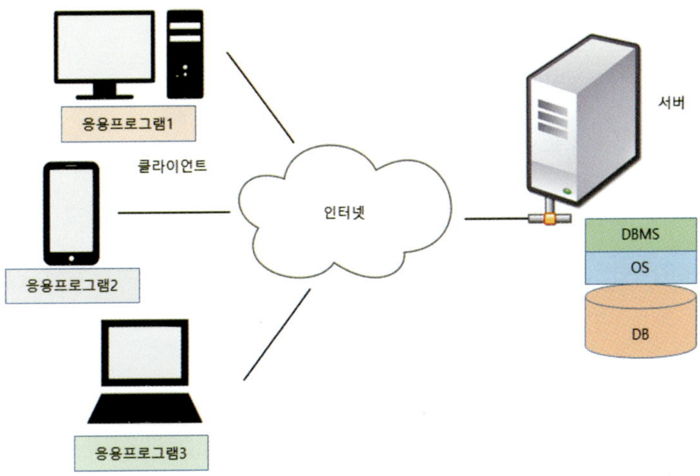

그림 7 클라이언트-서버 시스템의 DBMS 역할

가 계층(Hierarchical) 데이터베이스 관리시스템 (DBMS)

계층적 데이터베이스 모델을 사용하는 초창기의 데이터베이스 모델로서 데이터의 관계를 트리구조로 분석하여 탑다운(Top-down) 형식으로 구성하는 방식이다. 데이터를 부모와 자식의 관계로 저장한다. 트리(tree) 구조로서 노드(mode)와 간선(branch)으로 구성된다. 노드는 레코드를 간선은 필드(field)를 표현한다.

그림 8에서 보듯이 한 대학의 데이터베이스를 구성할 때 세부적으로 학과 관련 데이터와 행정 관련 데이터로 구분할 수 있으며, 학과는 다시 교과목, 담당 강사, 소속 학생들로 구분할 수 있다. 교과목은 다시 이론과 실습 교과목으로 나눌 수 있다. 행정은 교무, 학사, 시설로 구분되고 교무는 교수 관련 업무와 강사 관련 업무로 나눌 수 있다. 그러나 학과의 담당 강사는 교무의 교수 또는 강사와 중복되기 때문에 데이터베이스를 구성하는 목적인 데이터의 중복을 완전히 배제하지 못하는 단점이 있다.

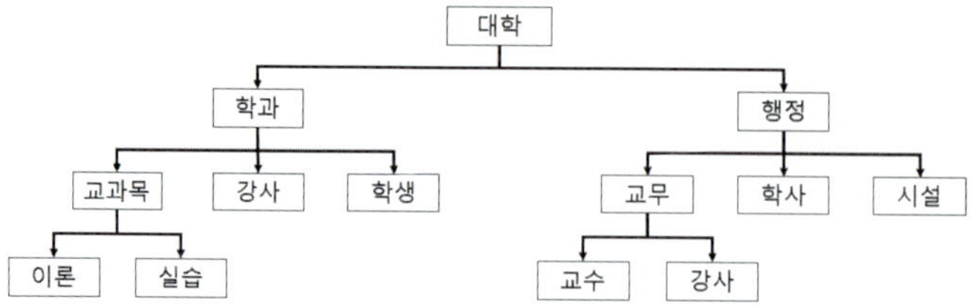

그림 8 계층적 데이터베이스 모델

윈도우에서 사용되는 레지스트리(registry) 역시 계층적 데이터베이스를 사용한다. 설정값 역시 노드에 의한 트리 구조로 저장된다.

나 관계 데이터베이스 관리시스템(RDBMS)

테이블 형태로 데이터베이스 관계(relation)를 정의한다. 이는 네트워크 DBMS처럼 다-대-다(many-to-many) 관계를 지원하지 않고 미리 정의된 데이터 유형을 갖는다. 가장 많이 사용되는 유형이다.

관계 데이터베이스 모델을 기반으로 한 데이터베이스 관리시스템이다. 관계 데이터베이스 모델은 1969년 영국 컴퓨터 과학자 에드거 코드(Edgar F. Codd)에 의해 처음 기술된 **1차 술어 논리**(predicate logic)와 일치하는 구조와 언어를 사용하여 데이터를 관리하는 접근방식이다. 이 모델의 기본은 관계 테이블이다. 행은 테이블의 레코드에 해당하는 인스턴스(instance)들로 구성되며, 이 행의 열은 항목에 해당하는 필드로 서로 관련이 있는 것들로 이루어진다.

데이터베이스 테이블을 재구성하지 않고도 여러 방법으로 데이터에 액세스하거나 재조립할 수 있는 공식적으로 기술된 테이블의 집합으로 구성된다. 그림 9는 수리 코드 테이블, 수리 처리 테이블을 이용하여 키값 24에 해당하는 정보들을 추출하여 새로운 테이블을 구성한 예이다.

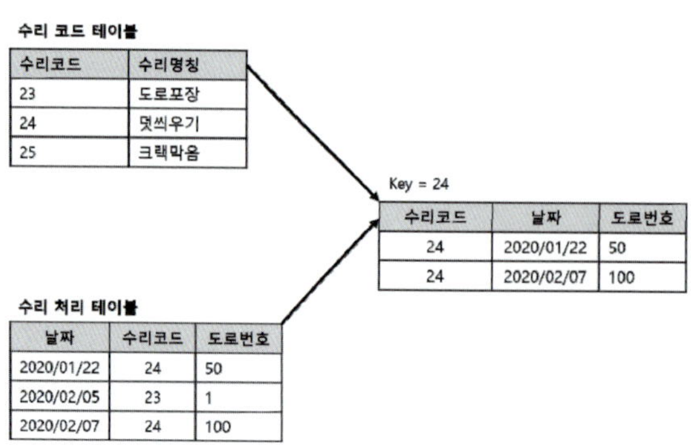

그림 9 관계 데이터베이스 모델의 예

관계 데이터베이스 모델은 논리적 구조가 테이블 형태로 응용 프로그램에서 지원해야 했던 데이터 무결성, 보안 등을 지원한다. 관계형 데이터베이스 모델은 멀티미디어 데이터와 같은 비정형 구조 형태의 데이터 처리가 불 가능하고, 제한된 자료형식만 사용할 수 있는 단점이 있다. 또한, 정규화의 원칙성이 부족할 수 있고 성능 문제가 일어날 수 있다.

SQL을 사용하는 표준화된 RDBMS이다. MySQL, 오라클, 마이크로소프트 SQL, Sybase SQL server 등이 대표적 상용 제품이다. 이런 모든 DBMS는 SQL을 사용한다. 기업의 ERP나, MIS 시스템 등 데이터의 정확한 처리가 필수적인 시스템에서는 현재도 SQL 기반의 관계 데이터베이스 관리시스템을 사용하고 있다.

다 네트워크 데이터베이스 관리시스템 모델(Network DB model)

트리 구조인 계층 데이터베이스 모델에서 존재하는 데이터의 중복성을 배제하기 위하여, 네트워크 데이터베이스 모델은 그래프 구조로 변형한 것이다. 이 모델에서는 그래프의 특성인 순환 루프(cyclic loop)가 존재할 수 있어서 구현할 때 반복되는 문제가 발생할 수 있다. 네트워크 DBMS는 다-대-다(many to many) 관계를 지원하고 복잡한 데이터 구조가 된다.

최근 들어 인터넷이 활성화되고, 소셜 네트워크 서비스 등이 등장하면서 관계 데이터 또는 정형 데이터가 아닌, 즉 비정형 데이터를 보다 쉽게 저장하고 처리할 수 있는 구조의 데이터베이스들이 관심을 받게 되었고, 해당 기술이 점점 더 발전하게 되면서, Facebook, Twitter, Netflix, Instagram, Apple의 iCloud 등에서 NoSQL 기반의 데이터베이스 관리시스템을 사용하고 있다. NoSQL은 No SQL, Not Only SQL, Non-Relational Operational Database SQL 등으로 불리고 있다. 그림 10에서는 매점에 고객, 관리자, 판매원이 주문하는 관계가 있고 또한, 판매원이 상품을 관리하는 관계로 설계된 네트워크 데이터베이스 모델을 보여주고 있다.

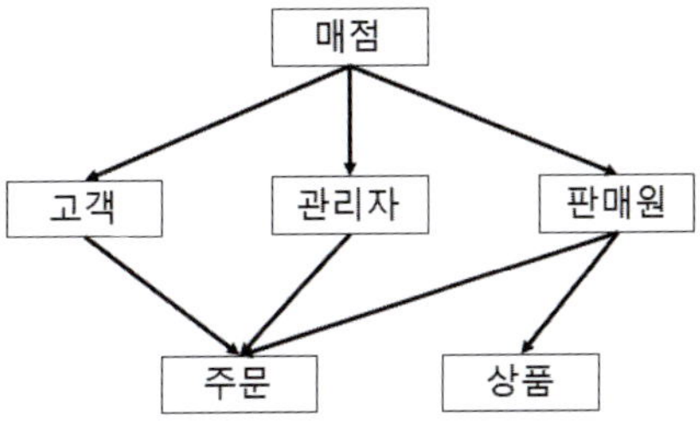

그림 10 네트워크 데이터베이스 모델

라 객체 지향 데이터베이스 관리시스템(Object Oriented DBMS, OODBMS)

객체지향(Object oriented) DBMS는 새로운 데이터 유형을 지원한다. 데이터가 객체의 형식으로 저장된다. 데이터베이스에 저장되는 객체는 속성(예로서 성별, 나이) 외에 데이터로 수행할 방법을 갖는다.

객체지향 데이터베이스의 주요 특징은 일반 데이터베이스의 개체(entity)와는 다른 객체(object)로 대표되는 정보로 모형을 정의하는 점이다. 이것은 객체지향 프로그래밍에서 사용되는 객체와 매우 유사하다. 객체지향 데이터베이스는 1980년대 초부터 1990년대 이후로 고려되어왔으나 주류의 상용 자료 처리에 그다지 큰 영향을 미치지 않았다. 그러나 전문 분야에서는 어느 정도 이용되고 있다.

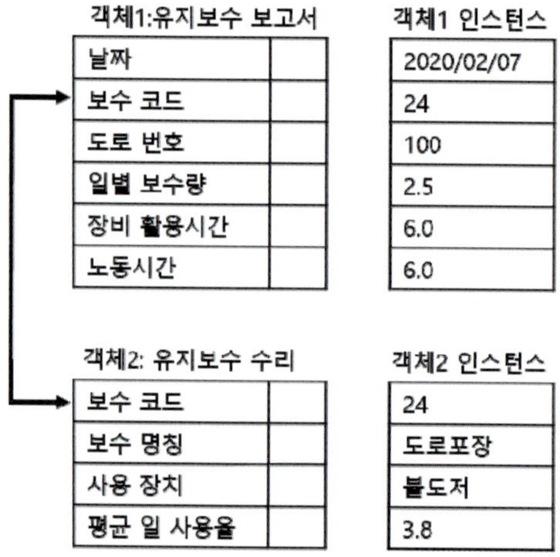

그림 11 객체지향 데이터베이스 모델 예

그림 11은 유지보수 보고서 객체와 유지보수 수리 객체에 대하여 보수 코드로 관련되어있는 객체지향형 데이터베이스 모델의 예이다. 이들 객체에 대한 실제 데이터들이 인스턴스로 만들어져 있음을 보여준다.

12.6 데이터베이스 SQL 언어

12.6.1 SQL 언어

SQL은 무엇인가?

SQL은 관계 데이터베이스를 다루는 표준 언어이다. 데이터베이스에 저장된 데이터를 활용할 수 있도록 고안된 구조화 질의어(Structured query language, SQL)이다. 구조화 질의어는 특수 목적 언어이다. 구조화 질의어(SQL)는 관계 DBMS(RDBMS)에서 데이터를 저장하고 관리하는데 사용되는 언어로서, Edgar F. Codd의 관계 데이터베이스 모델에 최초로 도입된 상용 언어이다. 오늘날 거의 모든 RDBMS는 SQL을 표준 데이터베이스 질의 언어로 사용하고 있다. SQL은 RDBMS에서 모든 유형의 데이터 작업을 수행하는 데 사용된다. 데이터베이스에 레코드를 삽입(insert), 탐색(search), 갱신(update), 삭제(delete)하는데 SQL 언어가 효과적으로 사용된다. 이밖에도 데이터베이스의 관리 및 최적화 작업을 수행할 수 있다.

SQL은 일종의 서술형 프로그램 언어이다. 데이터 정의, 데이터 처리 및 질의 역할을 하나의 언어로 사용하도록 하는 SQL은 데이터베이스 관리시스템의 언어로 1986년 미국표준연구소(ANSI)와 1987년 국제표준화기구(ISO)의 표준이 되었다. 표준은 이후 정기적으로 개선되었으며 모든 주류 상업 관계 RDBMS에 적용된다. 이러한 표준에도 불구하고 대부분의 SQL 코드는 조정 없이 서로 다른 데이터베이스 시스템 사이에서 완전히 호환되지는 않고 있다.

SQL은 일반적으로 하위 언어로 분류될 수 있는 여러 유형의 문장으로 구성된다. 일반적으로 데이터 질의 언어(DQL), 데이터 정의 언어(DDL), 데이터 조작 언어(DML) 등이 있다. 데이터 조작으로는 삽입, 갱신 및 삭제가 있고, 데이터 정의는 스키마 생성 및 수정이 있다.

```
SQL 사용 예제:
SELECT * FROM MEMBERS WHERE AGE > 30
```

나이가 30세 이상인 멤버에서 찾으라는 의미이다.

12.6.2 주요 데이터베이스

상용으로 공급되고 있는 DBMS들로는 Oracle 사의 DBMS 서버, 마이크로소프트사의 MS SQL, IBM 사의 Informix, Sybase 사의 SAP ASE(Adaptive Server Enterprise), 오픈소스인 MySQL, 마이크로소프트사의 MS Access가 있다. 이들 DBMS는 관계 데이터베이스 모델을 지원한다.

특히 MySQL은 오픈소스 관계형 데이터베이스 관리시스템이다. MySQL은 GNU(General Public License)의 조건에 따라 자유로운 오픈소스 소프트웨어로, 다양한 독점 라이센스 이용이 가능하다. MySQL은 스웨덴의 MySQL AB사에서 Michael WIdenus와 David Axmark에 의해 1994년에 시작되었다. 첫 버전의 MySQL은 1995년에 발표되었다. 선마이크로시스템(Sun Microsystems)사가 매입하였고, 2010년 선(SUN)사는 오라클사로 전환되었다. [그림 12 참조] MySQL은 LAMP 웹 응용 프로그램 소프트웨어 스택 등의 구성요소로 활용되고 있다. LAMP는 리눅스(Linux), Apache, MySQL, Perl/PHP/Python의 첫 자를 따서 만든 용어다. MySQL은 Drupal, Joomla, phpBB, WordPress를 포함한 많은 데이터베이스 기반 웹 응용 프로그램에 사용되고 있으며, 페이스북, Flickr, MediaWiki, 트위터, 유튜브를 포함한 많은 인기 웹사이트에서 사용되고 있다.

그림 12 D. MySQL 개발자 Axmark와 M.Widenius(2003)(출처: Wikipedia)

그리고 MS Access는 Microsoft의 DBMS이다. 마이크로소프트 오피스 응용 프로그램 제품군의 하나로, 전문가용 및 고급 판에 포함되거나 별도로 판매하고 있다. MS Access는 서버용이 아니므로 한 데이터베이스에 여러 사용자가 동시에 접속할 수 없고 한 번에 한 사용자만이 접속 가능하다. MS Access에서는 MS Excel과 같은 다른 응용 프로그램과 데이터베이스에 저장된 데이터를 직접 가져오거나 연결할 수도 있다. 소프트웨어 개발자, 데이터 설계자 및 고급 사용자들은 MS Access를 사용하여 응용 소프트웨어를 개발할 수 있다. 다른 마이크로소프트 오피스 응용 프로그램과 마찬가지로 호환성을 갖고 있다. MS Access는 다양한 개체를 참조할 수 있는 객체 기반 프로그래밍 언어인 VBA(Visual Basic for Applications)에 의해 지원되고 있다.

12.7 인공지능(AI) 유형과 응용

인공지능의 우수성은 얼마나 빨리 인식하고, 행동하며, 그리고 지식을 찾아오느냐가 중요한 이슈이다. 그리고 인공지능은 데이터가 축적되고 컴퓨터 성능이 발전함에 따라 우수한 능력이 될 것이다.

인공지능의 대두로 컴퓨터의 지능은 점차 높아지고 있다. 하지만 현재 컴퓨터 시스템이 처리할 수 있는 **인지 능력은 매우 제한적**이어서, 인공지능이 실제로 할 수 있는 **일은 단순하고 간단한 것들에 한정**되어 있다.

12.7.1 발전 단계별 인공지능

인공지능이 인간의 지능을 모사하는 기계의 정도를 말하기 때문에, 인위적으로 **인간다운 정신과 지성을 부여한** 존재를 창조하는 것에 대한 **윤리와 철학적 논쟁**을 불러일으킨다. 어떤 사람들은 인공지능이 계속 진행되면 인류에게 위험하다고 여긴다. 즉, 인공지능이 이전의 기술 혁명과는 달리 대량 실업의 위험을 초래할 것이라고 믿는다.

인공지능의 발전이 인간에게는 좋을 것인가? 아니면 나쁠 것인가?

이는 인간이 어떻게 인공지능을 활용하느냐에 따라 달라질 것이다. 인공지능에 **어떤 사상 또는 이념**을 넣어 주느냐가 중요한 이슈이다. 인공지능에 어떤 유형이 있는가? 인공지능은 3가지 발전 단계로 구분된다.

가 협의 인공지능(Artificial Narrow Intelligence, ANI)

인공지능을 단지 **특정 임무**에 적용하는 것과 관련된다. **협소하게 정의되는 특정의 문제**해결에 집중한다. 최근의 많은 인공지능이 이에 속한다. 대표적 예로서 알렉사(Alexa)이다. 알렉사는 사전에 정의된 기능 범위 내에서만 작동한다. 스스로 인식(self awareness) 기능이 없다. 구글의 검색 엔진, 자율주행차, 알파고, 휴머노이드가 모두 협의 인공지능(weak AI) 범주에 속한다.

기계가 인간 같은 능력을 소유하지는 못한다. 기계는 매우 강력한 처리 장치로 고수준의 계산을 수행할 수 있다. 하지만 인간이 할 수 있는 간단하고 합리적인 것을 할 수는 없다. 만약에 기계에 **수백만** 문서 같은 것을 처리하라고 요청하면 아마도 기계는 **수십 초 또는 수 분** 내에 작업을 수행해 낼 수 있다. 그러나 거실로 걸어와서 텔레비전 좀 켜달라고 기계에 요청하면 기계는 그것을 학습하는데, **매우 오래 걸릴** 것이다. 이는 기계가 **합리적으로 생각하는 방법을 가지고 있지 않기 때문**이다. **단지 기계**

는 매우 강력한 처리 능력이 있다. 하지만 **인간처럼 사고하고 추론할 수는 없다**.

나 일반 인공지능(Artificial general intelligence, AGI)

일반 인공지능은 강력한 인공지능으로 알려져 있다. **인간이 할 수 있는 어떠한 지적 작업을 수행해 낼 수 있는 능력의 기계로 표현**된다.

대부분 사람이 이해하지 못하는 개념이다. 아직 우리는 강력한 인공지능을 구현하지 못하고 있다. 알파고 제로(AlphaGo Zero)가 바둑에서 알파고를 물리쳤음에도 아직은 일반 인공지능을 갖지 못하고 있다. 알파고 제로는 기본적으로 인간의 중재 없이 스스로 학습하는 데 4달 소요되었다. 그럼에도 아직은 일반 인공지능으로 분류되지 못하고 있다. 이유는 인간처럼 추론할 수 없기 때문이다.

다 초인공지능(Artificial super intelligence, ASI)

초인공지능은 **컴퓨터의 능력이 인간을 초월**할 때에 해당한다. 현재로서는 가상적인 상황으로서 보여진다. 기계가 지구를 점령하는 것처럼 단지 영화나 공상과학 책에서만 묘사되고 있다. 터미네이터 같은 영화에서나 초인공지능을 묘사하고 있다. 아직 초인공지능은 존재하지 않고 있다. 그럼에도 어떤 사람들은 이러한 초인공지능이 2040년까지는 가능할 것이라 예측하고 있다.

요약하면 현재 우리가 경험하는 인공지능은 전부 협의 인공지능에 속한다. 인간처럼 생각하고 추론할 수 있는 인공지능이 아직은 존재하지 않고 있다.

12.7.2 인공지능(AI)을 어떻게 응용할까?

현대의 인공지능 기술은 만연하여 일일이 열거하기에는 너무 많다. 인공지능의 대표적인 활용 예로서 스스로 판단하여 움직이는 무인기, 자율주행 드론이나 자동차, 환자의 증상을 입력하면 병명을 판단해 주는 의료진단, 예술가들의 작품들을 학습한 후 컴퓨터가 그려내는 미술작품 또는 시 쓰기, 수학적 이론 증명, 게임(체스나 바둑 등), 구글이나 네이버에 사용하는 검색 엔진, 주인의 음성을 듣고 지시사항을 판단하여 정보를 찾아주거나 필요한 작동을 지시하는 애플 아이폰의 시리(Siri)나 삼성 갤럭시의 빅스비(Bixby) 같은 온라인 도우미, 사진에 포함된 이미지 인식, 매일 도착하는 수많은 이메일 중 스팸을 걸러내는 필터링, 비행기들의 지연시간 예측, 지난 판례들을 찾아보고 유사 범죄에 대한 사법적 결정 예측, 사용자의 구매 유형을 분석하여 선택적으로 보여주는 온라인 광고, 에너지의 소비 경향을 분석하여 에너지의 저장 및 적절한 분배 등을 들 수 있다.

인공지능의 전반적인 연구 목표는 컴퓨터와 기계가 지능적으로 기능할 수 있는 기술을 만드는 것이다. 특히 인공지능을 응용하고 적용하는 능력과 아이디어가 미래의 도전 과제가 되겠다. 다양한 산업 분야에서 다양한 방식으로 인공지능을 적용하고 있는 방법들을 알아보자.

가 자연어처리

사실 검색기를 만드는 것이 간단하지는 않다. 그러나 구글 검색 엔진 뒤에 있는 논리는 인공지능이다. 자연어처리를 위해 딥러닝과 기계학습이 관련한다.

우리는 서로의 의사소통을 위해 우리가 속한 집단의 지리적, 문화적 특성에 따라서 언어, 즉, 자연어라는 도구를 사용하고 있다. 자연어의 구조를 추상적으로 파악하여 언어의 문법을 만들었으나 이는 자연어의 체계를 모두 수용하지는 못한다. 우리가 의사소통할 때, 문법에 맞게 항상 표현하지는 않아도 상대방이 이해할 수 있다. 사람이 사용하는 복잡한 언어 체계를 기계가 인식하고 활용하도록 하는 인공지능 연구의 한 분야이다. 그림 13은 우리가 사용하는 형식적인 문법에 따른 한 문장의 구문 구조를 나타내는 구문 트리이다.

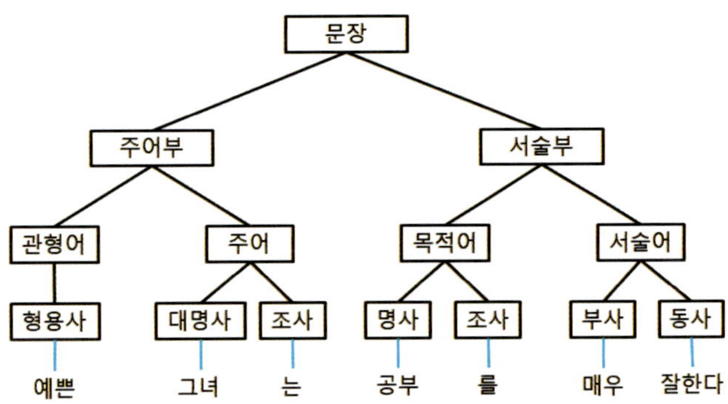

그림 13 구문 트리

자연어처리는 인간의 언어를 읽고 이해하는 능력을 기계에 부여하는 것이다. 자연어 처리가 강력한 시스템은 자연어를 사용하는 사람과의 인터페이스를 통한 입력이나 뉴스 전송기를 통해 입력되는 텍스트와 같이 인간이 작성한 자연어 데이터로부터 직접 지식을 얻고, 반복되는 실수를 하지 않도록 훈련된다.

자연어처리의 간단한 응용으로는 대용량 데이터베이스에서의 정보 검색, 정확하지 않지만 유사한 키워드를 통한 텍스트 마이닝, 사용자의 질문을 받고 답을 주는 Q&A, 그리고 한 언어의 글을 다른 언어로 전환하는 기계 번역 등이 있다.

현재 대부분 자연어처리 방식은 텍스트의 문법적 표현을 구성하기 위해 동시에 사용된 **단어의 발생 빈도 정보**를 사용한다. 많이 사용하는 **키워드 관측(keyword spotting) 검색 방법**은 인기가 있고 확장성이 있지만 정확하지 않다.

예로 검색 질문으로 "강아지"라고 요청하면, 문자 그대로의 "강아지"가 포함된 문서만 찾아내고 "치와와"라는 단어가 포함된 문서를 놓칠 수 있다. **어구 친화력(lexical affinity) 전략**은 문서에 내포된 정서를 평가하기 위해 특정 단어의 발생을 이용한다. 현대의 **통계적 자연어 처리 접근방식**은 이러한 모든 전략을 다른 것들과 마찬가지로 결합할 수 있다. 페이지나 문단 수준에서 허용되는 정확도를 달성하는 경우가 많지만 분리된 문장을 잘 분류하는데 필요한 **의미론적 해독은 계속 부족하여 지속적인 연구가 필요**하다.

나 구글(Google) 검색 엔진

구글 검색기는 사용자가 검색어를 입력하기 위해 타이핑을 시작할 때 선택할 수 있도록 추천을 해준다. 이것이 바로 인공지능이 작동하고 있는 경우이다. 이러한 구글 검색기는 사용자에게서 수집한 데이터에 기반을 둔다. 데이터는 브라우저 사용 이력, 사용자 위치, 사용자 나이, 그리고 개인적 사항 등과 관련된다. 인공지능을 사용하여 구글은 사용자가 찾으려 하는 것이 무엇인지 추측한다. [그림 14 참고]

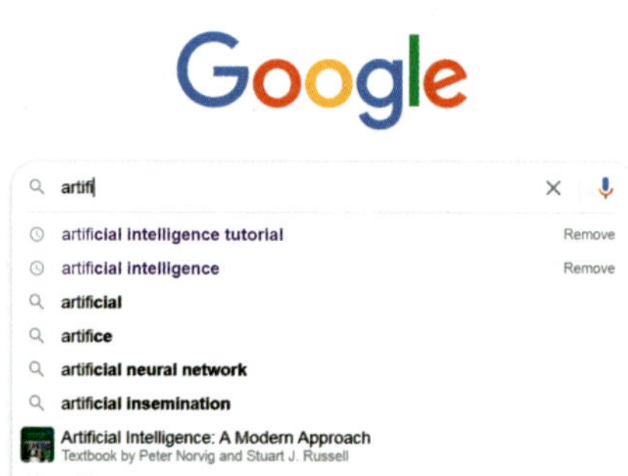

그림 14 구글 검색기

다 소셜미디어 플랫폼

페이스북, 인스타그램, 트위터 같은 소셜미디어는 인공지능 플랫폼을 사용한다. 예를 들어 소셜미디어 플랫폼으로서 페이스북은 얼굴 인식을 위해 인공지능을 사용한다. 얼굴 특징을 검출하고 친구라는 것을 표시하기 위해 딥러닝을 사용한다. 페이스북에서 보게 되는 자동 얼굴 특징 이면에는 기계학습, 심화학습 그리고 인공신경망이 있다.

트위터에서는 혐오스럽거나 과격한 언어를 사용하는 것을 찾기 위해 인공지능을 사용한다. 인공지능을 사용하여 많은 과격하고 불순한 계정을 금지하게 되었다.

라 가상비서(virtual assistant)

가상비서에 대해 살펴보자. 시리(Siri)와 알렉사가 대표적 가상비서에 속한다. 구글의 최신 가상비서 구글 듀플렉스(Duplex)는 전화 호출에 응답하고 사용자를 위해 예약을 대행해줄 수 있다. 이는 세상의 많은 사람을 놀라게 했다. 듀플렉스는 사용자의 마음까지도 더하고 있다. 그래서 전화에서 인공지능과 사람이 말하는 것을 구별하기가 쉽지 않을 정도이다.

마 스팸 필터링(Spam filtering)

구글 Gmail 역시 인공지능과 기계학습을 사용한다. Gmail은 인공지능을 사용하여 메일을 스팸과 비스팸(non-spam)으로 분류한다. 메일에서 어떤 단어 또는 구절이 자주 사용될 때마다 스팸 메일로 인식한다. 이러한 스팸 메일과 사용되는 단어 또는 구절 간의 관계를 기계학습 또는 자연어처리를 사용해 인식한다.

사이버보안 분야는 인터넷에 연결된 모든 분야의 조직체에 다양한 유형의 대규모 해킹 공격으로 피해를 주고, 또한 수십억 달러의 사업 피해를 주는 등 중대 도전에 직면해 있다. 인공지능과 자연어처리(NLP)를 사용하여 높은 위험과 낮은 위험 정보로 네트워크의 데이터를 자동 분류한다. 이를 통해 보안팀은 조직에 실질적인 해를 끼칠 가능성이 있는 공격에 집중할 수 있고, 서비스 거부(DoS), 멜웨어 등 공격의 피해자가 되지 않을 수 있다.

지금까지 살펴본 결과 인공지능은 구글, 테슬라, 페이스북 같은 거대 기술기업에서 관심이 많다. 특히 이들 회사는 데이터에 기반한 회사들이다.

네플릭스(Netflix)도 인공지능을 활용한다. 네플릭스도 인공지능과 심화학습을 활용하여 개인별 영화 추천 서비스 소프트웨어를 개발했다. 사용자가 네플릭스에 들어갈 때 볼 수 있는 영화 유형은 추천된 것들이다. 이는 사용자별로 다르다. 이는 네플릭스가 개별 사용자의 상세 선호 영화 및 관심사에 대한 데이터를 분석하여 영화를 추천해주는 것이다. 네플릭스는 다른 사용자들의 시청 기록을 사용한다. 실제 75% 정도가 추천된 영화를 보는 것으로 평가되고 있다.

이러한 추천 엔진 이면에 인공지능과 기계학습이 있다는 사실이다.

12.8 딥러닝을 위한 선형 대수

12.8.1 행렬 산술연산

선형 대수학은 '기계학습이 사용하는 **언어**'이다.

선형 대수학 언어의 기본을 이해할 수 있다면, 신경망 모델에서의 근간인 복잡한 사상을 파악하기에 훨씬 좋은 위치에 서게 될 것이다.

행렬 간에 어떻게 연산을 수행할 것인지에 대해 살펴보려고 한다. 그러한 연산에는 덧셈과 곱셈이 포함된다. 스칼라, 벡터 및 행렬 덧셈을 할 수 있다. 이들 연산은 각각 정확하게 정의되어 있다. 이러한 연산 기술들은 기계학습과 딥러닝에 자주 사용되기 때문에 그것을 숙지할 가치가 있다.

행렬 두 개를 함께 덧셈한다는 것은 무엇을 의미하는가? 행렬 덧셈과 더불어 행렬 곱셈을 기술할 것이다. 스칼라 덧셈과 곱셈은 아주 익숙하겠지만, 보다 일반적 텐서 개체를 다룰 때는 규칙이 다소 다르다.

현재는 딥러닝의 맥락에서 이러한 연산이 유용하게 사용된다는 이유가 명확하지 않다. 더욱이 이러한 연산은 결국 역행렬을 계산하는 문제가 될 것이다.

가 스칼라-행렬 곱셈

스칼라를 행렬에 곱셈하려면 행렬의 모든 요소에 곱하도록 한다. 스칼라를 행렬에 곱하는 예시를 보여준다.

$$y \times \begin{bmatrix} a & b \\ c & d \end{bmatrix} = \begin{bmatrix} a \times y & b \times y \\ c \times y & d \times y \end{bmatrix}$$

예제 4

$$2 \times \begin{bmatrix} 4 & 5 \\ 2 & 6 \end{bmatrix} = \begin{bmatrix} 8 & 10 \\ 4 & 12 \end{bmatrix}$$

나 행렬-행렬 덧셈

개별 행렬의 크기가 m × n인 두 개의 행렬 **A = [a_{ij}]** 와 **B =[b_{ij}]** 가 주어졌다. 이들 행렬 간의 덧셈은 **C = A + B** 로 주어진다. 여기서 행렬 **C** = [c_{ij}]로 정의되고 **C** 행렬의 개별 요소는 $c_{ij} = a_{ij} + b_{ij}$로 정의

된다. 결과 행렬 C는 A와 B 각 요소를 해당 요소별 덧셈을 함으로써 만들어진다. 이 연산은 두 행렬의 크기가 동일한 경우에만 정의된다. 이 정의는 C가 m x n 크기를 갖는다는 것을 의미한다.

행렬-행렬 덧셈과 뺄셈은 상당히 쉽고 간단하다. 요건은 행렬이 동일한 크기를 가져야 하며 그 결과는 동일한 크기를 갖는 행렬이라는 것이다. 두 번째 행렬의 해당 요소값과 첫 번째 행렬의 각 요소값을 더하거나 빼면 된다. 아래를 참조한다.

$$\begin{bmatrix} a\,b \\ c\,d \end{bmatrix} + \begin{bmatrix} e\,f \\ g\,h \end{bmatrix} = \begin{bmatrix} a+e & b+f \\ c+g & d+h \end{bmatrix}$$

행렬 덧셈은 **교환법칙**을 따른다. 이는 행렬을 어느 방향으로 추가하든 상관없다는 것을 의미한다.

$$A+B=B+A$$

행렬 덧셈은 또한 **결합법칙**을 갖는다. 즉, 두 행렬에 대해 먼저 덧셈을 한 다음 다른 행렬을 덧셈하는 것이나, 다른 두 행렬을 먼저 덧셈한 다음 다른 행렬을 덧셈할 때나 같은 결과가 나온다는 의미이다.

$$A + (B + C) = (A + B) + C$$

이 두 가지 결과는 일반적인 스칼라값에 대한 덧셈에 교환법칙과 결합법칙이 있다는 사실에서 비롯된다. 왜냐하면, 우리는 단지 요소들을 함께 더하는 것이기 때문이다. 행렬 곱셈에는 교환법칙이 적용되지는 않지만, 행렬 덧셈에 대하여는 교환법칙과 결합법칙을 강조하고 있다. 왜 그런지 나중에 보자.

예제 5

행렬 A, B 두 개를 생각하자. 그리고 더하기를 통해 새로운 행렬 C를 만들어보자.

$$A+B=\begin{bmatrix} 1 & 4 & 17 \\ 18 & 3 & 2 \\ 5 & 19 & 1 \end{bmatrix} + \begin{bmatrix} 12 & 18 & 6 \\ 4 & 3 & 33 \\ 23 & 5 & 8 \end{bmatrix} = \begin{bmatrix} 13 & 22 & 23 \\ 22 & 6 & 35 \\ 28 & 24 & 9 \end{bmatrix} = C$$

C의 원소가 단순히 A와 B의 해당 위치에 더해진 원소임을 알 수 있다.

다 행렬-벡터 곱셈

행렬에 벡터를 곱하는 것은 행렬의 각 행과 벡터의 열을 곱하는 것으로 생각할 수 있다. 출력은 행렬과 동일한 수의 행을 가진 벡터가 될 것이다. 아래는 행렬과 벡터의 곱셈이 작동하는 방식을 보여준다.

$$\begin{bmatrix} a\ b \\ c\ d \\ e\ f \end{bmatrix} \times \begin{bmatrix} x \\ y \end{bmatrix} = \begin{bmatrix} a \times x + b \times y \\ c \times x + d \times y \\ e \times x + f \times y \end{bmatrix}$$

예제 6

다음 행렬에 벡터를 곱셈하라.

$$\begin{bmatrix} 1\ 3 \\ 4\ 0 \\ 2\ 1 \end{bmatrix} \times \begin{bmatrix} 1 \\ 5 \end{bmatrix} = \begin{bmatrix} 16 \\ 4 \\ 7 \end{bmatrix}$$

개념을 더 잘 이해하기 위해 계산 과정을 설명하겠다. 결과 벡터의 첫 번째 값(16)을 얻기 위해 행렬의 첫 번째 행의 숫자(1과 3)와 벡터의 숫자(1과 5)를 곱한다. 이것은 다음과 같다:

1*1 + 3*5 = 16

행렬의 두 번째 행에 있는 값(4,0)에 동일 과정을 적용한다.

4*1 + 0*5 = 4

그리고 다시 행렬의 세 번째 행(2,1)에 대해서도 동일하게 적용한다.

2*1 + 1*5 = 7

예제 7

행렬과 벡터의 곱을 계산하라.

$$\begin{bmatrix} 1 & 2 & 1 & 5 \\ 0 & 3 & 0 & 4 \\ -1 & -2 & 0 & 0 \end{bmatrix} \times \begin{bmatrix} 1 \\ 3 \\ 2 \\ 1 \end{bmatrix} = \begin{bmatrix} 14 \\ 13 \\ -7 \end{bmatrix}$$

라 행렬-행렬의 곱셈 계산

행렬-행렬 곱셈은 많은 계산을 하나의 행렬 곱셈으로 **묶을** 수 있는 몇 가지 속성을 가지고 있다. 스칼라-스칼라 곱셈 개념 설명을 시작으로 행렬-행렬 곱셈을 설명한다.

1) Not Commutative(비교환법칙)

스칼라 곱셈은 서로 교환법칙을 따르지만, 행렬 곱셈은 그렇지 않다. 스칼라를 곱할 때 7*3은 3*7과 같다는 것을 의미한다. 그러나 행렬을 서로 곱하면 A*B는 B*A와 같지 않다.

2) Associative(결합법칙)

스칼라와 행렬 곱셈은 둘 다 결합법칙을 따른다. 이는 스칼라 곱셈 3(5*3)이 (3*5)3 과 같고, 행렬 곱셈 A(B*C)가 (A*B)C 와 같다는 것을 의미한다.

3) Distributive(분배법칙)

스칼라와 행렬 곱셈 또한 둘 다 분배법칙을 따른다.

3(5 + 3)은 3*5 + 3*3과 같고 A(B+C)는 A*B + A*C와 같다는 뜻이다.

4) Identity Matrix(항등 행렬)

항등 행렬은 특별한 종류의 행렬이다. 우선 항등이 무엇인지 정의한다. 어떤 숫자에 숫자 1을 곱하면 원래 숫자, 자신과 같다. 그래서 항등이라 한다. 그러므로 항등 행렬을 곱한 모든 행렬은 그 자체와 동일하다. 예를 들어 행렬 A에 항등 행렬을 곱한 것은 A와 동일하다.

항등 행렬은 대각선을 따라 '1'이 있고 다른 모든 값은 0이다. 행의 수와 열의 수가 일치하는 "정사각형 행렬"이다. 다음은 항등 행렬 예를 보여준다.

$$\begin{bmatrix} 1 & 0 \\ 0 & 1 \end{bmatrix}, \begin{bmatrix} 1 & 0 & 0 \\ 0 & 1 & 0 \\ 0 & 0 & 1 \end{bmatrix}, \begin{bmatrix} 1 & 0 & 0 & 0 \\ 0 & 1 & 0 & 0 \\ 0 & 0 & 1 & 0 \\ 0 & 0 & 0 & 1 \end{bmatrix}$$

행렬 곱셈은 교환적이지 않지만 한 가지 예외가 있다. 즉 행렬에 항등 행렬을 곱하는 경우다. 따라서 다음과 같은 방정식이 참이 된다.

$$A*I = I*A = A$$

두 개의 행렬을 곱하는 것과 행렬과 벡터를 곱하는 것은 그렇게 어렵지 않다. **첫 번째 행렬의 열의 개수가 두 번째 행렬의 행의 개수와 일치**하는 경우에만 행렬을 곱할 수 있다는 점에 유의한다. 결과는 첫 번째 행렬의 행의 개수와 두 번째 행렬의 열의 개수 크기를 갖는 행렬이 될 것이다. 다음과 같이 작동한다. 첫 번째 행렬에 두 번째 행렬을 열 벡터로 분할하여 생긴 벡터를 각각 곱하면 된다. 앞에서 행렬-벡터 곱셈에 대해서는 이미 설명하였다. 그런 다음 결과를 새로운 행렬에 넣는다. 다음 두 행렬의 곱셈을 계산해보자.

$$\begin{bmatrix} 1 & 3 & 2 \\ 4 & 0 & 1 \end{bmatrix} \times \begin{bmatrix} 1 & 3 \\ 0 & 1 \\ 5 & 2 \end{bmatrix} = \begin{bmatrix} 11 & 10 \\ 9 & 14 \end{bmatrix}$$

아래 수식은 그 과정을 단계별로 설명한다. 두 번째 행렬을 열벡터로 분할하여 행렬-벡터 곱셈하는 과정을 기술한다.

$$\begin{bmatrix} 1\ 3\ 2 \\ 4\ 0\ 1 \end{bmatrix} \times \begin{bmatrix} 1 \\ 0 \\ 5 \end{bmatrix} = \begin{bmatrix} 11 \\ 9 \end{bmatrix}$$

$$\begin{bmatrix} 1\ 3\ 2 \\ 4\ 0\ 1 \end{bmatrix} \times \begin{bmatrix} 3 \\ 1 \\ 2 \end{bmatrix} = \begin{bmatrix} 10 \\ 14 \end{bmatrix}$$

행렬의 곱셈을 다음처럼 표기한다. 여기서, $C_{ij} = \sum_{k=1}^{m} A_{ik}B_{kj}$,, 그리고 j = 1, 2, ..., n, k = 1, 2, ,.... ,p 이다.

$$C = A \times B = C_{ij}$$

이처럼 표기되는 이유는 행렬의 곱셈이 **함수합성**을 의미하기 개념이기 때문에 상기처럼 밖에 나타낼 수 없다. 모든 행렬 요소 조합으로 구성된다.

12.8.2 행렬과 선형 변환

가 행렬의 선형 변환

A를 2 × 3 행렬이라고 하자.

$$A = \begin{bmatrix} 1 & 0 & -1 \\ 3 & 1 & 2 \end{bmatrix}$$

행렬 A에 벡터 x = (x,y,z)를 곱한다면 어떤 결과를 얻는가? 다음처럼 계산한다.

$$Ax = \begin{bmatrix} 1 & 0 & -1 \\ 3 & 1 & 2 \end{bmatrix} \begin{bmatrix} x \\ y \\ z \end{bmatrix} = \begin{bmatrix} x - z \\ 3x + y + 2z \end{bmatrix} = (x-z,\ 3x+y+2z)$$

행렬 → 함수로의 연관

만약에 상기 행렬 곱셈을 함수 f(x) = Ax로 정의한다면, 함수는 3개의 입력 변수(x, y, z)를 갖고, 출력은 2차원 벡터 (x-z, 3x+y+2z)를 생성한다.

함수 표기법을 사용하여 상기 문제를 $f : R^3 \rightarrow R^2$처럼 나타낼 수 있다. 3차원 실수 공간을 2차원 실수 공간으로 변환하는 함수이다. 3개의 실수 변수에 대한 2차원 실수 벡터를 출력하는 함수가 된다. 예로서 $f(1,2,3) = (1-3,\ 3\cdot1 + 2 + 2\cdot3) = (-2,11)$.

어떤 mxn 행렬 B가 주어질 때, 함수 $g(x) = Bx$를 정의하고 $g: R^n \rightarrow R^m$처럼 표기할 수 있다. 여기서 x는 n 차원 벡터이다. 또 다른 예로서 만약에

$$c = \begin{bmatrix} 5 & -3 \\ 1 & 0 \\ -7 & 4 \\ 0 & -2 \end{bmatrix}$$

라면, 함수 $h(y) = Cy$로 정의한다. 여기서 $y = (y_1,\ y_2)$라면,

$$h(y) = (5y_1 - 3y_2,\ y_1,\ -7y_1 + 4y_2,\ -2y_2)$$

가 된다. 이러한 방식으로 모든 **행렬을 함수와 연관**시킬 수 있다.

함수 → 행렬로의 연관

이번에는 함수 $g: R^n \rightarrow R^m$가 주어질 때 $g(x)$를 어떤 **행렬**로 연관시킬 수 있는가? 이때는 $g(x)$가 특별한 함수, 선형 변환일 때만 행렬로 연관시킬 수 있다. 벡터 공간을 변형하는 것을 선형 변환이라고 한다. 함수 $g(x)$의 개별 구성요소가 변수 중 하나의 배수(multiplier)가 된다면 선형 변환된다.

예를 들어 함수 $f(x, y) = (2x+y, y/2)$과 $g(x, y, z) = (z, 0, 1, 2x)$는 선형 변환이 되지만, 함수 $f(x,y) = (x^2, y, x)$, $g(x, y, z) = (y, xyz)$ 또는 $h(x, y, z) = (x+2, y, z)$는 어떤 것도 선형 변환이 아니다. 상기 행렬에서 얻어진 함수 $f(x)$와 $h(y)$ 는 선형 변환이다.

이번에는 반대로 함수 $f(x, y) = (2x+y, y, x-3y)$가 주어졌을 때 행렬 A를 찾는 문제를 생각하자. 이 함수는 $R^2 \rightarrow R^3$로 선형 변환한다. f와 연관된 A는 3×2 행렬이 된다. 행렬 A를 다음처럼 표현하자. 그러면 $f(x) = Ax$를 만족하는 A가 되어야 한다. 여기서 $x = (x, y)$이다.

$$A = \begin{bmatrix} a_{11} & a_{12} \\ a_{21} & a_{22} \\ a_{31} & a_{32} \end{bmatrix}$$

A를 찾는 가장 쉬운 방법은 다음과 같다. $x = (1, 0)$이라고 할 때 $f(x) = Ax$는 A의 첫 열이 된다. A의 첫 열이 다음과 같다.

$$f(1, 0) = (2 \cdot 1+0,\ 0,\ 1-3 \cdot 0) = (2,\ 0,\ 1) = \begin{bmatrix} 2 \\ 0 \\ 1 \end{bmatrix}$$

마찬가지로, x=(0, 1)이면 f(x) = Ax가 A의 두 번째 열이 된다.

$$f(0, 1) = (1,\ 1,\ -3) = \begin{bmatrix} 1 \\ 1 \\ -3 \end{bmatrix}$$

이들을 함께 결합하면 선형 변환 f(x)은 다음 행렬로 연관된다.

$$A = \begin{bmatrix} 2 & 1 \\ 0 & 1 \\ 1 & -3 \end{bmatrix}$$

결론으로 모든 선형 변환이 하나의 행렬과 연관이 된다.

예제 8

행렬 A=$\begin{bmatrix} 4 & 1 \\ 1 & 3 \end{bmatrix}$은 단위 크기 정사각형을 평행사변형으로 변환시킨다. 정사각형은 i와 j 변을 갖는다. 행렬과 벡터에 대한 곱셈을 위해 행렬을 열 벡터로 나타낸다. 예로서, i = (1, 0), j = (0, 1) 그리고 v = (a1, a2)는 다음처럼 표현한다.

$$i = \begin{bmatrix} 1 \\ 0 \end{bmatrix},\ j = \begin{bmatrix} 0 \\ 1 \end{bmatrix},\ v = \begin{bmatrix} a_1 \\ a_2 \end{bmatrix}$$

그러면 행렬 곱셈은 다음처럼 된다.

$$Ai = A\begin{bmatrix} 1 \\ 0 \end{bmatrix} = \begin{bmatrix} 4 \\ 1 \end{bmatrix},\ Aj = A\begin{bmatrix} 0 \\ 1 \end{bmatrix} = \begin{bmatrix} 1 \\ 3 \end{bmatrix}$$

정사각형의 모든 점을 원 벡터의 끝점으로서 생각한다. 이들 모든 벡터에 A를 곱하면 다음의 그림 15를 얻는다.

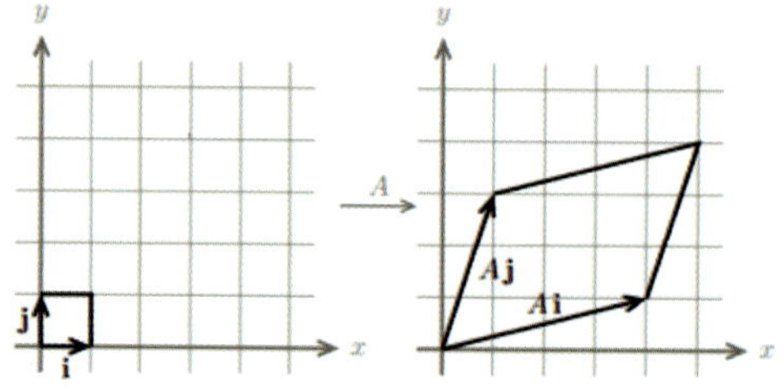

그림 15 선형 변환

정사각형이 평행사변형으로 변환되었다. 평행사변형의 면적이 $|A| = 11$ 되는데 우리는 이를 2x2 행렬에 대한 행렬식(determinant)이라고 한다.

나 행렬 곱셈과 합성함수

함수 T와 U를 다음과 같은 변환이라고 하자. $T:R^n \rightarrow R^m$와 $U:R^p \rightarrow R^n$. 이들의 합성함수는 $T \circ U:R^p \rightarrow R^n$ 변환이라고 하며, $(T \circ U)(x) = T(U(x))$로 정의된다.

두 개의 변환을 합성한다는 것은 그들을 연쇄적으로 하는 것을 의미한다. T◦U는 변수에 대하여 U를 먼저 적용하고 이어서 T를 적용하는 의미이다. 더 정밀하게, 어떤 입력 벡터 x에 대하여 T◦U를 계산하기 위하여 먼저 U(x)를 계산하고, 이어서 U의 출력을 T의 입력 벡터로 사용하는 의미이다.

예로서 $T: R^3 \rightarrow R^2$와 $U: R^2 \rightarrow R^3$는 다음과 같을 때 합성함수 $T \circ U = R^2 \rightarrow R^2$ 다음과 같다. 한 예로서,

$$T(x) = \begin{bmatrix} 1\,1\,0 \\ 0\,1\,1 \end{bmatrix} x \quad \textbf{그리고} \quad U(x) = \begin{bmatrix} 1\,0 \\ 0\,1 \\ 1\,0 \end{bmatrix} x$$

이들 합성함수는 선형 변환 $T \circ U: R^2 \rightarrow R^2$이 된다.

$$\begin{bmatrix} 1\,1\,0 \\ 0\,1\,1 \end{bmatrix} \begin{bmatrix} 1\,0 \\ 0\,1 \\ 1\,0 \end{bmatrix} = \begin{bmatrix} 1\ 1 \\ 1\ 1 \end{bmatrix}$$

$x = \begin{bmatrix} -1 \\ 2 \end{bmatrix}$가 주어졌을 때, 다음과 같이 계산된다.

$$U(x) = \begin{bmatrix} 1\,0 \\ 0\,1 \\ 1\,0 \end{bmatrix} \begin{bmatrix} -1 \\ 2 \end{bmatrix} = \begin{bmatrix} -1 \\ 2 \\ -1 \end{bmatrix}$$

$$T(U(x)) = \begin{bmatrix} 1\,1\,0 \\ 0\,1\,1 \end{bmatrix} \begin{bmatrix} -1 \\ 2 \\ -1 \end{bmatrix} = \begin{bmatrix} 1 \\ 1 \end{bmatrix}$$

$$T \circ U(x) = \begin{bmatrix} 1\,1\,0 \\ 0\,1\,1 \end{bmatrix} \begin{bmatrix} -1 \\ 2 \\ -1 \end{bmatrix} = \begin{bmatrix} 1 \\ 1 \end{bmatrix}$$

끝으로 U(x) 그리고 T◦U(x)를 다음과 같이 그림 16과 그림 17로 표현된다.

그림 16 입력벡터 x

그림 17 T*U(x)

12.8.3 연립 선형 방정식

동기를 부여하기 위해 작은 선형 연립 방정식의 예부터 시작해보자.

```
x + 2y + 4z = 10
3x + y - 5z = -8
4x -3y +7z = 4
```

통상적인 목표는 이러한 방정식을 만족시키는 x, y, z의 값을 찾는 것이다. 위의 경우 3개의 방정식만 있는 비교적 간단한 대수적 조작으로 해답을 찾을 것이다. 그러나 방정식의 수가 현저하게 증가하면 이런 식으로 방정식을 쓰는 것은 합리적으로 다루기 어려워질 수 있다.

대체 방법으로 행렬 표기법을 사용하여 간단히 나타낼 수 있다. **x** = $[x, y, z]^T$, **b** = $[10, -8, 4]^T$ 그리고 행렬 **A**가 다음과 같이 주어진다.

$$\mathbf{A} = \begin{pmatrix} 1 & 2 & 4 \\ 3 & 1 & -5 \\ 4 & -3 & 7 \end{pmatrix}$$

그럼 상기 시스템을 다음처럼 표기하는 것이 가능하다.

$$\begin{bmatrix} 1 & 2 & 4 \\ 3 & 1 & -5 \\ 4 & -3 & 7 \end{bmatrix} \begin{bmatrix} x \\ y \\ z \end{bmatrix} = \begin{bmatrix} 10 \\ -8 \\ 4 \end{bmatrix}$$

더 간략히는

$$\mathbf{Ax} = \mathbf{b}$$

굵은 활자는 방정식의 항이 스칼라가 아니라 벡터와 행렬로 강조한다.

$Ax = b$에서 모든 항이 스칼라인 대수 방정식이라면 이 방정식은 A로 나누기함으로써 x가 구해진다. 여기서 A, x, b는 실수의 원소이고, A는 0이 아니어야 한다.

그러면 $x = \frac{b}{A} = \frac{1}{A}b = A^{-1}b$

즉, $x = A^{-1}b$ 된다.

그러면 행렬 방정식 $Ax=b$도 유사한 형태 $x = A^{-1}b$로 해결할 수 있는가? 행렬로 나눗셈하는 연산이 정의되어 있지 않기 때문에 A^{-1}를 A의 역행렬이라 한다.

가 행렬 방정식 풀기

이제 행렬 방정식 $Ax=b$을 계산해보자.

$$Ax=b$$

$A^{-1}Ax=A^{-1}b$ //양변에 역행렬을 곱한다.

$Ix=A^{-1}b$ //$A^{-1}A=I$ 성질을 활용한다.

$x=A^{-1}b$ // 항등행렬의 성질을 이용한다.

방정식에서 역행렬 A^{-1}을 양쪽에 곱한다. $A^{-1}A$가 항등 행렬이 된다. 끝으로 미지의 벡터 x 는 A^{-1}가 존재한다는 가정에서 계산된다.

나 역행렬 알고리즘

역행렬은 선형 방정식을 계산할 때 필요하다.

우선, 역이란 무엇인가? 어떤 수에 그 수의 역수를 곱하면 1과 같게 된다. 0을 제외한 모든 숫자는 역수를 가지고 있다는 점에 유의한다. 행렬에 역행렬로 곱하면 결과는 항등 행렬이 된다. 아래의 예는 스칼라의 역이 어떻게 생겼는지 보여준다.

$$3 \times (3^{-1}) = 1$$

$$14 \times (14^{-1}) = 1$$

그러나 모든 행렬이 역행렬을 갖는 것은 아니다. 행렬이 "정사각형 행렬"이고 역행렬이 있으면 역행렬을 계산할 수 있다. 어떤 행렬이 역행렬을 갖는지에 대한 논의는 여기서 벗어난다.

왜 우리는 역행렬이 필요한가? 행렬을 나누기할 수 없으니까 행렬로 나눈다는 개념은 없지만, 행렬과 역행렬을 곱할 수는 있는데, 이것은 본질적으로 같은 결과를 낳는다.

아래 수식은 행렬에 그 역행렬을 곱한 것을 보여주며, 그 결과 2×2의 항등 행렬이 된다.

$$\begin{bmatrix} 3 & 4 \\ 2 & 16 \end{bmatrix} \times \begin{bmatrix} 0.4 & -0.1 \\ -0.05 & 0.075 \end{bmatrix} = \begin{bmatrix} 1 & 0 \\ 0 & 1 \end{bmatrix}$$

$$A \times A^{-1}$$

역행렬 구하는 일반적인 방법은 **가우스 소거법**이다. 하지만 n×n 대형 행렬에 대해서는 역행렬을 구하는 것이 비효율적이다. 연산의 개수가 행렬 크기가 커질수록 3승에 비례하여 증가한다.

과학이나 딥러닝에서는 어느 정도 오차 범위 내에서는 근사해가 허용된다. 그래서 다소 덜 복잡한 알고리즘을 사용해도 충분히 정확한 해를 구할 수 있다.

역행렬과 전치행렬은 행렬에 대한 두 가지 특별한 종류의 속성이다. 기본적으로 행렬의 전치는 45도 축을 따른 행렬의 거울상이다. 행렬의 전치를 얻는 것은 꽤 간단하다. 첫 번째 열은 전치행렬의 첫 번째 행이 되고 두 번째 열은 전치행렬의 두 번째 행이 된다. 그래서 m * n 행렬은 n * m 행렬로 변환된다. 또한 **A**의 Aij 요소는 Aji(전치) 원소와 동일하다.

12.9 AI를 위한 프로그램 언어 : 왜 파이썬을 선택하는가?

딥러닝 플랫폼으로는 텐서플로우(Tensor flow), 파이썬, Keras, DL4J(Deep Learning 4J(Java)), 그리고 Torch가 대표적이다.

인공지능을 위해 사용될 수 있는 프로그램 언어에는 여러 가지가 있지만, 대표적인 것으로 파이썬이 인공지능 언어로서 가장 유명하다. 또한, 인공지능을 위해 효과적이기도 하다. 그러한 이유로 많은 개발자가 파이썬을 선호한다. 문법이 간단하여 쉽게 학습할 수 있다. 아마 가장 학습하기 쉬운 프로그램 언어일 것이다. 그리고 파이썬으로 기계학습과 인공지능 알고리즘을 쉽게 구현할 수 있다. 많은 알고리즘을 위한 사전 정의된 함수들을 포함한 라이브러리가 존재하고 있기 때문이다. 프로그램 개발자가 해야 하는 것은 단지 해당 함수를 호출하는 것이다. 직접 알고리즘을 작성할 필요가 없다.

R은 통계처리를 위한 프로그램 언어이다. 통계적 목적으로 데이터를 분석하고 조작하기 위한 환경을 제공하는 효과적인 언어이다. R에는 통계처리뿐만 아니라 인공지능, 기계학습, 그리고 자연어처리 관

련 라이브러리도 포함하고 있다. R도 역시 인공지능 학습을 위한 좋은 프로그램 언어에 속한다.

구글이 개발한 텐서플로는 텐서 상에서 계산을 정의하고 실행하는데 사용되는 오픈소스 도구이다. 자바 또한 인공지능 개발을 위한 프로그램 언어로서 많이 사용된다. 인공지능에서는 탐색 알고리즘, 인공 신경망, 그리고 유전자 프로그래밍 같은 많은 것을 수행해야 한다. 자바가 많은 장점을 갖고 있는데 사용하기 쉽고, 디버깅이 또한 쉽다. 대규모 프로젝트를 수행하기 편리한 작업 환경을 지원하기도 한다. 그리고 사용자와의 편리한 상호작용 인터페이스를 제공한다. 데이터에 대한 그래픽 표현도 좋다.

이밖에도 리스프(Lisp)가 있다. 놀랍게도 많은 사람들이 Lisp에 대해 들어 본 적이 없는 것 같은데 사실 가장 오래되고 가장 인공지능 개발에 적합한 언어이다. 이 언어는 존 메카시(John McCarthy)에 의해 개발되었다. 기호를 처리하는 능력 외에 여기서 개발된 기능이 다른 인공지능 개발 언어에 영향을 주기도 하였다. 이밖에도 Prolog, C++, Javascript, MatLab 등이 인공지능 개발 프로그램 언어로 사용되고 있다.

파이썬을 이용한 인공지능 프로그램이 그림 18에 보여준다. 프로그램이 6 단계로 간단히 끝나는 예를 보여준다. 인공지능 관련 라이브러리를 불러오는 것으로부터 출발하여, 훈련 데이터를 준비하고, 인공지능에 사용할 계층 모델을 설정하고, 모델을 훈련시키는 과정 등이 매우 간단하다는 것을 볼 수 있다.

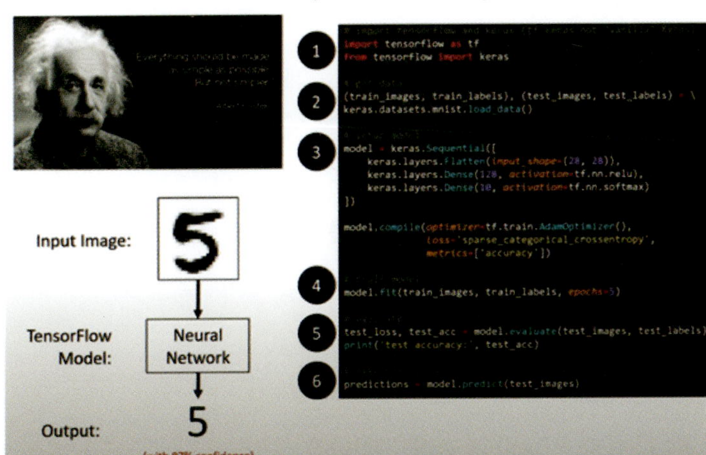

그림 18 파이썬 사용한 딥러닝 프로그램 예

연습문제

01 어떻게 지식을 확대하는가?

02 인공지능이란 무엇인가?

03 인공지능은 어떻게 사용되는가?

04 AI의 미래는?

05 AI는 좋은 직업인가?

06 AI에서 가장 어려운 도전이 무엇일까?

07 미래에 AI는 무엇을 의미합니까?

08 5차원 텐서 예를 들어보라.

09 다음 두 행렬 A, B를 이용하여 행렬 곱셈 AB를 계산하라..

$$A = \begin{bmatrix} 0 & 4 & -2 \\ -4 & 3 & 0 \end{bmatrix}, B = \begin{bmatrix} 0 & 1 \\ 1 & -1 \\ 2 & 3 \end{bmatrix}$$

10 행렬 A 과 벡터 x=(−2,1,0) 일 때 Ax를 계산하라.

여기서 $A = \begin{bmatrix} 1 & 2 & 3 \\ 4 & 5 & 6 \\ 7 & 8 & 9 \\ 10 & 11 & 12 \end{bmatrix}$

11 지식(knowledge)과 지능(intelligence)을 비교, 설명하시오.

12 다음의 용어들을 간단히 설명하시오.

1) 예측 변수(predictor variable)
2) 응답 변수(response variable)
3) 훈련 데이터(training data)
4) 시험 데이터(testing data)

13 가중치를 조정하는 방법 중 경사 하강법(Gradient descent)을 설명하시오.

14 경사 하강법 중 2가지 방법을 제시하시오.

15 관계형 데이터베이스(relational database)은 1개 이상의 술어(relation)의 목록이다. 예를 들어

- Person : people(or name)
- NumberOf : association between people and their phone numbers

상기의 관계형 데이터베이스에서 영역(domain)은 술어의 객체가 되는 'people'과 'phone number'을 포함한다. 술어로 표현되는 하나의 문장으로 "Somebody has no phone number."이 있다. 이 술어 문장을 다음과 같이 표시할 수 있다.

16 SQL이란?

1) 데이터베이스와 상호 작용하는 데 사용되는 프로그래밍 언어
2) 계산을 위해 특별히 설계된 프로그래밍 언어
3) 게임 작성에 사용되는 프로그래밍 언어

13 인공지능 원리와 학습

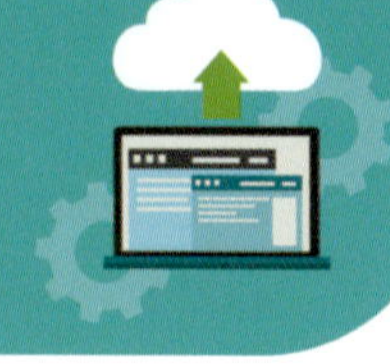

13.1 인공신경 모델이란?

1940년대 사람들은 **두뇌가 어떻게 작동**하는지 궁금해했다. 그리고 **인간이 어떻게 학습**해 가는지 알고자 했다. 이처럼 인공지능 연구는 **인간의 두뇌가 어떻게 지식을 처리**하는지에 대한 관심에서부터 출발하였다. 처음 사람들은 생물학적인 뉴런(neuron)을 해부하고자 문어를 선택하였다. 그리고 문어에게서 뉴런을 해부해서 실험하려 했는데 금방 죽었다. 그래서 사람들은 인공적인 뉴런(신경세포)을 생각하게 되었다. 초창기 뉴런 네트워크 연구는 인간의 두뇌 뉴런 망에 매우 밀접해 있었으나 최근은 전혀 두뇌 뉴런 망과 관련이 없다.

전기 또는 화학적 신호가 뉴런에 모이고, 뉴런의 중심에서 어떤 일이 벌어진다. 어떤 임계치(threshold)를 벗어나면 뉴런을 통해 다음 뉴런으로 전달되는 것을 확인하였다.

두뇌 뉴런(neuron)에서 나뭇가지처럼 뻗어 나온 돌기인 **'시냅스'**가 기억을 만들고 저장한다. **기억은** 추상적인 것이 아니라 뉴런의 특정 **시냅스에서 이루어지는 전기화학 작용**이다. 새로운 정보가 들어와 저장될 때 **시냅스가 커지고, 커질수록 기억이 강렬**하다. 세월이 지나고 기억이 사라지면 시냅스 크기가 줄어든다.

인간 두뇌에는 1000억 개의 뉴런이 있고, 이들이 만드는 시냅스의 연결 조합은 100조 ~ 1000조 개가 될 만큼 많다. 사람의 감정 또는 인격은 단지 머릿속에서 일어나는 전기화학적 반응에 불과하다. 사람마다 두뇌의 시냅스 연결 상태가 다르고, 그것이 사람 간의 차이를 나타내는 것이다. 뉴런 시냅스에 **입력된 신호**는 가지돌기(dendrite) 부분을 거쳐 핵에 모여진다. 그리고 축삭돌기(axon)로 출력되어 다음 단계의 뉴런 시냅스에 전달된다. 가지돌기와 축삭돌기 사이에 신호를 전달하는 부분을 시냅스라고 한

다. 이렇듯 신호는 한 시냅스를 거쳐 다음 시냅스로 전달이 이루어진다. [그림 3-1 참고]

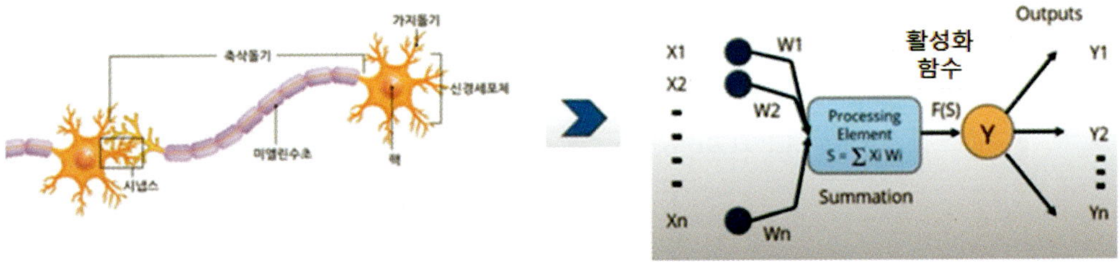

(1) 뉴런 모델　　　　　　　　(2) 인공 뉴런 노드 모델

그림 3 뇌 신경세포(neuron)와 인공 뉴런 노드 모델

이러한 뉴런을 기초로 하여 인공신경망이 만들어진다. 그림 3-2처럼 인공 신경 모델에서는 **입력 신호를 다음처럼 표현하자.**

$$(x_1,\ x_2, \cdots\ x_n)$$

가지돌기를 거친 입력 신호가 핵에 모여지듯 인공 신경 모델에서는 이들 입력 신호가 입력 노드에서 합해진다.

$$(x_1,\ x_2, \cdots\ x_n)$$

그리고 합해진 신호가 축삭돌기로 출력되어 뉴런 시냅스로 전달되는데 인공신경망에서는 가중치(weight)와 활성화(activation) 개념을 추가된다. 가중치는 사람 두뇌 속의 서로 다른 연결 상태를 나타낸다.

$$(w_1,\ w_2, \cdots\ w_n)$$

가중 합해진 신호가 다음 단계의 뉴런 시냅스로의 전달 특성을 **활성화**(activation) 함수**(F(s))**로 나타낸다.

$$F(s)$$

활성화 함수(F(S))는 가중 신호합(S)이 어느 임계치에 도달하여야 전달이 이루어진다.

이러한 다수 인공 신경을 상호 연결하여 인공신경망을 구성한다. 인공 뉴런(신경 세포) 모델이 다음처럼 요약한다. 개별 입력 신호(x_i)에 대한 가중치(wi)의 곱의 합을 가중합(weighted summation, S)이라고 하고, 가중합은 다음과 같이 계산된다.

$$S = x_1 \cdot w_1 + x_2 \cdot w_2 + x_3 \cdot w_3 \cdots + x_n \cdot w_n + b$$
$$= \sum_{n=1}^{N} x_n \cdot w_n + b$$
$$y = F(S) \qquad \text{// 활성화 함수}$$

인공신경망에서는 무슨 일이 일어나는가?

인공신경망(ANN)의 한 노드는 **숫자** 형태의 입력 데이터를 취한다. 각 노드에 부여되는 입력 데이터는 숫자로 표시된다. 숫자가 클수록 입력값이 커진다. 노드의 연결 강도(가중치)와 활성화 함수(activation function)에 따라 결과는 다음 노드로 전달된다. 각 노드에서는 입력되는 가중합을 계산하고 활성화 함수에 따라 결과가 변경된다. 여기서 활성화 함수는 특정 뉴런 노드에 적용되는 함수이다. 활성화 함수는 뉴런 노드 입력 신호를 다음 노드로 전달할지를 결정한다.

인공지능 모델로 학습이 어떻게 이루어지는지 간단한 모델로 설명한다. 하나의 입력(x)과 하나의 가중치(w)가 존재하고 하나의 출력(y)이 있는 학습모델을 생각하자. 인공 신경 모델에는 항상 존재하는 바이어스(b)가 존재한다고 가정하자. [그림 4 참고]

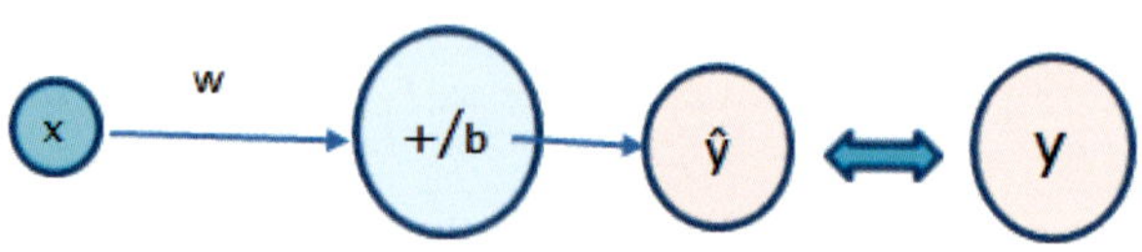

그림 4 1개 입력 인공지능 모델

그러면 입력(x)에 대한 예측 출력(ŷ)이 다음과 같이 생성될 것이다.

$$x \cdot w + b = \hat{y} \qquad (1)$$

예측 출력(ŷ)이 원하는 실제 출력(y)에 근접 한지에 대한 평가가 이루어져야 한다. 예측 출력이 원하는 실제 결과(y)에 부합하지 않으면 어떻게 하나? 원하는 결과가 안 나왔다는 것은 바이어스(b) 또는 가중치(w)가 잘못된 것이다. 여기서 바이어스는 고정된 값으로 변경 불가능하다고 가정하자. 따라서 유일하게 조정 가능한 것은 가중치 값(w)이다. 가중치(w)를 조정하여야 한다.

아주 간단한 이 인공지능 모델을 훈련 시켜보자. 훈련에 사용할 데이터(x)가 그림 6처럼 주어진다. 입력 데이터(x)와 출력 데이터(y) 6개 가 다음과 같이 주어진다. 그리고 인공 신경 모델의 바이어스(b)를 1로 가정하자.

입력(x)	5.0	4.0	2.0	0.0	1.0	3.0
출력(y)	6.0	5.1	3.1	1.2	0.8	4.0

그림 6 훈련 데이터

가중치 조정을 통하여 원하는 출력이 나올 때까지 훈련을 진행한다. 먼저 가중치로 임의 값을 선택해본다. w=10, b=1로 시작한다. 그러면 다음의 인공신경 모델로 훈련을 진행한다.

$$x \cdot 10 + 1$$

훈련 데이터 x_1=5.0를 대입하면 5.0 · 10 +1=51 된다. 이는 훈련 데이터 y=6과 많은 차이를 나타낸다.

$$5.0 \cdot 10 + 1 = 51$$

예측 결과가 많이 틀리므로 이번에는 가중치를 w=5로 변경하고 다음 훈련 데이터 x_2=4.0를 사용하여 다시 예측 출력을 계산해본다. 4.0 · 5 +1 = 21이다. 예측 결과가 이전보다 많이 훈련 데이터에 가까워지고 있다.

$$4.0 \cdot 5.0 + 1 = 21$$

가중치를 w=2.5로 감소시킨다. 다음 세 번째 데이터 x_3=2.0로 훈련한다. 훈련 결과 예측 출력이 6.0로 훈련 데이터 5.1에 많이 접근한 것을 관찰한다.

$$2.0 \cdot 2.5 + 1 = 6.0$$

가중치를 w=1.25로 감소시킨다. 다음 네 번째 데이터 x_4=0.0로 훈련한다. 훈련 결과 예측 출력이 1.0의 인공지능 모델 특성을 보여준다.

$$0 \cdot 1.25 + 1 = 1.0 => 1.2$$

가중치를 w=1.1로 감소시킨다. 다음 다섯 번째 데이터 x_5=3.0로 훈련한다. 훈련 결과 예측 출력이 4.3로 훈련 데이터와 0.3 오차를 보여준다.

$$3.0 \cdot 1.1 + 1 = 4.3 => 4.0$$

가중치 w를 조정함에 따라 훈련 데이터와 예측 출력이 상당히 수렴해 가는 것을 알 수 있다. 이처럼 가중치를 조정하면서 훈련하는 것이다. 가중치를 찾아가는데 인공지능 학습 알고리즘이 필요하다. 데이터가 많아지면 더 정확한 인공지능 모델이 만들어진다.

상기의 훈련 데이터로 계속 훈련하여 다음의 가중치 w=1의 모델을 얻었다고 가정하자.

$$x \cdot 1 + 1 \quad \text{(훈련 후 만들어진 인공지능 모델)}$$

이러한 인공지능 모델을 사용하면 어떤 입력 데이터가 주어질 때 출력값을 예측할 수 있겠다.

좀 더 복잡한 인공 뉴런 모델의 인공신경망을 생각해보자. 3개의 입력 신호(x_1, x_2, x_3) 그리고 각각의 가중치(w_1. w_2, w_3), 가중합(s), 그리고 활성화(F(s)) 출력으로 구성된다. 입력 신호가 가중치에 의해 조정된 후 합해진다. 그리고 이어서 활성화 함수(F(s))에 의해 예측 출력($\hat{y}$)을 만들어낸다. [그림 4 참고]

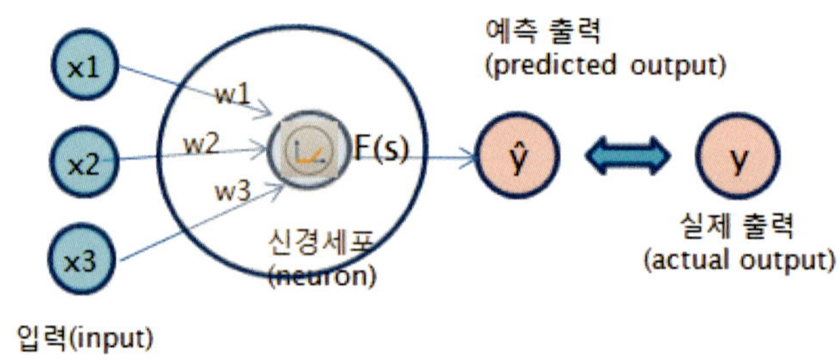

그림 4 단순 인공지능 학습 모델

13.2 인공신경망 학습 개요

13.2.1 용어

먼저 인공지능 학습에서 자주 사용되는 몇 가지 용어를 설명한다.

- **알고리즘** : 가중치를 찾아가는 데 필요하다. 훈련 데이터에서 패턴을 학습하는데 사용되는 통계적 기법과 규칙의 집합이다. 훈련 데이터로부터 유용한 인식과 의미 있는 정보를 유출한다. 대표적 기계학습 알고리즘 예로는 선형회귀(linear regression), 결정 트리(decision tree) 등이 있다.
- **모델** : 기계학습 알고리즘으로 모델을 훈련하는 데 사용한다. 모델은 입력 데이터로부터 유용한 통찰력을 유도하여 매우 정밀한 결과를 유도한다.
- **예측 변수**(predictor variable) : **출력을 예측하는 데 사용되는 변수이다.** 예를 들어 어떤 사람의 몸무게를 기반으로 그 사람의 신장을 예측하려 한다. 이 경우 예측 변수는 몸무게가 된다. 사람의 신장을 예측하기 위하여 몸무게를 사용하면 몸무게가 예측 변수가 된다. 앞의 예에서는 입력 데이터 5.0, 4.0, 2.0, ... 이 예측 변수이다.

- **응답 변수(response variable)** : 예측 변수를 사용하여 예측할 출력 변수 또는 특징이다. 앞에서의 예에서 응답 변수는 신장이 되겠다. 응답 변수는 **목표** 변수 또는 **출력** 변수가 된다. 앞의 예에서 6.0, 5.1, 3.1, ... 이 응답 변수이다.
- **훈련 데이터(training data)** : 기계학습 모델은 훈련 데이터를 사용하여 만들어진다. **훈련**(training)과 **시험**(testing) 데이터는 기계학습 과정에서 자주 마주치게 될 용어이다. 데이터를 기계학습 모델에 적용할 때 2가지 부분으로 나뉜다. 두 가지 부분으로 나누는 것을 데이터 이어 맞추기(splicing)라고 한다. 입력 데이터를 두 부분으로 나누어 하나는 **훈련 데이터**, 다른 하나는 **시험 데이터** 불리 운다. 훈련 데이터를 사용하여 패턴이나 핵심 경향(trends)을 찾아 기계학습 모델을 생성한다. 이렇게 생성된 기계학습 모델은 예측 출력을 생성에 필요하다.
- **시험 데이터(testing data)** : 기계학습 모델을 만든 이후 시험 데이터로 평가한다. 훈련 시킨 이후 모델을 시험 데이터로 평가하여야 하는데, 이는 예측 출력이 얼마나 정확한가를 평가하기 위함이다. 이러한 평가에 시험 데이터를 사용한다.

결국, 훈련 데이터는 모델을 훈련하는 데 사용되고, 시험 데이터는 그 모델의 효율성을 시험하는 데 사용된다.

13.2.2 학습이란?

가중치는 인공신경망(ANN)에서 매우 중요하다. **가중치를 조정함**으로써 인공신경망을 **훈련한다.** 그리고 학습을 진행함에 따라 **가중치를 배우게 되는 것**이다. 가중치를 조정하는 방법에 따라 인공신경망이 달라진다. 결국, 훈련을 통해 최적의 가중치를 찾도록 하는 것이 학습이다.

학습은 비용을 최소로 하는 것

인공신경망에서 실제 출력(actual value)과 예측 출력(predicted value)을 비교하는 단계가 있다. 비용은 실제값과 예측값의 차이로 표현된다. 비용 함수(cost function)에 의해 모델 성능이 비교 평가된다. 비용 함수에는 여러 가지가 있다. 학습은 비용을 최소화하기 위해 노력하는 것이다. 비용 함수가 적을수록 본질적 원하는 출력에 근접한다.

훈련 중에 계산되는 비용 함수 결과에 따라 입력 방향 측으로(후방으로) 가중치를 조정하게 된다. 이 과정을 후방 전파(back propagation)라고 한다. 후방 전파 과정을 통해 전체적으로 가중치가 조정되면, 다시 원점 입력부터 출력 방향(전방 전파)으로 비용 함수 계산을 진행한다. 이러한 전방 전파(forward propagation)와 후방 전파의 계산 과정을 반복적으로 진행하면서 **비용 함수**를 최소화한다. 전방과 후반 전파를 진행하면서 **예측 출력값**과 **훈련 데이터값의 오차**를 기반 비용 함수를 최소로 하도록 한다.

인공신경망에서 신호는 전후방 **양방향으로 전파**가 되도록 하며, 전후방 전파 시 모든 가중치를 동시에 조절할 수 있게 한다. 알고리즘으로 모든 가중치를 동시에 조정할 수 있다. 그리고 훈련 시 신경망의 어느 부분에서 가중치가 각각 어떤 오차를 발생하는지 알 수 있다.

최소 비용은 전체적 훈련 과정에 가중치와 바이어스(biases)를 반복적으로 조정함으로써 얻어진다. 가중치를 최적 수준으로 조정하면 **훈련 단계**에서 **시험 단계**로 진행할 준비가 된 것이다!

인공신경망(예: 순환(recurent) 신경망)에서 후방 전파 시에는 피드백 경로, 즉, 루프를 이용해 후방으로 신호를 보낼 수 있다. 이때 뉴런 사이에 모든 가능한 후방 연결이 있다. 인공신경망은 평형 상태에 도달할 때까지 지속으로 변화하는 비선형 동적 시스템(non-linear dynamic system)이 된다. 피드백은 종종 그 망이 상호 연결된 요소에 대한 최선의 배열을 찾는 최적화 문제에 사용된다. 참고로 앞에서의 단일 인공신경망은 선형적 시스템에 해당한다.

현대 딥러닝의 대부분은 여러 계층으로 구성된다. 어떤 경우는 수백 계층의 인공신경망에 기반을 두고 있다. 그들은 많은 비선형 처리 계층에 의해 형상 추출(feature extraction)과 변환(transformation)이 가능하다. 각각의 계층은 그 이전 계층의 출력을 현재 계층의 입력으로 사용한다. 개별 계층들은 개념의 계층(hierarchy of concepts)을 형성하여 학습한다. 이러한 각 개념 계층은 입력 데이터를 보다 추상적이고 복합적인 표현으로 변환하는 방법을 배운다.

예를 들어 입력 데이터로 어떤 얼굴 이미지의 픽셀 행렬이 있다. 첫 번째 계층은 데이터에서 얼굴 윤곽에 대한 형상을 추출한다. 다음 계층은 코와 눈을 추출하여 부호화할 수 있다. 다음 계층은 그 이미지 얼굴을 인식할 수 있다. [그림 7 참조]

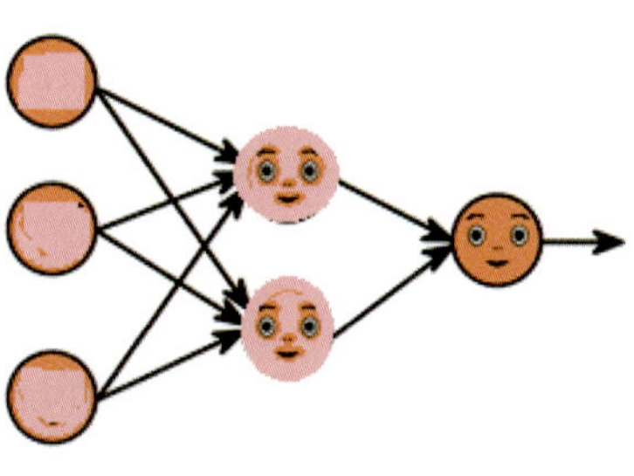

그림 7 얼굴 인식 과정

13.2.3 가중치 합이란 무엇인가?

두 뉴런 사이의 연결부에는 독특한 가중치의 시냅스가 있다. 한 뉴런에서 다음 뉴런으로 넘어가려면 시냅스를 따라 이동하면서 '**통행료**(toll)'(가중치)를 지불해야 한다. 그다음 뉴런은 입력되는 개별 시냅스로부터 입력들에 대한 가중치 합을 구하고 활성화 함수가 적용된다. 활성화 함수 출력은 다음 계층의 모든 뉴런 노드에 전달된다. 우리가 인공신경망에서 가중치를 갱신한다는 것은 이러한 시냅스의 가중치를 조정하는 것을 의미한다.

훈련 집합(training set)이 뉴런(노드)에 대한 입력이 될 수도 있고 또는 이전 계층의 뉴런에서 나온 결과가 입력이 될 수도 있다. 중간 계층 뉴런 노드의 입력은 이전 계층에 있는 모든 뉴런의 가중치가 적용된 합계이다. 이전 계층에 3개의 뉴런이 있는 경우 현재 계층의 각 뉴런은 3개의 시냅스와 개별연결이 이루어지고, 그 개별연결에 대해 각각 고유한 가중치를 갖는다.

13.2.4 활성화 함수란 무엇인가?

뉴런 노드에서 활성화 함수는 간단히 말해서 그 노드의 출력을 결정한다. 활성화 함수는 입력 신호를 출력 신호로 변환한다. 보통 출력값을 0~1 또는 -1~1과 같은 범위로 사상(mapping)한다. 이 범위의 값은 뉴런 노드에서 동작하는 활동 전위의 크기를 나타내는 추상적 개념이다. 뉴런 신호가 구동(fire)될 가능성(likelihood)을 나타내는 숫자이다.

가장 간단한 함수는 2진수 출력을 하는 경우이다: 예 (뉴런이 구동되다) 또는 아니다 (뉴런이 구동되지 않다). 출력은 0 또는 1 (on/off 또는 yes/no)일 수 있다. 또 다른 활성화 함수는 범위 내 어디에나 있을 수 있는 경우이다. 예를 들어 이미지가 고양이일 가능성(likelihood)을 판단하기 위해 0과 1 사이의 범위를 사상하는 함수를 사용하는 경우이다. 0.9의 출력은 이미지가 고양이일 확률을 90%로 나타낸다.

어떤 활성화 함수를 사용하겠는가? 많은 활성화 함수가 있지만, 다음과 같은 네 가지 공통적인 함수이다.

1) **임계 함수**(Threshold function) : 일종의 계단 함수이다. 입력 신호가 특정 임계값에 도달하기 전까지는 함수는 0을 출력한다. 입력이 임계값 이상이면 1을 전달한다. 이것은 매우 경직되고 직설적인 "예스"(yes) 또는 "아니오"(no) 함수를 갖는다. [그림 8 참조]

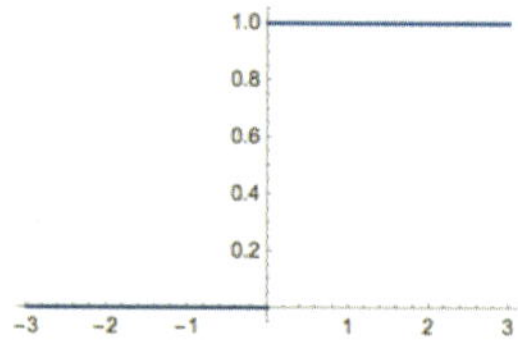

그림 8 임계 함수 예

2) **S 자형 함수**(Sigmoid function) : 출력 계층에서 논리적 회귀 분석에 사용된다. 임계 함수와 달리 0에서 1로 매끄럽고 점진적으로 진행한다. 매우 유용하며 선형회귀에 많이 사용된다. 선형회귀는 통계학 및 기계학습에서 가장 잘 알려진 알고리즘 중 하나이다. (그림 9 참조)

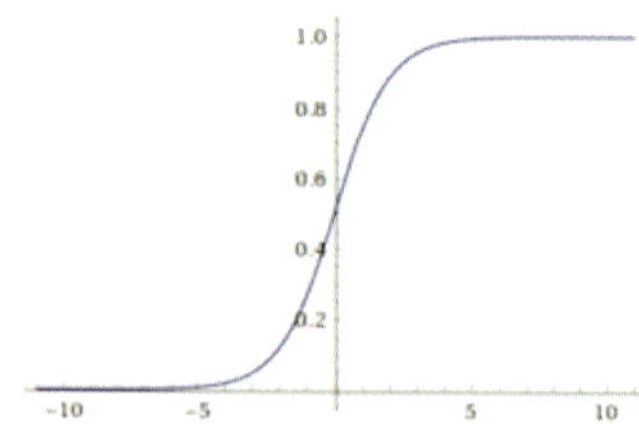

그림 9 S자형 함수 예

3) **쌍곡선 탄젠트 함수**(Hyperbolic Tangent Function) : S 자형 함수와 매우 유사하다. 0에서 1까지 가는 S자형 함수와 달리, 값이 0 이하로 내려가서 -1에서 1까지 간다. 비록 이것이 생물학에서 일어나는 일은 아니지만, 이 함수는 신경망을 훈련할 때 더 나은 결과를 준다. S 자형 함수를 사용하면 훈련 중에 신경망이 때때로 "교착(stuck)" 되기도 한다. 이러한 교착 현상은 출력을 0에 가깝게 하는 강력한 음수 입력이 많을 때 발생하며, 이는 학습 과정을 망치게 한다. [그림 10 참조]

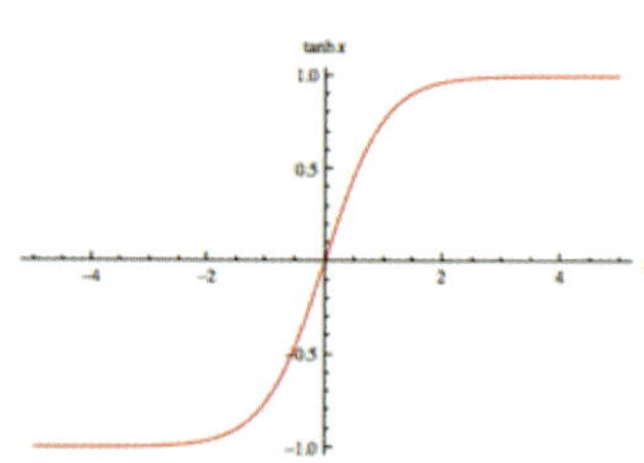

그림 10 쌍곡선 탄젠트 함수(tanh) 예

4) **정류기 함수**(rectifier function) : 전체 신경망에서 가장 인기 있는 활성화 함수일 수 있다. 가장 효율적이고 생물학적으로 그럴듯하다. 절점(kink) 부분이 0을 지나면서 매끄럽고 점진적이다. 예

를 들어, 당신의 출력이 "아니오(no)" 또는 "예(yes)"의 백분율이 되는 것을 의미한다. 이 함수는 정규화나 다른 복잡한 계산이 필요로 하지 않는다. [그림 11 참조]

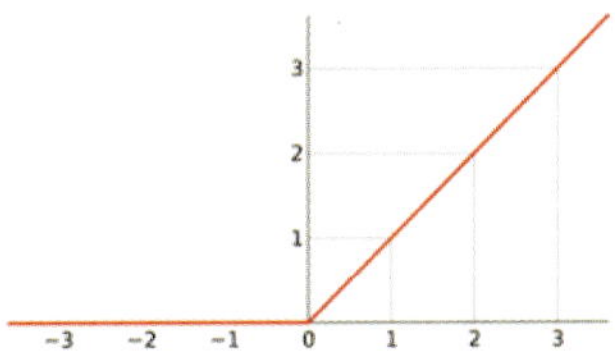

그림 11 정류기 함수 예

13.2.5 어떻게 가중치를 조정할까?

가중치를 조정할 때 수천 가지의 다른 조합을 테스트하는 무지막지한 **강제 접근법**을 사용할 수 있다. 5개의 입력값과 1개의 숨겨진 계층만 있는 가장 단순한 신경망으로도 10^{75}의 가능한 가중치 조합으로 된다. 세계에서 가장 빠른 슈퍼컴퓨터에서 이것을 작업시켜도 우주가 지금까지 존재했던 것보다 더 오랜 시간이 걸릴 것이다.

그러나 **경사 하강법**(Gradient descent)**은** 가중치의 기울기 각도를 보고 전체적인 비용 함수 최솟값에 도달하도록 하는 방법이다. 가중치의 기울기 각도가 계속해서 양수인지 음수인지 확인한다.

경사 하강법은 함수의 최솟값을 찾기 위한 알고리즘이다. 비유는 산꼭대기에 고립된 어떤 사람이 내려오려고 하는 것이다(최단 거리를 찾아라). 안개가 짙어서 길을 볼 수 없어서 경로를 찾는 것이 불가능한 상황이다. 그는 산 아래로 내려갈 때 경사 하강을 이용한다. 그는 순간순간 자신이 있는 언덕의 가파름을 바라보며 가장 가파른 내리막길을 따라 내려간다. 여기서 가파름이 명백하지는 않다고 가정해야 한다. 운이 좋게도 그는 가파름을 측정할 수 있는 도구를 가지고 있다. 불행히도 이 도구는 오래 걸린다. 그는 어두워지기 전에 산을 내려올 수 있는 한 자주 사용하지 않으려 한다.

진짜 어려움은 그가 자신의 도구를 얼마나 자주 사용할지를 선택하는 것이다. 이 비유에서 사람이 알고리즘이다. 언덕의 가파름은 그 지점에서 표면의 기울기이다. 그가 가는 방향은 그 지점에서 표면의 경사로 결정된다. 그가 사용하고 있는 도구는 **미분**이다.

그가 이동하는 속도는 **알고리즘의 학습 속도**다. 완벽한 비유는 아니지만, 경사 하강법이 어떤 것인지 잘 알 수 있다. 기계는 모델이 오차를 줄이기 위해 취해야 할 경사 또는 방향을 학습하는 것이다. [그림 12 참조]

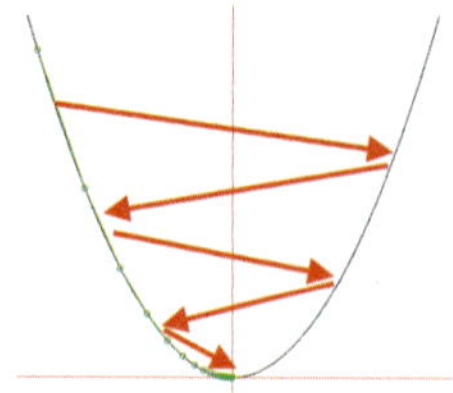

그림 12 경사 하강 예

이제 인공신경망에서 일어나는 과정의 이면에 있는 기본적인 생각들을 알게 되었을 것이다!

13.2.6 확률적 경사 하강(Stochastic Gradient Descent)

경사 하강법에서는 비용 함수가 볼록(convex)하게 해야 되지만 그렇지 않으면?

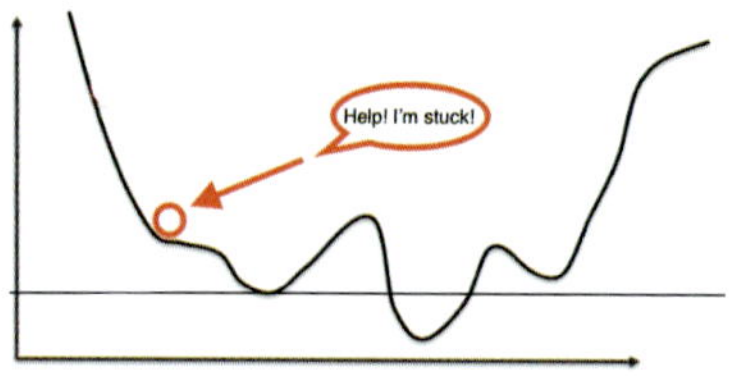

그림 13 확률적 경사 하강

정상적인 경사 하강법에서는 전체적 최소치가 아닌 국지적 최소치에서 걸릴 수도 있다 [그림 13 참조]. 일괄(batch) 경사 하강법에서는 모든 계층을 포함해서 그 가중치를 살펴본 다음 가중치를 조정한다. 확률적 경사 하강법에서는 계층을 하나씩 취하여 비용 함수를 살피고, 가중치를 조정하고, 그리고 다음 계층으로 이동한다. 기본적으로 각 계층의 가중치를 조정한다.

13.3 인공신경망 학습 과정

중고 자동차 가격을 인공신경망으로 예측하고자 한다. 자동차 예측 가격은 모델(x_1)과 주행거리(x_2) 그리고 엔진 연식(x_3)에 따라 가격이 결정된다고 가정하자. 그림 14처럼 입력, 은닉층 그리고 출력 계층으로 구성된 단순한 구조를 생각해보자. 신경망은 3개의 입력 노드의 입력층, 4개 노드의 은닉층, 1개 노드의 출력층으로 구성된다.

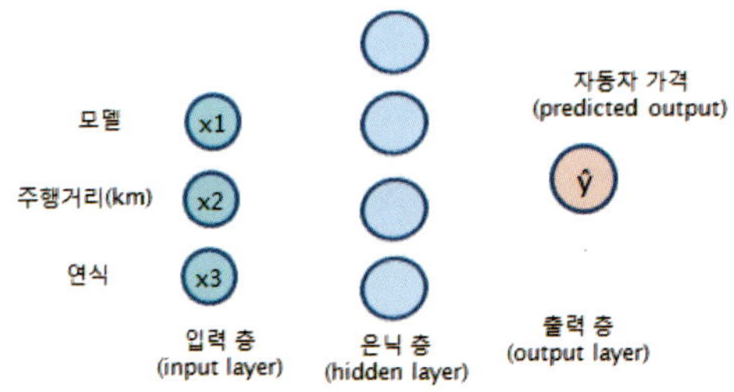

그림 14 은닉층을 갖는 인공신경망 모델

이제 개별 계층의 뉴런 노드를 연결해보자. 노드 간을 연결할 때는 다음의 단계 1과 2를 고려한다.

- 단계 1 : 개별 연결선은 가중치를 갖고 뉴런 노드는 바이어스(bias)를 갖는다.
- 단계 2 : 활성화 함수로 구동된다.

"가중치 값은 임의 값으로 시작한다."

먼저 입력층 노드와 은닉층의 노드가 어떤 가중치 값으로 연결되어 있는지를 기술한다. 개별 노드 간의 연결선에 임의의 가중치(w_1, w_2, w_3, ...)가 존재한다고 가정한다. 그리고 은닉층 노드에는 고유하게 바이어스(b_1, b_2, b_3, b_4)가 존재한다고 가정한다. 그리고 은닉층의 활성화 함수를 정의한다.

그림 15처럼 은닉층의 첫 번째 노드는 입력층 노드 x_1, x_2와 연결된다고 가정한다. 물론 x_3와도 연결선이 존재하겠지만 여기서는 이를 생략하자. 그러면 가중합과 활성화 함수가 다음처럼 주어진다.

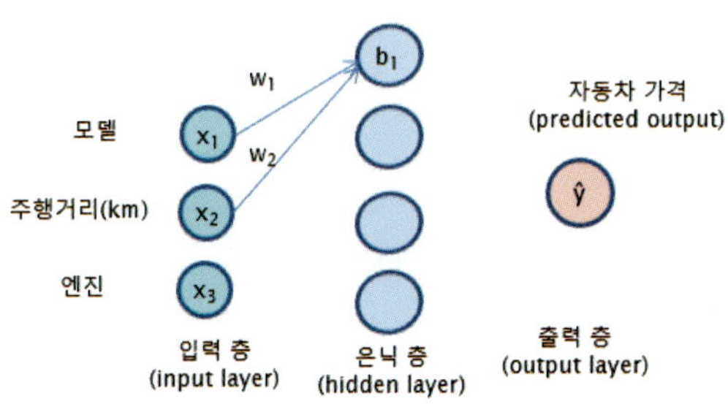

그림 15 은닉층 첫 노드에 대한 가중합

- 단계 1 : $x_1 \cdot w_1 + x_2 \cdot w_2 + b_1$
- 단계 2 : 활성화 함수 $F(x_1 \cdot w_1 + x_2 \cdot w_2 + b_1)$

그림 16처럼 나머지 모든 입력 노드와 은닉층 노드를 가중치(w_3, w_4, w_5, w_6, w_7, w_8, w_9)로 연결 작업을 수행한다.

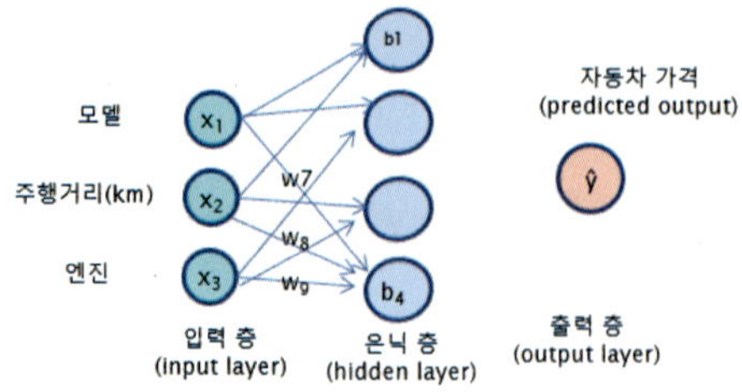

그림 16 입력-은닉층간의 연결

은닉층 노드에 도달한 정보는 개별 활성화 함수(activation function) 결과에 따르게 된다. 활성화 함수로 처리된 정보는 이제 출력층으로 보내진다. [그림 17 참고]

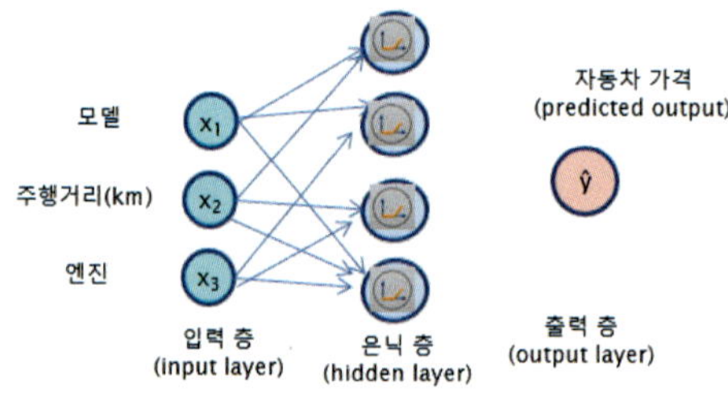

그림 17 은닉층 활성화

은닉층에서 보내진 정보는 다시 한번 가중치(w_{10}, w_{11}, w_{12}, w_{13})가 적용되어 출력층으로 보내진다. [그림 18 참고]

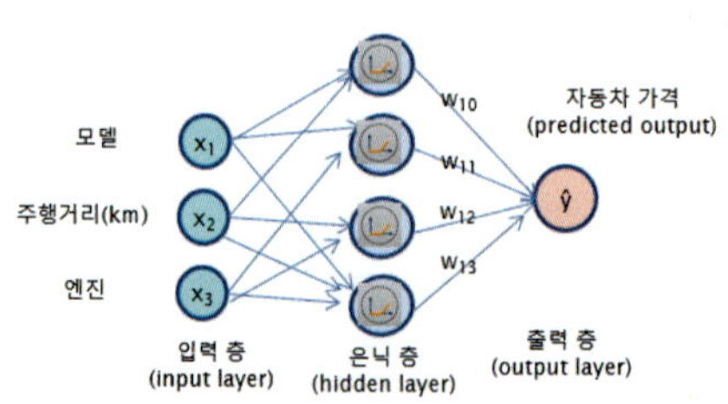

그림 18 은닉층 출력층 연결

자동차 가격을 예측하는 데는 은닉층 노드가 중요한 역할을 한다. 은닉층에는 청소부부터 엔지니어, 과거 가격, 세일즈맨까지 배치될 수 있다. 이때 청소부의 가중치는 작을 것이고 반대로 세일즈맨의 가중치는 클 것이다.

오차로부터 비용 함수를 결정하고 그것을 신경망에 다시 반영하도록 한다. 이것을 역 전파라고 한다. 오차를 줄이기 위해 가중치를 조정한다. 가중치를 조금 변화시킨다. 그리고 노드에는 바이어스가 존재하기도 한다.

인공신경망은 이제 훈련(train)을 시작한다. 새로운 가중치를 사용하여 다시 한번 비용을 결정하고, 훈련 데이터에 대하여 반복적으로 하여 더이상 비용을 줄일 수 없을 때까지 전후방 전파를 계속한다.

이제 실제 데이터값을 대입해서 신경망이 어떻게 작동하는지 보자. 처음에는 무작위 가중치가 할당된다. 이는 훈련시간 절약에 중요한 기법이다. 모든 가중치를 0부터 순차적으로 증가시켜가면서 상기 과정을 진행할 수 있으나, 이보다는 임의의 값을 가지고 시작한다.

은닉층의 첫 뉴런 노드는 모델($x_1 = 296$)과 주행거리($x_2 = 32$)의 가치를 입력으로 한다. 그리고 비용을 계산한다. 이때의 비용(n_1)이 다음처럼 계산된다.

$$n_1 = F(296 \cdot w_1 + 32 \cdot w_2 + b_1)$$

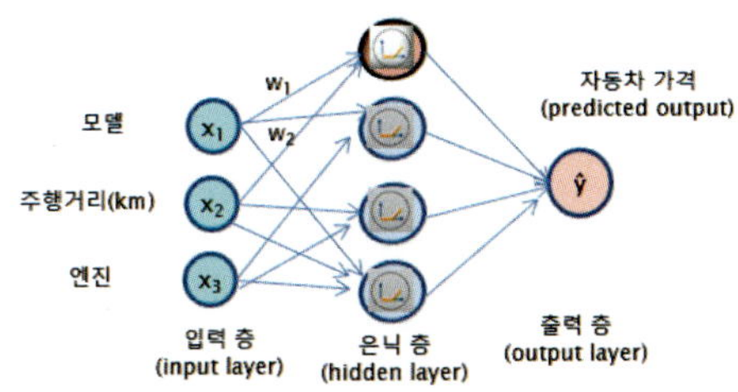

그림 19 은닉층 노드 1에 대한 출력

마찬가지로, 은닉층 개별 뉴런 노드는 서로 다른 조합의 입력을 받는다. 연식 입력($x_3 = 2$)을 고려하여 뉴런 노드 2에 대한 비용(n_2)이 다음처럼 계산된다.

$$n_2 = F(296 \cdot w_3 + 2 \cdot w_4 + b_2)$$

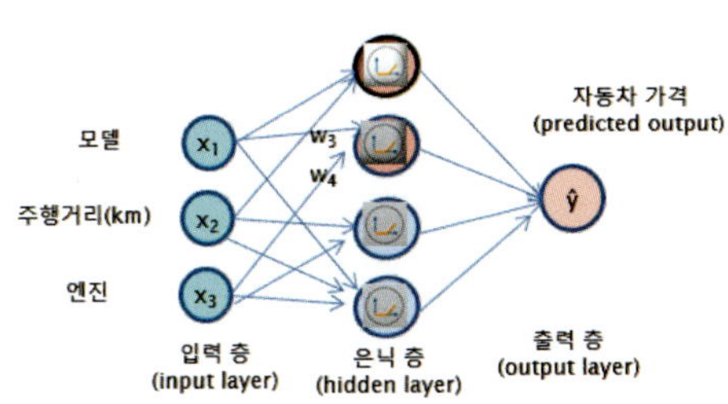

그림 20 노드 2에 대한 출력

마찬가지로 뉴론 노드 3, 4에 대해서도 비용 n_3, n_4를 계산한다.

$$n_3 = F(32 \cdot w_5 + 2 \cdot w_6 + b_3)$$

$$n_4 = F(296 \cdot w_7 + 32 \cdot w_8 + 2 \cdot w_9 + b_4)$$

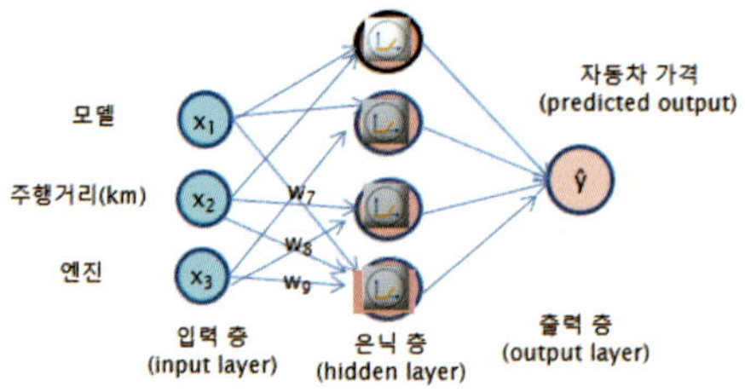

그림 21 노드 3, 4에 대한 출력

은닉층 뉴런의 가중합들은 가중치(w_{10}, w_{11}, w_{12}, w_{13}) 연결을 통해 출력층으로 전송된다. 출력층은 노드를 하나 갖고 자동차 가격을 예측한다. 비용값(n_1, n_2, n_3, n_4)에 가중치에 적용하여 단일 값이 예측 출력으로 보내진다. [그림 22 참고]

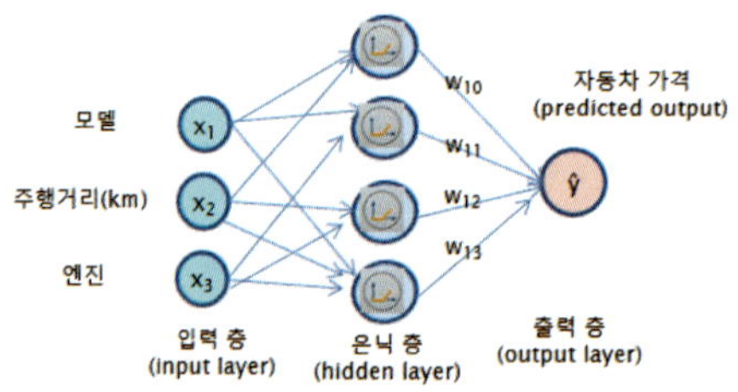

그림 22 출력

예측값을 실제 훈련 값과 비교해보면 신경망을 훈련해야 한다는 것을 분명히 알게 된다. 예를 들어서 훈련 데이터로 2,000만 원을 가정할 때 모델의 예측 가격은 겨우 990만 원으로 오차가 많다. 여기서는 전체 가중치를 1로 하고 바이어스는 없는 것으로 가정하고 계산한다. [그림 23 참고]

$$n_1 = 296 \cdot w_1 + 32 \cdot w_2 = 296 + 32 = 328$$

$$n_2 = 296 \cdot w_3 + 2 \cdot w_4 = 296 + 2 = 298$$

$$n_3 = 32 \cdot w_5 + 2 \cdot w_6 = 32 + 2 = 34$$

$$n_4 = 296 \cdot w_7 + 32 \cdot w_8 + 2 \cdot w_9 = 296 + 32 + 2 = 330$$

예측 중고차 가격 $\hat{y} = n_1 + n_2 + n_3 + n_4 = 328 + 298 + 34 + 330 = 990$

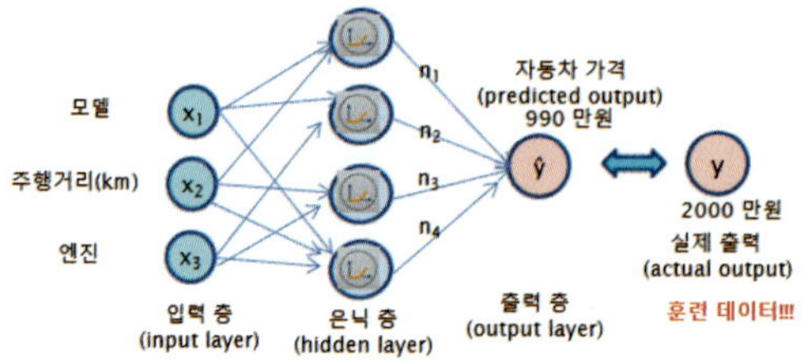

그림 23 훈련과 예측 데이터

"가중치를 변경한다."

이제부터 가중치 조정을 위한 과정이 진행된다. 즉, 비용 함수(예: $C = \frac{1}{2}(\hat{y} - y)^2$)가 계산되고 후방 전파가 시작된다. 비용 함수의 값을 최소화하도록 가중치가 변경된다.

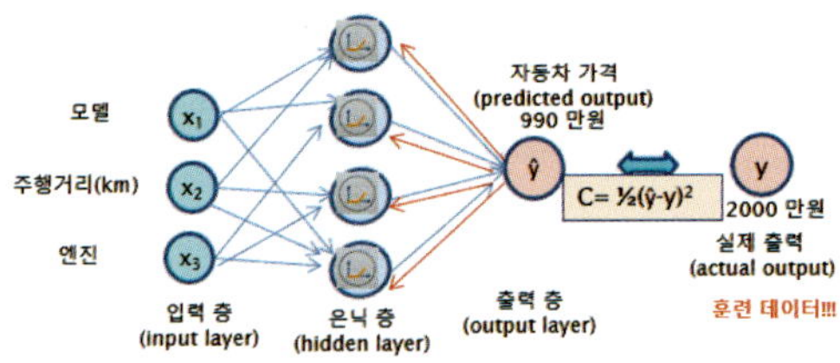

그림 24 후방 가중치 변경

은닉층 뉴런 노드에서는 새로운 가중치(예: w_1', ..., w_5', w_6', .., w_9')를 사용하여 다시 한번 비용을 계산한다.

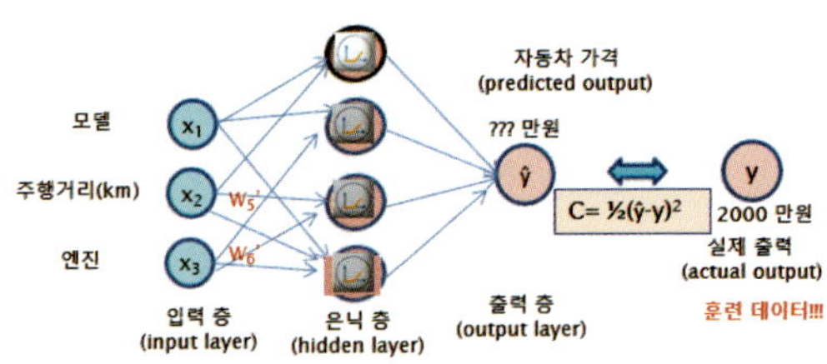

그림 25 신(new) 가중치로 훈련

"비용 함수의 값이 최소가 될 때 신경망이 훈련된 것으로 한다."

하지만 비용 함수를 최소화하기 위해 어떤 접근법을 취해야 할까? 비용 함수의 최소를 위해서 대표적으로 사용하는 것이 경사 하강법(Gradient descent)이다. 비용 함수의 한 예로 다음을 가정하자.

$$\text{비용 함수 } C = \frac{1}{2}(\hat{y} - y)^2$$

훈련 데이터에 대한 예측 출력값에 따라 그림 26처럼 비용 함수 곡선이 그려진다.

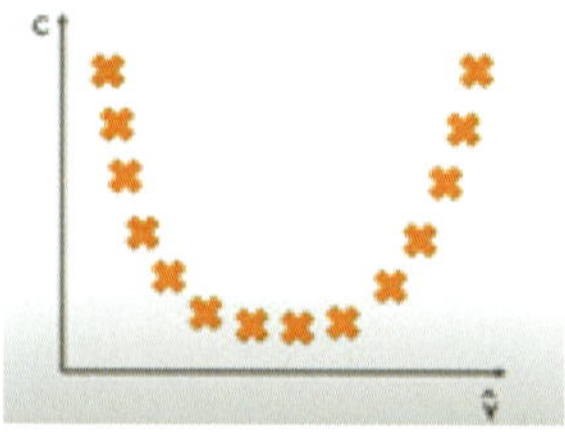

그림 26 훈련 데이터와 비용 함수 곡선

그러면 비용 함수에서 경사 하강법으로 최소 비용지점을 찾을 수 있다. 비용 함수 곡선의 임의의 지점에서 시작한다. 그 지점에서 기울기가 양이면 좌측으로 이동, 음이면 우측으로 이동한다. 기울기가 0일 때 비용 함수는 최소가 된다. [그림 27 참고]

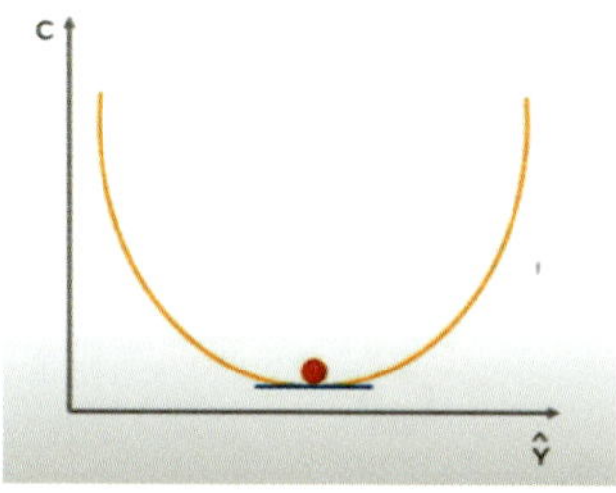

그림 27 비용 최소지점

주의할 것은 전체적 최소가 있고 국부적 최소가 있을 수 있다는 것이다. 끝으로 우리는 적절한 가중치를 갖게 되고, 우리의 신경망이 훈련되었다고 말할 수 있다.

예제 4

4픽셀 이미지의 카메라를 생각하자. 카메라의 4픽셀 값을 인공신경망의 입력층 뉴런으로 받는다. 개별 픽셀의 밝기에 1(white) ~ −1(black) 사이의 값이 제공된다. 회색은 0으로 주어진다. 카메라의 4픽셀 밝기가 0.5, 0.0, −0.75, 0.75로 주어진다. 그리고 개별 입력이 하나의 뉴런 노드에 1.0, 1.0, 1.0, 1.0의 가중치가 주어질 때 그 뉴런은 어떤 입력 신호를 갖게 되는가?

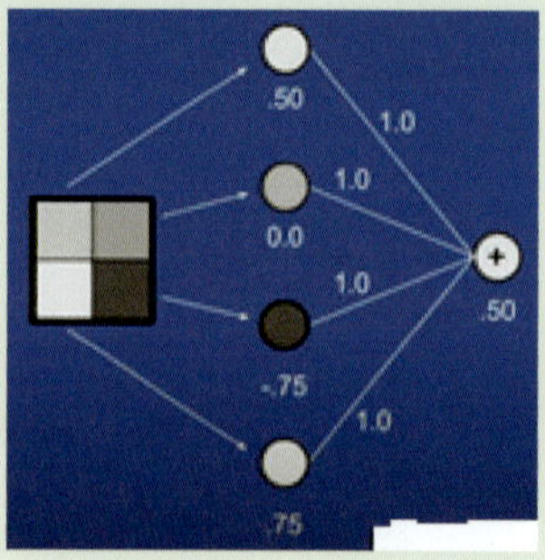

답 0.5

예제 5

상기 문제에서 개별 노드 간의 가중치가 -0.2, 0.0, 0.8, -0.5로 변경되면 출력 노드는 어떤 입력을 받는가?

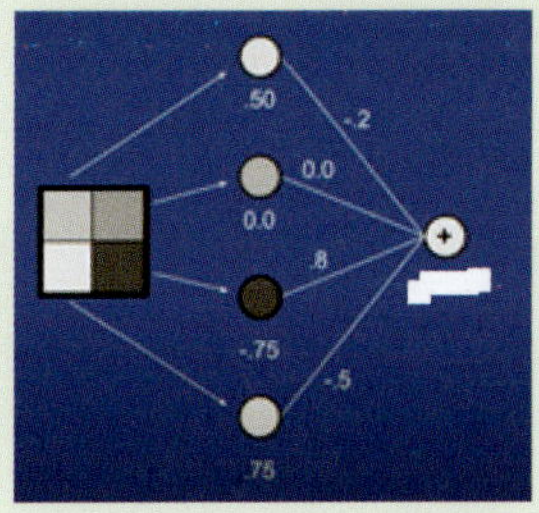

답 $-0.5\times0.2 + 0\times0 - 0.75\times0.8 - 0.75\times0.5 = -1.075$

예제 6

상기 출력이 S 곡선을 거쳐 출력되면 얼마가 되는가?

답 가중합 1.075에 대한 S 곡선의 출력은 0.746이 된다.

13.4 인공신경망의 수학적 모델

13.4.1 개요

선형 대수학, 확률, 미적분학은 기계학습이 사용하는 '언어'이다. 이러한 주제를 학습하면 알고리즘 역학을 더 깊이 이해할 수 있고, 궁극적으로 보다 정교하게 전개될 수 있는 새로운 알고리즘의 개발이 가능할 것이다.

딥러닝을 위한 기본적인 아이디어와 표기법은 선형 대수학을 기반으로 이루어진다. 선형 대수학은 수학 과목의 기초적인 주제로서 물리학에 매우 널리 퍼져 있다. 이것은 또한 많은 딥러닝 알고리즘의 중추를 형성한다. 그러므로 딥러닝 학습자는 선형 대수학의 핵심 아이디어를 이해하는 것이 중요하다.

선형 대수학은 이산 수학이 아니라 연속 수학의 한 분야다. 수학자, 물리학자, 엔지니어, 수리통계학자들은 많은 물리적, 재정적 현상을 모델링하는데 사용되는 미분방정식의 연속 수학에 익숙할 것이다.

선형 대수학은 본래 자연현상의 연속량을 효과적으로 다루는 데 사용되는데, 컴퓨터에서는 익숙하지 않은 학문이다. 선형 대수는 기하학, 함수해석의 중심을 이룬다. 보통 컴퓨터 과학자, 소프트웨어 개발자는 그래프 이론이나 이산 수학에 익숙하여 여기에 제시된 집합 및 함수 표기법은 처음에는 생소할 수 있다.

선형 대수학의 필요성

지도(supervised) 기계학습과 딥러닝 알고리즘은 주로 모델 가중치를 조정하여 비용 함수를 최적화하는 작업을 수행한다. 이를 수행하기 위해서는 모델 가중치가 변화함에 따라 비용 함수가 어떻게 변하는지에 대한 개념이 필요하다.

어떤 것에 대한 양의 변화를 설명하는 수학의 기본적인 주제인 미적분학을 이해해야 할 동기를 부여한다. 특히 편미분의 개념을 요구하는데, 이 개념은 각 가중치의 개별적인 변화를 통해 비용 함수가 어떻게 변경되는지를 명시하기 때문이다. 이러한 편미분 계산은 행렬 계산을 통해 이루어진다. 심지어는 선형회귀와 같은 대부분의 기본 기계학습 모델도 이러한 선형 대수 기법으로 최적화된다.

선형 대수의 주요 주제는 벡터와 행렬 표기법이다. 선형 대수의 '언어'를 읽을 수 있어야 기존 학습모델의 복제와 검증이 가능할 뿐만 아니라, 이후 확장 및 새로운 개발이 가능해질 것이다.

인공신경망에서 입력 데이터는 **벡터로** 표현하여 제공한다. 선형 대수학은 벡터의 첫 단계를 제공한다. 선형 대수학은 벡터로 표현된 데이터에 대한 특정 연산을 병렬로 수행하는 사고방식을 제시한다. 벡터 데이터에 대한 계산은 NumPy, SciPy, Scikit-Learn, Panders, Tensorflow와 같은 파이썬 라이브러리를 이용해 이루어진다.

최적화된 선형 대수 연산을 수행하도록 GPU(Graphic Processor Unit)가 설계되었다. 기계학습의 폭발적인 성장은 부분적으로 범용 GPU에 기초하는 알고리즘의 고도와 병렬화된 계산 특성에 기인한다.

선형 대수학은 연속 수학 주제이지만 궁극적으로는 이산 계산 환경에서 구현된다. 선형 대수 개체의 이산적 표현은 오버플로와 언더플로의 문제로 이어질 수 있으며, 극히 크고 작은 숫자를 효과적으로 나타내는 데 한계를 나타낸다. 한계치 표시의 영향을 완화하기 위한 한 가지 기법은 행렬 분해 기법을 사용하는 것이다. 그러한 기법을 통해 특정 행렬을 더 단순하고 구조화된 그리고 유용한 계산 특성을 가진 행렬들의 관점으로 표현될 수 있다.

"행렬 분해는 행렬들의 곱으로 행렬을 분해 표현하는 것이다."

행렬 분해 기법에는 상하부(Lower Upper: LU) 분해, SVD(Single Value Discovery)가 있다. 이것

들은 선형 최소 제곱(Linear Least Squares)과 주요 구성요소 분석(Principal Components Analysis, PCA)과 같은 기계학습 알고리즘에서 기본적으로 사용된다.

딥러닝에서 선형 대수가 얼마나 기초적인지는 아무리 강조해도 지나치지 않다. 딥러닝 기법에 기초하여 정교한 정량적 수리통계 모델을 개발하거나, 또는 해당 기업에 취업을 희망하는 이들은 선형 대수를 매우 잘 학습할 필요가 있을 것이다. 여기서는 최소한의 내용만을 다루겠지만, 더 많은 연구를 이해하기 위해서는 이것보다 더 깊게 학습해야 할 필요가 있다.

데이터를 선형 방정식으로 표현

명심해야 할 것은 지금까지 데이터에 대한 개념을 학습해왔는데, 이제 데이터를 선형 시스템으로 활용한다. 데이터를 행렬과 벡터의 형태에 의한 선형 방정식으로 표현한다. 그래서 우리는 스칼라보다는 행렬과 벡터를 다룬다.

13.4.2 선형 수학 모델

"신경망을 선형 방정식으로 표현한다."

임의의 인공신경망을 생각해보자. 3개의 입력 노드(x_1, x_2, x_3)를 갖는 입력계층, 4개의 노드를 갖는 은닉층, 그리고 1개 출력의 출력 계층으로 구성된다고 생각하자. 그리고 개별 연결선은 가중치(w_1, w_2, ... ,w_{12})로 표현되고, 은닉층 노드에는 바이어스(b_1, b_2, b_3, b_4)가 존재한다. 그리고 출력 계층으로의 연결선에는 가중치(w_{13}, w_{14}, w_{15}, w_{16})가 존재한다. [그림 28 참고]

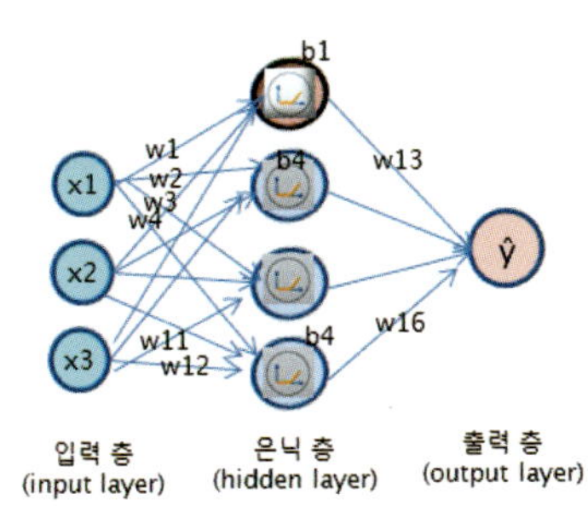

그림 28 신경망 예

이들 노드 간의 상호연결을 다음과 같이 행렬식으로 모델링이 가능하다.

여기서

$X = \begin{bmatrix} x_1 \\ x_2 \\ x_3 \end{bmatrix}$는 입력 벡터, $A = \begin{bmatrix} w_1 & w_2 & w_3 & w_4 \\ w_5 & w_6 & w_7 & w_8 \\ w_9 & w_{10} & w_{11} & w_{12} \end{bmatrix}$가중치로 노드 간의 상호연결을 나타낸다.

$B = \begin{bmatrix} b_1 \\ b_2 \\ b_3 \\ b_4 \end{bmatrix}$는 은닉층 노드에서의 바이어스 값을 나타낸다. C는 은닉층 출력이다.

인공신경망을 행렬 방정식으로 다시 표현한다. 은닉층 출력은 가중치 합으로 정의된다.

$$XA+B = C$$

은닉층 출력을 활성화 함수 F(C)에 적용하여 출력(N)을 얻는다.

$$F(XA + B) = N$$

출력(N)은 출력층 가중치(W)와 가중합이 되어 예측 출력($\hat{y}$)을 생성한다.

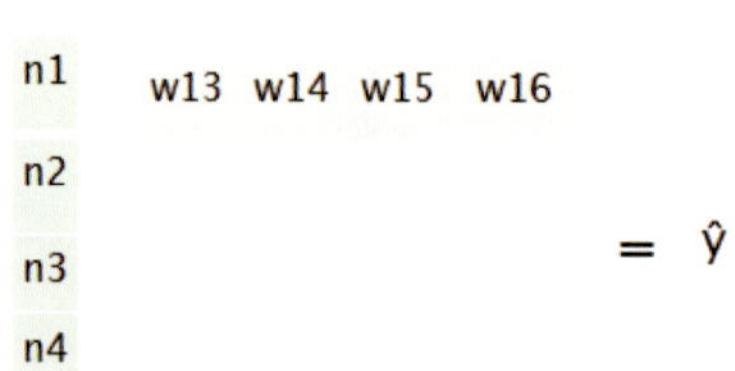

이러한 예측 출력($\hat{y}$)을 얻는 과정이 벡터와 행렬의 표현식으로 표기된다.

$$NW = \hat{y}$$

계산된 예측 출력($\hat{y}$)이 적절하지 않으면 최적의 예측 출력이 생성될 때까지 이번에는 행렬(A와 W) 값을 조정하도록 한다.

13.5 텐서와 데이터 표현

13.5.1 선형 대수학의 개체(entities)

선형 대수학에서 사용되는 수학적 개체(entities)에 대하여 설명한다. 선형 대수학에서 관심 있는 주요 수학 개체로는 스칼라, 벡터 그리고 행렬이다. 그것들은 일반적인 개체 텐서(tensor)의 한 예에 속한다.

실제 딥러닝 학습에서 데이터를 어떻게 표현하여 입력하는가? 그리고 입력된 데이터는 어떻게 계산되는가? 먼저 신경망에 입력되는 데이터를 표현해보자.

컴퓨터 과학에서의 **수, 배열, 2차원 배열은** 수학 또는 물리 분야에서의 **스칼라, 벡터, 행렬로** 분야는 다르지만 **개념**은 같다. 수-스칼라, 배열-벡터, 2차원 배열-행렬의 쌍으로 서로 대응된다. 이들 쌍에서는 특정 요소를 참조하기 위해 동일 색인 수를 사용한다. [표1 참조]

표 1 개체별 색인 수

필요 색인 수	컴퓨터 과학	선형 수학
0	number	scalar
1	array	vector
2	2D array	matrix

스칼라

스칼라는 단순히 하나의 수이다. 스칼라는 단순히 하나의 숫자로 0차 텐서(0th-order tensor)에 속한다. 수학에서는 스칼라가 어느 집합에 속하는지를 설명할 필요가 있다.

기계학습에서는 다양한 관심 집합을 사용한다. 표기법 $x \in \mathcal{R}$ 에서는 소문자 x 스칼라값이 실수 $\mathcal{R}$ 집합의 구성원이라고 한다. $\mathbb{N}$은 양의 정수 집합(1, 2, 3, ...)을 나타내며, $\mathbb{Z}$은 양수, 음수, 0 값을 포함하는 정수 집합을 나타낸다. $\mathbb{Q}$은 두 정수의 나누기로 표현될 수 있는 유리수 숫자의 집합을 나타낸다. 다음은 하나의 수로서 '24'를 의미한다.

scalar 24

스칼라 수에 대한 덧셈, 뺄셈, 곱셈, 나눗셈 같은 사칙 연산이 가능하다. 우리는 이러한 수에 대한 개념과 속성을 잘 이해하고 있다.

벡터(vector)

값을 나타내는데 스칼라가 있는데 **벡터가 왜 필요한가?** 벡터의 주요 사용 사례 중 하나는 크기와 방향을 모두 가진 물리적 양을 나타내는 것이다. 스칼라는 크기만을 나타낼 수 있다. 예를 들어 스칼라와 벡터는 자동차 속력과 속도 사이의 차이이다. 속도에는 속력뿐만 아니라 이동 방향도 포함되어 있다. 중력, 전자기력이나 풍속과 같은 더 많은 물리적 벡터량을 상상하는 것이 어렵지 않다.

벡터는 숫자의 배열이다. 그리고 1차 텐서(1st-order tensor)에 속한다. **벡터 공간**은 특정 차원의 **모든 가능한 벡터들로 구성되는 전체 집합**으로 생각한다. **벡터**는 **벡터 공간**의 특정 객체로 **하나의 구성원**이다.

수학적으로 3차원 실세계 공간 개념을 나타내기 위해 3차원 실수 벡터 공간은 $\mathcal{R}^3$ 로 나타낸다. 다음의 벡터의 한 예를 보여준다.

$$\text{행벡터(row vector)} : [2 \quad -8 \quad 7], \ \text{열벡터(column vector)} : \begin{bmatrix} 2 \\ -8 \\ 7 \end{bmatrix}$$

n-차원 벡터 간에 직교곱(Cartesian product)에 의해 만들어지는 집합을 **벡터 공간**이라고 한다. 벡터에 있는 모든 스칼라가 실수인 경우, $\mathbf{x} \in \mathcal{R}^n$은 벡터 $\mathbf{x}$가 n-차원 실수 벡터 공간, $\mathcal{R}^n$, 의 구성원이라는 것을 의미한다.

벡터는 **순서 있는 수의 배열**로 행 또는 열로 되는 데이터 구조이다. 일련의 수로 표현되는 벡터(배열)에서 특정의 요소값을 지시하기 위해서는 하나의 색인만 있으면 된다. 예로서 V[2] 는 벡터 V의 2번째 값을 지시한다. 다음 예에서는 'V[2] = x_2'이 된다.

$$V = \begin{bmatrix} x_1 \\ x_2 \\ x_3 \\ \cdots\cdots \\ x_n \end{bmatrix}$$

때로는 벡터의 구성요소를 식별할 필요가 있다. 벡터의 i 번째 스칼라 요소는 x_i처럼 표기한 다. 원소가 스칼라이므로 일반 소문자임을 주목하라. n-차원 벡터 자체는 굵은(bold) 문자로 다음 표기법처럼 명시적으로 표현된다.

$$X = \begin{bmatrix} x_1 \\ x_2 \\ x_3 \end{bmatrix}$$

벡터 공간에서의 벡터 간에 연산은 스칼라 수에 대한 연산과는 좀 다르다. 벡터는 방향과 크기가 있기 때문이다. 벡터에 대한 덧셈은 같은 방향 성분끼리만 가능하다. 그리고 벡터에 스칼라값을 곱하는 것은 벡터의 모든 구성원에 적용된다.

예제 7

두 벡터 A = [4,1], B=[3,4] 가 있을 때 합 벡터(C)를 계산하라.
C = A + B = [4+3, 1+4] = [7,5]

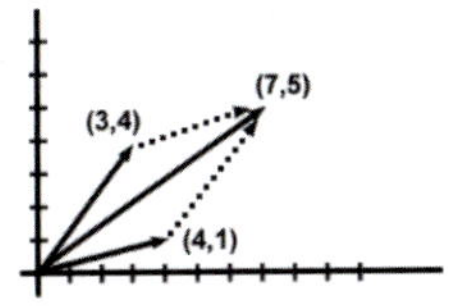

그림 29 벡터 표현

집합 이론에서 두 집합 A와 B의 직교곱은 A x B 로 표기된다, 직교곱은 모든 순서쌍(a, b) 집합으로 정의된다. 여기서 a는 A 집합의 한 구성원, b는 B 집합의 구성원을 의미한다.

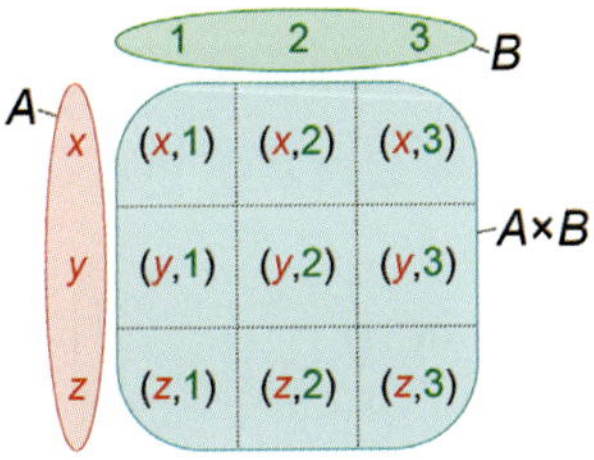

그림 30 두 집합 A와 B의 직교곱

그림 30의 직교곱은 두 집합 A = {x, y, z}와 B = {1, 2, 3}의 곱을 나타낸다.

A x B

행렬은 행 집합과 열 집합에 직교곱을 하여 만들 수 있다. 행×열로 직교곱을 할 때 행렬의 요소는 순서가 지정된 쌍(행, 열)을 포함한다.

예제 8

52장 카드 묶음이 있다. 카드 무늬 세트(suits)는 {♠,♥,♦, ♣} 4가지 요소 집합이다. 그리고 개별 무늬 카드는 순위(ranks) {A, K, Q, J, 10, 9, 8, 7, 6, 5, 4, 3, 2}를 갖는 13개 원소의 집합이다. 순위와 무늬 집합에 대한 직교곱을 구해라.

답 52개의 순서쌍을 포함하는 집합이 된다. 무늬 세트 × 순위의 직교곱 결과로 집합은 다음과 같다.

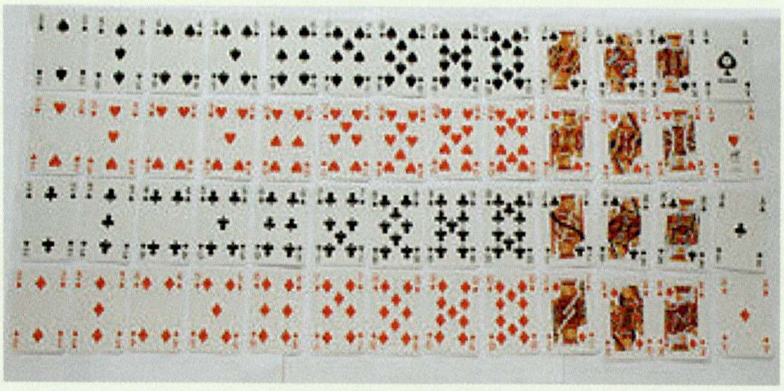

그림 31 카드 순서 쌍

기계학습에서 벡터는 종종 **특징 벡터**(feature vector)를 나타내며, **특징 벡터**의 개별 구성요소는 특정 특징이 얼마나 중요한지를 명시한다. 이러한 특징에는 텍스트 문서에서 단어의 상대적 중요성, 2차원 이미지에서 픽셀(pixel) 집합의 강도 또는 금융 상품의 한 측면으로 과거 가격이 될 수 있다.

행렬

행렬은 순서 있는 수의 이차원 배열로 색인 2개를 갖는 데이터 구조이다. 2차원 데이터 구조에서 특정 요소를 지시하는데 첫 번째 색인은 행 그리고 두 번째 색인은 열을 사용한다.

$$\text{행렬(M)} \begin{bmatrix} 6 & 4 & 24 \\ 1 & -9 & 8 \end{bmatrix}$$

상기 예에서 M[2 3] 은 2번째 행과 3번째 열 위치의 요소를 참조하면 값은 '8'이다. 행렬은 행과 열의 개수가 복수이다.

벡터도 행렬의 하나로 하나의 행 또는 하나의 열을 갖는 특수한 경우이다. 상기 행렬은 2 x 3 크기의 행렬이라고 한다.

행렬은 숫자가 사각형 배열로 구성된 2차 텐서의 한 예이다. 그리고 m과 n 이 양의 정수인 경우 즉, $m, n \in \mathbb{N}$, 그러면 행렬은 m행과 n열을 갖는 m x n개의 구성성분을 갖는다. 행렬의 모든 스칼라값이 실수이면 행렬이 $A \in \mathcal{R}^{mxn}$ 로 표시된다. 그 행렬은 $m\,x\,n$ 크기 실수 벡터 공간에 존재하는 것을 의미한다. 실제로 행렬은 2차원 표와 같은 방식으로 표현된 벡터이다.

행렬 구성성분은 두 개의 색인 지수 i와 j로 식별되고, i는 행렬의 행(row)에 대한 색인을 나타내고 j는 열(column)에 대한 색인을 나타낸다. **A**의 각 구성요소는 a_{ij}로 표기된다. $m \times n$ 행렬 전체는 다음과 같이 표기된다.

$$\boldsymbol{A} = \begin{bmatrix} a_{11} & a_{12} & a_{13} & \cdots & a_{1n} \\ a_{21} & a_{22} & a_{23} & \cdots & a_{2n} \\ a_{31} & a_{32} & a_{33} & \cdots & a_{3n} \\ \vdots & \vdots & \vdots & \ddots & \vdots \\ a_{m1} & a_{m2} & a_{m3} & \cdots & a_{mn} \end{bmatrix}$$

전체 행렬 구성요소를 다음과 같은 식으로 줄여서 표시하는 것이 종종 유용하다.

$$\boldsymbol{A} = [a_{ij}]_{m \times n}$$

여기서 a_{ij}는 행렬 **A**의 (i, j) 원소라고 한다. 행렬의 $m \times n$ 하부 첨자는 맥락상 명확하면 삭제할 수 있다.

열 벡터는 m행과 1열을 가지므로 $m \times 1$ 크기의 행렬이다. 보통 벡터는 열 벡터로 간주된다.

행렬은 선형 변환(linear transform)하는 함수의 한 유형으로 입력 벡터 또는 입력 행렬을 선형 변환시키는 의미이다. **행렬에 행렬** 또는 **행렬에 벡터를** 곱셈하는 연산은 선형 변환한다는 의미이다. 그러한 연산(operation)은 물리 과학, 양적 금융, 컴퓨터 과학, 기계학습 전반에 걸쳐 매우 중요하다.

행렬의 선형 변환 특징을 이용하여 회전(rotation), 반사(reflection), 변환(transformation)과 같은 기하학적 연산이 가능하다. 응용의 한 예로서, CAD(Computer Aided Design) 소프트웨어에서 3차원 기하학적 모델에서의 꼭짓점을 벡터로 표현하는 경우 이들 벡터를 미리 정의된 회전 행렬에 곱하면 회전된 꼭짓점의 위치를 표현하는 새로운 벡터가 출력된다. 이것이 현대 3D 컴퓨터 그래픽의 기본이다.

딥러닝에서 **신경망 가중치**(neural network weights)를 **행렬**로 저장하고, 반면 **특징 입력**은 **벡터**로 저장한다. 문제를 선형 대수로 **형식화**하면 간결한 계산처리가 가능하다. 문제를 텐서로 표현하고 선형 대수 기계를 활용하면 현대적인 GPU로 빠른 훈련시간을 얻을 수 있다.

13.5.2 텐서(Tensor)

"텐서는 배열(array)에 대한 또 다른 이름이다."

텐서는 일정한 격자 위의 숫자 배열로 축의 수가 가변적인 것으로 생각할 수 있다. 텐서가 3개의 축을 갖는 경우 세 개의 색인을 가지는데, 첫 번째 색인 지수가 행을 가리키고, 두 번째는 열을 가리키고, 세 번째는 축을 가리킨다. 예를 들어 T232는 두 번째 행, 세 번째 열, 두 번째 축을 가리킨다. T232는 그림 32의 오른쪽 텐서로 값 0을 가리킨다.

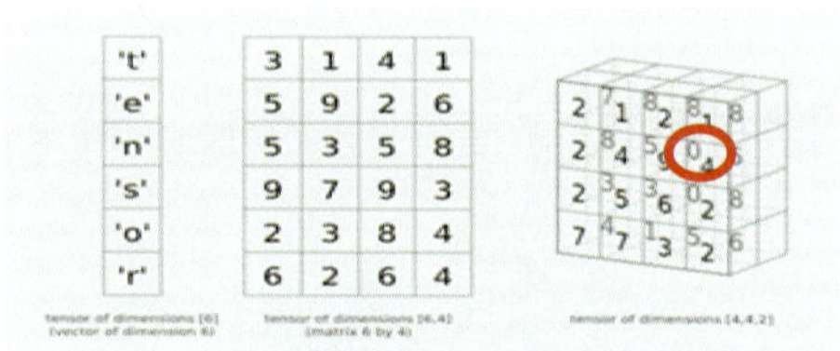

그림 32 텐서 예

텐서는 다차원 배열이며 색인 수에 따라 벡터와 행렬이 될 수 있기에 가장 일반적인 용어다. 예를 들어, 1차 텐서는 벡터(1개 색인)가 된다. 2차 텐서는 행렬(2개 색인)이 되고, 3차 텐서(3개 색인) 이상은 고차 텐서(3개 이상 색인)라고 한다.

텐서는 데이터를 담을 수 있는 n-차원 그릇이다. 그리고 텐서는 스칼라, 벡터, 행렬을 포함하는 **캡슐화 개념이**다. 때때로 물리학과 기계학습에서는 차수가 둘(2)을 초과하는 텐서를 사용한다. 이론물리학, 특히 일반상대성이론에서 리만 곡률 텐서는 4차 텐서로 시간과 공간의 국부 곡률을 기술하는 텐서이다. 기계학습, 특히 딥러닝에서는 2차원 이미지의 픽셀을 3차 텐서를 사용하여서 빨간색, 녹색, 파란색의 세기 값으로 설명할 수 있다.

텐서는 굵은 글씨체의 산세리프(sans-serif), **A**로 표기한다. 3차 텐서 요소는 a_{ijk}에 의해 주어지고, 4차 텐서 요소는 a_{ijkl}로 표기한다. 텐서의 특별한 예로서:

0차원 텐서 - 스칼라 0, 1, 2, 3, 4, ... 처럼 1개의 데이터를 저장한다.

1차원 텐서 - 벡터처럼, 일렬로 데이터를 아래 방향으로 선형으로 저장한다. 1차원 배열을 상상한다.

$$\begin{bmatrix} x_1 \\ x_2 \\ x_3 \end{bmatrix}$$

2차원 텐서 – 행렬처럼 2차원 배열로 데이터를 저장한다.

$$A = \begin{bmatrix} a_{11} & a_{12} & a_{13} & \cdots & a_{1n} \\ a_{21} & a_{22} & a_{23} & \cdots & a_{2n} \\ a_{31} & a_{32} & a_{33} & \cdots & a_{3n} \\ \vdots & \vdots & \vdots & \ddots & \vdots \\ a_{m1} & a_{m2} & a_{m3} & \cdots & a_{mn} \end{bmatrix}$$

n차원 텐서 – 일반 차원의 텐서이다.

텐서는 벡터의 일반화로 행렬의 일반화는 아니다. 벡터는 투플(tuple)이고 선형 변환 법칙(회전, 반사 등)에 의해 변환이 가능하다. 투플은 수의 순서 있는 쌍을 의미한다.

V' = RV // 벡터 V를 회전 행렬(R)에 의해 회전시킨다.

행렬은 두 개의 벡터 공간에서 선형 매핑에 의해 만들어진다. 그리고 텐서는 다차원 배열이고 기하학적 의미가 있다. 표2는 딥러닝에서 사용되는 텐서의 예를 보여준다.

표 2 텐서 표현의 예

차수(rank)	유형	예 (example)
0	scalar	[1]
1	vector	[1,1]
2	matrix	[[1,1],[1,1]]
4	3 tensor	[[[1,1],[1,1]],[[1,1],[1,1]]]
n	n차 텐서	

가 자연어 처리(NLP)에서 사용되는 입력 데이터를 텐서로 보여준다.

문장
hi kim
hi lee
hi park

표 3처럼 문장에서 사용되는 개별 단어를 벡터화한다.

표 3 단어의 벡터화

단어(word)	색인(index)	벡터화(vector)
hi	0	[1,0,0,0]
kim	1	[0,1,0,0]
lee	2	[0,0,1,0]
park	3	[0,0,0,1]

자연어처리 할 4개의 단어를 기초로 문장을 표현할 수 있다. 단어에 대한 벡터화를 진행한 후 문장을 벡터로 표4처럼 표현할 수 있다.

표 4 문장의 벡터 표현

문장	벡터 표현
hi kim	[[1,0,0,0],[0,1,0,0]]
hi lee	[[1,0,0,0],[0,0,1,0]]
hi park	[[1,0,0,0],[0,0,0,1]]

딥러닝 자연어 처리 입력 데이터를 위해 3개의 문장을 하나의 배열로 표현한다.

```
              hi    kim       hi       lee            hi    park
[[[1,0,0,0],[0,1,0,0]],[[1,0,0,0],[0,0,1,0]], [[1,0,0,0],[0,0,0,1]]]
```

여기서 개별 단어(word)는 4개의 숫자, 개별 문장은 2단어이고, 그리고 3개의 문장이 있다. 이는 **(3, 2, 4)의 3차 텐서로 표현된다.** 샘플 데이터의 차원은 **3, 문장 최대 길이**는 2단어, **마지막으로 단어 벡터의 차원**은 4가 된다.

나 그레이 이미지 처리에서 사용되는 텐서 예를 설명한다.

3개의 이미지를 갖고, 개별 이미지는 5행, 5열을 갖는다. 이는 (3, 5, 5)로써 3차 텐서로 표현된다. [그림 33 참고]

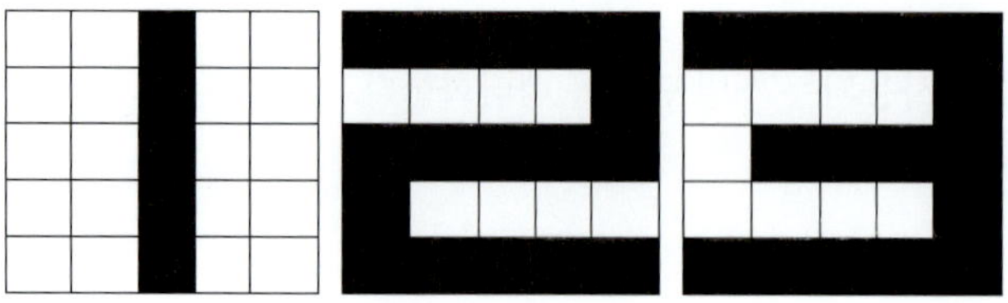

그림 33 이미지 텐서 데이터

다 칼러 이미지에서의 텐서는 4차원 배열이 된다.

3 이미지, 5행, 5열, 3색(R,G,B)을 갖는다. 이는 (3, 5, 5, 3)로서 4차 텐서로 표현된다. [그림 34 참고]

그림 34 텐서 예

13.6 인공지능 학습 방법의 분류

컴퓨터가 주변 환경에 대한 감각 및 인식 능력이 인간을 따라잡기에는 한계가 있다. 특히 시대가 변화함에 따른 자연적으로 생성되는 지식을 학습하는 능력에는 아직은 한계가 있다. 그래서 인공지능은 주로 컴퓨터 메모리에 저장된 데이터로부터 목적에 따라 인위적으로 지식을 끌어내는 것에 더 집중한다.

인공지능, 기계학습, 딥러닝, 그리고 강화학습(Reinforcement)은 어떻게 서로 연결되는가? 이들은 동일한 것인가? 이들 사이에 어떤 관계가 존재하는가? 이들은 상당 부분 공통적이지만 차이점도 있다.

인공지능은 **기계가 인간 행동을 모방하도록 하는 하나의 방법론**이다. 인공지능 기술의 하위 집합에 기계학습이 속하며, 기계학습의 하위 집합에 딥러닝과 강화학습이 포함되는 개념이다. 특히 딥러닝과 강화학습은 다층 인공신경망으로 복잡한 문제해결을 가능하게 하는 방법이다. 요약하면 인공지능, 기계학습, 딥러닝(심화학습), 및 강화학습은 상호 연계되어 있다. 기계학습은 광범위한 개념으로 주로 어떤 알고리즘에 의해, 딥러닝은 다층 인공신경망으로 인공지능을 지원한다. [그림 2 참조]

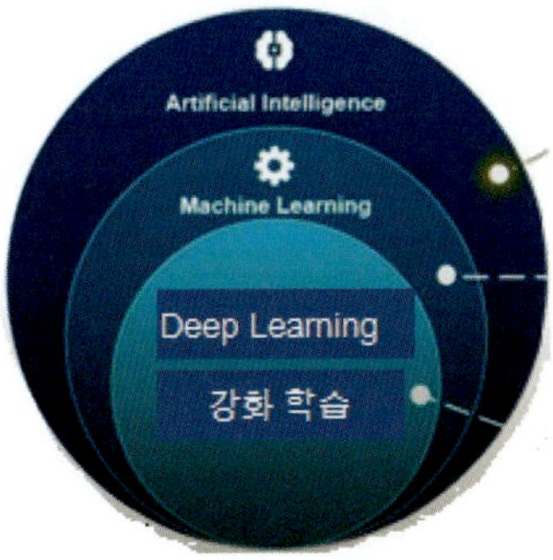

그림 2 인공지능, 기계학습, 딥러닝, 강화학습

학교에서 시험을 보기 위해 교재를 읽고 내용을 학습한다. 유사하게 기계는 데이터를 읽고 분석하여 학습한다. 기계학습은 **기계에 어떤 특정 데이터를 제공하여 그것을 학습하게 하는 방법**이다. 기계학습을 위해 많은 데이터를 기계에 제공해야 한다. 그리고 기계가 **스스로 학습**하게 한다. **기본적인 규칙**만 주어진 상태에서 입력받은 정보를 활용해 스스로 학습하는 것이다.

예로서 혈액 이미지를 분석하여 백혈병 유무를 예측하는 기계학습 모델을 개발한다고 생각하자. 백혈병 또는 비백혈병 라벨이 있는 혈액 세포 이미지(이전에는 의사가 분석한)가 포함된 거대한 데이터 집합을 제공하여 모델을 훈련시켜야 한다. 훈련을 통해 모델은 세포의 패턴이 백혈병인지 비백혈병인지 이해할 것이다. 훈련된 모델에 새로운 혈액 세포 이미지를 제공하면 이미지 패턴 분석을 통해 정답 (백혈병 또는 비백혈병)을 예측할 수 있을 것이다. 이 기계는 전문의처럼 비백혈병과 백혈병 세포를 식별할 수 있을 만큼 충분한 지능이 된다.

딥러닝은 기계학습의 하위 집합으로 기계학습 (기계가 스스로 학습하게 함)과 비슷하지만 몇 가지 차이점이 있다. 그들 중 일부는 다음과 같다:

1) 딥러닝도 **과거 데이터를 사용**하여 생각하는 기계를 만드는 것으로 **인간 신경망**에서 영감을 받는다. 이는 **인간이 과거의 경험을 바탕으로 학습하고 행동**하는 것과 유사하다.
2) 딥러닝은 방대한 데이터 집합과 연산에 GPU가 필요하다. 인공신경망은 학습을 위해 거대한 데이터 집합이 필요하다. 현재 세계에서 가장 인기 있는 주제인 구글의 번역기는 딥러닝을 기반으로 한다. 자동차의 자동화, 음성 인식, 애플의 얼굴 인식(Face ID), 페이스북 사진 속 얼굴 인식도 딥러닝을 활용한다.

강화학습에 대한 일반적인 개요는 **보상 및 처벌**이다. 오! 대체 그게 뭐야? 유아 시절에 걷는 법을 어떻게 배웠는가? 시행착오를 통해서 배우지 않았나? 유아는 넘어지지 않고 걸을 수 있도록 최선을 다할 것이다. 걷는 동안 넘어지는 것은 **벌**이고 넘어지지 않고 걷는 것은 **보상**이다. 그래서 벌을 최소화(넘어짐)하고 보상을 극대화(넘어지지 않고 걷기)할 것이다.

강화학습은 기계 자신**의 경험 데이터**를 사용하여 **시행착오를 통해 동적**으로 학습하는 것이다. 딥러닝이 자신이나 다른 사람으로부터의 **기존 데이터**를 기반으로 학습하는 것과는 차이가 있다. 강화학습은 이전에 수집된 데이터를 사용하지 않는다. 강화학습에서 기계는 자율적으로 알고리즘을 수정하면서 수행했던 행동들을 강화한다.

구글의 "DeepMind"에 대해 들어보았는가? "DeepMind" 회사는 이 강화학습을 사용하여 가장 어려운 보드게임인 바둑(Go)을 두는 알파고(AlphaGo)라는 로봇을 만들었다. 알파고(AlphaGo)는 바둑(Go)에서 세계 챔피언을 이겼다. 놀랍지 않은가?

정말 놀라실 준비를 하세요.

DeepMind사는 100대 0 또는 이와 유사하게 알파고를 이기는 알파고제로(AlphaGo Zero)라는 또 다른 버전의 알파고(AlphaGo)를 만들었다.

13.7 기계학습이란?

13.7.1 기계학습의 필요성

인공지능을 위해 가장 중요한 것은 데이터라는 것이다. 기계학습이든 딥러닝이든 항상 데이터가 필요하다. 기업은 많은 데이터를 분석하여 이익을 창출하거나 혹은 문제 해결할 방법을 찾으려 한다. 그래서 **데이터는 바로 해결책**이 된다. 데이터 생성의 엄청난 증가에 기인하여 데이터를 분석하고 또한 데이터에서 유용한 견해를 추출하는 방법을 찾아야겠다. 그래서 기계학습이 발생하게 되었다. 기계학습에 대해 좀 더 깊이 들어가 보자.

왜 기계학습이 필요한가?

기계학습이 필요한 이유는 디지털 기술의 혁신과정에서 자체적으로 발생했다. 데이터가 모든 것의 중심이 된 이후 우리는 무한의 데이터를 생성해왔다. 매일 2.5 퀸틸리언(10^{18} = quintillion) 바이트 이상의 데이터가 생성되고 있다. 그리고 점차 증가하고 있다. 많고 복잡한 데이터를 분석하고 연구하여 더 정확하고 유용한 결과를 찾을 수 있는 데이터에 대한 예측 모델을 만들고자 했다.

예를 들어 기계학습은 주식 시장에서의 상승 하락을 예측하는 데 사용된다. 또는 어떤 위험이나 비정상을 찾아내는 데도 사용될 수 있다. 사실 **네플릭스(Netflix), 아마존** 같은 기업들은 **수많은 데이터를 이용하여 기계학습** 한 다음 어떤 이익을 얻을 기회를 찾거나 혹은 예기치 않은 위험을 피하고자 한다.

기계학습의 가장 중요한 부분은 데이터에서 **숨겨진 패턴을 찾고 데이터에서 핵심 식견(insights)**을 추출하는 것이다. 수동적으로 **패턴을 찾고** 데이터를 이해하는 **데는 많은 시간이 소요**된다. 데이터에서 유용한 정보를 추출하는 데 수일이 걸리기도 한다. 그러나 기계학습 알고리즘을 사용하면 수초 이내에 비슷한 계산을 해낼 수 있다. 기계학습은 예측 모델을 만들고 통계 기법을 활용함으로써 심층을 파헤치게 한다.

또 다른 이유는 기계학습이 **복잡한 문제를 해결하는데** 사용될 수 있기 때문이다. 치명적인 루게릭(ALS, 근위축성 측색경화증) 질병에 관련되었을지 모를 유전자를 검출하고, 자율주행차를 만들 때, 또는 지구에서 2,400광년 떨어진 별들을 찾아내는 방법에도 사용될 수 있다. 이러한 모든 것이 기계학습, 딥러닝을 통해 가능하다.

데이터가 엄청나게 생성되고 있고, 그러한 데이터를 활용하면 우리에게 많은 혜택을 줄 것이다. 그래서 기계학습이 필요하게 되었다.

13.7.2 기계학습 과정

기계학습은 1959년 아터 사무엘(Arthur Samuel)에 의해 처음 사용되었다. 인공지능이 1956년 대두된 이후 3년 후에 기계학습이 생겨났다. 기계학습에 대한 많은 정의가 있지만, 그중에서 저자는 다음의 정의를 가장 선호한다.

"어떤 **작업'T'에 대한 성능'P'이 경험'E'에 따라 향상**된다면 **경험 'E'로부터 학습**한다고 한다."

좀 복잡하고 혼돈스럽지만 좀 더 구체화시키겠다. 기계학습은 기계가 생각하는 능력을 갖게 하여 문제를 해결하도록 하자는 개념이다. 그러면 어떻게 기계가 생각하고 의사 결정을 하게 할 수 있을까? 인공지능은 **명시적으로 작업을 프로그래밍하지 않고도 기계가 자동으로 학습하고 경험에서 향상되**는 능력이 된다.

기계는 인간과 비슷하다. 만약에 기계에 많은 적합한 데이터를 제공한다면, 그리고 기계학습 알고리즘을 사용하여 데이터를 해석하고 처리하는 방법을 배우게 된다면 세상의 문제를 해결하는 데 도움을 줄 것이다.

기계에 대량의 데이터를 제공하고, 기계는 그 데이터로 훈련을 한다. 먼저 문제의 목적이 정의되어야 한다. 그리고 어떤 출력을 예측 또는 문제에 대한 해결책을 찾기 위한 **기계학습 모델**을 만든다. 이것이 기계학습에 대한 기본적 개념이다. **모델을** 만드는 것이 우리의 해야 할 주요 임무이다. [그림 3 참고]

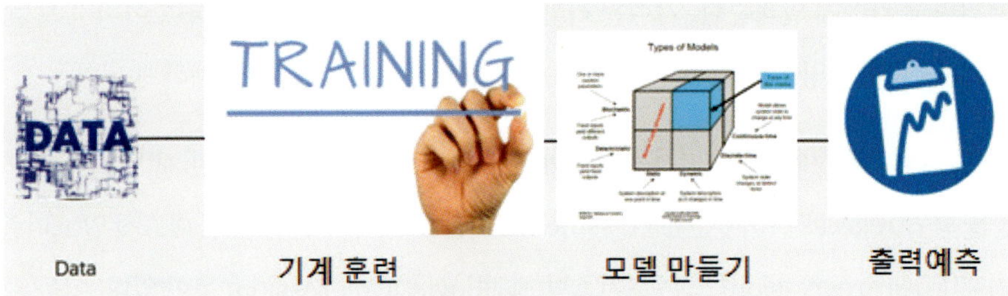

그림 3 기계학습 과정

13.7.3 기계학습 유형

기계학습 유형에는 지도 학습(supervised learning), 비지도 학습(unsupervised learning), 강화학습(reinforced learning) 등이 있다.

가 지도 학습(supervised learning)

예를 들어 어떤 수학 문제를 해결할 때 선생의 지속적 지도 또는 안내가 필요한 학생을 생각해보자. 이때 선생은 학생이 잘 이해하도록 덧셈이 무엇이고, 어떻게 덧셈이 이루어지는지를 가르쳐야 한다.

마찬가지로 이러한 형태의 지도 학습을 기계학습에도 적용한다. 지도 학습은 라벨 데이터를 사용하여 기계를 가르치거나 훈련시키는 기술이다. 여기서 라벨은 선생에 해당한다. 그리고 지도 학습에서는 **라벨 데이터로 훈련**한다는 것이 중요하다. 개발자는 모든 데이터에 대하여 라벨을 부쳐야 한다. **훈련 데이터 전체에 대해 라벨을 부친**다.

그림 4 지도 학습 과정

그림 4는 이미지를 두 가지로 분류하는 문제이다. 하나는 톰(Tom, 고양이)이고 다른 하나는 제리(Jerry, 생쥐) 이미지이다. 지도 학습에서는 라벨 붙은 개별 이미지에 대해 저렇게 생긴 이미지는 톰

또는 제리라고 기계에 알려준다. 기계는 라벨 데이터로부터 특징을 학습하여 이미지 모델을 갖게 된다. 학습을 통해 고양이와 생쥐 간에 어떤 큰 특징의 이미지 차이를 이해하게 된다.

훈련 이후, 라벨 없는 새로운 이미지를 모델에 제공하면 앞에서 학습한 이미지 모델과 새 이미지의 유사성을 회귀(regression)와 분류(classification)를 사용하여 판별한다. 대표적 알고리즘으로는 선형 회귀(linear regression) 또는 로지스틱 회귀(logistic regression) 등이 있다. 이들은 주로 연속된 양을 예측하는 것을 다룬다. 주식 가격의 예측이 이에 해당한다. 회귀와 분류는 **암묵적인** 미지의 함수를 찾는 "**함수 근사자(function approximator)**"로 볼 수 있다.

예를 들어, e-메일에서 스팸 분류자는 메일의 내용을 판단하여 "스팸" 또는 "비 스팸"의 두 범주 중 하나로 매핑하는 학습을 한다. **스팸에 해당하는 용어들의 포함 정도**를 판단하여 결정하지만 어떤 메일은 스팸이 맞지만, 비 스팸 메일일 수도 있다. 여러 메일에 대한 스팸 여부 판단 결과를 **누적하면서 학습**이 이루어진다. **판단을 결정하는 수학적 함수를 학습의 결과로 찾아**내고 이에 따라 판정을 하지만 이 결과를 다시 입력하여 **계속 함수를 조정하는 학습**을 한다. e-메일을 분류하는 데는 로지스틱 회귀 알고리즘을 사용한다. 로지스틱 회귀는 연속량이 0과 1, 또는 예 또는 아니오(yes or no)의 이진 분류할 때 적합하다.

성적과 입학 여부의 관계를 나타내는 데이터로부터 로지스틱 함수 학습모델을 만들어 사용할 수 있다. 성적이 8.0 이상이 되면 합격을 나타낸다. [그림 5 참조]

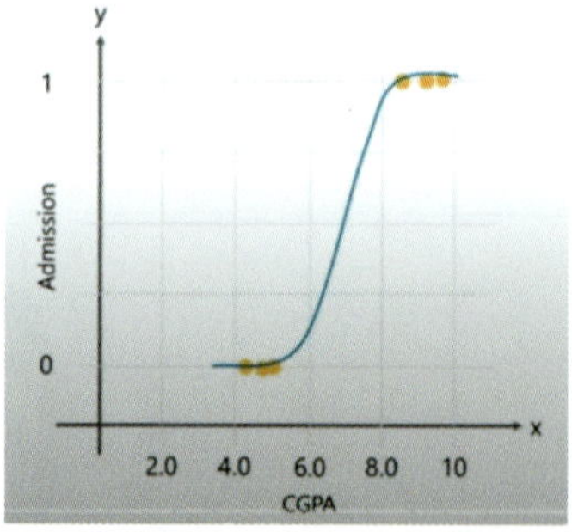

그림 5 로지스틱 회귀 예

나 비지도 학습(unsupervised learning)

어떤 가르침이나 지도가 없이도 학습할 수 있는 똑똑한 학생을 생각하자. 이러한 형태의 기계학습을 의미한다. 비지도 학습에서는 모델에 어떤 라벨도 없다.

비지도 학습은 **라벨이 부착되지 않은(무라벨) 정보를 사용하는 기계 훈련**이다. 어떤 지도도 없이 해당 정보에 대해 학습할 수 있다. 데이터에서 어떤 특징의 **유사성에 따라 클러스터로 분류하여 출력**한다. 비지도 학습의 대표적 예는 영상인식 문제처럼 비구조화된 데이터가 많을 때 강력하게 사용된다.

그림 6 비지도 학습에서는 무라벨(unlabelled) 데이터를 입력으로 어떠한 지도 없이 학습 과정을 거친 후 출력을 생성한다. 비지도 학습은 많은 데이터가 필요하다. 이것은 톰(고양이)이고, 저것은 제리(생쥐)라는 정보를 제공하지 않는다.

어떻게 톰과 제리를 분류할 수 있을까? 귀의 형태, 객체의 크기 등 같은 **특징**으로 알아낸다. 비지도 학습 모델에서는 생김새, 크기, 색깔 등의 특징을 추출하여 고양이(cluster 1)에 속하는지, 생쥐(cluster 2) 이미지에 속하는지 판단해낸다. 유사한 아이템을 그룹으로 클러스터 하는 것이다. 대표적인 예로 넷플릭스에서는 사용자들의 관심사, 연령, 지리를 바탕으로 그룹으로 분류한다.

그림 6 비지도 학습 과정

비지도 학습에서는 무라벨 데이터가 기계학습 모델에 제공되고 기계가 패턴을 이해한다. 그리고 스스로 출력을 찾아낸다. 비지도 학습에 사용되는 대표적 알고리즘으로는 K-means, C-means 가 존재한다.

13.7.4 기계학습으로 해결되는 문제 유형

문제 유형에 따라 다른 학습모델을 적용한다. 우리가 해결할 문제는 3가지 유형 중 하나로 분류한다.

회귀 : 연속된 양, 예: 몸무게, 온도, 주가

분류 : 분류, 예 스팸 또는 비스팸, 남성 또는 여성

그리고 클러스터 : 유사 아이템을 클러스터로 분류, 예: 넷플릭스 사용자 그룹

예제 1

주택 판매 데이터 집합을 만들어서 주택가격 지수를 예측하는 기계학습 모델을 만들고자 한다. 회귀, 분류, 클러스터 어떤 유형의 문제에 해당하는가?

힌트 어떤 예측변수가 필요한가? [그림 7 참조]

```
> str(data)
'data.frame':   21613 obs. of  21 variables:
 $ id           : num  7.13e+09 6.41e+09 5.63e+09 2.49e+09 1.95e+09 ...
 $ date         : Factor w/ 372 levels "20140502T000000",..: 165 221 291 221 284 11 57
 $ price        : num  221900 538000 180000 604000 510000 ...
 $ bedrooms     : int  3 3 2 4 3 4 3 3 3 3 ...
 $ bathrooms    : num  1 2.25 1 3 2 4.5 2.25 1.5 1 2.5 ...
 $ sqft_living  : int  1180 2570 770 1960 1680 5420 1715 1060 1780 1890 ...
 $ sqft_lot     : int  5650 7242 10000 5000 8080 101930 6819 9711 7470 6560 ...
 $ floors       : num  1 2 1 1 1 1 2 1 1 2 ...
 $ waterfront   : int  0 0 0 0 0 0 0 0 0 0 ...
 $ view         : int  0 0 0 0 0 0 0 0 0 0 ...
 $ condition    : int  3 3 3 5 3 3 3 3 3 3 ...
 $ grade        : int  7 7 6 7 8 11 7 7 7 7 ...
 $ sqft_above   : int  1180 2170 770 1050 1680 3890 1715 1060 1050 1890 ...
 $ sqft_basement: int  0 400 0 910 0 1530 0 0 730 0 ...
 $ yr_built     : int  1955 1951 1933 1965 1987 2001 1995 1963 1960 2003 ...
 $ yr_renovated : int  0 1991 0 0 0 0 0 0 0 0 ...
 $ zipcode      : int  98178 98125 98028 98136 98074 98053 98003 98198 98146 98038 ...
 $ lat          : num  47.5 47.7 47.7 47.5 47.6 ...
 $ long         : num  -122 -122 -122 -122 -122 ...
 $ sqft_living15: int  1340 1690 2720 1360 1800 4760 2238 1650 1780 2390 ...
 $ sqft_lot15   : int  5650 7639 8062 5000 7503 101930 6819 9711 8113 7570 ...
```

그림 7 주택 판매 데이터

답 예측할 것으로 가정되는 대상 변수 또는 출력 변수를 주택가격 지수로 보자. 주택가격은 분명히 연속적 양이다. 우리는 이것은 회귀 문제라는 것을 이해한다. 선형회귀 알고리즘을 사용하여 주택가격 지수를 예측할 수 있겠다. 이는 지도 학습 알고리즘에 포함된다.

예제 2

은행 신용 데이터 집합을 연구하여 신청자의 대부 여부를 프로파일을 기반으로 승인 여부를 결정하고자 한다. 어떤 유형의 문제에 해당하는가?

힌트 출력 변수는 무엇인가? 출력 변수는 신청자의 대부 요청을 승인 여부를 결정하여야 한다. [그림 8 참조]

```
$ Account.Balance                  : int  1 1 2 1 1 1 1 1 4 2 ...
$ Duration.of.Credit..month.       : int  18 9 12 12 12 10 8 6 18 24 ..
$ Payment.Status.of.Previous.Credit: int  4 4 2 4 4 4 4 4 4 2 ...
$ Purpose                          : int  2 0 9 0 0 0 0 0 3 3 ...
$ Credit.Amount                    : int  1049 2799 841 2122 2171 2241
$ Value.Savings.Stocks             : int  1 1 2 1 1 1 1 1 1 3 ...
$ Length.of.current.employment     : int  2 3 4 3 3 2 4 2 1 1 ...
$ Instalment.per.cent              : int  4 2 2 3 4 1 1 2 4 1 ...
$ Sex...Marital.Status             : int  2 3 2 3 3 3 3 3 2 2 ...
$ Guarantors                       : int  1 1 1 1 1 1 1 1 1 1 ...
$ Duration.in.Current.address      : int  4 2 4 2 4 3 4 4 4 4 ...
$ Most.valuable.available.asset    : int  2 1 1 1 2 1 1 1 3 4 ...
$ Age..years.                      : int  21 36 23 39 38 48 39 40 65 23
$ Concurrent.Credits               : int  3 3 3 3 1 3 3 3 3 3 ...
$ Type.of.apartment                : int  1 1 1 1 2 1 2 2 2 1 ...
$ No.of.Credits.at.this.Bank       : int  1 2 1 2 2 2 2 1 2 1 ...
$ Occupation                       : int  3 3 2 2 2 2 2 2 1 1 ...
$ No.of.dependents                 : int  1 2 1 2 1 2 1 2 1 1 ...
$ Telephone                        : int  1 1 1 1 1 1 1 1 1 1 ...
$ Foreign.Worker                   : int  1 1 1 2 2 2 2 2 1 1 ...
```

그림 8 신용 데이터

답 출력 변수는 분명히 분류 유형일 것이다. 결과는 승인 또는 거부일 것이다. 따라서 이것은 분류 문제에 해당한다. k-근접점(k-nearest neighbor, KNN) 또는 서포트 벡터 알고리즘(support vector algorithm) 같은 지도 학습 알고리즘으로 해결하여야 할 것이다.

13.8 초기 기계학습의 한계와 왜 딥러닝이 필요한가?

초기 인공지능은 논리적 추론을 사용하였다.

초기 인공지능 연구자들은 간단한 게임을 하거나, 퍼즐을 풀기 위한 논리적인 추론을 하는 것 같이 **단계별 추론을 사용하는 알고리즘**을 개발하였다. 1980년대 후반과 1990년대까지, 인공지능 연구는 크고 복잡한 추론 문제를 해결하기에는 **"조합 확산(combinatorial explosion)"**으로 불충분하다는 것을 입증했다. 조합 확산은 문제가 커짐에 따라 검색과 추론을 해야 할 데이터가 기하급수적으로 많아짐으로써 추론이 엄청나게 느려지는 현상을 말한다. **최근은 초기 인공지능 연구에서 만들었던 단계식 추론 모형을 이제 거의 사용하지 않는다.** 문제를 해결하는 데 필요한 시간이 **"조합 확산"** 현상 때문에 **기하급수적으로 증가**하므로 **모든 가능성을 거의 고려할 수가 없다.** 기계학습의 한계는 다음과 같이 정리된다.

1) 먼저 **고차원 데이터**를 다룰 수 없다. 입력과 출력이 큰 경우는 적용이 어렵다. 그러한 데이터를 처리하는 것은 매우 복잡해진다. 그리고 너무 많은 자원을 소모하게 된다. 이것은 조합 확산 또는 **차원의 저주**(curse of dimensionality)로 알려져 있다.

   다음 상황에서 동전을 던졌다고 생각하자. 수백 미터 직선에 던진 경우, 단지 선을 따라가면 떨어진 동전을 찾을 수 있겠다. 선이 1차원이라 1차원 개체로 표현된다. 다음 가로세로 수백 미터 운동장에 동전을 던졌다고 생각하자. 동전을 찾기 위해 직선보다 많은 시간을 투자하여야 할 것이다. 더 심하게 3차원 공간에 동전이 위치하면 동전을 찾는데 더 많은 시간이 걸릴 것이다. 차원이 증가할수록 문제는 더욱 복잡해진다. 차원이 증가할수록 복잡성(complexity)이 기하급수적으로 어렵고 시간이 소요된다. [그림 9 참조]

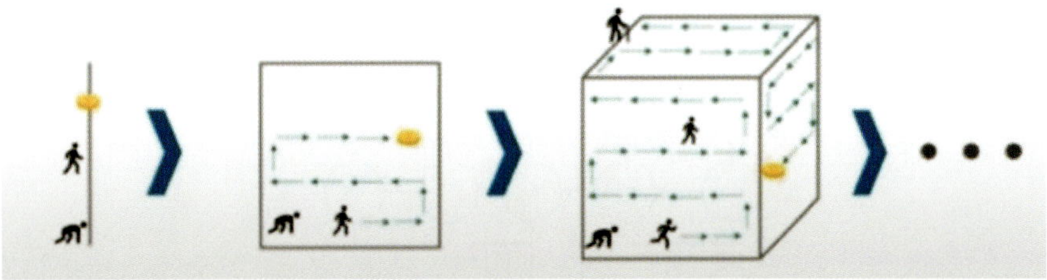

그림 9 기계학습 한계 – 고차원

실제 생활에서 수천 차원의 문제는 처리하고 다루기가 매우 복잡해진다. 고차원 문제는 이미지 처리, 자연어 처리, 이미지 번역 등에서 발견된다. 한 이미지에 천육백만 색상이 있다. 어마어마한 데이터이다. 이런 경우가 기계학습의 한계이다. 이미지 인식 처리에서는 사용될 수 없다. 요약하면 기계학습은 **고차원 문제해결에 적용이 어렵다.**

2) 초기 기계학습 모델에서 가장 큰 도전 중 하나는 **특징 추출**이라고 불리는 과정이다. 객체 인식이나 필기체 인식 등 복잡한 문제에서 **컴퓨터가 어떤 특징을 추출하게 할 것인지 결정하는 것이** 어려웠다. 예로서 로봇이 **주변 사물을** 인식하든가 또는 **필기체 인식** 같은 복잡한 문제에 기계학습의 적용이 어렵다. 그래서 많은 인공지능 연구는 광범위한 불필요성을 생각하고 이를 피하는 방법을 알아내는 것에 집중하게 된다.

예를 들어, 마우스 로봇을 이용한 미로 찾기 게임(그림 10)을 할 때, 마우스 로봇의 이동을 제어하는 프로그램 알고리즘은 한번 가다가 막힌 지점은 더 갈 수가 없으므로 이후 찾아야 할 경로 데이터에서 그 경로 정보를 제외하고 새로운 경로를 찾아야 한다.

그림 10 마우스 로봇 미로찾기 대회 (출처:IEDProjects2015@IIITD)

유사한 예로는 대전에서 남쪽에 있는 부산으로 가는 최단 경로를 찾을 때, 북쪽에 있는 서울이나 북부의 다른 지역을 지나가는 어떤 경로도 건너뛸 수 있다. 대전의 북쪽에 있는 천안이나 서울을 이용하는 경로는 이후에 연결된 경로까지 검색할 필요가 없다. 이 경우 딥러닝 기반의 인공지능 프로그램은 가능한 한 모든 경로를 탐색할 경우 발생할 수 있는 "조합 확산"을 피할 수 있다. [그림 11 참조]

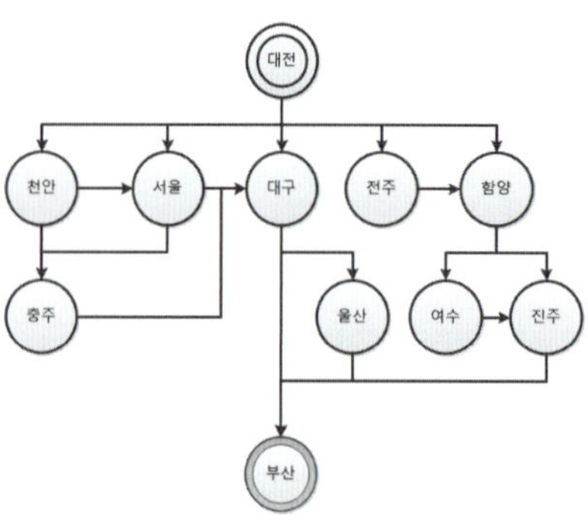

그림 11 대전–부산 경로 트리

또 다른 예로서 알파고 프로그램은 **몬테카를로 트리 검색 알고리즘(Monte Carlo tree search algorithm)**을 사용하여 학습한다. 그리고 사람들과 컴퓨터 게임을 하면서 폭넓게 훈련하여 얻은 지식을 바탕으로 인공신경망(딥러닝)에 의하여 바둑돌을 놓을 자리를 찾는다. 한 바둑 경기를 할 때 고려해야 할 경우의 수는 명확하지는 않지만, 알파고를 만든 구글은 250^{150} 경우라고 한다. 알파고 프로그램은 48개의 TPU(Tensor Processing Unit)를 분산 시스템으로 연결한 컴퓨터 시스템에서 실행되었다.

13.9 딥러닝(Deep Learning)

딥러닝은 기계학습과 비슷하거나 기계학습의 하위 집합으로 분류된다. 기존 데이터를 통해 배우는 것이다. 그게 거의 전부다!

딥(deep)의 의미는 인공신경망에서 복수 계층의 사용을 의미한다

딥러닝은 두뇌의 신경세포 활동을 모방하려고 시도한다. 말 그대로 인공신경망이다. 딥러닝 이면의 아이디어는 두뇌를 모방하는 학습 알고리즘을 만드는 데 있다. 딥러닝에 대한 아이디어는 인간의 뇌가 정보를 처리하는 방식이란 것이다. 이것의 목적은 인간의 뇌가 어떻게 작용하여 진짜 마법을 만들어내는가를 모방하는 것이다.

특징 추출을 인간의 개입 없이 자동으로 한다.

딥러닝은 **특징 추출의 어려움을 극복하는 방법**이다. 특징 추출이 인간의 개입 없이 자동으로 이루어지도록 한다. 딥러닝 모델이 **스스로 올바른 특징**을 추출하므로 **프로그래머의 지도가 거의 필요하지 않**다. 그리고 이 모델은 **부분적으로 차원성 문제를 해결**한다. 차원성 문제는 해결되나 **훈련에 많은 데이터가 필요**하다는 문제를 갖는다.

프로그래머로부터는 매우 적은 지도만이 필요하다. 딥러닝은 인공신경망 모델로 학습하고, 결과를 예측하는데 어떤 특징 및 변수가 중요한지를 이해한다. 어떤 특정의 문제에 대해서 수많은 예측변수가 있다고 가정하면 너무 많은 특징이 존재하게 된다. 이런 경우 어떻게 개별 변수들의 중요성을 이해할 수 있겠는가? 딥러닝은 고차원, 많은 데이터, 많은 예측변수, 많은 특징이 있는 문제에 적합하다. 딥러닝은 스스로 어떤 특징 또는 어떤 예측 인자가 결과를 예측하는 데 중요한지를 알아낸다.

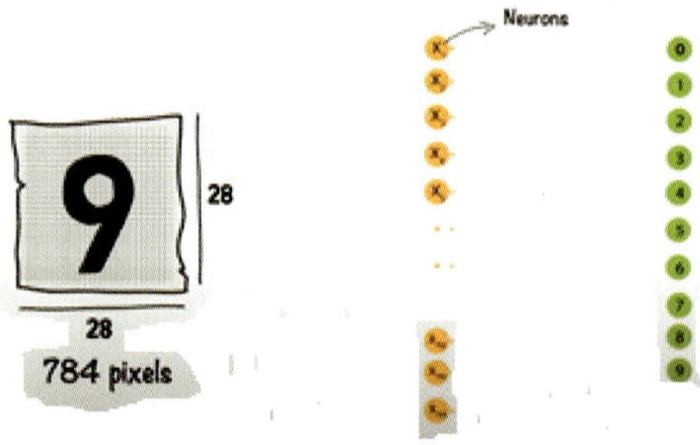

그림 12 필기체 이미지의 벡터화

그림 12과 같이 28×28=784픽셀의 필기체 이미지가 주어진다. 딥러닝으로 필기체 문자를 인식하고자 한다. 그러면 784픽셀 값이 입력층 뉴런의 입력 벡터가 된다.

그림 13은 필기체 문자(0부터 9)들에 대한 신경망 모델을 점차 많은 훈련 데이터로 훈련함에 따라 가중치 이미지가 점차 올바른 문자에 근접해 감을 보여준다. 아래 방향으로 감에 따라 훈련을 많이 한 결과에 따른 가중치 이미지를 나타낸다.

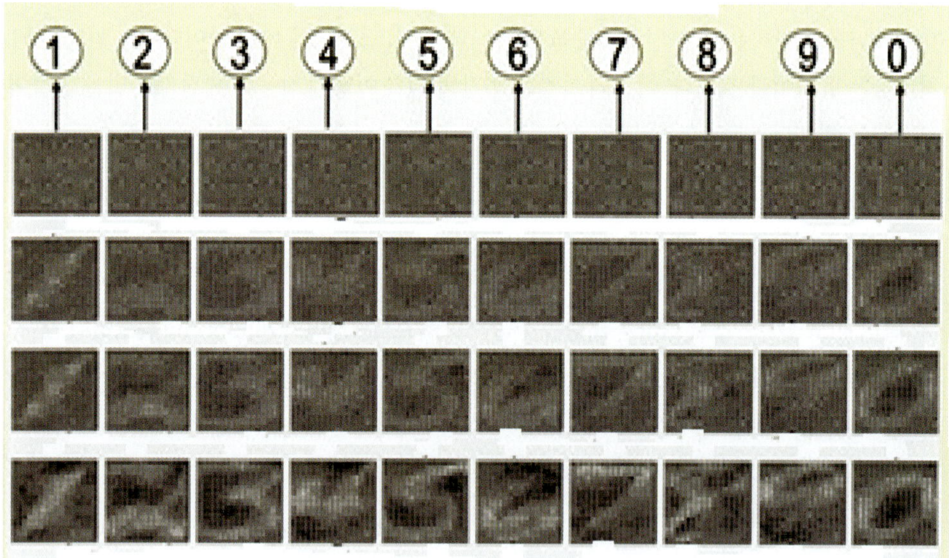

그림 13 필기체 문자의 훈련에 따른 가중치 변화

하나의 이미지에서 얼굴을 인식하여 사람을 식별하는 시스템을 만들고자 한다. 기존의 기계학습 방법을 사용한다면 눈, 코, 귀 등의 얼굴의 특징을 추출해야 한다. 그리고 어떤 특징이 사람 식별에 더 중요한지를 알아야 한다. **특징을 자동으로 추출하느냐 혹은 수동으로 추출하는지가 딥러닝과 기계학습의 주요 차이**가 된다. [그림 14 참조]

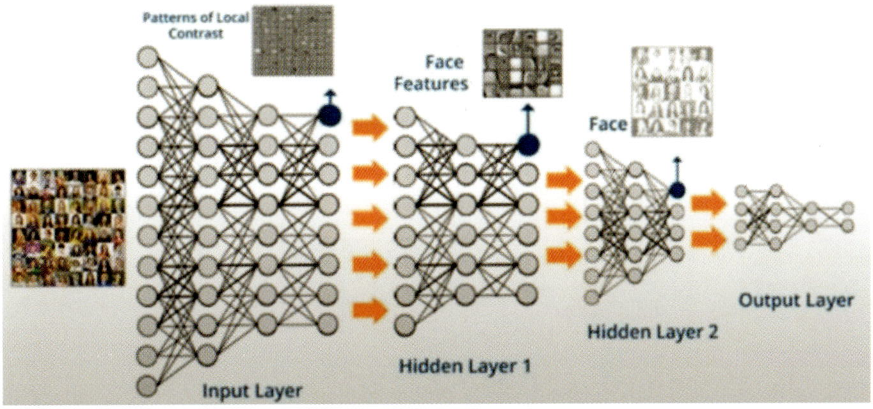

그림 14 딥러닝 과정 예

딥러닝은 자동으로 분류를 위한 중요한 특징을 추출한다. 이는 인공신경망의 개념을 사용함으로써 가능하다.

이러한 기술들로 컴퓨터의 지능은 점차 높아지고 있다.!!!

13.10 강화 학습(reinforcement learning)

외딴섬에 떨어졌다고 상상하자. 무엇을 하겠는가? 당황할 것이다. 처음에는 분명 당황할 것이다. 하지만 시간이 지남에 따라 섬에서 살아가는 방법을 학습하게 될 것이다. 먼저 섬의 환경을 탐사하게 될 것이다. 기후 상태가 어떤지, 그곳에서 자라는 음식의 형태가 무엇인지, 섬의 위험 사항 등에 대해 이해하게 될 것이다. 이것이 바로 강화학습이 작동하는 방식이다.

강화학습은 이전에 수집된 데이터를 사용하지 않는다. 강화학습은 기계가 **자신의 경험으로부터의 데이터**를 사용하여 시행착오를 통해 동적(dynamic)으로 학습하는 것이다. 강화학습은 피드백 루프를 포함한다. 일종의 **시행착오** 개념을 바탕으로 한다.

강화학습이란 무엇인가? 강화학습에서 대리인(agent)은 어떤 환경(environment)에 놓여지고, 특정 행동(actions)을 수행하고, 환경으로부터의 결과를 관찰한다. 그러한 행동에서 얻는 **보상**(rewards)을 관찰함으로써 어떻게 최고의 보상을 얻게 되는지를 배우는 기계학습의 한 부분이다. 강화학습에서는 기계가 자율적으로 알고리즘 수정을 통해 수행했던 행동을 강화한다. [그림 15 참조]

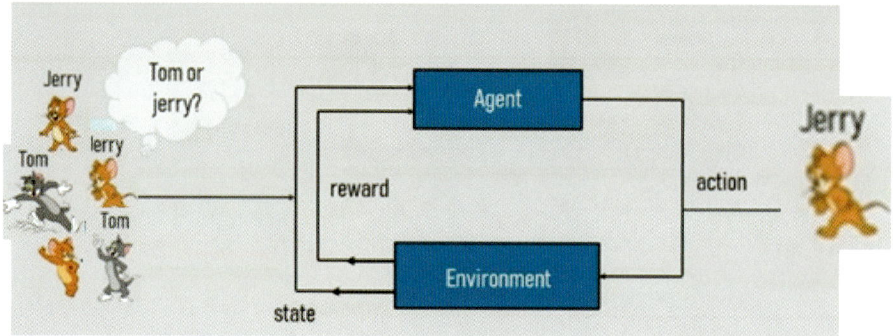

그림 15 강화학습 과정

강화학습에서는 대리인에게 어떤 입력 데이터를 제공하지 않는다. 대리인은 사소한 것부터 모든 것에 이르기까지 스스로 탐험해야 한다. 마치 어떤 것에 대한 아무런 정보도 없이 태어난 신생아와 같다. 주변 환경을 탐색하고, 그리고 어떤 행동을 수행할 때 보상을 받을지 처벌을 받지를 알게 된다. 여기서 신생아가 대리인(agent)이 된다. 대리인은 점차 환경에 대해 행동을 하고 보상 또는 처벌을 받음으로써 환경에 대한 지식이 쌓게 된다. 알파고 이면에는 강화학습과 딥러닝이 있다.

강화학습에 사용되는 문제 유형은 보상에 기반한다. 대표적 알고리즘으로는 Q-Learning이 있다.

13.11 딥러닝과 강화학습 차이

딥러닝과 강화학습은 기본적으로 컴퓨터가 문제해결을 위한 규칙을 **스스로 개발**한다. 딥러닝과 강화학습은 **모두 자율적으로 학습**하는 시스템이다.

딥러닝은 기본적으로 기존 데이터를 사용하여 알고리즘을 훈련하여 패턴을 찾은 다음 이를 사용하여 새로운 데이터에 대한 예측을 수행하는 자율적인 자가 학습 시스템이다. 반면, 강화학습은 보상을 극대화하기 위해 지속적인 피드백을 기반으로 동작을 조정하여 동적으로 학습한다.

딥러닝과 강화학습은 상호 배타적이지 않다. 사실, 강화학습 시스템에서 딥러닝을 사용할 수 있는데, 이는 딥-강화학습이라고 한다.

딥러닝 알고리즘은 우리 뇌의 뉴런 네트워크를 모방한 다양한 계층의 인공신경망을 통해 이를 수행한다.

예를 들어 사진 속 고양이를 인식하도록 **딥러닝** 알고리즘을 훈련할 수 있다. 고양이가 포함되었거나 포함되지 않은 수백만 개의 이미지가 입력되어야 한다. 프로그램은 많은 이미지에서 윤곽, 모양, 색상, 모양 사이의 거리 등에 따라 데이터를 분류하고 클러스터링하여 패턴을 설정한다. 이러한 패턴은 새로운 이미지에 고양이가 포함되었는지를 예측하는 모델에 정보로 제공된다.

또 다른 딥러닝의 좋은 예는 애플(Apple)의 "Face ID"이다. 휴대폰을 설정할 때 얼굴을 스캔하여 알고리즘을 훈련한다. 그러면 "Face ID"을 사용하여 로그온할 때마다 "TrueDepth" 카메라는 얼굴의 지도를 생성하는 수천 개의 데이터 포인트를 캡처하고, 휴대폰에 내장된 신경망 엔진으로 분석하여 본인 여부를 예측한다.

강화학습은 본질적 시행착오를 통해 학습하는 자율적인 자가 학습 시스템이다. **스스로 환경을 분석하여 보상 극대화 목**적으로 행동을 한다. 스스로 원하는 결과를 비교하고, 내부 **뉴런 사이의 연결을 강화**함으로써 학습해나간다. 물론 인공신경망을 사용한다.

이것은 처음에는 자전거를 타는 것을 배우는 방법과 비슷하다. 처음에는 많이 넘어지고 종종 불규칙한 움직임을 하지만, 시간이 지남에 따라 효과가 있는 것과 그렇지 않은 것에 대한 피드백을 사용한 행동을 하면서 자전거를 타는 방법을 학습하게 된다.

강화학습을 사용하는 좋은 예는 걷는 방법을 배우는 로봇이다. 로봇은 먼저 큰 걸음을 내딛고 넘어진다. 큰 보폭에 따른 쓰러짐은 강화학습 시스템이 반응하는 데이터 포인트이다. 피드백이 부정적이었으므로, 시스템은 더 작은 보폭을 시도하도록 행동을 조정한다. 로봇은 앞으로 나아갈 수 있다. 여러 반복에 걸쳐 알고리즘을 자율적으로 재작업하고 수정하여 결정을 내릴 때까지 최상의 결과를 제공한다.

강화학습을 고전적인 "Atari" 컴퓨터 게임에 적용해보자. 모니터 하단의 막대를 이동시키면서 공을 튕겨 화면 상단의 벽돌을 부수는 것이다. 목표(또는 보상)는 점수를 극대화하는 것이다. 처음에는 알고리즘이 많은 실수를 저지르지만, 최고의 인간 게임자도 이길 수 있는 단계로 빠르게 향상되는 것을 보여줄 것이다.

연습문제

01 **다음의 용어를 간단히 설명하시오.**

1) 바이트(byte)

2) 레코드(record)

3) 데이터베이스(database)

4) 정보(information)

02 **다음의 물음에 맞는 답을 고르시오. 다음 중 크기가 작은 것에서 큰 순으로 정리된 것은?**

① 비트 → 파일 → 레코드 → 데이터베이스

② 비트 → 파일 → 워드 → 데이터베이스

③ 비트 → 바이트 → 워드 → 레코드

④ 비트 → 레코드 → 워드 → 파일

03 **다음 중 맞지 않는 것은?**

① 데이터의 집합이 정보의 집합보다 크다.

② EBCDIC 코드는 IBM사에서 만든 코드다.

③ ASCII 코드는 미국 표준 문자 코드다.

④ 영문 알파벳에 대해 ASCII 코드와 EBCDIC 코드 간 호환성이 없다.

04 **프로그래머나 사용자의 입장에서 사용하고자 하는 데이터베이스의 모습으로 전체 데이터베이스 조직의 일부분을 정의한 것은 어느 것인가?**

① 내부 스키마 ② 개념 스키마

③ 외부 스키마 ④ 답 없음

05 **다음 파일시스템의 접근 방식이 아닌 것은?**

① 순차 접근 방식 ② 색인 순차 접근 방식

③ 가상 기억 접근 방식 ④ 색인 직접 접근 방식

06 **다음 중 데이터베이스 모델이 아닌 것은?**

① 관계형 데이터베이스 모델
② 네트워크형 데이터베이스 모델
③ 객체 계층형 데이터베이스 모델
④ 객체 관계형 데이터베이스 모델

07 **다음 빈 칸에 알맞은 용어를 넣으시오. 파일을 구성하는 가장 작은 단위를 (①)(이)라고 한다. (①)는(은) 내용을 함축하는 제목을 갖고 있고 내용들의 특성이나 제한점을 나타내는 (②)를(을) 포함하고 있다.**

08 **파일은 관련있는 (①)의 집합이고, (①)는(은) 관련있는 (②)의 집합이다.**

09 **계층형 데이터베이스 모델은 초창기의 데이터베이스 모델로 데이터의 관계를 (①)구조로 분석하여 (②) 형식으로 구성하는 방식이다.**

10 **다음의 물음에 맞는 답을 고르시오. 다음 중 맞는 것은?**

① 인공지능의 연구는 4차 산업 혁명의 기반으로 시작되었다.
② 빅데이터의 분석력을 기초로 초연결 산업체계로의 전환될 수 있다.
③ 알파고는 최초의 인공지능 바둑 프로그램이다.
④ 인공지능은 자연에 의해 증명되는 지능으로 정의한다.

11 **다음 중 맞지 않은 것은?**

① 인공지능은 프로그램 알고리즘의 사용을 중심으로 존재한다.
② 인공지능 알고리즘은 컴퓨터가 실행할 수 있는 모호한 명령들의 집합이다.
③ 인공지능 알고리즘은 반복 시행으로 점점 나은 지능적 결과를 만들어낸다.
④ 인공지능 알고리즘은 스스로 다른 알고리즘으로 변경해나갈 수 있다.

12 **다음 중 인공지능 분야에 사용되는 기술이 아닌 것은?**

① 기계학습(Machine Learning)

② 인공신경망(Artificial Neural Network)

③ 인지 컴퓨팅(Cognitive Computing)

④ 답 없음

13 **다음 중 빅데이터를 저장에 필요한 데이터양의 단위의 크기가 작은 것에서 큰 순으로 나열된 것은?**

① GB < TB < EB < PB < ZB < YB

② GB < TB < PB < ZB < EB < YB

③ GB < TB < PB < EB < ZB < YB

④ GB < PB < EB < ZB < TB < YB

14 **다음 설명에 대하여 맞으면 ○, 틀리면 X를 하시오.**

1. 1956년 학회에서 존 매카시가 사용하면서 인공지능이라는 용어가 처음 등장하였다.
2. 인공지능은 시장에서의 행동의 결과를 다시 제한하지 않아서 시장을 더욱 효율적으로 만든다.
3. 자율주행 기능에 영향을 미치는 주요 요인은 주변 환경을 인식할 수 있는 지도 제작이다.
4. 관련 데이터를 일부만 조사하여 수학적 모델을 만들면, 보다 정확한 예측 결과를 얻을 수 있다.
5. 빅데이터에서 속도란 데이터가 생성되는 속도 또는 데이터가 들어오는 속도를 의미한다.

15 **데이터베이스에서 데이터는 어떻게 저장되는가?**

16 **데이터베이스는 어디에 저장되는가?**

17 **왜 우리는 데이터베이스에 지식을 저장하지 않고 데이터를 저장하는가?**

18 **데이터베이스는 어디서 사용되는가?**

19 **왜 데이터베이스가 중요한가?**

20 영화 클러스터가 좋은지 또는 평균인지를 소셜미디어 활동을 기반으로 클러스터하고자 한다. 어떤 유형의 문제인가? 인기 영화인가 아니면 비인기 영화인가? [그림 16 참조]

	director_facebook_likes	actor_3_facebook_likes	actor_1_facebook_likes	cast_total_facebook_likes
AvatarÂ	0	855	1000	4834
Pirates of the C...	563	1000	40000	48350
SpectreÂ	0	161	11000	11700
The Dark Knigh...	22000	23000	27000	106759
John CarterÂ	475	530	640	1873
Spider-Man 3Â	0	4000	24000	46055
TangledÂ	15	284	799	2036
Avengers: Age ...	0	19000	26000	92000
Harry Potter an...	282	10000	25000	58753
Batman v Super...	0	2000	15000	24450
Superman Retur...	0	903	18000	29991
Quantum of Sol...	395	393	451	2023
Pirates of the C...	563	1000	40000	48486

그림 16 영화 데이터

21 데이터베이스 관리시스템의 특징은 무엇인가?

22 관계형 데이터베이스 관리시스템 제품을 3가지만 제시하시오.

23 인공신경망 용어를 간단히 설명하시오.

24 딥러닝이 기계학습과 비슷하지만 몇 가지 차이점이 있다. 무엇인가?

찾아보기

ㄷ

ㄹ

ㅁ

ㅂ

ㅇ

ㅈ

ㅊ

ㅋ

ㅌ